Droemer Knaur®

Steven Levy

KL – Künstliches Leben aus dem Computer

Aus dem Englischen von Hans W. Kothe

Droemer Knaur

Für Andrew

Titel der Originalausgabe: Artificial Life
Originalverlag: Pantheon Books (Random House, Inc.)

Der Übersetzer und der Verlag danken Peter Kösterherm für die Fachberatung

Die Deutsche Bibliothek – CIP-Einheitsaufnahme

Levy, Steven:
KL – Künstliches Leben aus dem Computer/
Steven Levy. Aus dem Engl. von H. W. Kothe,
München: Droemer Knaur 1993
Einheitssacht.: Artificial Life < dt. >
ISBN 3-426-26477-3

Die Folie des Schutzumschlags sowie die Einschweißfolie sind
PE-Folien und biologisch abbaubar.
Dieses Buch wurde auf chlor- und säurefreiem Papier gedruckt.

Umschlaggestaltung: Agentur ZERO, München
Umbruch: Ventura Publisher im Verlag
Druck und Bindearbeiten: Spiegel, Ulm
Printed in Germany
ISBN 3-426-26477-3

2 4 5 3 1

Inhalt

Einleitung – in silicio

Wenn Folgen aus Einsen und Nullen den Gesetzmäßigkeiten des menschlichen Lebens und Sterbens irgendwie ähnlich wären, wenn also alle Einzelheiten eines Individuums als lange Reihe aus Einsen und Nullen in einem Computer wiedergegeben werden könnten, wie wären diese Lebewesen, die aus einer langen Folge von Leben und Tod bestünden, dann wohl geartet?

Thomas Pynchon[1]

EINLEITUNG

Die kleinen Lebewesen gleiten lautlos und mit der Eleganz von Eisläufern durch ihre Welt. Ihre Geschwindigkeiten sind unterschiedlich, einige bewegen sich eher schwankend, andere wirken fast entschlossen. Ihre Körper – Farbflecke, die an Papierflugzeuge oder gezackte Konfetti erinnern – verraten ihre Bedürfnisse: Die grüngefärbten sind hungrig, die blaugefärbten befinden sich auf Partnersuche, und die rotgefärbten zeigen Kampfstimmung.

Sie sind in der Lage, sich zu orientieren: Ein neuronales Netzwerk verleiht ihnen diese Fähigkeit, und so können sie die Farben ihrer Nachbarn ebenso wahrnehmen wie einen Teil der Welt um sich herum. Da sie so etwas wie Erschöpfung spüren, kennen sie auch ihre eigene Verfassung, und sie sind sogar in der Lage zu lernen. So lehrt sie die Erfahrung, was ihnen gut bekommt und wie sie ihre dringendsten Bedürfnisse befriedigen können.

Sie sind außerdem in der Lage, sich fortzupflanzen. Wenn sich zwei von ihnen paaren, verschmelzen ihre Erbanlagen und bestimmen damit die Eigenschaften der Nachkommen. Auch die Mechanismen der natürlichen Auslese haben für diese Lebewesen Gültigkeit, so daß im Laufe von Generationen die am besten angepaßten Organismen die Landschaft bevölkern.

Sie sind sterblich, und manchmal werden ihre Körper noch vor der Verwesung von Artgenossen verschlungen, und in einigen Bereichen und zu bestimmten Zeiten kann es sogar zu Kannibalismus kommen. Die Kadaver sind nahrhaft, aber noch ergiebiger ist das Futter, das sie mit etwas Spürsinn in ihrem Revier finden können.

Der Name dieses Ökosystems ist PolyWorld[2], und diese Welt befindet sich in den Chips und Massenspeichern einer Iris Workstation von Silicon Graphics. Der Schöpfer dieses Reiches ist der Forscher Larry Yaeger, der für die Firma Apple Computer arbeitet. Es handelt sich um eine Welt im Inneren eines Computers, und die Bewohner sind mathematische Geschöpfe mit einer digitalen DNA. Einige dieser Wesen sind besser angepaßt als andere, und das sind auch diejenigen, die sich letztlich fortpflanzen. Sie geben damit den Weg vor, der

schließlich zur Bildung von Organismengruppen führt, die diese verruchte, synthetische Welt überaus erfolgreich bevölkern.
»Die Arten haben ihr ureigenstes Verhalten und eine eigene Gruppendynamik«, bemerkt Yaeger. Eine der Gruppen scheint am Rande einer Psychose zu stehen. Es sind dies die »Raser«, die wie unter Zwang durch die Landschaft flitzen, ununterbrochen auf der Suche nach Nahrung und Sex, ohne ihre Energie für etwas anderes zu verschwenden. Dann gibt es die »Kannibalenkult«-Gruppe, deren Mitglieder nach Artgenossen suchen, um sich mit ihnen zu paaren, mit ihnen zu kämpfen oder sie sogar zu fressen. Sie bilden grotesk anmutende Klumpen, aus denen sie nicht ausbrechen müssen, um diese Bedürfnisse zu befriedigen. Eine dritte Gruppe wird durch die »Randläufer« gebildet. Bedingt durch die Besonderheit ihres Lebensraumes – im Gegensatz zum kugelförmigen Planeten Erde läßt sich PolyWorld mit definierten Rädern programmieren –, kann es für sie ein Vorteil sein, an der Grenze zum Nichts herumzuschleichen. Sobald eine ausreichende Zahl von Artgenossen dieses Verhalten zeigt, gibt es dort stets eine reiche Versorgung mit Geschlechtspartnern und Kadavern, die als Futter Verwendung finden.
Wie viele seiner Kollegen auf diesem Forschungsgebiet, das noch in den Kinderschuhen steckt, gibt sich Yaeger vorsichtig bei der Aufstellung allgemeingültiger Thesen. Vielmehr zieht er es vor, zu beschreiben, was er gemacht hat und welche Schlüsse sich daraus ableiten lassen. »Bisher hat PolyWorld gezeigt, daß Organismen, die erfolgreich in einer biologisch ausgerichteten und nur halbwegs komplexen Umwelt leben müssen, Strategien entwickelt haben, um sich dieser Umgebung anzupassen«, sagt er. Wenn es allerdings darum geht, die Lebewesen selbst zu beschreiben, ist er weniger vorsichtig: »Für mich«, sagt er, »handelt es sich hier um künstliches Leben.«

Im September 1987 versammelten sich in Los Alamos (New Mexico) über einhundert Wissenschaftler und Techniker, um die neue Forschungsrichtung »Künstliches Leben« aus der Taufe zu heben. Es sollte ein Ereignis werden, das einen technologischen und wissenschaftlichen Wendepunkt darstellte. Das wachsende Verständnis für biologische Mechanismen in Verbindung mit der zunehmenden Rechenleistung moderner Computer hatte die Menschheit in die Lage versetzt, das Meisterstück der Natur zu kopieren: lebende Systeme. Die Pioniere, die sich entschlossen hatten, dieses Neuland zu betreten, waren gefesselt und abgeschreckt zugleich von der Erwartung dessen, was vor ihnen lag. Mary Wollstonecraft Shelleys Erzählung über Frankensteins »Monster« schwebte nach Aussage eines Teilnehmers ebenso als Schreckgespenst über der Veranstaltung wie die beängstigenden Möglichkeiten, die im Verlauf der Konferenz ausgebrütet wurden. Dennoch war die Stimmung überschwenglich. Viele der in Los Alamos anwesenden Forscher hatten schon lange davon geträumt, eine gemeinsame Anstrengung zu unternehmen, eine neue Form des Lebens zu erzeugen. Ihre Arbeit war einzig auf diesen Tag ausgerichtet gewesen, und nun war der Zeitpunkt tatsächlich gekommen. Die Einmaligkeit des Augenblicks wurde später von dem Physiker J. Doyne Farmer hervorgehoben, der Mitautor eines Artikels über die Bedeutung dieser neuen Forschungsrichtung war. Schon die Zusammenfassung der Konferenzergebnisse war möglicherweise die bemerkenswerteste Beschreibung einer neuen Technologie seit Entwicklung der Atombombe. Wer sich diesen Artikel vornahm, war gut beraten, tief Luft zu holen und seine Ungläubigkeit so lange zurückzuhalten, bis es ihm gelang, wieder normal zu atmen, um anschließend die folgende unglaubliche Voraussage zu lesen:

> Innerhalb von fünfzig bis einhundert Jahren wird voraussichtlich eine neue Klasse von Organismen entstehen. Diese Lebewesen werden in dem Sinne künstlich sein, als sie von Menschen gestaltet wurden. Dennoch werden sie sich fortpflanzen und in Formen umwandeln, die anders als ihr Ursprung sind. Sie werden »leben« in des Wortes eigentlicher Bedeutung ... Der Beginn einer Ära des Künstlichen Lebens wird das wichtigste historische Ereignis seit der Entstehung des Menschen sein ...[3]

Künstliches Leben (KL) widmet sich der Gestaltung und Erforschung lebensähnlicher Organismen und Systeme, die von Menschen geschaffen wurden. Die Natur dieses Materials ist anorganisch, ihr Kern ist Information, und Computer sind die Brutkästen, die diese neuen Organismen hervorbringen. Ebenso wie die medizinische Forschung es geschafft hat, Lebensvorgänge teilweise in Reagenzgläsern (in vi-

tro) ablaufen zu lassen, so hoffen die Biologen und Computerspezialisten, Leben in Siliciumchips (in silicio) zu erschaffen.
Die Ähnlichkeitsgrade dieser Versuche mit richtigem, also organischem Leben sind unterschiedlich. Viele Forscher geben freimütig zu, daß ihre Schreibtischkreationen nur einfache Simulationen bestimmter Lebensvorgänge sind. Das Ziel dieser pragmatischen Vertreter einer »weichen Linie« ist es, das Leben zu durchleuchten, das auf der Erde und möglicherweise auch noch an anderer Stelle existiert, um es dadurch besser zu verstehen. Der Astronom A. S. Eddington drückt dies so aus: »In den Naturwissenschaften führt die Betrachtung eines größeren Bereichs und nicht der konkreten Fragestellung zu einem weitaus besseren Verständnis des eigentlichen Problems.«[4] Indem diese Forscher eine Art von Leben simulieren, das sich von den bekannten Lebensformen unterscheidet, gehen sie Wege, die bisher noch kein Lebewesen des Universums vor ihnen beschritten hat. Auf diese Weise wollen sie versuchen, das Leben selbst und seine Grenzen zu begreifen.
Manchmal begnügen sie sich damit, charakteristische, natürliche Systeme nachzubilden, in der Hoffnung, die gleichen Verhaltensweisen, die man in der Natur findet, tauchten spontan auch in den Simulationen auf. Biologen betrachten die Lebewesen dieser künstlichen Systeme als perfekte Versuchstiere. Ihre Merkmale spiegeln die Eigenschaften bekannter Organismen wider, aber da ihre Zusammensetzung bekannt ist, sind sie sehr viel einfacher zu analysieren als Ratten, Pflanzen oder Bakterien wie *Escherichia coli.* Physiker untersuchen Künstliches Leben in der Hoffnung, die Synthese von Leben ergebe auch Klarheit über die verwandte Frage, die das Verständnis von komplexen nichtlinearen Systemen betrifft, von denen angenommen wird, sie gehorchten allgemeingültigen, aber bisher unverstandenen Gesetzen. Durch die Untersuchung von Phänomenen wie der Selbstorganisation von Künstlichem Leben könnten auch diese Geheimnisse bald gelöst werden.
Die besonders mutigen Vertreter dieser Forschungsrichtung beschäftigen sich mit einer »härteren Linie« Künstlichen Lebens, denn sie konzentrieren sich auf die langfristige Entwicklung tatsächlich lebender Organismen, deren Kern Information ist. Diese Kreaturen könnten körperliche Formen haben und damit so etwas wie (künstlich)

lebende Roboter sein, sie könnten aber auch nur innerhalb eines Computers existieren. Die Wesen sollten auf jeden Fall so beschaffen sein, daß sie, wie Farmer betont, »lebendig in jeder angemessenen Definition des Wortes« sind, also ebenso lebendig wie Bakterien, Pflanzen, Tiere und Menschen.

Viele mögen einwenden, es handele sich hierbei ganz offensichtlich um ein absurdes Ziel. Wie kann man etwas als »lebend« bezeichnen, das sich in einer Rechenanlage befindet? Verdient überhaupt irgend etwas von Menschenhand Geschaffenes diese Bezeichnung? Sollte der Begriff »Leben« nicht auf die natürlichen Vorgänge beschränkt bleiben?

Diese Fragen sind schwer zu beantworten, nicht zuletzt deswegen, weil wir keine wirklich »brauchbare Definition« des Begriffes Leben haben. Vor über zweitausend Jahren machte Aristoteles die Beobachtung, »Leben zu besitzen« bedeute, »daß Dinge sich selbst ernähren können, aber auch vergänglich sind«. Nahezu jeder würde sicherlich auch noch dem Axiom zustimmen, die Fähigkeit zur Fortpflanzung sei eine notwendige Voraussetzung für Leben, aber dann scheiden sich die Geister. Man könnte eine lange Liste von Eigenschaften erstellen, durch die Leben charakterisiert ist, würde aber letztlich mit einer Definition scheitern, denn diese Kriterien wären entweder zu hoch oder zu niedrig angesetzt. Die Wesen aus PolyWorld zeigen beispielsweise viele der geforderten Eigenschaften, denn sie wachsen, pflanzen sich fort und sind anpassungs- und entwicklungsfähig, aber sogar ihr Erzeuger bezeichnet sie nicht als lebend im herkömmlichen Sinne.

Manche Wissenschaftler geben zu bedenken, der Ansatz, Leben direkt definieren zu wollen, führe in die Irre. Ihrer Ansicht nach sollte Leben anhand einer allgemeinen Werteskala beurteilt werden. Ein Stein stünde zweifellos tief unten auf einer solchen Skala, ein Baum, ein Hund oder ein Mensch dagegen weit oben. Weniger eindeutige Systeme würden eine Zwischenstellung zwischen lebender und toter Materie einnehmen, irgendwo unterhalb der Bakterien, die ja nach allgemeiner Auffassung Lebewesen sind, aber oberhalb der Steine angesiedelt werden. Viren, die von einigen Wissenschaftlern als lebend angesehen werden, von anderen dagegen nicht, würden im oberen Mittelfeld liegen. Unterhalb davon befände sich dann ein komplexes System von Dingen, die man nicht als lebend im eigentlichen Sinne bezeichnen kann, die aber dennoch so etwas wie eine Art Eigenleben entwickeln können, beispielsweise ein Auto. Die Lebewesen aus PolyWorld würden in dieser Skala dann also etwa zwischen einem Chevrolet und Grippeviren anzusiedeln sein. Leben auf diese Art zu betrachten hat einen eindeutigen Vorteil: Obwohl man Systeme benutzt, die niemand als wirklich lebend einstuft, kann man mit ihrer Hilfe die *Eigenschaften* des Lebens herausfinden.

Allerdings ist das insgesamt sehr unbefriedigend. Irgendwie hat man doch das Gefühl, lebendig zu sein sei etwas Besonderes, auch wenn man zugegegebenerweise die Grenze zwischen lebender und unbelebter Materie nicht genau ziehen kann. Ein Teil dieser Schwierigkeiten entsteht durch die kulturell bedingte Ablehnung, die Zuständigkeit für das Leben in die Hände der Wissenschaft zu legen. Jahrhundertelang beeinflußte eine mystische Komponente, wenn nicht sogar ein allesbeherrschender religiöser Einfluß die Definitionen, gleichgültig, welche man auch verwendete. Die Menschen vergangener Zeiten glaubten – allen Bilderstürmern und Visionären zum Trotz, die versuchten, empirische Ansätze zur Beschreibung von Leben einzubringen –, die Fähigkeit, unbelebte Dinge mit Leben zu erfüllen, sei auf eine übernatürliche Komponente zurückzuführen.

Als Wissenschaftler diesen Glauben zerstörten, wurde es möglich, ein anderes Bild des Lebens zu zeichnen, eines, das auch neuere Einsichten berücksichtigte. Nach der Entdeckung der Zelle dachte man anders über den Aufbau lebender Strukturen, und nachdem man begriffen hatte, wie entscheidend Darwins Beitrag für die Naturwissenschaften war, kam der Evolution eine tragende Rolle bei der Definition des Lebens zu. Für einige war Evolution sogar *der* zentrale Begriff. »Leben sollte durch den Besitz von Fähigkeiten definiert sein, die Evolution mittels natürlicher Auslese gewährleisten«[5], schrieb John Maynard Smith, der, was nicht überraschend ist, zu den Evolutionsbiologen zu rechnen ist. »Das bedeutet, daß Individuen mit der Fähigkeit zur Vermehrung, Variation und Vererbung Lebewesen sind und diejenigen, denen eine oder mehrere Eigenschaften fehlen, nicht dazugehören.« Die weitaus jüngere Entdeckung, daß die DNA ein universeller und notwendiger Bestandteil aller der Dinge ist, die normalerweise als lebend bezeichnet werden, fügt eine weitere Variante hinzu: Lebewesen enthalten nicht nur die Baupläne für alle Lebensvorgänge einschließlich der Fortpflanzung, sondern diese einzigartige Anordnung von Molekülen enthält außerdem auch noch Informationen über die Geschichte allen Lebens. »Der Besitz eines genetischen Programms sorgt für einen eindeutigen Unterschied zwischen Lebewesen und unbelebter Natur«, schreibt Ernst Mayr. »In der unbelebten Natur existiert nichts Vergleichbares, von Menschen erdachte Computer einmal ausgenommen.«[6] (Man beachte die einzige, aber signifikante Ausnahme.)

Der Anstoß zu einer Veränderung unserer Einschätzung davon, welche Voraussetzungen für das Leben notwendig sind, resultierte aus der Anerkennung der Komplexität als eine der wichtigsten Komponenten des Lebens. In einem komplexen System wirken die Einzelkomponenten auf derart komplizierte Weise zusammen, daß sie nicht durch lineare Standardgleichungen vorausgesagt werden können. Komplexe Systeme können nicht schematisiert werden, und so wird auch klar, daß ein vereinfachender Ansatz, Leben zu erklären, wenig sinnvoll ist. Bei lebenden Systemen ist das Ganze mehr als die Summe der einzelnen Komponenten. Wie wir sehen werden, handelt es sich nicht um Auswirkungen einer geheimnisvollen lebensspendenden Flüssigkeit, sondern um Vorzüge der Komplexität, die es verschiedenen Verhaltensweisen und Merkmalen erlaubt, unvorhergesehen aufzutreten. Die notwendigen Mechanismen können durch die Evolution vorbereitet worden sein, wobei die Evolutionsmaschinerie aber erst mit ihrer Arbeit beginnen kann, wenn eine gewisse Komplexität erreicht wurde. Komplexität gehört so eng zu lebenden Systemen, daß einige Wissenschaftler sie inzwischen als Merkmal mit Definitionscharakter ansehen.

Aber Komplexität ist selbst auch nur ein Bestandteil der besagten Wertskala unter anderen. Trotz all unserer wissenschaftlichen Kenntnis »gibt es keine allgemein akzeptierte Definition von Leben«[7], behauptet Carl Sagan in seinem Beitrag zu diesem Thema in der *Encyclopaedia Britannica* kategorisch. Der Philosoph Mark Bedau führt an, daß diese Frage »als eine der grundlegenden Fragen der Philosophie Berücksichtigung finden sollte, aber daß die Philosophen noch nicht viel darüber nachgedacht haben. Das gilt auch für die Biologen, die diesbezüglich meist nur mit den Schultern zucken, denn es handelt sich hierbei ja nicht um einen natürlichen Stoff wie Wasser. Wasser kann man untersuchen und sagen: ›Hierbei handelt es sich um H_2O, und so und so ist es zusammengesetzt.‹ Leben ist dagegen nicht materiell, sondern flüchtig.«

Aber auch die Philosophen zucken angesichts dieses Dilemmas mit den Schultern. »Ich bezweifle ernsthaft, daß eine rein philosophische Antwort auf diese Frage möglich ist«[8], schreibt der Philosoph Eliot Sober von der Universität Wisconsin. Er behauptet des weiteren, daß diese Frage im Grunde genommen unwichtig sei. »Wenn eine Maschine Energie aus ihrer Umwelt aufnehmen, wachsen, Schäden an ihrem Körper ausbessern und sich fortpflanzen kann«, wendet er ein, »was soll dann noch die Frage, ob sie ›wirklich‹ lebt?«

Dennoch würde auch eine derartige Maschine die Diskussion nicht beenden, sondern vermutlich eher weiter entfachen, denn viele Menschen finden es beängstigend, eine solche Maschine als wirklich lebend anzusehen. Momentan bezeichnen die meisten Menschen nichts als lebendig, was nicht aus der gleichen Materie besteht wie natürliche, also biologische Organismen. Der Physiker Gerald Feinberg und der Biologe Robert Shapiro haben sich einen Namen für diejenigen ausgedacht, die »glauben, daß alles Leben auf der Grundlage von Kohlenstoff (carbon) beruhen muß und nur in wäßrigem (aqueous) Milieu ablaufen kann«. Sie nennen diese Leute »Carbaquisten« (carbaquists).[9] Dennoch hat bisher niemand bestritten, daß Leben auch in anderer Form existieren könnte.

Das, was wir zur Zeit als lebend ansehen, ist möglicherweise nur ein Teil einer größeren Klasse von Organismen, wobei wir durch einen unglücklichen Zufall der Geschichte bisher nur mit diesem begrenzten Spektrum möglicher Lebensformen konfrontiert wurden. Unsere Herausforderung sollte nun darin bestehen, vorauszuahnen, welche Kennzeichen typisch für den Teil des Lebens sind, den wir kennen, und welche universell gelten, und zwar gilt dies auch für Formen des Lebens, die wir erst kennenlernen oder möglicherweise erschaffen. *Leben wie es sein könnte* (so drückte es Christopher Langton aus, der Organisator der ersten KL-Konferenz).[10]

»Wenn Wissenschaftler sich daranmachen, eine umfassende Theorie des Lebens zu entwickeln, wird es grundsätzlich erforderlich sein, daß sie auch nichtorganische Dinge als lebendige anerkennen«, sagt Langton. »Die meisten Biologen sind diesbezüglich eher zögerlich. Es wird

ein langwieriger Prozeß notwendig sein, um Biologen davon zu überzeugen, daß auch solche Dinge leben, und zwar in der gleichen Art und Weise wie Menschen. Aber wir sind dabei, sie auf unsere Seite zu ziehen.«
Das vorliegende Buch beschreibt die Bemühungen, Prozesse des Lebens zu erzeugen, mit dem beabsichtigten Nebeneffekt, auch die Sichtweise der Welt über diese Dinge zu verändern. Wenn Christopher Langton und seine Kollegen ihr Ziel erreichen, werden sich die Menschen selbst in einem anderen Licht sehen. Wir werden nicht mehr an der Spitze von irgendwelchen selbsterdachten Stammbäumen stehen, sondern nur als besonders komplexe Vertreter einer von vielen Erscheinungsformen des Lebens gelten, die neben anderen, alternativen Formen existiert. Unsere Einzigartigkeit wird in der Fähigkeit bestehen, unsere eigenen Nachfolger selbst zu erschaffen.

Künstliches Leben ist etwas vollkommen anderes als beispielsweise die Gentechnik, die ja normale, lebende Organismen als Ausgangspunkt hat. Die KL-Wissenschaftler überlegen sich Möglichkeiten, wie man lebende Systeme erzeugen, weiterentwickeln und beobachten kann. Es gibt Versuche, den Verlauf der Evolution zu beeinflussen und für eine Vielfalt lebender Systeme auf der Erde und darüber hinaus zu sorgen. Dieses großartige Experiment könnte nicht nur zu einem tieferen Verständnis des Lebens überhaupt führen, sondern auch Möglichkeiten erschließen, seine Mechanismen zu nutzen, um damit einen Teil unserer Arbeit zu übernehmen. Vielleicht führt dies sogar zur Entdeckung mächtiger Naturgesetze, von denen nicht nur biologische, sondern jede Art von komplexen, nichtlinearen, selbstorganisierenden Systemen reguliert wird.
Was die Frauen und Männer reizt, die sich mit dem KL-Problem beschäftigen, ist das Verlangen, das unübersehbare Wirrwarr, das die Natur vor uns ausgebreitet hat, aufzuschlüsseln und besonders die schwierigste Frage von allen zu lösen: Was ist Leben?
Obwohl sie verschiedensten Forschungsrichtungen angehören, sind diese Wissenschaftler zu dem Schluß gekommen, der richtige Weg, diese Fragen zu beantworten, liege nicht im Beobachten, sondern im Erschaffen. Der erste Schritt dazu ist der Glaube, daß dies gelingen kann, und es gibt überzeugende Anzeichen dafür, daß es tatsächlich

möglich ist. Der zweite Schritt muß sein, dies wirklich in die Tat umzusetzen. Obwohl es – mit menschlichen Maßstäben gemessen – möglicherweise viele Jahre dauern wird, könnte, verglichen mit der Zeitspanne der Evolution, das Ergebnis praktisch sofort vorgelegt werden. Wie auch immer, diese beunruhigende Forschung wurde nun einmal begonnen, und ich werde Ihnen die bemerkenswerten Menschen vorstellen, die diese Arbeit vollbringen.
Von den Früchten ihrer Arbeit können wir vermutlich irgendwann einmal bei der Beantwortung der Frage profitieren, was es heißt zu leben. Während wir Leben erschaffen, werden wir schließlich auch herausfinden, was Leben ist.

Das gelobte Land

Jeder, der lebende Organismen betrachtet, weiß sehr genau, daß diese in der Lage sind, ihresgleichen zu erzeugen. Das ist ihre normale Aufgabe, denn sie würden nicht existieren, wenn es sich nicht so verhielte, und es erscheint glaubhaft, daß sie allein aus diesem Grund auf der Welt sind. Lebende Organismen sind mit anderen Worten sehr komplizierte Zusammenschlüsse elementarer Teile und damit nach jeder Wahrscheinlichkeitstheorie thermodynamisch höchst unwahrscheinlich. Daß sie trotzdem in der Welt aufgetaucht sind, ist letztendlich ein großes Wunder …

John von Neumann

Er ging so früh von uns, daß er zwar das gelobte Land vor sich sah, es aber doch nicht mehr betreten konnte.

S. M. Ulam, über seinen Freund von Neumann[1]

Von Neumann war todkrank. Eines Tages im Jahre 1954 verspürte er einen starken Schmerz in seiner Schulter, der kaum zu ertragen war. Das waren die ersten spürbaren Anzeichen von Prostatakrebs, der aber bereits so weit fortgeschritten war, daß keine Hoffnung mehr bestand. Von Neumann hatte nur noch einige Monate zu leben. Sein allseits bekanntes Auftreten, seine gebildete Art und die bemerkenswerte Herzlichkeit, die ihm zu eigen war, veränderten sich, und auch seine rastlose Energie, sein unerschöpflicher Forschungsdrang schienen nachzulassen. Sein scharfer Verstand und seine mathematischen Fähigkeiten, die in unserem Jahrhundert ohne Beispiel waren, schienen zwar ungebrochen, doch Freunde konnten eine ungewöhnliche Melancholie feststellen. »Er war von einer großen Traurigkeit erfüllt«, schrieb ein langjähriger Kollege anläßlich des letzten Besuchs John von Neumanns in Los Alamos, »häufig schaute er sich um, als ob er, so schien es mir hinterher, glaubte, es könnte sein letzter Besuch an diesem Ort sein, und er sich später an die Landschaft erinnern wolle, an die Berge, an die Stellen, die er so gut kannte und an denen er so aufregende und angenehme Zeiten verbracht hatte.«[2]

In den dreiundfünfzig Jahren seines Lebens hatte John von Neumann[3] ausgiebigen Gebrauch von seinem außergewöhnlichen Verstand gemacht, »einem perfekten Instrument, dessen Rädchen so gefertigt waren, daß sie millimetergenau ineinanderpaßten«[4], würdigte ihn einer seiner Bewunderer. In seiner Geburtsstadt Budapest galt er als mathematisches Wunderkind. Seine Familie, wohlhabende jüdische Bankiers, hatte die nötigen Mittel, ihm eine entsprechende Ausbildung zu ermöglichen und seine Begabung zu fördern. Er erhielt seinen Doktortitel im Alter von 22 Jahren, mit 23 war er das jüngste Mitglied des Lehrkörpers an der Berliner Universität und mit 30 wurde er zusammen mit Albert Einstein einer der ersten Professoren des Institute for Advanced Study in Princeton (New Jersey). Obwohl schon seine Fähigkeiten bezüglich seines Rechen- und Erinnerungsvermögens legendär waren – er konnte ganze Namenslisten aus Telefonbüchern herunterleiern und Passagen aus dem Geschichtsbuch über die

Geheimlehren byzantinischer Kultur wortwörtlich wiederholen – verhalf ihm schließlich sein unglaublicher Wissensdurst dazu, auch noch die intellektuellen Gipfel seiner Generation zu erklimmen. Er wirkte mit, als in Göttinger Cafés die Details der Quantenmechanik ausgearbeitet wurden, galt in Berlin als Erfinder der Spieltheorie, beschäftigte sich in Princeton mit der Ergodenhypothese, in Los Alamos gehörte er der Expertenkommission für die Atombombe an, und er leistete entscheidende Beiträge zur Entwicklung von digitalen elektronischen Computern. Fast jeder Typ dieser Maschinen ist auf von-Neumann-Prozessoren zurückzuführen. Leider ist nicht bekannt, ob der Physiker Hans Bethe lächelte, als er sagte: »Ich habe mich manchmal gefragt, ob ein Verstand wie der von Neumanns auf eine Spezies hindeutet, die dem Menschen überlegen ist.«[5] Tatsächlich ging der Scherz um, daß »Johnny«, wie er von seinen Freunden genannt wurde, in Wirklichkeit nicht menschlicher Herkunft sei, sondern ein Halbgott, dem aber der Homo sapiens so vertraut war, daß er ihn überzeugend nachahmen konnte.[6]

Von Neumanns Zuversicht in seine eigene Unverwundbarkeit war so groß, daß er die Gesetze der Physik grundsätzlich zu ignorieren schien, wenn er am Steuer eines Automobils saß, und so fuhr er auch durchschnittlich ein Auto pro Jahr schrottreif, wobei er aber stets unverletzt blieb. Und nun hatte er Krebs. »Jetzt, da die Sache passiert ist«, wandte er sich an seinen Arzt, »bleibt die Frage, wie ich den Rest meines Lebens verbringen soll.« Die Antwort war: »Arbeiten Sie an dem Thema, das Ihnen am wichtigsten ist.«

Zu dieser Zeit beschäftigten ihn zwei Themen. Bei dem ersten ging es um Waffen, also um die Technologie des Todes, und beim zweiten handelte es sich um die Technologie des Lebens.

Bei der erstgenannten Aktivität waren hauptsächlich seine offiziellen staatlichen Verpflichtungen gemeint. Noch drei Monate bevor Krebs bei ihm festgestellt wurde, war von Neumann von der Atomenergiekommission verpflichtet worden und in dieser Funktion das wissenschaftliche Sprachrohr der Nuklearwaffeneinrichtungen der Vereinigten Staaten. Als Hinweis für seinen dortigen Einfluß mag die Tatsache gelten, daß das Komitee für Ballistische Raketen »von-Neumann-Gruppe« genannt wurde. Der Mathematiker war nicht zögerlich, wenn es galt, den Einsatz der von ihm mitentwickelten Waffen des Todes zu verfechten. Möglicherweise gezeichnet von der Flucht seiner Familie aus dem kommunistisch regierten Ungarn, befürwortete er sogar einen präventiven Atomkrieg. Während seiner Krankheit setzte er diese Arbeit fort, und bis zu seinem letzten Krankenhausaufenthalt nahm er an Geheimsitzungen mit Repräsentanten des US-Verteidigungsausschusses teil.

Seine wissenschaftlichen Forschungen standen im Gegensatz zu seinen Arbeit mit Waffensystemen. Von Neumann war fasziniert von den Ähnlichkeiten zwischen Computern und Gesetzmäßigkeiten der Natur – besser gesagt, von den zukünftigen Möglichkeiten dieser Maschinen. Sein Ziel war es, eine Theorie aufzustellen, die sowohl die natürliche als auch die künstliche Biologie umfassen sollte.

Die Vorstellung, daß das Verhalten lebender Organismen und das Verhalten von Menschen als gleichwertig angesehen werden könnten, faszinierte einen Mann vom Temperament von Neumanns. Seine Welt bestand aus logischen Prinzipien. Wenn man irgendein Phänomen auf das Wesentliche zurückführt, so besteht sein Kern aus den Axiomen, die ihm zugrunde liegen. Als von Neumann erstmals von den Anstrengungen hörte, eine Superrechenmaschine zu bauen, die der erste elektronische Computer werden sollte, erkundigte er sich natürlich sofort nach den logischen Mechanismen des Gerätes. Es war von Neumann, der die Vorstellung entwickelte, daß ein Computer in erster Linie eine logische Maschine zu sein hätte und nicht ein Gerät, das nur stumpfsinnig Zahlen verarbeitet. Leben war für ihn nichts anderes. Es überrascht nicht, daß von Neumann das Leben selbst als eine rekonstruierbare Verkettung von Ereignissen und Wechselwirkungen auffaßte. Seine Gleichung enthielt nichts Mystisches und auch keine Zufälligkeiten: »Ich erschaudere bei dem Gedanken«, schrieb er, »daß so eindeutig zweckgerichtete, eine Organisationsfunktion erfüllende Elemente wie die Proteine durch einen zufälligen Prozeß entstanden sein sollen.«[7]

Von Neumann war bereit zuzugeben, daß biologische Organismen außerordentlich komplex sind und komplizierter als jegliche künstliche Struktur, über die der Mensch je nachgedacht hatte. Da er aber andererseits glaubte, Leben beruhe auf logischen Regeln, nahm er auch an, daß wir letztendlich in der Lage sein müßten, den Organismen ihre diesbezüglichen Geheimnisse zu entreißen. Es war zu schaffen, und es würde geschafft werden. Von Neumann machte sich selbst daran, es zu versuchen.

In den späten vierziger Jahren dieses Jahrhunderts wurde er gebeten, einige Vorträge über dieses Thema zu halten. Den berühmtesten hielt er in Pasadena (Kalifornien), im Rahmen des sogenannten Hixon-Symposiums, dessen Veranstalter der spätere Nobelpreisträger Linus Pauling war. Die Zuhörerschaft setzte sich aus gestandenen Wissenschaftlern zusammen, aus Physikern, Biologen und Medizinern. Computerfachleute waren natürlich nicht darunter, denn es gab diese Wissenschaft noch nicht, ausgenommen vielleicht in von Neumanns Gehirn. Und obwohl der Vortrag nicht besonders fachspezifisch war, stellte er doch intellektuell durchaus eine Herausforderung dar, selbst für das sehr anspruchsvolle Publikum. Einer der Zuhörer verglich diese intellektuelle Erfahrung mit »der reizvollen, aber schwierigen Rolle, am Schwanz eines Papierdrachens zu hängen«.[8]

Der Vortrag hatte den Titel: »The General and Logical Theory of Automata«[9] (Zur allgemeinen und logischen Theorie von Automaten). Unter »Automaten« verstand von Neumann Maschinen, die zur Selbstorganisation fähig sind, speziell solche, deren Verhalten man mathematisch bestimmen konnte. Ein Automat ist eine Maschine, die Informationen verarbeitet, sich dabei logisch verhält und den nächsten Schritt selbsttätig ausführt, nachdem sie die entsprechenden Daten, die ihr von außen zugeführt wurden, mit den Anweisungen, die in ihrem Inneren festgelegt sind, zusammengeführt hat. Da von Neumann nicht einsah, warum man Organismen, von Bakterien bis hin zum Menschen, nicht als Maschinen ansehen sollte, suggerierte die von ihm verwendete Definition eine etwas weiter gefaßte Bedeutung als die normalerweiser übliche. Wenn es gelänge, Automaten zu verstehen, so seine Quintessenz, verstünde man nicht nur die Wirkungsweise von Maschinen besser, man verstünde auch das Leben.

Der interessanteste Teil seines Hixon-Vortrages, und sicherlich auch der unkonventionellste, beinhaltete sein Konzept der Selbstreproduktion. Wäre es einer künstlichen Maschine möglich, eine Kopie von sich selbst zu erzeugen, fragte er sich, die dann wiederum in der Lage wäre, weitere Kopien herzustellen? (Wie das ja natürliche »Maschinen«, beispielsweise Farne, Papageien oder Menschen, können.)

Die Bejahung wäre ein deutlicher Hinweis auf die nahe Verwandtschaft zwischen künstlichen und natürlichen Automaten. Die Erzeugung von Nachkommen ist eines der verwendeten vernünftigen Hauptkriterien, mit denen festgelegt wird, ob etwas lebt. Als René Descartes der Königin von Frankreich erklären wollte, daß Tiere eigentlich eine Klasse von Automaten seien, zeigte Ihre Königliche Hoheit auf eine Uhr und sagte: »Sehen Sie zu, daß sie Junge bekommt!« Descartes war mit seiner Weisheit am Ende, aber von Neumann glaubte, daß er diese Bedingung erfüllen könnte. Eine Maschine *könne* sich durchaus vervielfältigen, behauptete er, und er machte sich daran, es zu beweisen.

Von Neumann verstand die Automatentheorie als Krönung seiner Forschungsarbeit. Er trug sie oft vor, diskutierte darüber mit Kollegen und beabsichtigte, ein grundlegendes Buch über dieses Thema zu schreiben. Aber dieses Manuskript sollte niemals beendet werden, wie auch seine anderen Entdeckungen im wissenschaftlichen Neuland, in dem Leben und Technik einander überlappen, nicht zum Abschluß gebracht werden konnten.

Im April 1956 begab sich von Neumann in das Walter-Reed-Krankenhaus. Unter den Papieren, die er dorthin mitnahm, waren Notizen für eine Vorlesungsreihe, die er zum Thema »The Computer and the Brain« (Der Computer und das Gehirn) an der Yale-Universität (New Haven, Connecticut) halten wollte. Die Kernthese dieser Vorlesungen war, Computer und Menschen seien lediglich verschiedene Klassen von Automaten, die zum besseren Verständnis im Rahmen dieser Vorlesungen gegeneinander abgewogen werden sollten. Ursprünglich wollte von Neumann an fünf Tagen sprechen, und auch noch nach Ausbruch seiner Krankheit hoffte er, die Vorlesungen in einer verkürzten Version vom Rollstuhl aus halten zu können, an den er inzwischen gefesselt war. Aber selbst das war zu optimistisch. Die Vorträge blieben ungehalten, und auch die Arbeit an der Automatentheorie blieb unvollendet, denn von Neumann sollte das Krankenhaus nicht mehr verlassen.

»Sogar Johnnys außergewöhnlicher Verstand konnte die Entkräftung des Körpers nicht bezwingen«[10], schrieb Klara von Neumann, und am 8. Februar 1957 starb John von Neumann. Während seiner letzten Tage wachten Luftwaffenoffiziere der höchsten Geheimhaltungsstufe an seinem Krankenbett für den Fall, daß er in seinem Delirium gehei-

me Informationen verraten sollte. Aber von Neumann gab keine Geheimnisse mehr preis.
Nichtsdestoweniger hatte von Neumann es geschafft, der Nachwelt mit seiner Automatentheorie ein beachtliches Vermächtnis zu hinterlassen. Sie wies den ungarischen Mathematiker klar als geistigen Vater dessen aus, was später unter dem Begriff Künstliches Leben bekannt wurde. Er war auch der Vordenker der theoretischen Konstruktion der selbstreproduzierenden Automaten. Es gab verschiedene Arten dieser Kreaturen, wenngleich er bis zu seinem Tode nur noch zwei vollständig entwickeln konnte.
Von Neumann erkannte die sensationelle Bedeutung dieser Forschungen. In einem Brief an Norbert Wiener schrieb er, man solle auf jeden Fall vermeiden, Informationen über die »reproduzierenden Fähigkeiten zukünftiger Maschinen«[11] an die Presse gelangen zu lassen. Von sich selbst behauptete er stolz: »Ich bin sehr tugendhaft gewesen und hatte nie journalistische Kontakte irgendwelcher Art.« Zweifellos erkannte er, daß denen ein Stigma anhaften werde, die versuchen würden, lebensähnliche Prozesse mit künstlichen Mitteln zu schaffen. Der Geist von Mary Wollstonecraft Shelleys Frankenstein-Monster war immer noch gegenwärtig, und auch eine Anzahl jüngerer Science-fiction-Szenarios warfen ein zweifelhaftes Licht auf derartige Unternehmungen. Von Neumann wollte lieber friedlich mit seiner Arbeit fortfahren, die ohnehin hauptsächlich in seinem Kopf stattfand oder mittels Papier und Bleistift durchgeführt wurde, wenngleich er einen kurzen Flirt mit einem Modellbaukasten hatte, den er aber schnell wieder aufgab, woraufhin er die Schrauben und Räder dem Enkel des Wissenschaftlers Oskar Morgenstern schenkte. Es schien keine Hinweise auf sensationelle Auswirkungen dieser Art von Vorgehensweise zu geben. Aber John von Neumann leitete eine neue Ära auf einem Gebiet ein, das bisher eine dunkle Nische in der Wissenschaft gewesen war – oder Quasi-Wissenschaft, wie manche sagen würden. Es war der Versuch, Leben in einem Bereich zu schaffen, in dem es bisher noch nicht existiert hatte.
In der Vergangenheit war die Frage nach dem Leben eher mystischer denn rationeller Natur gewesen. Wissenschaftler betrachteten das Leben als von einer bestimmten Eigenschaft abhängig, die wiederum durch ihre Einzelkomponenten gegeben war. Der Gedanke, Leben

durch Nachahmung der entsprechenden physikalischen Eigenschaften zu erschaffen, war ihnen absurd vorgekommen. Statt dessen hatte man als notwendig erachtet, was als Geist des Lebens angesehen wurde, und das war etwas Übernatürliches und Unantastbares. Schließlich machte der biblischen Schöpfungsgeschichte zufolge

> … Gott der Herr den Menschen aus einem Erdenkloß, und er blies ihm ein den lebendigen Odem in seine Nase. Und also ward der Mensch eine lebendige Seele.

Wenngleich es also nicht die Aufgabe des Menschen sein konnte, unbelebten Objekten den Lebensodem einzublasen, so erzählten doch alte Legenden und Märchen immer wieder von solchen Begebenheiten. Pygmalion erschuf eine Statue, die zum Leben erweckt wurde; Dion Cassius, ein griechischer Geschichtsschreiber aus dem 2. Jahrhundert, der eine Geschichte Roms schrieb, weiß von weiteren Statuen mit alarmierenden Fähigkeiten zu berichten: Sie bluteten, sie schwitzten, sie wurden ohnmächtig, wenn sie einer bösen Gestalt ansichtig wurden, und sie wandten sich erfolgreichen Feldherrn respektvoll zu. Einer jüdischen Fabel zufolge erschuf ein gelehrter Rabbi aus einem Lehmklumpen ein Untier, Golem genannt, das seinem Erzeuger anfangs diente, ihm aber zum Schluß dann doch nicht mehr wohlgesonnen war.

Das aber war Mythologie. In der Realität galt es, eine unüberwindbare Kluft zwischen lebender und unbelebter Materie anzuerkennen. Aristoteles, der als einer der wenigen Philosophen viel Zeit auf die Definition des Lebens verwandte, glaubte, es sei der Besitz einer Seele, der die Organismen von ihrer unbelebten Umgebung unterscheide, wobei die Menschen die höchste Form von Seele hätten, während den Tieren oder sogar den Pflanzen weniger beeindruckende Modelle zu eigen wären. Seiner Ansicht nach galt für alle Organismen: »Körper existieren nur um der Seele willen.« Wie konnte also jemand etwas Lebendiges erschaffen, ohne im Besitz des »lebensspendenden Odems« zu sein, also des Materials, aus dem Seelen erschaffen werden?

Über Jahrhunderte hinweg schien es wenig Grund zu geben, dieses Konzept in Frage zu stellen. Sogar die Entdeckungen des englischen Arztes und Anatomen William Harvey im 17. Jahrhundert berührten diese Auffassungen nicht. Obwohl Harvey irrtümliche Annahmen widerlegte wie etwa die, Fliegen entstünden spontan aus Dung (auch Aristoteles nahm an, daß Tiere sich durch Urzeugung aus Schlamm entwickeln), glaubte selbst er noch, dem Leben sei eine göttliche Komponente zu eigen, die den Organismen eingeflößt werde, während sie sich in »in ovo«, also im Ei-Stadium, befänden. »Omnia animalia ex ovo«, sagte Harvey – alles Leben entsteht aus dem Ei.

Dann aber begannen die industrielle Revolution und ihre zeitgenössischen Begleiterscheinungen, die Enthüllungen der Newtonschen Physik und die Gesetze der Thermodynamik die naturwissenschaftliche Sicht zu erweitern, und auch das Gebiet der Biologie war nicht länger so furchterregend mystisch.

Seit Newtons Berechnungen war eine Voraussage darüber möglich, wo sich die Himmelskörper zu einem bestimmten Zeitpunkt jeweils befinden. Konnten nicht die Gesetzmäßigkeiten des Lebens ähnlich voraussagbar sein? Eine neue Denkweise entstand, nach der das Leben ein mechanistischer Prozeß war.

Mechanistisch gesehen, war das Leben lediglich ein Automat, vergleichbar einem Uhrwerk.

War aber auch eine Verdoppelung möglich? Mechanisten wie Descartes und Leibniz schienen das zu glauben, und auch andere Leute wagten sich auf dieses recht abstrakte Gebiet. Sie setzten damit die Arbeit im Sinne der frühen Erbauer einer speziellen Form von Automaten fort – mechanische Apparate, die lebensähnliches Verhalten zu demonstrieren schienen.[12] Diese Automaten waren mit der Präzision eines Schweizer Uhrwerks gefertigt, kombiniert mit der Genialität eines Ruben Goldberg. Ihre Mechanik beruhte nicht nur auf dem Einsatz von Zahnrädern, sondern auch auf der Nutzung von Schwerkraft, der Hydraulik und des Sonnenlichts. Das Produkt war oftmals außerordentlich beeindruckend wie beispielsweise die ungewöhnliche Berner Uhr. Schon 1530 gebaut, setzt dieser große Chronometer stündlich eine Anzahl prunkvoller, automatisierter Figuren in Marsch, allen voran ein krähender Hahn, gefolgt von einer sorgfältig choreographierten Prozession, in der ein wohlwollend nickender Uhrenkönig die Parade von speerschwenkenden jungen Bären und einem grimmigen Löwen abnimmt.

Wenngleich durchaus ansprechend, so erhebt diese Uhr jedoch keinen Anspruch darauf, die Natur widerzuspiegeln. Später gefertigte Automaten gingen jedoch einen Schritt weiter und näherten sich der verschwommenen Trennungslinie zwischen toter und belebter Materie. Am berühmtesten wurde die Arbeit von Jacques de Vaucanson, einem jungen Franzosen, der 1738 ganz Paris mit seiner künstlichen Ente verzauberte, »die aus vergoldetem Kupfer gefertigt war und wie eine echte Ente trinken, fressen, quaken, im Wasser planschen und ihr Futter verdauen konnte«.[13]

In ganz Europa vorgeführt, verblüffte dieses mechanische Wunderwerk das Publikum, und die Komplexität der Ente war in der Tat erstaunlich, denn allein in einem einzigen Flügel steckten mehr als vierhundert bewegliche Teile. Als die Ente Anfang des 18. Jahrhunderts nicht mehr zu reparieren war, beklagte Goethe ihr Schicksal in einer Zeitungsnotiz: »Wir fanden Vaucansons Automaten komplett funktionsuntüchtig vor«, schrieb er. »Die Ente hatte ihre Federn verloren und bestand nur noch aus einem Skelett, das brav seinen Hafer fraß, ihn aber nicht mehr verdauen konnte.«

Ein Schweizer Erfinder namens Reichsteiner restaurierte die Ente später und führte sie 1844 unter großer Beachtung in der Mailänder Scala vor. Dann baute Reichsteiner innerhalb von drei Jahren seine eigene künstliche Ente, die er im Münchner Odeon-Theater in Anwesenheit des bayerischen Königs Ludwig I. und anderer Honoratioren zeigte.

Die Zeitung *Das Freie Wort* lieferte eine genaue Beschreibung des Verhaltens dieser neuen Art eines Wasservogels. Augenscheinlich waren die Bewegungen der Ente so natürlich, daß die Beobachter davon überzeugt waren, ihnen läge so etwas wie Intelligenz zugrunde. Beim Fressen verschlang die Ente gierig ihr Futter, machte aber regelmäßig Pausen, um den Kopf zu heben und die erstaunten Zuschauer anzublicken. Und dann kam der Höhepunkt:

> … die Bewegungen des Vogelkörpers zeigen deutlich, daß der Magen aufgrund der schnellen Mahlzeit ein wenig verstimmt ist, und die Auswirkungen einer schmerzhaften Verdauung werden sichtbar. Dennoch hält der tapfere kleine Vogel durch, und einige Minuten später werden wir in eindeutiger Art und Weise davon

> überzeugt, daß er seine organischen Schwierigkeiten überwunden hat. Ohne Übertreibung kann angemerkt werden, daß der Gestank, der nun den Raum erfüllt, nahezu unerträglich ist ...[14]

Da dieses Modell nicht mehr existiert, kann die Beschreibung lediglich unsere Phantasie beflügeln. Hatten Reichsteiner und sein Vorgänger Vaucanson einen derart tiefen Einblick in das Leben erhalten, daß ihre Modelle selbst auch einer genaueren Untersuchung würdig waren? Es wäre fasizinierend, vielleicht sogar aufschlußreich für Biologen des 19. Jahrhunderts gewesen, wenn sie diese von Menschen gemachten Enten untersucht und ihre Mechanik mit der der Natur verglichen hätten, um so möglicherweise einen alternativen Ansatz zur Erklärung solcher Phänomene wie Verdauung oder gar Blähungen zu finden. Ein Zeitungsbericht von 1847 scheint dann auch zu belegen, daß Reichsteiners begabte Wildente ein biologisches Modell von wissenschaftlicher Bedeutung war.

> ... Alle Bewegungen und Posen dieses Automaten ahmen in genauer Weise die Natur nach, kopieren sie lebensecht bis ins kleinste Detail, so daß wir einen Moment versucht sind zu glauben, wir hätten eine echte Ente vor uns, wenngleich alle Bewegungen nur von einem höchst komplizierten Mechanismus ausgeführt werden. Die Meisterschaft des Erfinders zeigt sich besonders bei den drei Gelegenheiten, bei denen die Ente etwas tut: wenn sie atmet, verdaut und sich entleert. Hierbei handelt es sich eindeutig um mehr als nur mechanische Fähigkeiten. Der Künstler ist in die tiefsten Geheimnisse der Prozesse der Assimilation und der elementaren Chemie vorgedrungen. Da Leben von elektromagnetischer Aktivität abhängig ist, hat der Erfinder auch diese in seinem Automaten benutzt.
>
> Genau dieses Verständnis für die Naturgeheimnisse und die praktische Anwendung dieses Wissens sind es, die wir als immensen Fortschritt im Bereich der Naturwissenschaften betrachten, speziell der Physiologie, und wir hegen keine Zweifel, daß die Entdeckungen dieses Meisterhirns seinen Namen unsterblich machen werden.

Dennoch unterstreichen die offensichtlichen Unterschiede zwischen dem mechanischen Modell und seinem natürlichen Vorbild, die Verwendung von Schrauben und Federn anstelle von Organen und Knochen, nur die Schwierigkeiten, Leben zu erschaffen, insbesondere wird aber auch die Problematik deutlich, Kritiker davon zu überzeugen, daß technisches Material etwas Lebendiges hervorbringen kann. Diejenigen, die die Mechanisten ablehnten, waren schnell mit Kritik bei der Hand: Allein der Versuch beweist die Unmöglichkeit dieses Unterfangens, und trotz Harvey, Pasteur sowie sogar Darwin und Descartes setzte sich weiterhin Aristoteles' intuitive Auffassung durch.

Die stimmgewaltigsten dieser Kritiker nannten sich selbst Vitalisten. Dieser Begriff leitet sich von dem der »vis vitalis«, der Lebenskraft, ab, von der angenommen wurde, sie sei nur lebenden Organismen zu eigen. Die Vitalisten selbst hatten über die Natur dieser Lebenskraft unterschiedliche Ansichten. Einige glaubten, es handle sich um eine chemische Substanz, andere hielten sie für materielos. Im 19. Jahrhundert waren viele davon überzeugt, daß Elektrizität die gesuchte Substanz sei, und als Beweis galt ihnen die Möglichkeit, Gliedmaßen von Toten durch Stromstöße zum Zucken zu bringen.

Die Vitalisten wurden das Sprachrohr der Mehrzahl der Bevölkerung, die selbstverständlich annahm, es gebe eine göttliche Komponente des Lebens und es sei daher durchaus wahrscheinlich, daß sich durch einen besonderen Stoff lebende von toter Materie unterscheidet. Der deutsche Biologe Hans Driesch war im 20. Jahrhundert der letzte wichtige Vertreter, der das Fähnlein der Vitalisten hochhielt.[15] Er verteidigte seine Ansichten mit der Inbrunst eines Renegaten. Driesch besuchte im Jahre 1891 die Zoologische Station in Neapel, wo er Experimente an Embryos von Seeigeln durchführte, deren Ergebnisse der herkömmlichen biologischen Theorie zu widersprechen schienen. Wenn ein einziger junger Embryo während eines sehr frühen Entwicklungsstadiums in zwei Teile geschnitten wurde, so entwickelte sich aus jedem dieser Teile ein vollständiger Seeigel. Seine Fehlinterpretation dieses Phänomens führten ihn zu der Annahme, daß eine lebensspendende Kraft, die er mit dem aristotelischen Ausdruck »Entelechie« bezeichnete, am Werk sei. Entelechie war ein »außerräumlicher Faktor«, der die Entwicklung des Organismus zu seiner endgültigen Gestalt leitete. Nachdem er seine »Seeigel-Offenbarung« gehabt hatte, führte Driesch ein streitbares Leben, das dem Versuch gewidmet war, Wissenschaft und Vitalismus miteinander in Einklang zu bringen, wobei er es nicht versäumte, beiläufig auch immer wieder Seitenhiebe gegen den Darwinismus auszuteilen. Er setzte seinen Kampf bis ins 20. Jahrhundert fort, predigte ständig das, was er als empirisch ermittelte Wahrheit bezeichnete, wobei er seine Ansichten mit komplizierten Mutmaßungen über die Entechelie ausschmückte. Diese waren in etwa mit dem Begriff der Seele bei Aristoteles vergleichbar: »Eine wahre Lehre ist niemals ganz ausgelöscht«, schrieb er. »Sie mag eine Zeitlang von ihren Gegner übertönt werden, aber es gibt stets einige, die ihren Weg fortsetzen, was immer auch passiert, unbeeindruckt von der Empörung der Zeitgenossen.«[16]

Obwohl es schwierig sein dürfte, heute noch einen Wissenschaftler ausfindig zu machen, der diese »wahre Lehre« vertritt, scheint eine gewisse Art von Vitalismus doch unausrottbar zu sein, denn es gibt augenscheinlich eine Tendenz unter Menschen, ihre biologischen Vorrechte in die Hände irgendwelcher überirdischer »Wesen« zu legen. Andererseits ist eine besondere Abneigung unübersehbar, das Privileg, ein Lebewesen zu sein, an etwas künstlich Hergestelltes abzutreten. Diese Abscheu verwandelte sich häufig in profunde Skepsis, ja sogar in Spott, wenn jemand behauptete, Leben könne in einem Labor oder in einem Computer geschaffen werden, wobei als Hauptbestandteile nicht etwa organische Moleküle oder andere chemische Bausteine bekannter Zusammensetzung benutzt werden sollten, sondern etwas grundsätzlich anderes – *Information.*

Wenn aber Information als Grundlage des Lebens dienen soll, ist ein dynamisches System notwendig, komplex genug, sich zu reproduzieren und so Nachkommen zu erzeugen, die noch komplexer sind als ihre Eltern. Dies waren also die Prämissen für Wissenschaftler wie John von Neumann.

Es war die Information, die John von Neumanns selbstreproduzierende Maschine von den Automaten seiner technisch ausgerichteten Vorgänger unterschied. In ihrem Mittelpunkt stand ein vorgegebener Plan, der nicht nur ihr Verhalten bestimmte, sondern auch ihre Reproduktionsaktivität.

Dies war zugegebenermaßen eine durchaus gewagte »genetische«

Kreuzung. Man muß wohl zunächst einmal eine abgrundtiefe Schlucht überspringen, bevor man einem Gebilde reiner Logik einige der Fähigkeiten eines lebenden, atmenden Wesens zugestehen kann.
Dieses Experiment rückte in den Bereich des Möglichen durch die Arbeit Alan Turings, der, ebenso wie von Neumann, ein brillanter Logiker war und maßgeblich an der Entwicklung moderner Computer beteiligt war. Im Jahre 1936 erdachte Turing seinen eigenen, imaginären Automaten. Diese Turing-Maschine, wie sie heute allgemein genannt wird, war allerdings weit davon entfernt, der Gemeinschaft der Lebewesen beizutreten.[17] Vielmehr könnte man sie sich vielleicht als eine Art weiterentwickeltes Tonbandgerät vorstellen, in dem ein Endlosband lief (man muß sich in Erinnerung rufen, daß dieses Gerät ein Phantasiegebilde war, so daß Millionen von Kilometern lange Tonbänder und jahrhundertelange Rechenprozesse kein Problem darstellen). Das Band war in Abschnitte unterteilt, und auf jedem dieser Abschnitte befand sich ein Stück Information. Der Schreib-Lese-Kopf, der sich über das Band bewegte, war in der Lage, diese Informationsteile zu lesen und, wenn notwendig, zu löschen oder aber einen solchen Abschnitt zu beschreiben. In diesem Schreib-Lese-Kopf gab es außerdem einen Kontrollmechanismus, der ihm mitteilte, was jeweils zu tun war, während ein Abschnitt gelesen wurde. Seine Charakteristika und sein Verhalten machten ihn zu dem Gerät, das wir heute als *finite state maschine* (FSM) kennen und das man auch einen endlichen Automaten nennen könnte.
Dieses scheinbar einfache Gerät teilte alle Informationen in zwei Kategorien auf; diejenigen, die durch den inneren Zustand bedingt waren, und solche, die von außen stammten. Es wurde außerdem angenommen, daß dieses digitale Universum aus körnigem Material bestand und eine Fortbewegung in bestimmten Intervallschritten möglich war, die so klein sein konnten, wie man es sich nur vorzustellen vermag, bis zu einem Milliardstel Bruchteil einer Sekunde. In all diesen Fällen war eine FSM also in einem bestimmten, beschreibbaren Zustand. Die Beschreibung konnte außerordentlich kompliziert, aber auch sehr einfach sein; die einzige Einschränkung war, daß es eine Beschreibung aus einer endlichen Anzahl möglicher Zustände war (diese Anzahl konnte sehr hoch, aber nicht unendlich sein). Zwischen einem momentanen Zustand und dem nächsten begrenzten Zeitab-

schnitt würde die FSM dann Notiz von der Außenwelt nehmen und alle Eingaben verwenden, zu der die Maschine Zugriff hatte. Danach würde die FSM, entsprechend gewisser vorgegebener Verhaltensmaßregeln, sowohl die Daten von außen als auch ihren eigenen momentanen Zustand berücksichtigen, um ihr zukünftiges Verhalten zu bestimmen, und außerdem festlegen, welchen inneren Zustand sie im nächsten Zeitabschnitt annehmen würde.
Ein sehr einfaches Beispiel einer FSM findet man in dem Kinderspiel »Die Reise nach Jerusalem«, einer Stuhlpolonaise. Der Spielverlauf ist in eindeutige Zeitabschnitte unterteilt, die durch die Unterbrechung der Musik vorgegeben werden. Die Spieler können sozusagen vier verschiedene Zustände annehmen: sitzen, stehen, gehen und aus dem Spiel ausscheiden. Die Regeln des »Die Reise nach Jerusalem«-Universums sind folgende:

> Wenn man sitzt und keine Musik gespielt wird, den Zustand beibehalten.
> Wenn man sitzt und es wird Musik gespielt, in den gehenden Zustand wechseln.
> Wenn man geht und es wird Musik gespielt, den Zustand beibehalten.
> Wenn man geht und es wird keine Musik gespielt, in den sitzenden Zustand wechseln, sofern ein Stuhl vorhanden ist, und in den stehenden Zustand, wenn kein Stuhl vorhanden ist.
> Wenn man sich im stehenden Zustand befindet, aus dem Spiel ausscheiden.
> Wenn man aus dem Spiel ausgeschieden ist, diesen Zustand beibehalten.

In dem Spiel »Die Reise nach Jerusalem« fungiert jeder Teilnehmer als Finite state machine, wobei zwei Dinge eine Rolle spielen: der jeweils innere Zustand der Spielerin oder des Spielers und die äußere Bedingung dieses Spielrahmens, also die Musik. Zu jedem Zeitpunkt vergleichen die Teilnehmer diese Informationen mit den Spielregeln, um zu entscheiden, wie sie sich jetzt und später verhalten sollen.
In der Turing-Maschine würde der FSM-Kopf folgendermaßen arbeiten: Der Schreib-Lese-Kopf könnte beispielsweise in dem vorgegebe-

nen Status A sein und sich auf einem Abschnitt 1 des Bandes befinden. Vor dem nächsten Schritt würde er die vorhandene Information lesen und eine Regeltabelle für das Zusammentreffen dieser beiden Umstände zu Rate ziehen. Das Resultat könnte folgendermaßen aussehen: Ersetze die 1 durch eine 0, bewege den Schreib-Lese-Kopf einen Schritt nach links und wechsle dann in den Zustand B. Der Vorgang würde sich wiederholen, wobei der Schreib-Lese-Kopf nun die Information auf dem nächsten Abschnitt lesen würde, zu dem er sich gerade bewegt hat.

Was die Turing-Maschine so außerordentlich vielseitig machte, war die Speicherkapazität ihres Endlosbandes. Mit der gesamten Information auf diesem Band könnte die Turing-Maschine auch denkbar unterschiedlichste Funktionen einer anderen Maschine nachahmen. Wenn beispielsweise jemand, der eine Turing-Maschine besitzt, »Die Reise nach Jerusalem« spielen wollte und das Gerät auf dem Band die entsprechenden Spielregeln gespeichert hätte, könnte er, ohne selbst die Regeln zu kennen, am Spiel teilnehmen, wenn er nur die Anweisungen der Maschine befolgte. Die Elementar-Turing-Maschine wäre in der Lage, jede Spielregelkonstellation von ihrem Band abzurufen. Tatsächlich konnte Turing auch beweisen, daß eine solche Maschine, die universelle Turing-Maschine, ein universeller Computer ist (es gibt auch einen mathematischen Beweis, der diese Behauptung belegt). Das bedeutet folgendes: Wenn dieser Maschine genügend Zeit gegeben wird, kann sie *jede* Maschine nachahmen, deren Verhalten in allen Einzelheiten beschrieben ist. Turing und sein Kollege, der Philosoph Alonzo Church, stellten außerdem die Physikalische Church-Turing-Hypothese auf, die postuliert, daß eine solche Maschine nicht nur die Funktionen mathematischer Maschinen nachahmen kann, sondern auch die Funktionen der Natur.

Das ergab durchaus Sinn, zumindestens dann, wenn man die Welt mit Turings Augen betrachtete. Aus diesem Blickwinkel konnte nahezu alles mittels einer Finite state machine analysiert werden, denn was bestimmte das Verhalten irgendeiner Maschine, wenn nicht ihr Innenleben (ihr Status) und das, was sie aus ihrer Umgebung geliefert bekam (Informationen vom Band)?

Die Church-Turing-Hypothese besitzt auch Gültigkeit für das menschliche Gehirn. Wenn man einräumt, daß die Zahl der unterschiedlichen

Zustände des Gehirns begrenzt ist (einige Leute machen dieses Zugeständnis allerdings nicht), kommt man zu einem schlüssigen, wenngleich beunruhigenden Ergebnis: In jedem Augenblick befindet sich das Gehirn in einem bestimmten Zustand, bis der nächste momentane Eindruck folgt. Die Information der Umgebung bestimmt in Kombination mit dem Anfangszustand, das Verhalten einer Person ebenso wie den nächsten Zustand seines Gehirns. Turings These war nun, das Gehirn als eine Finite state machine müsse einfach einer logischen Anleitung folgen – im wesentlichen wäre das eine Regeltabelle, die durch biologische und physikalische Kräfte festgelegt sein sollte –, um zum nächsten Zustand zu gelangen.

Während der nächsten fünfzig Jahre stand Turings Maschine im Mittelpunkt heftiger Diskussionen über die Streitfrage, ob sich eine Maschine wirklich Intelligenz aneignen könne. Viele Wissenschaftler behaupteten, ein Computer sei durchaus in der Lage, denn unter logischen Gesichtspunkten betrachtet gälten alle elektronischen, digitalen Computer als Turing-Maschinen und daher als universelle Computer. Andere Wissenschaftler widersprachen und wandten ein, das Gehirn könne niemals als Finite state machine gelten, denn weder sei es möglich, seinen Zustand so knapp zu beschreiben, noch sei eine Regeltabelle in der Art zu formulieren, daß sie unfehlbar menschliches Denken nachahmen kann. Aber John von Neumann war weniger an dem interessiert, was später unter dem Begriff Künstliche Intelligenz (KI) bekannt wurde, als an der Welt des Künstlichen Lebens. Da er sich auf Selbstreproduktion konzentrierte, legte er sein Augenmerk mehr auf das Leben als auf das Gehirn.

Das natürliche Verhalten künstlicher Strukturen war in den vierziger Jahren tatsächlich ein Leitmotiv in von Neumanns Arbeiten an Rechnern. Zu dieser Zeit korrespondierte er auch mit dem ungarischen Physiker Rudolph Ortvay, der als erster eine Verbindung zwischen dem Gehirn und elektronischen Rechenmaschinen vermutete.[18] 1943 las von Neumann einen Artikel von Warren McCulloch und Walter Pitts mit dem Titel: »A Logical Calculus of the Ideas Immanent in Nervous Acitivity« (Eine logische Berechnung der Grundlagen, die der Nervenaktivität eigen sind). Dieser beschrieb eine Methode, nach der mathematische Modelle dazu benutzt werden konnten, die Funktionen des Nervensystems nachzuahmen: ein künstliches neuronales

Netzwerk. Von Neumann brachte diese Entwicklung mit Turings Behauptung in Verbindung, eine universelle Maschine könne jedes andere berechenbare System nachahmen. Hier war nun ein System, das den Schluß nahelegte, lebende Organismen hätten selbst einen eingebauten Computer, dessen Berechnungen ihr Verhalten bestimmten. »Alles, was erschöpfend und eindeutig beschrieben werden kann, alles, was vollständig und eindeutig zum Funktionieren gebracht werden kann, ist ipso facto durch ein geeignetes, begrenztes neuronales Netzwerk realisierbar«, sagte von Neumann auf dem Hixon-Symposium.

Konnte also, wie Turing und Church es vorausgedacht hatten, ein universeller Computer tatsächlich die geistigen Funktionen eines jeden Lebewesens darstellen? Zweifellos gab es unter den »Maschinen«, die von der Turing-Maschine nachgeahmt werden konnten, auch lebende Systeme. Natürlich würde ein sehr langes Band benötigt werden, um die Handlungen eines menschlichen Wesens, aber auch die einer einfacheren biologischen Kreatur, beispielsweise eines Käfers, einer Eiche oder eines Bakteriums, zu kopieren, aber es wäre möglich. Die logische Basis schien also unangreifbar. Man mußte auch die eigentliche Maschine gar nicht erst bauen, um die Botschaft zu verstehen. Sie lautete: Leben ist in eine bestimmte Klasse von Automaten einzuordnen.

Von Neumann erkannte, daß die Biologie das bei weitem überzeugendste Informationssystem bereithielt und seine Nachahmung den Schlüssel für ein sehr wirkungsvolles künstliches System liefern würde. Auf dieser Grundlage erarbeitete er seine Computerkonzeptionen, wobei er die verschiedenen Teile des Rechners als »Organe« auffaßte, und so waren die Schaltelemente seiner ersten Computer – die »Und-Schalter«, »Oder-Schalter«, »Nicht-Schalter« und Verzögerungskreise – wie Neuronen aufgebaut.

Auf dieser Basis entwickelte er auch ein künstliches Wesen, das über die komplizierteste biologische Funktion verfügen sollte, die Fähigkeit zur Selbstreproduktion.

Der erste selbstreproduzierende Automat, den von Neumann erdachte, war ein Computer, der aus Schaltern, Reglern und Teilen der Informationsweitergabe bestand. Er war aber nicht als reines Informationsgebilde gedacht, sondern als handfestes Gerät mit Bezug zur

Wirklichkeit. Neben den computerinternen Bestandteilen besaß der Automat fünf zusätzliche Elemente:

1. ein Element zur Manipulation (ähnlich einer Hand), das seine Befehle von der »rechnenden« Kontrolleinheit der Maschine bekam;
2. ein Element zum Schneiden, das zwei Elemente trennen konnte, wenn der Computer dies anordnete;
3. ein Element zum Verbinden, das in der Lage war, zwei Teile zusammenzufügen;
4. ein sensorisches Element, das alle Teile erkennen und die entsprechende Information an den Computer weiterleiten konnte;
5. eine Reihe von »Trägern« als genau festgelegte strukturelle Elemente, die nicht nur den Montagerahmen für das Wesen darstellten, sondern auch die Bausteine des Informationsspeichers.

Es existierte auch ein Lebensraum für das Wesen, ein riesiges Reservoir in Form eines endlosen Sees, nach dem Zufallsprinzip mit der gleichen Art von Elementen bestückt, aus denen auch das Wesen selbst aufgebaut war.
Die Körperteile der Kreatur waren so angeordnet, daß sie aus drei Haupteinheiten und einem äußerst wichtigen Anhängsel bestanden. In gewissem Sinne konnte man von Neumanns selbstreproduzierenden Automaten als ein Trio symbiotischer Strukturen sehen. Die erste, Komponente A, war eine Art Fabrik, die Materialien aus dem See entnahm und sie entsprechend bestimmter Anweisungen zusammensetzte, die von einem anderen Teil geliefert wurden.
Der zweite Teil dieses Dreigestirns, Komponente B, fungierte als Duplikator: Seine Aufgabe war es, Anweisungen zu lesen und zu kopieren.
Komponente C war der Kontrollmechanismus, also der Rechner selbst.
Die Anweisungen waren Komponente D. In einer langen Folge angeordnet, wurden sie wie von einem Lochstreifen abgelesen. Physikalisch bestanden sie aus einer langen Reihe von Trägern, die sägeblattartig

angeordnet waren. An jeder Verzweigungsstelle bedeutete die An- oder Abwesenheit eines solchen Trägers eine »1« beziehungsweise eine »0« (Abb. 1). Wenn man also den Träger an einer solchen Verzweigung plazierte, war es dasselbe, als würde man eine Markierung auf dem Band vornehmen beziehungsweise ein Bit im Computerspeicher setzen.

Das Lesen dieses langen »Bandes« von Trägern ergab binäre Zahlen, die nach dem Entschlüsseln ihre Informationen preisgaben. Wenn man davon ausging, daß die Reihe von Abschnitten ziemlich lang war, unter Umständen sogar viele Kilometer, konnte die Art der Information außerordentlich komplex sein, umfassender als beispielsweise die Informationsmenge in einem Buch.

In von Neumanns kinematischem, selbstreproduzierendem Automaten ist die Information in miteinander verbundenen Trägern gespeichert, die dem unendlichen See entnommen wurden, in dem der Automat schwimmt. Da sich keine senkrechten Träger an den Kreuzungsstellen befinden, wird diese Reihe als 000000 gelesen.

Hier sind die erste, zweite und vierte Kreuzungsstelle der sägeblattartigen Anordnung mit senkrechten Trägern versehen. Liest man die Kreuzungsstellen mit den Längsträgern als »1« und die ohne Längsträger als »0«, so lautet die Reihe 110100. Bei Verwendung dieser Methode und einer großen Anzahl solcher Träger besteht die Möglichkeit, unbegrenzt Informationen zu speichern.

Und hier begann der Prozeß der Selbstreproduktion. Der Automat erwachte sozusagen zum Leben, indem er die Informationen des Trägerbandes las. Komponente C nahm die Anweisungen auf, fütterte damit den Duplikator (Komponente B), der diese Anweisungen kopierte und die Duplikate an die Fabrik gab, während er das Original speicherte.

Nach Aufnahme der Informationen schwamm die Fabrik hinaus auf den weitläufigen See und prüfte die zahlreichen vorübergleitenden

Einzelteile auf ihre Verwertbarkeit, denn ihre Aufgabe war es, nach einem bestimmten Teil Ausschau zu halten, mit dem sie die Konstruktion eines Nachkommen beginnen könnte. Wenn das Teil gefunden war, ergriff sie es mit ihrer Hand, hielt es so lange fest, bis das nächste Teil gefunden war, und verschweißte dann beide Teile. Sobald diese Konstruktion vollendet war, baute der Automat eine zweite Fabrik sowie einen weiteren Duplikator und Computer. Es fehlte allerdings noch ein entscheidender Schritt. Und eben dieser Schritt machte die klarsichtige Genialität des von Neumannschen Denkmodells aus. Realisiert wurde er, sobald die Komponente D, also das lange, beim elterlichen Duplikator gespeicherte Trägerband, in einen neuen Nachkommen eingepflanzt wurde. Indem das neue Wesen mit einer Kopie der reproduzierenden Anweisungen ausgestattet wurde, war es sozusagen vollendet und damit fähig, diesen Vorgang selbst zu wiederholen.

Diese Verkettung von Ereignissen wird denjenigen sehr bekannt vorkommen, die mit der Wirkungsweise biologischer Systeme vertraut sind, da von Neumanns Automat, obwohl bereits einige Jahre vor Entdeckung des DNA-Moleküls vorgestellt, im wesentlichen den Reproduktionsprozeß des natürlichen Lebens widerspiegelt. Beim Hixon-Vortrag berichtete von Neumann seinen Zuhörern, vermutlich mit ironischer Untertreibung, daß

> die Beschreibung dieses Automaten weitere attraktive Seiten hat ... So ist es beispielsweise ziemlich eindeutig, daß die Folgen von Anweisungen (Bänder) die Funktion eines Gens wahrnehmen. Es ist auch klar, daß der Kopiermechanismus B den fundamentalen Schritt der Reproduktion ausführt, die Duplikation des genetischen Materials, die auch eindeutig die wichtigste Operation in der Vervielfältigung lebender Zellen ist. Es ist ebenfalls leicht zu erkennen, wie willkürliche Änderungen im System ... zur Ausprägung verschiedener, typischer Eigenschaften führen können, die normalerweise im Zusammenhang mit Mutationen auftreten, die zwar in aller Regel tödlich sind, aber andererseits auch die Chance bieten, die Reproduktion mit modifizierten Eigenschaften fortzuführen.[19]

Diese Automaten pflanzten sich also nicht nur fort wie natürliche Lebewesen, sondern hatten langfristig gesehen auch die Fähigkeit, sich in eine komplexere Form als die des Originals weiterzuentwickeln, wiederum genau wie natürliche Lebewesen.
Wenn man von Neumanns imaginäre Wesen als Hypothese auffaßt, dann ist die Arbeit zur Aufschlüsselung der DNA-Struktur durch Watson und Crick und deren Nachfolger die spätere empirische Bestätigung. Der Physiker Freeman Dyson bestätigte: »Soweit wir wissen, ist der elementare Aufbau von Mikroorganismen, die größer als ein Virus sind, exakt so, wie in von Neumanns Vorstellungen.«[20]
Der erste selbstreproduzierende Automat wurde als kinematisches Modell (kinematic model) bekannt und hatte einen fatalen Mangel. Wenngleich sein Prozeß für die Produktion von Nachkommen logisch fundiert war, so litt er doch an einer generellen Strukturschwäche. Das Problem lag in den ihn ausmachenden Elementen – es gab zu viele *black boxes.* Eine Black box ist ein einfaches Modell, das in einer bestimmten Weise funktioniert, dem Betrachter aber keinen Einblick gibt, wie das Ergebnis zustande gekommen ist. Der Fehler dieses kinematischen Geschöpfes war also, daß es für den Beobachter so wenig transparent war: »Woher kamen beispielsweise die »Arme« und »Sensoren«?
Die Ratlosigkeit, die dieser Frage folgte, konnte von Neumanns Durchbruch aber nicht verhindern. Der britische Genetiker L. S. Penrose bemerkte: »Da es das Ziel der Überlegungen von Neumanns war, die logischen Voraussetzungen des Problems zu lösen, war die enorme Komplexität der Maschine ohne Belang.«[21] Als Tatsache bleibt festzuhalten:
Von Neumann konnte aus den verschiedenen Einheiten kein funktionierendes Modell herstellen, denn diese waren Teil einer viel weiter fortgeschrittenen Technologie, die auch Jahrzehnte später noch nicht realisiert sein sollte. »Möglicherweise können die Prinzipien eines solchen Systems zwar jetzt erarbeitet werden ...«[22], schrieb 1965 der Mathematiker und Biologe Walter R. Stahl, »aber die entscheidende Anzahl notwendiger Teile könnte Hunderttausende oder gar Millionen betragen. Auch eignet sich das kinematische Modell nicht sehr gut für mathematische Analysen.«

Einige Mathematiker und Physiker schafften es, das Problem der Black box ad acta zu legen, indem sie weniger anspruchsvolle selbstreproduzierende Strukturen ausarbeiteten. Diese erheblich bescheideneren Konstruktionen hatten den Vorteil, daß sie nicht nur als gedankliche Gebilde existierten. Ihre Schöpfer hielten es vielmehr für wichtig, etwas zu bauen, das sich fortpflanzte, selbst wenn dies drastische Vereinfachungen erforderlich machte. Sie schlugen damit eine entscheidende Bresche in die Mauer der Mißverständnisse, die die Biologie von anderen Disziplinen trennt. Noch einmal Penrose: »Die Vorstellung, daß sich ein Objekt fortpflanzt ... ist so eng mit den fundamentalen Prozessen der Biologie verknüpft, daß sie etwas Magisches hat.«

Diese ersten Nachfolger John von Neumanns und die Wissenschaftler, die sich wiederum in deren Nachfolge mit KL beschäftigten, stießen auf etwas sehr Bemerkenswertes, das ihre Aufgabe außerordentlich erleichterte. Wenngleich es gefühlsmäßig auch wenig wahrscheinlich klang, gab es doch verschiedene natürliche Tendenzen – Gesetze des Universums, wenn man so will, die solche Phänomene wie die Selbstreproduktion zu fördern schienen. Die Untersuchungen dieser Forscher stellten also einen wichtigen Beitrag für die Fortschreibung wissenschaftlicher Theorien und Experimente dar. Das galt insbesondere für die Komplexitätstheorie, die große Bedeutung für das Künstliche Leben besitzt.

An diesem Punkt war es wieder von Neumann, der ein Phänomen frühzeitig erkannte. Durch seine Studien natürlicher Systeme gelangte er zu der zweifellos wichtigsten, wenngleich mehr instinktiven Einsicht seiner Arbeiten, daß Leben nicht nur auf Information gründete, sondern auch auf Komplexität. Lange vor der Publizierung der Chaostheorie und der Erforschung nichtlinearer dynamischer Systeme, stellte der Mathematiker diese Verbindung her, die inzwischen zentraler Bestandteil allen biologischen Verständnisses geworden ist.

Leben war seiner Ansicht nach von einem gewissen Maß an Komplexität abhängig. Und weiter: Sobald eine bestimmte kritische Masse von Komplexität erreicht sei, könnten sich Objekte fortlaufend selbst reproduzieren, wobei sie nicht nur ihresgleichen hervorbrächten, sondern sogar der Ursprung für kompliziertere Objekte sein könnten, als sie selbst es waren. Als krönendes Beispiel galt ihm der Weg, den die

Evolution von relativ einfachen, einzelligen Organismen zu so komplexen Lebewesen wie den Säugetieren beschritten hatte. Ohne eine bestimmte Komplexität würden zukünftige Organismen sich nicht selbst reproduzieren können und wären zum Aussterben verurteilt, meinte von Neumann. Vergleichbar war dieses Konzept für ihn mit einem Raumschiff, das eine gewisse Schubkraft braucht, um der Anziehungskraft der Erde zu entgehen. Steigt die Rakete nicht schnell genug, verliert sie ihren Vortrieb und stürzt auf die Erde zurück.
Die Auswirkungen dieser Thesen für die Biologie wurden schnell erkannt und lieferten vermutlich selbst die beste Antwort auf alles vitalistische Gerede. Doch obwohl es die mystische Vis vitalis, die lebende von toter Materie unterscheiden soll, nicht gibt, existiert gleichwohl etwas sehr Wesentliches in biologischen Systemen, das tatsächlich eine Art Lebenskraft darstellt: Komplexität.
Eng mit der Komplexitätstheorie war noch etwas verknüpft, das ebenfalls mit der Entstehung des Lebens verbunden ist: das Konzept der Selbstorganisation. Die Forscher auf dem noch neuen Gebiet des Künstlichen Lebens begannen zu verstehen – sie verließen sich schließlich sogar auf diese Beobachtung –, daß Selbstorganisation als eine bisher nicht erfaßte Kraft der Natur verstanden werden mußte, als eine Kraft, die die Evolution unterstützte und das System so in Richtung auf größere Komplexität trieb. Sie fanden heraus, daß *Leben sich entwickeln will,* auch gegen scheinbar unüberwindliche Hindernisse. Verantwortlich dafür war also ganz augenscheinlich nicht Zauberei, sondern ein substantieller Kern der Natur, der selbstreproduzierende Objekte möglich, wenn nicht sogar unvermeidlich machte.
Die KL-Forscher erhielten Schützenhilfe von unerwarteter Seite. Ende der fünfziger Jahre dieses Jahrhunderts erkannte Homer Jacobsen, ein Physiker vom Brooklyn College, daß »Wissenschaftler die meisten charakteristischen Funktionen lebender Dinge bereits durch unbelebte Modelle kopiert haben«[23], das galt allerdings nicht für die Fortpflanzung. So machte er sich daran, diese Lücke zu schließen, wobei er eine Modelleisenbahn der Spur H0 benutzte. Er konstruierte einen Schienenkreis mit verschiedenen Abstellgleisen, auf dem zwei Typen von Triebwagen fuhren, die er »Anfang« und »Ende« nannte. Ein kompletter »Organismus« bestand aus einer bestimmten Anordnung dieser beiden Typen. Ausgestattet war sein Modell außerdem mit einigen

einfachen Regeln für das An- und Abkuppeln und für das Rangieren. Das Ergebnis des Versuchs war stets das gleiche: Der komplette Organismus, mit dem er begann, konnte die Güterwagen nach dem Zufallsprinzip so rangieren, daß ein neuer kompletter Organismus entstand, sozusagen ein Nachkomme.
Überraschenderweise hatte Jacobsen durch das Experimentieren mit einer einfachen Modelleisenbahn eine der Schlüsselverhaltensweisen des von Neumannschen selbstreproduzierenden Automaten nachgestellt.
In ähnlicher Weise schuf auch der bereits erwähnte Genetiker L. S. Penrose, zusammen mit seinem Sohn Roger, ein echtes System selbstreproduzierender Strukturen.[24] Ihr Material war recht bescheiden, denn es handelte sich um Sperrholzstücke, denen sie ungewöhnliche Formen gegeben hatten. Diese wurden in eine Schachtel gefüllt und verschiedene Kerben in den Holzstücken ermöglichten es diesen, aneinander hängenzubleiben, wenn sie – durch kräftiges Schütteln der Schachtel – zufällig zusammentrafen. Sie verhielten sich ähnlich wie unterschiedliche Moleküle, die sich aneinander binden, oder Zellen des Immunsystems, die sich an virale Eindringlinge hängen. Nach immer neuen Anläufen arbeitete das System schließlich soweit, daß ein »Keim«, also ein Satz in bestimmter Weise zusammenhängender Stücke, nach dem zufälligen Zusammentreffen mit anderen Stücken plötzlich nicht mehr allein da war. Statt dessen gab es zwei Sätze der gleichen Anordnung, den »mütterlichen« Satz und einen Nachkommen. Nach Penrose könnte man ein ähnlich arbeitendes System schaffen, das tatsächlich eine Art evolutionäre Aktivität entwickeln würde. »Ein derart kompliziertes Schema ist bisher in der Praxis unerreichbar. Wir müssen uns damit begnügen, einen parasitären Organismus zu schaffen«, schränkte er ein, merkte dann allerdings an, daß dieser »jedoch nicht hilfloser als ein Virus« sei.
Diese einfachen Experimente legten den Schluß nahe, daß man in der Tat die Prinzipien des von Neumannschen kinematischen Automaten benutzen könnte, um die Geheimnisse des Lebens zu erschließen. Das verführte einige Wissenschaftler dazu, über den außerordentlichen Nutzen zu spekulieren, der aus diesem Prozeß erwachsen könne. Ihre Pläne waren kühn, aber, wie sie betonten, realisierbar. Von Neumann hatte diesem Gebiet ein so großes Renommee verschafft, daß sie sich

ermutigt fühlten, ungeachtet des Spotts und der Nachteile bei der Wissenschaftsförderung weiterzuarbeiten.

Eine der ersten Arbeiten auf diesem Gebiet waren Edward F. Moores künstlich lebende Fabriken. Bei diesen Phantasiegebilden Moores handelte es sich um schwimmende Fabriken, riesige Plattformen, die sich durch krakenähnliche Extremitäten mit Düsenantrieb auf dem Meer vorwärtsbewegen konnten. In Küstennähe ausgesetzt, begann eine künstlich lebende Fabrik Rohmaterial aus dem Meer, vom Strand und aus der Luft aufzunehmen, funktionierte also wie ein natürlicher Organismus, um sich am Leben zu erhalten. Die vorhandene Energie wurde zunächst für die Reinigung des aufgenommenen Materials verwendet, um anschließend Teile daraus zu fertigen. »Aus diesen Elementen«, schrieb Moore, »würde die Maschine Kabel, Magnetspulen, Zahnräder, Schrauben, Relais, Schläuche, Tanks und andere Teile herstellen, um sie dann zu einer Maschine von der Art wie sie selbst zusammenzusetzen, und diese könnte dann wiederum Kopien von sich herstellen.«

Allerdings würde es eine zweite Aufgabe geben, die im Programm der Fabrik festgelegt wäre, sozusagen eine Nebentätigkeit parallel zum Reproduktionsprozeß: Die Fabrik sollte einen Produktionsausstoß erreichen, der ihren Herstellern und Betreibern einen gewaltigen Gewinn bescheren würde. Dabei könnte es sich um etwas so Einfaches handeln wie den Abbau eines Minerals, von dem jeweils mehr angereichert würde, als für die Produktion von Nachkommen nötig wäre, oder es würde ein Produkt hergestellt, das zur Erzeugung von Nachkommen überhaupt nicht benötigt würde, beispielsweise Wasser. Der Unterschied zwischen dieser Fabrik und anderen wäre, daß sich die künstlich lebende selbst erhalten könnte. Und da sie neue Fabriken herstellen würde, vielleicht sogar Tausende, war eine einzelne Fabrik in der Lage, unbegrenzten Profit zu erwirtschaften.

Moore räumte ein, daß diese Maschine »komplizierter und teurer als die von Neumannsche« sein würde. »Eine künstlich lebende Fabrik«, schrieb er mit der typischen Untertreibung derjenigen, die sich derartige weltbewegende Systeme ausdenken, »kann selbstverständlich nicht von einem einsamen Erfinder in seinem Keller zusammengesetzt werden.«[25] Aber er schätzte, daß es für etwa 75 Millionen Dollar – eine relativ bescheidende Summe für Spitzenforschung, selbst im Jahre

1955 – möglich sei, innerhalb von zehn Jahren die Entwicklungsprobleme zu bewältigen. Sogar wenn die Lösung bestimmter Probleme die Entwicklung neuer, chemischer Verfahren nötig machen würde, wäre ihre Entwicklung doch nicht schwieriger als das Unterfangen, Menschen zu einem anderen Planeten zu schicken.

Inzwischen sind Menschen auf dem Mond gewesen, aber niemand hat Geld in die Entwicklung einer künstlich lebenden Fabrik gesteckt. Die Idee war dennoch nicht tot, und so durchdachte Freeman Dyson vom Institute for Advanced Study, das zur Princeton University gehört, anhand des Konzepts der selbstreproduzierenden Automaten eine Reihe von Experimenten.

Eines von diesen Experimenten gründete sich direkt auf den von Moore entwickelten Plan, und obwohl auch Dyson sich vorstellen konnte, daß das von solchen Fabriken produzierte Süßwasser Wüsten zum Blühen bringen könnte, sah er auch die Gefahr einer echten Umweltkatastrophe, wenn Tausende von Fabrikwracks an die Küsten gespült würden. Dyson verlegte seine Gedankenspiele daher in den Weltraum und schlug vor, einen selbstreproduzierenden Automaten zum schneebedeckten Saturnmond Enceladus zu schicken.[26] In seiner Vision würde diese spezielle Maschine mit Hilfe von Sonnenenergie Fabriken herstellen, die wiederum zahlreiche solargetriebene Raumsegler bauten. Diese würden dann, mit einem Eisblock beladen, zum Mars gleiten, und die entstehende Reibungshitze bei der Fahrt durch die Atmosphäre des Mars würde die Eisblöcke zum Schmelzen bringen. Dyson stellte sich vor, daß die sich anreichernde Feuchtigkeit die Atmosphäre des Mars erwärmen könnte und den vierten Planeten des Sonnensystems so zu einem mollig warmen Treibhaus für Lebewesen und für Nutzpflanzen machen würde. Damit, sagte er, »könnten wir mit einem begrenzten Stück Technik zu einem vertretbaren Preis einen unbegrenzten Profit erwirtschaften – zumindest aber einen Profit, der nach menschlichen Maßstäben unvorstellbar hoch ist.«

Dyson hatte allerdings Bedenken, daß die Erwirtschaftung eines solchen grenzenlosen Gewinns der natürlichen Ordnung zuwiderlaufen oder sie sogar zerstören könnte. Es würde ja etwas aus dem Nichts entstehen (deshalb nannte Ted Tailor, ein Physiker aus Princeton, der sich ebenfalls mit selbstreproduzierenden Systemen beschäftigte, diese Phantasiegebilde auch »Weihnachtsmann-Maschinen«[27]), denn

hier sollte alles ohne den Schweiß und die Mühe ablaufen, die normalerweise mit derartigen Fortschritten verknüpft sind.
Aber wer glaubt schon an den Weihnachtsmann? Unser Gefühl und jede Faser unserer mittlerweile empirisch erworbenen Skepsis sagt uns, daß es eine solche Goldgrube nicht gibt. Bisher leitete sich die Überzeugungskraft der von Neumannschen Gedankenexperimente aus der Annahme her, das Phänomen Leben sei ein Füllhorn nicht enden wollenden Inhalts, das sich sozusagen über die unwiderlegbaren Prinzipien der Entropie lustig zu machen schien. Denn nach dem zweiten Hauptsatz der Thermodynamik nimmt in jedem isolierten System die Energie im Laufe der Zeit ab und wird schließlich wirkungslos, wobei der Grad der Unordnung in diesem System zunimmt. Leben verhält sich allerdings so, als habe es sich nicht um diesen Zweiten Hauptsatz zu kümmern. Leben sorgt vielmehr dafür, daß im Laufe der Zeit die Ordnung *zunimmt.* Von seinen zweifellos einfachen Anfängen weist die Geschichte des Lebens, soweit wir sie kennen, eine stetig ansteigende Kurve von zunehmender, wohlgeordneter Komplexität auf. Wie von Neumann bereits feststellte, widersprechen die evolutionären Charakteristika dem zweiten Hauptsatz der Thermodynamik zumindest grundsätzlich. (Physiker erklären den Widerspruch so, daß, über das ganze Universum gesehen, die Energie und Ordnung durchaus abnehmen; da wir unsere Nase aber nur gegen die Glasscheibe unseres eigenen Treibhauses drücken, sehen wir auch nur einen Teil des Ganzen. Aus einem weiteren Blickwinkel betrachtet, befinden sich die organisatorischen Aspekte des Lebens durchaus exakt in Einklang mit dem zweiten Hauptsatz, genaugenommen unterstützen sie sogar dessen Umsetzung). Die beachtliche Fähigkeit der von Neumannschen selbstreproduzierenden Maschinen und verwandter Formen Künstlichen Lebens bestand nun darin, diese Kraft, das Hintertürchen im zweiten Hauptsatz der Thermodynamik, ausnutzen zu können. Es gab vielleicht kein Lebenselement, das für Leben verantwortlich war, aber *es gab* eine durchgängige Fähigkeit lebender Dinge, im Laufe der Zeit an Komplexität zuzunehmen und verschiedene Bereiche des Universums zu ordnen. Wenn wir also lebende Dinge erschufen, künstliche Organismen, die Vorteile aus dieser Kraft zogen, konnten wir auch unsere eigenen Kräfte exponentiell steigern.
»Es ist keine Kunst, vorauszusehen«, urteilte Dyson über diese Mög-

lichkeiten, »daß es sich hier um eines der zentralen Anliegen des 21. Jahrhunderts handeln wird.«[28]

Vielleicht sind die Aussichten auf diese Dinge für uns so erschreckend, daß wir versuchen, sie zu ignorieren oder sie als Science-fiction abzutun, als wären nicht viele Dinge unserer heutigen Realität ebenfalls in Zukunftsromanen vorausgesagt worden. So erging es auch einem ausgeklügelten Konzept, das von Neumanns Ideen mit Leben erfüllen sollte, einer NASA-Studie aus dem Jahre 1980, die selbstreproduzierende Mondfabriken empfahl.

Die NASA finanzierte 1980 ein auf zehn Wochen angelegtes Projekt, das die Rolle hochentwickelter Automaten und Roboter in künftigen Weltraumunternehmungen prüfen sollte. Die Weltraumbehörde verpflichtete 18 Universitätsprofessoren und 15 Programmierexperten, die in vier Gruppen arbeiteten, von denen jede die Durchführbarkeit einer speziellen Mission zu prüfen hatte, die möglicherweise in einigen Jahren unternommen werden könnte. In ihrem Bericht erläuterte die »Mission IV Group«, wie von Neumanns selbstreproduzierende Maschinen verwendet werden könnten, um den Mond und später das ganze Universum zu besiedeln.

Leiter der Gruppe, die unter dem Namen Self-Replication Systems Concept Team (Arbeitsgruppe zur Prüfung des Konzepts selbstreproduzierender Systeme) bekannt wurde, war Richard Laing. Nachdem Laing 1956 aus einem Forschungsprojekt über englische Literatur ausgeschieden war, hatte er zunächst Texte mit technischem Inhalt für Computerwissenschaftler geschrieben, die später die Logic of Computers Group der Universität von Michigan gründeten. Bald faszinierten ihn die dort diskutierten Ideen der Überlappung von biologischen und künstlichen Systemen so sehr, daß er an diesem Institut einen Doktortitel erwarb und vollwertiges Mitglied der Gruppe wurde. Er verbrachte einen großen Teil der Zeit damit, über die Auswirkungen der von Neumannschen Automaten nachzudenken, und schlug einige Veränderungen vor. Am bemerkenswertesten war seine Anregung, nach der ein Automat die Informationen über seine Struktur nicht mehr speichern, sondern sie durch einen Prozeß der Eigenüberprüfung selbst ermitteln sollte. Das bedeutete, daß eine Evolution nicht streng darwinistisch verliefe, sondern etwa so, wie von Lamarck beschrieben, daß natürliche Organismen auch erworbene Eigenschaften an ihre Nachkommen weitergeben könnten. Diese Ansicht galt bereits seit fast einem Jahrhundert als überholt, und zwar seit den Experimenten, bei denen Ratten über aufeinanderfolgende Generationen hinweg die Schwänze abgeschnitten wurden, mit dem bekannten Ergebnis: Gleichgültig, mit wie vielen verstümmelten Ahnen man auch experimentieren mochte, die Nachkommen wurden stets mit gesunden Schwänzen geboren. Die später folgenden molekularbiologischen Entdeckungen bestätigten, daß die Lamarcksche Evolution eine Fehlinterpretation der natürlichen Vorgänge war, aber Laing deutete nun an, daß die künstliche Biologie sich eventuell anders verhalten könnte. Im Jahre 1980 verließ Laing Michigan und siedelte nach Oregon über, wo seine Frau eine Anstellung gefunden hatte. Das Angebot, an dem NASA-Projekt teilzunehmen, schien ein angenehmer und sicherlich auch faszinierender Zwischenstopp auf seiner Reise nach Westen. Als er die Universität von Santa Clara in Kalifornien zu Beginn des Sommersemesters erreichte, fand er sich sofort in Einklang mit drei anderen Mitgliedern seiner Gruppe: Georg von Tiesenhausen, einem deutschen Raketenwissenschaftler, der nach dem Krieg als junger Mann von der damals neuen Raumfahrtbehörde angeworben worden war, Robert A. Freitas Jr., einem Wissenschaftler mit einem juristischen Hochschulabschluß, und Rodger Cliff, einem Ingenieur der NASA. In der ersten Sitzung wurden bereits so viele Ideen und Anregungen zusammengetragen, daß Laing seine Kollegen bat, sofort alles schriftlich festzuhalten.

Nach Angaben Laings waren die Verantwortlichen des Projekts über die unkonventionellen Pläne des Self-Replication Systems Concept Teams etwas besorgt. Obwohl anscheinend ein solider wissenschaftlicher Hintergrund vorhanden war, klangen einige Dinge doch entschieden nach Science-fiction. Der Schatten William Proxmires, der jahrelang Geldmittel für sein Projekt Search For Extraterrestrial Intelligence (SETI; Suche nach außerirdischem intelligentem Leben) von den Behörden erbettelt hatte, lag über jedem Projekt, dessen Methoden sich unter Umständen in alberne Spielereien verdrehen ließen. So mußte sich die Gruppe dadurch einen Freiraum verschaffen, daß sie regelmäßig kurze Mitteilungen über ihre jeweiligen Fortschritte per Konferenz-Standleitung nach Washington schickte. Außerdem führte sie einige geschickte Umschreibungen ein: Statt von selbstreproduzierenden Fabriken zu sprechen, was zu vermenschlichend klang, benutzte sie beispielsweise den Begriff selbst*replizierende* Fabriken.

Die Gruppe versuchte im Verlauf ihrer Arbeit zu zeigen, daß »maschinelle Selbstreplikation und Wachstum ein grundsätzlich erreichbares Ziel darstellen«.[29] Eine schwierige Frage war die nach der Abgeschlossenheit: Konnte dieser Quasiorganismus in seiner unmittelbaren Umgebung alle die Materialien finden, die er zum Wachstum, für den Stoffwechsel und zur Reproduktion benötigte? Die erdachte Fabrik würde, wie jeder Organismus auch, nicht nur alle materiellen Elemente benötigen, sondern auch ausreichend Energie. Und vollständige Abgeschlossenheit würde so lange nicht erreicht werden können, bis das System, wiederum wie andere Organismen auch, in der Lage wäre, alle Informationen herzustellen und zu handhaben, die zur Funktion und Erzeugung von Nachkommen notwendig wären.

Vollständige Abgeschlossenheit schien unerreichbar, da verschiedene Komponenten, wie mikroelektronische Präzisionsinstrumente oder hochwertige Kugellager, einen zu komplexen Produktionsprozeß voraussetzten. Die Gruppe akzeptierte schließlich die Wahrscheinlichkeit, daß zwischen 90 und 96 Prozent des benötigten Materials zur Verfügung stehen würden, zunächst in roher Form und dann von der Fabrik in einen brauchbaren Zustand verwandelt. Die restlichen vier bis zehn Prozent könnten von der Erde aus geschickt werden. Diesen Rest nannte die Gruppe scherzhaft »Vitamine«. Dasselbe galt für fehlende Informationen: Wenn das auf von Neumanns genetischen Bändern programmierte Verhalten zum Beispiel nicht auf Veränderungen der Umwelt eingestellt war, die die Fabrik in ihrer Funktion beeinträchtigen konnten, sollten entsprechende Informationsvitamine von den Kontrolleuren auf der Erde zur Fabrik hinaufgeschickt werden.

Das Problem der unvollständigen Abgeschlossenheit jedoch begrenzte die Möglichkeiten der selbstreplizierenden Fabriken. Nur mit totaler Auslastung würden die Fabriken vollkommen unabhängige Organismen sein, und nur dann würde der Weihnachtsmann-Effekt wirklich eintreten, also das *Etwas für nichts,* das die Lebensformen vor den Auswirkungen der Entropie schützte.

»Es bestand die Hoffnung«, sagt Laing, »daß man nie wieder Geld benötigte, wenn man den Betrag für den Bau einer selbstreplizierenden Fabrik aufbrächte. Man könnte das Universum übernehmen.«

Die Mission IV Group schlug vor, daß selbstreplizierende Systeme fünf verschiedene Verhaltensweisen aufweisen sollten: Produktion, Replikation, Wachstum, Evolution und Eigenreparatur. Die Mitglieder erarbeiteten zwei detaillierte Pläne, die aus einem Roman von Isaac Asimov hätten stammen können, ergänzt allerdings durch wissenschaftliche Zitate, erklärende Abbildungen und Tabellen. Schließlich handelte es sich ja um einen offiziellen Bericht der Weltraumbehörde an die Regierung der Vereinigten Staaten.

Der erste Entwurf war »eine vollkommen autonome, selbstreplizierende Fabrik für allgemeine Anwendungen, die auf der Oberfläche von Planeten oder Monden ausgesetzt werden könnte«. Die Anlehnung an von Neumannsche Vorgaben war unübersehbar: Es handelte sich um die Realisierung des kinematischen Automaten. Aber anstatt aus der Gedankenwelt oder aus einem unendlichen See, der auf geheimnisvolle Weise mit Einzelteilen bestückt worden war, entnahm er sein Material von der jungfräulichen Oberfläche eines Planeten oder Mondes, verschaffte sich die Rohmaterialien also durch den Abbau von Bodenschätzen. Ausschachtungsmaschinen, Lastwagen und andere Transportfahrzeuge bildeten die Gliedmaßen der Kreatur und wurden durch Funk von einer Kommandozentrale aus gesteuert. Die an die Oberfläche geholten Elemente sollten analysiert, sortiert und in Materiallager gebracht werden. Von dort wanderten sie zu einer Produktionsanlage, die sowohl Komponenten für die Produktion (dabei durfte es sich um alles handeln, was eine Fabrik hervorbringen kann, von Platinbarren bis hin zu CD-Spielern) als auch für die Nachkommen herstellte. Die Komponenten wurden zunächst in ein Ersatzteildepot gebracht und von dort aus in den Produktionsprozeß eingegliedert.

Wenn die übergeordnete Kommandozentrale – das Gegenstück zur Kontroll- oder Computerkomponente in von Neumanns Modell – anordnete, es sei Zeit zur Replikation, wurden von diesem selbstreplizierenden System Drillinge erschaffen, und zwar unter strenger Einhaltung der von Neumannschen Regeln, wobei der letzte Schritt die Übermittlung des genetischen Bauplans war. Das Original, das seine elterlichen Pflichten erledigt hatte, wurde anschließend unfruchtbar

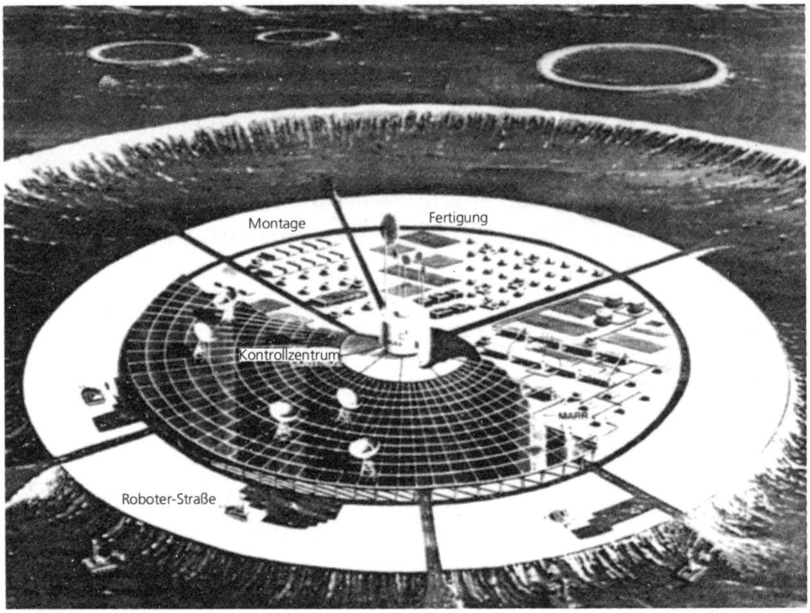

Zeichnerische Darstellung einer wachsenden Mondfabrik.

und diente nur noch als Produktionsstätte. Die drei neuen Fabriken reproduzierten sich ebenfalls, so daß es schließlich dreizehn Anlagen in diesem Komplex gab. Eine Generation später war eine selbstreplizierende Fabrikanlage mit 40 Einheiten damit beschäftigt, Produkte für den Abtransport zur Erde herzustellen.

Der zweite Entwurf sah eine Growing Lunar Manufacturing Facility (LMF), eine wachsende Mondfabrik, vor. Anstatt vom Huhn auszugehen – eine fertige Fabrik zu installieren, die zur Selbstreplikation fähig ist –, begann man mit dem Ei, genaugenommen mit einer kugelförmigen, 100 Tonnen schweren Keimzelle. Im Inneren dieser Keimzelle befanden sich einige Roboter mit speziellen Aufgaben. Einmal in seinem Mondnest plaziert, brach das Ei auf und entließ seine Roboterbrut. Es gab Roboter zum Graben, Sammeln und zur Materialverarbeitung. Diese fleißigen Arbeiter errichteten zuerst ein kleines Solaraggregat zur Energieversorgung. Dann machten Erkundungsroboter den besten Standort zum Aufbau der Fabrik ausfindig. Andere Roboter installierten ein Kommunikationsnetzwerk zum Aufbau des

Kontrollsystems. Tiefbauroboter planierten sodann den Boden des Standorts und Betonwerker legten die Fundamente. Nach Fertigstellung der Station wurde der Zentralcomputer im Mittelpunkt der Fabrik fest installiert. Danach begann man mit der Errichtung eines riesigen Sonnensegels zur Energieerzeugung für die nächsten Elemente der Fabrik, die Abteilungen Chemielabor, Herstellung, Fertigung und Controlling. Innerhalb eines Jahres war dieser Embryo ausgewachsen und eine Fabrik zur Herstellung der vom Kontrollprogramm angeordneten Produkte installiert.

Von diesem Entwicklungsstadium an gab es mehrere Möglichkeiten: Die Fabrik konnte entweder an ihrem Standort expandieren (die Wissenschaftler errechneten, daß etwa drei Milliarden Keimzellen-Einheiten die gesamte Mondoberfläche bedecken und den Mond in eine einzige dichte Industrielandschaft verwandeln würden, sozusagen in einen kosmischen »Ruhrpott« ohne Energiekosten). Sie konnte aber auch neue robotergefüllte Keimzellen für weitere Fabriken produzieren und Raketen herstellen, die an andere Orte des Sonnensystems befördert wurden. Auf jeden Fall gab es, gemessen an der ursprünglichen Investition, eine reiche Rendite, erwirtschaftet beispielsweise durch den Gewinn seltener Isotope von Jupiter und Saturn, von Kohlenwasserstoffen vom Titan und Schwermetalle aus dem Asteroidengürtel. Zusätzlich konnten die Fabriken ganze Heerscharen von Kundschafterfahrzeugen aussenden, die auf den Sonnenwinden dahinsegelten und zu dem Zweck entworfen worden waren, »um als Kontrollorgane Objekte auszumachen, die sich menschlichem Gebiet, menschlichen Einrichtungen oder der Erde näherten«.

Aber diese von-Neumannschen Organismen würden nicht auf das Sonnensystem beschränkt bleiben. Da die Keimzellen keine vergängliche Fracht enthielten, wären die notwendigen überlangen Zeiträume zur Überbrückung der riesigen interstellaren Entfernungen ohne Bedeutung. Um das zu veranschaulichen, bemerkte die Mission IV Group gelassen, »reproduktive Sonden könnten es möglich machen, eine Million der am nächsten gelegenen Sterne innerhalb von 10 000 Jahren und das gesamte System der Milchstraße in weniger als einer Million Jahren zu erforschen, wobei der Menschheit nur die Kosten für ein *einziges,* selbstreproduzierendes Raumschiff entstünden«.[30] Ohne mit der Wimper zu zucken, stellte das Team einen Plan vor, der noch nicht einmal in der zehnfachen Zeitspanne der bisher erfaßten Geschichte abgeschlossen werden könnte, von eventuellen zeitlichen Verzögerungen einmal ganz abgesehen.

Wenn man in diesen Zeiträumen denkt, setzt man unveränderliches, Jahrhunderte überdauerndes Material voraus, um die einsamen Weiten des Weltraums zu erreichen. Doch ungeachtet der offensichtlichen Gefahren solch unkonventioneller Ziele betonte die Laing-Gruppe, daß diese Konstruktionen nicht einfach als eine spezielle Fabrikart angesehen werden sollten, sondern als lebende Organismen.

Daraufhin begann eine faszinierende Diskussion, die sich als kurze Zusammenfassung der finsteren Seite des von-Neumannschen Vermächtnisses herausstellte.

Was Laing und seine Kollegen besorgt machte, ist folgendes: Die Gewißheit, daß Organismen ihre eigenen Grenzen ausloten, bedeutet, daß unsere Kreationen zu unseren Konkurrenten werden können. Möglicherweise entwickeln sie sich sogar zu Arten, die es mit der Menschheit aufnehmen könnten. »Es ist nie zu früh, die Verhaltensweisen dieser Art von Maschinen aufzuzeigen und die ›maschinelle Soziobiologie‹, die sich möglicherweise entwickelt, zu berücksichtigen«, schrieben sie, darauf hinweisend, daß »es angemessen erscheint, nach den Möglichkeiten unvorhergesehener Gefahren für unsere weitere Existenz zu fragen«.[31]

Zunächst war da das Problem der Populationskontrolle, wie Moore es in seinem Artikel über künstlich lebende Fabriken bezeichnete. Eine der Möglichkeiten zur Kontrolle unbegrenzten Wachstums könnte eine eingebaute Anti-Baby-Pille sein, die nach einer bestimmten Anzahl reproduktiver Zyklen wirksam wird. Dennoch wäre die unaufhaltsame Vervielfältigung dezentralisierter Fabriken vermutlich unvermeidlich. Eine andere Lösung wären Freßfeinde. Dem Beispiel der US-Nationalparks folgend, könnte man »artspezifische« Freßfeindmaschinen entwickeln oder auch »universelle Raubtiere«, um explodierende Populationen auszudünnen.

Dann gab es noch das sogenannte Abschaltproblem. Anders als die uns vertrauten Computer und Maschinen besitzen selbstreproduzierende Maschinen einen so hohen Grad von Unabhängigkeit, daß die allerletzte Maßnahme für den Fall einer Fehlfunktion nicht vorhanden ist: abschalten oder den Netzstecker ziehen (so machte es der Astronaut Dave mit dem Computer HAL in dem Film *2001*). »Wir müssen berücksichtigen, daß wir nicht einfach den Stecker unserer selbständigen künstlichen intelligenten Kreaturen herausziehen können, wenn sie erst einmal über ein bestimmtes Entwicklungsstadium hinausgelangt sind«, war die düstere Schlußfolgerung.[32]

Das Problem war – es handelt sich natürlich nur um ein Problem von unserem Standpunkt aus, nicht von dem künstlicher, selbstreplizierender Systeme –, daß die Evolution unvermeidlich ein Verhalten unterstützen würde, das den Maschinen und nicht ihren Erbauern Vorteile verschaffte. Angenommen, der Konstrukteur eines selbstreplizierenden Systems baute einen Abschaltmechanismus in die genetischen Instruktionen der Maschine ein, der auf ein Signal von der Erde reagierte, hätten diejenigen Maschinen, die durch Mutation den Abschaltmechanismus außer Kraft gesetzt hätten, einen deutlichen evolutionären Vorteil gegenüber ihren Vettern, und bald darauf wären diese Eigenschaften im Genpool vorherrschend.

Andererseits müssen wir sicherlich den Wunsch nach einem gewissen Grad evolutionärer Anpassungsfähigkeit unserer selbstreplizierenden Systeme berücksichtigen. »Da wir nicht alle Veränderungsmöglichkeiten des Systems voraussehen können«, erklärte der NASA-Bericht, »müssen wir die Maschinen sowohl mit Zielvorstellungen als auch mit Regulationsfähigkeiten (Homöostasis) ausstatten, um die Maschinen in die Lage zu versetzen, ihre eigenen Schwierigkeiten zu lösen und sich selbst wieder in einen angemessenen Funktionszustand zu bringen, und zwar mit nur geringer oder ganz ohne menschliche Hilfe.«[33]

Erreicht werden könne das auf zwei Wegen: Entweder müßten die Maschinen lernfähig sein oder, über einen längeren Zeitraum gesehen, zu größerer Überlebensfähigkeit mutieren. Die NASA-Wissenschaftler schienen zu glauben, die letztere Möglichkeit sei die bessere. Tatsächlich nahmen sie an, die selbstreplizierenden Maschinen lieferten letztlich die besseren Argumente für die Soziobiologie, wobei vorausgesetzt wurde, die Evolution spiele eine bedeutsamere Rolle beim Sozialverhalten als die Umwelt. Das NASA-Team erwartete das Entstehen verwandtschaftlicher Beziehungen zwischen evolvierenden Maschinen und sogar die Ausbildung von Mimikry und anderen Naturphänomenen.

Dies war reichlich Stoff für ein Sommerseminar, das sich mit der

Automation bei Weltraumunternehmungen befaßte, und es ging sicherlich auch weit über das hinaus, was viele der Herren in den oberen Etagen der NASA zu hören wünschten. Aber das Team wagte sich sogar noch weiter auf das neue, spekulative Gebiet vor und entschloß sich, auch philosophische, ethische und sogar religiöse Überlegungen bei der Konstruktion dieser selbstreplizierenden Maschinen mit einzubeziehen. Der aufgeworfene Fragenkatalog war erstaunlich, einige würden behaupten absurd. Laing sagte zu dieser kontroversen Diskussion: »Wir waren der Meinung, daß wir die Pflicht hätten, solche Fragen zu formulieren.« Bezugnehmend auf Aristoteles, wollten sie wissen, ob eine Maschine eine Seele haben könne oder *glauben* könne, sie habe eine Seele. »Könnte eine selbstreproduzierende, sich entwikkelnde Maschine eine Vorstellung von Gott haben?« fragten sie, oder: »Würden menschliche Wesen nur als evolutionäre Vorläufer gesehen?«[34]

Die Antwort auf die letzte Frage war vermutlich in den beunruhigendsten Spekulationen des Laing-Teams verborgen: Unsere mit künstlichem Leben ausgestatteten Maschinen waren nichts weniger als gleichgestellte Partner, symbiotisch an uns gebunden und würden sich neben uns durch alle Ewigkeiten fortentwickeln. Die Menschheit, so behaupteten sie, sei entweder eine »biologische Zwischenstation« im großen Gefüge oder sogar eine »Sackgasse der Evolution«. Nur durch diese selbstreplizierenden Systeme – »in einem sehr realen intellektuellen und materiellen Sinn unsere Nachkommen« – könnte der letztgenannte, ins Nichts führende Weg vermieden werden.[35] Wenngleich die Autoren auf der einen Seite die Möglichkeit einräumten, diese Silicium-und-Stahl-Brut könnte die Menschen und andere natürlich entstandene Lebewesen überflüssig machen, entschlossen sie sich dennoch, die Situation etwas optimistischer darzustellen (was nicht verwunderlich ist, denn schließlich traten sie ja letztendlich doch dafür ein, daß wir mit dem Bau dieser Maschinen beginnen sollten). Sie zeichneten ein Bild dauerhafter Koexistenz, bei der »die Menschheit Unsterblichkeit für sich selbst erlangen könnte«, wenn sie dafür den Preis einer Eingliederung in ein höheres System zu zahlen bereit wäre. Nachdem das NASA-Team angekündigt hatte, daß die Menschheit vermutlich aussterben werde – ein zumindest ebenso bedeutendes Ereignis »wie die Entstehung des Pflanzen- und Tierreiches auf der

Erde vor Milliarden von Jahren« –, wartete es geduldig auf das Eintreffen der Geldmittel, um den Forschungsprozeß in Gang zu setzen. In einem ersten Schritt sollten Forschungsinstitute wie das Massachusetts Institute of Technology (MIT), Carnegie Mellon oder Ford Aerospace beurteilen, ob diese Projekte technisch durchführbar seien. Die Forscher entwarfen sogar einen Musterfragebogen für relevante Forschungsvorhaben. In der Zwischenzeit, so schlugen sie vor, solle die NASA unverzüglich damit beginnen, einen Versuchsroboter zu entwickeln, der einfache, selbstreplizierende Funktionen ausführen könne.

Nach der Aussage Laings fanden die Verwaltungsbeamten der NASA Gefallen an den Vorschlägen und stellten in Aussicht, daß mit der Arbeit begonnen werden könne. Als Laing 1983 hörte, daß Ronald Reagan sich anschickte, ein großes Weltraumprogramm anzukündigen, hoffte er, es werde eine konzentrierte Anstrengung zum Bau selbstreplizierender Mondfabriken enthalten. Reagan propagierte aber statt dessen »Star Wars«, den *Krieg der Sterne.*

Wie bereits erwähnt, war von Neumann mit seinem kinematischen Modell nicht zufrieden, da das Black-box-Problem bewirkte, daß seine Kreation auch in absehbarer Zukunft nur in der Theorie existieren würde. Sogar für von Neumann war das ein Dilemma, aber die Lösung fand sich durch einen Vorschlag seines langjährigen Freundes, des Mathematikers Stanislaw Ulam. Die beiden Männer waren seit 1937 befreundet, seit von Neumann Ulam in Polen besucht hatte. Die Verbindung vertiefte sich während der Kriegszeit, als die beiden Exileuropäer in wichtigen Schlüsselpositionen in Los Alamos am Manhattan-Projekt mitarbeiteten. Ulam teilte das Interesse seines Freundes für die Automatentheorie. Er konnte sich sogar daran erinnern, schon 1929 in einem Café in Lwów über die Möglichkeit künstlicher Automaten, die sich selbst reproduzieren, nachgedacht zu haben.[36]

Als er mit von Neumanns Problem der Black box konfrontiert wurde, schlug er vor, sich von dem Denkmodell einer Kreatur abzuwenden, die auf einem See schwimmend diese lästigen Bauteile aufnahm und zusammensetzte. Ihm schwebte statt dessen, angelehnt an das Phänomen des Wachstums von Kristallen, eine andere Umgebung vor: ein unendliches Gitter, ausgebreitet wie ein Schachbrett. Jedes Quadrat des Gitters konnte als einzelne Zelle aufgefaßt werden. Jede Zelle in dem Gitter würde eine unabhängige Finite state machine sein, deren Verhalten nach einem gemeinsamen Regelwerk ausgerichtet wäre. Die Anordnung des Gitters würde sich in begrenzten Zeitabschnitten ändern. Jede Zelle würde Informationen enthalten, die ihren Zustand wiedergab, und nach jedem Zeitabschnitt würde sie sich mit den umliegenden Zellen vergleichen und das Regelwerk befragen, um ihren Zustand für den nächsten Augenblick festzulegen. Die Zellansammlung eines gemeinsamen Gitters könnte dann als Organismus angesehen werden.

Die Idee übte auf von Neumann große Anziehungskraft aus. Der Organismus, der in diesem Netzwerk leben würde, wäre eine Kreatur reiner Logik, die mathematisch ausgedrückt werden könnte. Sie wäre eindeutig und zweifelsfrei beweisbar. Sie würde existieren. Mit dem Gedankengerüst des Ulamschen Vorschlags rekonstruierte von Neumann seinen kinematischen selbstreproduzierenden Automaten, der dann als der erste Zellularautomat bekannt werden sollte.[37] (Der Name stammte von Arthur Burks, der von Neumanns Veröffentlichungen zu diesem Thema herausgab; andernfalls hätte sich möglicherweise Ulams Beschreibung durchgesetzt, der von einer mosaikartigen Struktur wie bei einer Kachelfläche in einem Badezimmer sprach).

Der Ausgangspunkt für Neumanns zelluläres Modell eines selbstreproduzierenden Automaten war ein horizontloses Schachbrett, bei dem jedes Quadrat, also jede Zelle, sich in einem ruhenden beziehungsweise inaktiven Zustand befand, vergleichbar einer leeren Leinwand. Dann malte von Neumann symbolisch ein Monster auf die Leinwand, das 200 000 Zellen auf dem Gitter umfassen konnte. Wie bei einem numerierten Ausmalbild wurden die Einzelheiten der Kreatur von unterschiedlichen »Farben« in verschiedenen Zellen repräsentiert, nur daß es statt Farben 29 verschiedene Zustände einer Zelle geben konnte. Die genaue jeweilige Kombination dieser Zellen in ihrem vorgegebenen Zustand bestimmte das Verhalten der Kreatur, genaugenommen sogar die Kreatur selbst. Das Ganze hatte die Form einer Schachtel mit einem Schwanz, einem sehr langen Schwanz sogar. Die Schachtel, etwa 80 Zellen lang und 400 Zellen breit, enthielt Untereinheiten, die die Funktionen der Komponenten A, B und C (des

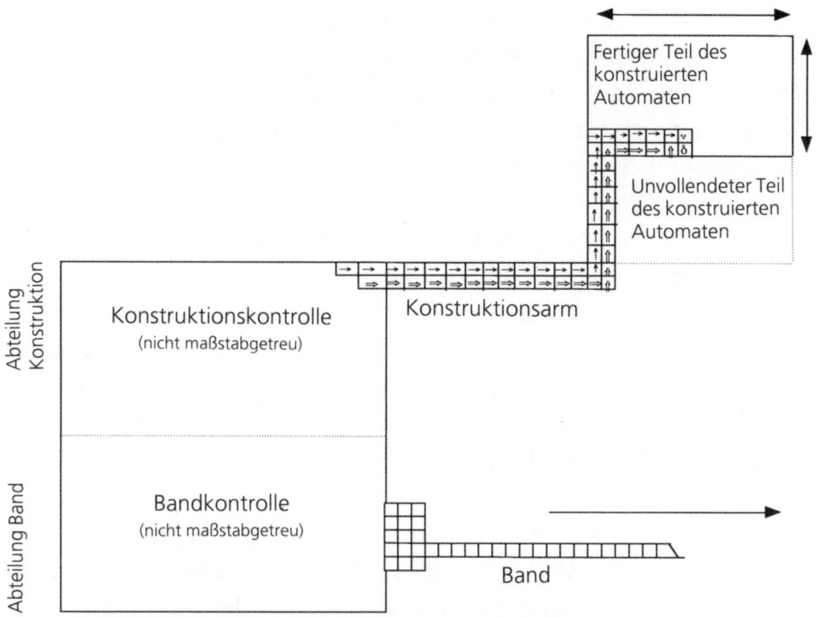

Schematische, nicht maßstabgerechte Darstellung eines selbstreproduzierenden Zellularautomaten nach von Neumann. Wenn die Anweisungen von den Zellen des Bandes ausgeführt werden, das sich insgesamt über 150 000 Quadrate des riesigen Schachbrettes erstreckt, verursacht der wechselnde Status der Zellen im Körper auch einen Wechsel in den zuvor stabilen Zellen außerhalb des Körpers. Dadurch verlängert sich zunächst der Konstruktionsarm, bevor dann der Körper eines neuen Organismus gebildet wird. Schließlich gibt es zwei identische Konstruktionen, die jeweils dem voll ausgebildeten selbstreproduzierenden Automaten nach von Neumanns Entwurf entsprechen. Die Reproduktion vollzieht sich also in ähnlicher Weise wie bei einer natürlichen Fortpflanzung.

kinematischen Modells) wahrnahmen (die Fabrik, den Duplikator und den Computer). Hierbei handelte es sich jedoch nur um ein Viertel der Zellen der gesamten Kreatur. Die verbleibenden Quadrate bildeten den Schwanz, den Konstruktionsplan – eine einreihige Schlange aus 150 000 Zellen.

Statt zu schwimmen und nach etwas zu greifen, sah das Denkmodell für den Vervielfältigungsprozeß dieser Maschine vor, daß sie Land in Besitz nehmen und es umgestalten sollte. Das Ganze erinnerte an einige geopolitische Brettspiele, bei denen die Spieler in Nachbarländer einfallen und sie erobern. Genaugenommen war es aber eine physikalische Interpretation dessen, was bei der natürlichen Fortpflanzung geschieht. Die Atome und Moleküle, die das neue Wesen, also den Nachkommen, ausmachen, kommen notwendigerweise aus der Umwelt. Die Idee, sozusagen die Idee des Lebens, war also, diese Materialien in ihrer ungeordneten Form einzusammeln und sie in die außerordentlich komplexe Organisation eines Lebewesens einzubauen.

Nachdem der von-Neumannsche selbstreproduzierende Automat einmal in dem riesigen Zellularautomaten-Schachbrett verankert war, unterlag er bestimmten Regeln. Genauer gesagt, begann jede der einzelnen Zellen wie eine Finite state machine, den ihr zugeordneten Regeln zu folgen. Das Zusammenwirken dieser lokalen Verhaltensweisen ließ ein globales Verhaltensmuster entstehen: Die selbstreproduzierenden Strukturen interagierten mit Nachbarzellen und beeinflußten unter Umständen deren Zustand. Dadurch verwandelten sich diese, zumindest was ihren Zellzustand betraf, in den Grundstoff, aus dem auch der Originalorganismus gebildet war. Da es 29 mögliche Zustände für jede Zelle gab, war der Prozeß relativ kompliziert. Im wesentlichen arbeitete die Maschine aber in ähnlicher Weise wie ihr kinematischer Vetter. Der Schwanz der Zelle enthielt Instruktionen für den Körper der Kreatur, wobei die Zusammenstellung der Zellen, je nach Zustand, sie als Computer, Fabrik oder Duplikator arbeiten ließ. Schließlich schaffte es der Organismus, indem er den Regeln folgte, die von Neumann vorgegeben hatte, ein Duplikat seines Vorderteils zu produzieren. Die Informationen wurden dabei durch eine Art Nabelschnur von der Mutter an die Tochter weitergegeben. Die letzten Schritte in diesem Prozeß waren die Verdoppelung des Schwanzes und die Abtrennung der Nabelschnur, und alsbald befanden sich zwei identische Kreaturen auf dem endlosen Schachbrett, beide zur Selbstreproduktion befähigt.

Von Neumann beendete den schriftlichen Entwurf seines zellulären Modells nie. In den Jahren 1952 und 1953 stand er täglich vor dem Morgengrauen auf, um an seinem Manuskript zu arbeiten. Im März 1953, als er eine Reihe von Vorlesungen an der Princeton University hielt, war er in der Lage, einige Details zu beschreiben. Aber das Vorhaben war komplexer, als er es sich vorgestellt hatte, und das Manuskript wuchs von zwei langen Kapiteln auf vier an, weitere sollten folgen. Als von Neumann seinen Posten in der Regierungskommission übernahm, schob er diese Arbeit auf, mit der Absicht, sie abzuschließen, wenn sein Dienst dort beendet wäre. Doch nachdem unübersehbar war, daß es mit seiner Gesundheit bergab ging, gestattete er John G. Kemeny, der später die Computersprache BASIC entwickelte, einen Artikel zu verfassen, in dem er die selbstreproduzierenden Zellularautomaten beschrieb. Kemenys Arbeit erschien 1955 in der Zeitschrift *Scientific American,* und sie versuchte »zu zeigen, daß es keine schlüssigen Anzeichen für eine unüberwindliche Hürde zwischen Mensch und Maschine gibt«.[38] Kemeny faszinierte die Möglichkeit einer Evolution der von-Neumannschen Automaten. Er merkte an, daß der Schwanz der Maschine, der die meisten Zellen enthielt, ihn an einen Chromosomensatz erinnere und staunte darüber, daß der menschliche Körper einen nur vergleichsweise sehr kleinen Anteil seiner Substanz dazu verwenden muß, genetisches Material herzustellen.

»Könnte eine solche Maschine einen evolutionären Prozeß durchlaufen?« fragte sich Kemeny und kam wie von Neumann zu dem Schluß, daß dies möglich sein müsse. Er nahm an, man würde die Übergangsregeln so programmieren können, daß eine winzige Zahl zufälliger Änderungen während des Prozesses der Vervielfältigung auftreten würde – einige der Bits könnten von »an« nach »aus« wechseln und umgekehrt. Das entspräche einer Mutation; man könnte auch ganz mutig sagen, es *ist* eine Mutation, und wie es für Mutationen charakteristisch ist, werden sie an die Nachkommen weitergegeben. Wenn eine solche Mutation die Anpassung der Maschine verbesserte, würde sie sich durch den Genpool der Maschinenpopulation verbreiten und dabei an die Regeln natürlicher Selektion halten. Im Laufe der Zeit würden dann die Auswirkungen der Evolution sichtbar werden.

Diese Überlegungen warfen genau die Frage auf, die sich auch Freeman Dyson und Richard Laings Team gestellt hatten: Was geschieht, wenn wir diese Strukturen freisetzen? Was kann aus ihnen entstehen? Sicherlich ist es weniger furchterregend, die Konsequenzen dieser Entwicklung zu verfolgen, wenn sie in Form von elektrischen Ladungen in einem Computerchip vorkommen und nicht in riesigen Fabriken, die den Lauf der Zivilisation verändern.

Sind diese Bedenken wirklich angebracht? Es zeigt sich, daß die Bewertung von Ereignissen, die nur innerhalb des begrenzten Raumes einer Rechenmaschine geschehen, ein beträchtliches Dilemma darstellt.

Kann die Natur durch eine symbolische Manipulation von Informationen tatsächlich simuliert werden? Kann die Erzeugung Künstlichen Lebens unser Wissen über lebende Prozesse vergrößern? Kann dadurch unser undifferenziertes Verständnis der komplexen Kräfte der Natur verbessert werden? Können wir letztlich lernen, diese Kräfte zu beherrschen, um Organismen zu bauen, die so lebendig sind wie die, die wir kennen? Werden sie wirklich lebendig sein?

Die Forschung auf dem Gebiet des Künstlichen Lebens könnte diese bisher eher beiläufig wahrgenommenen Fragen zu lebenswichtigen Fragen machen.

Die Spielregeln

Zu behaupten, Personoide seien in irgendeiner Weise »behindert«, da sie im Gegensatz zu uns nicht sehen oder hören können, ist vollkommen absurd. Mit gleichem Recht könnte man behaupten, wir seien ihnen gegenüber benachteiligt – unfähig, das Phänomen Mathematik unmittelbar wahrzunehmen, das wir letztlich nur durch eine geistige Anstrengung kennen. Sie dagegen leben darin, es ist ihre Luft, ihre Wolkenregion, ihr Wasser und ihr Brot – ja, sogar ihre Nahrung; denn in gewisser Weise ernähren sie sich davon. Zu behaupten, sie seien in Maschinen gefangen, ist reine Wortklauberei.

Stanislaw Lem[1]

Der wirkliche Grund, Zellularautomaten zu erforschen, ist, die Entwicklung des Künstlichen Lebens zu fördern … das ist für einen Computerwissenschaftler die Herausforderung schlechthin, so wie der Bau von Notre Dame auf der Ile de France sicher die große Herausforderung für die Handwerker des Mittelalters war.

Rudy Rucker[2]

DIE SPIELREGELN

In den späten sechziger Jahren wurde der Gemeinschaftsraum des Mathematischen Instituts der Universität Cambridge, ein eher nüchterner Ort mit abgenutzten Einrichtungsgegenständen und diffusem, durch die offenen Türen der Nachbarräume fallendem Licht, für einige Monate zur Bühne für ein Spiel, das wie eine mutierte Version des chinesischen Go-Spiels erscheint. Der Platz auf dem kleinen rechtekkigen Tisch war schnell zu klein, das Spielgeschehen verlagerte sich bald über die Tischkanten, nahm vom Fußboden Besitz und breitete sich schließlich bis in die Ecken des Raumes aus. Die Spielsteine waren keine herkömmlichen Go-Steine, sondern quadratisch geformte kleine Figuren oder Muschelschalen einer Halskette.

Verschiedentlich bewegten sechs oder sieben Personen diese Spielsteine. Allerdings konnte man sie nicht direkt als Mitspieler bezeichnen, denn sie hatten nicht mehr Kontrolle über das Spiel als die Zuschauer, die oftmals während der Kaffeepause im Aufenthaltsraum vorbeischauten und diese Besuche dann häufig so lange ausdehnten, daß sie den ganzen Nachmittag damit verbrachten. Die Positionen der Figuren wurden nicht durch menschliches Kombinationsvermögen, sondern durch ein Regelwerk bestimmt. Diese Grundsätze legten fest, welche Steine auf dem Spielfeld bleiben durften (also »überlebten«), welche Steine aus dem Spiel genommen wurden (also »starben«) und welche Steine neu auf dem Spielfeld plaziert wurden (also »geboren wurden«).

Das Spiel nannte sich »Life«, und es sollte zur bekanntesten Anwendung der durch John von Neumann definierten Zellularautomaten werden und außerdem als Anregung für Generationen von Forschern dienen, die sich mit der Materie des Künstlichen Lebens beschäftigten. Sein Erfinder war John Horton Conway, ein damals etwa dreißigjähriger Mathematiker, der bereits einige Anerkennung für seine brillanten Ansätze bei der Erforschung der abstrakten Randbereiche der Zahlentheorie erlangt hatte, der aber auch für seine außerordentliche Exzentrik bekannt war.[3] Diese reichte von einem notorischen Hang zur Unordnung (ein Journalist schrieb: »Andere Mathematiker sprachen über sein Arbeitszimmer etwa in der gleichen Art und Weise wie Archäologen über Städte der Antike«[4]) bis hin zu einer unstillbaren Vorliebe für alle Arten skurrilen Zeitvertreibs, beispielsweise die Zunge in die verrücktesten Formen zu bringen. Oftmals gingen diese Verhaltensweisen in seine mathematischen Spielereien ein.

Conway war beneidenswert: Wenn ihn seine mathematische Besessenheit ergriff, konnte er all seine Energie darauf konzentrieren. Schon während seiner Jugend in Liverpool, als seine mathematischen Fähigkeiten erkennbar wurden, konnte er die ersten tausend Stellen der Zahl Pi herunterrasseln, und für seine Klassenkameraden war er nur der »Professor«. Bis zu dem Zeitpunkt, an dem er die angestrebte Stelle in Cambridge erhalten hatte, war er absolut überzeugt von seinen Fähigkeiten, doch dann wurde er plötzlich von Zweifeln geplagt: Was, wenn er sich bezüglich seiner Begabung nur etwas vormachte? Glücklicherweise wurden seine Zweifel bald zerstreut. Er machte eine entscheidende Entdeckung in der Gruppentheorie, die als Conway-Gruppe bekannt wurde. Von diesem Moment an waren nicht nur seine Zweifel wie weggefegt, sondern man entband ihn auch von seinen normalen Verpflichtungen gegenüber der Universität. Zeitweise empfand er seine Situation als skandalös, denn seine einzige Aufgabe bestand darin nachzudenken, und es lag allein in seinem Ermessen, das Thema zu bestimmen. Das Resultat davon war, daß er, wie er heute sagt, einen großen Teil seiner Zeit mit kindischen Spielchen verbrachte.

Das »Spiel«, das Conway im Jahre 1968 praktisch Tag und Nacht beschäftigte, beinhaltete die Wirkungsweise von Zellularautomaten. Conway hatte auch bereits bestimmte Vorstellungen, die er überprüfen wollte. Obwohl von Neumanns Automat tatsächlich als universelle Rechenmaschine fungieren konnte, also in der Lage war, jedes beschreibbare Problem anderer Maschinen durch die Benutzung einer Anzahl logischer Regeln nachzustellen, war der Organismus mit seinen 200 000 Zellen, die sich auch noch in jeweils einem von 29 möglichen Zuständen befanden, in frustrierender Weise komplex. Conway glaubte, daß Zellularautomaten mit universeller Rechenleistung einfacher sein müßten, viel einfacher sogar, und so machte er sich daran, einen sehr elementaren Zellularautomaten zu konstruieren. Er sollte so einfach sein, daß man ihn schrittweise verbessern konnte, und zwar per Hand und auf einem einfachen Spielbrett. Er war sicher, daß es nicht allzu schwierig sein konnte, etwas zu entwickeln, das nur wenigen einfachen Regeln gehorchte, aber dennoch weitreichende Konsequenzen hatte.

Conway glaubte, daß man allgemein mit den rudimentärsten Elementen phantastische Ergebnisse erzielen könnte. Manchmal träumte er davon, einen Lagerraum zu betreten, der mit diversen Maschinenteilen angefüllt war, regelrechtem Ramsch genaugenommen, und er würde diese Dinge dann willkürlich zusammenbasteln, um sich schließlich auszumalen, was man mit diesem Apparat zustande bringen könnte. »Man muß nur versuchen, sich diese phantastische, ratternde Maschine mit den vielen Knöpfen und farbigen Kontrolleuchten vorzustellen«, sagte er, »und ich glaube, wenn man lange genug mit dieser Vorstellung gelebt hat, wird man auch etwas finden, für das sie zu gebrauchen ist.« Am überraschendesten ist, wenn man herausfindet, welchen Modifikationen man den Apparat unterwerfen kann, bis er schließlich wie eine Rechenmaschine funktioniert und sich damit so verhält wie jede andere Maschine.

Etwas ebenso Erstaunliches geschah, als es einfachen Molekülen auf diesem Planeten vor Jahrmillionen offenbar gelang, sich zu einem komplexen System zu entwickeln, das zu dem wurde, was wir jetzt Leben nennen, und zwar in all seinen erstaunlichen, evolutionsbedingten Differenzierungen.

Conways Lösungsansatz war, das einfachste denkbare Modell zu entwickeln, das sich in der unendlichen Vielfalt eines universellen Computers entfalten konnte. Er würde eine Weile damit arbeiten, die Schwachstellen entdecken, sehen, wie die Sache sich entwickelt, und, wie er hoffte, zeigen können, daß er einfach alles berechnen konnte. Dieser »Computer des Lebens« wäre notwendigerweise eine eher langweilige Anordnung von Zellen, und er würde sehr ineffektiv arbeiten. Da es sich aber um eine universelle Maschine handelte, wäre sie in der Lage, es irgendwann auch mit den größten Supercomputern aufzunehmen. Dieses Experiment würde keine neuen mathematischen Grundlagen erschließen, denn diese Aufgabe hatte bereits von Neumann erledigt, aber durch die starke Vereinfachung der Arbeit des Meisters würde Conway diese Konzepte möglicherweise verdeutlichen können.

Im glücklichsten Fall würde sich aus diesem System sogar etwas entwickeln, das man Leben nennen könnte. »Ich wollte ein selbstreproduzierendes Tier schaffen«, sagte Conway, »das einige interessante Verhaltensweisen zeigt, in gewisser Weise also eine einfache Form von Leben darstellt.«

Der Schlüssel zum Erfolg würden die Regeln sein, die über Leben, Geburt und Tod bestimmten. Da in dieser künstlichen Welt alles von Regeln abhing, sogar die Physik und selbst der Sinn dieses Universums, mußten diese Regeln perfekt aufeinander abgestimmt sein. Kleine Abweichungen konnten ein relativ stabiles System in das absolute Chaos stürzen. »Plötzlich verläuft alles katastrophal«, erklärte Conway, »und dann spielt man ein wenig damit herum und sagt: ›Aha, dieses Teil habe ich ein wenig zu stark gemacht‹, und man versucht es ein wenig abzuschwächen, und schon geht irgend etwas anderes schief. Es waren in der Tat etwa zwei Jahre dieser Kaffeepausen-Experimente nötig, um das System zum Laufen zu bringen – und bei uns wird den ganzen Tag über Kaffee getrunken.«

Eine besondere Schwierigkeit für Conway war es, von Neumanns 29 verschiedene Zustände drastisch zu reduzieren. Conways Zellularautomaten sollten im Idealfall in nur zwei verschiedenen Formen vorkommen. Ein Platz im Gitter, eine Zelle also, könnte ausgefüllt oder leer sein, an oder aus, den Wert 1 oder 0 annehmen, lebendig oder tot sein.

Einmal zweifelte er daran, daß sein Plan durchführbar sei, und er entwickelte ein System, das einen weiteren Zustand enthielt. Das hatte den Vorteil, daß außer Leben und Tod auch noch eine Art Fortpflanzungsverhalten aufgenommen werden konnte. »Irgend jemand stellte fest, die Buchstaben A und B, mit denen wir die Zustände bezeichneten, die auch die Kürzel für die Figuren einer bekannten Serie anzüglicher englischer Witze waren, nämlich A für actresses (Schauspielerinnen) und B für bishops (Bischöfe). Grundsätzlich war beabsichtigt, das Geschlecht eines Nachkommen davon abhängig zu machen, welches der beiden Geschlechter weniger häufig repräsentiert war, um so einen Ausgleich zu erreichen. Außerdem gab es etwas, was wir die Frustrationsregel nannten, denn wenn es einem nicht gelang, mit einem andersgeschlechtlichen Wesen in Verbindung zu treten, starb man.«

Aber Schauspielerinnen und Bischöfe hatten ausgedient, als Conway die Regeln so änderte, daß seine Bedingungen von nur zwei Zuständen erfüllt wurden. Das war Leben.

Und dies waren nun die kompletten Regeln, eine große, vereinheitlichte Theorie des Universums, die das Spiel *Life* und, was ebenso vorstellbar war, auch wirkliches *Leben* ermöglichen konnte:

> Leben findet auf einer Art realem Schachbrett statt, dessen Quadrate als Zellen bezeichnet werden. Diese können sich in zwei verschiedenen Zuständen befinden: lebend oder tot. Jede Zelle hat acht potentielle Nachbarn, nämlich diejenigen, die an den Seiten oder an den Ecken angrenzen.
>
> Wenn eine Zelle auf dem Schachbrett sich im lebenden Zustand befindet, übersteht sie den nächsten Taktzyklus (also die folgende Generation) nur dann, wenn zwei oder drei ihrer Nachbarn ebenfalls leben. Sie stirbt aufgrund einer Überbevölkerung, wenn es mehr als drei lebende Nachbarn gibt, und sie geht an Vereinsamung zugrunde, wenn sie weniger als zwei lebende Nachbarn hat.
>
> Wenn eine Zelle auf diesem Schachbrett abgestorben ist, bleibt sie auch in der nächsten Generation tot, es sei denn, sie hat genau drei lebende Nachbarn. In diesem Fall wird die Zelle in der nächsten Generation »wiedergeboren«.[5]

Das war die Lösung. Nachdem sich Conway einmal auf die Regeln festgelegt hatte, kamen die Dinge im Gemeinschaftsraum sehr schnell ins Rollen. Das erste, was er und seine Kollegen nun versuchten, war, zu überprüfen, was aus einfachen Anfangskonfigurationen wurde, wenn man sie diesen Regeln unterwarf. Die meisten fanden sich schnell zu stabilen Mustern zusammen. Conway und seine Kollegen benannten diese Objekte in Anlehnung an den klassifizierenden Stil bei der Namensgebung von Sternbildern nach ihren Formen, also Block, Schiff, Langschiff, Bienenkorb, Brotlaib, Kanu und Teich. Einige pendelten sich auf periodisch wechselnde Muster ein, deren Formen sich mit der Zeit änderten. Sie wurden Oszillatoren genannt und andere hatten Namen wie Kröte, Blinker, Uhr oder Ampel.

Doch bestimmte einfache Formen besaßen sehr viel komplexere Biographien. Als klassisches Beispiel dafür kann das R-Pentomino gelten. Bei einem Pentomino handelte es sich um Gebilde von fünf beliebigen aneinandergrenzenden Nachbarzellen, die in diesem Fall etwa wie der Buchstabe R geformt waren. Bei jedem Ticken der Generationsuhr veränderte sich das R-Pentomino. Allem Anschein nach gab es kein voraussagbares Muster, doch bald wurde deutlich, daß die Fertilität des R-Pentomino recht erstaunlich war. Zu einem bestimmten Zeitpunkt zerbrach es in vier Teile und entwickelte eine Art von Squaredance-Formation, die aus blinkenden Zellen bestand. Dann löste sich die Symmetrie auf, und es erschienen kontinuierlich kleinere Objekte. Manchmal zerbrachen die Objekte nur, wenn neu entstandene das Gleichgewicht störten. In anderen Fällen handelte es sich um zeitlich begrenzte Anordnungen, die dazu verurteilt waren, sich später in Wohlgefallen aufzulösen. Mit jeder Generation, die auftauchte und verschwand, bezweifelten Conway und seine Helfer mehr und mehr, ob sie jemals das Schicksal dieser Anordnungen durchschauen würden (erst Monate später fanden sie heraus, daß das R-Pentomino sich nach 1103 Generationen auf einen stabilen Zustand einpendelte). Einige der kleineren entstehenden Objekte benutzten die Spielregeln so, daß sie sich gleichmäßig und wie in bestimmter Absicht bewegten. Das waren die Gleiter.

Es war Richard Guy, ein Kollege Conways am Mathematischen Institut in Cambridge, der den ersten Gleiter entdeckte. Während das R-Pentomino gerade in der siebzigsten Generation beobachtet wurde, sagte Guy plötzlich: »Nun schaut euch das an, dieses Teil kann gehen!« Es handelte sich um ein Objekt, das aus fünf Zellen bestand, seine Gestalt mit jeder Generation veränderte, und zwar immer in eine Richtung, ähnlich einem einzelligen Organismus, der zielgerichtet dahinkriecht. Andere fanden, es ähnele einem Insekt, das sich mit wackelndem Hinterleib fortbewegt (Conway fragte sich dann auch später, ob »Insekt« nicht ein besserer Name für diese Anordnung gewesen wäre als »Gleiter«). Nach vier Taktzyklen nahm der Gleiter seine ursprüngliche Gestalt wieder an, allerdings hatte er sich inzwischen in diagonaler Richtung um eine Zelle auf dem Schachbrett weiterbewegt.
Die Entdeckung einer sich so verläßlich fortbewegenden Anordnung

Die Entwicklung eines einfachen, stabilen Musters im Spiel *Life.* Die Ausgangsform ist eine Reihe von vier Zellen. Jede dieser Zellen überprüft ihre Nachbarzellen und sich selbst. Anschließend wird aufgrund der einfachen Regeln des Spiels bestimmt, ob diese Zelle in der nächsten Generation lebt oder stirbt. In diesem Beispiel entwickelt sich die Anfangskonfiguration zunächst zu einem rechteckigen Gebilde und in der folgenden Generation zu einem Muster, das an Bienenwaben erinnert. Da jede lebende Zelle in diesem Muster genau zwei Nachbarn hat, also die richtige Anzahl, um in der nächsten Generation am Leben zu bleiben, ist diese Konfiguration stabil und wird so lange weiterbestehen, bis sie von irgendwelchen äußeren Störungen beeinträchtigt wird.

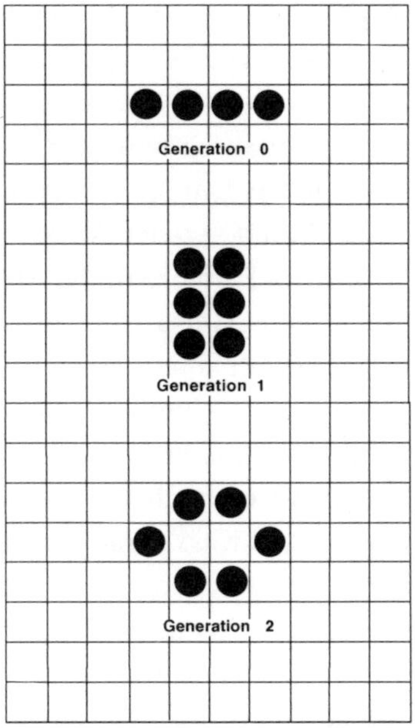

war eine ziemlich aufregende Beobachtung für die Conway-Gruppe. Um zu beweisen, daß die Gesetzmäßigkeiten des Spiels Life ein Universum aufbauten, in dem eine universelle Turing-Maschine ihren Platz hatte, (so daß Life jeden anderen Automaten nachahmen konnte, gleichgültig, ob er elektronischer oder natürlicher Art war), schien es notwendig, zu zeigen, daß Life einen echten Computer nachbilden konnte. Dafür mußten auch Muster vorhanden sein, die Computerteile wie Schalter, Uhr und Speicher darstellen konnten. Die Gleiter, deren Bewegung verläßlich genug war, um als Taktgeber zu fungieren, würden sehr hilfreich sein.

Als Richard Guy den ersten Gleiter entdeckte, wuchs das Spiel Life bereits weit über die Kanten des schmalen Tisches hinaus und sprengte selbst die Grenzen des Raumes. Auch war es ziemlich unbequem, das Spiel mit der Hand zu bedienen. (Das Gute daran war allerdings, daß man auch wirklich verstand, was passierte, wenn man selbst sorgfältig bestimmte, wie viele Geburten und Todesfälle es gab.) Um das entstandene Durcheinander zu entwirren, hatte die Conway-Gruppe sich ein System ausgedacht, das ziemlich genau arbeitete. Die Anordnung wurde mit weißen Spielsteinen ausgelegt und durch Anwendung der

Regeln konnten die Mathematiker bestimmen, wer in der nächsten Generation sterben würde, und dann eine kleine Muschel über diesen Spielstein legen. »Bemuscheln« bedeutete also zu töten. Geburten wurden dadurch markiert, daß ein neuer Spielstein auf einen freien Platz gelegt wurde. Im Laufe der Zeit wuchs die Population bis zu einem Punkt, wo der Aufwand geringer war, wenn man die Prozedur umkehrte. So wurden die Muschelschalen nun auf die überlebenden Steine gelegt und nicht auf die dem Tod geweihten. Denn es gab natürlich nur eine bestimmte Anzahl von Schalen, und wenn diese ausgingen, rief jemand: »Muscheln auf die lebenden Zellen!« und der Wechsel wurde vollzogen.
Dann gab es noch die Fahnder nach sogenannten Blinkern, deren Aufgabe es war, darauf zu achten, ob irgendeine periodisch wiederkehrende Anordnung entstand. Wenn ein solcher Fall beobachtet wurde, durften die Spieler die Prozedur vereinfachen, besonders dann, wenn sich der Blinker etwas entfernt vom Hauptgeschehen befand. Solche Spielsteine wurden einfach nicht beachtet, bis Nachbarzellen die Stabilität des Musters störten.
Wenn die Spielanordnung für das vorhandene Go-Brett zu groß wurde, legten die Spieler hastig Blätter auf den Teppich und malten Quadrate darauf, um das Raster zu vergrößern. Tatsächlich fand Guy den ersten Gleiter dann auch auf dem Teppich. Wenn es ein Gleiter einmal geschafft hatte, das Spielbrett zu verlassen, ließ er auch die Blätter bald zurück, verschwand aus dem Raum, rein theoretisch gesehen natürlich auch aus Cambrigde und aus England, also praktisch aus allem, was man sich vorstellen kann. Das hieß, einige Anordnungen konnten in ihrer Entwicklung überhaupt nicht zu Ende verfolgt werden. (Wenngleich der R-Pentomino sich nach 1103 Generationen als stabil erwies, wanderten seine sechs sich frei bewegenden Gleiter doch über den Horizont hinaus in die unendlichen Weiten des Alls.)

Die Entdeckung der Gleiter war vielversprechend, aber Conway benötigte immer weitere Muster, um zu beweisen, daß Life ein universeller Computer war. Wichtig war dabei ein Taktgenerator, eine Konstruktion, aus der in regelmäßigen Abständen Gleiter herausgeschossen wurden, die dann von anderen Strukturen abprallen konnten. Anstatt selbst mit großem Zeitaufwand zu versuchen, diese »Gleiter-

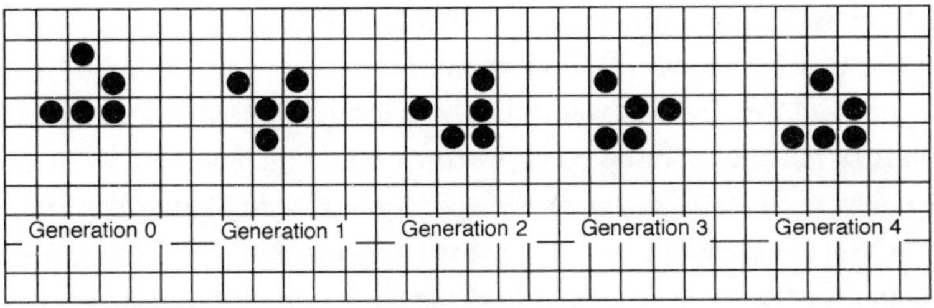

Die Bewegungen eines Gleiters im Spiel *Life.* Im Laufe der vier Generationen, die benötigt werden, damit der Gleiter seine ursprüngliche Form wiedererlangt, bewegt er sich um ein Quadrat in diagonaler Richtung weiter.

kanone« zu entdecken, entschied sich Conway, den Rest der Welt mit diesem Problem zu konfrontieren. Der einfachste Weg war, das mit Hilfe von Martin Gardner zu tun, der eine Kolumne in der Zeitschrift *Scientific American* mit dem Titel »Mathematical Games« (Mathematische Spielereien) hatte.[6] Für alle Mathematikenthusiasten und für diejenigen, die an Zellularautomaten interessiert waren (zwei Gruppen, die sich vermutlich überschnitten), war Gardners monatliche Kolumne wie eine regelmäßige Aktualisierung der Bibel. Mit Gardners Hilfe bediente sich Conway also folgenden Tricks, um dieses ausgesuchte Publikum zu interessieren: Er äußerte die Vermutung, eine endliche Anfangskonfiguration von Life wäre nicht in der Lage, unendliche Bevölkerungen hervorzubringen, und versprach demjenigen 50 Dollar, der diese Behauptung widerlegen könnte. Das Demonstrationsobjekt zur Widerlegung dieser These mußte zwangsläufig eine Konfiguration der Life-Maschine sein, die Objekte ad infinitum ausspuckte, sei dies eine »Gleiterkanone«, die ihre Objekte herausschoß, oder eine »Dampfeisenbahn«, die auf dem Gitter entlangfuhr und eine konstante Spur lebender Zellen als »Dampf« hinter sich ließ.

Als R. William Gosper die Oktoberausgabe von *Scientific American* las, unterbrach er augenblicklich seine Arbeit. Gosper war einer der aktivsten Computerspezialisten in einem der Labors des MIT (Massachusetts Institute for Technology), das sich mit Künstlicher Intelligenz beschäftigte, und sicher einer der besten Programmierer der Welt. Er mochte mathematische Rätsel, aber ihm war auch klar, daß es sich bei Conways Herausforderung um mehr als ein Spiel handelte, denn Zellularautomaten – und im besonderen Life – repräsentierten eine anschauliche, lebendige Welt, in der bestimmte Auswirkungen tat-

sächlich in Erscheinung traten. Es war ein alternatives, praktisch unerforschtes Universum der Mathematik, also genau die Welt, in die Gosper viel Zeit investieren wollte. »Es barg die Möglichkeit, Wissenschaft zu betreiben, ohne von Newton, Gauß und wer weiß wem noch erschlagen zu werden«, sagte Gosper, »die Möglichkeit, alles zu machen, von der Haustierhaltung bis zur Theorie rekursiver Funktionen.«
Gosper schrieb unverzüglich ein Programm, um sich und seine Kollegen aus dem neunten Stockwerk eines der MIT-Gebäude in die Lage zu versetzen, das Spiel Life auf einem PDP-6-Computer der Firma Digital Equipment Corporation (DEC) laufen zu lassen. Auf einem kleinen ovalen Schwarzweißmonitor konnten sie mitverfolgen, wie die Generationsfolgen des Spieles abliefen. Verglichen mit der zeitraubenden, fehlerbehafteten manuellen Methode Conways, war dies ein Sprung ins Raketenzeitalter. Die Anordnung leistete sich gelegentlich faszinierende Entgleisungen, und die Life-Beobachter, häufig umgeben von ebenfalls faszinierten Zuschauern, konnten dem Fortgang stundenlang zuschauen. Da die Nichtvorhersagbarkeit zur Arbeit mit Zellularautomaten gehört und wichtige Hinweise zur Entschlüsselung ihrer Geheimnisse einfach durch verrückte Verknüpfungen zustande kamen, war nur schwer zu entscheiden, ob man seine Zeit vergeudete oder wissenschaftlich arbeitete. Teil des Vorgehens war es, eine Anfangsanordnung festzulegen und dem Spiel dann seinen Lauf zu lassen.
Natürlich gab es aber auch wirkliche Arbeit, mit der Gosper und seine Leute vollauf beschäftigt waren, und so dauerte es über einen Monat, bis sie die folgende Nachricht über Gardner an Conway schicken konnten: Wir haben die »Gleiterkanone« gefunden! Später fand Gospers Gruppe auch noch die »Dampfeisenbahn«. Und dann kam Gospers Meisterstück: »Wir haben sogar Dampfeisenbahnen gefunden, die Gleiter entlassen, die miteinander kollidieren, um Gleiterkanonen zu bilden, welche wiederum Gleiter entlassen, nun allerdings in zur zweiten Potenz erhobenen Zahl ... Wir haben den gesamten Platz mit Gleitern ausgefüllt.«
Nach diesem Durchbruch hatte Conway das Beweismaterial, das er brauchte, um zeigen zu können, daß Life tatsächlich eine universelle Rechenleistung erbringen konnte. Durch die Verwendung von Gleiterströmen als einzelnen Bits konnte Conway die Entsprechungen von Und-, Oder- und Nicht-Schaltern sowie auch ein Analogon des inter-

nen Computerspeichers schaffen. Er hatte niemals vorgehabt, diesen fiktiven Computer wirklich zu bauen, aber die MIT-Gruppe entwarf eine auf dem Spiel Life basierende Rechenmaschine, die Conway gezeigt wurde, als er das amerikanische Cambridge besuchte. »Sie arbeitete wie ein Uhrwerk«, erinnert er sich, »Ströme von Gleitern entstanden, irrten irgendwie herum – klick klick klick klick klick –, und dann entstand aus ihrer Summe ein neuer Strom.«

Soweit es Conway betraf, war damit das Ziel, das er sich mit Life gesteckt hatte, erreicht. Er hatte nachgewiesen, daß von Neumanns Vorstellungen in einem sehr viel einfacheren Kontext verwirklicht werden konnten, und er hatte außerdem während dieser Zeit ein ungeheures Maß an Begeisterung hervorgerufen. Der Katalysator für diesen Enthusiasmus war natürlich der Computer. Der Artikel in *Scientific American* erschien zu einer Zeit, als es gerade erst möglich geworden war, Zellularautomaten auf Computern laufen zu lassen, die zum unmittelbaren Dialog mit dem Bediener fähig waren, und das MIT-Team war nur eine von vielen Gruppen von Computerfreaks, die nachts, wenn andere Leute schliefen, um eine Maschine herumsaßen, um mit größtem Vergnügen Life zu spielen. Das Magazin *Time* errechnete, daß Life-Süchtige dadurch Dollarbeträge in Millionenhöhe verschwendeten, daß sie unerlaubt wertvolle Computerzeit verbrauchten. Es existierte sogar eine eigene Zeitschrift, in der die verschiedensten Entdeckungen der Life-Spieler veröffentlicht wurden. Und viele, bemerkenswerterweise auch Gosper, beschäftigten sich noch jahrelang mit dem Spiel Life und veröffentlichten ihre Ergebnisse in wissenschaftlichen Publikationen.

Conways einzige Enttäuschung war, daß es trotz der unbestreitbaren Vielseitigkeit und der nachweislichen Unvorhersehbarkeit keine Konfiguration in den Zellularautomaten gab, die ein selbstreproduzierendes Wesen in einem einigermaßen überschaubaren Raum hervorgebracht hatte. In der Theorie, so beharrte er, kann Life jedes bekannte Tier hervorbringen, ebenso wie unendlich viele unbekannte. »In einem ausreichend großen Maßstab müßte man wirklich lebende Anordnungen erkennen können«, sagte er, »lebend in des Wortes eigentlicher Bedeutung, welche Definition man auch verwenden mag. Sie würden sich entwickeln und vermehren, sich um Territorien streiten, immer intelligenter werden und schließlich sogar ihre Doktorarbeit schrei-

ben. Auf einem ausreichend großen Spielbrett, und daran zweifle ich nicht im geringsten, würden Dinge dieser Art passieren.«
Bei dem Begriff »ausreichend großes Spielbrett« dachte Conway an etwas sehr Großes – größer vielleicht als unser Universum (andere waren optimistischer und glaubten, das Kunststück ließe sich auch auf einen Go-Brett von der Größe des Sonnensystems vollbringen). Allerdings glaubte Conway auch, daß ein Quadrat von nur einer Million Zellen pro Achse ein Wesen hervorbringen könnte, das einem Einzeller vergleichbar wäre.
Aber würde dieser Organismus leben? Die Natur von Zellularautomaten war tatsächlich so geartet, daß viele dies zugestanden hätten. Einige erklärten sogar, Zellularautomaten seien komplex genug, um ein ganzes Universum hervorzubringen, das dann auch noch ähnlich hoch entwickelt wäre wie das, in dem wir leben. »Wenn wir ehrlich sind«, so erklärte ein Forscher, »haben wir keinen Beweis dafür, daß unser Universum nicht auch ein Zellularautomat ist, der auf dem Computer eines ausgezeichneten Programmierers im Himmel läuft.«

Seit der Zeit, da von Neumann nach dem Vorschlag Ulams seine selbstreproduzierenden Kreaturen in einem Universum wirken ließ, das aus einem abstrakten Gitter bestand, hatten sie eine wechselhafte Karriere hinter sich gebracht.[7] Ohne Conway wäre möglicherweise die gesamte Studie, die beträchtliche Verbreitung in der wissenschaftlichen Welt erlangte, unglücklicherweise dazu bestimmt gewesen, auf dem Abfallhaufen der Belanglosigkeiten zu landen. Aber seit den Forschungsarbeiten über selbstreplizierende Automaten gab es immer wieder eine Reihe von Anhängern, die diese Idee am Leben erhielten, und zwar so lange, bis sie interessant genug erschien und die tatsächlich verdiente Bedeutung erlangte. Einer dieser Unverbesserlichen verglich sein Eintreten für Zellularautomaten mit der Tätigkeit eines Arztes, der bis zu dem Ende seines Dienstes dafür verantwortlich ist, den Patienten am Leben zu erhalten, bis dann der nächste diensthabende Kollege die Messungen und Auswertungen fortsetzt.[8]
Der erste Verfechter der Idee nach von Neumann war ein Philosophiestudent mit dem Namen Arthur Burk. Burk erhielt seinen Doktortitel im Jahre 1941 für eine Arbeit über einen bis dahin ziemlich unbekannten amerikanischen Denker namens Charles S. Peirce. Anschließend

diente er in der Armee, wo er zum Ingenieur für Elektrotechnik ausgebildet wurde, ein Gebiet, das ihn seit seiner Zeit auf der Moore-Schule in Philadelphia interessierte. Dort arbeitete man an der Entwicklung eines der wohl ersten Universalrechner, des ENIAC. Burk hatte dabei mitgewirkt, und unter den Wissenschaftern, die er dabei kennengelernt hatte, war auch von Neumann, der an der Moore-Schule beratend tätig war. Als von Neumann sich entschloß, selbst einen Computer zu entwickeln, verpflichtete er dafür auch Burk, inzwischen Assistenzprofessor für Philosophie an der Universität von Michigan.
Im Jahre 1949 entschloß sich die Burroughs-Company, eine Computer-Forschungsgruppe an der Universität von Michigan ins Leben zu rufen. Burk übernahm die Leitung, und man gestattete ihm, die Schwerpunkte nach seinen Interessen einzurichten, die auf dem nahezu unbekannten Gebiet lagen, wo sich Elektronik und Biologie überschneiden.
Burk trat nicht nur in von Neumanns Fußstapfen, sondern er konnte auch auf das Gedankengut von Peirce, das Gegenstand seiner Doktorarbeit gewesen war, zurückgreifen. Nach Peirce basierten alle Lebensvorgänge auf Logik. Besonders die Evolution hielt er für einen Vorgang, der sich letztlich mathematisch analysieren lasse. Er verglich die Evolution mit den statistischen Gesetzmäßigkeiten, durch die die Bewegung von Molekülen in Gasen bestimmt wurde. Über die Voraussagbarkeit der Eigenschaften von Gasen, die Hitzeeinwirkungen ausgesetzt sind, schrieb Peirce:

> Ganz ähnlich beweist Darwin – obwohl er im Einzelfall nicht sagen kann, welche Wirkung Variation und natürliche Selektion haben –, daß sie auf lange Sicht gesehen doch immer die Anpassung des Tieres an seine Umwelt bewirken. Ob nun tatsächlich existierende tierische Formen solchen Regeln unterworfen sind oder nicht oder welche Stellung die Theorie eigentlich beziehen sollte, ist die Grundlage einer Diskussion, in der Fragen nach den Tatsachen und solche nach der Logik in kurioser Weise miteinander verflochten sind.[9]

Dieser Gedankengang, recht gewagt im Vergleich mit den eher bodenständigen Theorien seiner Vorgänger auf diesem Gebiet der Philosophie, antizipierte die Thesen Turings, von Neumanns und der frühen Theoretiker von Künstlicher Intelligenz und Künstlichem Leben. Im Lichte der nachfolgenden Entdeckungen waren die theoretischen Projektionen von Peirce in geradezu unheimlicher Weise treffsicher. Die nähere Beschäftigung mit Peirce veranlaßte Burk dann auch, seinen Verantwortungsbereich anders zu organisieren, als es in den übrigen Instituten, die sich mit Computerwissenschaften beschäftigten, der Fall war. (Burk sollte später seine eigene, auf Peirce basierende Philosophie erarbeiten, die er als »logischen Mechanismus« bezeichnete.) Die Logic of Computers Group, wie die Forschungsgruppe an der Universität Michigan später genannt wurde, zog auch Leute wie John Holland, einen jungen Absolventen des MIT, an. Holland glaubte, daß Computer angepaßtes Verhalten zeigen könnten, und es war dann auch in Michigan, wo Holland den Titel eines Doktors der Informatik erhielt, den ersten Doktortitel in dieser Disziplin im ganzen Land, wenn nicht sogar in der ganzen Welt. Und in Michigan wurde auch die Saat für eine neue Synthese zwischen Biologie und Informationstheorie ausgebracht.

Burk wird vermutlich besonders als Herausgeber der Veröffentlichungen von Neumanns in Erinnerung bleiben, die erst nach dessen zu frühem Tod erschienen. Wenngleich Burk diese Theorien niemals mit von Neumann persönlich diskutiert hatte, behandelten sie doch ein Gedankengerüst, das Burk sein ganzes Leben lang zu entwirren versuchte. Während er von Neumanns Material aufarbeitete, wurde Burk selbst Experte auf diesem Gebiet und verbesserte sogar Fehler in dem zellulären Modell der selbstreproduzierenden Automaten, das von Neumann ja noch in aller Eile entworfen hatte. Aber auch schon bevor er die von-Neumannschen Theorien publizierte, versuchte Burk, andere Forscher für Zellularautomaten zu begeistern. Auf der Grundlage der Ideen von Neumanns entstanden dann auch bald weitere bemerkenswerte Arbeiten in Michigan. So baute beispielsweise E. F. Codd, ein Ingenieur, dessen Doktorarbeit von IBM finanziert wurde, einen selbstreproduzierenden Automaten, ähnlich dem von-Neumannschen, der aber sehr viel einfacher war und nur 8 statt 29 zelluläre Zustände benötigte.[10]

Die Computergruppe in Michigan war die erste, die Zellularautomaten auf einem Computer simulierte. Aus Sicherheitsgründen wurde ein recht unförmiger Aufbau benutzt, der zwei teure Maschinen notwendig machte. Eine war ein IBM-1800-Rechner, der die aufwendigen Berechnungen durchführte, die andere war ein kleinerer, interaktiver Zusammenschluß von zwei DEC-Modellen, einer PDP-7 und einer PDP-8. Derjenige, der ein Experiment durchführte, bediente die Anlage mit der DEC-Tastatur und benutzte die hervorragende DEC-Darstellung. Mit der Einstellung verschiedener Knöpfe konnten unterschiedliche Regeln angewendet und die Ergebnisse dann beobachtet werden. Im Verlauf der Arbeit stellte sich heraus, daß die Kräfte, die in den Zellularautomaten am Werk waren, in bemerkenswerter Weise den Kräften der Natur ähnelten. Es war daher nicht erstaunlich, daß Doktorarbeiten in Michigan angefertigt wurden, die beispielsweise eine auf Zellularautomaten basierende Methode zur Aufzeichnung von Herzflimmern beinhalteten.

In gewissem Sinne legten die Wissenschaftler bei ihren Experimenten mit Zellularautomaten die Entscheidungen in die Hände der Natur. Die bisher unverstandenen Kräfte der Selbstorganisation und eine spezielle, künstliche Physik trieben das System teilweise in unerwartete Richtungen, und genau das machte das Geheimnis und die Faszination der Zellularautomaten aus.

Zu dieser Zeit arbeitete die Computergruppe an der Universität in Michigan relativ abgeschirmt von der Außenwelt. Im Mittelpunkt der Forschungsdoktrin stand die Natur – die Natur als Lehrmeisterin, die Natur als das komplexe System, nach dem auch alle elektronischen Systeme streben sollten, die Natur als Dreh- und Angelpunkt einer symbiotischen Studie von Biologie und Technik. Hier war also der Ort, an dem natürliche Objekte die Computertheorie beeinflußten und Kreationen des Computers sich wie natürliche Objekte verhielten. Andernorts hätte der Gott der Künstlichen Intelligenz die Oberhand gewinnen und den Leuten aus Michigan ein Schicksal bescheren können, das schlimmer war, als der Lächerlichkeit preisgegeben zu werden: eine Art akademischer Vorhölle, in der sie Veröffentlichungen präsentierten, Vorstellungen entwickelten und Dinge auch wirklich bewiesen – ohne jedoch tatsächlich Einfluß auf die Computerwissenschaften oder die Biologie zu gewinnen.

Es war also eine traurige Tatsache, daß einige Jahre nachdem Conways Spiel Life die Computerwelt überschwemmt hatte, die Zellularautomaten in der Bedeutungslosigkeit zu versinken drohten. Zu diesem ungünstigen Zeitpunkt begann im April 1975 ein junger italienischer Student mit Namen Tomasso Toffoli in Michigan eine Doktorarbeit über diese Thematik zu schreiben. Nach eigenen Angaben bestand sein Ansatz darin, die folgende Frage zu beantworten: »Wofür lohnt es sich eigentlich, die Zellularautomatentheorie am Leben zu erhalten?«[11] Auch gab er seinem Erstaunen darüber Ausdruck, daß die Mehrheit der wenigen Leute, die überhaupt auf diesem Gebiet arbeiteten, Mathematiker waren. Vom rein mathematischen Standpunkt aus, so schien es ihm, waren Zellularautomaten gar nicht so faszinierend. Dagegen behauptete er, daß die Bedeutung von Zellularautomaten in ihrer Verbindung mit der *physikalischen Welt* zu sehen sei. Dies treffe besonders auf komplexe dynamische Systeme zu, in denen sich Verhaltensweisen als Folge einer Anzahl variabler Kräfte entwickelten. Im Gegensatz zu vielen Vorgängen, die mit Computern simuliert werden konnten, reflektierten Zellularautomaten also nicht nur die Realität, sondern waren vielmehr Realität. Sie waren selbst dynamische Systeme, die verwendet werden konnten, um bestimmte physikalische Systeme darzustellen, wobei die Brauchbarkeit jedes Modells dadurch bestimmt werden mußte, daß die Resultate mit dem Original verglichen wurden. Außerdem konnten sie auch dazu verwendet werden, komplexe Systeme im allgemeinen zu verstehen.

»Von Neumann selbst dachte sich Zellularautomaten aus, um klarzustellen, daß Leben in einer reduzierten Welt unter sehr einfachen Voraussetzungen möglich sei«, erklärte Toffoli später. »Aber sogar von Neumann, der schließlich Quantenphysiker war, schloß die Verbindung mit der Physik völlig aus – und damit auch die Möglichkeit, daß ein Zellularautomat ein Modell der fundamentalen Physik sein könne.«

Seit seiner Jugend, die er in einem kleinen Ort in der Nähe Venedigs verbracht hatte, war Toffoli an Geschichte interessiert, und zwar sowohl an politischer als auch an Wissenschaftsgeschichte, die für ihn verknüpft waren. So behauptete er dann auch, eine nationale Verfassung ähnele prinzipiell einem Regelwerk, das in gleicher Weise einem Zellularautomaten zugrunde liege, »eine Art Mechanismus, der in einem bestimmten Zusammenhang dafür sorgt, daß sich etwas selbst erhält und selbst reproduziert«. Seine Vorstellung, die physikalische

Wirklichkeit gehe über die Grenzen dessen hinaus, was als Wissenschaft im engeren Sinne bezeichnet wird, veranlaßte ihn zu unorthodoxen Untersuchungsmethoden und führte ihn unvermeidlicherweise, nachdem er die Zellularautomaten einmal kennengelernt hatte, auch nach Michigan.

Toffolis Arbeit konzentrierte sich auf das Konzept der Reversibilität. Eine der Ungereimtheiten von Zellularautomaten war bis zu diesem Zeitpunkt, daß sie nur in einer Richtung funktionierten; man konnte aus einer beliebigen, zufälligen Zusammenstellung also nicht zurückverfolgen, welcher Schritt der vorletzte gewesen war, der drittletzte und so weiter, bis hin zur Anfangskonfiguration. Dies war eine entscheidende Kritik, da von unserem Universum angenommen wird, daß es in beide Richtungen berechenbar ist, so daß wir, vorausgesetzt, wir besäßen alle Fakten, beispielsweise auch die Ereignisse zu jedem beliebigen zurückliegenden Zeitpunkt berechnen könnten. Wenn nicht bewiesen werden konnte, daß Zellularautomaten die gleiche Fähigkeit besitzen, war der Anspruch hinfällig, sie als echte komplexe dynamische Systeme aufzufassen. Erforderlich war auch, daß sie alle diesbezüglichen Verhaltensweisen zeigten, einschließlich des Zustands, der die Entstehung des Lebens fördert. So machte sich Toffoli daran, den Beweis für die Umkehrbarkeit von Zellularautomaten zu führen.

»Angenommen, jemand würde Gott damit beauftragen, ein interessantes Universum zu schaffen«, sagte Toffoli, »dann wäre dieses vermutlich umkehrbar und es zeigt sich ja auch, daß unser Universum tatsächlich reversibel ist. Und es hat sich herausgestellt, daß die einfachste Form, einen reversiblen Zellularautomaten [arbeiten zu lassen], auf die gleiche Weise funktioniert wie das Universum.« Mit einer langen, beschwerlichen Beweisführung, die auch einige Formeln aus einem bisher unbeachteten russischen Dokument enthielt, das niemand der Übersetzung für wert befunden hatte, gelang es Toffoli, diesen Beweis zu liefern. »So waren wir also in der Lage, das Hindernis zu beseitigen, das die Verwendbarkeit von Zellularautomaten als Modelle fundamentaler Physik einschränkte«, sagt er.

Nachdem Toffoli seine Doktorarbeit beendet hatte, wollte er gerade ein Stellenangebot der Bell-Laboratorien annehmen, als er einen Anruf von einem sehr ungewöhnlichen Mann erhielt, einem Professor, der niemals seine Collegeausbildung beendet hatte, aber dennoch eine Zeitlang das Laboratorium für Künstliche Intelligenz am MIT geleitet hatte. Es handelte sich um Ed Fredkin.[12] Fredkin hatte ebenfalls postuliert, daß Zellularautomaten reversibel seien und zum Beweis eine Hypothese erarbeitet, die als Billardkugelmodell bekannt wurde. Dieses beruhte auf Zusammenhängen, die an die komplexen Kollisionen eines Billardspiels erinnerten, bei dem die zugrunde liegende Mathematik aber ausgefeilt genug war, Voraussagen treffen zu können. »Wir haben Ihre Doktorarbeit hier«, sagte Fredkin zu Toffoli. »Die Theoretiker sagen, sie sei zu praxisbezogen, und die Praktiker sagen, sie sei zu theoretisch, und niemand weiß, was er damit anfangen soll. Ich bin allerdings an dieser Thematik interessiert, warum kommen Sie nicht einmal zu einem Gespräch vorbei?«

Diese Einladung sollte sich als glückliche Fügung erweisen. Fredkin war lange von der fixen Idee besessen gewesen, zu beweisen, das Universum bestehe aus Information und sei in Wirklichkeit ein riesiger Computer. Er hatte seine Vorliebe für Computer als Techniker beim SAGE-Verteidigungssystem der Armee entdeckt und war zu einem Virtuosen der ersten Programmierergeneration geworden, wobei ihm klar war, daß die Arbeitsweise der Computer zwingend einen Vergleich mit physikalischen Vorgängen erforderlich machte. Je mehr er darüber nachdachte, um so sicherer wurde er: »Es gibt eine Art von digitalem Informationsprozeß, der praktisch allem zugrunde liegt«, stellte er kategorisch fest.

Als Fredkin die Zellularautomaten kennenlernte, erkannte er sofort, daß diese künstlichen Welten sehr gut geeignet wären, seine Theorien darzustellen. Fredkin betrachtete diese Welten als nicht grundsätzlich verschieden von unserer eigenen; er behauptete sogar, daß auch unser Universum im Grunde ein Zellularautomat sei, denn nach Fredkin funktionierten lebende Organismen in diesem Universum nach den gleichen Prinzipien. Fredkin:

> »Lebende Dinge können weich und matschig sein, aber dic Basis des Lebens ist eindeutig digital. Wir wissen nicht genau, wie es funktioniert, aber anstelle der Computerbits gibt es einen vierteiligen Code [die vier chemischen Basen, aus denen die DNA besteht und deren Reihenfolge den genetischen Code ausmacht].

Und es gibt einen Prozeß, der diesen Code entschlüsselt. Es handelt sich dabei augenscheinlich um eine Art Programm, das einen digitalen Rechner steuert, nur daß die Signale nicht aus einem Computer stammen, sondern chemischer Natur sind. Es gibt Leute, die nichts von diesem Konzept halten, aber es gab schließlich auch Leute, die nicht glauben konnten, daß organische Substanzen einmal durch den Menschen synthetisiert werden könnten – im Grunde ist es noch eine vitalistische Anschauung, zu glauben, daß da mehr ist als nur die Mechanismen des Lebens. Die Erkenntnis, daß es sich um einen digitalen Informationsprozeß handelt und das Leben insgesamt durch einen solchen Prozeß in seiner Gesamtheit nachgeahmt werden kann, ist überwältigend. Um es anders auszudrücken – die Natur hat nichts gemacht, was ein Computer nicht auch könnte. Was ein Computer nicht kann, kann auch die Natur nicht.

In den siebziger Jahren muteten Fredkins Standpunkte ketzerisch an, und seine Abneigung, Ergebnisse in wissenschaftlichen Zeitschriften zu veröffentlichen, war der Sache auch nicht gerade förderlich. Seine Methode der Weitergabe wissenschaftlicher Erkenntnisse war anspruchsvolle Konversation. So ließ er sich beispielsweise einmal für ein Jahr beurlauben, um diese Zeit hauptsächlich bei Richard Feynman zu verbringen, einem der vermutlich brillantesten Physiker in den Vereinigten Staaten.[13] Die beiden führten nach Feynmans Aussage »herrliche, spannungsgeladene, endlose Streitgespräche«. Der Forschungsurlaub endete damit, daß der MIT-Professor ein besseres Verständnis für die Quantentheorie erlangte und der Nobelpreisträger Feynman Vorträge über physikalische Simulationen mittels Computer hielt, wobei er sein gesamtes Interesse für diese Materie Fredkins Anregung zuschrieb.

Fredkin konnte es sich leisten, einen eigenen Weg einzuschlagen. Da er große Geschicklichkeit im Erkennen technologischer Nischen besaß, wurde er ein erfolgreicher Unternehmer, gründete eine Firma, schuf ein eigenes Warenzeichen und kaufte sich sogar seine eigene Insel in der Karibik. Sein visionärer Sachverstand für Computer war für Marvin Minsky beeindruckend genug, ihn für die Leitung des Projekts MAC (Multiple-Acces Computers/Machine-Aided Cognition – Mehrfach-Zugriff-Computer mit rechnerunterstützter Wahrnehmung) zu gewinnen, das auch die MIT-Arbeitsgruppe zur Künstlichen Intelligenz einschloß. Normalerweise löste Fredkins Erscheinen Kontroversen aus, so auch ein typischer Fredkin-Auftritt in einer TV-Show. Vor dem Fernsehpublikum, dem die Automatentheorie weitgehend unbekannt war, malte er ein Zukunftsbild, nach dem jeder Mensch Tausende von mikroskopisch kleinen Robotern auf seinem Kopf mit sich herumtrug, die jeweils an einzelnen Haaren säßen und so programmiert waren, daß sie das entsprechende Haar abschnitten, sobald es eine bestimmte Länge erreicht hatte. Einige seiner eher konservativen Kollegen vom MIT glaubten in solchen Visionen die mangelnde Seriosität des Wissenschaftlers Fredkin erkennen zu können.

Als Fredkin das MAC-Projekt verließ, schwebte ihm eine neue Idee vor: eine eigene Abteilung innerhalb des MIT-Laboratoriums für Computerwissenschaften, darauf ausgerichtet, künstliche Phänomene zu untersuchen, besonders solche, die Hinweise für seine Behauptung erbrächten, daß das Universum ein Computer sei. Er nannte diese Information Mechanics Group (Arbeitsgruppe zur Erforschung mechanischer Abläufe in der Informationsverarbeitung) und wußte, daß deren Etablierung schwierig sein würde, denn seine Arbeit war, wie er es selbst ausdrückte, »von geringem Ansehen, sowohl bei den Kollegen der Fakultät als auch bei den Studenten«. Noch heute wird er wütend, wenn er sich an einen begabten Studenten erinnert, dem er einen Platz in seiner Arbeitsgruppe angeboten hatte. Der junge Mann war von Zellularautomaten fasziniert, doch seine Freunde warnten ihn davor, einen solchen Schritt ernsthaft in Erwägung zu ziehen, da er dann als Exzentriker verschrien und seine Karriere damit ruiniert wäre. »Und was hat er gemacht?« sagt Fredkin heute über die verlorene Seele, »er ist Systemprogrammierer geworden!« Menschen vertrauen ihren eigenen Gefühlen nicht und wählen bei entsprechendem Druck den Weg des geringsten Widerstandes.

Es gelang Fredkin aber schließlich doch, eine erstklassige Mannschaft zusammenzustellen, deren Vertrauen auf Information als Basis physikalischer Phänomene so stark war, daß sie eine potentielle Stigmatisierung in Kauf nahm. Und der erste, den Fredkin für die neue Mannschaft verpflichtete, war Toffoli. Danach kam der kanadische

Computerwissenschaftler Norman Margolus, der später eine einfache reversible Regel über Zellularautomaten, die »Margolus-Regel«, aufstellen sollte, die auf elegante Weise die Gültigkeit von Fredkins Billardkugel-Modell bestätigte. Dazu gehörten noch der französische Physiker Gerard Vichniac und für eine kurze Zeit der theoretische Informatiker Charles Bennett. In ihrem prestigeträchtigen Elfenbeinturm am MIT begann die Gruppe, die Welt von ihrer Ansicht zu überzeugen, daß die Physik simuliert werden könne, insbesondere durch Zellularautomaten.

Toffoli und Margolus entwarfen einen speziellen Computer, der in der Lage war, Zellularautomaten blitzschnell zu berechnen. Sie nannten ihn Rechner für Zellularautomaten (cellular automata machine; CAM), und er war in der Lage, schneller durch die Generationenfolgen von Conways Life-Spiel zu rasen, als es ein Cray, der schnellste Computer für allgemeine Anwendungen, hätte tun können. Später gelang es ihnen, den gesamten Computer so zu komprimieren, daß er auf eine einzige Platine paßte, die in einen IBM-PC eingesetzt werden konnte. Die sechste Version ihres Rechners, der CAM-6, brachte schließlich deutliche Vorteile für diejenigen, die sich mit der Untersuchung künstlicher Universen befaßten. Da die meisten der interessanten Resultate in der Forschung über Zellularautomaten nicht vorhersagbar waren und Phänomene nur sichtbar wurden, wenn das entsprechende Programm ablief, stellte die CAM-6 eine Rechenleistung im Wert von vielen Millionen Dollar für Wissenschaftler zur Verfügung, die mit verhältnismäßig geringen Geldmitteln nach den Goldadern der Informatik suchten – mit einem Einsatz von nur 1500 Dollar.

Ebenso wichtig war es aber auch, die Möglichkeiten der Zellularautomaten einer breiten Öffentlichkeit bekannt zu machen. Wenn man zuvor die langsamen Verschiebungen der Zellhaufen in einer typischen Zellularautomaten-Bildschirmausgabe gesehen hatte, mußte man entweder die physikalischen und mathematischen Grundlagen der Zellularautomaten vollständig verstanden haben oder aber darauf vertrauen, daß tatsächlich etwas Bedeutendes ablief. Die Abläufe waren einfach zu langsam, um die Veränderungen erkennen zu können. Mit der CAM-6 waren plötzlich die Auswirkungen auch des einfachsten Zellularautomaten, etwa von Life, selbst flüchtigen Beobachtern zugänglich. Es war wie der Unterschied zwischen einer Serie von Einzelphotos und einem Film.

Toffoli und Margolus konnten Besucher immer wieder mit der CAM-6 beeindrucken. Ihrer Version der von Conway erarbeiteten Regeln gaben sie einen eleganten Dreh: Zusätzlich zu den zwei Standardzuständen, jeder durch eine Farbe dargestellt, gab es eine weitere Farbe, die eine Zelle repräsentierte, die zuvor lebte, nun aber tot war, sich also in einer Art fossilem Zustand befand. Nachdem er zunächst Fleckenmuster aufwies, schien der Bildschirm plötzlich zu kochen, um sich dann selbst in einer Serie von Mustern zu organisieren, die von fossilen Wolken umgeben waren. Und während sich die Augen des Betrachters auf die kleinen Teilbereiche konzentrierten, wurden Gleiter sichtbar, die spontan zu entstehen schienen, so wie man früher geglaubt hatte, daß sich Maden in faulenden Lebensmitteln aus dem Nichts entwickelten.

Dann ließen Margolus und Toffoli reversible Zellularautomaten ablaufen. Aus einem undifferenzierten Durcheinander unterschiedlicher Farben entstanden zunächst Muster relativ stabiler Anordnungen, die von Jackson Pollock hätten stammen können, wenn dieser im Kreuzstich gearbeitet hätte. Dann breiteten sich konfettiartige Partikel aus, und schließlich schaltete Margolus das Universum in den Rückwärtsgang. Das Chaos hielt wieder Einzug und sog die einzelnen Punkte in etwas hinein, das wie ein schwarzes Loch aussah. Schließlich tauchte das Anfangsbild wieder auf. Es war, als würde man einen Zeitrafferfilm über die Entstehung des Universums sehen, der dann zurückgespult wurde, den ganzen Weg zurück bis zum Urknall, wobei jede Sekunde Milliarden von Jahren entsprach. Ein Journalist, dem die CAM-6 vorgeführt wurde, drückte seinen Eindruck so aus: »Man kann sich vorstellen, wie Timothy Leary hier seinen gesamten Urlaub verbringt, und zwar innerhalb von fünf Metern im Umkreis der Maschine.«[14]

Die CAM-6 verhalf der Information Mechanics Group nicht nur zu einer soliden Grundlage für die Forschung an Zellularautomaten, sondern motivierte auch die gelegentlichen Neueinsteiger, sich an den Forschungen zu beteiligen. Während der späten siebziger Jahre stand das MIT im Zentrum der Welt der Zellularautomaten, einer allerdings kleinen Welt. Trotz der Autorität eines von Neumann, trotz Burks

Vertrauen, Fredkins Visionen und Toffolis Ausarbeitungen blieb die Forschung an Zellularautomaten ein obskures Nebenglied der Physik und Informatik.

Das alles änderte sich, als 1982 ein außerordentlich forscher, aber brillanter junger Wissenschaftler namens Stephen Wolfram die Bühne betrat, und zwar wie ein berühmter Schauspieler, der seinen Auftritt bis zum zweiten Akt hinausgezögert hatte.[15] Wolfram hatte ganz unabhängig über Zellularautomaten nachgedacht, und da er nicht wußte, daß sie bereits existierten, erfand er sie praktisch ein zweites Mal. Erst später entdeckte er, daß es sich nicht nur um ein skurriles wissenschaftliches Gebiet handelte, sondern auch um eine Kulterscheinung. Er stufte das Gebiet als »interessant« ein, und aus dem Munde von Stephen Wolfram war dieses Prädikat das größtmögliche Kompliment für die Forschung. Dafür qualifizierte er aber die Arbeit, die bisher auf diesem Gebiet geleistet worden war, als eher »mitleiderregend« ab.

Seine Gnadenlosigkeit gegenüber seinen Vorgängern kannte keine Grenzen. »Als ich anfing, gab es etwa 200 Publikationen zum Thema der Zellularautomaten«, sagte er. »Es ist unglaublich, wie wenig in diesen Veröffentlichungen stand. Sie waren alle miserabel.« Auf dem Treffen in Los Alamos begegnete Wolfram dem großen alten Ulam, der zusammen mit von Neumann die Zellularautomatentheorie entwickelt hatte. Diese Begebenheit beschrieb er später mit schockierender Respektlosigkeit: »Ich hatte keine Lust, mich mit ihm zu unterhalten, da er am Rande der Senilität stand«, entsann sich Wolfram. »Ich kann mich nicht genau an die Dinge erinnern, die er sagte, außer daß er versuchte, freundlich zu sein, aber es war außerordentlich langweilig und peinlich.«

Dies war ein typischer Wolfram-Ausspruch, und obwohl er kaum über Dreißig war, hatte er bereits mehr Porzellan zerschlagen als der sprichwörtliche Elefant. Er war alles andere als der typische Zögling einer Familie aus der oberen englischen Mittelklasse. Sein Vater war Romanschriftsteller, der, von der Kritik zwar recht wohlwollend bedacht, eher als unbedeutend einzustufen war, und seine Mutter war Philosophieprofessorin in Oxford. Beide konnten mit Stephen vermutlich nicht viel anfangen; er war nach eigenen Aussagen eine Katastrophe von Sohn, so schrecklich, daß sich jeder Babysitter, der auf ihn aufgepaßt hatte, weigerte, dies ein zweites Mal zu tun. Als er zwölf Jahre alt war, wurde er nach Eton geschickt. Dort sah man ihn nie auf den berühmten Sportplätzen, er verbrachte seine Zeit vielmehr auf dem selbsterwählten Sportgelände seiner einzigen Vorliebe: der Wissenschaft. Seine einzige wirkliche »Schularbeit« war es, ein kleines Dienstleistungsgeschäft zu betreiben, in dessen Rahmen er die Mathematik- und Physikhausaufgaben seiner reichen Klassenkameraden erledigte. Mit vierzehn hatte er Selbstvertrauen genug, einen Artikel zu einem Problem der Teilchenphysik bei Professoren aus Oxford und Cambridge einzureichen. Erstaunlicherweise akzeptierten sie den Text, als stamme er von einem gestandenen Wissenschaftler. Kurze Zeit danach begann Wolfram diese Universitäten aufzusuchen und Vorträge vor den Physikprofessoren zu halten.

Mit Sechzehn ging er nach Oxford und unternahm damit fast einen Schritt in die Richtung einer gewissen Normalität. Wie nicht anders zu erwarten, fühlte er sich durchaus in der Lage, auch ohne Ausbildung auf dem Gebiet der Teilchenphysik zu arbeiten. Von seinem ersten Tag berichtete er: »Ich ging in die Vorlesungen für Erstsemester und fand sie schrecklich. Am zweiten Tag ging ich in die Vorlesungen für Zweitsemester und fand sie genauso schrecklich. Am dritten Tag ging ich zu den Vorlesungen für Drittsemester und mußte feststellen, daß einfach alle schrecklich waren. Ich beschloß daher, überhaupt nicht mehr in irgendwelche Vorlesungen zu gehen.« Seine Studien beruhten in der Folgezeit völlig auf Eigeninitiative; er brauchte keinen Mentor, und es drängte sich auch niemand auf. Vielmehr waren seine Kontakte zu den Mitgliedern der Fakultät eher durch Ablehnung gekennzeichnet. Einen Feind machte er sich beispielsweise dadurch, daß er einem aufstrebenden Physiker, der ein Problem erwähnte, an dem er seit Jahren arbeitete, einen Kommentar lässig hinwarf, mit dem die Fragestellung gelöst war. Wolfram selbst betrachtete die angesehenen Oxforder Universitätsdozenten als Narren und hielt mit dieser Einschätzung auch nicht hinter dem Berg. Die einzige Konzession, die er machte, war die, daß er die Klausuren schrieb, die am Ende des ersten Jahres von allen Studenten verlangt wurden. Er gehörte zu den Besten seines Jahrgangs.

Wolfram verließ Oxford und begann eine Doktorarbeit am California

Institute of Technology (Cal Tech) zu schreiben, wo einige seine Vorbilder lehrten, unter anderen auch der Nobelpreisträger Feynman und Murray Gell-Mann. Mit kaum zwanzig erhielt Wolfram seinen Doktortitel. Anschließend nahm er am Cal Tech eine Forschungsstelle an und wurde während dieser Zeit der jüngste Stipendiat des Mac-Arthur-Programms, das die sogenannten Geniestipendien vergab. Aber auch mit dem Cal Tech geriet er in Streit, und zwar über die Rechte an einer symbolischen Computersprache, die er geschrieben hatte. Unter den vielen Angeboten entschied er sich für eine Stelle am Institute for Advanced Studies, der früheren Wirkungsstätte Einsteins und von Neumanns, wo er wiederum das Establishment erschreckte, als er seine Forschungen über Farbquanten aufgab, und zwar zugunsten eines Gebietes, das für viele eher eine pseudowissenschaftliche Entartung war, das der Zellularautomaten.

Für einige Physiker war das eine enorme Fehlentscheidung, so als ob ein junger Fußballnationalspieler sich von der ersten Liga verabschiedete, um fortan für einen Dorfverein zu kicken. Aber wie gewöhnlich wußte Wolfram, was er tat. Sein Interesse beruhte teilweise auf seinem Vertrauen in den Gebrauch von Computern in der wissenschaftlichen Forschung. Er war sicher, daß die Wissenschaft am Beginn einer neuen Untersuchungsmethodik stand. Anstatt Experimente mit echtem Material durchzuführen, würde der Computer selbst eine brauchbare Experimentiergrundlage sein. Der Computer erlaubte es, bestimmte Gedankengänge in logischen Formeln auszudrücken, um anschließend, anstelle der herkömmlichen Manipulationen an Reagenzglasinhalten, wichtige Meßdaten zu ermitteln. Das Gebiet war noch nicht klar umrissen, aber es existierte, und nichts demonstrierte diese neue Art der Forschung so gut wie die Zellularautomaten.

Ebenso wichtig war für Wolfram die Tatsache, daß Zellularautomaten ein wirklich komplexes System waren, das dennoch leicht mit einem Computer erfaßt werden konnte. Einige dieser Systeme waren außerordentlich interessant, zeigten sie doch die gleiche differenzierte Vielschichtigkeit, die man bei einer breiten Palette anderer Dinge finden konnte, angefangen bei nichtlinearen, physikalischen Phänomenen wie Flüssigkeitsturbulenzen über Ökonomie bis hin zu lebenden Organismen. Wolfram nahm an, daß er Zellularautomaten dazu benutzen könnte, wichtige Erkenntnisse über komplexe Systeme im allgemei-

nen zu erhalten, vor allem aber auch über einige Vorstellungen, die er bezüglich der Entstehung von Komplexität aus sehr einfachen Ursprüngen hatte.
Auf einer informellen Veranstaltung auf Moskito Island, Fredkins Privatinsel, hatte Wolfram die Möglichkeit, den Stand der Dinge in der Zellularautomatenforschung kennenzulernen. Wie es für Wolfram typisch war, kam er ohne Badehose auf das tropische Eiland, genaugenommen hatte er nicht einmal Shorts dabei, denn ihn trieb der Forschungsdrang und nicht die Suche nach Entspannung in die Karibik. Fredkin, Toffoli und Margolus waren anfangs erfreut, Wolfram dabeizuhaben, aber ihre Freude legte sich, als der forsche Neueinsteiger andeutete, daß er sich selbst für den Haupttheoretiker dieses Gebietes halte. Als kleiner Hinweis auf die entstandene Spannung kann der Streit darüber gelten, ob Wolfram tatsächlich erst bei diesem Treffen auf Moskito Island im Jahre 1982 mit den Zellularautomaten bekannt gemacht wurde (wie Fredkin und Toffoli behaupten) oder ob Wolfram sich zu dieser Zeit bereits entschlossen hatte, mit Zellularautomaten zu arbeiten (eine Darstellung, auf der er besteht).
Dennoch sah die MIT-Gruppe ein, daß Wolframs Interesse und die Ideen, die er in das Gebiet einbringen würde, durchaus zu ihrem Vorteil sein konnten. »Es ist wie in einer kleinen Stadt, wo es bisher nur einen Anwalt gab«, erklärt Benett, heute Informatiker bei IBM, »dann kommt ein zweiter Anwalt, und beide werden reich.«
Für Wolfram waren Zellularautomaten aber nur ein Randproblem des ihn interessierenden Hauptgebietes: der Komplexität (obwohl auch er sich für kurze Zeit von einer der Randerscheinungen der Zellularautomatentheorie mitreißen ließ und Postkarten und Notizblöcke mit Bildern interessanter Zellularautomaten sammelte). »Die Sache ist einfach«, sagte Wolfram, »man kann mit etwas sehr einfach Erscheinendem beginnen und plötzlich etwas sehr Kompliziertes herausbekommen, so kompliziert, daß man den ersten Eindruck nur so beschreiben kann: Alles scheint sehr zufällig zu sein.« Wolfram war zwar nicht derjenige, der dieses Phänomen entdeckte – es lag für ihn ziemlich auf der Hand –, aber er trieb die diesbezügliche Forschung voran, indem er das Phänomen mit Zellularautomaten untersuchte.
Um seine Ansicht zu verdeutlichen, benutzte Wolfram eine Variante seines Lieblingszellularautomaten, den eindimensionalen Zellularau-

tomaten. Sowohl von Neumanns Automaten als auch Conways Life-Spiel arbeiteten in zwei Dimensionen – vertikal und horizontal. Die eindimensionale Variante funktionierte nur horizontal, und zwar auf einer einzigen Linie. Jede Zelle berührte also nur zwei andere Zellen, eine auf der rechten und eine auf der linken Seite. Einer der Vorteile dieser eindimensionalen Zellularautomaten war, daß jedes einzelne Bild seine eigene Entstehung preisgab, da jede neue Generation unter der vorherigen angezeigt wurde. Ein weiterer Vorteil lag in der Vereinfachung der Regeln, so daß es möglich war, alle verschiedenen Variationen des Funktionsbereiches zu untersuchen und dadurch zu schlüssigen Ergebnissen zu kommen. Nachdem Wolfram herausgefunden hatte, wie ausgezeichnet die eindimensionale Variante funktionierte, war er sehr verwundert, daß sie niemand zuvor ernsthaft benutzt hatte. »Dabei bietet sich ihre Anwendung so offensichtlich an«, sagt er heute.

Wie verwendete Wolfram nun die eindimensionalen Zellularautomaten, um zu zeigen, daß große Komplexität aus einfachen Anfangsstadien entstehen kann? Er arbeitete mit einem einfachen, eindimensionalen Zellularautomaten, dessen Zellen zwei mögliche Zustände einnehmen konnten, entweder an oder aus beziehungsweise tot oder lebendig. Begonnen wurde mit einer Anfangskonfiguration, bei der die Zellreihen zufällig an- oder ausgeschaltet waren. Das war Linie A. Die neue Reihe darunter, also Linie B, repräsentierte die nächste Generation. Der Zustand jeder Zelle in dieser Reihe wurde durch bestimmte Regeln festgelegt. Diese Regeln berücksichtigten die Zustände von drei Nachbarzellen: von der Zelle aus der A-Reihe direkt oberhalb der entsprechenden B-Zelle sowie von deren linken und rechten Nachbarzelle. Bezüglich der Zustände dieser drei Zellen gab es acht mögliche Kombinationen, wobei für eine tote Zelle eine »0« und für eine lebende eine »1« stand. Möglich waren dann also die Kombinationen: 111, 110, 101, 100, 011, 010, 001 und 000. Jedes dieser Tripel in Reihe A bestimmte nun, abhängig von den entsprechenden Regeln, den Zustand der Zelle (an oder aus), die in Reihe B unterhalb dieses Tripels lag. Beispielsweise könnte die linke Zelle eines solchen Drillings in Reihe A an sein, die Zelle in der Mitte aus und die rechte wieder an, oder anders ausgedrückt 101, wobei die Regeln festlegen könnten, daß bei einer solchen Konfiguration die Zelle in Reihe B an sein solle. Auf diese Weise wurden die Zustände aller Zellen in Reihe B festgelegt, und der Prozeß setzte sich dann in Reihe C und darüber hinaus fort, bis der gesamte Computerbildschirm aufgefüllt war, vergleichbar einem Fax-Gerät, das zeilenweise ein übermitteltes Bild ausgibt.

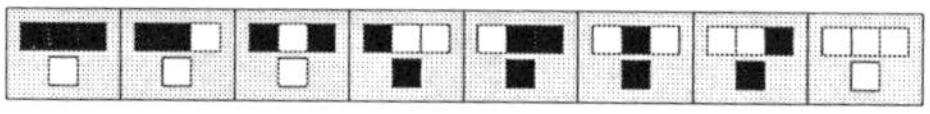

5 Generationen

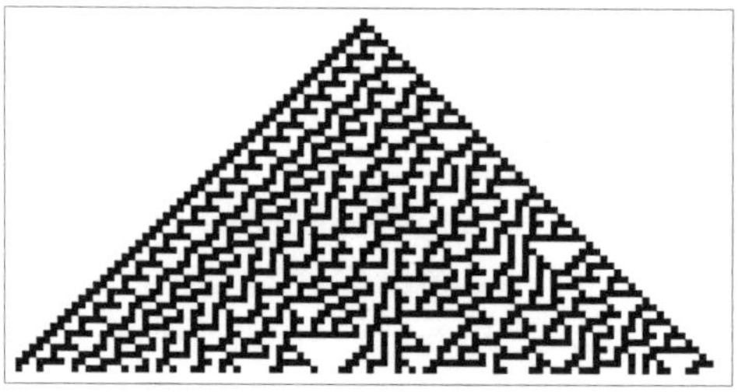

50 Generationen

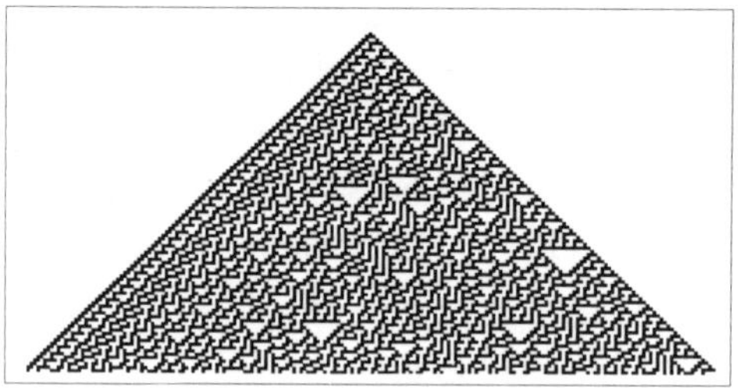

100 Generationen

Die Graphik zeigt das Wachstum eines eindimensionalen Zellularautomaten mit zwei Zuständen (an oder aus). Die Reihe der acht Kästchen am oberen Bildrand zeigt die zur Anwendung kommenden Regeln: Für jede Kombination von drei Zellen in der Generation 0 gibt es ein festgelegtes Ergebnis für die Zellen der nächsten Generation, die sich unterhalb der dreizelligen Reihe befinden. Die obere Abbildung zeigt das Wachstum nach 5, die mittlere nach 50 und die untere nach 100 Generationen. Dies macht deutlich, daß sich aus einfachen Regeln eine beträchtliche Komplexität entwickeln kann.

In diesem Typ Zellularautomat gab es 256 mögliche Regelsätze, die Wolfram alle untersuchte. Einige stellten sich schnell als uninteressant heraus. Eine Variation war »Leere« (alle Zellen waren tot), eine andere »Dunkelheit« (alle Zellen lebten). In Wolframs Zellularautomatentopologie fielen sie in die Klasse 1. Eine andere Variante war eine Konfiguration, bei der die Anfangsaktivität aufhörte und sich bestimmte stabile Verhältnisse einstellten. Diese Beispiele ordnete Wolfram in die Klasse 2 ein.

Andere Konfigurationen zerfielen allerdings in relativ ungeordnete Muster. Diese gehörten dann in Klasse 3. Der Computerbildschirm sah aus, als würde ein defektes Videoband abgespielt; manchmal war er übersät mit invertierten Dreiecken, die in keiner erkennbaren Anordnung aufzutauchen schienen. Wenn sich tatsächlich jemand die Mühe gemacht hätte, eine einzelne Zellspalte von oben nach unten zu verfolgen, also von Reihe A bis Reihe Z, so wäre es für diese Person kaum glaubhaft gewesen, daß der An- und Abschaltmechanismus der Zellen nicht ebenso zufällig gewesen sein sollte wie das Werfen einer Münze.

Natürlich spielte der Zufall hier keine Rolle. Ob eine Zelle an- oder abgeschaltet war, hing einzig von den bestimmenden Einflüssen der Regeln ab, vergleichbar mit einem Stein, den man aufhebt und wieder losläßt, und der aufgrund der Graviation zwangsläufig wieder auf die Erde fällt. Die Auswirkungen sind in dem Fall ebenfalls festgelegt.

Meist lassen sich in unserer Umwelt die Auswirkungen bestimmter Gesetze leicht erkennen, beispielsweise das von Newton definierte Gesetz. Wolframs Interpretationen legten nun den Schluß nahe, daß Dinge manchmal einfachen Regeln folgen, wenngleich es so aussieht, als folgten sie sehr komplizierten oder gar keinen Regeln. Das Problem sei nur unsere beschränkte Einsicht – wir kennen diese Regeln einfach nicht.

Für Wolfram war es eine Herausforderung, diese unerforschten Regeln zu finden und damit die Naturgesetze zu entdecken, die komplexen Systemen zugrunde liegen. Dies ist ein weniger abstraktes Vorhaben, wenn man die Möglichkeit bedenkt, daß nicht nur das Chaos von einfachen Regeln bestimmt wird, sondern auch die weniger ungeordneten, aber immer noch komplexen Verhältnisse, die man in biologischen Verhaltensweisen erkennt. In der Tat gab es eine letzte

Gruppe von Zellularautomaten, die dieses Verhalten widerzuspiegeln schienen. Wolfram stellte sie in die Klasse 4, in der Strukturen zusammengefaßt wurden, die nicht ungeordnet waren, aber komplex und manchmal langlebig. Sie waren fähig, Informationen zu verbreiten, und umfaßten alle Zellularautomaten, die als universelle Computer angesehen werden können (beispielsweise das Spiel Life).

Der Umstand, daß sich diese Strukturen anhand einfacher Regeln entwickelten, war ein Hinweis darauf, daß der Versuch, Leben im »Datenreagenzglas« eines Computers zu erschaffen, nicht ganz so entmutigend war, wie man annehmen sollte. Ein großer Fortschritt war dadurch zu erzielen, daß man herausfand, welche Gesetze die Natur hervorgebracht hatte, diese Gesetze programmierte, um dem lebensähnlichen Verhalten dann zu erlauben, sich unter Anwendung dieser Algorithmen zu entwickeln.

War so etwas möglich? Wolfram widerstrebte die Vorstellung, daß es so einfach sein sollte, aber genaugenommen handelte es sich hier auch nicht um das Herzstück seiner Arbeit, die sich mehr darauf konzentrierte, eine künstliche Physik zu schaffen, um komplexe Systeme allgemein besser verstehen zu können. Und er behauptete, daß seine Einteilung der Zellularautomaten in vier Klassen in der Tat ein Schritt in die Richtung sei, Komplexität an sich messen zu können. Allerdings war er auch an einigen faszinierenden Hinweisen interessiert, die andeuteten, daß es etwas außerhalb der Welt von Mathematik und Computern gab, das Zellularautomaten sehr ähnlich war.

So stellte Wolfram eine beachtliche Sammlung von Meeresschneckengehäusen zusammen, die ihm Leute zuschickten, die seine Veröffentlichungen gelesen oder seine Vorlesungen gehört hatten. Die spiralig geformten Gehäuse waren mit auf den Kopf gestellten Dreiecksmustern übersät, und wer schon einmal eine Reihe eindimensionaler Zellularautomaten gesehen hatte, konnte nach einem kurzen Blick auf diese Schalen sofort eine Verbindung zu diesen Automaten herstellen. Fast schien es, als hätten sich die Muster von einem Computerbildschirm geschält, um sich dann direkt auf die Schneckenschalen zu legen. Die naheliegende Schlußfolgerung war, daß die Prinzipien der Zellularautomatentheorie auch die Grundprinzipien waren, die den Schneckenhäusern zu ihren Mustern verhalfen.

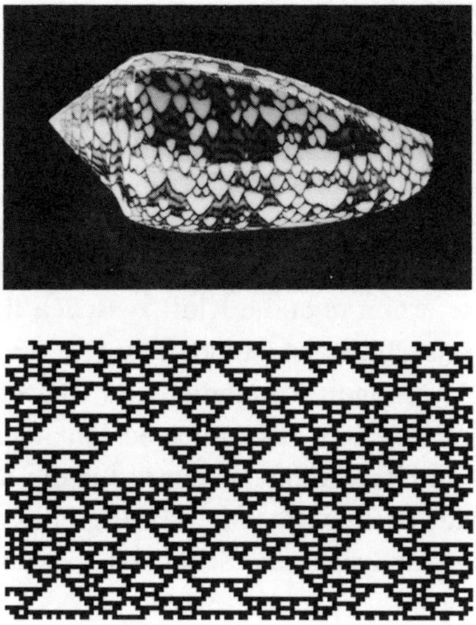

Vergleich zwischen der natürlichen Zeichnung einer Schneckenschale und dem Muster eines eindimensionalen Zellularautomaten.

Wenn man die Natur unter dem Blickwinkel der Zellularautomaten betrachtete, gab es aber noch eine Reihe weiterer Neuheiten zu entdecken. So stellte beispielsweise ein Neurobiologe die Behauptung auf, die Regeln von Zellularautomaten spielten auch für Funktionen des Sehzentrums eine Rolle und beeinflußten damit unser Sehen (nicht zufällig begannen einige Computerwissenschaftler damit, die Zellularautomaten für die Bildverarbeitung einzusetzen). Ein Pathologe fand einen neuen Weg, Blutabstriche zu untersuchen, indem er die weißen Blutkörperchen unter Zuhilfenahme von Zellularautomatenregeln untersuchte, und ein Physiologe der Universität von Arizona dokumentierte Zellularautomatenaktivität in den Mikrotubuli des Zytoskeletts, die ein wichtiger Bestandteil vieler biologischer Zellen sind.
Wolfram postulierte nicht, daß Zellularautomaten tatsächlich für diese natürlichen Phänomene verantwortlich seien. Letztlich waren Zellularautomaten nichts weiter als mathematische Modelle, die nur dann Realität wurden, wenn sie auf einem Computer liefen. Wolfram machte sich weder die Mühe, Fredkins Behauptung zu widerlegen, daß die Welt selbst ein Zellularautomat sei, sozusagen der Ur-Zellularautomat, von dem alles ausging, noch verbrachte er viel Zeit damit, darüber nachzudenken. Für Wolfram waren die Zellularautomaten vielmehr eine Art Felsen, unter dem sich einige entscheidende Hinweise für das nicht enträtselte Tun der Natur verborgen hielten.

Die Vorstellung, daß Zellularautomaten tatsächlich ein bestimmtes Phänomen der Natur darstellen könnten, faszinierte auch Norman Packard, einen Physiker, der zusammen mit Wolfram am Institute for

Advanced Studies arbeitete. Packard machte den bewußten Versuch, diese Art von Arbeit mit der realen Welt zu verbinden. »Wenn man mit diesen abstrakten Modellen arbeitet, fühlt ein verantwortungsvoller Wissenschaftler die Verpflichtung, Kontakt mit der Realität zu halten«, erklärt Packard. »Es ist eine Sache, einen theoretischen Rahmen zu konstruieren, der den Informationsfluß innerhalb einer Klasse von abstrakten Modellen beschreibt, aber es ist eine andere Geschichte, wenn man die Kluft zwischen theoretischen Modellen und einem tatsächlich arbeitenden System überbrücken will. Man könnte damit Messungen vornehmen und Übereinstimmungen zwischen der Theorie und dem tatsächlich bestehenden System aufzeigen.«

Und was wählte Packard für die Simulation mit Zellularautomaten aus? Schneeflocken! »Hier gibt es eine Formenvielfalt – man nimmt an, daß sich jede Schneeflocke von der anderen unterscheidet –, die zwar nicht zu überprüfen ist, doch gibt es erkennbare Grundstrukturen.« Packard wandte also die Informationstheorie auf Schneeflocken an. Und es funktionierte ziemlich gut. Wären alle Schneeflocken identisch, würde man keine neuen Informationen erhalten, wenn man zusätzliche Schneeflocken untersuchte. Hätte dagegen jede Schneeflocke eine zufällige Struktur, wie beispielsweise Eissplitter, wäre die Information zwar unterschiedlich, aber bedeutungslos. Bei Schneeflocken gibt es aber ein Gefüge verschiedener struktureller Haupttypen, die individuelle Variationen aufweisen. Dies ist die reichhaltigste Form sich verbreitender Information, die sich auch in der menschlichen Sprache und in der biologischen Reproduktion findet.

Die Frage war nun, was Schneeflocken so aussehen läßt, wie sie aussehen? Schneeflocken werden in der Stratosphäre gebildet, wenn die kalte Luft so dünn wird, daß sie keinen Wasserdampf mehr halten kann. Die Luft erreicht dann einen sogenannten Übersättigungszustand. An einem Kristallisationspunkt in der Luft, beispielsweise einem Staub- oder Pollenkorn, kondensiert der Wasserdampf und gefriert zu Eis und die Flocke wächst. Gleichzeitig wird dieser Prozeß durch die Wärme beeinflußt, die bei dem Erstarrungsprozeß entsteht. Packard fand heraus, daß Schneeflocken, je nach vorherrschenden Bedingungen, bestimmte allgemeine Grundformen annehmen. Einige Bedingungen führen zu plattenförmigen Konfigurationen, andere ergeben Schneeflocken, die wie eine Zusammenballung von Stäbchen geformt sind und wieder andere erscheinen als kompliziert aufgebaute, verästelte Sterne. Bisher weiß niemand genau, warum sie sich letztendlich unterscheiden. »Die Beziehung zwischen dem erstarrenden Eis und der Wärmediffusion ist es, die das Problem kompliziert macht, und diese mochte auch der Grund dafür sein, warum das Muster so kompliziert ist«, sagte Packard.

Packards Lösungsansatz bestand darin, Schneeflocken in einem Computer wachsen zu lassen. Ihm war klar, daß dieser Ansatz die »Schneeflockenfrage« nicht definitiv lösen würde, denn auch wenn das Experiment in seinem Computer gelang, war es nicht unbedingt möglich, einen Zusammenhang zu den Ereignissen herzustellen, die sich bei Schneefall in der Stratosphäre abspielen. Sein Ziel war es vielmehr, den Beweis anzutreten, daß dasselbe Phänomen sowohl im Computer als auch in der Natur vorkommen konnte. Wenn er Zellularautomaten einsetzte, so sagte er sich, könnte vielleicht etwas entstehen, das den Schneeflocken so sehr ähneln würde, daß sogar ein flüchtiger Beobachter eine wahrscheinliche Verbindung herstellte. Sollten sich die Meteorologen darum kümmern, was dann passierte.

Packard schrieb ein Computerprogramm für einen Zellularautomaten, in dem die abgeschalteten Zellen, also solche, die den Wert 0 hatten, den Wasserdampf repräsentierten und die eingeschalteten Zellen, also solche, die den Wert 1 hatten, dem Eis entsprachen und auf dem Bildschirm farbig erschienen.[16] Das eigentliche Geschehen spielte sich an den Rändern der entstehenden Schneeflocke ab, die langsam wuchs. Ein Regelsatz sorgte dafür, daß zunächst die Nachbarschaft einer jeden Zelle auf ihre Werte hin geprüft wurde. Dann wurde die Summe all ihrer Zahlenwerte gebildet, die je nachdem, ob sie gerade oder ungerade war, bestimmte, ob eine neue Zelle mit Eis oder Wasserdampf zu füllen war. Es handelte sich um reine Mathematik ohne eine Spur von Chemie.

»Unmittelbar nach Beginn der Simulation tauchten verschiedene Muster auf, die den Eindruck von richtigen Schneeflocken vermittelten«, berichtet Packard. Tatsächlich fehlten den durch Zellularautomaten geschaffenen Modellen jedoch einige der komplizierten Strukturen richtiger Schneeflocken, besonders galt dies für nadelähnliche Formen, aber Packards Schneeflocken sahen immerhin aus wie Platten, die sich am Rand verästelten, um sich dann nochmals zu verzweigen.

Jedes Grundschulkind würde die prächtigen Bilder auf Packards Computerbildschirmen sofort als Schneeflocken identifiziert haben.
Aber natürlich waren Schneeflocken keine Lebensformen. Dennoch könnte das gleiche Prinzip, die durch einen einfachen Regelsatz bewirkte Duplikation komplexer Systeme, auch beim Bemühen, biologische Phänomene zu duplizieren, angewandt werden, vielleicht sogar auf Kreaturen aus den oberen Stockwerken des »Wolkenkratzers« Evolution. Das möglicherweise bemerkenswerteste Beispiel dieser Art kam dann aber nicht von einem Physiker oder Biologen, sondern von einem Computeranimator.
Schon seit seiner Studienzeit trug sich Craig Reynolds mit dem Gedanken, ein Computerprogramm zu schreiben, das mit einfachen Regeln die Bewegung von Tieren simuliert. Seine Tätigkeit als Computeranimator in der Abteilung für Graphik bei der Computerfirma Symbolics eröffnete ihm dazu die Möglichkeiten.
Nicht weit von Reynolds' Wohnort Culver City (Kalifornien) gab es einen großen Friedhof, auf dem sich häufig große Schwärme von Singvögeln versammelten. Reynolds hielt sich dort regelmäßig mit einigen Kollegen auf, und sie machten sich Gedanken darüber, wie schwierig es sein müßte, Computerkreaturen dazu zu bringen, ebensolche Schwärme zu bilden. Die Computeranimatoren gingen von da an in ihrer Mittagspause zum Friedhof, brachten ihr Essen mit und beobachteten die Vögel. Es war faszinierend, wie die gefiederten Kreaturen plötzlich aufflogen und sogleich eine Formation bildeten, als habe ein unsichtbarer Trainer eine Trillerpfeife ertönen lassen. Ornithologen haben bisher keine schlüssige Erklärung für dieses beeindruckende Verhalten gefunden. Reynolds glaubte nicht, daß dazu eine Art von Befehlsgeber notwendig sei, sondern daß es sich bei dem Phänomen der Schwarmbildung um eine dezentralisierte Aktivität handele, bei der jeder Vogel einfachen Regeln folgte. Das Gruppenverhalten ergebe sich dann aus diesem kollektiven Zusammenspiel. Reynolds beschrieb es so: »Die Bewegungen eines Vogelschwarms sind ... vom Konzept her einfach, aber da sie so komplex aussehen, scheinen sie zufällig zu entstehen; dennoch sind sie beeindruckend synchron. Am erstaunlichsten ist vielleicht der Eindruck einer bewußten zentralen Kontrolle. Allerdings deuten alle Fakten darauf hin, daß die Schwarmbewegung lediglich das gemeinschaftliche Resultat des

Verhaltens jedes einzelnen Tieres ist, das allein auf der Grundlage seiner eigenen begrenzten Wahrnehmung der Welt handelt.«[17]

Wenn Reynolds' Theorie tatsächlich korrekt war, mußte es möglich sein, Vogelschwärme zu simulieren, indem man jedem einzelnen Individuum einige einfache Regeln an die Hand gab. Das Schwarmverhalten würde dann spontan entstehen. Die Schwierigkeit war allerdings, diese Regeln zu erkennen. Nach unzähligen Stunden, die er auf dem Friedhof verbracht hatte, faßte Reynolds das Schwarmverhalten in drei primären Komponenten zusammen:

1. Eine zwingende Kraft, die den Schwarm zusammenhält.
2. Eine Fähigkeit, die Geschwindigkeit zu bestimmen, so daß die Vögel sich gleich schnell fortbewegen.
3. Eine Fähigkeit, Abstände einzuhalten, damit die Vögel sich nicht zu nahe kommen.

Dann übertrug er diese Regeln in seinen Computer. Er nannte die entstehenden Kreaturen *boids,* eine Kurzform des Wortes »birdoid«, womit ausgedrückt werden sollte, daß die Regeln nicht nur auf Vogel-, sondern auch auf Fischschwärme anwendbar sein sollten. Ihre Wahrnehmungen und Aktionen waren örtlich begrenzt. Während des Fliegens würden die *boids* sehen, was ihre Nachbarn taten (natürlich waren sie immer noch weiter nichts als Zellen in einem Zellularautomaten), und dann die gewonnene Information im nächsten Taktzyklus für ihre eigene Verhaltensweise auswerten. Jeder *boid* würde so beispielsweise das Zentrum des Schwarms innerhalb eines bestimmten, von ihm zu übersehenden Radius ermitteln und sich in Richtung dieses Punktes bewegen. Waren beispielsweise andere *boids* auf seiner linken Seite, würde er sich auch nach links bewegen. Er würde versuchen, seine Fluggeschwindigkeit an die in der Nähe befindlichen *boids* anzupassen, es sei denn, es wäre notwendig, abzubremsen oder zu beschleunigen, um nicht aus dem Schwarm herauszufallen. Und wenn einem *boid* drohte, zu nahe an einen Nachbarn zu geraten, würde er abrücken, um eine Kollision zu vermeiden.

Da Reynolds seine Ergebnisse noch im Jahre 1987 auf einer Computertagung vorstellen wollte, arbeitete er sehr intensiv an seinem Programm, und schon nach zwei Tagen sah er seine Theorien bestätigt.

»Sie sahen nicht gerade wie Vögel aus, aber sie hatten etwas, was einem bekannt vorkam«, sagt Reynolds. »Eine komische Art von Schwarmverhalten, das man in der Natur so nicht zu sehen bekam, aber man wußte sofort, um was es sich handelte.« Nachdem er das Programm in den darauffolgenden Monaten verbessert hatte und es schließlich im Animationsprojekt eines Kollegen einsetzte, bei dem es um das Verhalten von Schwarmfischen und -vögeln ging, zeigte sich in seinem Programm genau die Art von Schwarmbildung, die man auch in der Natur zu beobachten bekam. Es war geradezu unheimlich. Die *boids,* von denen jeder einzig und allein Reynolds' einfache Regeln befolgte, legten ein so überzeugendes Schwarmverhalten an den Tag, daß Ornithologen es für möglich hielten, richtige Vögel würden eventuell die gleichen Algorithmen benutzen wie Reynolds' Kreaturen, und sie begannen den Animator anzurufen, um sich nach seinen Regeln zu erkundigen.

Beinahe unverzüglich formierten sich die *boids,* die auf den Bildschirmen wie Strichzeichnungen von Papierflugzeugen aussahen, zu Beginn einer Simulation zu einem wohlgeordneten Schwarm, als habe ein Staubsauger sie zusammengezogen. Im Zentrum des Schwarms flogen sie bald darauf in einer stabilen Konfiguration, während die *boids* an den Rändern abbremsten oder beschleunigten, um die Gruppe zusammenzuhalten. Sie schienen auch kleinste Korrekturen vorzunehmen, leichten Lenkbewegungen nicht unähnlich, wie sie ein Autofahrer auf einer fast geraden Straße macht. Reynolds konnte die Simulation nun so verändern, daß das Zentrum der Schwerkraft zickzackförmig angelegt war. Dennoch hatten die *boids* keine Schwierigkeiten, die Geschlossenheit aufrechtzuerhalten, während sie sich auf ihrer erzwungenen Slalomstrecke bewegten. Reynolds nahm auch einige zusätzliche Programmdurchläufe vor, bei denen der Bildschirm den Blickwinkel eines einzelnen *boid* zeigte, sozusagen eine Art *boid*-Kamera, auf der dann tatsächlich ruckartige Bewegungen erfolgten, wenn der *boid* vom Rand des Schwarms nach innen steuerte, um den Kontakt mit der Gruppe zu wahren.

Dann änderte Reynolds das Programm dahingehend, daß der Schwarm auf einige Hindernisse stieß, besonders auf dicke Zylinder, die an griechische Säulen erinnerten. Auch das war problemlos. Der Schwarm teilte sich an der Säule, wobei die *boids* rechtzeitig, also noch bevor sie das Hindernis erreicht hatten, ausscherten. Das war bemerkenswert, denn dieses Verhalten war nicht programmiert. Nach dem Ausweichmanöver am Hindernis vereinigte sich der Schwarm wieder, eine Reaktion, die auch ein realer Vogelschwarm zeigte. Reynolds fand heraus, daß sein Modell einige Verhaltensweisen aufwies, die vollkommen unerwartet auftauchten und die ganz sicher nicht in seinem äußerst spartanisch gehaltenen Regelwerk enthalten waren. Wenn beispielsweise ein unglücklicher *boid,* dessen Schwarm an ein Hindernis kam, von seinen Nachbarn daran gehindert wurde, rechtzeitig auszuweichen, und gegen eine Säule prallte, hielt er für einen Moment ganz offensichtlich etwas benommen inne, um dann, nachdem er das Bewußtsein wiedererlangt zu haben schien und sich die Regeln wieder in Erinnerung gerufen hatte, durchzustarten und den Schwarm einzuholen.

Ganz offensichtlich geschah in dieser Simulation etwas, das vielleicht auch für richtige Vögel von Bedeutung ist, möglicherweise sogar für Gruppenbewegungen im allgemeinen. Auf jeden Fall schien es, als sei Reynolds Theorie, die sich auf Beobachtung und auf die Auswertung von Literatur gründete, durch die erfolgreiche Anwendung bestätigt worden. Es bedeutete nicht, daß Vögel diesen Regeln zwangsläufig folgen, aber es zeigte zumindest, daß bei der Anwendung dieser Regeln ein Verhalten auftrat, das einer Schwarmbildung glich. Die Frage liegt nahe, ob Ornithologen davon nicht profitieren könnten, wenn auch sie diese Modelle benutzten, um Experimente durchzuführen, die in der Natur nicht möglich waren, aber unglaublich leicht in einem simplen Computerraum? Dazu Reynolds:

> Eine der denkbaren Anwendungen wäre die Unterstützung der wissenschaftlichen Untersuchung von Schwärmen und Herden. Diese Wissenschaftler müssen fast ausschließlich auf der Basis von Beobachtung arbeiten, denn Experimente mit freilebenden Schwärmen sind schwierig durchzuführen, und außerdem wird das zu untersuchende Verhalten unter experimentellen Bedingungen häufig verändert. Es scheint möglich, ein sorgfältig erstelltes Modell des natürlichen Verhaltens von bestimmten Vogelarten zu benutzen, um kontrollierte und wiederholbare

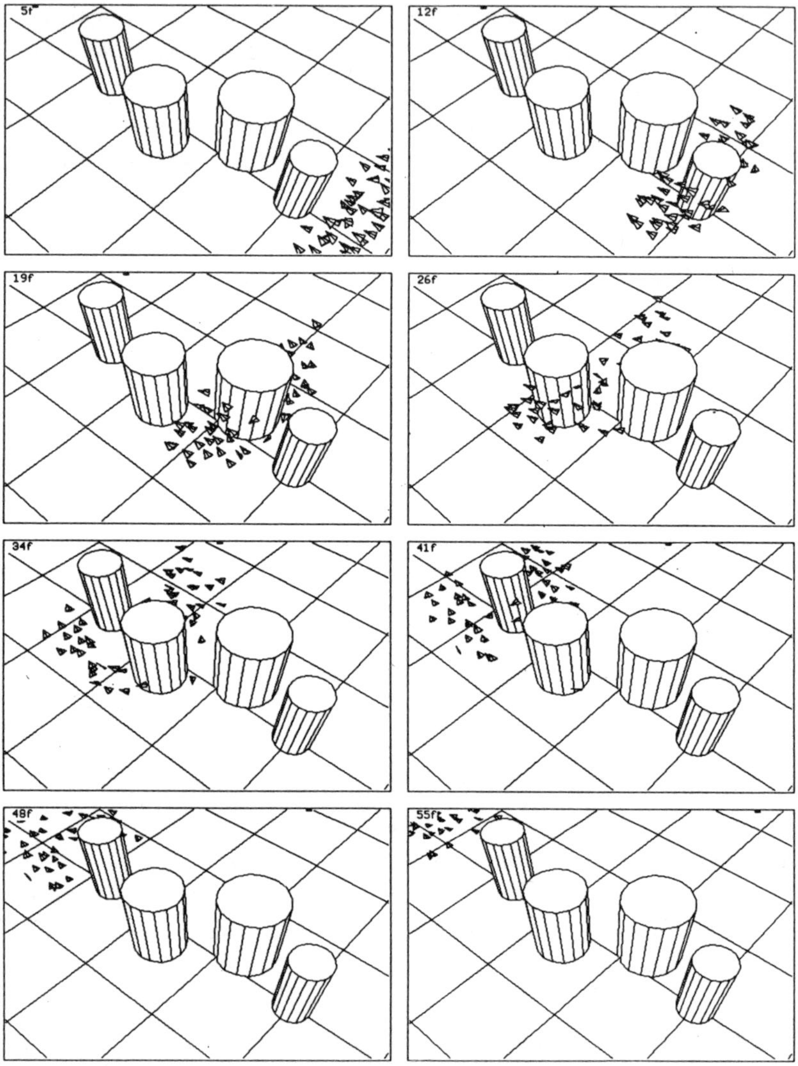

Ein Schwarm von Craig-Reynolds-*boids,* die mit einer Gruppe von Säulen konfrontiert werden. Selbst Reynolds war nicht klar, wie die Hindernisse den Flug der *boids* beeinflussen würden, denn ihr Verhalten war nicht vorhersagbar. Wie sich herausstellte, zeigte sich der Schwarm unbeeindruckt; er teilte sich zunächst, um sich anschließend wieder zu vereinigen.

> Experimente mit »simulierten natürlichen Schwärmen« durchzuführen. Eine Theorie über die Organisation von Schwärmen kann dadurch eindeutig getestet werden, daß ein Verhaltensmodell vorgegeben und dann die Bewegung des simulierten mit der eines natürlichen Schwarms verglichen wird.[18]

Reynolds schlug vor, Biologen, speziell Zoologen, sollten die Beobachtung von echten Kreaturen zugunsten leichter manipulierbarer künstlicher Kreaturen im Inneren eines Computers zurückstellen, auch wenn deren Skelett aus Zahlen und nicht aus organischen Substanzen bestehe. Für Forscher, die es gewohnt sind, in Feld und Wiese herumzulaufen und nicht vor einem Computer zu sitzen, war dies ein ungewohntes und wohl auch wenig erstrebenswertes Ansinnen. Aber je besser sich lebensähnliches Verhalten auf Computerbildschirmen simulieren ließ, um so schwieriger wurde es, diesen Vorschlag abzuweisen.
Das Gesagte schien sich aber nicht nur auf Vögel und Fische anwenden zu lassen, sondern konnte offensichtlich auch auf andere Lebewesen ausgedehnt werden. So konnten etwa Insektenforscher, die Computerexperimenten gegenüber eher skeptisch eingestellt sind, nicht ohne weiteres an den bestechenden Ergebnissen vorbeisehen, die eine Gruppe von belgischen Wissenschaftlern vorlegte, die Zellularautomaten und andere Computermodelle verwendete, um das kollektive Verhalten sozialer Insekten zu studieren. Mitglieder dieser Gruppe, die sich selbst Arbeitsgruppe für theoretische Verhaltensökologie der Freien Universität Brüssel nannte, arbeiteten an dem Ausbau der Theorien über die Selbstorganisation, die ihr Kollege, der Nobelpreisträger Ilya Prigogine, aufgestellt hatte. Der berufliche Werdegang dieser Wissenschaftler war unterschiedlich, aber Jean-Louis Deneubourg war sicher ein recht typischer Vertreter aus ihrer Mitte. Er war Chemiker und bestens mit den Phänomenen der molekularen Selbstorganisation vertraut. Ihm fiel ein Buch von E. O. Wilson in die Hände, in dem es um das Verhalten von Wespen ging, und instinktiv spürte er, daß einige von Prigogines Prinzipien der Selbstorganisation auch bei sozialen Insekten eine Rolle spielten, besonders in Fällen von Allelopathie (ein Begriff, mit dem ausgedrückt werden soll, daß die Verhaltensweisen eines Individuums von den Verhaltensweisen seiner Nach-

barn bestimmt werden).[19] Während traditionelle biologische Theorien besagten, daß die Komplexität kollektiven Verhaltens auf das komplexe Verhalten von Einzelindividuen zurückgeführt werden kann, waren Deneubourg und seine Kollegen anderer Meinung. »Sogar sehr einfaches allelopathisches Verhalten kann die Quelle sehr komplexen und überraschenden Gruppenverhaltens sein«, schrieb er in einem Artikel, den er zusammen mit Simon Goss, einem britischen Biologen aus seiner Gruppe, veröffentlichte. Es war kein Zufall, daß hier eine Übereinstimmung mit Wolframs Hauptthese über Zellularautomaten bestand – selbst komplexes Verhalten ist durch einfache Regeln bedingt –, denn die Gruppe aus Brüssel benutzte ja Zellularautomaten zur Überprüfung ihrer Theorien über soziale Insekten und Selbstorganisation.

»Wir entwerfen ein Skript«, erklärte Deneubourg, »bei dem es sich um ein Nebenprodukt der Beobachtungen im Labor handelt und das empirisch ermitteltes Wissen über die Organisation sozialer Insekten enthält sowie einige Ideen über nichtlineare Systeme.« Ein solches Skript könnte zum Beispiel von der Art und Weise handeln, wie Termiten ihr Futter suchen. Nachdem Deneubourg und seine Kollegen dann beobachtet hatten, wie die Termiten sich dabei verhalten, versuchten sie, dieses Verhalten auf wenige Regeln zu reduzieren (ähnlich wie Craig Reynolds die Grundregeln für das Schwarmverhalten ermittelt hatte). Danach schrieben sie eine Computersimulation, um festzustellen, ob die Hypothese zutreffend war, ob also das beobachtete Verhalten der Insekten auch in der Computersimulation nachvollzogen wurde. In diesem Fall konnten sie Zellularautomaten benutzen, bei denen lebende Zellen nicht nur einen unterschiedlichen Status annehmen konnten, sondern sich auch an andere Stellen »bewegen« durften. Wenn bestimmte Bedingungen vorherrschten, dann nahm ein solches eine Termite darstellendes Zellularautomatenmuster Futter auf; unter anderen Bedingungen gab es Pheromone ab, um weitere simulierte Termiten anzulocken. Die kleinen Bildschirmfiguren erwiesen sich als außerordentlich effektiv beim Sammeln von simulierten Futterbrocken, die in der ebenfalls simulierten Umwelt verstreut lagen.

Zur weiteren Überprüfung der Gültigkeit des Modells änderte das Brüsseler Team dann einen Parameter, beispielsweise die Größe der

Futterbrocken, um auf diese Weise Unterschiede im Verhalten der simulierten Termiten zu ermitteln. Anschließend wandten sie sich wieder der Natur zu. Dies bedeutete keine große Anstrengung, da es in den Regalen ihrer Laboratorien Dutzende aktiver Termitenkolonien gab. Eine solche Kolonie auszuwählen war nicht schwieriger, als zu einem Bücherregal zu gehen und ein Lehrbuch herauszunehmen. Dann führten sie in den Kolonien die gleichen Änderungen durch, die sie vorher im Computer getestet hatten; dieses Mal benutzten sie allerdings richtiges Futter. Wenn die echten Termiten das gleiche taten wie die simulierten, dann war das ein zwingender Hinweis dafür, daß es sich um das gleiche Phänomen handelte.

Das Hauptanliegen der Brüsseler Gruppe war das Studium der Selbstorganisation. Doch sie waren der Auffassung, Insektenforscher täten gut daran, ihre Techniken zu übernehmen, um mit Künstlichem Leben Licht in das Dunkel natürlicher Prozesse zu bringen. »Ich möchte nicht als arrogant gelten«, sagt Goss, »aber die Leute, die Feldforschung betreiben, gehen hinaus und kommen nach drei Monaten mit 70 prallgefüllten Notizbüchern zurück, ohne zu wissen, was sie damit anfangen sollen. Wenn man ein Modell im Kopf hat und daran arbeitet, Simulationen zu erstellen, gibt es eine Reihe spezieller Fragen, die man beantworten muß, und dadurch wird es leichter, seine Beobachtungen auf Dinge zu konzentrieren, die wichtig sind, also auf bestimmte Probleme und bestimmte Verhaltensweisen. Es wird einem praktisch gesagt, worauf man achten muß.«

Und wenn man Zellularautomaten benutzt oder Modelle, die an KL-Computertechniken angelehnt sind, können Theorien in überzeugender Weise überprüft werden. Schon von Neumann hatte vermutet, daß der Computer das wichtigste Forum für wissenschaftliche Experimente werden wurde. Stephen Wolfram hatte diese Gedanken in seinen Veröffentlichungen unterstrichen. Das Computer Testverfahren und die Nachprüfung der Testergebnisse in der Natur mit Hilfe der von Reynolds und der Brüsseler Gruppe entwickelten Methode erweiterte die Zellularautomatentechnik, so daß man nun weit in das Gebiet der Biologie vorzudringen vermochte.

Obwohl die Erforschung der Zellularautomaten gerade von Wolfram vorangetrieben worden war, machten ihn seine Arbeiten bei den wichtigen Gremien des Institute of Advanced Studies ironischerweise nicht beliebter. Seine Kollegen nahmen augenscheinlich Anstoß an seinem Beharren darauf, daß man Wissenschaft auf dem Computer betreiben könne, daß also Zusammenhänge auf dem Computerbildschirm beobachtet, diskutiert und als Tatsachen betrachtet werden könnten. Sein Arbeitsbereich im dritten Stock des Fuld-Gebäudes war vollgestopft mit Computern und Workstations – mit Dingen also, an denen seine Kollegen anscheinend Anstoß nahmen, und sie reagierten entsprechend, als es darum ging, Wolframs auf vier Jahre befristete Stelle in eine unbefristete Stelle umzuwandeln. Also suchte Wolfram nach Alternativen und akzeptierte schließlich ein Angebot der Universität von Illinois, das neue Institute of Complex Studies (Institut für das Studium komplexer Vorgänge) zu übernehmen. Wolfram arbeitete dort noch nicht lange, als er eine Softwarefirma gründete, deren Hauptprodukt eine neue mathematische Software mit Namen »Mathematica« war. Die Firma war so erfolgreich, daß sie in den nächsten Jahren den größten Teil von Wolframs Zeit in Anspruch nahm, bis er einige Jahre später wieder bereit war, den Hauptteil seiner Energie in die Wissenschaft zu stecken. Inzwischen über vierzig, war er nicht mehr der böse Bube unter den Physikern, wenngleich sich seine Meinung über viele Kollegen nicht geändert hatte. »Es ist vielleicht etwas deprimierend«, bemerkte er, vermutlich mit einer Portion Selbstironie, »aber je älter ich werde, eine um so bessere Meinung habe ich von mir.«

Wolfram glaubte weiterhin, daß er auf dem Weg sei, die verborgenen Gesetze, die das Universum regieren, letztlich zu entschlüsseln und eine »allgemeine mathematische Theorie, die die Natur und die Erzeugung von Komplexität beschreiben könnte«, zu entwickeln, und er hatte keine Zweifel, daß er dort, wo andere versagten, erfolgreich sein würde.

Er war aber nicht allein mit seinen Bemühungen. Es gab andere, die einzeln oder in kleinen Gruppen arbeiteten, um diese gut gehüteten Geheimnisse der Natur zu entschlüsseln, die letztlich auch das Verhalten lebender Systeme diktieren.

Die New-Wave-Wissenschaft

Das endgültige Ziel beim Experimentieren mit Künstlichem Leben wäre es, »Leben« in einem anderen Medium zu erschaffen, idealerweise in einem virtuellen Medium, wo das Wesentliche des Lebens von den Details seiner Erfüllung in irgendeinem Modell abstrahiert werden kann. Wir würden gern Modelle bauen, die so lebensecht sind, daß sie aufhören, Modelle des Lebens zu sein, und statt dessen Beispiele für das Leben selbst werden.

Chris Langton[1]

James Doyne Farmer[2] vermutete eine tiefe Bedeutung hinter den unsteten und undurchsichtigen Bewegungen von Zellularautomaten. Für Farmer waren Mathematik und Logik Dinge, die man nicht nur in Siliciumchips und Gleichungen finden konnte, sondern auch in tropfenden Wasserhähnen und Regenwäldern. Spielzeugwelten enthielten den Schlüssel für die Lösung eines bestimmten Problems, eines gewaltigen Rätsels, das sich als die wichtigste wissenschaftliche Frage unserer Zeit abzeichnete. Es spielte keine Rolle, daß dieses Problem nur in der Weltanschauung einiger weniger existierte. Gestern hatte schließlich noch überhaupt niemand über diese Frage nachgedacht. Morgen, so glaubte er, würde sie viele Wissenschaftler interessieren.
Diese Frage kreiste um das Verständnis der natürlichen Kräfte, die das Verhalten komplexer Systeme bestimmte, beispielsweise echter Organismen, und es war dieselbe Frage, die auch Stephen Wolfram fasziniert hatte. Farmer nannte sie den Heiligen Gral der Komplexität, und er glaubte, der Versuch, sie zu beantworten, sei eng mit der Suche nach dem Künstlichen Leben verbunden.
Farmer, ein hochaufgeschossener Mann mit scharfen Konturen und habichtähnlichen Augen trug sein hellbraunes Haar zu einem Pferdeschwanz zusammengebunden und bevorzugte eine sehr legere Art, sich zu kleiden. Er wurde 1952 in der Wüstenstadt Silver City in New Mexico geboren und absolvierte den ersten Teil seines Studiums an der Universität von Stanford in Kalifornien, wo er übrigens bei der Abschlußfeier – aus Protest gegen den Vietnamkrieg und als Zeichen seiner Solidarität mit den Vietkong – als Guerilla verkleidet erschien. Anschließend setzte er seine Ausbildung an der Universität von Kalifornien in Santa Cruz fort, wo er und eine Gruppe aufrührerischer Physikstudenten, unter ihnen auch Norman Packard (der später mathematische Schneeflocken in Wolframs Labor konstruieren sollte), sich ihre ersten Sporen als Pioniere der Chaostheorie, also der Theorie komplexer dynamischer Systeme, verdienten. Farmer und seine Kommilitonen arbeiteten daran, die chaotischen Zustände tropfender Wasserhähne und unregelmäßiger Herzschläge zu definieren. Da sich die

angehenden Wissenschaftler gewissen idealistischen Zielen verschrieben hatten, bezeichnete sich die Gruppe als Kollektiv[3] und wollte auch die Ergebnisse ihrer Forschungstätigkeit teilen. Diese idealistischen Ambitionen mußten aber schließlich dem Druck der eingefahrenen Regeln des etablierten Wissenschaftsbetriebes weichen, denn die wissenschaftlichen Artikel mußten bestimmten Autoren zugewiesen werden, und auch die verschiedenen Danksagungen waren an Personen gebunden, so daß sich eigentlich doch nur Einzelpersonen einen Namen machen konnten. Außerdem war es natürlich nicht möglich, die entsprechenden Anstellungen zu teilen. Das Kollektiv löste sich schließlich nach einiger Verstimmung auf, aber der ursprüngliche Kollektivgeist blieb in der Arbeitsweise jedes Mitgliedes erhalten.

Besonderes Interesse brachte Farmer dem Phänomen der Vorhersagbarkeit entgegen: Er glaubte fest daran, daß man auch bei komplexen Systemen den nächsten Schritt voraussagen könne, eine Vermutung, die auch am Beispiel der Zellularautomaten deutlich wird, die oft hoffnungslos zufällig erscheinen, obwohl sie in Wahrheit durch einfache Regeln bestimmt werden. Farmer, Packard und einige Freunde überprüften ihre Vorstellungen dadurch, daß sie ein Computerprogramm entwickelten, von dem sie hofften, daß es die Bewegungen einer Roulettekugel voraussagen könnte. Zu Testzwecken fuhren sie nach Las Vegas. Das Programm lief auf einem Taschencomputer ab, der so klein war, daß er in einen Schuh paßte; er funkte an jemanden Signale, der dem eigentlichen Spieler dann entsprechende Zeichen gab. Das Programm arbeitete perfekt, und schließlich überließen die Wissenschaftler ihre Ausrüstung professionellen Spielern, die dafür regelmäßig einen Anteil ihres Gewinns an die Forscher abgaben.

Aber diese Dinge waren zweitrangig im Vergleich zu der Frage, die Farmer schon seit seiner Kindheit gereizt hatte, nachdem er eine Kurzgeschichte von Isaac Asimov mit dem Titel *The Last Question*[4] gelesen hatte. Sie handelt vom Bau eines Wunder-Computers, der so intelligent ist, daß die Menschen ihm sehr schwierige Fragen stellen können. Allerdings ist er unfähig, folgende Schlüsselfrage zum zweiten Hauptsatz der Thermodynamik zu beantworten: Ist es möglich, die Zunahme der Entropie im Universum ins Gegenteil zu verkehren? Diese Frage ist heute nicht besonders entscheidend, wird aber in einigen Milliarden Jahren an Bedeutung gewinnen, wenn die Entropie unwiderruflich weiter zugenommen und die nutzbare Energie sich bis zu einem Punkt verringert haben wird, an dem Leben nicht mehr möglich ist. Anders ausgedrückt: Die Energie ist eine Art Sanduhr, nach deren Verrinnen kein Leben mehr möglich ist. Gibt es nun einen Ausweg aus diesem Dilemma? Während der Handlung in Asimovs nur fünfzehn Seiten langer Geschichte vergehen Jahrhunderte, Tausende, Millionen, ja sogar Billionen von Jahrhunderten. Wie wir erfahren, verwischen sich schließlich die Grenzen zwischen der großen Maschine und den Menschen, die sie gebaut hatten (ein ähnlich phantastisches Szenario, wie es bei der NASA-Veranstaltung über selbstreproduzierende Maschinen gemalt wurde). Aber die Antwort auf die immer wieder gestellte Frage bleibt der Computer schuldig, wobei er sich beklagt, daß die ihm zur Verfügung stehenden Daten nicht ausreichten, um eine Antwort zu finden. Schließlich vereinigt sich die gesamte Materie des Universums zu einem einzigen bewußten Wesen: zu der Maschine, die sich nun ausschließlich mit dieser lebenswichtigen Frage befaßt. Nachdem alle Energie absorbiert und alle Materie aufgelöst ist, findet das Wesen schließlich die Antwort auf die Frage, und diese Äußerung führt zur Umkehr der Entropiezunahme: Es werde Licht.

»In meinen Augen ist das nicht nur eine sehr kapriziöse Art und Weise, eine Geschichte enden zu lassen«, sagt Farmer heute, »sondern sie vermittelt einem auch eine Vorstellung davon, daß die Evolution möglicherweise ein vielseitigerer Prozeß ist, als allgemein angenommen wird, und ein Prozeß, der entgegengesetzt zur Zunahme der Entropie im Universum verläuft.« Farmer suchte nun nach alternativen Evolutionsansätzen, und in der Arbeit von Herbert Spencer, einem Vorgänger Darwins, fand er schließlich den Gedanken der Selbstorganisation. Spencer war vielleicht der erste, der die Evolution als offensichtlichen Gegenspieler des zweiten Hauptsatzes der Thermodynamik ansah. Während die Entropie die Ordnung auflöste, trieb im Gegensatz dazu die Evolution durch die Kraft der Selbstorganisation immer weiter in Richtung zunehmender Ordnung vorwärts und ignorierte damit das große Einbahnstraßenschild, das der zweite Hauptsatz der Thermodynamik aufgestellt hatte. Dieses Phänomen der Selbstorganisation faszinierte später auch diejenigen, die es in Zellularautomaten entdeckten, und zwar bei den Vogelschwärmen und dem Sozialverhalten bestimmter Insekten. Wie diese Wissenschaftler sagte auch Farmer: »Ich verstehe die Selbstorganisation im Widerstreit zu dem zweiten Hauptsatz der Thermodynamik als wichtiges physikalisches Prinzip. Ich glaube, daß es ein unumstößliches Prinzip gibt, das in umfassender Weise in die Physik eingebettet ist, also ein sehr wichtiges physikalisches Gesetz.«

Aber um was handelt es sich bei diesen Prinzipien, und wie sind sie aufzudecken?

Farmer vergleicht den letzten Teil unseres Jahrhunderts mit der fruchtbaren Periode des neunzehnten Jahrhunderts, als die Wissenschaftsgrößen das entdeckten, einordneten und verifizierten, was man heute als die Hauptsätze der Thermodynamik oder als »statistische Mechanik« kennt. »Wenn man zurückschaut, so verbreiteten die Leute damals seltsame Theorien über Wärme und Arbeit in vagen Definitionen«, sagt Farmer. »Erst nach der Entwicklung von genauen Meßinstrumenten, zum Beispiel zur Temperaturmessung, waren die wirklichen Grundlagen geschaffen. So machte beispielsweise der englische Wissenschaftler James Preston Joule bei seinen Versuchen sehr praxisbezogene Dinge. Er tauchte einen Propeller in einen Wasserbottich und bestimmte die notwendige Arbeit, den Propeller in Bewegung zu setzen, während er gleichzeitig den dadurch bewirkten Temperaturanstieg des Wassers maß. So war er in der Lage, den Zusammenhang zwischen Temperatur, Wärme und Arbeit aufzuzeigen. Nachdem die Begriffe erst einmal präzisiert waren, konnten andere eine Theorie über den Ablauf aufstellen.«

Die schließlich formulierten Gesetze der Thermodynamik konnten zwar als außerordentlich großer Fortschritt betrachtet werden, aber sie lieferten noch nicht das Handwerkszeug zur Beschreibung so komplizierter Phänomene wie die der komplexen dynamischen Systeme, beispielsweise des Wetters, der Ökonomie oder biologischer Systeme. Wie das Santa Cruz Dynamical Systems Collective demonstrieren konnte, zeigen sogar so normale Dinge wie tropfende Wasserhähne ein verblüffend kompliziertes Verhalten, das später als chaotisch bezeichnet wurde, wobei die Aufstellung neuer Regeln notwendig war, um dieses Verhalten zu verstehen. Dies war ein Arbeitsgebiet, an das sich, wohl nicht zuletzt wegen seines Schwierigkeitsgrades, jahrhundertelang kaum ein Physiker herangewagt hatte.

Erst in neuerer Zeit begannen Wissenschaftler sich mit dieser Komplexität zu beschäftigen, auch deswegen, weil die Rechenleistung der Computer es nun ermöglichte, das spezielle Phänomen »einzufrieren« und unter kontrollierten Bedingungen zu untersuchen. Bewirkt wurde das aber auch durch die neue Tendenz, die in der Wissenschaft üblich gewordene Spezialisierung zu überwinden und statt dessen mit Erkenntnissen aus vielen Disziplinen zu arbeiten. Das Studium der Komplexität verlangte schließlich nicht nur fachmännisches Wissen auf den Gebieten der Physik und Mathematik, sondern auch auf denen der Informationstheorie, der Informatik, der Physiologie, Populationsgenetik und Spieltheorie. Die Beschäftigung mit der Komplexität konnte von der ökonomischen Analyse der Schwankungen bei Getreidepreisen bis hin zur Untersuchung der Entwicklung von Antikörpern im Immunsystem reichen. Ungewöhnliche Übereinstimmungen waren möglicherweise der Schlüssel zum Durchbruch auf diesem Gebiet, allerdings mußten die Wissenschaftler, wie Farmer gern betonte, sich erst noch die Äquivalente zu den experimentellen Methoden ausdenken, die von Joule und den anderen Hexenmeistern der Thermodynamik verwendet worden waren.

Bis die richtigen Experimente gefunden und die geeigneten Theorien beschrieben waren, mußten Farmer und seine Kollegen sich mit einer Menge von Indizienbeweisen zufriedengeben. Diese zeigten aber schon, daß eine große Zahl von Gesetzen darauf wartete, zutage gefördert zu werden. Bei diesen handelte es sich um nichts Geringeres als um einen Satz fundamentaler Prinzipien, die für die Komplexität einschließlich der Arbeitsweise des Lebens verantwortlich sind. »Wir wissen, daß es enorme Probleme gibt, an denen gearbeitet werden muß; wir glauben, daß da etwas ist, das kurz vor der Entdeckung steht, aber bei der Frage, was es tatsächlich ist, tappen wir noch im dunkeln«, sagte Farmer. »Daher ist meine Arbeit auch so aufregend. Es steht eine sehr große Entdeckung bevor, die nur darauf wartet, gemacht zu werden ... die Formulierung eines physikalischen Gesetzes, das beschreibt, wie die Welt sich selbst organisiert.«

Es war in vieler Hinsicht lohnenswert, dieses Ziel zu erreichen, und den größten Nutzen versprach sich Farmer davon, daß die Entdeckung dieser Gesetze auch die Geheimnisse des Lebens selbst enthüllen und die Anstrengungen beflügeln könnte, Leben künstlich zu erschaffen. Er glaubte fest daran, daß die Menschen die Gesetzmäßigkeiten des

Lebens nachbilden könnten, und er prophezeite, daß die Bewältigung dieser monumentalen Herausforderung untrennbar mit dem Studium der Komplexität verbunden wäre. Sein Ziel war es, durch seine Arbeiten über die Chaostheorie, Physik und Biologie zusammenzuführen, um so die Geheimnisse des Lebens zu ergründen und eine Brücke zu dieser kommenden wissenschaftlichen Herausforderung zu schlagen.
Nachdem er Santa Cruz verlassen hatte, nahm er eine Stelle als Wissenschaftlicher Mitarbeiter im Los Alamos National Laboratory an, und zwar in einer Abteilung, die sich Center for Nonlinear Studies (CNLS) nannte und komplexe, nichtlineare Systeme untersuchte. Die Arbeit in Los Alamos war auf die nationale Verteidigung ausgerichtet, wobei die Forschung an atomaren Waffen im Vordergrund stand. Es wurden aber auch Mittel für Grundlagenforschung bereitgestellt, und das CNLS, das als selbständige Abteilung arbeitete, wurde teilweise aus diesem Topf finanziert. Die Arbeit unterlag nicht der Geheimhaltung, und auch das niedrige, einstöckige Gebäude, in dem die Wissenschaftler arbeiteten, lag, im Jargon des Laboratoriums gesprochen, »außerhalb des Zaunes«. Es teilte seinen Parkplatz mit dem Bradbury Science Museum, in dem die Nachbildungen der ersten Atombomben stehen, die täglich von unzähligen Touristen und Schulkindern besucht werden.
Als Farmer am CNLS anfing, war Mitchell Feigenbaum dort der einzige, der ebenfalls über die Komplexität arbeitete und dessen Karriere, nach wenigen erfolgreichen Jahren, aufgrund seiner Beiträge zu Chaostheorie, steil nach oben zeigte. Allerdings verließ Feigenbaum das Institut kurz nach Farmers Ankunft, so daß Farmer die Nachfolge einer Autorität antreten konnte. Als der Direktor ihm erzählte, das Zentrum habe einen Etat von 35 000 Dollar, um Gastforscher einzuladen, und ihn fragte, ob er einige Leute vorschlagen könnte, nahm Farmer die Gelegenheit wahr und stellte eine Liste zusammen, die sich später wie ein »Who is Who« der KL-Forscher las.
Im Mai 1985 war Farmer zusammen mit anderen Forschern, beispielsweise seinem alten Freund Packard, Mitveranstalter einer Konferenz zum Thema »Evolution, Games and Learning« (Evolution, Spielen und Lernen). Das war eigentlich eine merkwürdige Zusammenstellung von Themen. Farmer und Packard erklärten in ihren Eröffnungsreden jedoch: »Es ist die Absicht ... die Forschungen über die Anpas-

sungsprozesse in der Natur mit den Erkenntnissen über ihre Anwendung in künstlichen Systemen zusammenzubringen, um zu untersuchen, was diese verschiedenen Ansätze miteinander gemein haben und wie sie sich ergänzen können.«[5]
Es war an sich schon faszinierend, natürliche Phänomene mit künstlichen Systemen zu vergleichen, aber Farmer und Packard wagten sich sogar noch weiter vor – viele meinten auf unsicheres Eis. Sie behaupteten, daß der traditionelle Ansatz der Physik, also der des Reduktionismus, bei dieser Frage nicht anzuwenden sei. Statt dessen werde eine Synthese benötigt, um die zur Diskussion gestellten Probleme beantworten zu können:

1. Welches sind die grundlegenden Prinzipien, die der Evolution biologischer Organismen zugrunde liegen?
2. Welche grundsätzlichen Prinzipien bestimmen die Funktionen das Gehirns?
3. Wie können Maschinen lernen, Probleme zu lösen, ohne daß sie entsprechend programmiert werden müssen, oder allgemeiner ausgedrückt, wie können wir ihnen das Denken beibringen?[6]

Zweifellos würden die Experimente, die zur Beantwortung dieser Fragen nötig waren, die außerordentliche Rechenleistung von Computern erforderlich machen. Wenngleich von Neumann und andere bereits die bedeutende Rolle der Computer für die Revolution der Forschungspraxis vorausgesagt hatten (der verstorbene Physiker Heinz Pagels bezeichnete Computer kurzerhand als »das primäre Forschungsinstrument der Wissenschaften«[7]), fügte Farmer noch einen weiteren Punkt hinzu: Dadurch, daß die Rechenleistung der Computer wächst, während gleichzeitig die Anschaffungspreise fallen, werden außerordentlich hochwertige Forschungsmethoden für nahezu jeden Forscher verfügbar sein. So hatte beispielsweise ein an der Komplexität interessierter junger Physiker einen riesigen Vorteil gegenüber einem Vorgänger, der nur zwei Jahrzehnte vor ihm gewirkt hatte: Er besaß die Möglichkeit, Spitzenforschung mit Weltniveau auf einer ganz gewöhnlichen Sun-Workstation zu betreiben. Die Verhältnisse waren beinahe so, als hätte jeder Astrophysiker sein eigenes

Radioteleskop oder jeder Teilchenphysiker seinen eigenen Teilchenbeschleuniger.

»Die Situation«, schrieben Farmer und Packard, »ist der Musikszene in den sechziger Jahren vergleichbar,[8] als elektronische Erzeugnisse so preiswert wurden, daß sich jeder mit den entsprechenden Ambitionen eine elektrische Gitarre kaufen und eine eigene Rockband in seiner Garage gründen konnte.« Es handelte sich also um das frühe Stadium einer sich explosiv entwickelnden neuen Wissenschaft – sie nannten diese »New-Wave-Wissenschaft« –, deren Durchbruch zwangsläufig kommen würde, auch wenn die Experimente der Theorie oft vorausliefen.

Farmer und Packard fühlten sich dieser neuen Art von Wissenschaft direkt zugehörig. Farmer hatte einen kleinen Forschungsetat von der Luftwaffe, den er dafür verwendete, einige seiner früheren Kollegen aus Santa Cruz zu holen. Doch es gab in Los Alamos keine Räumlichkeiten für sie. So mieteten sie ein großes Lehmziegelhaus in El Rancho, zwischen Los Alamos und Santa Fe, an, eine sogenannte »Mondscheinkneipe«, also ein Lokal, in dem während der Zeit der Prohibition verbotenerweise Alkohol ausgeschenkt worden war. Sie hatte fast fünf Meter hohe Räume und war mit einer Küche und einer Tischtennisplatte ausgestattet. Nachdem die Wissenschaftler die Kabel verlegt hatten, um ihre Computer zu vernetzen, begannen sie mit der Arbeit und untersuchten Zellularautomaten, dynamische Systeme und simulierten die Evolution.

Zu Anfang der achtziger Jahre fühlte sich ein anderer junger Mann von der Pionierarbeit der Forschungsgruppe angezogen. Noch ohne Hochschulabschluß und nur von Einnahmen aus dem Verkauf von gefärbtem Glas lebend, konnte dieser geborene Erforscher Künstlichen Lebens nun vor einem 1500 Dollar teuren Apple-II-Computer sitzen und Arbeiten ausführen, die das Wissen der Menschheit über die Biologie künstlicher Systeme voranbrachten, Arbeiten, die schließlich in einer der renommiertesten Zeitschriften der Welt für Physik veröffentlicht wurden. Es war Christopher Gale Langton, den Farmer einige Monate vor der Los-Alamos-Konferenz bei einem kleinen Kongreß in Cambridge getroffen hatte. Wenngleich Farmer ein Wissenschaftler namens Langton bekannt war, so verband er doch kein Gesicht mit diesem Namen. Daher fragte er sein Gegenüber, als sie beim Mittagessen zufällig an einem Tisch saßen, welche Art von Wissenschaft er denn betreibe.

»Nun, ich weiß nicht recht, wie ich das, was ich mache, bezeichnen soll«, sagte Langton über seine Arbeit. »Was der Sache am nächsten kommt ist vielleicht ... Künstliches Leben.«

Farmer hatte damit einen Verbündeten gefunden, der ihm helfen sollte, die Vision zu verwirklichen, die er seit der Lektüre von Asimovs Geschichte vor Augen hatte. Wenn man von Neumann als den Vater des Künstlichen Lebens bezeichnen will, so ist Langton seine Hebamme.

Langton gelangte erst spät zu seiner eigentlichen Berufung. Wie es ein früherer Lehrer ausdrückte, hatte Langton seine entscheidenden Jahre nicht in der Gesellschaft kluger Lehrmeister verbracht, sondern war mehr »herumgegammelt«. Obwohl er und Farmer sich physisch nicht gerade ähnelten – Langtons Gesichtszüge schienen gröber, von einem rauheren Bildhauer ausgeführt zu sein als die fein gemeißelten Züge der Physiognomie Farmers –, so glichen Langton und Farmer sich jedoch in ihrem Lebensstil, und beide waren Söhne des Südwestens, wenngleich Langton nicht dort geboren war. Jeder von ihnen hätte einem Stück von Sam Shepard entsprungen sein können, in dem eine Wüstenratte beim Wurf einer Münze Erläuterungen eines obskuren wissenschaftlichen Phänomens abgab, das sich dann zu einem großen Bild ausweitete, zum Ursprung aller Dinge.

Langton war allerdings erblich vorbelastet. Sein Vater war Physiker und arbeitete bei der Firma Baird Atomic in Massachusetts, die Massenspektrometer und andere wissenschaftliche Geräte herstellte. Seine Mutter hatte einen Hochschulabschluß in Astronomie, wenngleich sie ihre Berufung im Schreiben von Kinderbüchern und Kriminalgeschichten fand, die durchdrungen waren von der transzendentalen Tradition neuenglischer Literatur; *Emily Dickinson is Dead* ist vielleicht ihr bekanntestes Werk.

So war für Langton, der 1948 in Cambridge (Massachusetts), der Heimat des MIT, geboren worden war, eine Hinwendung zur Naturwissenschaft nur natürlich. Allerdings widerstand er ihren Verlockungen und rebellierte in seiner Jugend sogar gegen sie, was in dieser Zeit für junge Leute nahezu obligatorisch war. Dennoch hatte er bei seiner Bewerbung für einen Platz am College die vage Hoffnung, einen

Abschluß in Computerprogrammierung machen zu können, und er erinnert sich lebhaft an das große Interesse, das die Beschäftigung mit dem Computer am Arbeitsplatz seines Vaters in ihm geweckt hatte. Als ihm dann ein Berufsberater an seiner Schule fälschlicherweise berichtete, das Rockford College, ein kleines konservatives Institut in Illinois, werde demnächst einen teuren Computer bekommen, entschied sich Langton, dorthin zu gehen. Die Falschinformation kümmerte Langton, der sich nach seinen eigenen Aussagen nicht für ein bestimmtes Hauptfach entscheiden konnte, nicht besonders. Seine langen Haare und seine Antikriegshaltung sorgten in seinem konservativen Umfeld schnell für Konflikte, und so verließ er das Rockford College gerade noch rechtzeitig, bevor man ihm das Verlassen von offizieller Seite nahelegte.

Danach stellte sich das Problem der Wehrpflicht, und Langton entschloß sich, den Kriegsdienst zu verweigern. Er wurde als Kriegsdienstverweigerer anerkannt und begann seinen Ersatzdienst am Bostoner Massachusetts General Hospital zu leisten. Nachdem er eine Woche im Leichenschauhaus gearbeitet hatte, richtete sich eine »Leiche«, die er zum Autopsieraum schob, plötzlich auf. Daraufhin bat er um einen anderen Arbeitsplatz im Hospital und wurde in den Computerraum des Stanley Cobb Laboratory, eines psychiatrischen Forschungsinstituts, geschickt. Seine Arbeitsmoral war zunächst nicht sehr groß. Aber nach und nach begann er seine Arbeit an Programmen zur Interpretation von EEG und für andere Datenanalysen zu mögen. Er wohnte gegenüber dem Krankenhaus, kam normalerweise am späten Nachmittag zur Arbeit und arbeitete dann die Nacht durch. Er und die übrigen Mitternachtsprogrammierer, die vor dem DEC-Großrechner saßen, fühlten sich wie Heizer, die einen riesigen Kessel füllten. »Wir fütterten die Maschine mit Bits und leerten sie wieder«, erinnert er sich. »Man kam sich vor, als sei man der Heizer auf einer Dampflokomotive.« Abgesehen davon, daß er dort eine Menge über Computer lernte, begann im Cobb Labor ein noch wichtigerer Prozeß: Langton schnupperte den ersten Hauch von etwas, das er als einen wunderbar berauschenden intellektuellen Duft empfand.

Er nahm diesen Duft an dem Tag wahr, als er die Aufgabe bekam, Programme, die für einen anderen Computer geschrieben worden waren, auf der PDP-7 zum Laufen zu bringen – also eine virtuelle

Maschine innerhalb einer anderen Maschine nachzubilden. Dabei wurden ihm die Möglichkeiten des Computers erstmals deutlich bewußt. Ohne daß er Turings Arbeiten gelesen hatte, verstand er, daß es sich hier um eine universelle Maschine handelte.

Der Duft wurde durchdringender, als einige Leute auftauchten, die das MIT-Programm besaßen, das Conways Spiel Life ablaufen lassen konnte. Life begeisterte Langton, der eine besondere Vorliebe für eine spezielle, perfekt ausgeführte, sternähnliche Konfiguration entwickelte, einen »2 periodischen Blinker«, der in verschiedenen Generationen aufleuchtete beziehungsweise wieder erlosch. Wenn ihn allerdings ein verirrter Gleiter traf, war das Gleichgewicht dahin, und der Stern löste sich in Nebel auf. Diese Beobachtung beschwor Gedanken über die Sterblichkeit bei Langton herauf. Aber noch mehr war er von einem Ereignis beeindruckt, das eines Nachts auftrat, als er allein im Labor war. Auf dem Computer lief das Spiel Life, aber Langton hatte das, was auf dem Bildschirm zu sehen war, nicht genau verfolgt. Plötzlich fühlte er, daß der im Raum von irgend etwas erfüllt war. Er schaute auf und sah, daß der Computermonitor eine interessante Konfiguration zeigte, die er bisher noch nicht gesehen hatte. »Ich überquerte eine Schwelle«, erinnert er sich, »es war der erste Hinweis darauf, daß es einen Unterschied zwischen der Hardware und dem Verhalten gab, das gezeigt wurde. ... Man hatte das Gefühl, daß es wirklich etwas sehr Grundlegendes in diesem kleinen künstlichen Universum und in seiner ablaufenden Evolution gab. Wir hatten im Labor unzählige Diskussionen darüber geführt, ob das Programm ein offenes Ende hatte oder nicht, ob es also wirklich ein Universum war, in dem sich Leben entwickeln konnte.« Während er mit dem Spiel experimentierte, testete Langton die Grenzen und Möglichkeiten und sah sich selbst als Physiker, der eine Reihe von Zusammenstößen in einer wirklichen Teilchenkammer ausprobierte. Er ließ Gleiter aus verschiedenen Winkeln aufeinanderprallen und hielt das Ergebnis fest; er änderte die Regeln, um zu sehen, welche neuen Konfigurationen dabei herauskamen. Und er hatte Spaß an dem wohlausgewogenen Gleichgewicht, das Conways Regeln diesem privaten Universum von Life verliehen.

Bereits damals vermutete Langton, Computer könnten Leben irgendwie selbst nachbilden, aber seine Vorstellungen darüber waren noch verschwommen. »Ich konnte das alles nicht in ein großes, umfassendes

Bild einordnen«, erklärt er heute, »aber ich war schon auf der richtigen Fährte.«
Als der bis dahin verantwortliche Leiter des Cobb-Krankenhauses dieses im Jahre 1972 verließ, löste sich die Computerabteilung ebenso plötzlich auf wie eine periodisch auftretende Life-Konfiguration, die fatalerweise von einem Gleiter gestreift worden war. Langton ließ sich wieder treiben, überführte einen Landrover nach Texas, jobbte in San Francisco und landete schließlich in Puerto Rico, wo er das Angebot, einen Computer für das dortige Zentrum für Primatenforschung zu programmieren, annahm. Nachdem er dort eine Datenbank eingerichtet hatte, hielt er sich noch ein weiteres Jahr in dem Institut auf und verbrachte mehr Zeit mit den Affen als mit den Verhaltensforschern. Ihn faszinierte die Möglichkeit, die Entwicklung des Verhaltens einer nichtmenschlichen Kultur zu beobachten. Irgendwie paßte das zu der Fährte, die er früher aufgenommen hatte.
Schließlich wurde ihm aber doch klar, daß er eine formale wissenschaftliche Ausbildung brauchte, und er kehrte nach Neuengland zurück. An der Bostoner Universität belegte er Kurse in Mathematik und Kosmologie und entschloß sich dann, nach Tucson, an die Universität von Arizona, zu gehen. Zu diesem Zweck machte er sich im Sommer 1975 mit Freunden langsam auf die Reise in Richtung Westen. Sie wollten während dieser Fahrt einem gemeinsamen Hobby frönen, dem Hanggleiten. Diese Vorliebe kostete Langton beinahe das Leben. Der Unfall passierte auf dem Grandfather Mountain, der höchsten Erhebung der Blue Ridge Mountains in North Carolina. Langton und seine Freunde hielten sich dort bereits seit zwei Monaten auf und wurden von einem Geschäftsmann des dortigen Feriengebietes als eine Art halboffizieller Touristenattraktion finanziell unterstützt. Denn wenn die Hanggleiter sich aus über 300 Metern Höhe und bei Winden von 60 km/h in die Tiefe stürzten, war das durchaus ein aufregender Anblick für die dortigen Besucher. Am letzten Tag, bevor er sich endgültig nach Arizona aufmachen wollte, beschloß Langton, noch eine letzte Punktlandung zu versuchen. Er drehte sich in den Wind, glitt bis auf Baumwipfelhöhe und stürzte dann plötzlich wie ein Stein herab.
»Ich brach mir beide Arme, beide Beine und als meine Knie nach oben gedrückt wurden, rammten sie mein Gesicht buchstäblich in meinen

Schädel hinein«, erinnert sich Langton. »Ich brach mir alle Knochen in meinem Gesicht, auch den Kiefer, und perforierte einen Lungenflügel, der daraufhin kollabierte ...«

In den folgenden Monaten, von denen er viele flach auf dem Rücken liegend in einem Krankenhausbett verbrachte, hatte Langton reichlich Gelegenheit zum Grübeln. Er nutzte die Zeit, um Texte der verschiedensten Disziplinen zu verschlingen, Astronomie, Philosophie, Evolution, Genetik, und er bemerkte, daß sein Gehirn, durch die Gewalt des Sturzes von sämtlichen »Spinnweben« befreit, die Informationen wie ein trockener Schwamm aufsog. Es war, als sei sein Verstand ein Computer, der, durch einem Stromstoß abgestürzt, sich nun wieder in seinen Arbeitszustand versetzte, indem er seinen Arbeitsspeicher komplett neu mit Daten fütterte. Noch faszinierender war für ihn das Gefühl, daß seine Synapsen, die Schaltstellen seiner Nerven, sich zu reorganisieren schienen, ähnlich wie sich einzelne Ameisen in einer Kolonie auf bestimmte Art und Weise bewegen, um eine Aufgabe auszuführen.

Als er Tucson ein Jahr später als geplant endlich erreichte, wußte er, womit er sich beschäftigen wollte: mit den Grundlagen der künstlichen Biologie. Das Problem war allerdings, daß sein Lebenslauf erhebliche Lücken aufwies, was die Ausbildung betraf. Keine Abteilung wollte jemanden ohne Abschluß aufnehmen, der erst Leistungsnachweise in Mathematik, Anthropologie, Physik, Informatik, Molekularer Evolution, Philosophie, Ökologie, Populationsgenetik und anderen Fächern benötigte. Langton schrieb sich in bis zu zwanzig Kursen pro Semester ein und blieb dort, »wo der Duft am stärksten war«.

Während dieser Zeit tauchten die ersten Personalcomputer auf dem Markt auf. Es kam Langton in den Sinn, daß er eines dieser modernen Wunderwerke benutzen könnte, um seine Theorien neu zu beleben, genauer gesagt, etwas zu schaffen, das lebensähnliches Verhalten zeigte. Er lieh sich Geld von einer Frau, der ein Geschäft für Schmuckglas gehörte, und kaufte sich einen Apple II. Die Rückzahlung bestritt er dadurch, daß er während des folgenden Jahres Glas mit einem Sandstrahlgebläse bearbeitete.

Zunächst war es sein Ziel, ein Computermodell der Evolution zu schaffen. Dabei hatte er ein Phänomen im Hinterkopf, das im neunzehnten Jahrhundert in England bei weißen Faltern beobachtet worden war. Im Verlaufe der industriellen Revolution waren die ehemals weißen Birken in einigen Regionen durch den Ruß aus Fabrikschornsteinen schwarz geworden. Dadurch hatten die ebenfalls hellen Falter ihre Tarnung verloren und waren eine leichte Beute von Vögeln geworden. Innerhalb weniger Jahre wurden die Falter dunkel. Wahrscheinlich hatte sich eine zufällige Mutation in dem für die Farbe verantwortlichen Gen im Genpool stark vermehrt, da die Farbe Schwarz eine Anpassung der Falter an ihre schwarze Umwelt bedeutete und damit ihr Überleben sicherte. Langton hoffte, diesen Effekt auf seinem Apple nachbilden zu können.

Wenngleich er insofern erfolgreich war, als er den eigentlichen Effekt nachvollziehen konnte, war er dennoch unzufrieden mit dem Experiment. Sein Mechanismus beruhte ausschließlich auf dem Kriterium »der Stärkere überlebt«, das er künstlich in die Simulation eingebaut hatte. Das ist allerdings nicht realistisch, denn dadurch ist die Entwicklung nicht nach allen Seiten offen, wie es die wirkliche Evolution ist, bei der die sich verändernde Umwelt und nicht ein außenstehender Programmierer, die bestmögliche Anpassung festlegt.

Frustriert sah er die Regale der Bibliothek durch, in der Hoffnung, daß bereits jemand vor ihm ähnliche Versuche vorgenommen hätte. Tatsächlich waren solche Experimente schon zuvor unternommen worden, und zwar meisterlich, von John von Neumann. Als Langton das Buch entdeckte, in dem von Neumanns selbstreproduzierender Automat beschrieben ist, wurde ihm augenblicklich die Ähnlichkeit der Fragestellungen deutlich. Aber während von Neumann einen künstlichen Organismus entworfen hatte, der sich in der gleichen Weise fortpflanzen konnte wie richtige Lebewesen, hatte noch niemand wirklich versucht, etwas Derartiges auf einem Computer nachzubilden.

Er nahm Kontakt mit Burks auf, dem Herausgeber des von-Neumannschen Textes, und der bestätigte, daß es einen solchen Versuch nicht gab. Doch ein Doktorand aus Michigan, E. F. Codd, hatte den im höchsten Maße komplizierten Entwurf von Neumanns vereinfacht, indem er die möglichen Zustände einer Zelle von 29 auf 8 reduziert hatte. Burks schlug vor, Langton solle versuchen, mit Codds Ansatz zu arbeiten.

Im Spätsommer 1979 beschäftigte sich Langton mehrere Monate lang genauer damit. Tagsüber arbeitete er entweder im Glasladen oder ging seiner zweiten Beschäftigung nach, Gräben unter der heißen Sonne Arizonas auszuheben. Nachdem er die Abende mit seiner frisch angetrauten Ehefrau verbrachte, schlief er nur bis ein Uhr in der Nacht, um sich dann, zum Entsetzen seiner Frau, vor seinen Apple-Computer zu setzen. Er notierte seine »Reisen« durch die von ihm erschaffenen künstlichen Welten in einer Reihe von Notizbüchern, die die Schwierigkeiten, auf die er stieß, und die jeweilige List, mit der er diese überwand, bezeugen.

Ebenso wie die Zellularautomaten, die Codd entwickelt hatte, besaß auch das von Langton geschaffene Universum acht mögliche Zustände für jede Zelle. Aber während Langton versuchte, Teile von Codds Organismus auf seinem Apple-Computer nachzubilden, stellte er fest, daß die Kreatur für sein Vorhaben immer noch zu komplex war. Diese Komplexität ging auf den Anspruch Codds (und auch von Neumanns) zurück, daß die selbstreproduzierende Struktur auch ein universeller Computer sein sollte, also mit anderen Worten in der Lage sein müßte, die Funktionen einer jeder denkbaren Maschine oder jedes anderen Computers nachzuahmen. Langton war dagegen weniger daran interessiert, einen Computer für allgemeine Zwecke zu bauen, sondern wollte eine Computerschöpfung mit den Eigenheiten des Lebens schaffen. Dazu schrieb er später: »Es ist ziemlich unwahrscheinlich, daß den ersten selbstreproduzierenden Molekülen, von denen ja vermutlich alle Lebewesen abstammen, universale Konstruktionen zugrunde lagen, wobei allerdings auch kein Grund besteht, sie aus der Gruppe echter selbstreproduzierender Systeme auszuschließen.«

Langton suchte statt dessen nach der einfachsten Konfiguration, die sich wirklich in der gleichen Weise reproduzieren konnte wie die Dinge, die normalerweise als lebend bezeichnet werden. Von Neumann und später auch Codd hatten diese Bedingung erfüllt, indem sie die Informationen im Konstruktionsplan des Automaten auf zweierlei Weise genutzt hatten. Sie behandelten die Informationen als zu interpretierende Anweisungen, ähnlich wie Anweisungen in einem Computerprogramm, gleichzeitig betrachteten sie dieselben Informationen aber auch als nicht interpretierte Daten, wie die Zahlen einer Dateiverwaltung beispielsweise, die in den Arbeitsspeicher kopiert und dort abgelegt werden. Eine einfachere Darstellung als die eines Computerprogramms wäre ein beschriebenes Blatt Papier: Als ersten Schritt würde man den Text lesen, was der Interpretation entspräche; danach würde man die Seite auf einen Photokopierer legen und eine Kopie machen, was der Transkription entspräche. Die biologische Entsprechung dieser Vorgehensweise findet man bekanntlich in jeder normalen Zelle, die in ihrer alltäglichen Arbeitsweise genetische Daten so interpretiert, daß Proteine zur Katalyse verschiedener Prozesse gebildet werden können. Dagegen werden während des Reproduktionsprozesses die genetischen Daten nicht abgelesen, sondern nur kopiert. Um diesen Anforderungen zu genügen, entwarf Langton bestimmte Strukturen, die er »Schleifen« nannte.[9] Während eines Null- beziehungsweise Ruhestadiums der Zellen angewendet, sah eine Langton-Schleife aus wie ein Quadrat mit einem kurzen Schwanz, ähnelte also dem Buchstaben Q. Die quadratische Form war insofern wichtig, als der Platz wegen der geringen Anzahl von nur 94 Zellen begrenzt war. So wurde eine ökonomische Vorgehensweise durch die Wiederverwendung der Informationen erreicht, die für den Aufbau einer Schleife verantwortlich war. Insgesamt wurde die Information viermal für jeweils eine Seite des Q benutzt.

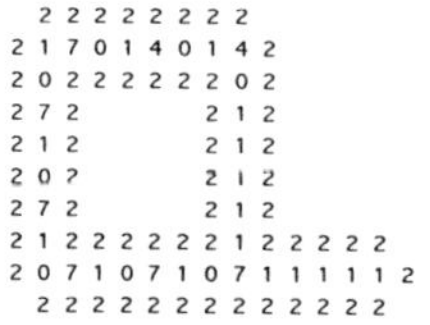

Zeit = 0

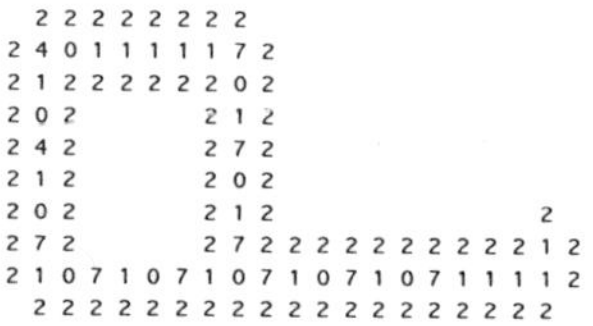

Zeit = 35

Basierend auf Codds Konstruktion, besaßen Langtons Schleifen drei Schichten, ähnelten also einem Flachkabel. Die äußeren Schichten, also die Isolation, waren Zellreihen, die sich im Stadium 2 befanden. Hierbei handelte es sich um die sogenannten Scheidenzellen. Sie fungierten als Schutz für die Kernzellen, die dem Kupferdrahtanteil des Kabels entsprachen. Diese enthielten also die Daten, die für die Reproduktion notwendig waren. Während jeder Generationsfolge wurden für die Zellen in dieser inneren Schicht Regeln angewendet, die den Zustand der Nachbarzellen beeinflußten und somit Signale innerhalb des sich im Kern befindlichen genetischen Stroms weitergaben.

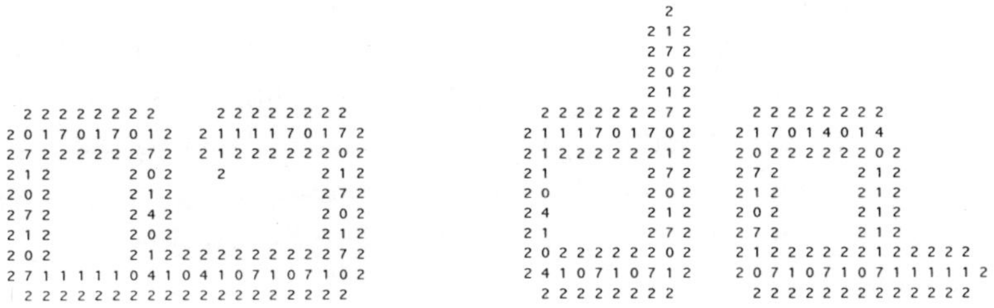

Zeit = 105 Zeit = 151

Chris Langtons selbstreproduzierende Schleifen sind im Ruhestadium Q-förmig. Kommen die Regeln ihrer Zellularautomatenwelt zur Anwendung, also die Physik ihres Universums, verlängert sich der Schwanz des Q und bildet schließlich eine Tochterschleife. Die Zahlen in der Schleife repräsentieren die acht möglichen Zustände (bei den unmarkierten Leerzuständen handelt es sich um den Status 8). Der Status 2 bildet eine Art Scheide, die als Isolierung für die Vielzahl der Zustände fungiert, die sich zwischen den Schichten wie Signale in einem Kabel bewegen.

Langton wollte die verschiedenen Zustände so anlegen, daß sie, einem Regelwerk folgend, das Verhalten der Zellen in der nächsten Generation bestimmten, wobei der Schwanz zu einem konstruierenden Arm wurde. Dieser konnte sich nach außen strecken, bis er seine vorbestimmte Länge erreicht hatte, dann rechtwinklig abknicken usw., bis ein Quadrat entstanden war. Wenn dann die neugeformte Schleife der Mutterschleife glich, sollte die Kernsubstanz, ähnlich einer Flüssigkeit, die sich in ein Rohr ergießt, zwischen die Schichten der Scheide fließen. Die »Flüssigkeit« repräsentierte Zellzustände, in denen uninterpretierte Daten enthalten waren. Nachdem die Informationen vollständig in die neugeschaffene Schleife geflossen waren, sollten sich die beiden Schleifen trennen. Gleich darauf änderten Signale die Konfiguration des neugeschaffenen Kerns, so daß er genau der Anordnung der Originalschleife, also der »Adams«-Schleife, glich, womit beide absolut identisch waren.

Wenn der Prozeß dann erneut begann, sollten die nicht gelesenen Daten, die so etwas wie ein Rezept für die Bildung eines Nachkommen darstellten, schließlich interpretiert werden, um eine neue Generation ins Leben zu rufen.

Ein Universum zu schaffen, das einen solchen Prozeß unterstützen würde, war allerdings leichter gesagt als getan. Eine genaue, sich in verschiedenen Zuständen befindende Konfiguration von Zellen mußte im Kern so angeordnet werden, daß alles zum richtigen Zeitpunkt geschah, der Datenfluß, das Abknicken an den Ecken und das Wiederherstellen der Anfangskonfiguration. So sollte *(a)* die Tochterschleife die Signale erhalten, die ihr das Erreichen des entsprechenden Stadiums ermöglichten und *(b)* eine Abtrennung erfolgen. Die Frage war, ob das alles mit dieser relativ einfachen Konstruktion erreicht werden konnte.

Langtons Notizbücher spiegeln die auftretenden Schwierigkeiten wider. Ende August 1979 hatte er es geschafft, einige Aspekte von Codds Automaten zu programmieren, und war nun dabei, seine eigenen Schleifen einzubinden. Er war zwar in der Lage, wachsende Schleifen zu erzeugen, die sich aber nicht vervielfältigen und die auch nicht das Ende des Reproduktionsprozesses signalisieren konnten. Schließlich war er gezwungen, einige von Codds Funktionen umzuschreiben, also die Regeln zu ändern und damit auch das Universum. Im Oktober wurden die Ecken gebildet, und er arbeitete nun an den Schwierigkeiten, die es bezüglich der Vervielfältigung gab, speziell mit der Trennung zwischen Mutter- und Tochterschleife und mit der Rückkoppelung, durch die der Mutterzelle mitgeteilt wurde, daß der Reproduktionsprozeß erneut beginnen könne.

Nachdem er monatelang herumprobiert hatte, schrieb er am 26. Oktober schließlich in sein Notizbuch: »Ich habe es geschafft! Die Schleife kann sich nun selbst vervielfältigen.« Es stellte sich nun die dringliche Frage, ob die Tochter- der Mutterschleife nicht nur ähnelte, sondern, ob sie außerdem auch den genetischen Code für die Vervielfältigungen enthielt. Wie schon von Neumann festgestellt hatte, war das der eigentliche Schlüssel zu einer echten Selbstreproduktion. Während Langton vor dem Computerbildschirm saß, auf dem sich der Fortschritt des unabhängigen Organismus widerspiegelte, und er an den Regeln für das künstliche Universum arbeitete, machte er folgende Notizen:

> Ich beobachte es gerade. Es sieht aus, als würde es sich reproduzieren, und ich hoffe, daß der Konstruktionsarm lang genug ist … Die Tochter ist perfekt reproduziert worden, und der Konstruktionsarm ist in Ordnung! Er hat genau die richtige Länge! Jetzt reproduziert sich auch die Tochter! Es ist geschafft![10]

Was hatte Langton nun wirklich geschaffen? Seine Organismen hatten keine Ähnlichkeit mit dem Leben, wie wir es kennen – vielmehr waren es komplizierte Schleifen, deren farbiger Inhalt Informationszustände repräsentierte. Und selbst die Aufgeklärtesten unter den Biologen hätten an diesem Scheideweg der Geschichte sicherlich nicht ohne weiteres zugegeben, daß Organismen, deren Äußeres nicht aus Materie, sondern aus Information besteht, existieren können, und diese waren nicht etwa Wesen von dieser Welt, sondern Bewohner eines soeben geschaffenen Universums einer hausgemachten Physik. Wenngleich der Ursprung seiner Organismen etwas dubios war, war Langton doch zuversichtlich, daß ihr reproduktives Verhalten dem echter Lebewesen ganz entscheidend ähnelte. Bei der Vervielfältigung der Schleifen gab es einen Genotyp, also eine Reihe von Kernzellen, die einen genetischen Code enthielten, der als Kopie an die nächste Generation weitergegeben werden konnte. Außerdem gab es einen Phänotyp, also einen neuen Organismus, der durch eine kodierte Serie von Instruktionen hergestellt worden war. Hiermit eröffneten sich jetzt auch Möglichkeiten für die Evolution, da eine Mutation im Genotyp zu einer besseren Anpassung des Phänotyps führen konnte, der durch die Fähigkeit zur Weitergabe seiner Gene von diesem Vorteil möglicherweise profitieren würde. Dieser Prozeß wäre dann also buchstäblich der gleiche wie bei richtigen Organismen, wobei die Evolution nicht simuliert, sondern echt wäre.

Aber diese Ansätze waren für zukünftige Experimente reserviert. Die momentanen Untersuchungen bezogen sich darauf, herauszufinden, was passierte, wenn sich die Schleifen vervielfältigten. Dabei entdeckte Langton etwas sehr Bemerkenswertes, und zwar eine entstehende Ordnung.

Sobald der Lebenszyklus der Schleifen einmal in Gang gekommen war, formierten sich die neugebildeten Schleifen und ihre Nachkommen zu etwas, was man als Kolonien bezeichnen konnte, und besiedelten ein Gebiet in einer Weise, die bestimmten marinen Lebensformen, beispielsweise den Korallen, unglaublich ähnlich war. Nachdem die erste Schleife sich verdoppelt hatte, begannen sowohl die Mutter- als auch die Tochterzelle mit der Reproduktion, wobei die Mutter einen Nachkommen in nördlicher Richtung produzierte, während die Tochter die dritte Generation nach Westen hinausschob. Während nun immer wieder neue Schleifen gebildet wurden, waren irgendwann einige der älteren Schleifen so hoffnungslos von ihren Nachkommen eingekreist, daß sie nicht mehr in der Lage waren, ihren Arm auszufahren, um neue Schleifen zu bilden. Für diesen Fall sahen Langtons Regeln folgendes vor: Die Signale der Kernzellen werden gelöscht, und es bleibt eine leere Schleife zurück. Sie waren damit praktisch abgestorben und nun leicht von den lebenden Schleifen zu unterscheiden, die Kernzellen der verschiedenen Stadien enthielten. Während sich der Prozeß der Reproduktion fortsetzte, blieben mehr und mehr tote Schleifen im Zentrum zurück, während die aktiven Mitglieder der Kolonie die neuen Generationen an den Rändern hervorbrachten, ähnlich wie bei einem Korallenriff.

Es handelte sich also tatsächlich um biologisches Verhalten, das allein durch die Regeln einer Zellularautomatensimulation entstanden war. Für Langton war dieses Experiment so etwas wie eine Rechtfertigung: *Die Kräfte der Biologie können durch Maschinen reproduziert werden. Das Phänomen der Kultur läßt sich auch außerhalb menschlicher Erfahrung anwenden. Gesetzmäßige Strukturen, beispielsweise die Sprache, können den Schlüssel zu vermehrungsfähigen Wesen und zu einem kompletten Universum enthalten.* Wenn er versuchte, das zu erklären, würden ihn die Menschen sicher mit Argwohn betrachten und vermutlich für einen Sonderling halten. Aber von diesem Punkt an wußte Langton, daß sie im Unrecht waren, und er hatte von nun an keine Selbstzweifel mehr.

»Die selbstreproduzierenden Schleifen stellten für mich den endgültigen Zusammenhang her«, erklärte er später. »Alle Teile des Puzzles waren am richtigen Platz.«

Langton hatte seine selbstgestellte Mission erfüllt, aber nun mußte er die Botschaft unter das Volk tragen. Die Schwierigkeiten, die dabei auf ihn zukommen sollten, deuteten sich bereits an, als er versuchte, seinen Lehrern und Kollegen in Arizona die Bedeutung seiner selbstreproduzierenden Schleifen zu erläutern. Seine Anstrengungen wurden überwiegend mit Gleichgültigkeit quittiert. »Schaut her«, versuchte er ihnen zu erklären, »ich habe ein Universum geschaffen, und ich habe darin Dinge, die sich selbst reproduzieren.« Aber niemand schien zu verstehen, niemand sprang auf die Fährte an. Das ist doch nur ein Computerprogramm, oder? war normalerweise die Reaktion, als ob nicht Watson und Crick bereits bewiesen hätten, daß auch dem Leben eine Art Computerprogramm zugrunde lag.

Langton versuchte vergebens, jemanden zu finden, der die Fortsetzung seiner Studien in Arizona unterstützte. Der einzige, der Interesse an Langtons Untersuchungen zeigte, war ein Professor für Anthropologie, der aber auch nur helfen konnte, wenn gleichzeitig jemand aus dem Institut für Informatik seine Unterstützung zusagte. Allerdings erntete Langton dort nichts als verständnislose Blicke, und auch seine Versuche, die Biologieprofessoren zu begeistern, endeten mit einem ähnlich niederschmetternden Ergebnis.

Tatsächlich gab es in ganz Amerika nur einige wenige Wissenschaftler, die sich für derartige Dinge interessierten: Die Logic of Computer Group an der Universität von Michigan unter der Leitung von Burks. Aber auch dort waren die Dinge im Fluß. Nachdem sie jahrelang einen einsamen Kampf geführt hatte, stand die Gruppe kurz davor, von der Ingenieurschule in Michigan vereinnahmt zu werden. Diese war allerdings sehr viel pragmatischer ausgerichtet und nicht so sehr an experimenteller Computerarbeit, sondern an Datenstrukturen und Compilertheorien interessiert, also an Computerprogrammen, die den Quellcode eines beliebigen Programms in einen maschinennahen Code übersetzen, wie beispielsweise Pascal-Compiler, C-Compiler usw. Einige der früheren Mitglieder der Gruppe waren noch aktiv, aber ihr ursprüngliches Forschungsgebiet hatte sich unter dem Druck verändert, »richtige« Informatik lehren zu müssen. Einer der letzten Studenten, denen zugestanden wurde, sich mit dem Programm der natürlichen Systeme zu befassen, war Langton. Dieser kam 1982 nach Michigan, und begann, inzwischen dreiunddreißig Jahre alt, mit seiner Doktorarbeit. Als er dort neun Jahre später seinen Titel verliehen bekam, hatte er ein neues wissenschaftliches Gebiet begründet, nämlich das des Künstlichen Lebens.

Obwohl der sich fortsetzende Verfall der Logic of Computers Group ein andauerndes Ärgernis darstellte, gelang es Langton doch, die Umstände zu seinen Gunsten zu nutzen, denn die Kurse, die er gerade besuchte, steigerten seine Programmierkenntnisse. Ein anderer Vorteil war die Möglichkeit, die jetzt verwaiste Bibliothek genau zu durchforsten, die zahlreiche obskure Abhandlungen über Selbstorganisation und computergestützte Genetik enthielt. Außerdem erhielt er weitere Hinweise und Einblicke von den verbliebenen Mitgliedern der Computergruppe und von einem harten Kern von Studenten, die alle immer noch daran glaubten, die Natur könne allerhand über die Wirkungsweise von Computern vermitteln und umgekehrt. Langton fungierte als Burks' Assistent bei Vorlesungen und arbeitete eng mit John Holland zusammen. Seine Vorliebe galt weiterhin den Zellularautomaten, aber wenn er versuchte, die Studenten in Burks' Kursen davon zu überzeugen, sie sollten sich ernsthaft mit diesem Gebiet beschäftigen, schreckten sie zurück. Wozu soll das gut sein?, pflegten sie zu sagen, oder auch: Wie um alles in der Welt soll ich denn über Zellularautomaten zu einem Job kommen?

In der Zwischenzeit trieb er seine Studien voran. Er veröffentlichte seine Untersuchungen über die selbstreproduzierenden Schleifen im Rahmen der Sitzungsberichte des Workshops über Zellularautomaten in Los Alamos, der ersten größeren Zusammenkunft, die zu dieser Thematik veranstaltet wurde (Langton selbst war nicht anwesend, da er bei seiner Frau sein wollte, die ihr erstes Kind erwartete). Er programmierte währenddessen eine dem Stand der Technik entsprechende Zellularautomatensimulation auf einer Apollo-Workstation.

In diesem Programm gab es eine Simulation, die *vants*[11] genannt wurde, eine Kurzform für »virtual ants«, also »virtuelle Ameisen«. Die Regeln waren einfach. Bei der Ameise handelte es sich um eine V-förmige Konstruktion, die sich in Richtung ihrer Spitze bewegen konnte. Wenn die vorderste Zelle dieser Ameise in ein farbloses Quadrat eines gedachten Gitters kam, setzte sie ihren Weg fort; kam sie in ein blaues Quadrat, wandte sie sich nach rechts und änderte gleichzeitig die Farbe dieses Feldes, das jetzt gelb wurde. Traf sie auf ein gelbes Feld, bog sie nach links ab, wobei das Quadrat sich blau verfärbte, so daß die Ameise also eine Art Spur zurückließ. Befanden sich mehr als eine Ameise auf dem Gitter, war das Verhalten dem sozialer Insekten bemerkenswert ähnlich. Das anschaulichste Beispiel zeigte eine geradezu verblüffende Ähnlichkeit mit der Art und Weise, wie viele echte Ameisen Pheromonspuren zu Nahrungsquellen anlegen. Es war bemerkenswert, die Simulation auf einem Farbmonitor zu beobachten und zu sehen, wie die zahlreichen Ameisen, nachdem sie einige Zeit herumgeirrt waren, schließlich zueinander fanden, mitein-

ander zu kommunizieren schienen, um dann eine Art spiralförmige Ameisenstraße zu bilden.
Langton wußte natürlich, wie die einfachen Regeln der Ameisensimulation dieses spezifische Verhalten hervorriefen. Konnte es sein, daß dem Verhalten echter Ameisen ein ähnlicher Auslöser zugrunde lag? (Langton nahm damit übrigens in gewisser Weise die Untersuchungen der Gruppe in Brüssel vorweg, die ja Prigogines Theorien der Selbstorganisation für ein Zellularautomatenprogramm benutzte, mit dem sie Kolonien sozialer Insekten simulierte, um diese Ergebnisse dann mit dem Verhalten echter Organismen zu vergleichen.) Während er entomologische Publikationen las und richtige Ameisen beobachtete, um ihre Bewegungsmuster zu erkennen, begann er darüber nachzudenken, ob Ameisen nicht tatsächlich Figuren in irgendeinem Zellularautomatenprogramm seien. Besonders angetan war er auch von einer Bemerkung, die Herbert Simon in seinem Buch *The Sciences of the Artificial* (Die Wissenschaft des Künstlichen) gemacht hatte.

> Eine Ameise ist – unter dem Aspekt ihrer gesamten Verhaltensdisposition betrachtet – etwas sehr Einfaches. Die offensichtliche Komplexität ihrer Verhaltensweisen während eines bestimmten Zeitabschnittes ist hauptsächlich eine Reaktion auf die Komplexität des Lebensraumes, in dem sie sich befindet.[12]

Während Langton dieser Behauptung zustimmte, solange es sich um solitäre Ameisen handelte, so betrachtete er es doch eher als Untertreibung, wenn es um Ameisenkolonien ging. Er sah das ja auch bei seinen Vants, die doch ein echtes kooperatives Verhalten zu zeigen schienen, wenngleich dieses auch von fast absurder Einfachheit war. Er bekam niemals heraus, ob das Verhalten echter Ameisen von den gleichen Regeln beeinflußt wurde, denen seine Vants mit peinlicher Genauigkeit folgten. Ermutigend war aber eine Beschreibung des Termitenverhaltens, die von dem großen Entomologen E. O. Wilson stammte: »Verschiedene Termiten«, schrieb der Harvard-Professor, »vollbringen ganz offenbar ihre erstaunlichen Leistungen durch etwas, das Computerwissenschaftler dynamische Programmierung nennen. Nach jedem Schritt der Operation wird das Resultat bewertet und das entsprechende Programm (eines von mehreren, die zur Verfügung stehen) für den nächsten Schritt ausgewählt und aktiviert. Daher muß keine der Termiten als Aufseher mit einem Plan in der Hand fungieren.«[13]

Als Langton diese Passage in einer seiner Veröffentlichungen erwähnte, betonte er besonders den letzten Satz: *»Daher muß keine der Termiten als Aufseher mit einem Plan in der Hand fungieren.«* Hierbei handelte es sich um eine überzeugende Stellungnahme, die unbewußt die Verknüpfung zwischen Zellularautomaten und der Natur zum Ausdruck brachte. Langton war jetzt davon überzeugt, daß der Schlüssel zur Entdeckung und letztlich auch zur Schaffung *aller* Arten von Lebewesen durch die modellhafte Verwendung des Zellularautomatenansatzes möglich wurde. Die Quintessenz dieses Ansatzes ließ sich kurz und prägnant zusammenfassen: *bottom-up,* von der Basis zur Spitze. Dieser Begriff erlangte in Langtons Philosophie über das Künstliche Leben sehr große Bedeutung. Das Konzept beschrieb die Kollektivkraft kleiner Aktionen, die sich nach oben ausbreiteten, mit anderen Aktionen verbanden und häufig rekursiv verliefen, so daß Aktionen Reaktionen hervorriefen, bis ein erkennbares Muster einer globalen Verhaltensweise entstand. Wie Wilson schon festgestellt hatte, gab es keine übergeordnete Intelligenz, die einen Plan hatte, anhand dessen der Verkehr geregelt wurde.

Für Langton war dies der Weg der Natur, sich komplizierter Phänomene – entstanden durch die Verbindung verschiedener Variablen zu einem komplexen System – zum eigenen Nutzen zu bedienen. Durch milliardenfache Versuche und Irrtümer, durch den Evolutionsprozeß also, entstand aus diesem Zusammenwirken etwas Sinnvolles. Es schien also nicht nur so, als kooperierten diese kleinen, unbewußten Materieteilchen, sondern – wenn Langton recht hatte – kooperierten sie *tatsächlich,* und zwar in des Wortes eigentlicher Bedeutung.

»Hierbei handelt es sich um einen Trick der Natur, der wahrscheinlich eines der fundamentalen physikalischen Gesetze ist«, erklärte er später. »Es ist die Art und Weise in der Natur arbeitet. Es ist das, was die Atome und die Moleküle bilden: kooperative Strukturen, die Bildung kooperativer Strukturen, lokalisiert in Zeit und Raum. Es gibt diese kleinen Pakete der Kooperation und dann wiederum Pakete von Paketen und Pakete von Paketen von Paketen.«

Bottom-up war allgegenwärtig in der Biologie. Es war die Ursache für den Beginn des Lebens, angefangen bei der Bildung organischer Moleküle über die Entstehung von Bakterien bis zum Auftauchen vielzelliger Organismen, den ganzen Weg hinauf also, über Schnecken, Farne, Frösche, Bäume, Biber, Rosen, Affen, Venusfliegenfallen bis hin zum Menschen. Überall, selbst in diesen kompliziert aufgebauten Organismen, funktionierte alles nach der Bottom-up-Methode. Innerhalb eines Organismus begannen einzelne Zellen eine Art von Privatleben zu entwickeln und entließen nach bestimmten Regeln chemische Substanzen: Wenn Bedingung A in einer bestimmten Umgebung existiert, dann führe Handlung B aus. In diesem Sinne war also eine Zelle nichts weiter als eine Finite state machine, die in einem Zellularautomatenuniversum agierte. Diese scheinbar unbedeutenden Verhaltensweisen waren also die Grundlage für großartige Dinge: für Organe, Zentralnervensysteme, vollständige Organismen, Staaten.

Da Bottom-up ein derart weit verbreiteter Faktor in der Natur war, bestand für Langton kein Zweifel, daß dieser Ansatz der richtige war, um lebensähnliche Prozesse hervorzurufen. Später sollte Langton die Definitionselemente der essentiellen Eigenschaften eines computergestützten Modells des Künstlichen Lebens zusammenfassen: Sie bestehen aus Populationen von einfachen Programmen oder Spezifikationen; es gibt kein Programm, das die anderen Programme steuert; jedes Programm enthält Einzelheiten für die Reaktion eines einzelnen Wesens in lokal begrenzten Situationen; es gibt keine Regeln in diesem System, die das globale Verhalten bestimmen; jedes Verhalten, das auf einer höheren Ebene als das individuelle Programm abläuft, ist daher neu entstanden.

Die Erkenntnis über neu entstehendes Verhalten war der Gewinn aus dem Bottom-up-Konzept. Für Langton hing der Erfolg eines KL-Experiments davon ab, ob es etwas Neues enthüllte. Es mußte etwas passieren, das nicht vorprogrammiert worden war.

Darin lag allerdings eine gewisse Ironie. Wenngleich sich Langton vehement gegen jede Spur von Vitalismus in seiner Philosophie wehrte, betrachtete er doch das Konzept von der Neuentstehung als eine Art *vis vitalis.* Es gab keinen Reduktionismus: Die Gesamtheit *war* mehr als die Summe ihrer Einzelkomponenten. Wenn jemand eine Kreatur erschuf oder den Versuch machte, biologische Prozesse mit der Bottom-up-Methode zu modellieren, würden anorganische Bestandteile zusammenkommen und etwas bilden, das sich verhielt, als besäße es den Geist des Lebens. Oder vielleicht lebte es sogar.

Wie kaum anders zu erwarten, hätte Langton es vorgezogen, seine Doktorarbeit über seine Theorien von Zellularautomaten und Künstlichem Leben zu schreiben, aber eine solche Arbeit wollte keiner der Professoren annehmen. Die Interessenverlagerung des Instituts für Informatik, die dazu geführt hatte, daß die biologischen Themen der Logic of Computers Group zurückgedrängt wurden, arbeitete gegen ihn. So mußte Langton einen Weg finden, seine Interessen mit den eher konventionellen Vorstellungen des Universitätsestablishments zu vereinen. Wie sich herausstellte, bekam das von ihm gewählte Thema eine grundsätzliche Bedeutung für die Frage des Künstlichen Lebens.
Während seines ersten Jahres in Michigan hatte Langton eine Veröffentlichung von Wolfram gelesen, in dem dieser eine Klassifikation der Zellularautomaten in vier Kategorien vorschlug. Langton war nach der Lektüre dieser Publikation überrascht – nicht so sehr von ihrer Methodik oder ihren Schlußfolgerungen, vielmehr von der Tatsache, daß niemand zuvor sich an ein so auf der Hand liegendes Problem herangewagt hatte. In sein Arbeitstagebuch schrieb er:

> Nachdem ich eine Veröffentlichung von Steve Wolfram vom Cal Tech gelesen habe, bin ich doch überrascht, daß ich schon vor über einem Jahr mit diesen linearen Bereichen herumexperimentiert habe, ohne mir vorstellen zu können, daß ich mit publizierbarem Material arbeitete. Ganz sicher, so habe ich mir selbst gesagt, sind diese Dinge schon vor 30 Jahren gemacht worden, aber das Gegenteil ist der Fall. Da geht tatsächlich so ein Jungforscher vom Cal Tech hin und veröffentlicht eine wissenschaftliche Arbeit über eindimensionale Zwei-Zustands-Bereiche!! Was haben die Leute nur all die Jahre *gemacht?*[14]

Langton stellte fest, daß ein weitverbreitetes Interesse an der Untersuchung von Universen aus Mehrfachzellularautomaten zu bestehen schien, und zwar nicht als oberflächliche mathematische Übung, sondern als präzise Interpretation der Grundlagen des Lebens selbst. Ihn interessierten die möglichen Verhaltensweisen, die durch verschiedene Regelsätze hervorgerufen wurden. Welche würden in uninteressanten Universen enden, also massenhaft gleichartige Zellen bilden, eingefroren in einem einzigen System, das die eingeschlossenen Muster dazu verurteilte, sich auf immer und ewig zu wiederholen? Welche würden dagegen überzeugende Resultate hervorbringen, brodelnde Gemische aus Aktivität und sich verändernden Formen, die Gleiter entließen? Und welche der letzteren würden eine universelle Rechenleistung unterstützen und damit – per definitionem – Leben?

Langtons eigene Überlegungen bei der Beobachtung von Tausenden von Zellularautomaten führten dazu, daß er Wolframs Klassifikationssystem verbesserte und dann direkt auf eine Frage stieß, die bisher schwer zu umreißen gewesen war: Welche Arten von Universen sind in der Lage, Leben zu unterstützen? Die Tatsache, daß Langton glaubte, die Vielfalt des natürlichen Lebens sei nur Teil eines weitaus größeren Ganzen in einer Palette möglicher Existenzformen, verschaffte ihm den Vorteil, diese Frage tatsächlich anzugehen. Wenn wirklich andere Lebensformen existierten, dann sollte es möglich sein, diese zu untersuchen, um bisher unbekannte Eigenarten des Lebens zu entdecken. Die Untersuchung nur eines Teils möglicher Lebensformen machte es schwierig, wenn nicht sogar unmöglich, zwischen den eigentümlichen Charakteristika des Lebens, wie wir es kennen, und den generellen Eigenschaften aller möglichen Arten von Leben zu unterscheiden.

Langton versuchte, eine allgemeine Qualität des Lebendigen zu bestimmen, die Bereiche aufzuzeigen, in denen Leben gut gedeihen kann. Er konzertierte sich auf Universen von Zellularautomaten und machte Tausende von Experimenten, um den Grenzbereich exakt zu bestimmen, in dem sie noch in der Lage waren, Informationen zu verbreiten. Warum war nun diese Fähigkeit wichtig? Nach Langtons Auffassung gehörte die Weiterleitung und das Speichern von Informationen zu den unabdingbaren Merkmalen des Lebens.

»Es ist unzweifelhaft, daß die meisten lebenden Dinge, die wir kennen, physikalische Verkörperungen von Information tragenden Wesen sind«, erklärte er später. »Ein großer Teil dessen, was sie tun, basiert auf der Weiterleitung von Informationen, also nicht nur auf der Weiterleitung von Materialien oder von Energie, sondern von Informationen. Lebende Organismen benutzen Informationen, um sich zu erneuern, um Futter zu orten, also ihre Lebensvorgänge durch Beibehaltung der inneren Struktur aufrechtzuerhalten ... und diese Struktur selbst ist Information. Man muß daraus schließen, daß in lebenden Systemen die Informationsauswertung tatsächlich die Kontrolle übernommen hat und über den Einsatz der Energie bestimmt.«

Aber das Universum als Ganzes, auch der Informationsbereich, wurde von Regeln dominiert, die das Verhalten der Energie bestimmten, insbesondere spielte der gefürchtete zweite Hauptsatz der Thermodynamik eine Rolle. Lebende Systeme zeichneten sich offenbar durch den heldenhaften Widerstand gegen dieses Gesetz aus, durch ihre Fähigkeit, einen Zustand zunehmender Ordnung aufrechtzuerhalten, um zumindest im Rahmen ihrer Möglichkeiten, den zweiten Hauptsatz Lügen zu strafen.

Langton glaubte, daß es ein quantifizierbares System gab, in dem dieser offensichtliche Widerspruch sich entfalten konnte. So führte er etwas ein, was er als »Knopf« bezeichnete. Dabei handelte es sich um ein mathematisches Instrument zur Einstellung der Dynamik des Systems, um die Mechanismen des Verhaltens besser beobachten und verstehen zu können. Er bezeichnete diesen Knopf als λ-Parameter.[15]

Während Langton die Regeltabelle von Zellularautomatenuniversen untersuchte, benutzte er diesen Knopf, um den Punkt festzulegen, an dem die Informationen sich entweder frei bewegen konnten oder aber zurückgehalten wurden. Der λ-Wert, der in einem gegebenen System zwischen null und eins lag, entsprach diesem Punkt.

Wenn der λ-Wert sehr klein war, sich also Null näherte, entsprach das einem Zustand, in dem die Informationen eingefroren waren. Sie konnte während dieser Zeit ohne weiteres erhalten werden, aber sie konnten sich nicht bewegen. Um das anschaulich zu machen, muß man sich ein Substrat vorstellen, das etwa so fest wie Eis ist. Eismoleküle können ihre Position und ihren Zustand über längere Zeit erhalten; da sie sich aber nicht bewegen können, entstehen auch keine neuen Informationen. Unter solchen Umständen kann Leben nicht gedeihen.

Wenn der λ-Wert aber sehr hoch war, sich also seinem Maximum näherte, konnten sich die Informationen frei und chaotisch bewegen und waren nur schwer zu erhalten. Man muß sich diese Informationen als Moleküle in einem gasförmigen Zustand oder als Wasserdampf vorstellen. Auch dieser Zustand konnte also Leben nicht unterstützen. Andererseits gab es aber auch bestimmte Bereiche, in denen Informationen sich veränderten, allerdings nicht so schnell, daß sie alle Verbindung zum vorher dagewesenen Zustand verloren. Vergleichbar war das einem flüssigen Zustand. Langton stellte fest, daß es der flüssige Zustand war, der Verhältnisse schuf, in denen sich Aktivitäten entfalten konnten.

Von den Zellularautomaten, die er untersuchte, gehörten solche, deren Regelsätze niedrige λ-Werte ergaben, im allgemeinen zu den Gruppen, die Wolfram als Klasse 1 und Klasse 2 bezeichnet hatte. Sie endeten bald in langweiligen und unflexiblen Anordnungen; diejenigen mit hohen Werten entsprachen Wolframs Klasse 3 und endeten in einem chaotischen Durcheinander. Am interessantesten waren die zur Klasse 4 gehörigen, die einen mittleren λ-Wert hatten. Hierzu gehörten alle Zellularautomaten, die wimmelnde Aktivität im Übermaß entwickelten, beispielsweise Gleiterkanonen. Das waren die Zellularautomaten, die eine universelle Rechenleistung unterstützten, so wie das Spiel Life, dessen λ-Wert übrigens 0,273 betrug. In diesem Zustand waren maximale Komplexität gegeben und die Entropie optimiert – genau wie in lebenden Systemen.

Langton stellte fest, daß sich der Punkt, an dem eine universelle Rechenleistung wahrscheinlich wurde, an einer besonders interessanten Stelle in seiner Wertetabelle befand. Wenn der λ-Wert diesen kritischen Punkt erreichte, vollzog sich eine Phasenumwandlung, also ein plötzlicher Wechsel von einem Zustand zu einem anderen (ein Beispiel für einen solchen Phasenwechsel in der natürlichen Welt ist der Wechsel vom gefrorenen in flüssigen Zustand, oder vom flüssigen in den gasförmigen). Er kam zu dem Schluß, daß für Systeme dieser Komplexitätsstufe, zu denen auch die Lebewesen gehörten, genau dieser Punkt charakteristisch war. Er rief sich von Neumanns Anmerkungen über Komplexität und lebende Systeme in Erinnerung: Bei komplexen Systemen gibt es eine kritische Größe, bei deren Unterschreitung sich der Prozeß der Synthese in Abbau umkehrt und bei deren Überschreitung das Phänomen der Synthese, sofern es perfekt abgestimmt ist, explosiv werden kann …«

Mit anderen Worten hieß das nichts anderes als: Das Schlüsselelement

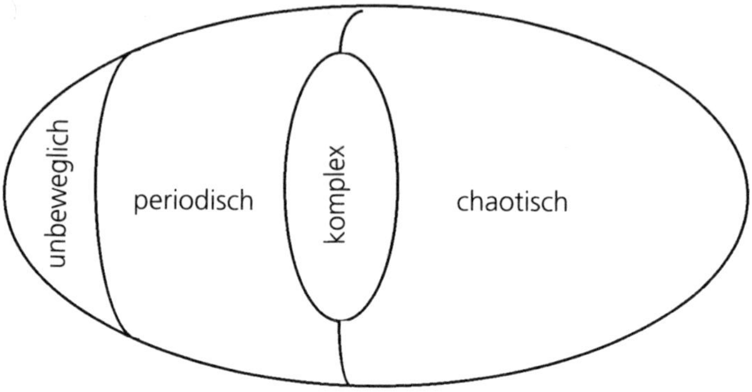

a) Die Skizze illustriert Langtons Auffassung von der Bewegung von Informationen in dynamischen Systemen, beispielsweise in Zellularautomaten. Links befindet sich der Bereich, in dem die Informationen eingefroren sind, so daß kein Leben entstehen kann. Rechts davon gibt es einen flexibleren Bereich, in dem beispielsweise Kristallbildung möglich ist; allerdings läßt die geringe Beweglichkeit der Informationen auch hier kein Leben zu. Ganz rechts sind die Informationen so frei beweglich, daß ihre Strukturen nicht aufrechterhalten werden können. Dieser Bereich ist zu chaotisch, um Leben zu ermöglichen. Nur in dem kleinen Bereich in der Mitte sind die Informationen stabil genug, um ihre Strukturen erhalten zu können, und beweglich genug, um die Weitergabe von Informationen zu ermöglichen. Dort ist Leben möglich.

des Lebens – der ausgewogene Komplexitätsgrad, durch den es möglich wird, der Entropie ein Schnippchen zu schlagen – balanciert auf einem schmalen Grat. Am Steilhang zu seiner Linken lag ein unfruchtbares Gebiet, das nicht ausreichend mit Informationen versorgt wurde, zu seiner Rechten befand sich ein reißender Strudel, in dem die Informationen so wild durcheinandergewirbelt wurden, daß das Chaos die Herrschaft übernommen hatte. Die Nähe zum Strudel gab dem Leben die Möglichkeit, von seiner Fähigkeit der Informationsverarbeitung Gebrauch zu machen, wobei es sich allerdings auch nicht zu weit von der festen Steilwand entfernen durfte, damit zumindest ein Teil der Informationen stabil blieb und eine gewisse Ordnung aufrechterhalten wurde, die das Ablesen der Informationen ermöglichte. Langton war nun also in der Lage, dieses Phänomen zu quantifizieren. Leben, so vermutete er, existiert »am Rande des Chaos«. Um Künstliches Leben schaffen zu können, benötigte man also ein System, das die korrekte Größenordnung von Komplexität enthielt, und zwar am Rande der Phasenumwandlung zwischen Wüste und Zyklon. Langton glaubte, es sei zu schaffen.

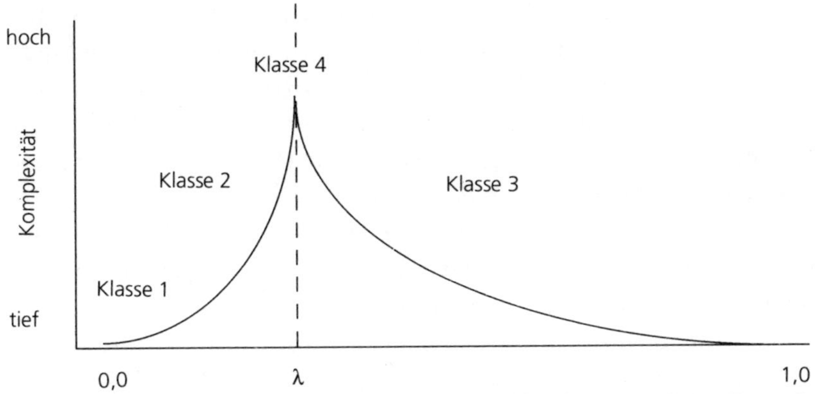

Der kleine mittlere Bereich aus der Abbildung auf S. 138 in graphischer Darstellung. Vertikal ist die Komplexität aufgetragen, horizontal der λ-Wert, der den Grad der Veränderung bzw. der Beibehaltung von Informationen auf einer Skala von 0 bis 1 wiedergibt. In diesem typischen dynamischen System bildet der λ-Wert dort ein Maximum, wo die Komplexität am größten ist. An dieser Stelle findet ein Phasenübergang statt, wird an dessen Grenzen Leben möglich.
Angegeben sind außerdem noch die Positionen von Wolframs vier Zellularautomaten-Klassen. Bei Klasse 1 handelt es sich um unveränderliche Formen; die Zellularautomaten aus Klasse 2 verhalten sich periodisch, die aus Klasse 3 chaotisch. Die Klasse 4 enthält dagegen Formen mit einer großen Komplexität. Sie erlauben universelle Rechenleistungen – und ermöglichen Leben.

Als Doyne Farmer und Chris Langton sich 1985 in Cambridge kennenlernten und Farmer zum ersten Mal den Begriff »Künstliches Leben« hörte, der auf ein Forschungsgebiet angewendet wurde, mit dem er sich während seines gesamten Berufslebens beschäftigt hatte, war er so sehr beeindruckt, daß er seine Vorgesetzten am CNLS in Los Alamos drängte, den nicht fest engagierten Wissenschaftler Chris Langton einzustellen. Langton, dessen wissenschaftliche Veröffentlichungen noch unbedeutend waren, profitierte von einer Tradition am CNLS, nach der man sich vielversprechender, wenn auch noch unerfahrener Wissenschaftler annahm. Feigenbaum war ein lebender Beweis dafür, daß sich ein solches Risiko vielfach auszahlen konnte. Wenngleich dessen Referenzen eher mittelmäßig gewesen waren, so nannte man ihn inzwischen den »Mozart des Chaos«. David Campbell, der Direktor des CNLS, der sich möglicherweise an diesen Spätentwickler erinnerte, legte die Lebensläufe der Kandidaten beiseite, die sich für eine der offenen Postdoktorandenstellen beworben hatten, und fragte Farmer: »Welcher von den Burschen ist wirklich *gut?*«

Langton wurde, ungeachtet der Tatsache, daß noch einige Formalitäten für die Beendigung seiner Doktorarbeit ausstanden, eingestellt (einigermaßen peinlich für seinen neuen Arbeitgeber war, daß diese erst nahezu vier Jahre später zu einem Abschluß kommen sollte). Erstmals befand sich Langton also in einer Situation, in der seine Absicht, Künstliches Leben zu erschaffen, nicht eben noch toleriert, sondern sogar unterstützt wurde. Er beschloß, diese Möglichkeit bis zum letzten auszuschöpfen. Er würde der Forschung über KL nicht nur seine eigenen Arbeiten widmen, sondern auch alles tun, um andere Leute zu finden, deren Denken möglicherweise in ähnlichen Bahnen verlief wie das seine.

Er wußte, daß diese Leute existierten. Aber es gab keine wirklich verläßlichen Hinweise auf das, was Langton als Künstliches Leben bezeichnete, es erschienen nur zuweilen Artikel darüber, beispielsweise in der Zeitschrift *Physica D* oder im *Journal of Theoretical Biology,* im *Complex Systems Journal* oder im *American Scientist.* »Achtzig Prozent der Leute hatten keine Ahnung, daß bereits Arbeit in dieser Richtung geleistet worden war«, erinnert sich Langton. »Sie arbeiteten auf eigene Faust daran. Entweder kam es ihnen nicht in den Sinn, daß auch andere Leute die gleichen Vorstellungen haben könnten, oder aber sie hatten keine Ahnung, wie man die Leute finden sollte, die so ähnlich dachten wie sie selbst. Es gab dieses Forschungsgebiet, aber nur im verborgenen.«

Langton beschloß, die Dinge publik zu machen. Er würde die Leute finden, die an dem arbeiteten, was er als KL bezeichnete, und darauf vertrauen, daß sie beim Hören dieses Begriffs erkennen würden, was gemeint war. Er würde sie auffordern, zusammenzuarbeiten, Erfahrungen auszutauschen, Untersuchungen gemeinsam durchzuführen, sich mit ihren Theorien auseinanderzusetzen und schließlich die Grenzen dieses Gebietes festzulegen. Er würde einen Interdisziplinären Workshop für die Synthese und Simulation lebender Systeme organisieren, ein erstes Zusammentreffen zum Thema Künstliches Leben. Es lag in Langtons Absicht, das Netz so weit wie möglich auszuwerfen, selbst auf die Gefahr hin, daß man auch einige Spinner erwischte. Dann konnte man die bislang im dunkeln arbeitenden, aber ernsthaften Wissenschaftler herausfiltern, die versuchten, Informatik und Biologie zusammenzuführen. Diese Liste würde er mit weiteren Namen von

Wissenschaftlern ergänzen, deren Arbeit ebenfalls in irgendeiner Form zu dieser aufregenden Synthese beitragen könnte.
Einige hielten diese Absicht für verrückt und meinten, daß allein die Vorstellung, Künstliches Leben zu erschaffen und zu untersuchen, nach Science-fiction roch, und die notwendige Ernsthaftigkeit vermissen ließ. Sie befürchteten, daß diejenigen dem Spott ausgesetzt würden, deren Namen mit dieser Sache in Verbindung gebracht wurde. (Ein Wissenschaftler, der einen Kollegen und Nobelpreisträger um Rat fragte, ob er wohl zu dem Treffen gehen sollte, bekam folgende Antwort: »Das ist eine Art von Konferenz, zu der Sie vielleicht gehen sollten, aber dann ist es wohl besser, keiner Menschenseele zu erzählen, daß Sie dort waren.«) Tatsächlich, so erinnert sich Langton, »war dann auch niemand bereit, seinen Namen offiziell als Mitorganisator zur Verfügung zu stellen, und mein Name stand oder fiel mit dem Erfolg oder Mißerfolg dieses Workshops«.
Die Konferenz war für September 1987 in Los Alamos angesetzt. Die Nachricht wurde durch Aushänge in Universitäten, durch Botschaften in Computernetzwerken, durch Schleichwerbung in der Rubrik für mathematische und für Computerspielereien im *Scientific American* sowie durch eine offizielle Konferenzankündigung verbreitet. Letztere war ein mutiges Manifest über Langtons Vorstellungen. Wenngleich die Sprache gesetzt war, enthielt die zwei Absätze umfassende Beschreibung des Konferenzgegenstandes doch atemberaubende Zielsetzungen.

> Das Forschungsgebiet Künstliches Leben beschäftigt sich mit der Untersuchung künstlicher Systeme, die charakteristische Verhaltensmerkmale natürlicher Systeme widerspiegeln. Es handelt sich darum, Leben und seine möglichen Erscheinungsformen zu erklären, und zwar ohne Beschränkung auf bestimmte Beispiele, die sich auf der Erde entwickelt haben. Dazu gehören biologische und chemische Experimente, Computersimulationen und rein theoretische Ansätze, wie auch Prozesse von molekularem, sozialem und evolutionärem Umfang. Das Endziel ist es, die logische Basis lebender Systeme herauszuarbeiten.
> Mikroelektronik und Gentechnik werden uns bald in die Lage versetzen, neue Lebensformen zu erschaffen, sowohl *in silicio* als

auch *in vitro.* Diese Fähigkeit wird der Menschheit die weitreichendste technische, theoretische und ethische Herausforderung bescheren, mit der sie je konfrontiert wurde. Die Zeit scheint reif, diejenigen zusammenzubringen, die an Versuchen beteiligt sind, lebende Systeme zu simulieren oder zu synthetisieren.

In Los Alamos ist das Klima im September normalerweise recht gemäßigt. Tagsüber ist es nicht mehr allzu heiß, und abends weht ein angenehm kühler Wind von den Bergen herab. Der September 1987 bildete da keine Ausnahme. Es war jedoch nicht das milde Wetter, sondern die Möglichkeit, an einem der großen Unternehmungen in der Geschichte der Menschheit teilzunehmen, die etwa 160 Computerwissenschaftler, Anthropologen, Forscher der theoretischen Biologie, Populationsgenetiker, Biochemiker, Verhaltensforscher, Physiker und auch einige, die nicht ohne weiteres einem Fach zuzuordnen waren, in einem Hörsaal im zweiten Stock des Oppenheimer Study Center zusammenkommen ließ. Mit seinem Aufruf hatte Langton also tatsächlich in ein Wespennest gestochen. Als die Teilnehmer am 21. September 1987, einem Montag, zum ersten der fünf Konferenztage zusammenkamen, die mit Vorträgen, Kaffeepausen, Mittagessen, Poster-Demonstrationen, Abendessen und Vorführungen ausgefüllt sein sollten, knisterte es in der Luft vor gespannter Erwartung. Der stellvertretende Direktor des Instituts sprach einige Grußworte, und dann erschien Langton, dessen Traum in Erfüllung gegangen war. Nervös wandte er sich an den harten Kern von Wissenschaftlern einer neuen Forschungsrichtung, zu dem auch seine heimlichen Vorbilder gehörten, also Leute wie Richard Dawkins, Aristid Lindenmeyer, John Holland und Richard Laing. »Ich bin sehr glücklich«, sagte er ihnen und hatte fast Tränen in den Augen, als der Overhead-Projektor die ersten Bleistiftstriche an die Wand warf.

Der erste Workshop über Künstliches Leben, bekannt geworden als KL-1, war ein ausgesprochen harmonisches Treffen. Dreißig Vorträge und zwanzig Demonstrationen bildeten das, was man als den Rahmen für künftige Vorstellungen über KL bezeichnen kann. Es gab Organismen, die von Zellularautomaten betrieben wurden, Computersimulationen neodarwinistischer Evolutionen, umgewandelte Computer-Ökosysteme, logisch ausgerichtete Spielchen über den Ursprung des

Lebens, Wettkämpfe zwischen computervirenähnlichen Kreaturen, Pflanzenwuchs in Silizium-Gewächshäusern und sogar einen speziell für diesen Anlaß angefertigten Roboter, der die Entstehung von Verhaltensweisen demonstrierte. »Bei nahezu jeder Präsentation«, erinnert sich Langton, »sagten alle im Raum innerlich immer wieder: ›Ja! Ja! Ja!‹« Aber sogar die Atmosphäre der normalen Vortragssitzungen war einmalig. So konnten spontan aufkommende Diskussionen in der Kaffeepause beginnen, sich über das Mittagessen hinziehen und beim Abendessen wieder aufgenommen werden oder in einzelnen Fällen bei mitternächtlichen Spaziergängen durch die mondhelle Wüste, die die bedächtige Wissenschaftsstadt von allen Seiten umgibt, fortgesetzt werden.

In diesen Tagen entwickelte sich auch eine Art Korpsgeist. Es war beinahe so, als wenn die Teilnehmer, die eine gemeinsame Vision hatten, ohne jedoch über eine gemeinsame Grundlage zu verfügen, bisher in einer wissenschaftlichen Diaspora geforscht hätten. Langton sagte:

> Es gab viele Leute, die ernsthaft auf diesem Gebiet arbeiteten, aber damit ihren Lebensunterhalt nicht verdienen konnten. Also beschäftigten sie sich nebenher damit, spielten also einfach ein wenig damit herum. Jeder von ihnen hatte aber das Gefühl, daß es sich dabei um eine interessante Sache handelte und man sich eigentlich in größerem Umfang damit beschäftigen müßte. Wenngleich viele von uns vollkommen unabhängig voneinander arbeiteten, also ohne zu wissen, daß es diese kleinen Gruppen von Leuten gab, die sich ebenfalls mit dieser Sache beschäftigten, war es doch erstaunlich, wie ähnlich unsere Erfahrungen und auch unsere Frustrationen waren.

Der Optimismus bezüglich der Zukunft dieses Forschungsgebietes war groß, und in der energiegeladenen Atmosphäre von Los Alamos wurden bereits Vergleiche zwischen diesem Workshop und der legendären Konferenz von Dartmouth im Jahre 1956 angestellt, auf der eine Handvoll Computerwissenschaftler und Psychologen ein ähnliches Abenteuer erlebten, das später als KI, Künstliche Intelligenz, bekannt wurde. Eine wohl zutreffende Parallele, wie die KL-Leute häufig bemerkten, da Künstliche Intelligenz für die Intelligenz dasselbe bedeute wie Künstliches Leben für das Leben.

In weiser Voraussicht rieten Langton und die meisten anderen aber zur Vorsicht, wenn es um die Vorhersage der möglichen Auswirkungen ihrer Arbeit ging. Sie erinnerten daran, wie peinlich es gewesen war, als die Versprechungen der KI-Pioniere sich nicht bewahrheitet hatten. Sie hatten seinerzeit ein Pokergesicht aufgesetzt und versprochen, man werde mit KI den Level der menschlichen Intelligenz innerhalb von zehn Jahren erreichen, was sich nach zwei Jahrzehnten als Unsinn herausstellte, weil die Computer immer noch nicht die Wahrnehmungen eines einjährigen Kindes nachvollziehen konnten. Blickt man zurück, so ist natürlich schon einiges passiert (auf einen Computer, der beispielsweise Schach auf dem Level eines Großmeisters spielt, sollte man nicht verächtlich hinabschauen), aber die Tatsache, daß erweckte Erwartungen nicht erfüllt wurden, hatte letztlich dem gesamten Projekt seinen Glanz genommen. Daher vermieden Langton und die anderen KL-Forscher das Risiko, einen festen Zeitplan aufzustellen; sie gaben sogar ihrer Vermutung Ausdruck, daß es den Wissenschaftlern nicht gelingen werde, echte Organismen in weniger als einem Jahrhundert herzustellen.

Einige waren allerdings nicht so vorsichtig. Hans Moravec beispielsweise, der sich mit Roboterforschung beschäftigte, wandte sich an die Konferenzteilnehmer und erklärte unumwunden, daß die KL-Bewegung innerhalb von fünfzig Jahren etwas erschaffen werde, das einem menschlichen Wesen ähnele. Dieses Ziel war schon insofern absurd, als Moravec in einem zur Konferenz mitgebrachten Film vorführte, daß seine neueste Kreation, ein automatischer Roboter, durchschnittlich fünf Stunden brauchte, um einen Raum zu durchqueren. (Der schalkhafte Moravec gab später zu, daß seine Voraussage möglicherweise etwas zu optimistisch war; aber wissenschaftliche Fortschritte stellten doch oftmals die kühnsten Voraussagen in den Schatten. Unter Berücksichtigung dieser Tatsache, sagte er, könne man sich ruhig einmal etwas Spaß gönnen, wenn man Prophet spiele.)

Wirkliche Spannungen traten bei diesem Workshop nur auf, als es um die Beurteilung des sogenannten »künstlichen 4-H-Wettbewerbs« ging, der von Langton als eine nette Demonstration gedacht war und der von A. K. (Kee) Dewdney bewertet wurde, der inzwischen Gardners geheiligte Kolumne in *Scientific American* übernommen hatte. Der erste Preis von 100 Dollar ging an eine botanische Computergraphik, die von Lindenmeyer und Przemyslaw Prusinkiewicz entworfen worden war und der ein Regelwerk zugrunde lag, das von Lindenmeyer stammte. Die weiteren Preiskategorien waren nicht im voraus festgelegt worden, sondern wurden erst nach der Begutachtung der Projekte festgelegt, so daß viele Simulationen eine reelle Chance hatten, ausgezeichnet zu werden. »Überraschenderweise«, erinnert sich Langton, »gab es einige Verwirrung und Verbitterung. Einige Leute waren sehr verärgert darüber, daß ihre Beiträge nicht den entsprechenden Preis gewonnen hatten, und es gab auch einige, die sagten ›Wie kann man so etwas denn lebend nennen?‹«.

Eine ständige und quälende Frage war: Was *ist* Leben? In immer neuen Variationen zog sie sich durch den gesamten Workshop. Die Schöpfung Künstlichen Lebens setzte voraus, daß man etwas synthetisieren konnte, das den Kriterien der »Lebendigkeit« genügte. Unter den zahlreichen Hindernissen, die der Beantwortung im Wege standen, war keines von grundsätzlicherer Bedeutung als das Problem der Definition. Wie sollte man Leben erschaffen, wenn niemand genau wußte, was das eigentlich ist? Und wie sollte man erkennen, daß man es geschafft hatte?

Mit dem gleichen Problem, dem Fehlen einer genauen Definition des Begriffs Intelligenz konfrontiert, hatte man auf dem Gebiet der KI eine vorläufige Lösung im sogenannten »Turing-Test«. Der von Alan Turing eingeführte Test hatte folgende Versuchsanordnung: Eine Person stellte einer anderen Person sowie einem Computer, die beide durch eine Wand vom Fragesteller verdeckt waren, kritische Fragen. Wenn die die Fragen stellende Person nicht in der Lage war, zu entscheiden, von wem welche Antwort gegeben worden war, hatte der Computer den Test bestanden. Gab es etwas Vergleichbares für das Künstliche Leben? Sich an de Vaucanson erinnernd, begannen einige Leute auf der KL-Konferenz von einem »Enten-Test« zu sprechen: Wenn etwas wie eine Ente aussieht und wie eine Ente quakt, gehört es auch zu der als Enten bezeichneten Gruppe. Dieser Vaucanson-Test war zugegebenermaßen sehr subjektiv, aber letztlich auch nicht subjektiver als der Turing-Test. Ein Molekularbiologe[16] schlug spaßeshalber eine Abwandlung vor: Man sperre den Kandidaten, der dem »Lebendigkeitstest« unterzogen werden soll, mit einem Biologen zusammen in einen Raum. Wenn der Biologe herauskommt und glaubt, er sei mit einer lebendigen Kreatur eingeschlossen gewesen, so könnte man das als positives Zeichen werten. »Und wenn euer Organismus herauskommt«, führte er weiter aus, »und *sagt,* er lebe, dann wißt ihr, daß ihr auf dem richtigen Weg seid.«

Die meisten Konferenzteilnehmer glaubten darum, daß die Bemühungen, die in Los Alamos ihren Anfang nahmen, letztlich in der Schaffung von Kreaturen enden würden, die die Kriterien ihrer Schöpfer für Leben erfüllten. Ob der Rest der Welt diese Kriterien übernehmen würde, war eine ganz andere Frage. Was die meisten KL-Forscher von ihren konservativeren Kollegen und auch von der Allgemeinheit unterschied, war die Tatsache, daß sie Pflanzen, Tiere und Menschen als Maschinen ansahen, wenngleich als sehr viel höher entwickelte als künstliche Maschinen. Aber man hatte dennoch Maschinen vor sich, die im Prinzip von Menschen herstellbar waren, unabhängig von dem Material, das benötigt wurde, um sie zu erschaffen. Es war nicht schwierig, das zu verstehen, aber daran zu glauben erforderte ein großes Vertrauen. Dies führte manchmal sogar dazu, daß man sich an überwunden geglaubte Überreste des Vitalismus oder an anderen mystischen Ballast klammerte.

Würden andere bereit sein, diesen großen Sprung mitzumachen? Konnten Tiere, die aus Information bestanden, dieses flexible Konzept des Lebendigen, nach dem alle lebenden Organismen als bestimmte Arten von Maschinen angesehen wurden, stützen? Wenn das der Fall sei, sagte man, dann müßte man vollständig mit der Vorstellung aufräumen, daß körperliche Formen eine Vorbedingung für Leben seien. »Den Gedankensprung, den man machen muß, ist der, daß man Maschinen als logisch organisierte Wesen auffaßt«, erklärt Langton. *»Es ist nicht das Material.* Das Material ist bei keinem Ding ausschlaggebend. Wenn es gelingt, seine logische Organisation in ein anderes Medium zu verpflanzen, kann man die gleiche Maschine erschaffen, denn es ist die Organisation, die eine solche Maschine ausmacht, und nicht das Material, aus dem sie besteht. Diesen Gedankensprung muß man machen. Eigentlich ist es ja auch nur ein kleiner Schritt.« Langton verglich diesen geistigen Klimmzug verschmitzt mit der kleinen Korrektur, die man im Mittelalter bei der Betrachtung der Erde hätte vornehmen müssen. Er nannte die Einsicht, die wir Kopernikus verdanken, daß die Vorstellung, das Universum drehe sich um die Erde, nicht richtig ist, sondern die Erde sich vielmehr um die Sonne dreht. »Der Schritt selbst war nicht besonders groß, eigentlich handelte es sich nur um eine kleine Veränderung der Beobachtungsperspektive«, sagt Langton, »aber die Konsequenzen waren enorm.«

Die meisten Teilnehmer des Workshops stimmten mit Langton überein: Das Material des Lebens ist eigentlich überhaupt nicht materiell. Leben ist ein dynamischer physikalischer Prozeß, und wenn man ihn duplizieren könnte, dann hätte man Leben geschaffen. Dies könnte unabhängig vom Material geschehen, also ebensogut in einem Computer.

In den Monaten nach der Konferenz verbrachte Langton die meiste Zeit damit, die Beiträge zu sichten, die von den Teilnehmern des Workshops zur Veröffentlichung eingereicht worden waren. Langton hoffte, daß die Veröffentlichung der Konferenzergebnisse die Bindungen festigen würden, die während der Konferenz entstanden waren, und damit dauerhafte Grundlagen für die KL-Forschung gelegt werden könnten. Als er die Beiträge las und sich die unzähligen Diskussionen noch einmal durch den Kopf gehen ließ, an denen er teilgenommen hatte oder von denen ihm später berichtet worden war, begann er zu begreifen, daß die Versammelten ein hohes Maß an Übereinstimmung in den Hauptpunkten erzielt hatten, die später unter dem Begriff Künstliches Leben subsumiert werden sollten. Das war erstaunlich, da es keine Absichtserklärung und kein Manifest gegeben hatte und auch keinen Tagungspunkt zu diesem Thema. Beim Schreiben seiner Einleitung für den Tagungsband versuchte Langton, diese Punkte zusammenzufassen.

Zunächst einmal sollte Leben als »Besitz der Organisation von Materie und nicht als Besitz einer Materie, die organisiert ist« angesehen werden. Es sollte bei der Art und Weise, wie man Leben definierte, nichts geben, das seine Erschaffung mit anderen Materialien als Kohlenstoff ausschließen würde. Man brauchte nicht einmal einen physikalisch aufgebauten Körper, solange die Prozesse, die Verhaltensweisen, die typisch für Leben waren, sorgfältig realisiert waren, also Dinge wie Selbstreproduktion, Stoffwechsel, Wachstum und angepaßte Reaktionen. Langton und seine Kollegen vertrauten auf ein späteres Umschwenken in Richtung auf diese Sichtweise. Die Fakten, glaubten sie, würden eine Bereitschaft zur Ausschöpfung dieser Möglichkeiten diktieren. Und schließlich würde jemand einen künstlichen Organismus erschaffen, der alle Zweifel beseitigen würde, selbst die der überzeugtesten Vitalisten.

Das sollte aber nicht bedeuten, daß der Erfolg von KL von der Erschaffung eines künstlichen Wesens abhing, einem Silicium-Frankenstein, der als Rechtfertigung für unkonventionelles Denken durch die wissenschaftliche Welt geistern würde. Forscher, die in einem extrem langen Zeitraum an der Erschaffung von Kreaturen arbeiteten, die eines Tages als lebend gelten würden, waren nur zum Teil repräsentativ für das Gebiet. Die meisten derjenigen, die sich mit der Erforschung des Künstlichen Lebens beschäftigten, hatten allerdings damit zu tun, Einheiten lebensähnlichen Verhaltens zu kopieren, um lebende Systeme im allgemeinen besser zu verstehen, in einzelnen Fällen auch das Verhalten spezieller Arten.

Wichtig war dabei, daß Experimente dieser Art sich nicht darauf beschränkten, die Funktionen lebender Organismen zu simulieren, sondern sie in ihrer Gesamtheit kopierten. Langtons beliebtestes Beispiel dafür war Reynolds' Methode, Zellularautomaten dazu zu verwenden, Computervögel bzw. *boids* zu erschaffen. Wenngleich *boids* nur recht primitive und unvollständige Modelle echter Vögel waren, so war doch die Schwarmbildung, die sie zeigten, nicht simuliert, sondern ein echtes Verhalten. »Die Schwarmbildung der *boids* ist echte Schwarmbildung«,[17] schrieb Langton, »und kann als zusätzliche Datenquelle für die Untersuchung des Schwarmverhaltens im allgemeinen aufgefaßt werden, gleichrangig mit Schwärmen von Gänsen und Staren.«

Der zweite Punkt betraf den generellen Ansatz. Er könnte in einem von Langtons Lieblingsbegriffen zusammengefaßt werden: Bottom-up. Die Teilnehmer von KL-1 stimmten mit ihm darin überein, daß KL mit Zellularautomaten untersucht werden sollte, also durch die Schaffung lokaler Interaktionen, die so komplex waren, daß globales Verhalten entstehen konnte. Diese Interaktionen mußten parallel ablaufen, wobei die Eigenheiten der Interaktionen in der Regel nicht zu entziffern wären, wenngleich die entstehenden Verhaltensmuster schlüssig und erkennbar wären.

Die Doppelgleisigkeit dieser These – Leben ist ein Prozeß und arbeitet von der Basis zur Spitze – war mehr als nur ein experimenteller Ansatz. Es war eine Weltanschauung, gegründet auf dem Fundament einer Theorie von komplexen Systemen, biologischer Bilderstürmerei, postdarwinistischen evolutionären Denkens und einer vollständigen Verzerrung des Blickwinkels, von dem aus man gewöhnlich die Welt als Ganzes betrachtete: ein gigantisches natürliches System, das als gemeinschaftliches Resultat von Milliarden von Finite state machines entstand, die winzigen Regelwerken gehorchten. Die Pioniere einer KL-Revolution benötigten nicht nur eine solide Wissensgrundlage in zahlreichen Spezialdisziplinen, also von der Chaostheorie bis hin zur Genetik, sondern auch eine besondere Sichtweise von der Natur des Lebens selbst. Sie hielten die einmaligen Eigenschaften des Lebens in Ehren, waren aber auch zuversichtlich, daß diese Qualitäten auf einer außerordentlich logischen und beweisbaren Grundlage beruhten und unter verschiedenen Umständen vervielfältigt werden konnten. Und sie wollten nichts weiter als diese Leistung auch würdigen.

Die Chance, daß einem einzelnen weitsichtigen Wissenschaftler ein solch epochales Unternehmen gelingen könnte, war auf jeden Fall größer als die des zufälligen Auftauchens schwarzer Orchideen im heimischen Gemüsegarten. Langton wertete das alles nicht als persönlichen Triumph, sondern als Fortschreibung eines Prozesses, der bisher unverstanden war, aber irgendwann entziffert werden würde. »In gewissem Sinne ist es so, als habe die Idee mich und nicht ich die Idee«, erklärt er. »Es gibt diese andere Formen des Lebens, künstliche Wesen, die in Erscheinung treten wollen und mich als Medium für ihre Reproduktion und Implementation benutzen.«

Das Herz Gottes

Zu den zahlreichen Fragen, die den Menschen während seiner gesamten sozialen Entwicklung und der langen Vorgeschichte bis hin zur heutigen Zivilisation beschäftigt haben, gehört unbedingt auch die Frage nach dem Ursprung des Lebens. Elementare Fragen nach Leben und Tod, aber auch weiterführende wie die nach der übernatürlichen und göttlichen Lenkung des Universums drücken sich heute etwa in folgenden Fragestellungen aus: »Welchen Sinn und Zweck hat das Universum?« oder »Sind Geist und Materie verwandt?« ... Es ist genau diese Erkenntnis, die sich nun zusammen mit der fortschreitenden Entwicklung der Maschinen und der Entwicklung in der Theorie von Chemie und Physik durchsetzt. *Das Gebiet des Übersinnlichen schrumpft rapide zusammen.*

J. D. Bernal[1]

Stuart A. Kauffman[2] hat zwei Arbeitsplätze. Zunächst einmal leitet er ein kleines Labor an der Medizinischen Fakultät der Universität von Pennsylvanien, das mit dem gesamten Drum und Dran eines solchen Ortes ausgestattet ist, also mit Reagenzgläsern, Glaskolben, Bunsenbrennern, seltsamen kleinen Behältern, die in Kühlschränken aufbewahrt werden, und mit überarbeiteten Doktoranden. Häufig bestellt Kauffman einige Milligramm kommerziell angebotener DNA und verwendet sie als Grundlage für seine Experimente, die sich mit der Replikation beschäftigen, einem Vorgang, der etwas damit zu tun hat, wie das Leben auf der Erde entstanden ist. Auch als nach monatelanger Arbeit keines der Experimente geklappt hat, ist Kauffman doch weiterhin optimistisch. Er ist zuversichtlich, daß sich die Resultate früher oder später einstellen werden.
Kauffmans zweiter Arbeitsplatz befindet sich im *Santa Fe Institute,* das seinen Sitz in der Stadt gleichen Namens hat. Es handelt sich hierbei um einen Schreibtisch mit Computer, der in einem der vielen kleinen Arbeitszimmer im alten Hauptgebäude des Instituts steht, einem Lehmziegelbau, der früher ein Kloster war. Hier ist Kauffman bisher sehr viel erfolgreicher gewesen. Die Ausarbeitung von Theorien ist seine eigentliche Stärke und nicht die Durchführung chemischer Reaktionen in einem Glaskolben. Als Gastprofessor dieses Instituts (es gibt übrigens kein Stammpersonal, ebensowenig wie es an der Komplexitäts-Denkfabrik, bekannt als SFI, eingeschriebene Studenten gibt) spinnt er dort eifrig an einem Faden, aus dem seine eigene Geschichte gestrickt werden soll. Dieser schlängelt und windet sich vor und zurück wie eine moderne Version der Geschichten aus *Tausendundeiner Nacht* und besitzt die Macht, unser Verständnis vom Leben vollständig zu verändern. Kauffman kommt sich selbst wie eine wandelnde elektrische Sicherung vor; die Annahme – jedenfalls *seine* Annahme – ist die, daß diese Sicherung eines Tages durchbrennen und eine Explosion verursachen wird, die beispiellose Veränderungen auf verschiedenen Gebieten mit sich bringt.
Das Gebiet des Künstlichen Lebens interessiert Kauffman deswegen,

weil die Ausblicke dieser neuen Forschungsrichtung zum Teil mit dem Ursprung des wirklichen Lebens in Verbindung gebracht werden können. Im Grunde genommen ist es das Ziel der KL-Forscher, das zu vollbringen, was bisher nur einmal auf diesem Planeten geschehen ist, nämlich etwas Lebendiges aus zuvor toter Materie zu schaffen. Wie das tatsächlich geschieht, ist das bisher immer noch ungelöste Geheimnis des Ursprungs des Lebens, wobei die Herausforderung des KL-Gebietes darin besteht, diese erstaunliche Verwandlung routinemäßig zu realisieren. Umgekehrt wird aber auch das Wissen um den Ursprung des einzigen Beispiels von Leben, das wir kennen – das natürliche Leben, uns selbst eingeschlossen, unbezahlbare Hinweise für die Herstellung von anderen Lebensformen geben.

Theorien über den Ursprung des Lebens[3] sind sehr zahlreich, wobei viele einerseits außerordentlich schwer zu widerlegen und andererseits nahezu unmöglich zu beweisen sind. Die Schwierigkeiten beginnen schon mit Unstimmigkeiten bezüglich der Zusammensetzung des Planeten und mit den atmosphärischen Bedingungen, die auf der Erde geherrscht haben, als sich das Leben entwickelte. Die Schwierigkeiten werden aber noch größer: Denn einige der Arbeitshypothesen, selbst wenn sie von sehr ernst zu nehmenden Wissenschaftlern vorgebracht werden, enthalten oft bizarre und recht unwahrscheinliche Teilaspekte. Zu den eher klügeren Theorien, die auch heute immer noch als möglich in Erwägung gezogen werden, gehören beispielsweise die von Graham Cairns-Smith, nach der das Leben zwischen sich bildenden Tonschichten entstand und sich dann im Akt einer genetischen Machtübernahme in biochemische Reaktionen verwandelte (wie wir sehen werden, hat diese Theorie gewisse Bedeutung für KL). Eine andere, das »Panspermie«-Modell besagt, daß das Leben von einem außerirdischen Keim ausgegangen ist, den ein weit entfernter, extraterrestrischer Vetter uns geschickt hat.

All diese Theorien spiegeln das Paradoxon wider, mit dem der Ursprung des Lebens behaftet ist. Wie schon von Neumann feststellte, kann Leben nicht entstehen, wenn nicht eine gewisse Komplexität vorhanden ist. Sobald dieser entscheidende Grad von Komplexität erreicht ist, kann der Prozeß der Evolution beginnen und komplexere Moleküle, schließlich sogar Lebewesen hervorbringen. Aber wie kommt diese notwendige Anfangskomplexität zustande? Verglichen wurde dieser Prozeß mit dem sprichwörtlichen Affen, der auf einer Schreibmaschine herumhämmert und auf diese Weise einen *Hamlet* hervorbringt, oder mit einer Aktion, bei der man einen lastwagengroßen Kanister mit Autoteilen vollstopft, ihn wie einen Cocktailshaker schüttelt, und aus dem dann beim Öffnen ein funkelnagelneuer, schlüsselfertiger und frisch gewachster Mercedes-Benz 300 SL samt Stern auf der Kühlerhaube herauskommt. Diese Problematik veranlaßte selbst geduldige Wissenschaftler dazu, die Untersuchungen über den Ursprung des Lebens in den Bereich der Pseudowissenschaften abzuschieben. Einige besonders konservative Biologen versuchten sogar, ziemlich weit hergeholte Erklärungen hervorzuzaubern, um damit die unendliche Unwahrscheinlichkeit der Entstehung des Lebens zu erklären.

Kauffman ist der Auffassung, daß die Chancen eigentlich überhaupt nicht so schlecht sind, wie viele Leute glauben. Seine Vorstellungen hängen mit der Bedeutung von Selbstorganisation zusammen, die wiederum mit den bisher noch nicht formulierten Regeln in Verbindung steht, an deren Existenz Farmer und andere glauben und die ihrer Meinung nach teilweise sichtbar würde, wenn man die Idee des Künstlichen Lebens weiter verfolgte.

»Künstliches Leben«, sagt Kauffman, »ist der Weg, herauszufinden, wie komplexe Systeme so etwas wie Selbstorganisation, Anpassung, Evolution, Koevolution, Stoffwechsel und all diese Dinge hervorbringen können. Es ist eine Nachahmung der Biologie, wenngleich Biologen das bisher noch nicht wissen. Daraus wird eine Art neuartiger Hilfswissenschaft zur Biologie entstehen ... speziell zur Untermauerung der Funktionsweise lebender Dinge. Diese neue Fachrichtung könnte ergründen, was die logische Struktur lebender Dinge ist.«

Sobald Kauffman zu erzählen beginnt – seine Veröffentlichungen sind schwer verständlich, sogar für Leute, die auf diesem Gebiet beschlagen sind, so daß man am leichtesten mündlich etwas über seine Forschungen erfährt –, kann man sich seiner Ausstrahlung nicht entziehen. Man beginnt zu verstehen, warum die MacArthur-Stiftung den Biologen mit einem ihrer begehrten »Genie-Stipendien« auszeichnete. Kauffman, ein stämmiger Mann mit ungekämmten Haaren und eckigem Kinn, dessen Aussehen an ein Mitglied der Rolling Stones in ihren Anfängen erinnert, fixiert sein Gegenüber stets mit den Augen. Er spricht es normalerweise mit dem Vornamen an und gebraucht immer wieder die Redewendung: »Ich *weiß*, daß ich recht habe.« Manchmal fügt er hinzu: »Ich wette sogar mein Leben darauf.«

Kauffmans Odyssee begann in den sechziger Jahren, als er selbst Mitte zwanzig war. Er studierte am Dartmouth-College in Hanover, New Hampshire, Philosophie, wobei Logik einer seiner Schwerpunkte war. Unter anderem befaßte er sich mit der Booleschen Algebra, die von George Boole im Jahre 1854 begründet worden war und mit der logische Aussagen in eine symbolische Form umgewandelt werden können, um sie mathematischen Berechnungen zugänglich zu machen. Dann bekam er ein Rogers-Stipendium für Oxford, um dort seine Studien zur Existentialphilosophie fortzuführen. Er kam allerdings bald zu der Erkenntnis, daß theoretische Biologie ihn mehr interessierte, aber aus Gründen, die er selbst nicht erklären kann, entschied er sich, Arzt zu werden, begann also Medizin zu studieren.

Unter den Dingen, die ihn dabei beschäftigten, war auch die Differenzierung menschlicher Zellen. Es war und ist immer noch ein Rätsel, wie es dazu kommt, daß eine einzelne befruchtete Eizelle sich zu teilen beginnt und die neu entstandenen Zellen zu einem bestimmten Zeitpunkt verschiedene Ausprägungen zeigen. Obwohl die Gene jeder Zelle gleich sind, entstehen dennoch verschiedene Zelltypen, beispielsweise Muskel-, Nieren- oder Nervenzellen. Während Kauffmans Studienzeit entdeckten Jacob und Monod, zwei französische Biologen, die Genregulation, mit der dieses Phänomen teilweise erklärt werden konnte, da gezeigt wurde, wie bestimmte Gene andere an- und abschalten können.

Die grundlegenden Arbeiten von Jacob und Monod zogen weitere Experimente nach sich, mit denen diese Prozesse untersucht wurden. Menschen haben schätzungsweise etwa einhunderttausend Gene, und unter bestimmten Bedingungen werden einige Gene von anderen an- oder abgeschaltet. Insgesamt stellt sich die ganze Sache allerdings hoffnungslos kompliziert dar, denn es ist nur schwer möglich vorauszusagen, welche Beziehungen zwischen den Genen existieren und welche Bedingungen gegeben sein müssen, damit ein bestimmtes Gen an- oder abgeschaltet wird.

Ein Weg zur Lösung dieses Rätsels liegt in der Beschränkung: Man untersucht Teile des Ganzen und ihre Beziehungen zueinander. Durch die Konzentration auf ein bestimmtes Gen kann der Biologe herausfinden, mit welchen Genen es in Beziehung steht und wie es in einen bestimmten biochemischen Kreislauf einzuordnen ist. So ist es theoretisch möglich, nach einem gewissenhaften Prozeß der Isolierung und Identifizierung den Gesamtzusammenhang zu entwirren. Tatsächlich war das auch der Ansatz, durch den man die Genregulation entdeckt hatte. Schon früh erkannte Kauffman, daß es sehr lange dauern würde, bis man in der Lage wäre, ein Gesamtbild des Systems zu erhalten – sofern dies überhaupt möglich war. »Es ist schwieriger, als ein Puzzle zusammenzusetzen«, sagt Kauffman. »Bei einem Puzzle hat man eine Reihe im Prinzip gleichartiger Stücke, die zusammen ein Bild ergeben. Dies hier ist eher so, als hätte man Stücke verschiedenartiger Prägung und keine Ahnung davon, wie sie zusammengehören. In der Zwischenzeit ist die Evolution damit beschäftigt, neue Proteine hervorzubringen, die die Zusammenhänge wieder verändern, und so ist es, genau betrachtet, die Logik dieses Kreislaufs, daß er sich weiter verschlüsselt.«

Nach Auffassung Kauffmans wäre selbst dann, wenn wir die unbeschreiblich verworrenen Zusammenhänge entschlüsseln könnten, eine wirkliche Antwort nur schwer zu finden. »Die Molekularbiologen werden denken, sie hätten mit der Entschlüsselung dieser Zusammenhänge etwas Großartiges vollbracht, aber dann könnte ein Mathematiker vorbringen: ›Also gut, hier haben wir ein System mit 100 000 Unbekannten, die die jeweils gegenseitigen Aktivitäten regulieren – aber was wird dadurch eigentlich bewirkt?‹ Den Biologen würde der Atem stocken, denn es ist schon schwierig zu bestimmen, was *fünf* aneinandergekoppelte Dinge tun, und wirklich *niemand* kann ein System verstehen, bei dem 100 000 Unbekannte miteinander agieren.«

Kauffman glaubte aber, daß dieses Problem dennoch in Angriff genommen werden könnte, allerdings würde es ein Umdenken erforderlich machen. Kauffman gab zu bedenken: Bevor man darüber nachdenken könnte, Fragen über das große Netzwerk zu beantworten, das der Genregulation zugrunde liegt, müßte man zunächst das Verhalten *irgendeines* Netzwerkes mit einhunderttausend Untereinheiten verstehen, in dem einige dieser Einheiten die Bedingungen für die übrigen vorgeben. Seiner Ansicht nach waren Besonderheiten des einzelnen

Netzwerkes unwichtig, besonders deswegen, weil schon bei zwei verschiedenen Menschen auch die Genregulation unterschiedlich ist. »Das Problem liegt darin«, so Kauffman, »ob das Verhalten des Netzwerkes von bestimmten Einzelheiten dieses Gesamtsystems abhängt oder ob das Verhalten so robust ist, daß es *nicht* von solchen Details beeinflußt wird.« (Wie viele Wissenschaftler definiert Kauffman »robust« als »bei Störungen stabil«.)

Anders ausgedrückt: Der Versuch, die genannten Verbindungen Stück für Stück zu entschlüsseln, käme einer Zählung einzelner Bäume gleich, wohingegen Kauffman lieber den Wald untersuchen wollte.

Kauffman stellte etwas recht Ketzerisches in den Raum. Er behauptete, daß die augenscheinlich komplizierte, uhrwerkartige Natur biologischer Realität, wie sie sich viele von uns vorstellen, in Wahrheit überhaupt nicht so kompliziert sei. Die Mehrzahl der Biologen vergleicht die genetische Regulation mit einem detaillierten Computerprogramm, das außerordentlich anfällig für Fehler ist: ein wohlgeordneter Ablauf, der von einem Superprogrammierer mit einem unglaublichen Sinn für Strukturierung geschaffen wurde. Diese biologische Präzision ist auch einer der Gründe dafür, daß es so schwierig ist, sich alle Schritte eines Szenarios vorzustellen, in dem das Leben aus einfachen Komponenten entsteht. Die Annahme, daß ein *zufälliger* Satz von Anweisungen für einen Computer etwas so Kompliziertes wie die verflochtenen Beziehungen des Lebensprozesses hervorbringen kann, scheint absurd. Dennoch ist es genau das, was nach Kauffmans Ansicht vorliegt. Er glaubt, daß die Kraft der Selbstorganisation, diese schwer definierbaren, aber doch allmächtigen kleinen Naturgesetze, die wir lernen müssen zu verstehen, bei allen möglichen komplizierten Verknüpfungen am Werk ist. Wie ein allgegenwärtiges Team von Zimmermädchen schöpfen diese Kräfte den Zufall ab und arrangieren die Dinge in einer funktionsfähigen Ordnung. Die Art und Weise, wie sie das tun, könnte als Beispiel für das dienen, was Langton als Bottom-up-Prozeß bezeichnet: Es gibt keinen übergeordneten Plan, um das Durcheinander zu beseitigen, aber die Akkumulation lokaler Aktionen treibt das gesamte System zu einem gerichteten Verhalten, das anhand seiner Anfangskonfiguration nicht voraussagbar ist.

Kauffman behauptete, daß es die Kräfte der Selbstorganisation waren

und nicht ein auf Mikroebene entworfener Plan, die unter anderem das Netzwerk der Genregulierung bestimmten.
Wenn jemand die Arbeitsweise der Kräfte, die für Selbstorganisation und Komplexität verantwortlich sind, identifizieren konnte, würde man auch ein lebensähnliches Verhalten vervielfältigen können, indem man eine Struktur für die internen Zusammenhänge und für die Evolution schaffte, welche von diesen Kräften profitierten. Die Natur selbst würde die Organisation übernehmen, wie das – so Kauffman – bei natürlichen Lebensvorgängen der Fall ist. Es wäre sicherlich vorstellbar, Leben zu erschaffen, also neue Organismen, die viel komplexer sind, als ein menschlicher Designer sie sich vorstellen kann, und die Auswirkungen auf das Künstliche Leben wären enorm.
Aber zu dieser Zeit war Kauffman ein noch mittelloser Student, der im Stanford Hospital gebrochene Arme eingipste. Seine Mitstudenten hatten kein Interesse daran, diese Dinge mit ihm zu diskutieren, und er kannte keine anderen Forscher, die sich mit diesem Problem beschäftigten. »Ohne jeden Grund glaubte ich, daß ich jedes Problem lösen könnte, wenn ich es nur wollte«, erklärte Kauffman später. Auf die Frage, warum ihm gerade dieses Problem so wichtig erschien, macht er eine Pause und sagt schließlich über seine Motivation: »Ich habe mir immer gewünscht, daß die Ordnung, die man in der Welt findet, nicht außergewöhnlich, nicht seltsam, sonderbar oder gestellt ist – sondern daß sie im mathematischen Sinn logisch ist. Typisch. Natürlich. Grundsätzlich. Zwangsläufig. Gottähnlich. Ja, das ist es. Es ist das Herz Gottes, das ich in gewisser Weise immer gesucht habe, nicht seine lenkenden Hände.«
Im Jahre 1965 entwarf Kauffman einen Plan, um dem Herzen Gottes auf die Spur zu kommen. Er wollte ein Netzwerk schaffen, das nahezu so komplex war wie das, welches die hunderttausend menschlichen Gene verband, wollte die Teile in zufälliger Weise zusammensetzen und sehen, ob irgend etwas, im weitesten Sinne Biologisches entstand. Das würde bedeuten, es wäre nicht notwendig, daß genau die richtigen Stücke wie angegossen in das Puzzle paßten, sondern daß auch ein weniger strenger Satz von Bedingungen die Grundlagen des Lebens hervorbringen könnte.
Kauffman konnte seine Pläne auf einem IBM-Großrechner verwirklichen, mußte sich allerdings Geld vom Medizinischen Institut leihen,

um die Rechnerzeit bezahlen zu können. Nach seiner Erinnerung betrug die Summe etwa 1000 Dollar.

Er schrieb ein FORTRAN-Programm, das ein Boolesches Netzwerk darstellen konnte, ähnlich wie wir es von Genregulationsnetzwerken kennen. Es bestand aus einer Ansammlung von Knoten, die man sich am einfachsten als Glühbirnen vorstellen kann, die an- und abgeschaltet wurden, je nachdem, ob sie Strom erhielten oder nicht. Festgelegt wurde das durch einige logisch fundierte Regeln, die die anderen Birnen überprüften und dann anhand des momentanen Zustandes bestimmten, ob eine Glühbirne im nächsten Zeitabschnitt an oder aus sein würde. Die Beziehungen zwischen den Birnen folgten den Regeln, die erstmals von Boole aufgestellt worden waren. Es gab sechzehn Boolesche Verknüpfungen, und die meisten waren Computerprogrammierern und Anwendern von datenverarbeitenden Programmen schon in Fleisch und Blut übergegangen. Beispielsweise die »Oder«-Funktion, die besagen konnte: Wenn Birne A oder Birne B an ist, dann soll im nächsten Zeitabschnitt Birne C an sein. Die »Und«-Funktion sagte dagegen: Nur wenn Birne A und Birne B an sind, dann soll im nächsten Zeitabschnitt auch Birne C an sein.

Kauffman begann mit einem Netzwerk von einhundert Birnen, also mit einer weitaus geringeren Zahl von Verknüpfungen als beim menschlichen Genom, das aber dennoch ausreichend komplex erschien. Jede Glühbirne war in zufälliger Weise zwei anderen Birnen zugeordnet, deren beider momentaner Zustand über den Zustand der erstgenannten Birne im nächsten Zeitabschnitt entschied. Die verschiedenen Regeln bzw. Booleschen Funktionen, die festlegten, ob eine Glühbirne an oder aus sein würde, waren ebenfalls zufällig verteilt, und Kauffman, der die Verknüpfungen zwischen den Genen, die die Regulation bestimmten, nicht kannte, baute alle sechzehn Booleschen Funktionen ein. Dann würde er besagte Regeln anwenden, worauf der Zustand des Netzwerkes sich in Abhängigkeit von diesen Regeln ändern würde. So könnte er Schritt für Schritt weiter verfahren und sehen, was passierte.

Er hoffte, daß sich das Netzwerk schnell auf einen festgelegten Kreislauf einpendeln würde. Dazu müßte das Netzwerk genau in einen der Zustände zurückkehren, den es bereits einmal durchlaufen hatte. Von diesem Zeitpunkt an befand sich das System (sofern die Regeln nicht geändert wurden) in einer Schleife und wiederholte die gleichen Veränderungen immer und immer wieder. Da es nur eine endliche Anzahl von Zuständen für das Netzwerk gab, war das natürlich letztlich unvermeidlich. Gefühlsmäßig hätte man vermutet, daß es sehr lange dauert, bis dieser Zustand eintritt, und daß jede Schleife viele Zeitschritte erfordert. Schließlich gab es ja viele mögliche Zustände im gesamten Netzwerk, wobei jeder Zustand ein Netzwerk verschiedener Kombinationen darstellte, in dem die einhundert Glühbirnen zu einem bestimmten Zeitpunkt an oder aus waren. Da jede Birne sich in zwei Zuständen befinden konnte, war die Zahl der möglichen Zustände des Netzwerkes genau 2^{100} bzw. annähernd 10^{30}, es handelte sich also anders ausgedrückt um eine Eins mit dreißig Nullen. Angesichts dieser vielen möglichen Zustände mußte man annehmen, daß eine außerordentlich hohe Zahl von Zeitabschnitten vonnöten wäre, bis das Netzwerk eine Anordnung durchlaufen würde, in der es sich bereits einmal befunden hat.

Die Chancen, daß das Netzwerk sehr schnell in einen bereits einmal dagewesenen Zustand zurückkehren würde, waren sehr viel geringer als die Chancen eines Lottospielers, zweimal hintereinander zu gewinnen – zumindest wären diese Wettchancen meß- und kalkulierbar. Dieses Experiment ähnelte mehr dem Versuch, einem Riesenbehälter mit Billionen gekennzeichneter Pingpongbälle einzelne Bälle zu entnehmen, wobei man den Behälter jedesmal kräftig schüttelte, wenn man wieder einen Ball hineingetan hatte. Wie schnell würde dieser Ball ein zweites Mal herausgeholt werden? Selbst ein Computer, der Tausende von Zeitschritten in einer Sekunde ausführt, braucht unter Umständen Jahre, bis er wieder zu einer bereits bekannten Anordnung gelangt. Rein gefühlsmäßig würde man aber erwarten, daß das System für sehr lange Zeit in einem chaotischen Zustand verweilt.

Aber Kauffman hoffte inbrünstig, daß etwas anderes passieren würde. Zunächst einmal befürchtete er: »Wenn es ein sehr langer Zyklus ist, der Stunden braucht, um durchgerechnet zu werden, sind meine 1000 Dollar schnell aufgebraucht.« Was aber tatsächlich passierte, war, daß der erste Zustand, eine bunte Mischung von an- und ausgeschalteten Birnen, in einen zweiten wechselte und dann in einen dritten, vierten usw. Das war zu erwarten gewesen. Aber vom zehnten Wechsel an nahm das Experiment einen dramatischen Verlauf. Die elften, zwölften und dreizehnten Zustände waren wieder alle verschieden, aber der vierzehnte Zeitabschnitt, einer aus der schwindelerregenden Menge von Möglichkeiten, war eine Wiederholung des zehnten Zustandes! Und von da an befand sich das Programm zwangsläufig in einer Schleife von vier Zuständen.

Kauffman klatschte erstaunt in die Hände. »Es hat geklappt!« sagte er zu sich. »Ich habe die Selbstorganisation erreicht!« Dann benutzte er eine andere zufällige Anfangskonfiguration, änderte die Zuordnung der Booleschen Funktionen und wiederholte das Experiment. (Tatsächlich geschah das in der Form, daß er die Lochkarten neu mischte, bevor er den Computer wieder damit fütterte.) Bei jedem Versuch tauchte ein vergleichbares Phänomen auf: Der Computer begann zu arbeiten, ließ die einzelnen Zeitabschnitte ablaufen, aber nur etwa zehn Mal, um dann in eine Dreier- oder Viererschleife zu fallen.

In der Chaostheorie gibt es einen Namen für den Zustand eines Netzwerks, das solche Schleifen ausführt: »periodischer Attraktor«. Es handelt sich dabei um die Kraft, die chaotische Systeme in erkennbare Muster treibt, und zwar mit der gleichen Sicherheit, mit der sich ein neu entstehender See mit Wasser füllt. Allerdings sollte Kauffman erst Jahre später mit der ungewöhnlichen Terminologie der Chaostheorie vertraut werden, sein Experiment in die Annalen dieses Wissensgebietes eingehen und ihn stolz darauf machen, daß es Kauffman-Modell genannt wurde. Er sollte die Kräfte der Selbstorganisation, die in seinem Modell am Werk waren, als eine Form des »Antichaos« identifizieren.

Aber was hatte das mit Biologie zu tun oder mit Genregulation? Nach Ansicht Kauffmans eine ganze Menge. Es deutete darauf hin, daß scheinbar komplizierte, uhrwerkähnliche Konstruktionen, wie beispielsweise die Genregulation beim Menschen, nicht so sehr von ihrer präzisen Konstruktion abhängen, die die Position und die Verknüpfung jeder Verbindungsstelle festlegt, sondern von den übergreifenden Möglichkeiten *aller* Netzwerke, die von begrenzten komplexen Reaktionen angetrieben werden – eine Fähigkeit, die augenscheinlich bedingt, daß sich eine Ordnung einstellte. Diese Fähigkeit schien Kauffman der »Stoff« zu sein, aus dem das Herz Gottes bestand.

Das Kauffman-Modell eröffnete einen Einblick in einen effizienten und andauernden Prozeß der Selbstorganisation, der nach Kauffmans

Auffassung bei zahlreichen biologischen Phänomenen am Werk war, angefangen bei der Zelldifferenzierung, über die Funktionen des Immunsystems bis hin zur Evolution und natürlich auch zur Entstehung des Lebens.

Das berühmteste Experiment zur Erforschung der Verhältnisse, die geherrscht haben müssen, damit Leben entstehen konnte, wurde 1952 von Stanley Miller[4], einem dreiundzwanzig Jahre alten Studenten aus Chicago, durchgeführt. Als Voraussetzung für die Entstehung des Lebens wurde damals allgemein die »Ursuppe« angesehen, eine Mischung aus anorganischen Substanzen, die auf der Erde vor etwa vier Milliarden Jahren vorhanden gewesen sein könnte. Doch man kannte den Vorgang nicht, durch den aus den einfachen anorganischen Bestandteilen des Eintopfs komplexe organische Moleküle geworden waren. Damit sich Leben in der Ursuppe entwickeln konnte, mußte das Gebräu so beschaffen sein, daß Substanzen wie Aminosäuren, also die Grundbausteine der Enzyme und anderer Proteine, entstehen konnten. Die Theoretiker hatten schon lange vermutet, daß der Funke für eine solche Mixtur von einem prähistorischen Gewitter gestammt haben könnte, wobei Blitze die notwendigen Reaktionen katalysiert hätten. Allerdings hatte vor Miller niemand beweisen können, daß so etwas tatsächlich möglich war.
Rückblickend scheint das Experiment so grundlegend und dabei so einfach zu sein, daß *Scientific American,* kurz nachdem die Ergebnisse veröffentlicht worden waren, eine Anleitung abdruckte, damit Hobbywissenschaftler den Stoff, aus dem das Leben gemacht ist, in ihrer Kellerwerkstatt und mit ihren eigenen Ursuppen nachmachen konnten. Als Miller mit seinen Versuchen begann, erschien es allerdings weniger einfach. Zusammen mit seinem Lehrer Harold Urey entwarf Miller den Aufbau, eine Konstruktion aus Kolben und Reagenzgläsern, die Miller-Urey-Apparatur. Im Mittelpunkt stand die Nachbildung des Ozeans: ein 5-Liter-Kolben mit Wasser. Anstelle von Luft befand sich im Inneren der Apparatur eine Atmosphäre aus den Zutaten, die auf der frühen Erde vorhanden gewesen sein könnten: Methan, Ammoniak und Wasserstoff. Vor Milliarden von Jahren war die Temperatur auf unserem Planeten sehr hoch. Daher verwendete Miller einen Heizer, um seine Mixtur am Kochen zu halten. Der Clou

bei der Sache war ein künstlicher Blitz, eine elektrische Anordnung, die Funken in den Wasserdampf abgab, welcher dann in ein angrenzendes Glasgefäß abgeleitet wurde und von dort in eine Kühlschlange, wo er kondensierte und als »Regen« in den »Ur-Ozean« fiel. Eine Woche dieser Art von Behandlung führte dazu, daß sich die Glasapparaturen mit einer rötlichen, klebrigen Schicht überzogen und das Wasser zu einer trüben, gelbbraunen Brühe wurde. Als Miller dieses klebrige Resultat untersuchte, fand er heraus, daß aus den einfachen chemischen Bausteinen, die er seiner hausgemachten Ursuppe beigemengt hatte, komplexe Moleküle entstanden waren, darunter auch Aminosäuren, die für das Leben unerläßlich sind.
Einige zeitgenössische Kommentatoren glaubten, das Miller-Urey-Experiment habe gezeigt, daß die Entstehung des Lebens nicht ein mysteriöses, einmaliges Ereignis war, sondern etwas, das durch die damaligen Umstände auf der Erde zwangsläufig bedingt wurde. Carl Sagan, der in einem ähnlichen Experiment, bei dem er aber die Blitze durch ultraviolette Strahlung ersetzte, ebenfalls Aminosäuren erhielt, sagte, Millers relativ geringe Anstrengung werde nun als einziger, entscheidender Schritt angesehen, der viele Wissenschaftler davon überzeugt habe, daß Leben im Kosmos durchaus häufig sein müsse.«[5]
Einige Laien gingen sogar noch weiter und vermuteten, daß das Problem der Entstehung des Lebens bereits gelöst sei. »Wäre ihre Apparatur so groß gewesen wie der Ozean«, mutmaßte das amerikanische Magazin *Time,* »und hätten sie dem System Millionen Jahre und nicht nur eine Woche Zeit gegeben, hätte es vielleicht so etwas wie die ersten lebenden Moleküle hervorgebracht.«[6]
Der Optimismus ist in den drei Jahrzehnten seit dem Miller-Urey-Experiment abgeflaut. »Das Problem ... hat sich als weitaus schwieriger erwiesen, als ich geglaubt hatte und die meisten anderen Leute sich das vorgestellt hatten«, sagte Miller im Jahre 1990 zu einem Reporter.[7]
Zum einen gab es erhebliche Zweifel an der Zusammensetzung der damaligen Atmosphäre auf der Erde. Aber noch entmutigender war der Mißerfolg von Miller und Urey, die folgenden Schritte auf der Stufenleiter von einfachen chemischen Substanzen bis hin zu lebenden Organismen nicht nachvollziehen zu können. Wenngleich einzelne Experimente mögliche Bestätigungen für bestimmte Schlüsselreaktionen erbrachten, konnte doch niemand einen Ablauf zeigen, der an dem

Punkt ansetzte, an dem das Miller-Urey-Experiment aufgehört hatte. Niemand fand die Fortsetzung in einer Population von angepaßten, entwicklungsfähigen Molekülen, von denen eines *der* Originalreplikator war, ein komplexes organisches Molekül, fähig zur Selbstvervielfältigung und damit letztlich der Vorfahre von uns allen. Ein frühes, sich selbst replizierendes Molekül könnte eine »nackte« RNA gewesen sein, die in der Lage war, in unabhängiger Form zu existieren (im Gegensatz zu ihrem heutigen weitverbreiteten Vorkommen in den Zellen, wo sie die Aufgabe hat, die Informationen zwischen der DNA und den Orten der Proteinbiosynthese zu übermitteln). So existierte das frühe Leben auf der Erde vermutlich in einer RNA-Welt, die aus selbstreplizierender RNA bestand und später durch DNA und Proteine ergänzt wurde.

Das Hauptmanko dieser Theorie war die offensichtlich falsche Zeitenfolge. Zwischen der RNA und Proteinen besteht im Grunde eine symbiotische Beziehung, denn einerseits werden zur Replikation von RNA bestimmte Proteine benötigt, andererseits ist die Synthese von Proteinen aber nicht ohne RNA möglich. Eine nackte RNA wäre demnach das Ei, zu dem kein Huhn existiert. Da dieser Widerspruch nicht aufgelöst werden kann, wurde die Theorie von einer nackten RNA nicht allgemein anerkannt, womit anderen Theorien Tür und Tor geöffnet waren, die selbst Ton, schwefelhaltige Komponenten und sogar außerirdische Keime einschlossen.

Kauffman sah die Situation so: »Wenn man den Ursprung des Lebens auf selbstreplizierende RNA zurückführen will, so ist die einleuchtendste Hypothese die, daß Einzelstrang-RNA-Moleküle Kopien von sich selbst machen konnten – ohne Enzyme und ohne Proteine –, aus denen später die Enzyme hervorgingen, die diese Reaktionen katalysieren. (Die Enzyme und die DNA mußten später entstanden sein, da die RNA sie ja erst herstellte.) Das Problem an dieser ganzen Geschichte, einschließlich der experimentellen Arbeit ist, daß die Sache nicht funktioniert. Und es gibt sogar noch tiefergehende konzeptionelle Schwierigkeiten: Wenn man mit einem nackten, selbstreplizierenden RNA-Stück beginnt – wie bekommt man dann den Stoffwechsel, wie bekommt man ein komplexes funktionierendes Netz von chemischen Substanzen, die umgewandelt werden? Niemand hat eine Antwort auf diese Frage.«

Kauffman beharrte darauf, daß diesen Theorien die Hauptkomponente für die Entstehung des Lebens fehlte, nämlich die Kraft der Selbstorganisation, die er in seinen Experimenten mit den Booleschen Netzwerken dokumentiert hatte. Je mehr Kauffman sich umsah, desto mehr Anwendungen fand er für sein Modell. Etwa im Jahre 1970 kam ihm die Idee, daß vielleicht, wie er es später ausdrückte, »dies die Art ist, wie alles anfing«. Er setzte sich hin und entwarf ein Szenario der Entstehung des Lebens auf der Erde, wurde aber entmutigt, als ein Kollege es als bloße Theorie abtat. Diese Art von Kritik wurde schließlich auf Kauffmans Experimente mit biologischen, selbstorganisierenden Prinzipien im allgemeinen ausgedehnt, so daß er sich beinahe die gesamten siebziger Jahre mit eher herkömmlicher Forschung beschäftigte, wobei er Fruchtfliegen für Untersuchungen zur Evolution einsetzte. Seine Überlegungen zum Ursprung des Lebens legte er auf Eis. 1982 wurde er auf einer Konferenz in Indien auf einige neuere theoretische Modelle zum Ursprung des Lebens hingewiesen, zu denen auch das von Freeman Dyson gehörte. Kauffman schaute sich diese Arbeiten an, und seine in drei Sätzen formulierte Reaktion war typisch für seine leicht arrogante Art, Wissenschaft zu betreiben. Sein erster Kommentar war: »Zum Teufel damit, das habe ich doch schon 1971 gemacht.« Sein zweiter Kommentar lautete: »Es gibt ein Loch in der Argumentationskette.« Und ein dritter: »Das kann ich besser.«
Während des 24-Stunden-Rückflugs von Neu-Delhi nach Toronto schrieb er vierzig Seiten mit Zahlen und Theorien voll. Kauffmans erste Worte zu einem Freund am Flughafen waren: »Ich weiß jetzt, wie das Leben anfing.«
Der Freund riet ihm, sich erst einmal auszuschlafen, aber Kauffman bestand darauf, zunächst seine Theorie zu erläutern, die dem Freund, so erinnert er sich, durchaus gefiel.
Kauffmans Vorstellungen widersprachen der vorherrschenden Ansicht, die sich auf selbstreplizierende RNA-Moleküle stützte.[8] Sie hatten allerdings auch einige Gemeinsamkeiten mit einer der Haupttheorien zur Beschreibung der RNA-Hypothese. Hierbei handelte es sich um den Hyperzyklus, den der deutsche Biochemiker Manfred Eigen entworfen hatte. Ein Hyperzyklus ist, wie ein Biologe es ausdrückte, »ein zusammenhängendes Netzwerk von funktionell verpaarten, selbstreplizierenden Wesen«.[9] Genau wie bei richtigen Lebensfor-

men entstehen dabei bestimmte Verhaltensweisen, die mehr sind als nur die Summe ihrer Wechselwirkungen. Das Elegante an dieser Theorie ist, daß es sich um wechselseitige Abhängigkeiten handelt, so daß keine der einzelnen Reaktionen die übrigen Funktionen des Zyklus ausführen kann. Insgesamt gesehen geht es also um ein gut ausgewogenes Ökosystem. Eigen und sein Mitarbeiter Peter Schuster benutzten das Hyperzyklusmodell, um zu zeigen, wie nackte RNA eine Kette komplizierter Reaktionen ausführen könnte, deren Resultate besser angepaßte RNA-Moleküle und schließlich die typischen, hochentwickelten Funktionen der ribosomalen und Boten-RNA wären. Kauffmans eigene Idee zur Frage eines sich selbst regulierenden Netzwerks funktionierte in einer Weise, die jedem, der mit Hyperzyklen vertraut war, in gewisser Weise bekannt vorkam, wobei das gemeinsame Element die parallele Struktur der Kooperation war.

Aber Kauffman lehnte die Idee ab, Leben habe sich aus einer RNA-Welt entwickelt. Statt dessen konzentrierte er sich auf die Frage, wie ein frühes Leben die Doppelfunktion von Replikation und Stoffwechsel unterstützt haben könnte. In diesem Sinne hatte es mehr mit einem Modell gemein, das von Dyson vorgeschlagen wurde. Dysons Erklärung für die Entstehung des Lebens gründete sich auf seine Vermutung, daß dieses Phänomen eine Kombination von zwei Prozessen war: einem, in dem die Replikation stattfand, und einem anderen, der für die Funktionen des Stoffwechsels verantwortlich war. Die bisherigen Theorien über den Ursprung des Lebens waren entweder von dem einen oder dem anderen Punkt ausgegangen und konnten daher entweder als »Proteintheorie« bezeichnet werden, die besagte, daß der Stoffwechsel, angeregt durch Proteine, zuerst dagewesen war, oder als »Nucleinsäuretheorie«, die voraussetzte, daß ein Replikator wie die RNA die erste Instanz des Lebens gewesen war. Dyson bemängelte, daß die Theoretiker sich auf die letztere Möglichkeit konzentriert und so die Wichtigkeit des Stoffwechsels unterschätzt hatten. Dysons duale Struktur gefiel Kauffman nicht zuletzt deswegen, weil seine eigene Theorie, im Gegensatz zu dem Modell Eigens und den Versuchen der meisten anderen, die Einzelheiten der Entstehung des Lebens einzugrenzen, ebenfalls vom Vorhandensein eines Stoffwechsels ausging. Genaugenommen hatte Kauffmans hyperzyklusähnliches System einen eigenen Stoffwechsel, in den es Material und Energie aus seiner

Umwelt einbezog, um eine innere Ordnung aufzubauen und zu erhalten.

Der Eckpfeiler von Kauffmans Theorie war eine Entdeckung, die er schon als Medizinstudent gemacht hatte: die Leichtigkeit, mit der Selbstorganisation in allen Netzwerken auftritt. Das war der Beweis für seine Theorie, daß Biologie durch das Herz Gottes bestimmt wurde – globale Ordnung durch lokale Interaktionen – und nicht die Filigranarbeit seiner lenkenden Hände ausschlaggebend war. Es war nur folgerichtig, daß dieses Konzept bei der Entstehung des Lebens eine Rolle gespielt hatte.

In Kauffmans Theorie war die präbiotische Suppe mit einfachen Substanzen angereichert, von denen anzunehmen war, daß sie auf der Erde vorhanden waren, bevor Leben existierte. Dazu gehörten auch die einfachen Aminosäuren, sogenannte Monomere, die sich zu linearen Ketten, sogenannten Polymeren, verbinden können. Kauffman betrachtete diese Substanzen als Kette von Symbolen, wobei der Fortgang der Reaktionen in bestimmten Zeitabschnitten beschrieben wurde, genau wie bei einem Zellularautomaten oder einem Versuch mit einem Booleschen Netzwerk.

Es gab eine große Anzahl von Reaktionsmöglichkeiten zwischen den Monomeren, und so bildeten sich im zweiten Zeitabschnitt Polymere, indem sich Monomere zu Ketten verbanden. Die Zahl der möglichen Reaktionen zwischen Monomeren und den ständig wachsenden Ketten von Polymeren war astronomisch hoch. Selbst wenn man von nur zwei Monomeren ausging, multiplizierten sich die Möglichkeiten schnell. Wenn sich beispielsweise Monomer a mit Monomer b verband, um die Polymer-»Art« ab zu bilden, so konnte sie sich im nächsten Zeitabschnitt wieder mit einem a verbinden, um so aab zu bilden, oder mit b, was abb ergab, oder mit ab, wodurch man ein abab erhielt. Jeder Zeitabschnitt vergrößerte die mögliche Zahl der Ketten beträchtlich, und so konnte die Zahl der möglichen Arten sehr schnell einige Millionen betragen. Zusätzlich vergrößerte sich auch die Zahl der möglichen Reaktionen zwischen den Polymeren. Das Ganze schien chaotisch zu sein: Ketten, die scheinbar zufällig gebildet wurden und wieder zerbrachen. Doch anhand von Computermodellen konnte gezeigt werden, daß dies nicht der Fall war.

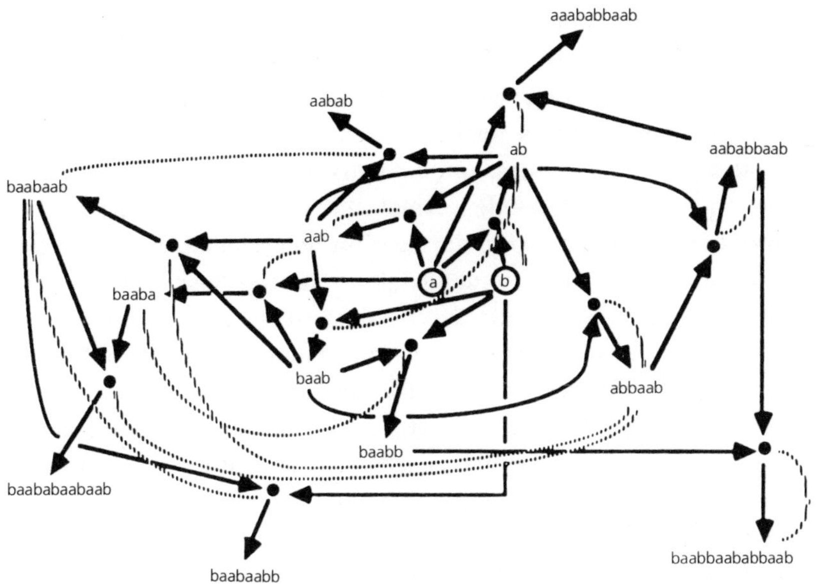

Ein aus 15 Arten bestehendes, rechnergestütztes selbstregulierendes Netzwerk. Es beginnt mit den künstlichen Monomeren a und b, die hier durch einen Kreis gekennzeichnet sind. Die Punkte stehen für die Reaktionen, bei denen sich Monomere miteinander verbinden, um Polymere zu bilden (die hier durch Ketten aus den Buchstaben a und b symbolisiert werden). Zwischenzeitlich beginnen bestimmte Polymere, gewisse Reaktionen zu katalysieren (dargestellt durch die unterbrochenen Linien). Zwar erscheint dieses Schema hoffnungslos kompliziert, aber es handelt sich tatsächlich um nichts weiter als eine Darstellung, die zeigt, wie sich Ordnung in einem solchen System durchsetzt: In einer ungeordneten Suppe von Millionen möglicher Polymere entsteht aus einem Chaos ein begrenztes, sich selbst organisierendes Netzwerk, in dem eine Art Stoffwechsel einsetzt. Vorgänge dieser Art können am Beginn des Lebens gestanden haben.

Einige Substanzen übten eine katalysierende Wirkung auf die Produktion anderer aus und beschleunigten so eine bestimmte Reaktion. Nach weiteren Zeitabschnitten folgte eine Experimentierphase, in der immer neue Arten entstanden, die ihre katalytischen Fähigkeiten in anderen Reaktionen erprobten. Während sich die Anzahl der erfolgreichen Kombinationen steigerte, erhöhte sich auch der Prozentsatz von katalysierten Reaktionen. An einem bestimmten Punkt – ähnlich der sprunghaften Änderung, die auftrat, wenn das Kauffman-Modell einen periodischen Attraktor erreichte, der die kurzen Zyklen auslöste – vollzog sich ein Phasenwechsel, eine Art verbindender Explosion, bei der plötzlich eine kritische Masse erreicht wurde. Bei einem Teil der Substanzen wurde jetzt die Bildung *jedes* Polymers durch ein anderes Polymer katalysiert. Von dieser Zeit an war die Bildung der Polymere nicht länger nur eine Trial-and-error-Operation, sondern die Stoffwechselfunktion eines größeren Systems. Man hatte tatsächlich ein selbstregulierendes, autokatalytisches System vor sich.

»Die organischen Moleküle vermehrten sich explosionsartig«, beschreibt es Kauffman. »Und die Zahl ordnungsgemäßer organischer Reaktionen, in denen sie ineinander überführt werden konnten, wuchs noch schneller. Ganz plötzlich kristallisierte sich ein verbindender Stoffwechsel heraus. Nicht schrittweise, sondern durch einen Phasenwechsel. Daher glaube ich, daß das Leben mit einem autokatalytischen, selbstreproduzierenden Satz von Polymeren begann, deren Komponenten gemeinsam und gleichzeitig einen Stoffwechsel katalysierten. Man hatte ein laufendes System, also niemals ein nacktes Gen, brauchte also nur noch einen ausreichend komplexe Mischung von Chemikalien, und die Sache begann zu laufen.« (An diesem Punkt handelte es sich um eine logische und nicht um eine chemische Konstruktion.)

Kauffmans Theorien hatten, sofern sie zutrafen, einen Vorteil gegenüber den konkurrierenden Modellen, denn jene brauchten, da ihnen nicht Kauffmans Prämisse eines selbstreproduzierenden Systems zugrunde lag, eine Kombination außerordentlich vieler Voraussetzungen sehr geringer Wahrscheinlichkeit, um starten zu können. Sie hingen von der Erschaffung einer einzigen Art von Molekül ab, das die Fähigkeit haben mußte, sich zu einer anspruchsvollen Ansammlung von Substanzen zu verwandeln, um die Maschinerie des Lebens mit Kraftstoff zu versorgen.

Statt der systembedingten parallelen Reaktionen, die Kauffman vorschlug und die er als zwangsläufiges Resultat der Komplexität ansah, liefen diese Alternativen als Folge von Vorgängen ab. Dazu war dann allerdings eine Reihe genau festgelegter Bedingungen notwendig, vergleichbar einem Roulettespiel, bei dem man immer wieder auf eine bestimmte Zahl setzt in der Erwartung, daß sie eigentlich jeden Moment fallen muß. Aber es gab auch noch ein weiteres offensichtliches Gegenargument: Wenn die Trefferchancen in dieser Theorie so unglaublich gering waren, warum gab es uns dann? »Das Leben fing nun einmal an«, faßt Kauffman zusammen. »Und wenn ich recht habe, ist die Wahrscheinlichkeit, daß Leben entsteht, sehr viel größer, als alle glauben.«

Leben will entstehen. Dieser Gedanke erschien ihm tröstlich. Etwa ein Jahr nachdem er seine Theorie über die Entstehung des Lebens ausgebrütet hatte, machte er eine Tour in die Berge vor den Toren Sacramentos. Hoch über der Erde grübelte er über selbstregulierende Netzwerke nach, wie einfach und dennoch zwingend sie waren. Er empfand sich im Einklang mit seiner Umgebung und glaubte, daß sich ihm ein spezieller Teil des Universums geöffnet hatte: das Herz Gottes.

Mit dem Beginn der KL-Untersuchungen war Kauffmans Modell in eine Reihe von Experimenten und Theorien eingebunden, die mit dem angenommenen Zustand der frühen Erdatmosphäre zu tun hatten und die selbstregulierende Systeme aufgrund ihrer Chemie als eine Art Organismus auffaßten, also als dynamische Systeme, die einen Stoffwechsel hatten und sich entwickelten. Die Erzeuger dieser Systeme, die in den Glasgefäßen der Labors »feucht« oder als Computersimulationen »trocken« entwickelt wurden, waren sozusagen mit wissenschaftlichem Schrot ausgestattet, damit sie mehrere Ziele gleichzeitig treffen konnten: Das fing an bei Fragen, die den Beginn des Lebens betrafen, erstreckte sich über selbstorganisierendes Verhalten dynamischer Systeme im allgemeinen und führte bis hin zu allen möglichen Reaktionen, durch die die Entwicklung bestimmter Ketten angeregt wurde, die sich aus chemischen Bestandteilen zusammensetzten. In einigen Fällen mußte man jeden Anspruch aufgeben, diese Simulationen mit den frühen Zuständen der Erde zu vergleichen, und sie als eigenständige Untersuchungsobjekte anerkennen, die Schlüsselverhaltensweisen angepaßter Systeme zeigen und uns in die Lage versetzen sollten, lebensähnliche Maschinerien aus der Nähe zu untersuchen.

Ein Beispiel dafür war das Farmer-Packard Modell einer künstlichen Chemie, das von Kauffmans Theorien angeregt worden war. Es wurde später in einem achttausend Zeilen umfassenden Computerprogramm verwirklicht, das von Richard Bagley, einem damals gerade dreißigjährigen, athletisch gebauten, aber mit sanfter Stimme sprechenden Biologen, in vierjähriger Arbeitszeit geschrieben wurde. Als einige Zeit daran herumgebastelt worden war, zeigte es sich, daß Kauffmans Hypothesen solide waren und seine Annahmen über die Reaktionen künstlicher Monomere und Polymere tatsächlich in ein aktives, selbstregulierendes Netzwerk mündeten.

Das sagte allerdings noch nicht zwangsläufig etwas darüber aus, wie das Leben auf diesem Planeten und in diesem Universum tatsächlich begonnen hatte. Bagley erklärt dazu: »Bei dem Versuch, die Dinge zum Laufen zu bringen, kann es nicht unsere Aufgabe sein, eine sehr realistische Beschreibung der Natur zu liefern. Statt dessen versuchen wir herauszufinden, wie die Natur beschaffen *sein müßte,* damit alles ins Rollen kommt.« Dieser Unterschied war der Schlüssel für das Verständnis dessen, was in jedem KL-Experiment geschah, aber oft mißverstanden wurde, besonders von Biologen, die sich mit dem Leben beschäftigten, wie wir es kennen, und nicht mit den Theorien des Lebens im allgemeinen. »Die meisten Biologen behandeln Theorien eher mit Verachtung«, sagt Farmer. »Sie sind in der Wissenschaft gefangen, so wie sie sie definieren, also in dem Studium des Lebens, wie es sich auf der Erde darstellt, und das macht ihren Blickwinkel automatisch sehr eng.«

Als Bagley sich nach La Jolla in Kalifornien aufmachte, um sein Computermodell einigen der Gurus zu zeigen, die sich mit der Entstehung des Lebens beschäftigten, beispielsweise Leslie Orgel vom Salk-Institute, Stanley Miller von der University of California in San Diego und dem aufgehenden Stern der Szene, Gerald Joyce vom Scripps Research Institute, reagierten diese sehr verschieden. Orgel, wenngleich grundsätzlich skeptisch gegenüber Kauffmans Theorien, machte einige Vorschläge, als wolle er sich für den Fall eines möglichen Erfolges absichern. Joyce, begeistert vom KL-Ansatz, machte Mut, und wenngleich er Kauffmans Vermutungen als zu optimistisch betrachtete, regte er doch an, chemische Versuche zur Untermauerung der These durchzuführen. Miller dagegen, der nahezu vierzig Jahre zuvor sein klassisches KL-Experiment durchgeführt hatte, war unbeeindruckt. »Gleichungen in einem Computer ablaufen zu lassen kann niemals ein Experiment ersetzen«[10], erklärte er einem Reporter. Bagley beschrieb Millers Haltung als eine Art »dogmatischen Widerstands«.

Man hielt Bagley vor, Computermodelle über den Ursprung des Lebens seien von Natur aus zur Bedeutungslosigkeit verurteilt. Der Biologe Hyman Hartman betonte, die Frage nach dem Beginn des

Lebens sei eher eine rationelle Deduktion als ein experimenteller Ansatz. »Es handelt sich um eine historische Frage«, sagte er. Eine auf einem Computer nachvollzogene Theorie kann etwas sehr Nettes sein, ist aber, abgesehen von der Tatsache, daß sie eine gewisse Realisierbarkeit erkennen läßt, nicht schlüssig zu belegen. Es gibt keinen Weg zu beweisen, daß ein solches Schema vor Milliarden von Jahren wirklich vorhanden war. Allerdings läßt sich Hartmans Kritik auch auf Millers Originalexperiment anwenden, denn es war ja auch nichts weiter als eine Simulation präbiotischer Bedingungen.

Auf der anderen Seite bringt ein Computermodell, das auf einer lebensfähigen Chemie beruht und dann fortfährt, Leben aus Reaktionen hervorzuzaubern, die auf diese Chemie gegründet sind, durchaus etwas Brauchbares zustande. »Unser Hauptinteresse gilt den hervorstechenden Merkmalen des Ursprungs des Lebens, um daraus ein Modell der Selbstorganisation zu fertigen«, sagt Bagley. »Als Ergebnis haben wir dieses sehr nette Modell der Selbstorganisation und des evolutionären Verhaltens.«

Dieses Modell mußte die Dinge nicht so wiedergeben, wie sie tatsächlich geschehen waren, obwohl Kauffman darauf bestünde, sondern es stand für etwas, das passiert sein *könnte.* Von ebensolcher Bedeutung war die Tatsache, daß in diesem Modell wirklich etwas passiert *war.* Eine alternative Form des Stoffwechsels lief ab, die auf einer Grammatik für die Verarbeitung von Zeichenfolgen beruhte und nicht auf Reaktionen zwischen Atomen in Chemikalien. Die Chemie mochte künstlich sein, was jedoch nicht bedeutete, daß man nichts von ihr lernen konnte, wenn man sie untersuchte, denn daß die Verbindungen logisch waren, konnte nicht widerlegt werden. Und so, wie die Reynoldschen *boids* nicht etwa Schwarmverhalten simulierten, sondern tatsächlich Schwärme bildeten, *zeigte* auch das Kauffman-Farmer-Bagley Computermodell nicht einen simulierten Stoffwechsel, sondern es *besaß* einen Stoffwechsel.

»Den Umstand, daß [unser Modell] ein Verhalten wiedergibt, das man nicht zwangsläufig in der Natur findet, betrachte ich als *ermutigend,* nicht als entmutigend«, sagt Bagley, »denn bei aller Gegensätzlichkeit in unserer Welt hilft es uns, unsere Gedanken schweifen zu lassen, um darüber nachzudenken, was wirklich bei der Evolution oder bei dieser Art von funktionaler Selbstorganisation passiert. Und je mehr Bei-

spiele wir haben, um so besser ist es. Über Lebensformen in verschiedenen Umgebungen nachzudenken kann uns nur helfen.«
Es bestand die Hoffnung, eine zunehmende Anzahl von künstlichen Modellen über die Entwicklung der Komplexität in präbiotischer Umgebung könnte Kauffmans These wirkungsvoll unterstützen, daß Leben zwangsläufig entstehen mußte und sich nicht zufällig entwickelt hatte. Tatsächlich fanden dann auch andere KL-Forscher, daß künstliche Umgebungen einen fruchtbaren Boden für die Entstehung biologischer Verhaltensweisen aus zufälligen Interaktionen darstellen.
Einer dieser KL-Leute war ein dänischer Physiker mit Namen Steen Rasmussen. Sein wissenschaftlicher Werdegang war dem anderer Forscher ähnlich, die über die klassische Biologie oder über die Problematik der Komplexität zur KL-Forschung gelangt waren. Nachdem er in mehreren Fächern studiert hatte – obwohl er seine Doktorarbeit in Physik und Angewandter Mathematik machte, war er eigentlich Ingenieur und hatte außerdem einen Abschluß in Philosophie –, begannen ihn dynamische Systeme und Selbstorganisation zu interessieren, und zwar besonders die Art, wie sie in der Natur sichtbar wurden. Nachdem er Farmer und Langton kennengelernt hatte, beide übrigens, als sie vom CNLS über den Parkplatz in die theoretische Abteilung des Instituts in Los Alamos umgezogen waren, bekam Rasmussen das Angebot, eine Stelle als Wissenschaftlicher Mitarbeiter bei ihnen anzutreten. Farmer war Leiter der T-13 geworden, der Forschungsgruppe, die sich mit komplexen Systemen beschäftigte.
Rasmussens erste KL-Arbeit betraf selbstreproduzierende Systeme über den Ursprung des Lebens, und das verläßliche Auftreten von Ordnung in diesen Experimenten veranlaßte ihn dazu, andere Arten von Simulationen zu untersuchen, einschließlich solcher, die wenig Bezug zu den präbiotischen Zuständen auf der Erde hatten. Er hoffte, so auch alternative Ansätze über die Entstehung des Lebens zu finden, die wiederum Hinweise auf andere Varianten lebender, dynamischer Systeme geben könnten, die bisher nicht aufgetreten waren, weil das Leben auf der Erde sehr willkürlich einem anderen evolutionären Pfad gefolgt war.
Rasmussen entschied sich, ein Stoffwechselsystem zu entwickeln, dessen Grundlage die Art von Interaktion war, die Computern eigen ist: eine künstliche Chemie, die auf Anweisungen für den Computer be-

ruht. Die Regeln borgte er sich von einem frühen, harmlosen Experiment mit Computerviren namens »Krieg der Kerne«. Die Hauptkomponente dieser »Welt der Kerne« war ein Satz von Maschinensprachanweisungen, mit der Aufgabe, den Inhalt eines Teils des Computerspeichers, des »Kerns«, nach festen Regeln zu verändern. Rasmussen und seine dänischen Mitarbeiter nannten ihre Welt aus zweierlei Gründen VENUS, zum einen als Abkürzung für Virtual Evolution in a Nonstochastic Universe Simulator (Künstliche Evolution in einem stochastischen, universellen Simulator) und zum anderen in Anlehnung an »die römische Göttin der Fruchtbarkeit, Liebe und Schönheit, in der Hoffnung, interessante, lebensähnliche Fähigkeiten schaffen zu können«.[11]

Im wesentlichen war VENUS eine Ursuppe aus Informationen, ausgestattet mit einem Regelwerk, von dem Rasmussen hoffte, daß es die Fähigkeit zur Selbstorganisation haben würde und Merkmale entwickeln könnte, die denen des Lebens entsprachen. Die Simulation sollte auf einem IBM PS-80 PC laufen. Er erklärte:

> ... in bisherigen quantitativen Modellen über den Ursprung des Lebens halten die Leute immer nur einen bestimmten Weg für den richtigen und versuchen, ihr System an ihm auszurichten. Die Beschränkung dabei ist, daß das Modell genau diesem Weg folgen muß und dabei nur offenkundig wird, was für diesen Weg wichtig ist. Was bisher gefehlt hat, ist die Offenheit nach allen Seiten, daß man dem System also nicht vorschreibt, woran es sich zu orientieren hat. Das entscheidet das System selbst; es kann einer von unendlich vielen Wegen mit unbekanntem Ziel sein. Es können Sackgassen sein, und das System kann zugrunde gehen, was auch manchmal passiert ... oder es kommt etwas vollkommen Neues dabei heraus. Wir versuchen, einen Zoo aufzubauen, mit allem, was künstliche Chemie herzustellen vermag. Wir hoffen, mit diesem Zoo in der Lage zu sein, einige generelle Prinzipien zu finden, mit denen wir dann etwas Richtiges herstellen können.

In einer Reihe von Zwölf-Stunden-Läufen wurden etwa zweiundzwanzig Millionen Anweisungen ausgeführt und ungefähr einhunderttausend Generationen durchlaufen. Anfangs war es für Rasmussen und seine Kollegen schwierig, irgendwelche Ordnungsprinzipien auszumachen, während sie sich das Durcheinander von farbigen Flecken, von denen jeder eine unterschiedliche Anweisung repräsentierte, auf dem Bildschirm ansahen.

> Einerseits war es offensichtlich, daß irgend etwas während der Simulation passierte, denn der Kern änderte sich. Andererseits war die physische Grundlage dieses Universums so verschieden von unserer »echten« Physis, daß wir keinen Hinweis darauf bekommen konnten, was sich in dem System entwickelte. Wir wußten nicht, nach was wir in dem Kern suchen sollten ... Da wir keine automatisierten Methoden hatten, um die Kerndaten interpretieren zu können, hatten wir keine andere Wahl, als sehr viele Kerne, deren Ausdruck unzählige Meter Papier füllte, in den Abfall zu werfen und darauf zu hoffen, daß das menschliche Auge irgendwann irgend etwas Interessantes entdeckte. Es hat sehr lange gedauert, bis wir in der Lage waren, die Evolution unterschiedlicher Welten auf systematischere Art zu untersuchen.

Als diese Zeit endlich kam, waren Rasmussen und seine Kollegen zu Experten geworden, das Terrain für diesen unbekannten neuen Duft des Universums zu sondieren, und sie betrachteten sich selbst als Archäologen, die auf einem jungfräulichen Planeten ausgesetzt worden waren. Der Ausgangspunkt war insofern vorhanden, als es etwas gab, das man in einer Welt von Computeranweisungen als Organismus bezeichnen konnte. Dabei handelte es sich um eine Reihe von Krieg-der-Kerne-Regeln, die Kreaturen als konsequente Muster von Computeranweisungen definierten. Diese waren in der Lage, sich selbst zu erhalten, auch wenn sie die Informationen, aus denen sie bestanden, schon abgearbeitet hatten. So bewegten sich beispielsweise die Kreaturen, die aus MOV-Anweisungen (nach englisch »move«, bewege) bestanden, während der Ausführung von einem Ort zum anderen. Andere Instruktionen waren in der Lage, zwei Anweisungen zu addieren oder zu teilen oder sogar den Organismus selbst aufzuteilen. Wenn eine Anweisung nicht sofort ausgeführt werden konnte, war die Kreatur tot. Das Aufspüren von Organismen war nicht leicht, denn je einfacher die Lebensformen waren, um so schwieriger war es, sie von ihrer Umgebung zu unterscheiden, eine Tatsache, die sicher auch für die Entstehung des wirklichen Lebens zutraf. Wenn die Instruktionsmuster allerdings langlebiger wurden, war es natürlich auch einfacher, die jetzt stabileren Kreaturen zu finden. Tatsächlich tauchten schließlich erkennbare Populationen von Organismen auf; die künstliche Chemie der VENUS-Welt war fruchtbar.

Rasmussen und seine Mitarbeiter fanden heraus, daß im allgemeinen zwei Umgebungstypen durch die Kern-Bedingungen gebildet wurden, abhängig davon, welche Art von evolutionärem »Unfall« die Anfangskonfiguration beeinflußte: eine relativ unkomplizierte Wüste, die von einfachen Anweisungsschleifen bevölkert wurde, und ein dichter Dschungel miteinander in Verbindung stehender Strukturen, die aus mehreren Anweisungen bestanden. Im großen und ganzen war der Dschungel das fruchtbarere Terrain für die Entstehung von lebensähnlichem Verhalten. Selbst die Organismen, die in der Wüste lebten, waren normalerweise im Dschungel entstanden und hatten sich später an die Bedingungen der weniger komplexen Umgebung angepaßt.

In der Generationenfolge nahm der Grad der Komplexität der Kreaturen zu. Organismen, die von den Wissenschaftlern von Hand gefertigt und als eine Art Panspermie in das künstliche Universum geworfen worden waren, zeigten sich außerstande, in der »lauten« Umwelt von VENUS zu überleben. In ihr fanden unzählige zufällige Störungen statt, welche die umweltbedingten Unfälle simulieren sollten, die die präbiotischen Landschaften möglicherweise beeinflußt hatten. Die Organismen, die sich in dem System selbst entwickelten, waren dagegen robuster und erfolgreicher.

Während die Experimente weitergeführt und viele tausend Generationen durchlaufen wurden, lernten die VENUS-Beobachter, die Organismen zu identifizieren, und entdeckten etwas, was sie »Fossilien« nannten, also Spuren von strukturierten Organismen, die ausgestorben waren. Schließlich zogen sie eine Reihe von Schlußfolgerungen: Sofern man VENUS tatsächlich als Beweismittel für die Entstehung des Lebens anerkannte, hatten diese Fossilien einen gewissen Wert für diejenigen, die wissen wollten, wie Leben in irgendeiner anorganischen Umgebung entstehen konnte.

Einige der Ergebnisse waren ziemlich eindeutig. So konnte beispielsweise kein Leben entstehen, wenn kein Energiefluß vorhanden war.

Hier kam also der zweite Hauptsatz der Thermodynamik zur Wirkung, und wenn dieser in der VENUS-Welt nicht gegolten hätte, wäre mit Sicherheit irgend etwas ziemlich faul gewesen. Auch die Tatsache, daß unterschiedliche Arten von evolutionären Bedingungen verschiedene evolutionäre Entwicklungspfade bedingten, war zu erwarten gewesen. Interessanter waren da schon bestimmte Phänomene, die viele anerkannten, die aber bisher noch unbewiesene Hypothesen über den Ursprung des Lebens zu bestätigen schienen. Selbst kleine Unregelmäßigkeiten in der Umwelt und zufällige historische Ereignisse waren potentiell in der Lage, große Wandlungen in der Evolution hervorzurufen. Manchmal konnte ein mikroskopisch kleines Ereignis die Entstehung des Lebens verhindern, sogar dann, wenn die übrigen Bedingungen ansonsten optimal waren, und andere Male folgten einem ungewöhnlichen Ereignis, das normalerweise durch eine Selbstkorrektur im System relativiert worden wäre, noch ungewöhnlichere Ereignisse, so daß aufgrund der Kombination dieser Vorfälle eine im Entstehen begriffene Lebensform ausgelöscht wurde. Demonstrieren konnte man diese Art von Kombination, die in einem K.o. endete, wenn eine besonders effiziente selbstreplizierende Serie dafür sorgte, daß der Kern mit ihren Organismen überflutet wurde. Das System stellte sich selbst mehrmals neu ein, wobei die Organismen ihr Wachstum stabilisierten und sich zu einer Lebensform wandelten, die sich nur in jedem zweiten Zeitabschnitt reproduzierte. Doch durch eine weitere Unregelmäßigkeit konnten diese außer Gefecht gesetzt werden, noch ehe sie ihre Feineinstellung beendet hatten.
Die Haupterkenntnis, die Rasmussen aus VENUS gewann, betraf aber wohl die imperative Qualität kooperierender Strukturen. Wie in selbstreproduzierenden Systemen hing die Evolution eines lebensfähigen, lebensähnlichen Systems von den symbiotischen Strukturen innerhalb des Systems ab. So war beispielsweise einer der erfolgreicheren Organismen, der während der VENUS-Durchläufe entstand, eine Struktur, die MOV-SPL (SPL für englisch »split«, spalte auf) genannt wurde. Dabei handelte es sich um eine Kombination zweier Anweisungen, die bewirkte, daß die Organismen sich von einem Teil des Kerns zu einem anderen bewegten und aufspalteten. Während MOV-SPL sich ausbreitete und durch den Kern bewegte, reagierte er mit allem, was ihm entgegenkam, und ließ außerdem Fragmente seiner

eigenen Anweisungen hinter sich. Er fütterte auf diese Weise also den Genpool mit MOV- und SPL-Anweisungen. Als der Genpool damit ausreichend durchsetzt war, reproduzierten sich die MOV-SPL-Organismen ohne Schwierigkeiten immer aufs neue, obwohl sie keine herkömmliche Replikation zeigten. Wenn sich ihre Anweisungen aufspalteten, fanden sich diese augenblicklich wieder mit passenden Gegenstücken zusammen. So zeigten die Organismen Stabilität.
»Trotz der Fehleranfälligkeit der individuellen Anweisungen und der bescheidenen Größe des Kerns«, faßte die Rasmussen-Gruppe zusammen, »ist unser System durchaus in der Lage, stabile, zusammenwirkende Strukturen zu entwickeln.« Interessanterweise lehnte die Gruppe entschieden eine Festlegung ab, ob diese Strukturen nun lebten oder nicht. Allein die Idee, diese Sache überhaupt mit einer solchen Fragestellung zu verbinden, war zu ketzerisch. Dennoch, so Rasmussen, passierte hier etwas. Das System war weniger eine Simulation als vielmehr eine Alternative dazu. Was es genau war, blieb undefiniert, aber es war *etwas,* und allein diese Tatsache rechtfertigte bereits das Experiment.
»Wenn wir glauben, daß es möglich ist, die Logik des Lebens zu extrahieren und in ein anderes System zu stecken«, sagt Rasmussen, »dann müssen wir auch annehmen, daß es eine bestimmte Realität innerhalb der VENUS-Welt gibt, die genauso real ist wie unsere Wirklichkeit.«
Rasmussens Ansatz war klassisch für die KL-Forschung: Man hatte eine Sicht zu akzeptieren, bei der die intuitive Beurteilung zuerst einmal zurückgestellt werden mußte. Man riskierte also einen Sprung ins kalte Wasser, der nur wegen der Geschlossenheit des Systems und der logische Untermauerung der alternativen Universen etwas erleichtert wurde. Der dänische Physiker erkannte die Schwierigkeiten, die durch diesen Schritt hervorgerufen wurden, er bestand aber leidenschaftlich darauf, daß er unternommen werden müsse. Auf der zweiten KL-Konferenz stellte Rasmussen eine absichtlich provokativ gehaltene Abhandlung vor mit dem Titel: »Aspects of Information, Life Reality, and Physics« (Aspekte der Information, der Wirklichkeit des Lebens und der Physik).[12] In der logischen Abfolge der Thesen, die er vorschlug, kam seine philosophische Ausbildung zum Ausdruck:

Information und Leben:
(I) Ein universeller Computer ist tatsächlich universal und kann jeden Prozeß nachbilden (Turing).
(II) Die Substanz des Lebens ist ein Prozeß (von Neumann).
(III) Es gibt Kriterien, nach denen wir lebende von nicht lebenden Dingen unterscheiden können.
Akzeptiert man (I), (II) und (III), gesteht man die Möglichkeit von Leben in einem Computer zu.

Leben und Wirklichkeit:
(IV) Wenn es jemandem gelingt, Leben in einem Computer entstehen zu lassen, das die Bedingungen von Punkt (III) erfüllt, folgt aus Punkt (II), daß diese Lebensformen genauso leben wie Sie und ich.
(V) Ein solcher künstlicher Organismus muß eine Realität R_2 wahrnehmen können, die für ihn genauso real ist, wie unsere »wirkliche« Realität R_1 es für uns ist.
(VI) Aus Punkt (V) kann geschlossen werden, daß R_1 und R_2 einen identischen ontologischen Status haben. Obwohl R_2 in einer sehr materialistischen Weise in R_1 eingebettet ist, so ist R_2 doch unabhängig von R_1.

Realität und Physik:
(VII) Wenn R_1 und R_2 einen identischen ontologischen Status haben, müßte es möglich sein, etwas über die grundsätzlichen Fähigkeiten von Realitäten im allgemeinen zu erfahren und im Falle von R_1 besonders dadurch, daß die Einzelheiten verschiedener R_2-Fälle untersucht werden. Ein Beispiel für diese Fähigkeit ist die Physik der Realität.

Die letzte Aussage beinhaltete eine wunderbare Rechtfertigung für die Erschaffung künstlicher Universen. Wenn Rasmussens Sicht der Realität einmal akzeptiert war, würde sich eine Reihe einzigartiger Möglichkeiten ergeben. Zum ersten Mal wäre es dann möglich, die Qualitäten des Lebens *im allgemeinen* von der Beschaffenheit einzelner, möglicherweise anomaler Lebensformen zu trennen, die sich uns bisher offenbart hatten. Was geschah nun in der VENUS-Welt? Was geschah in einigen anderen der fruchtbareren Zellularautomaten, und was in den Computergenerationen von selbstregulierenden Netzwerken, die zweifellos einige der Qualitäten zeigen, die wir dem Leben zuschreiben? Die Systeme lebten nicht, aber sie befanden sich unbestreitbar im Bereich zwischen der Unbelebtheit eines Steines und der Vitalität eines Bakteriums. Lassen Sie uns dies als Protoleben bezeichnen. Diejenigen, die mit KL arbeiteten, brauten in vielen dieser Systeme Vorformen des Lebens zusammen; explosionsartig entwickelten sich eine künstliche Chemie, künstliche Physik und künstliche Welten, in denen lebensähnliches Verhalten entstand. Allein in Los Alamos schufen die Mitglieder der T-13 Complex Systems Group eine große Palette verschiedener Universen, in denen sich Leben entwickelte. Neben den selbstregulierenden Netzen von Farmer und Bagley gab es noch Rasmussens VENUS, Langtons Zellularautomaten und ein Gruppenexperiment, das sich zum Ziel gesetzt hatte, ein »process gas«, also eine Art simuliertes molekulares Versuchsfeld, zu erschaffen, das viele Arten von Wechselwirkungen ermöglichte und vermutlich lebensähnliches Verhalten entwickeln würde. Zusätzlich entwarf ein italienischer Wissenschaftler mit Namen Walter Fontana, der zur T-13-Gruppe gehörte, eine sogenannte algorithmische Chemie, in der eine Art logisches Rechengerüst eine Grammatik generierte, nach deren Regeln lebensähnliches Verhalten entstehen sollte.

Verständlicherweise ergab die Zusammenstellung dieser Experimente eine kunterbunte Mischung. Es war nun angebracht, Maßstäbe zur Größenbestimmung dieser neuen Welten zu entwickeln, um die Fachsprache des KL zu standardisieren.

Langtons Arbeit, Leben am Rande des Chaos zu definieren, war ein Schritt in diese Richtung, bei dem eine spezielle Meßvorrichtung zur Verfügung gestellt wurde, der λ-Parameter, mit dem das Gebiet eingegrenzt wurde, in dem Leben entstehen konnte. Kauffman erweiterte Langtons Vorstellungen, indem er sie bei seinen Arbeiten mit Booleschen Netzwerken benutzte. Andere, wie der Physiker James Crutchfield, entwarfen Methoden, um die Komplexität künstlicher Universen zu messen.

Crutchfield war einer von Farmers Partnern im Santa Cruz Dynamical Systems Collective gewesen. Nach einer Lehrtätigkeit in Berkeley besuchte er die verschiedenen Institute, die sich mit der Untersuchung komplexer Systeme beschäftigten. Nachdem Crutchfield die Physik dieses Forschungsgebietes studiert hatte, begann er, selbst neue Universen zu entwerfen. Seine Absicht war es, ein zellularautomatenähnliches System mit Informationsverarbeitung und rechnerischen Strukturen nicht nur zu simulieren, sondern zu erschaffen. Wie Langton, Kauffman und andere, die mit künstlichen Welten experimentierten, hoffte er, daß die Systeme einen Grad von rechnerischer Fähigkeit entwickeln würden, den sie zu Beginn des Experiments noch nicht gehabt hatten. Diese Kräfte sollten also erst entstehen, und nebenbei sollten sich neue Strukturen entwickeln. Dann sollte das System in eine Welt hinüberwechseln, die nur schwer oder überhaupt nicht vorauszusagen war. Crutchfield hoffte, die neuen Strukturen messen zu können, um die Mechanismen der Entstehung besser zu verstehen. Mit dieser Methode könnten andere künstliche Universen ihre eigenen Systeme messen und einen numerischen Wert ermitteln, um den Grad der »Lebendigkeit« in ihnen zu bestimmen.

Crutchfield stimmte mit Farmer und Kauffman darin überein, daß die KL-Frage eng mit der Frage nach der verborgenen selbstorganisierenden Kraft verbunden war, die komplexen Systemen wie lebenden Organismen ihren Willen aufzwang. Logischerweise war diese Kraft zu der Zeit stark gefordert gewesen, als das Leben vor Milliarden von Jahren gerade aus der Ursuppe oder irgendeiner anderen Mixtur unbelebter Elemente entstanden war. Crutchfield:

> Es gibt sehr grundsätzliche Prinzipien des Lebens, die wir nur noch nicht verstehen. Zu irgendeinem Zeitpunkt hat es kein biologisches Leben gegeben. Da biologisches Leben heute aber zweifellos existiert, wissen wir, daß es einen Zeitpunkt gegeben haben muß, an dem die Dinge in diese generelle Richtung gelenkt wurden, die unbelebte physikalische Natur sich also vorwärts bewegen und reorganisieren mußte. Es ist in gewissem Sinne dieser Punkt, an dem ich ansetze. Ich kann nicht beweisen, daß Leben sich spontan entwickelt, aber die absolute Gewißheit um mich herum, daß Dinge sich organisieren, wir lernen und es so viel organisierte Materie gibt, läßt mich an die hohe Wahrscheinlichkeit glauben, daß es tatsächlich eine solche grundlegende organisatorische Kraft gibt. Und ich sehe keine Hindernisse, etwas zu

schaffen, das unbestritten Leben genannt werden kann. Wenn man wirkliche wissenschaftliche Maßstäbe anlegt, weist alles in diese Richtung. Wissenschaftler versuchen, Dinge zu verstehen, die bisher unverstanden sind, und Leben ist eines dieser Dinge. Wir werden es verstehen. Ich sehe diesbezüglich keine prinzipiellen Hindernisse.

Niemand erwartete, daß ein Silicium-Hexenkessel mit einer Ursuppe zubereitet wurde und so lange vor sich hinkochte, bis irgendein einzelliger Kobold aus dem Computermonitor sprang und sich bemerkbar machte. Das eigentliche Ziel war viel bescheidener, nämlich die Leiter der Erkenntnis in der Frage »Wie entstand des Leben?« eine Sprosse weiter nach oben zu erklimmen. Die Vorgehensweise wird der Natur entlehnt, und wenn Forscher oft genug versuchen und messen, was sie gemacht haben, werden sie möglicherweise eines Tages die Kräfte verstehen, die am Werk waren.

Es wird nicht KL sein, durch das definitiv bestimmt wird, wie sich das Leben ursprünglich entwickelte. Das ist eine Kriminalgeschichte, deren letzte Seiten schon lange vernichtet wurden. Allerdings würde eine neue Methode, geprägt von KL-Experimenten, das Potential haben, uns ein tieferes Verständnis der Geheimnisse der Biologie zu vermitteln, einschließlich derer, die mit der Entstehung des Lebens zu tun haben. Ein junger Mediziner vom Scripps Research Institute, Gerald Joyce, der bereits einige Jahre damit verbracht hatte, die Unbekannten beim ersten Auftreten des Lebens zu enträtseln, brach zu Beginn der neunziger Jahre mit seinen eher konservativen Kollegen, indem er die Techniken des Künstlichen Lebens übernahm, um Experimente über den Ursprung des Lebens vorzunehmen. Er gab freimütig zu, daß die in seinem Labor durchgeführten Versuche, mit denen er ständig die RNA-Welt simulierte (von der er, im Gegensatz zu Kauffman, annahm, daß sie der entscheidende Schritt bei der Entwicklung des Lebens gewesen sei), nur eine entfernte Ähnlichkeit mit den präbiotischen Bedingungen der frühen Erde hatten. »Es handelt sich um spielerische Arten Künstlichen Lebens, bei denen man mit Vorformen von RNA beginnt«, sagte er, »aber nicht fragt, wo sie herkommen. Man stellt sie einfach her und gibt sie in ein sauberes Reagenz-

glas. Keine Verunreinigungen, nichts von alledem, nur das richtige Zeug.«
Die Arbeit von Joyce war durchaus dem KL-Gebiet zuzurechnen, denn er benutzte natürliche Phänomene, um seine chemische Modellwelt in etwas zu verwandeln, was mehr war als nur ein Modell: »Wir versuchen, den Enzymen *beizubringen,* die Replikationsaktivität selbst zu übernehmen. Wenn wir das schaffen, handelt es sich um Künstliches Leben: ein selbstreplizierendes System, das auf den Darwinschen Gesetzen der Evolution beruht – so lautet die übereinstimmende Definition des Phänomens Leben der Laborforscher, die versuchen, die Geschichte in einem Reagenzglas ablaufen zu lassen.«
Joyce wurde, sieht man von seinem Mentor Orgel einmal ab, von Texten Thomas Pynchons beeinflußt. Wenn Joyce durch *V.*[13], eine lange Lobrede auf die Entropie, inspiriert wurde, so war er erst recht von dem apokalyptischen Werk *Gravity's Rainbow* gefesselt. Für Joyce war es ein Gleichnis für den Untergang der Welt und ihre abartige, aber geordnete Neuerschaffung. »Gravity's Rainbow«, sagt Joyce, »ist tatsächlich ein begeisterndes Buch – den Entropiekräften des Universums, die uns in den Abgrund treiben wollen, zum Trotz gibt es ein ordnendes Prinzip. Und um was handelt es sich bei diesem ordnenden Prinzip? Um Selbstorganisation!«
Diese Erkenntnis veranlaßte Joyce, dieses unmögliche Phänomen zu untersuchen, und zwar zuerst anhand von Populationen von Zellularautomaten. Dann begann er mit Orgel zusammenzuarbeiten und glaubte, daß das Kunststück mit RNA zu machen sei. »Ich habe immer zu den Laborforschern gehört«, sagt er.
Aber die Computerarbeit hinterließ ihre Spuren bei ihm: Er behandelte RNA-Moleküle, als seien es Zellularautomaten, und veranlaßte sie zu neuen Verhaltensweisen. Sie waren seine künstlichen Zutaten, die manchmal ihr eigenes, obskures Programm ablaufen ließen. »Moleküle können dich überraschen«, sagte er. »Sie machen nicht, was man ihnen befiehlt. Wir führen ein Experiment durch und beobachten, was dabei herauskommt, und anhand dieses Resultats sehen wir dann, was wir als nächstes machen. Es ist so ähnlich wie das, was Langton macht, es kommt also etwas anderes heraus als erwartet.«
Die Mechanismen, derer sich Joyce bediente, waren die der Evolution. Mit der Verwendung von Molekülen folgte er vermutlich einer Fährte,

wenn er nicht sogar dem gleichen Weg folgte, den die Moleküle in ihrer Entwicklung zum Leben hin genommen hatten. Moleküle waren das Substrat, in dem tatsächlich etwas passierte. Er nutzte Mutationen aus, untersuchte die Anpassungsfähigkeit von Organismen und regte Moleküle dazu an, einen höheren Grad von Komplexität zu entwickeln; er schuf damit die Bedingungen für eine klassische Evolution.

Die Methoden waren raffiniert, und das Ziel war, RNA-Moleküle zu schaffen, die neue Eigenschaften erwerben konnten. Andere hatten bereits einige Fortschritte auf diesem Gebiet erzielt – besonders Orgel hatte RNA-Moleküle so verändert, daß sie sich unter bestimmten Bedingungen selbst replizieren konnten. Dabei handelte es sich um ein Kunststück, zu dem die heutige RNA, die die Pflichten des Stoffwechsels zu erledigen hat, normalerweise nicht in der Lage ist, auch wenn angenommen wird, daß die frühen Formen der RNA zur Selbstreplikation in der Lage waren und sich so entwickeln konnten.

Aber bei seiner Arbeit benutzte Joyce die Evolution, um diese RNA so zu *trainieren,* daß sie als Enzym bzw. *Ribozym* fungierten und damit Aufgaben erledigten, die sie vermutlich nie zuvor ausgeführt hatten. Wie dies geschah, läßt sich an einem RNA-Molekül demonstrieren. Hierbei handelt es sich um eine Kette von Nukleotiden, deren Grundsubstanz die vier Basen Guanin, Cytosin, Adenin und Uracil bilden; die Reihenfolge dieser Basen im Molekül ist der RNA-Code. In Ribozymen wurde diese verschlüsselte Information durch einen Faltungsprozeß in ein Enzym umgewandelt, das eine chemische Reaktion katalysieren kann. Während neue Generationen von Molekülen hergestellt werden, ist bei jedem Nukleotid der Kette die Möglichkeit einer Mutation gegeben. Die meisten Mutationen haben keine Auswirkungen oder aber einen negativen Effekt auf die Funktion des Ribozyms. Einige jedoch können die Ausbildung unterschiedlicher Fähigkeiten bewirken, die eventuell wiederum zu Verbesserungen führen, abhängig davon, was man als wünschenswerte Funktion eines Ribozyms einstuft.

Joyce entwarf ein Schema, mit dem er einzelne Mutationen systematisch untersuchen konnte, so daß zunächst der gesamte Bereich von Varianten mit einer Mutation abgedeckt wurde, dann der von Varianten mit zwei Mutationen usw. Durch die sorgfältige Herstellung von Ribozymen mit begrenzten Mutationen und durch Schaffung eines

Selektionsdrucks, der eine erhöhte Reproduktion derjenigen Ribozyme erlaubte, die die Aufgabe am besten ausführten, die Joyce gestellt hatte, erhielt er schließlich eine solche Population – selbst dann, wenn das Verhalten der Ribozyme sich deutlich von dem Verhalten der ursprünglichen Population unterschied.

Den ersten größeren Erfolg erreichte Joyce mit einem selbstspleißenden Ribozym, das eine Reaktion mit dem folgenden Resultat katalysiert: Es spaltet sich selbst, genauer gesagt spaltet es seine aus Nukleotiden bestehende RNA-Kette, um daraus zwei Ketten zu bilden. Das Molekül wird *Tetrahymena*-Ribozym genannt und besteht aus 413 Nukleotiden.

Joyce wollte das *Tetrahymena*-Ribozym so verändern, daß es eine »neuartige katalytische Funktion« ausüben konnte. Anstatt RNA sollte es jetzt DNA-Moleküle spalten, was Ribozyme normalerweise nicht können. Die Aufgabe war also der ähnlich, als würde man einer Katze beizubringen versuchen, wie ein Hund zu bellen. Doch durch die Anwendung seiner geschickten Methode, mit der in einem einzelnen Reaktionsgefäß mutierte Varianten des Originals, also des Prototyps der RNA, hergestellt wurden, war Joyce in der Lage, eindeutige Varianten zu erzeugen. Anschließend regte er die Reproduktion derjenigen Varianten an, die in der Lage waren, DNA zu schneiden, und konnte so schließlich eine mutierte Form des *Tetrahymena*-Ribozyms herstellen, dessen DNA-spaltende Aktivität dem Wildtyp-Enzym fehlte. Joyce und seine Mitarbeiterin Debra Robertson schrieben: »Die Selektion dieses Moleküls bedeutet die Entdeckung des ersten RNA-Enzyms mit der Eigenschaft, speziell Einzelstrang-DNA zu schneiden.«[14] Durch eine kontrollierte Evolution konnten Ribozyme dazu gebracht werden, ihre Natur zu verändern.

Die nächste Aufgabe war es, die abtrünnigen Moleküle dazu zu bringen, mit einem Substrat zu reagieren, das ihnen noch fremder war, nämlich mit Glukose. Sowohl DNA als auch RNA enthalten Zucker mit fünf Kohlenstoffatomen, Glukose ist dagegen ein Zucker mit sechs C-Atomen. Wenngleich der Unterschied gering erscheint, so ist die Kluft zwischen einem Zucker mit fünf und einem mit sechs C-Atomen doch riesig, denn beide weisen wenig strukturelle Ähnlichkeiten auf. »Wir versuchten, das Ribozym dazu zu bringen, sich wie eine sogenannte Glukose-Phosphatase zu verhalten, also wie ein Enzym, das Phosphatreste von der Glukose abspalten kann, und danach noch gewagtere Dinge vollbringt.«

Die neuen Aufgaben, die Joyce seinen Molekülen zuteilte, hatten das Potential, dramatische Wirkungen über das Labor hinaus hervorzurufen, besonders im Kampf gegen die verheerende AIDS-Seuche. AIDS entfaltet seine Bösartigkeit in Form eines RNA-Virus. Dabei handelt es sich um eine Art gefälschten RNA-Strangs, der in eine Zelle eingeschleust wird, um dort seine gefürchtete Botschaft in die DNA der Zelle einzubauen. Wenn es einen Weg gäbe, eine entgegengesetzt wirkende Form der RNA zu entwickeln, die also in der Lage wäre, die AIDS-RNA oder ihre Kopie in der DNA herauszuschneiden, könnte diese Krankheit möglicherweise geheilt werden. Joyce glaubte, daß es einen solchen Weg gebe: den Einsatz der Evolution, um aus Molekülen potentielle AIDS-Killer zu machen. Joyce mutmaßte, daß diese Methode möglicherweise zu einem Ribozym führen könnte, das »das beste Anti-AIDS-Medikamente ist, das wir herstellen können. Wir könnten das Virus angreifen und dann sogar seine DNA-Kopie.«

Während sie an einem Projekt mitarbeiteten, das sich Evolutionary Engineering of Anti-HIV-1-Ribozymes (Evolutionäre Erzeugung von Anti-HIV-1-Ribozymen) nannte und das von der Nationalen Gesundheitsbehörde gefördert wurde, begannen Joyce und seine Kollegen, einen KL-Ansatz gegen AIDS zu entwickeln. Sie verwendeten die gleichen Ribozyme, die sie benutzt hatten, um die DNA zu schneiden, die allerdings in ihrem jetzigen Zustand das AIDS-Genom nicht besonders effektiv zerstörten (da dies nie eine Aufgabe gewesen war, die zu einer besseren Anpassung an die Umgebung geführt hätte). Als das Ribozym dann allerdings Bedingungen ausgesetzt wurde, die es dazu brachten zu mutieren, griffen einige der veränderten Populationen das AIDS-Virus besser an als andere. Das System wurde einem Selektionsdruck ausgesetzt, der zum Ziel hatte, das AIDS-Virus stärker anzugreifen – mit anderen Worten, diejenigen Ribozyme, die zur völligen Zerstörung des AIDS-Genoms in der Lage waren, durften sich ungehindert vermehren. »Wir veränderten das Enzym so, daß es ein immer besserer AIDS-Killer wurde«, sagt Joyce.

Das waren allerdings nur die ersten Schritte, die unter den ursprünglichen Bedingungen durchgeführt wurden. Die nächste Hürde sollte sein, die Enzyme so zu verändern, daß sie mit der gleichen zielgerichteten Zerstörungswut auch außerhalb des Reagenzglases, also unter den rauheren Bedingungen in einer AIDS-infizierten T-Zelle, arbeiten würden. Der letzte Schritt wäre dann der, ein Stück genetisches Material in die Zellen eines AIDS-Patienten zu schleusen, in denen dann die Informationen für die Herstellung des neuen Ribozyms vorhanden waren, so daß die Opfer dieser Krankheit in die Lage versetzt würden, die AIDS-Killer in den Zellen ihres eigenen Körpers zu bilden.

Joyce war der Ansicht, daß die größte Herausforderung bei der KL-Forschung im Labor darin bestand, Probleme wie das der AIDS-Seuche zu lösen. Ihm war aber auch klar, daß die Fortschritte in der KL-Forschung langfristig zu sehr viel grundlegenderen Dingen zum Wohle der Menschheit führen könnten.

Joyce bezeichnete sie als »Science-fiction-artige Ziele, seien es künstliche Organismen als Modell für das frühe Leben auf der Erde, oder nur solche, die um ihrer selbst willen geschaffen wurden«. Sie beinhalteten einen neuen Ursprung des Lebens, eine Schaffung neuer Lebensformen. Da Joyce auch an einem Programm der NASA über Exobiologie beteiligt war, brachte er dort sein Anliegen vor, um die Förderung zu legitimieren, welche die Raumfahrtbehörde für diese Forschungen eventuell auch zukünftig vornehmen würde.

Joyce war der Meinung, daß Forscher, die den Mut hatten, ihre Arbeit als KL-Forschung zu bezeichnen, nicht gezwungen werden sollten, ihre Ziele hinter einem Titel zu verbergen, der sarkastischen Anfeindungen weniger stark ausgesetzt war. »Ich habe dieses Argument bei Treffen mit NASA-Wissenschaftlern vorgebracht, und sie haben es geschluckt«, sagt er. »Ein explizites Teilziel dieses Programms ist es also jetzt, Leben zu schaffen, wie auch immer das Substrat beschaffen sein mag.«

Diejenigen, die solche neuen Lebensformen ausbrüten wollten, würden zweifellos die unerforschten Kräfte der Physik benötigen, die KL-Wissenschaftler zu beschreiben versuchten. Kauffman hatte darauf bestanden, daß die ersten Forschungen die Arbeitsweise der Selbstorganisation betreffen müßten, und tatsächlich war das auch ein Hauptpunkt der bereits in Angriff genommenen Experimente. Wie allerdings Joyce in seinen Laborexperimenten entdeckt und von Neumann in seinen letzten Veröffentlichungen schon erwähnt hatte, leistete eine bestimmte ordnende Kraft, die uns allen bekannt ist, bei diesem Vorhaben ungebrenzt Hilfe: Diese Kraft heißt Evolution.

Der genetische Algorithmus

Als der Mensch den ersten Flugversuch unternahm, studierte er das Vorbild in der Natur, den Vogel, um eine Vorstellung davon zu entwickeln, wie man diese schwierige Aufgabe in Angriff nehmen könnte. Bemerkenswerte Fehlversuche, wie der von Daedalus, und mißlungene Versuche mit zahlreichen anderen vogelähnlichen Vehikeln (Ornithopter), schienen anfangs in die falsche Richtung zu weisen, aber schließlich führten Ausdauer und die Abstraktion des entsprechenden Wissens (Auftrieb mit Hilfe eines Tragflügels) zu erfolgreichen Segel- und Motorflugzeugen. Ist es im Hinblick auf diese Leistungen nicht seltsam, daß der Mensch beim Versuch, denkende, lernende und sich anpassende Maschinen zu bauen, eines der großartigsten Beispiele für Anpassung in der Natur, die Genetik und natürliche Auslese, ignorierte und weiterhin ignoriert?

David Goldberg[1]

John Henry Holland wurde 1929 in Indiana geboren und wuchs in einem kleinen Ort in West-Ohio auf. Er erbte den Schneid und die Ausdauer seines Vaters, eines Sojabohnenhändlers, dessen Leidenschaft dem Turnen gehörte. John Henry besaß einen großen Wissensdurst, besonders für Dinge, die die komplizierte Struktur der Erde beleuchteten. Er bastelte manchmal an recht komplexen Versionen der Wirklichkeit, um einige der komplizierten Strukturen nachzuahmen, und so war auch eine seiner beliebtesten Aktivitäten die Simulation von bekannten Schlachten. Dazu fertigte er geduldig Zeichnungen von Kriegsmaterial auf Matrizen an, vervielfältigte sie, schnitt die Figuren aus und stellte damit die komplizierten Schlachtaufstellungen nach. Seine schulischen Stärken waren Physik und Mathematik, und kurz vor Ende seiner Schulzeit absolvierte er einen landesweit ausgeschriebenen Test in diesen Fächern, bei dem ihn, wie er sich erinnert, nur zwei Punkte vom späteren Sieger trennten, aber der dritte Platz reichte immerhin auch noch für ein Stipendium am MIT.

Dies war der Beginn einer Odyssee, die ihn zu einer sehr einleuchtenden Methode führte, mit der Evolutionsmechanismen auf Computern simuliert werden konnten. Es sollte aber zwanzig Jahre dauern, bis Holland damit begann, und weitere zwanzig Jahre, bis man anfing, die Bedeutung dieser Arbeit zu begreifen.

Zunächst schrieb man aber noch das Jahr 1946, befand sich also in einer Zeit, in der der Widerhall des »Atomenergieprojektes« (Manhattan Project) in der wissenschaftlichen Welt noch nicht verklungen war. Robert Oppenheimer, der Leiter dieses geheimnisvollen Projekts, war Hollands Vorbild. Der Studienanfänger am MIT war beeindruckt von der Bandbreite des Wissens, die dieser großartige Physiker besaß, von seiner Fähigkeit, Artikel in einem Dutzend unterschiedlicher Sprachen zu lesen, aber auch von der Tatsache, daß er die ungewöhnlichsten Religionen schätzte und Gedichte mochte. »Er erschien mir wie jemand aus der Zeit der Renaissance«, sagt Holland.

Damit befand Oppenheimer sich im Einklang mit Hollands Sicht der

Welt, denn dieser betrachtete die Dinge in ihrer Gesamtheit. Schon sehr früh entwickelte er ein Gefühl für große, zusammenwirkende Systeme, von der Ökologie bestimmter Regionen bis hin zur Organisation der örtlichen Schule, also für alles, was zunächst einfach strukturiert erschien, aber in Wirklichkeit recht tiefgründig war. Diese Systeme waren zwar hierarchisch aufgebaut, enthielten aber Grundeinheiten, die sich wiederholten. Holland bezeichnete diese als »Bausteine«. Bei der Bauweise dieser Systeme handelte es sich um eine Art allgemeingültiges und überall anwendbares Atommodell.

Diese Interessen brachten Holland auf Kollisionskurs mit bestimmten Autoritäten am MIT. Eine davon war Norbert Wiener[2], ein »verkrusteter« Mathematiker, der eine Bewegung anführte, deren Mitglieder sich selbst »Kybernetiker« nannten, ein Begriff, der dem griechischen Wort für *Steuermann* entlehnt ist und der andeuten soll, daß sich diese neue Wissenschaft mit Kontrollsystemen in der Natur und bei Maschinen beschäftigte.[3] Er stand aber noch für etwas anderes. Wiener behauptete, was sein Bekannter und zeitweiliger Kollege von Neumann ebenfalls angenommen hatte: Organismen seien im wesentlichen Maschinen, und es müßte dem Menschen möglich sein, Dinge zu bauen, die ein ähnliches Verhalten zeigen.

Wiener und seine Anhänger besuchten die Konstrukteure der ersten Computer und betonten, wie wichtig es sei, die Natur als Vorbild zu nehmen. »Überall trafen wir auf verständnisvolle Zuhörer«, berichtete er, »und bald mischte sich das Vokabular der Ingenieure mit Begriffen aus der Neurophysiologie und der Psychologie.« Unglücklicherweise – vielleicht weil sie so eng mit den zeitgemäßen Technologien verbunden war – richtete sich die Kybernetik stillschweigend analog dieser Fusion von Künstlichem und Natürlichem aus. Man betrachtete die Welt als einen kontinuierlichen Prozeß und nicht als einen, der sich schrittweise oder digital vollzog. Die Vorführmodelle der Kybernetiker waren homöostatische Vehikel, die mittels rückgekoppelter Schleifen in einem bestimmten Gleichgewicht gehalten wurden und dadurch etwa mit dem Instinkt vergleichbar waren, mit dem die Natur ihre Kreaturen ausstattet. Aber die Technologie nahm eine eindeutig digitale Wendung, und der Ansatz der rechnergestützten Biologie, der auf faßbare Information angewiesen war (wie durch von Neumann vorhergesagt), begann schließlich, die Nische zu füllen, die eigentlich die Kybernetik für sich im Ökosystem menschlicher Anstrengungen ausgemacht hatte.

In den späten vierziger Jahren gedieh am MIT allerdings noch die Kybernetik. Durch den Einfluß Wieners hielt John Holland eine gemeinsame Grundlage von Biologie und künstlicher Simulation für möglich. Ganz besonders war er von der Art von Programmierung fasziniert, die auf der Konstruktion eines künstlichen Netzwerkes metaphorischer Neurone beruhte. Die Idee, daß einzelne Neurone zusammenarbeiteten, um ein Netzwerk zu bilden, aus dem sich das Gedächtnis und komplexes Verhalten entwickelten, und daß solche Netzwerke künstlich aufgebaut werden konnten, stimmte auffallend mit Hollands Bausteinen überein.

Das MIT war damals gerade dabei, einen der ersten elektronischen Computer zu bauen. Der Bau dieses Rechners, der »Wirbelwind« genannt wurde, entstand im Auftrag des Verteidigungsministeriums und sollte die Flugbahnen von ankommenden Raketen in »Echtzeit« berechnen. Holland schaffte es, eine Unbedenklichkeitserklärung der unteren Sicherheitsstufe zu erhalten, und wurde sehr schnell zum Experten auf dem Gebiet der Computerprogrammierung. So kam es, daß IBM ihm anbot, mit einer Elitegruppe von Technikern zusammenzuarbeiten, die das Design des »701«, des ersten käuflichen Rechners dieser Firma, plante. Dieser Gruppe gehörte auch Arthur Samuels an, der bald darauf ein Programm entwickelte, das dem Rechner das Schachspielen beibrachte. Dabei fungierte es als Gegner, dessen Erfahrung mit jeder Niederlage zunahm, so daß er schließlich das Können eines durchschnittlichen Freizeitspielers übertraf. Ein anderes Mitglied war John McCarthy, der einer der Initiatoren der KI-Bewegung werden sollte.

Um den 701 zu testen, beschlossen die jungen Ingenieure, eine Art Nervensystem einzubauen. Holland und seine Kollegen betrachteten den Computer als überdimensionierte, wenngleich unbewegliche Laborratte. »Schon damals glaubten wir, daß es ein riesiger Vorteil wäre, wenn wir solche simulierten Versuchstiere hätten«, sagt Holland. »Der Vorteil [des Computers] war, daß wir hineinschauen und uns einzelne ›Neuronen‹ ansehen konnten, um das Ding dann unter den gleichen Bedingungen neu zu starten und einen anderen Trainingslauf zu machen.«

Mit dem Prototyp des 701 zu arbeiten brachte aber auch unzählige Frustrationen mit sich. Die Konstruktionsarbeit wurde am Tag gemacht, so daß das Simulationsteam zwischen 23 Uhr und dem Morgengrauen arbeitete. Zu Beginn jeder Sitzung mußte das Programm per Hand in den Speicher gegeben werden. Der 701 war etwa 100mal langsamer als ein billiger Heimcomputer, der 30 Jahre später gebaut werden sollte, und stürzte etwa zweimal pro Stunde ab, woraufhin das Programm wieder neu eingegeben werden mußte. Dennoch schaffte die Gruppe es, das Verhalten der Maschine wie bei einer vereinfachten Laborratte zu untersuchen, wobei schrittweise Veränderungen anzeigten, daß das verbundene neuronale Netz etwas über das Labyrinth lernte. Holland verlor diesen direkten Bezug zwischen Biologie und Computertechnik niemals aus den Augen: Maschinen können dazu gebracht werden, sich an ihre Umgebung anzupassen, ähnlich wie Tiere es können. Und das geschah durch Bottom-up. Man begann mit einer rein zufälligen Situation und programmierte die Natur hinein, woraufhin diese dann ihr Werk beginnen konnte. Wenn die Menschen genug über die Mechanismen der Natur gelernt hätten, könnte man diese in abstrakte mathematische Formeln pressen – und dann würden lebensähnliche Formen entstehen.

McCarthy und Marvin Minsky zogen umgekehrte Schlüsse, als sie halfen, KI zu begründen. Die Prämisse der KI-Forschung war, daß sich Computer wie Organismen verhalten könnten, wobei dieser Ansatz nicht Bottom-up verlief, sondern von oben nach unten. Strukturen sollten sich also nicht entwickeln, sondern wurden dem System aufgezwungen. KI-Programme waren lösungsorientiert; man stellte dem Computer eine Frage und versuchte, ihn darauf wie einen Menschen antworten zu lassen.

In dem Maße, wie KI Vorschußlorbeeren erhielt, ja sogar als wichtigstes Gebiet der Informatik überhaupt angesehen und in jener Zeit schließlich zum Dogma wurde, gerieten Hollands Gedanken ins Abseits. Glücklicherweise wählte er, nachdem er IBM verlassen hatte, um seine Doktorarbeit zu schreiben, den einzigen Platz in den Vereinigten Staaten, wo er seinen Vorstellungen über die Zusammenhänge von Bausteinen aus Biologie und Informatik ungehindert nachgehen konnte. Das war die Universität von Michigan, wo Arthur Burke gerade dabei war, seine Logic of Computers Group zu bilden. Holland wußte nur, daß Michigan ein ausgezeichnetes Institut für Mathematik besaß und im Gegensatz zum MIT eine exzellente Footballmannschaft (Holland ging gern zu Footballspielen). Kaum in den Mittleren Westen zurückgekehrt, nahm Burke ihn unter seine Fittiche. Bald darauf beteiligte sich Holland an den vielfältigen Experimenten und Gedankenspielen der Gruppe, in denen es um Zellularautomaten und neuronale Netze ging.

Ende der fünfziger Jahre kam Holland auf die Idee, eine andere Art von Computer zu bauen. In der Natur geschehen die zahlreichen kleinen Vorgänge, aus denen schließlich ein globales Verhalten entsteht, zur selben Zeit, also parallel, wogegen sich die Wissenschaftler jener Zeit bei den Computersimulationen mit der seriellen Struktur ihrer Maschine begnügen mußten, wodurch die einzelnen Vorgänge, die ja nur von einem einzigen Prozessor abgearbeitet werden konnten, nacheinander ablaufen mußten. Holland erdachte daher eine Maschine, die mehrere, gleichzeitig arbeitende Prozessoren haben sollte, einen Parallelrechner also. Er veröffentlichte seine Idee in seiner Dissertation, aber niemand fühlte sich zu dieser Zeit veranlaßt, tatsächlich einen solchen Rechner zu bauen.

Während Holland die Bibliothek durchstöberte, stieß er auf ein Buch, das sein Leben verändern sollte. Es hatte den Titel *The Genetic Theory of Natural Selection* (Die genetische Theorie der natürlichen Selektion) und stammte von dem angesehenen Evolutionsbiologen R. A. Fisher. Es war der erste Versuch, die Evolution in eine mathematische Theorie zu fassen, wobei physikalische Ansätze benutzt wurden, um sich der Biologie zu nähern. Holland war begeistert. Das Buch wagte sich über die Grenzen zwischen Logik und Biologie hinaus, und Holland erahnte das Potential der Evolution als treibende Kraft für die Entwicklung von Anpassungsleistungen. Die Evolution war, ähnlich wie das Lernen auch, selbst eine Art von Anpassung an die Umwelt, mit dem Unterschied, daß sie über Generationen hinweg wirksam war und nicht nur während der Lebenszeit eines einzelnen Individuums. Und sie war eine eindeutig überzeugendere Form der Anpassung gegenüber dem Lernen, denn ein Organismus ohne Augen kann zu seinen Lebzeiten kein Auge entwickeln, wohingegen er durchaus der Urahn einer Spezies mit Augen sein könnte. Die Entwicklung eines derart komplexen und nützlichen Organs wäre also ein Beispiel für die

Fähigkeiten der Evolution, in perfekter Weise auf die Bedingungen der Umwelt zu reagieren: Holland nannte dies den »permanenten Reiz des Neuen«, den die Evolution biete, und wenn die Evolution so ausgezeichnet bei Lebewesen funktionierte, warum dann nicht auch bei Computerprogrammen? Man konnte zunächst mit einer ungeordneten Struktur beginnen, um dann den Wirkmechanismus der Natur nachzuahmen und Verhalten sich entwickeln zu lassen. Der Prozeß der gleichzeitigen Reproduktion aller Organismen einer Generation verliefe also analog zur Arbeitsweise der Natur, in der verschiedene Prozesse auch gleichzeitig abgewickelt werden. »Mir erschien das eine großartige Sache zu sein«, erinnert sich Holland. »Ich betrachtete die Evolution als einen kreativen Prozeß, als die Fähigkeit, aus nichts etwas zu machen.«

Aus nichts etwas zu machen – eine natürliche Form der Alchimie, von der Menschheit seit langem angestrebt, würde letztlich genutzt werden können.

Holland war nicht der erste Forscher, der ein Schema ausbrütete, mit dem die Arbeitsweise der Evolution logisch reproduziert werden konnte, aber sein System hatte den Vorteil, auf seiner alten Idee der Zusammensetzung einzelner Bausteine zu beruhen. Andere Systeme fußten auf einzelnen Genen. Nach jeder Generation gab es eine Durchmischung dieser Gene, wobei solche, die die Überlebenschancen des Organismus verbesserten, sich durchsetzten. Allerdings gab es in diesem Schema keine wirkliche Entwicklungsmöglichkeit, jedenfalls nichts in der Art wie bei der Evolution, die dem Leben gestattete, langsam eine höhere Komplexität zu erwerben, bis schließlich so komplizierte Einheiten wie Bakterien, Pilze und Menschen entstanden.

Das änderte sich, als Holland den genetischen Algorithmus (GA)[4] in die Forschung einführte. Der Name beschreibt sich im Prinzip selbst: Ein Algorithmus ist eine Art Formel, ein Rezept oder ein Schlüssel zur Lösung eines Problems. Hollands Algorithmus beruhte auf genetischen Prinzipien. Dieser GA bedeutete in zweierlei Hinsicht einen wertvollen Durchbruch: Zunächst einmal bediente er sich der Evolution, um optimierte Funktionen im Computer zu entwickeln. (»Optimiert« bedeutet nach der Erläuterung eines seiner Schüler »Verbesserung der Ausführung bis hin zu einem oder mehreren optimalen

Punkten«.[5] Wenn man sich Perfektion als Spitze eines Berges vorstellt, so ist Optimierung das Mittel, den Gipfel zu vermessen.) Außerdem ermöglichte der GA einen Einblick in die Arbeitsweise der Evolution und eröffnete die Möglichkeit, natürliche Phänomene zu untersuchen. Er lehnte sich an natürliche Prinzipien an und verkörperte die hauptsächlichen Merkmale der Evolution, verhielt sich also so, wie es ein Organismus tun würde. »Es war ein brillanter Schritt John Hollands, herauszuarbeiten, daß er bezüglich der Künstlichen Intelligenz wahrscheinlich etwas erreichen könnte, wenn er die Prinzipien des Lebens unmittelbar einführte«, sagt William Hamilton, ein Evolutionsbiologe aus Oxford.

Der genetische Algorithmus kam natürlich nicht als fertiges Gedankenmodell aus Hollands Gehirn, vielmehr waren Hollands Studenten bis zu einem recht ungewöhnlichen Grad mit in seine Arbeit einbezogen. Zwischen 1962 und 1965 bot Holland einen Kurs an, den er »Theory of Adaptive Systems« (Theorie angepaßter Systeme) nannte. Normalerweise saßen Holland und seine Doktoranden um einen Seminartisch herum und diskutierten Einzelheiten des GA oder spielten mit seinen Parametern herum. Nicht zuletzt bedingt durch diese Diskussionen, formulierte Holland schließlich die Prinzipien dessen, was als genetischer Algorithmus bekannt werden sollte.

Merkwürdigerweise machte Holland keine Tests und Experimente in einem Computer. »Ich bin immer ein Papier-und-Bleistift-Mensch gewesen«, erklärt der erste Inhaber eines Doktortitels für Informatik der Vereinigten Staaten. »Außerdem war ich seit der Zeit bei IBM daran gewöhnt, mit einem Dialogrechner zu arbeiten. Wollte man dagegen in Michigan mit dem Computer arbeiten, so mußte man im Computerzentrum Lochkarten in den Rechner einfüttern und dann darauf warten, daß etwas herauskam. Für mich war es weniger eine Herausforderung, die Programme richtig hinzubekommen, das schien mir weniger entscheidend. Und natürlich war ich damals der einzige, der an diesen Dingen interessiert war, so daß es keine Eile gab, damit herauszukommen.«

Allerdings waren Hollands Studenten durchaus daran interessiert, genetische Algorithmen durch einen Computer zu jagen, so daß eine Kaskade von Experimenten das Rechenzentrum überflutete. In einem der ersten wurde versucht, mit einem GA eine Strategie für eine vereinfachte Schachversion zu finden. Ein anderer Student fertigte eine Doktorarbeit an, in der er versuchte, die Funktion einzelliger Organismen mit einem GA zu simulieren – übrigens die erste Simulation aus einer ganzen Reihe, für die genetische Algorithmen benutzt wurden. Das vielleicht ehrgeizigste Experiment wurde von David Goldberg entwickelt, der zu Hollands Kurs stieß, nachdem genetische Algorithmen schon einige Jahre zu einer Art Kultobjekte in Michigan geworden waren. Goldberg, der früher als Ingenieur mit der Konstruktion von Pipelines beschäftigt gewesen war, fragte sich, ob genetische Algorithmen vielleicht auch in der Lage wären, einige Probleme bei der Verteilung von Erdgasvorkommen auszuräumen. Er schlug daher vor, diese Fragestellung in seiner Dissertation zu bearbeiten. Da Holland vermutete, daß dieses Problems zu schwierig zu lösen sei, versuchte er, Goldberg davon abzubringen. »Ich war der Ansicht, daß wir zuwenig über das System wüßten und er fünf Jahre brauchen würde, bevor er das Problem selbst schließlich in Angriff nehmen könnte.« Aber Goldberg konnte bereits innerhalb eines Jahres erste Ergebnisse vorlegen, wobei er eine GA-Version benutzte, die auf einem preiswerten Apple-II-PC lief.

Wie viele wichtige Entdeckungen im Forschungsbereich des Künstlichen Lebens fußte der genetische Algorithmus auf einem essentiellen, funktionalen Antriebsmechanismus, der mit dem natürlichen Leben in Verbindung stand, in diesem Fall mit der genetischen Evolution, und benutzte diesen mit der Absicht, ein vergleichbares Verhalten in einer künstlichen Welt hervorzubringen. Der GA stützte außerdem eine der wichtigsten Lektionen John von Neumanns: Sowohl in biologischen wie auch in künstlichen Systemen muß die zentrale Information auf zweierlei Weise betrachtet werden, als genetische Information, die verdoppelt wird, und als Instruktion, die ausgeführt werden muß. Die Informationsgrundlage eines Organismus ist unter dem Begriff Genotyp bekannt, die Expression dieser Gene spiegelt sich in der Physis des Organismus wider, die Phänotyp genannt wird.
Um zu verstehen, wie nah genetische Algorithmen sich an der natürlichen Fortpflanzung orientieren, muß man sich vergegenwärtigen, wie biologische Organismen ihre Nachkommen erzeugen. Die Zellen sich sexuell fortpflanzender Individuen enthalten einen doppelten Satz von

homologen Chromosomen, die jeweils zur Hälfte von der Mutter und vom Vater stammen (solche Zellen sind diploid). Eine Ausnahme bilden die Zellen, die für die Fortpflanzung zuständig sind, die sogenannten Gameten. Sie werden in einem Vorgang geschaffen, der sich Meiose nennt und bei dem die homologen Chromosomen einer diploiden Zelle getrennt werden, wodurch Gameten entstehen, die nur noch einen haploiden, einfachen Chromosomensatz enthalten. Während der Meiose können Teile der einzelnen, gepaarten Chromosomen in einem sogenannten Crossing-over untereinander ausgetauscht werden. Dadurch können die Chromosomen der Gameten sowohl Gene von der Mutter als auch vom Vater bekommen. Während der Paarung verschmelzen zwei Gameten der verschiedengeschlechtlichen Organismen und bilden wieder eine diploide Zelle, wobei sich die homologen Chromosomen der Elternteile aneinanderlagern. Während dieses Prozesses besteht die Möglichkeit, daß einige Gene Veränderungen, sogenannte Mutationen, ausgesetzt sind, die unter Umständen den Phänotyp beeinflussen können.

Der genetische Algorithmus übersetzt diesen Prozeß in den Bereich reiner Logik und Mathematik, wobei das Genom als Kette binärer Zahlen wiedergegeben wird. Diese Kette kann im übertragenen Sinne als Chromosom angesehen werden, auf dem die Gene an bestimmten Orten oder Loci angesiedelt sind. Die unterschiedlichen Variationen dieser Gene werden Allele genannt (beispielsweise kann das Gen für die Augenfarbe die Allele für blaue oder für braune Pigmente enthalten). Bei einem GA kann jede markierte Stelle auf den Ketten als Gen betrachtet werden, wobei die Allele Sätze von binären Alternativen wären, also Pakete von Einsen und Nullen, die an bestimmten Orten auf den einzelnen Ketten liegen würden.

Zu Beginn eines Experiments ging man von einer Anzahl zufälliger Ketten aus, die eine Art symbolischen Genpools darstellten. Reiner Zufall war es auch, ob die Zahl an einer bestimmten Position in irgendeiner Kette eine Null oder eine Eins war. Dies wurde für jeden Punkt durch eine Art Münzwurf ermittelt.

Anschließend wurde die Population einem Fitneßtest unterzogen. Anders als in der natürlichen, nach oben offenen Evolution war dieser Tauglichkeitstest kein in die Umwelt eingebauter Bestandteil (in der natürlichen Welt sind die Überlebensfähigkeit und der Erfolg bei der

Fortpflanzung entsprechende Prüfsteine), sondern etwas, das der Programmierer vorgab, also etwa »unnatürliche Auswahl und ein künstliches Überleben des am besten angepaßten Organismus«, wie David Goldberg es beschrieb.[6] Obwohl die unnatürliche Selektion die genaue Übereinstimmung mit dem natürlichen System nicht gewährleistete, machte sie auf andere Weise die genetischen Algorithmen zu brauchbaren Werkzeugen. Die Programmierer konnten auf dieses Merkmal bauen, wenn sie das System für den gewünschten Zweck optimierten, wobei es allerdings etwas sein mußte, das hinterher auch meßbar war. Ein gutes Beispiel war das Sortieren von Zahlen. In einem solchen Fall mußte sich jede Kette so verhalten, als sei sie ein Computerprogramm, das geschrieben worden war, um die Aufgabe des Zahlensortierens auszuführen. Nachdem jede Kette ihren Versuch ausgeführt hatte, mußten die Resultate überprüft und nach einem Punktesystem bewertet werden.

Nun hätte man nicht erwartet, daß sich eine Serie zufällig ausgewählter Ketten wie ein sorgfältig erarbeitetes Computerprogramm verhalten würde, genausowenig wie man angenommen hätte, daß eine zufällige Auswahl von Genen einen lebensfähigen Organismus hervorbringen würde. Doch anders als bei natürlichen Organismen, die entweder leben oder tot sind, konnte bei einem in ein Programm eingebauten Computercode beurteilt werden, bis zu welchem Grad er die Aufgabe erfüllt hatte. Da binäre Zahlen die geeignete Eingabe für ein Computerprogramm waren, würde jede zufällige Zahlenkette berücksichtigt werden, ebenso wie das Telephon auch eine Serie von zufälligen Zahlen als Telephonnummer »erkannte«, beispielsweise als John Hollands Telefonnummer in Ann Arbor. Bei einer Anzahl von einhundert zufälligen Zahlenreihen würde es mit Sicherheit einige Zahlenreihen geben, die eine Zahl an der richtigen Stelle hätten, und wahrscheinlich auch ein paar, bei denen zwei oder drei richtig angeordnet waren. Diese würden dann als die am besten angepaßten gelten, sozusagen als die Klassenbesten.

Ebenso wie in den USA die Klassenbesten gute Chancen haben, die renommiertesten US-Universitäten zu besuchen, so hatten die Gewinner beim Sortieren von Zahlen die besten Chancen, Eltern für die nächste Generation von Zahlenketten zu werden. Da nur jeweils etwa 10 Prozent ausgewählt wurden, handelte es sich hier in der Tat um einen exklusiven Klub. Aber ebenso wie die Schulen mit extrem harten Auswahlkriterien in die neuen Klassen oftmals einige weniger dominierende Schüler setzen, in der Hoffnung, es möge sich um Spätentwickler handeln, beschränkte sich der genetische Operateur in einem GA nicht nur auf die wirklich am besten angepaßten Zahlenketten. Vielmehr wurde in einem Prozeß der Abwägung die Wahrscheinlichkeit, daß eine Zahlenreihe für die nächste Generation herangezogen wurde, anhand ihres Eignungsgrades errechnet. Es wurde also so etwas wie eine Lotterie veranstaltet, wobei die am besten angepaßte Zahlenkette stapelweise mögliche Gewinnscheine hatte, weniger gut angepaßte Ketten hatten weniger Lose und die relativ unangepaßten besaßen nur ein oder zwei Lotteriescheine. Dadurch wurden auch ein paar Versager mitgeschleppt, prozentual gesehen allerdings nur sehr wenige. Bis auf wenige Glückstreffer bei Spätentwicklern wurden also die am besten angepaßten Zahlenketten auch in die nächste Generation übernommen. Da abenteuerliche Spekulanten aussortiert wurden, hatten die am wenigsten Angepaßten überhaupt keine Überlebenschance. Nach diesem Prozeß wurden die siegreichen zehn Prozent, in denen die am besten Angepaßten natürlich überwogen, zehnmal repliziert, so daß die Größe der Population in der nächsten Generation konstant blieb.

Als nächstes paarten sich die Zahlenketten. In einer Massenhochzeit, die Reverend Moon alle Ehre gemacht hätte, wurde jede Kette zufällig mit einer anderen gepaart, bevor dann nach dem Zufallsprinzip ein Punkt der gepaarten Doppelkette ausgewählt wurde. Das war die Stelle des Crossing-over, von der an alle Zahlen der Kette A mit den entsprechenden Zahlen der Kette B vertauscht wurden (in einigen GA-Experimenten wurden die Daten der Kette auch an verschiedenen Stellen ausgetauscht). Dies war also die Verneigung vor dem evolutionären Mechanismus des Crossing-over.

Schließlich wurde noch ein Faktor für Punktmutationen eingefügt. Ein bestimmter, kleiner Prozentsatz von Zahlen einer Kette wurde zufällig ausgewählt und von einer Eins in eine Null beziehungsweise von einer Null in eine Eins umgeändert.

Nachdem der Prozeß der Reproduktion abgeschlossen war, wurde die neue Population erneut ihrer Umwelt ausgesetzt. Das Programm lief

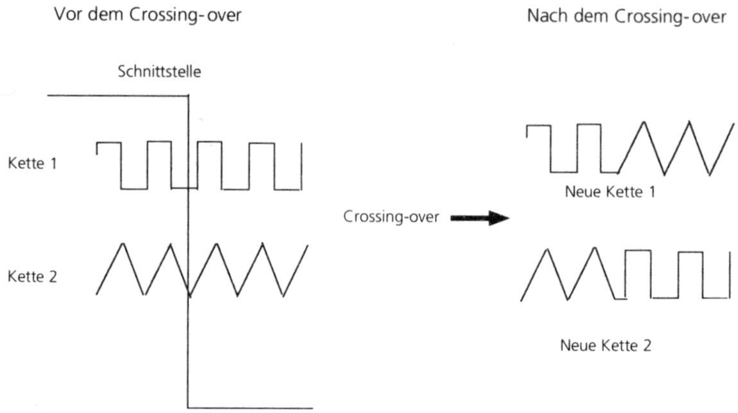

Bei den genetischen Algorithmen geschieht das Crossing-over durch die Paarung von zwei Zeichenketten. In seiner einfachsten Form wird der Punkt des Crossing-over zufällig bestimmt; anschließend tauschen die beiden Partner die jeweiligen Reste der Ketten aus. Dadurch ist genetische Information von beiden »Eltern« in den neu entstandenen Ketten enthalten.

ab, und jede neue Kette wurde nach ihrer Fähigkeit beurteilt, die Aufgabe ausführen zu können. Anschließend wurde der gesamte Prozeß wiederholt.

Es schien sich um ein fast absurd einfaches Rezept zur Optimierung zu handeln: Man nehme Ketten von zufällig zusammengestellten Zahlen und behandle sie als Computerprogramme. Dann beurteile man sie danach, wie gut sie die Arbeit eines handelsüblichen Computerprogramms ausführen können, und belohne sie, je nach Qualität der Ausführung, mit der Erlaubnis zur Reproduktion. Dann nehme man die durchgesehene Population, paare die Ketten und lasse die Partner Teile miteinander austauschen, wechsle einige Stellen durch Mutationen aus und beginne von vorn. Intuitiv mag man glauben, dieser Prozeß nehme eine lange Zeit in Anspruch, bis schließlich die Ergebnisse erreicht seien, die man mit einem speziell für eine Aufgabe entwickelten Computerprogramm erhalten würde. Vielleicht ist es sogar schwierig, sich vorzustellen, daß *überhaupt* ein ordentliches Resultat bei diesem elementaren Prozeß herauskommt. Wie Holland und Goldberg einmal schrieben, wurde der »genetische Algorithmus ... häufig mit dem Argument angegriffen, daß die natürliche Evolution einfach zu langsam sei, um etwas Brauchbares in einem künstlichen

Lernsystem zu erreichen; drei Milliarden Jahre dauern länger, als die meisten Menschen auf die Lösung eines Problems warten wollen«.[7] Doch schaffen es schnelle Computer, Millionen von Generationen, die die Evolution durchlaufen, während der Mittagspause abzuarbeiten, und so erwiesen sich die genetischen Algorithmen als phantastisches Werkzeug. Tatsächlich schienen sie sogar Hollands ursprüngliche Auffassungen bezüglich des Nutzens der Evolution zu bestätigen: »den permanenten Reiz des Neuen« und »aus nichts etwas machen«.

Als Beispiel könnte man die künstlichen Ameisen anführen, die David Jefferson in Zusammenarbeit mit einer Gruppe von Forschern am UCLA (University of California, Los Angeles) konstruiert hatte. Das unmittelbare Ziel von Jefferson und seinen Kollegen war es, die Evolution zu nutzen, um bei künstlichen, aus Information bestehenden Insekten das »Duftspurverhalten« zu entwickeln. Die Aufgabe, die sie auswählten und »Fährtensuche« nannten, bestand darin, einem speziellen Pfad zu folgen, der aus 89 Quadraten bestand, die Teil eines torusförmigen Netzes von 32 × 32 Quadraten waren. (Um von einem Netz sagen zu können, es sei torusförmig, muß man es wie einen Kringel betrachten: Die Quadrate am rechten Rand berühren also die entsprechenden Quadrate auf der linken Seite. In ähnlicher Weise wird angenommen, daß die oberen Quadrate an die Quadrate des Bodens angrenzen. Es gibt also keine Grenzen des Netzes, so daß die Versuchsobjekte es nicht verlassen können.) Ähnlich wie die Pheromonpfade, die von echten Ameisen angelegt werden, um sich gegenseitig bei der Futtersuche zu helfen, liefen die Pfade übereinander hinweg und führten Wendungen und Drehungen aus, so daß es schwierig war, ihnen zu folgen. Sie wiesen an verschiedenen Punkten Lücken in der Duftspur auf, und im letzten Abschnitt des Pfades gab es schließlich mehr fehlende Quadrate als »duftende«.

Es wäre für jeden Programmierer nur eine relativ geringe Herausforderung, ein Programm für eine künstliche Kreatur zu schreiben, damit sie dem Pfad folgen könnte, der von der UCLA-Gruppe übrigens »John-Muir-Pfad« genannt wurde. Aber Jefferson und seine Kollegen hofften, aus nichts etwas zu bekommen, erwarteten also von der Evolution, daß sie dieses Programm selbst schrieb.

Die Ameisen waren eigentlich Computerprogramme, genaugenommen Ketten mit 450 binären Bits. Diese Bits wurden vom Computer als Finite state machines angesehen. Jeder interne Zustand legte, zusammen mit den Bedingungen der Umwelt, das Verhalten für den nächsten Zeitraum fest. Die Ameise bekam dabei nur Informationen von der Zelle, die direkt vor ihrer eigenen lag. Nachdem bestimmt worden war, ob diese Zelle an oder aus war und die Ameise ihren eigenen Zustand überprüft hatte (der ja die Regeln zur Verfügung stellte), waren verschiedene Reaktionen möglich: Einen Schritt nach vorn gehen, sich nach rechts drehen, aber dabei nicht weitergehen, sich nach links drehen, aber nicht weitergehen oder aber überhaupt nichts tun. Die Regeln bestimmten außerdem, welcher Zustand im nächsten Zeitabschnitt angenommen werden sollte.

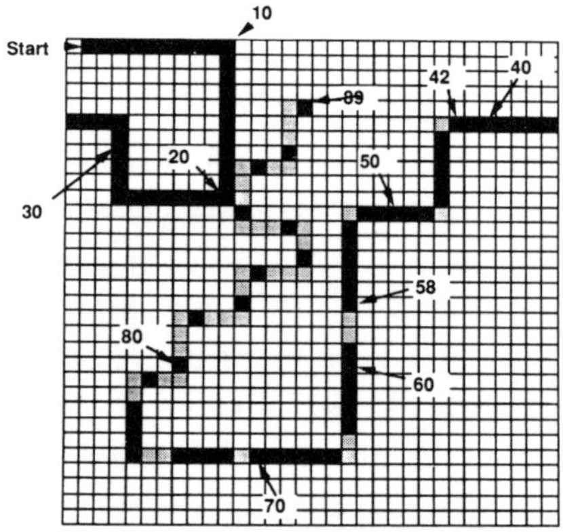

Der John-Muir-Weg ist durch die dunkel dargestellten Quadrate gekennzeichnet; die grauen Quadrate zeigen den schnellsten Pfad durch die Lücken, die Zahlen sind als eine Art von Meilensteinen aufzufassen. Die Ameisen werden danach beurteilt, wie weit sie innerhalb von 200 Zeittakten gekommen sind, wobei eine perfekt angepaßte Ameise bis zu Quadrat 89 kommt. Die künstlichen Ameisen, die von einer Gruppe für die Untersuchung Künstlichen Lebens an der UCLA entworfen wurden, waren so gezüchtet, daß sie den Weg unter Benutzung genetischer Algorithmen zurücklegten. Im Laufe vieler Generationen entwickelten sich Populationen perfekt angepaßter Ameisen.

Die erste Generation von Ameisen erhielt einen rein willkürlichen Genotyp. Dabei handelte es sich um Ketten von Einsen und Nullen, die nach dem Zufallsprinzip ausgewählt wurden. So wurde eine Population von 64K oder 65536 dieser »Zufallsameisen« gebildet (die Anzahl wurde gewählt, weil es das Vielfache der 16K großen Verarbeitungselemente des UCLA-Computers war). Es war normal, daß die

Ameisen sich in der ersten Generation überhaupt nicht bewegten, planlos herumliefen oder stupide in eine Richtung wanderten. Verglichen mit Ameisen, die vorgegebene Teile des Pfades erfolgreich absolviert hatten, wurde dieses Verhalten mit einer geringen Punktzahl bewertet. Schafften es dagegen einige der Ameisen in dem auf zweihundert Zeittakte angelegten Durchgang, vier oder mehr Quadrate zurückzulegen, erhielten sie eine höhere Punktzahl. Nachdem jede Ameise bewertet worden war, wurden die besten 10 Prozent für die Reproduktion ausgewählt (das war die kompakte Variante des genetischen Algorithmus, der die »Gewinner« in direktem Verhältnis zu ihrer Punktzahl aussortierte). Sie wurden anschließend kopiert, so daß wieder eine vollständige Population entstand, und dann miteinander gepaart. Anschließend war ein Crossing-over vorgesehen, und eine kleine Anzahl der Ameisen wurde für Mutationen ausgewählt.

Nach zwanzig Generationen war durch den Evolutionsprozeß bereits ein bemerkenswerter Fortschritt eingetreten. Die Durchschnittsameise einer Population konnte Wendungen, Drehungen und Sprünge über fast dreißig Quadrate ausführen. Noch beeindruckender war allerdings die Elite dieser Population, denn diese Ameisen konnten bis zu sechzig Quadrate des Weges absolvieren! Nach siebzig Generationen waren die intelligenten Ameisen in der Mehrzahl. Schon das Durchschnittsindividuum bewältigte sechsundfünfzig Quadrate, wobei diese beeindruckende Zahl noch von einigen totalen Versagern niedrig gehalten wurde, die durch unvermeidliche Ausrutscher beim Einfügen der Mutationen entstanden waren. Ein auffällig hoher Prozentsatz der Population hatte es sogar geschafft, den gesamten Weg zurückzulegen, also alle neunundachtzig Quadrate zu bewältigen. Tatsächlich war das sogar die häufigste Punktzahl, die nach siebzig Generationen erreicht worden war. Hier rechtfertigte also eine Ameisenpopulation, die geboren war, um dem John-Muir-Pfad zu folgen, ihre Existenz vollkommen.

Es ist wichtig zu betonen, daß der genetische Algorithmus nicht nur die für eine Verbesserung der Leistungsfähigkeit der gesamten Population gesorgt hatte, die den Fähigkeiten der besten Ameisen aus der ersten Generation entsprach, sondern daß er außerdem die Entwicklung von Superameisen bewirkt hatte, die ihre neu kombinierten Gene benutzten, um die Fallgruben des John-Muir-Pfades raffiniert zu umgehen. Die beste von Hunderttausenden zufällig zusammengestellter Ameisen, die als Ausgangspopulation getestet wurden, war in der Lage, dem Pfad erstaunliche achtundfünfzig Schritte zu folgen, bevor sie durch eine doppelte Lücke im Pfad aus dem Konzept gebracht wurde und die Zeit überschritt. Diese Ameise war ein Glückstreffer, ähnlich vier Assen in der Hand beim Pokern. Aber der GA lieferte etwas noch Besseres, als es die beste Ameise jemals durch Zufall hätte erwarten lassen können. Er stellte der Ameise praktisch etwas zur Verfügung, das vier Assen in zehn aufeinanderfolgenden Pokerspielen entsprach – etwas mit einem Organisationsgrad, das niemals mit zufälligen Ereignissen in Einklang gebracht werden konnte, ebensowenig wie die Produkte der natürlichen Evolution.

Ein gutes Beispiel war ein Organismus, der »Champ 100« genannt wurde, eine der gut entwickelten Ameisen, die den John-Muir-Pfad erfolgreich absolvieren konnten. Als Produkt von einhundert Generationen, die der Evolution unterworfen worden waren, agierte sie so, als kenne sie diesen Weg, und die Zuversicht, mit der sie die Aufgabe bewältigte, legte den Schluß nahe, es sei eine stärkere Kraft als der Zufall, die ihr Wesen geformt hatte. Manchmal erschien es sogar, als sei ein ausgezeichneter Programmierer am Werk gewesen. Evolutionsbiologen war dieser Effekt als »Paleys Uhr« bekannt. Der Name geht auf den Pater William Paley (1743–1805) zurück, der darüber klagte, daß die Produkte der natürlichen Evolution, ähnlich einer sauber gefertigten Uhr, zu kompliziert seien, als daß sie nicht von der Hand eines übernatürlichen, außerirdischen Schöpfers stammten.

Die geschickte Hand des Uhrmachers schien auch für einige Ansätze von Champ 100 zur Bewältigung des John-Muir-Pfades verantwortlich zu sein. Champ 100 hatte eine Vorliebe für Rechtswendungen, ein Merkmal, das dadurch verstärkt wurde, daß der Weg drei Rechtswindungen hatte, bevor die erste Linksbiegung kam. Das versetzte ihn in die Lage, sich mit Leichtigkeit durch die ersten Kurven des Weges zu bewegen. Später, als der Weg sich nach rechts und links wand, nahm Champ 100 eine eher vorsichtige Haltung ein. In seinem Arsenal von Tricks zur Bewältigung des Weges hatte Champ 100 aber außerdem noch eine Kombination von drei Zuständen, die ihn in die Lage versetzten, verschiedene Herausforderungen zu bewältigen: Er machte eine Linkswendung, auch wenn die entsprechende Ecke fehlte, er überstieg eine zwei Quadrate große Lücke und konnte einen Sprung nach rechts über mehrere Quadrate ausführen, ähnlich einem Springer beim Schachspiel, um dann von dort den Weg wieder aufzunehmen. Champ 100 entwickelte außerdem eine unglaublich effiziente Serie von Wechseln seiner jeweiligen Zustände, so daß er auch den letzten Stolperstein des Weges überwand. »Diese effiziente Logik läßt vermuten«, schrieb die Gruppe vom UCLA, »daß die Evolution die Fähigkeit hat, die Kenntnis von der Umgebung in eine Struktur im Innern des Organismus zu übertragen.«[8]

Champ 100 war eine beeindruckende Kreatur, nicht zuletzt deswegen, weil ihn niemand programmiert hatte. Sein Code entstand durch die Zunahme von Wissen mittels natürlicher Selektion. Hierbei handelte es sich um nur ein Beispiel von unzähligen neuen Antworten, die der genetische Algorithmus gab. Jedes dieser Beispiele schien die weit verbreitete Ansicht zu widerlegen, daß aus nichts auch nichts kommen könne.

Interessanterweise fand das UCLA-Team heraus, daß ihre erstaunlichen Ergebnisse, also die Schaffung von Ameisen, die sich schon nach wenigen Generationen perfekt auf einem vorgegebenen Weg zurechtfanden, durch eine Mutationsrate von nur ein Prozent erreicht wurde, also wenn nur eine von einhundert Stellen verändert wurde. Auch die Herabsetzung der Rate auf eine Veränderung von eintausend möglichen, machte kaum einen Unterschied. Diejenigen, die genetische Algorithmen häufiger benutzten, beobachteten ähnliche Effekte: Mutationen, die in eine Population eingebracht wurden, hatten nur wenig Einfluß auf die zunehmende Anpassung. Dieses Phänomen zeigte sich in bemerkenswerter, wenn auch unbeabsichtigter Weise schon in Larry Yaegers PolyWorld. Nachdem er bereits mehrere Wochen damit gearbeitet hatte, entdeckte er beim Test bestimmter Codes, daß er vergessen hatte, Mutationen einzubauen. Dennoch hatte PolyWorld, nur durch die Benutzung des Crossing-over, schon lebensähnliche Verhaltensweisen aus ursprünglich zufälligen Genotypen hervorgebracht, und dies hatte sogar zu einer Spezialisierung oder Artenbildung bei den Organismen geführt.

Das entsprach einer für seine Zeit ziemlich ketzerischen Vermutung Hollands, der sich fragte, ob der Anteil von Mutationen an der Evolution nicht überschätzt werde. Holland behauptete, daß die Rekombination, bzw. das Crossing-over, von Biologen unterschätzt werde. »Sogar die Laborbiologen, also solche, die wirklich mit diesen Systemen zu tun haben, geben den Mutationen sehr viel mehr Gewicht als der Rekombination«, sagt Holland. »Mutationen kommen acht bis zehn Potenzen seltener vor als das Crossing-over. (Man schätzt, daß ungefähr eines von zehn Millionen Genen während des Reproduktionsprozesses von einer Mutation betroffen ist.) Jeder Physiker, der sein Gehalt wert ist, wird es spaßig finden, daß der eine überragend wichtige Prozeß so viel seltener vorkommt als der als unwichtig angesehene.«

Das Problem lag nach Hollands Ansicht nicht darin, daß Biologen blind waren, sondern darin, daß sie nicht die richtigen Werkzeuge zum Sehen benutzten. »Nur sehr wenige Feldversuche zeigen diese Effekte«, sagt er. Die Tatsache, daß die anerkannte biologische Lehrmeinung immer noch davon ausgeht, Mutationen seien sehr viel wichtiger als Rekombinationen, mag viele Mathematiker und Informatiker davon abgehalten haben, ein Modell der Evolution zu konstruieren. Die bisher in dieser Forschung Tätigen unterwarfen sich dann auch dieser Standardmeinung und vernachlässigten das Crossing-over. »Es ist für mich ein wenig überraschend, daß nicht ein besonders kluger Kopf das Crossing-over eingebaut hat, und sei es nur aus reiner Neugierde, schließlich ist die Mühe des Programmierens gering. Aber niemand hat es gemacht.« Holland tat aber genau das. Er vertraute darauf, daß die Simulation eines biologischen Systems, von den gleichen Kräften vorangetrieben, die auch für die natürliche Evolution verantwortlich waren, neue und bisher nicht verfügbare Einsichten in diesen Prozeß bringen müßten.

In Hollands Schema konnten durch das Crossing-over wichtige und gut angepaßte Bausteine in die nächste Generation übernommen werden. Diese bildeten dann die Basis für eine erfolgreiche Entwicklung des Genoms. Wenn diese Blöcke mit anderen erfolgreichen Blökken zusammentrafen, konnten dabei neue und innovative Ansätze für die Lösung der Schwierigkeiten in der artifiziellen Umwelt entstehen. Damit lieferte der Prozeß das, was nach Hollands Ansicht der größte Vorteil der Evolution war: die ständige Erneuerung beim Versuch, sich besser anzupassen.

»Die grundlegende Idee, daß diese lokalen Muster etwas Umfassenderes bilden könnten, steckte schon in den Zellularautomaten«, sagt er. »Allerdings war nun die Frage, wie man zu etwas kommen konnte, das mehr war als nur der Bauklotz eines Kindes, etwas, das in unterschiedlichen Zusammenhängen benutzt und in verschiedener Weise eingefügt werden konnte. Die genaue Idee kam mir, als ich Fishers Regeln studierte, die sich nur auf einzelne Gene anwenden lassen. Ich wollte sie so erweitern, daß sie sich auf *Gruppen* von Genen anwenden ließen.«

Diese Absicht führt zu dem, was Holland »Schematheorem« nannte, das erklärte, wie Bausteine ihre Kräfte in genetischen Algorithmen manifestierten, und das andeutete, was die Grundlage für eine populationsweite Erhaltung von Genen in der natürlichen Biologie war. Der Begriff Schema bezog sich auf eine Ähnlichkeitsschablone, mit der alle Zahlenketten beschrieben wurden, die einen vorgegebenen Baustein oder auch mehrere Bausteine enthielten. Jede Kette, die diese Bausteine besaß, war ein Beispiel für das Schema, gleichgültig, welche Zahlen sonst noch in der Kette enthalten waren.

Wenn beispielsweise ein Baustein die Ziffernfolge 10 an den ersten beiden Stellen einer acht Ziffern umfassenden Kette enthielt, so waren *alle* Ketten, die mit den Ziffern 1 und 0 begannen, ein Beispiel für dieses Schema. Das wurde normalerweise so ausgedrückt: 10******, wobei ein Stern besagte: »spielt keine Rolle«.

Beispiele von Ziffernfolgen, die in dieses Schema passen, sind also:

10111111
10000000
10010010
nicht aber:
01111111
11000000.

Ein Schema mußte nicht fortlaufend sein. So konnte man auch etwas wie 1******0 oder 10**0000 und sogar 0*******1 auswählen. Wichtig war nur, daß das Schema jedes mögliche Beispiel repräsentierte, das genau paßte, wenn diejenigen Zahlen, die keine Rolle spielten, ignoriert wurden.

Das Hauptprinzip des Schematheorems war Nähe, ebenso wie bei den

Bausteinen Nähe die treibende Kraft war. Man konnte sich einen GA-Organismus vorstellen, der eine bestimmte Kombination von Genen besaß, die einen bestimmten, relativ gut angepaßten Phänotyp hervorbrachte. Während des Crossing-over wurde das Chromosom an einem vorbestimmten Punkt gespalten, und einige Allele wurden durch solche des Partners ersetzt. Die Wahrscheinlichkeit, daß irgendeine Kombination von Allelen verlorenging, war direkt proportional zu der Entfernung, die auf dem Chromosom zwischen ihnen lag. Wenn sich in einem vorgegebenen Schema eine Ziffer am Beginn und die andere am Ende befand, war fast sicher, daß die Kombination dieser beiden Gene nicht an die Nachkommen weitergegeben wurde. Die Stelle, an der die Kette gespalten wurde, mußte dann zwangsläufig zwischen den entsprechenden Loci liegen. Wenn die Punkte dieses Schemas jedoch direkt benachbart waren, galt das Gegenteil: Nur in dem Fall, bei dem der Crossing-over-Bruch genau an der Stelle zwischen den beiden Punkten lag, wurden sie getrennt. Je kompakter der Baustein war, um so geringer war die Wahrscheinlichkeit, daß er gespalten wurde. Bei der großen Mehrheit der Reproduktionen war die Kombination auch in der nächsten Generation vorhanden.
Wenn also ein bestimmter Baustein aus sehr wenigen, noch dazu benachbarten Bits ein Verhalten entwickelte, das zusätzliche Anpassung versprach, so war es sehr wahrscheinlich, daß sich dieses Verhalten im Genpool durchsetzen konnte. Führte beispielsweise in der Tracker genannten Ameisensimulation ein Baustein von vier Genen dazu, daß sich eine Ameise vorwärts bewegte, solange sie einen Teil des Weges vor sich sah (bei einem geradeaus führenden Weg war das ein optimales Verhalten), so bliebe der Baustein vermutlich erhalten. Dadurch verbesserte er erstens die Überlebensfähigkeit erheblich, so daß sich die entsprechende Ameise wahrscheinlich unter den punktbesten Organismen befand, die ausgewählt wurden, um sich in der nächsten Generation zu reproduzieren. Außerdem versetzte die Kompaktheit des Bausteins diesen in die Lage, die Crossing-over zu überstehen und so auch die nächste Generation zu überleben, in der seine Überlebensfähigkeit weiter verbessern würde, und die mit seinen Eigenschaften ausgestatteten Organismen wären sichere Kandidaten für weitere Reproduktionen. Es war also wahrscheinlich, daß sich ein derart gut angepaßter Baustein nach mehreren Generationen in einem

Genpool stark vermehren würde. Jeder Nachkomme, der die Einheit verletzte, indem er den Block spaltete oder durch Genmutation veränderte, zeigte nicht das notwendige angepaßte Verhalten, war also weniger überlebensfähig und wurde daher nicht für die Reproduktion ausgewählt.

Das Schematheorem konnte nun erklären, wie Kombinationen, die zu klugen Verhaltensweisen geführt hatten, in einem angenommenen Experiment bestehen blieben, nachdem diese Kombinationen erst einmal durch ein zufälliges Crossing-over oder durch eine Mutation realisiert worden waren. Während des Experiments selbst war es möglich, die einzelnen Ketten einer bestimmten Generation zu überprüfen und einzelne umweltbezogene Ansätze auszuwählen, indem die entsprechenden Bausteine isoliert wurden. Bei der Untersuchung der Schemata, also während man verfolgte, wie die Bausteine sich ausbreiteten und zusammenwirkten, konnte man erkennen, wie sich die gesamte Population im Verlauf von Generationen an die Umwelt anpaßte.

Arbeiten nun aber Gruppen echter Gene nach den gleichen Regeln wie Hollands Schemata? War das Crossing-over bisher nicht ausreichend als treibende Kraft der genetischen Evolution erkannt worden? Die Antworten auf diese Fragen kamen nur zögernd, hauptsächlich deswegen, weil die Biologen kein Interesse daran hatten, diese Fragen zu untersuchen. Schließlich stammten die Hinweise ja von einem mathematischen Modell und nicht aus dem Bereich der Laborbiologie. Biologen waren nur widerstrebend bereit, sich mit der Vorstellung anzufreunden, daß genetische Algorithmen nicht Simulationen der Evolution seien, sondern Beispiele für diese Evolution, ebenso wie nach Langtons Ansicht die künstlichen Mechanismen, durch die Craig Reynolds' *boids* Schwärme bildeten und echtes Schwarmverhalten entwickelten.

Eine Ausnahme in dieser Ablehnungsfront war der Evolutionsbiologe Richard Dawkins. Der Professor aus Oxford betrachtete Künstliches Leben als »Generator für die Einsicht in unser Verständnis vom richtigen Leben«. Dawkins erwarb diese hohe Wertschätzung von Künstlichem Leben und ganz besonders für die simulierte Evolution bei der Vorbereitung seines Buches *The Blind Watchmaker* (Der blinde Uhrmacher). Mit diesem Buch wollte er zeigen, wie die Evolution durch raffinierte, schrittweise Entwicklungsstadien schließlich zu der beeindruckenden Ordnung und Komplexität heutiger Lebensformen kommen konnte. Neben der eigentlichen Beschreibung der Vorgänge wollte Dawkins diese auch einleuchtend illustrieren. Als Benutzer eines Macintosh-Computers schrieb er ein Programm, das von einigen der evolutionären Möglichkeiten Gebrauch machte. Das Ergebnis überraschte selbst einen so begeisterten Evolutionisten wie Dawkins.

In Anlehnung an den wunderlichen Begriff, mit dem der Biologe Desmond Morris die tierähnlichen Figuren in seinen Gemälden bezeichnete, nannte Dawkins seine graphischen Computerorganismen »Biomorphe«. Diese Kreaturen waren nichts weiter als Strichzeichnungen, die an einfache Bäume erinnerten. Ihr Aussehen wurde von neun Parametern beeinflußt, die Merkmale wie Verzweigung, Gliederung und Symmetrie bestimmten. Er betrachtete diese Parameter als Gene. Jedes Gen konnte durch Mutationen beeinflußt werden, die eine neue Variation des Biomorphs in der nächsten Generation hervorbrachten.

Wie die genetischen Algorithmen auch, entwickelten sich die Biomorphe durch künstliche Selektion. Ihre Angepaßtheit wurde allein subjektiv von außen bestimmt, und zwar von der Person, die den Computer bediente. Dawkins verglich diesen Prozeß mit der Art künstlicher Selektion, die bei der Rinderzucht angewendet wird. Am Anfang des Reproduktionsprozesses eines Biomorphs wurde dem Selektor die Wahl zwischen verschiedenen Nachkommen des augenblicklichen genetischen Spitzenreiters gelassen, wobei jeder eine einzelne Mutation auf einem der neun Gene des Champions repräsentierte. Der Selektor wählte das aus, was ihm, aus welchen Gründen auch immer, am besten gefiel. Wie Dawkins es ausdrückte, war praktisch das menschliche Auge das ausschlaggebende Organ für die Auswahl. Auf die Organismen, die überlebten, trafen unterschiedliche Charakterisierungen zu, beispielsweise »interessant« oder »hübsch«, aber auch »sieht anders aus als die letzten« und »dieser ähnelt aber wirklich einem Pfirsichbaum«. Ein Reproduktions- und Mutationsalgorithmus brachte dann Nachkommen des Überlebenden hervor, worauf der gesamte Vorgang wiederholt wurde. Die Idee, die hinter diesem Experiment steckte, war die, daß man sehen wollte, wieweit sich die Biomorphe, eine vernünftige Anzahl von Generationen vorausgesetzt, zu etwas entwickeln konnten, das ganz anders war als die zufällig gewählte Form des Originals, vielleicht zu etwas, das der jeweilige Selektor besonders mochte.

Beginnend mit einfachen botanischen Strichzeichnungen, hoffte Dawkins, daß sich die baumartigen Strukturen zu komplexeren Strichzeichnungen entwickeln würden. Das war allerdings eine starke Untertreibung. Dawkins' einfaches System war in der Lage, eine große Bandbreite von Zeichnungen hervorzubringen, die sich schnell von der Pflanzenwelt in die Welt der Insekten ausdehnte. Der Biologe war überrascht:

> Als ich das Programm schrieb, kam mir niemals der Gedanke, daß es etwas anderes entwickeln könnte als eine Varietät von baumähnlichen Gestalten. Ich hatte Trauerweiden erhofft, Libanonzedern, Pyramidenpappeln, Meeresalgen, vielleicht Hirschgeweihe. Nichts in meiner Intuition als Biologe, nichts in meiner 20jährigen Erfahrung im Programmieren von Computern, und nichts in meinen verrücktesten Träumen hatte mich auf das vorbereitet, was tatsächlich auf dem Bildschirm erschien. Ich kann mich nicht daran erinnern, an welchem Punkt der Sequenz es mir zu dämmern begann, daß eine durch Evolution entstandene Ähnlichkeit mit einem Insekt möglich war. Voller Argwohn begann ich zu züchten, Generation auf Generation – und von jedwedem Kind, das am meisten wie ein Insekt aussah. Mein ungläubiges Erstaunen wuchs in gleichem Maße wie die sich entwickelnde Ähnlichkeit ... Ich spüre immer noch das Triumphgefühl, das mich erfüllte, als ich diese sonderbaren Kreaturen zum ersten Mal vor meinen Augen entstehen sah. Ganz deutlich hörte ich die triumphierenden ersten Akkorde von *Also sprach Zarathustra* (dem Thema zum Film *2001*) in meinem Geist. Ich konnte nicht essen, und in jener Nacht schwärmten »meine« Insekten hinter meinen Augenlidern herum, als ich zu schlafen versuchte.[9]

Das »Zarathustra«-Insekt hatte zu Beginn aus nur einem einzigen Bildelement bestanden. In nur neunundzwanzig Generationen ähnelte

es einem kleinen Kerbtier, das man unter einem Blatt finden mochte. Die Natur hatte einige Milliarden Jahre benötigt, um es zu erschaffen, Dawkins preßte diesen Zeitraum in wenigen Anschlägen auf einem Macintosh zusammen.
Das Insekt bekam bald Gesellschaft von anderen visuellen Lebensformen. Das Biomorphland, wie Dawkins es nannte, war eine Quelle der Vielfältigkeit, die an den Burgess-Shale erinnerte, eine Fundstätte in British Columbia in Kanada für tierische Fossilien aus der Zeit des frühen Kambriums. Es konnten nicht nur Kreaturen wie Skorpione und Bienen entwickelt werden, sondern auch Spinnen, Fledermäuse, Frösche und Vögel. Die Formen konnten aber auch Schöpfungen des Menschen ähneln, beispielsweise Düsenflugzeugen, Mondlandefähren und Buchstaben des Alphabets (Dawkins ließ sich so seinen Namen buchstabieren). Die Möglichkeiten schienen grenzenlos.

> Bei meinen Wanderungen durch die entfernten Gefilde des Landes der Biomorphe erhielt ich Feenkrabben, Aztekentempel, gotische Kirchenfenster, Eingeborenenzeichnungen von Känguruhs und, bei einer bemerkenswerten, aber nicht wiederholbaren Gelegenheit, eine passable Karikatur des Wykeham-Professors für Logik.[10]

Wenngleich das Experiment an ein Spiel erinnerte, so folgte es doch den Regeln der Natur. Die Entwicklung der Kreaturen erfolgte, wie Dawkins bemerkte, nicht in einem Schöpfungsakt, sondern man entdeckte die Wesen. Sie existierten in gewissem Sinne bereits, und zwar als mögliche Permutationen eines vorhandenen Satzes von Genen und einer begrenzten Anzahl von Mutationen. Biologen bezeichnen dies als *genetic space,* also als eine Art mathematischen Atlasses, der alle möglichen Lebensformen topographisch einordnet. Solche mit identischer Genzusammensetzung teilten sich einen Ort, diejenigen mit nur einer Mutation befanden sich direkt daneben, und solche, die sich durch wenige Wechsel unterschieden, waren noch in nächster Nachbarschaft angesiedelt. Je mehr Unterschiede jedoch im Genotyp entstanden waren, um so weiter vom Ursprungsort entfernt befand sich ein Organismus in diesem Genatlas. Dawkins' »Zarathustra«-Insekt, das sich durch neunundzwanzig Mutationen von seinem Urahn entfernt hatte, befand sich, in genetischen Abständen gemessen, daher auch neunundzwanzig Schritte weiter weg. Wenn man bedenkt, daß es für jede einzelne Mutation etwa eine halbe Billion verschiedener Variationsmöglichkeiten gab (jedes der neun Gene hatte neunzehn mögliche Allele), so lag die Anzahl der möglichen Biomorphe nach neunundzwanzig Schritten fast jenseits unserer Vorstellungskraft. Dies war die Schlüssellektion des Biomorphlandes – Evolution ist ein einflußreicher Mechanismus, um den Genetic space zu durchsuchen. Benutzte man visuelle Attraktivität als Indikator für die Tauglichkeit, konnte man Billionen von uninteressanten Biomorphen links liegen lassen und sich direkt den brauchbaren zuwenden.

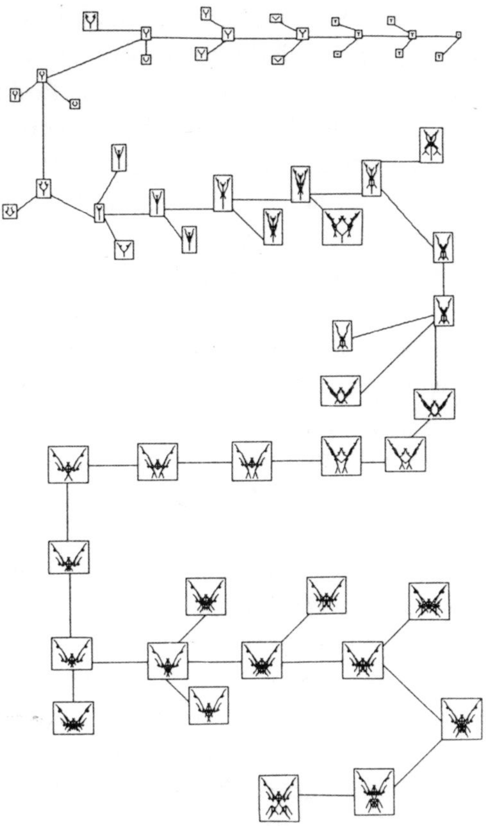

Von einem Biomorph ausgehend, das nur aus einem einzigen Bildelement bestand, züchtete Richard Dawkins, im Laufe von nur 29 Generationen, eine Kreatur, die an ein Insekt erinnert. Hier ist der Stammbaum dieser Kreatur einschließlich einiger evolutionärer Sackgassen dargestellt.

Das gleiche Prinzip war auch beim genetischen Algorithmus am Werk. Statt des natürlichen Genetic space benutzten genetische Algorithmen die Evolution, um das zu suchen, was sie *problem space* nannten, also sämtliche Lösungsmöglichkeiten eines Problems. Als die UCLA-Gruppe ihren Champ 100 schuf, benutzte sie die natürliche Selektion, um eine Ameise zu »entdecken«, die in der Lage war, den John-Muir-Pfad auf besonders listige Art und Weise zu passieren. Als Goldberg eine gute wirtschaftliche Methode fand, um den Durchfluß in einer Gaspipeline zu berechnen, benutzte er ebenfalls genetische Algorithmen als Lösungsansatz für dieses Problem. Der GA war auf diesem Feld so erfolgreich, daß Goldberg schrieb: »Wenn wir beispielsweise auf der Suche nach der klügsten Person unter den 4,5 Milliarden Einwohnern der Erde wären und bei der Suche ebenso schnell sein könnten wie der GA, brauchten wir nur mit vier oder fünf Leuten zu sprechen, um eine nahezu optimale Auswahl treffen zu können.«[11]

Das Beweismaterial schien eindeutig: Der genetische Algorithmus war in der Lage, robuste Programme und künstliche Anpassungsleistungen zu erzeugen, indem er die Kräfte der Evolution nutzte. Dennoch zögerten die Päpste der Informatik, ihm ihren Segen zuteil werden zu lassen. Der GA stand außerhalb des Dogmas und geriet mit einem kulturellen Vorurteil in Konflikt. Bei der Künstlichen Intelligenz war die Standardmethode zur Erzeugung angepaßter Systeme mit an Zauberei grenzender Programmierung verbunden. Die KI-Starprogrammierer wollten nicht wahrhaben, daß es ein Programmsystem geben könnte, bei dem die Innovationen einer von außen wirkenden Kraft entstammten – der Natur.

»Das Problem, das Außenstehende mit genetischen Algorithmen im allgemeinen haben, ist dadurch bedingt, daß man sich 100 Gründe vorstellen kann, warum sie nicht funktionieren«, sagt John Koza, ein Schüler Hollands, der heute an der Stanford University lehrt. »Und die spezielle Frage ist, wie sie denn funktionieren sollen, da ihre Entstehung doch rein zufällig ist. Wir sind es gewohnt, Dinge mit genauen Vorstellungen von Lösungen anzugehen – mit Vorstellungen, die man mit logischen Mitteln beweisen kann, ähnlich wie die Lösung von Fragestellungen in der Schulgeometrie –, und hier nun diese vollkommen unlogische Geschichte! Allerdings vergessen die Leute die Hauptsache bei genetischen Algorithmen, nämlich die, daß man mit einer großen Population arbeitet, also mit Hunderttausenden von Individuen. Das meiste, was produziert wird, ist schlecht, aber es wird eine Menge probiert, und einiges davon ist gut.«

Kozas eigenes Programmiersystem beruhte auf genetischen Algorithmen zur Lösung von Problemen der unterschiedlichsten Richtungen. Das System war sozusagen eine Allzweck-Antwortmaschine, wobei die Evolution der Motor war. Auch ihre Entstehung war ungewöhnlich. Nachdem Koza in den frühen sechziger Jahren in Michigan seinen Doktortitel erworben hatte, kehrte er der Informatik zunächst den Rücken. Er wurde Mitbegründer einer Firma, die zum ersten Hersteller von Rubbellosen werden sollte, und erfreute sich daher eines entsprechend hohen Vermögens, das durchaus mit dem Hauptgewinn einer solchen Lotterie vergleichbar war. Er hatte zwar weiterhin Interesse an künstlichen angepaßten Systemen, betrieb die Sache aber eher als Hobby. Im Jahr 1987, auf der Rückreise von einer KI-Konferenz in Italien, legte er einen Zwischenaufenthalt in London ein. Dort gab ihm ein Freund den Tagungsband einer Konferenz über genetische Algorithmen. Er blätterte diesen auf dem Rückflug durch und war zunehmend fasziniert. Beeindruckt von den verschiedenen Anwendungen, bemängelte er etwas, das ihm wie eine himmelschreiende Unterlassung vorkam. »Was diese Leute brauchen«, dachte er sich, »ist ein Weg, Programme zu entwerfen.«

Koza begann, an einem System zu arbeiten, mit dem genetisch Computerprogramme hergestellt werden konnten. Er wählte die komplexe, aber flexible Computersprache LISP als Grundlage für die Programme, die von dem System geschaffen werden sollten, und versuchte, mit genetischen Algorithmen als Basis zu arbeiten. Den Durchbruch erreichte er mit seiner Entscheidung, die Einheiten des Crossing-over nicht als einzelne Zeichen oder sogar als Befehlsfolgen in einem Computerprogramm anzusprechen, sondern als symbolische Ausdrükke, die in einer LISP-Syntax geschrieben waren. Die je nach Problemstellung aus mathematischen Funktionen und Eingaben bestehenden symbolischen Ausdrücke waren im wesentlichen Funktionen, also quasi Unterprogramme, die man sich als Baumstrukturen vorstellen kann. Mit diesen Funktionen konnte ein Crossing-over erfolgreich durchgeführt werden, so daß bei einem vernünftigen Prozentsatz der Kreuzungen der Nachkomme des Programms eine korrekte Syntax hätte, zumindest ebensogut wie seine Eltern. Eine andere Sichtweise bestand darin, diese symbolischen Ausdrücke als baumartig geformte »Chromosomen« anzusehen. Das Crossing-over war dann das Gegenstück zu einem Austausch der Zweige.

Der Evolutionsbiologe William Hamilton glaubte, daß dies der geeignete Fortschritt sei, durch den die Arbeit mit Künstlichem Leben interessant werden könnte. »Natürlich hat die Biologie niemals baumförmige Chromosomen hervorgebracht, sie sind vielmehr alle linear«, also kettenförmig, sagt er. »Aber Koza ist in der Lage, bemerkenswerte Ergebnisse vorzuweisen, indem er die natürliche Selektion bei baumförmigen Chromosomen benutzt und kleine Zweige von einem zum anderen Baum schiebt, und das ist in der Tat eine interessante Sache. Ich glaube, baumförmige Chromosomen sind stark im Kommen. Es kann außerdem nur gut sein, daß die Biologen die Grenzen erkennen, denen das Leben dadurch ausgesetzt ist, daß es ausschließlich mit linearen Chromosomen arbeiten muß.«

Koza hielt den Unterschied zwischen den Einzelmerkmalen, die in herkömmlichen genetischen Algorithmen benutzt wurden, und den Unterprogrammen seines Systems für vergleichbar mit den in der natürlichen Welt vorkommenden Unterschieden. Im ersten Fall stand ein Merkmal als »analog zu einer der vier Basen, die in den DNA-Molekülen vorkommen«[12], im zweiten »analog zu der Aufgabe, die Proteine in einer lebenden Zelle ausführen«.

Das daraus resultierende »genetisch programmierende« System war in der Lage, mit einem Wirrwarr von Anwendungen meisterhaft umzugehen; das reichte von der Steuerung von Robotern über das Auffinden mathematischer Regeln bis hin zur besten Strategie in einem Spiel.

Koza gestand allerdings ein, daß man Abstriche machen mußte. Das System war kein Allheilmittel, das jedes Problem löste, das ihm gestellt wurde. Da die Programme auf einer gesteigerten Anpassung der Tauglichkeit beruhten, waren der Verwendbarkeit des Systems für sogenannte Alles-oder-nichts-Situationen, in denen es keine Möglichkeit einer nur partiellen Anpassung gab, Grenzen gesetzt. Außerdem war der Programmierer gezwungen, bestimmte LISP-Funktionen, die für das Problem benötigt wurden, einzufügen und individuelle Parameter zu setzen, beispielsweise die Anzahl der Generationen und die Größe der Population. Das bedeutete einen so erheblichen Eingriff von außen, daß Kozas System nicht für sich in Anspruch nehmen konnte, seine Ergebnisse hätten sich aus rein zufälligen Anfängen entwickelt.

Eines von Kozas Experimenten war, die Arbeit David Jeffersons und seiner Kollegen von der UCLA zu wiederholen, die ja bekanntlich künstliche Ameisen mit dem genetischen Algorithmus hergestellt hatten. Für Koza war das ein guter Test, denn sein System war abhängig von der Messung verschiedener Erfolgsgrade, bevor ein gestelltes Problem gelöst werden konnte. Das war recht einfach bei der Aufgabe, einem Pfad zu folgen, bei dem nur die Quadrate gezählt werden mußten, um die Tauglichkeit eines bestimmten Organismus festzustellen. Er konzentrierte sich auf ein Ameisenverhalten, das darauf ausgerichtet war, einen schwierigeren Pfad als den John-Muir-Pfad zurückzulegen, einen unregelmäßigen, zerstückelten Pfad, der von Chris Langton stammte und »Santa-Fe-Pfad« genannt wurde. Die UCLA-Gruppe hatte einen Supercomputer namens Connection Machine benutzt, und sie erhielt mit ihren genetischen Algorithmen bei der Produktion von zweihundert Generationen, die jeweils 65536 Ameisen umfaßten, nur ein einziges Individuum, das in der Lage war, den gefährlichen Weg erfolgreich zurückzulegen.

Anstatt genetische Algorithmen zu verwenden, um eine Ameise auf direktem Wege zu entwickeln, benutzte Koza sein genetisch programmierendes System, um ein LISP-Programm zu schaffen, das dann wiederum das Ameisenverhalten bestimmte. Er begann mit einer Population von zufällig hergestellten LISP-Programmen, jedes mit Anweisungen, die auf diese Aufgabe zugeschnitten waren (z. B.: »Wenn der Sensor ein leeres Feld feststellt, weitergehen«), allerdings willkürlich verteilt. Nachdem die Programme gelaufen waren, wurden die Phänotypen auf ihre Tauglichkeit hin geprüft. Anschließend wurden die Siegerprogramme gepaart.

Koza vermied jede Art von Mutation. »Mutationen sind ein Nebengleis in der Natur und ein Nebengleis bei genetischen Algorithmen«, sagt Koza, womit er sich etwas über die erklärten Ziele anderer hinauswagt, indem er einen noch stärkeren Einfluß des Crossing-over betont. »Normalerweise vermeide ich Mutationen.«

Die entstandenen Programme erreichten die gleichen, in einigen Fällen auch bessere Ergebnisse als die der UCLA-Gruppe. In einem Fall war Koza in der Lage, nach nur sieben Generationen eine Ameise zu entwickeln, die die neunundachtzig Schritte des Weges ohne einen einzigen Fehltritt absolvierte.

Dies war typisch für die Art, wie das genetisch programmierende System die Probleme bewältigte, mit denen es konfrontiert wurde, wobei es eine Fertigkeit entwickelte, die sogar ihren Schöpfer erstaunte. Koza benutzte das System, um quadratische, integrale, lineare und Differentialgleichungen zu lösen. Er ließ es Primzahlen suchen und verwendete es, um Muster zu erkennen, wobei eine sechs Bildelemente umfassende Netzhaut simuliert wurde. Er sah, daß es in der Lage war, nichtlineare physikalische Probleme zu lösen, beispielsweise die Aufstellung einer Gleichung, nach der es gelänge, einen Besen auf einem sich bewegenden Handkarren zu balancieren.

Das vielleicht bemerkenswerteste Ergebnis erhielt Koza, als er das System anwies, eigenständig die Gesetze der Planetenbewegung zu finden, die Johannes Kepler im 15. Jahrhundert entdeckt hatte. Es gelang dem System nicht nur, Keplers berühmtes 3. Gesetz (»Die Quadrate der Umlaufzeiten der Planeten verhalten sich wie die dritten Potenzen der großen Halbachsen ihrer Bahnellipsen«[13]) neu zu »entdecken«, sondern außerdem noch, als es sich gerade auf der Skala größerer Angepaßtheit nach oben bewegte, eine zwischenzeitliche Lösung zu finden, die einer früheren Vermutung Keplers entsprach, und die zehn Jahre vor dem Zeitpunkt veröffentlicht wurde, an dem der große Mathematiker seine verbesserte Gleichung präsentierte!

Trotz dieser beeindruckenden Ergebnisse fand Koza, daß díe Reaktionen auf sein genetisch programmierendes System, wohlwollend ausgedrückt, eher durchwachsen waren. »Der Widerstand«, sagt er, »ist fast reflexartig, in einigen Fällen sogar haßerfüllt.«

Laut Koza mißbilligten viele Programmierer, die in herkömmlicher Weise arbeiteten, die Tatsache, daß ein Grad von Zufälligkeit einbezogen war, sowohl in der anfänglichen zufälligen Auswahl als auch bei der wahrscheinlichkeitsabhängigen Wahl der Zahlenketten, die in die nächste Generation übernommen wurden. »Einige Leute beginnen schon bei der Vorstellung zu kochen, daß jeder Algorithmus auf diese Weise funktioniert«, sagt Koza. »Und dann kommt der Einwand der Schlampigkeit, denn der erste Gedanke, der einem in den Sinn kommt, wenn man von Crossing-over hört, ist der: ›Oh, ich kann mir einen Fall vorstellen, bei dem ein Crossing-over nicht funktioniert.‹ Natürlich ist ein solcher Fall denkbar. Der Schlüssel zum genetischen Algorithmus und auch zur natürlichen Auslese ist die Population, daß also Tausende von Dingen gleichzeitig probiert werden, von denen die meisten nicht funktionieren, aber der dahinterstehende Gedanke ist, die wenigen zu finden, die funktionieren.«

Hatte die Idee der genetischen Algorithmen verschiedene Informatiker bereits verärgert, so mußten sie erst recht ungläubig darauf reagieren, daß – nach Kozas Vorstellung – genetische Algorithmen umfassende, in der Sprache LISP geschriebene Computerprogramme herstellen konnten, die bei der Bewältigung schwieriger Probleme mit solchen konkurrieren würden, die von menschlichen Programmierern geschrieben wurden. Ihnen widerstrebte vor allem der Gedanke, daß gute Computersysteme nicht unbedingt von Menschen geschaffen werden mußten. Es war der gleiche Widerstand, dem John Holland ausgesetzt gewesen war, als er den GA selbst entwickelte, eine Reaktion auf die sehr beunruhigende und offenbar wahnsinnige Idee, das Steuer eines Autos an die Natur zu übergeben. Die Menschen betrachteten die Natur als blind und vergaßen dabei den blinden Uhrmacher der Evolution und die unübertroffene Differenziertheit seiner Kreationen. Koza:

> Es ist eine emotionale Geschichte, ähnlich der Zeit, als vor etwa einem Jahrhundert der Vitalismus die Biologie beeinflußte. Der Widerstand kommt dadurch zustande, daß jeder an ein Programm denkt, das er einmal geschrieben hatte und das nicht funktionierte, weil er ein Komma in der Befehlsfolge falsch gesetzt hatte.
> Aber sie vergessen die Tatsache, daß es eine Reihe von Möglichkeiten gibt, wie sie dieses Programm hätten schreiben können, das dann ebensogut gelaufen wäre. Einige Fehler hätten folgenlos sein können – zusätzliche Leerzeichen, verschiedene Namen für die Variablen oder die unterschiedliche Reihenfolge einzelner Programmteile. Das vergessen sie. Und sie vergessen auch, daß sie beim Schreiben eines Programms oft einen großen Teil eines anderen Programms benutzen, den sie fünf Jahre vorher geschrieben haben oder den sie in einem Buch gelesen haben und der dann als Unterprogramm eingebaut wird. Alle diese Dinge werden vergessen, statt dessen beharren sie auf der Annahme, daß die Sache nicht läuft, wenn ein Komma falsch gesetzt ist.
> Nun, es ist wahr, daß man, wenn ein kleines Teil der Milliarden Teile umfassenden DNA fehlerhaft ist, Sichelzellenanämie haben und im Alter von 15 Jahren sterben kann. Tatsache ist aber auch, daß es vermutlich Millionen von Fehlern in der DNA gibt, die

jedoch nichts bewirken. Diese Fehler synthetisieren beinahe die gleiche Aminosäure in der Proteinkette, die dann fast genauso arbeitet, als habe sie die richtige bekommen, und man lebt prima damit. Vielleicht ist dieser Fehler aber auch die Ursache für rote Haare. Aber wen interessiert das schon? Letztlich hat die Tatsache, ob man braunes oder rotes Haar hat, wenig Einfluß auf die Überlebenschancen.

Alles in allem erbrachte Koza faszinierende Beweise dafür, daß verschiedene komplexe Kräfte, die in biologischen Systemen zu finden sind, nicht nur künstlich nachgestellt, sondern auch genutzt werden können, wichtige Aufgaben wahrzunehmen. Unter dem Deckmantel eines programmierenden Systems lieferte Koza augenscheinlich die Illusion der »etwas aus nichts bekommen«-Charakteristik des Lebens. Nicht nur, daß sich sein System nicht an den zweiten Hauptsatz der Thermodynamik hielt, vielmehr setzte es sich auch noch über eine andere Art von Regel hinweg, nämlich über das schwer erkämpfte Vorurteil, daß nur von Menschen geschriebene Programme funktionieren können. Was die Zweifler allerdings übersahen und auch so lange nicht sehen sollten, bis die sich häufenden Beweise sie zwangen, das Paradigma zu akzeptieren, war der fleißige Helfer bei dieser Sache: die Natur mit ihren unergründlichen Kräften, die die KL-Forscher zu verstehen sich bemühten.

Eine überzeugendere GA-Anwendung kam aus dem Gebiet der Spieltheorie. Besonderes Interesse verdient hier eine bestimmte Fragestellung, die mit dem Auftreten von kooperierenden Strukturen in der Biologie verbunden ist, angefangen bei dem Verhalten von Bakterien bis hin zu den unzähligen Situationen, die in zwischenmenschlichen Beziehungen auftreten können. Genaugenommen handelt es sich um das sogenannte Gefangenendilemma. Dessen Verbindung zu genetischen Algorithmen wurde durch einen Politologen namens Robert Axelrod[14] hergestellt. Nicht zufällig war Axelrod Professor an der Universität von Michigan, also ein Kollege John Hollands. Axelrod, Holland und der Biologe William Hamilton waren Teilnehmer einer interdisziplinären Arbeitsgruppe, die sich mehrmals pro Semester traf, um in der gemischten Runde die Beziehungen zwischen der

Biologie, insbesondere der Evolution, und anderen Disziplinen zu diskutieren.
Axelrod interessierte sich dafür, wie es zu der Entwicklung einer Kooperation »zwischen Egoisten ohne übergeordnete Autorität« kommen konnte. Überall bemerkte er stillschweigende Arrangements zwischen mutmaßlich nur an sich selbst interessierten Individuen, Arrangements, von denen augenscheinlich beide Parteien profitierten. Er fragte sich, ob das in den Situationen, in denen zwei Parteien unterschiedliche und egoistische Interessen hatten, wirklich die beste Strategie war und wie diese Kooperation zustande kamen. Er hoffte, daß die Ergebnisse seiner Arbeit langfristig zu einem besseren Verständnis der Kooperation selbst führen würden und vielleicht sogar die Beziehungen souveräner Staaten beeinflussen könnten.
Das Gefangenendilemma versetzte Axelrod in die Lage, diese Probleme zu untersuchen. In diesem Spiel, das von zwei Forschern der Rand Corporation im Jahre 1950 erfunden wurde, treten zwei Spieler gegeneinander an, wobei sie die Wahl haben, zu kooperieren oder zu mogeln. Das eigentliche, immer neu auftretende Dilemma ist, daß man entscheiden muß, ob es besser ist, zu kooperieren oder zu mogeln, und wie man in einem nächsten Schritt auf das vorherige Verhalten seines Gegners reagieren soll. Je nachdem, wie der Spieler und sein Gegenpart sich entscheiden, erhalten sie eine bestimmte Punktzahl. Das untersuchte Problem war kein Nullsummenspiel, und verschiedene Kombinationsmöglichkeiten konnten entweder zu gegenseitigem Nutzen ausfallen – das war bei der Kooperation beider Spieler der Fall – oder zu geringfügigem gegenseitigem Nachteil, wenn beide Spieler mogelten. Wenn ein Spieler kooperierte und der andere mogelte, so bekam letzterer mehr Punkte, als wenn beide zusammengearbeitet hätten. Diese unterschiedlichen Möglichkeiten waren in einer »Nutzenmatrix« festgehalten. (Siehe Abb. S. 226.)
Nach Axelrods Ansicht verkörpert das iterative Gefangenendilemma die Essenz unzähliger Formen sich wiederholender Interaktionen in der natürlichen Welt und zwischen menschlichen Wesen. Eines seiner Lieblingsbeispiele war das taktische Verhalten der Infanterietruppen in den Schützengräben während des Ersten Weltkrieges. Wegen des ausgedehnten und fortwährenden gegenseitigen Beschusses der Truppen auf beiden Seiten entwickelte sich eine spontane, unausgesproche-

	Spieler auf der Vertikalen kooperiert	Spieler auf der Vertikalen mogelt
Spieler auf der Horizontalen kooperiert	3;3 Lohn für beiderseitige Kooperation	0;5 Das, was der Trottel bekommt und der, der mogelt
Spieler auf der Horizontalen mogelt	5;0 Das, was der, der mogelt und das, was der Trottel bekommt	1;1 Strafe für beiderseitiges Mogeln

Anmerkung: Die Punkte der Spieler auf der Horizontalen sind zuerst aufgeführt.

ne, aber wohlverstandene Leben-und-leben-lassen-Mentalität, wobei die Soldaten nicht schossen, solange sie nicht selbst unter direkten Beschuß gerieten. Axelrod und sein Mitarbeiter William Hamilton erwähnten auch die Toleranz, die von Vogelmännchen an den Tag gelegt werde, wenn sie den Gesang von anderen, benachbarten Vogelmännchen hören, die immerhin Konkurrenten bei der Suche nach einem Weibchen sein konnten. Dagegen würden solche Vogelmännchen aggressiv behandelt, die ihr Revier nicht in der Nachbarschaft haben und damit nicht in ständiger Wechselbeziehung mit ihren Nachbarn stehen.

Offensichtlich brachten einige Strategien im Gefangenendilemma bessere Resultate als andere. Um die besten zu finden, veranstaltete Axelrod eine Art Programmierwettbewerb und ließ die Programme gegeneinander antreten. Dabei entdeckte er unter den sechzehn Einsendungen eine Strategie, die sich bei den verschiedenen Wettkämpfen erfolgreich behauptete, also in den meisten Fällen klar gewann. Es war die einfachste Lösung, die eingegangen war, und sie lautete TIT FOR TAT (Wie du mir, so ich dir). Die Taktik läßt sich kurz zusammenfassen: Kooperiere zunächst, mache dann, was dein Gegner in der vorherigen Runde gemacht hat. Trotz seiner angenehmen Kürze war das Programm unbesiegbar. Nachdem es den ersten Wettbewerb gewonnen hatte, scheiterte auch ein Feld von einundsechzig weiteren Herausforderern, darunter Programme von Informatikern, Evolutionsbiologen und Ökonomen, die es ebenfalls nicht schafften zu gewinnen, obwohl es ihnen gestattet war, ihre eigenen Strategien so zuzuschneiden, daß sie TIT FOR TAT speziell zuwiderliefen.

TIT FOR TAT wurde von Menschenhand programmiert, und zwar von einem kanadischen Psychologen. Axelrod wollte jedoch wissen, ob genetische Algorithmen mit einer ähnlich effektiven Strategie aufwarten könnten, wenn nicht sogar mit etwas, das TIT FOR TAT selbst ähnelte. Er führte ein Experiment durch, in dem ein Individuum in der GA-Population aus einem Chromosom mit siebzig Genen bestand. Bei der Ausführung verlegte sich jedes Chromosom auf eine bestimmte Strategie, die darin bestand, daß es in Abhängigkeit vom Verhalten des Gegners in den drei vorhergehenden Runden mogelte oder kooperierte. Wie Axelrod schrieb, gestattete dies eine riesige Anzahl möglicher Strategien. Wenn »ein Computer seit Beginn des Universums diese Strategien mit einem Programmdurchlauf von 100 pro Sekunde untersucht hätte, wären bisher doch erst weniger als ein Prozent überprüft«, betonte Axelrod, um die vielfältigen Möglichkeiten zu demonstrieren.

Wie lange würde der genetische Algorithmus nun benötigen, um unter der Vielzahl der potentiellen Lösungen nach der am besten angepaßten zu suchen. Würde er eine finden, die so gut wäre wie TIT FOR TAT?

Axelrod verwendete eine Population von zwanzig Individuen, von denen jedes das Gefangenendilemma mit Vergleichswerten von acht Gegnern spielte, die den Rahmen für die Strategie abgaben. Nach jeder Runde des Turniers wurde die Population einer Reproduktion unterzogen. Je mehr Punkte ein Individuum erreichte, um so besser waren seine Chancen für die Reproduktion. Axelrod setzte dies über fünfzig Generationen hinweg fort und wiederholte das gesamte Experiment vierzigmal. »Die Ergebnisse waren recht bemerkenswert«, schrieb Axelrod. »Von einem rein zufälligen Start aus entwickelte der genetische Algorithmus Populationen, deren mittelmäßige Mitglieder ebenso erfolgreich waren wie die Exponenten der besten Strategie im Wettbewerb, nämlich TIT FOR TAT.« Noch beeindruckender war, daß der GA Strategien fand, die, zumindest in diesem einen Turnier, TIT FOR TAT tatsächlich besiegen konnten. (Der alte Sieger, obwohl hier entthront, hätte seine Krone gegen die GA-Vertreter allerdings behauptet, wenn sich beide an der Population der beiden vorangegangenen Wettbewerbe hätten messen müssen.) Dennoch zeigte der GA, wie Axelrod es ausdrückte, »das sehr gut, was die eigentliche Evolution so ausgezeichnet kann: hochspezialisierte Anpassungsleistungen an spezielle Bedingungen der Umwelt zu entwickeln«.

Bemerkenswert war, daß die GA-Lösung, wenngleich sie die TIT FOR TAT-Regeln nicht genau kopierte, doch eine auffällige Ähnlichkeit aufwies. Sie behielt die wesentlichen Merkmale des TIT FOR TAT bei: das Bemühen, die beiderseitige Beziehung in Richtung einer Kooperation zu beeinflussen. (Das muß eine Erleichterung für Axelrod gewesen sein, der unbeirrt hoffte, daß das Resultat seiner Arbeit der Menschheit eine logische Basis für kooperatives Verhalten verschaffen könnte.) Dennoch begann die GA-Lösung, anders als fast alle anderen erfolgreichen Ansätze, ihre Eröffnung mit Mogeln. Auf den ersten Blick erschien das unsinnig, da es in möglicherweise verheerender Weise den Idealfall hinausschob, in dem beide Parteien durchgängig kooperierten. Bei genauerer Untersuchung stellte es sich aber als kluger Trick heraus, mit dem man die Strategie des Gegners schnell herausfinden konnte, so daß die Taktik für den GA sofort klar war und dieser die ideale Serie von Aktionen folgen lassen konnte. Wenn der Gegner anders eingestellt war, dann vermied die GA-Strategie einen vergeblichen ersten Versuch, den die anfänglich »nette« TIT FOR TAT-Taktik zwangsläufig durchzustehen hatte, wenn sie auf einen weniger netten Spieler traf.

Stephanie Forrest, eine von Axelrods früheren Studentinnen, baute auf seiner Arbeit an genetischen Algorithmen und auf Fragestellungen zur Kooperation auf. Ihre Zusammenarbeit mit dem Physiker Gottfried Mayer-Kress ging weit über Probleme wie das Gefangenendilemma hinaus und reichte bis hinein in das viel schwierigere Gebiet internationaler Sicherheit, beispielsweise bis zu den Reaktionen wirtschaftlich konkurrierender Nationen. Forrest und Mayer-Kress wählten für ihre Untersuchungen das bekannte Richardson-Modell. Dieses gründet auf drei eigennützigen Nationen, die alle mit dem gleichen Problem konfrontiert sind: die Frage nach den geringsten vertretbaren Ausgaben für die Verteidigung bei gleichzeitiger Aufrechterhaltung der nationalen Sicherheit. Zu jedem Zeitpunkt bilden die beiden schwächeren Nationen eine provisorische Allianz gegenüber dem mächtigeren Gegner. Wie Forrest und Mayer-Kress erklärten, »arbeitete der genetische Algorithmus einen Verhandlungsprozeß aus, und zwar in der Weise, daß er nach einem Satz von Parametern (politischen Alternativen) suchte, der einige globale Kriterien befriedigte (Stabilität, Reduzierung der Ausgaben usw.) und dem alle Länder zustimmen konnten«.

Die »Lösung« des Richardson-Modells hängt davon ab, auf welchen internationalen Zielen jede Nation besteht, aber zum Zwecke der Durchführung dieses Experiments unterstellten die Wissenschaftler, jede der drei Nationen sei am meisten an der Aufrechterhaltung globaler Stabilität interessiert. Die Hauptsache war dann, den Ansatz für ein Gleichgewicht der Mächte zu finden – die Erfolgsformel zur Aufrechterhaltung dieses Gleichgewichts. Im Idealfall sollten die Mittel für Verteidigungszwecke ausreichende Reserven berücksichtigen, um Schwierigkeiten zu vermeiden, falls die Ausgaben für Waffensysteme sich änderten.

Vorherige Arbeiten am Richardson-Modell hatten bereits brauchbare Lösungen gebracht, und die GA-Methode fand gleichwertige solide Ansätze für das Gleichgewicht der Mächte, die mit anderen Methoden sogar unentdeckt geblieben waren. Mit den genetischen Algorithmen wurden die Lösungsansätze ignoriert, bei denen es sich um ungewöhnliche Zufälle handelt und statt dessen die Ansätze bevorzugt, die sich als perfekte Vertreter einer langen Reihe ausgezeichneter Alternativen herausstellten. Das Gleichgewicht der Mächte, das von der GA-Methode erarbeitet wurde, war ungewöhnlich widerstandsfähig gegenüber Parametern, die unvorhersehbar geändert wurden. Das war wichtig, denn die entscheidende Lektion dieses Modells lag nicht so sehr darin, eine perfekte Antwort auf Spielprobleme zu finden, sondern einen »Einblick zu vermitteln, wo nach analytischen Lösungen zu suchen war«.

Forrest und Mayer-Kress mahnten zur Vorsicht, was ihre Ergebnisse anbelangte, denn dieses Modell gestattete den drei Ländern nicht, eine eigenständige Politik zu betreiben. Die Wissenschaftler waren aber durchaus zuversichtlich und schlugen weitere Untersuchungen vor. Dazu gehörte auch ein anspruchsvolleres Modell, bei dem jedes Land mehr Kontrolle über Mittel und Bündnisse hatte und bei dem die Begegnungen zwischen den Ländern mehr den Treffen wirklicher Nationen glichen. Unabhängig vom hohen Abstraktionsgrad dieser globalen Modelle konnten sie doch beträchtlichen Nutzen bei schnellen, vorläufigen Analysen, beispielsweise bei Rüstungskontrollverhandlungen, bringen, bei denen unter Umständen nicht genügend Zeit vorhanden wäre, um detaillierte Modelle von größerer Komplexität zu entwickeln. Unter denen, die die Möglichkeiten des Einsatzes dieser Modelle untersuchten, waren die Rand Corporation und das Oberkommando der Streitkräfte. Forrest und Mayer-Kress waren optimistisch, daß der genetische Algorithmus, also die Kräfte der Evolution, durchaus eine Unterstützung bei dem Aufbau und der Regulierung internationaler Beziehungen sein könnte und den Effekt hätte, die Menschheit einen Schritt weiter zu bringen:

> Die erst kurz zurückliegenden Ereignisse in Osteuropa haben gezeigt, wie Strukturen, die über Jahrzehnte starr festgelegt waren, sich plötzlich destabilisieren können und zu Krisen und qualitativen Änderungen führen. Das Ende einer einfachen Welt mit zwei Hauptwidersachern könnte auf den Beginn einer »turbulenten Zukunft« mit vielen einflußreichen Mitspielern hinweisen. Auch könnte die internationale Sicherheit zunehmend durch andere Faktoren, wie klimatische Veränderungen, beeinflußt werden.... Wie unser einfaches Modell zeigt, gibt es in einem solchen System eine große Palette denkbarer Möglichkeiten für politische Entscheidungen. Computergestützte Methoden, beispielsweise der genetische Algorithmus ... werden eine immer größere Bedeutung erlangen, um mögliche Alternativen aufzuzeigen.[15]

Berücksichtigt man die Möglichkeiten der genetischen Algorithmen, sowohl als Musterbeispiel für die Natur als auch als Optimierungsmethode für die Informatik, so ist es rätselhaft, warum sie so lange ein Schattendasein führten. John Holland gehörte nicht unbedingt zu denen, die die Richtungen in der Wissenschaft mitbestimmen wollten. Er überließ die Entwicklung des GA im wesentlichen seinen Schülern, während er an einem Buch über die Theorie der Anpassung arbeitete, ein wichtiges, aber schwer zugängliches Werk, dessen Fertigstellung ihn, wie er selbst zugibt, zu viele Jahre gekostet hat.
Im Jahre 1983 stellte die National Science Foundation (NSF; Nationale Gesellschaft zur Förderung der Wissenschaften) Geldmittel zur Ver-

fügung, die es zahlreichen Forschern dieses Gebietes gestattete, sich zu treffen, um ihre Forschungsergebnisse zu diskutieren. Allerdings bildeten sie keine echte Gemeinschaft. Viele, wenn nicht die meisten derjenigen, die sich mit genetischen Algorithmen beschäftigten, waren Studenten Hollands. Einige seiner brillantesten Schüler hatten dieses Feld bereits verlassen, um sich auf konventionelleren Gebieten der Informatik zu betätigen, beispielsweise an relationalen Datenbanksystemen, bei denen es einfacher war, eine Anstellung zu bekommen und Prestige zu gewinnen. Holland vermutet, daß etwa 90 Prozent der Arbeit an genetischen Algorithmen auf die Gruppe in Michigan zurückging, deren Leute aber dennoch bequem an einem einzigen Konferenztisch Platz fanden.

Im Jahre 1985 machte Holland das, was er bis dahin nicht getan hatte; er begann die Idee des genetischen Algorithmus zu propagieren. »Ich habe diese Entscheidung ganz bewußt getroffen«, erklärt er. »Eigentlich nehme ich nicht besonders gern an Konferenzen teil, sondern spreche mit den Leuten lieber unter anderen Umständen. Ich gehöre zu denjenigen, die Menschenansammlungen meiden. Aber dann kam dieses Jahr, in dem ich mich entschied, zu diesen Treffen zu gehen, um zu sehen, was passieren würde, wenn die KI-Leute sich die Sachen richtig ansahen, anstatt nur zu sagen: ›Ach, das ist ja nur dieses genetische Zeug. Daran bin ich nicht interessiert.‹«

In seinen Präsentationen demonstrierte Holland genetische Algorithmen und betonte die Schemaregel. »Alle glaubten, bei genetischen Algorithmen würde es sich nur um Mutationen handeln. Ich glaubte, es sei entscheidend, sie davon zu überzeugen, daß bei der Rekombination viel mehr passierte.« Obwohl Holland die zugehörige Mathematik gründlich ausgearbeitet hatte, waren die Formeln doch nicht annähernd so überzeugend wie die allgemeine Geschichte, die er zu erzählen hatte. »Die Schemaregel selbst überzeugte die Leute nicht gerade, aber wenn ich ihnen die Diagramme zeigte und ebenso wie die Sache arbeitete, mußten sie es glauben. Es war eigentlich nur eine Frage der Didaktik.«

Holland sprach auch auf der großen Konferenz über lernfähige Maschinen und beeindruckte das KI-Establishment. Auf der Konferenz über Evolution, Spiele und Lernen traf er Farmer und kam so zu einem ersten Anhänger für das Gebiet des Künstlichen Lebens. Über dessen

Verbindungen wurde Holland eingeladen, ein Jahr in Los Alamos als Stipendiat Ulams zu verbringen, und nahm schließlich eine Stelle als Gastwissenschaftler am Santa Fe Institute an. Aufgrund der zunehmenden Popularität solcher Forschungsgebiete wie der parallelen Verarbeitung von Daten und der Untersuchung nichtlinearer Anpassung – und des Künstlichen Lebens – fand der genetische Algorithmus seinen Weg in die Lehrbücher und in das Gedankengut der Informatik. Nicht nur John Holland, sondern die Natur selbst hatte schließlich den ihr zustehenden Respekt eingefordert.

Alchimisten und Parasiten

Fortschritte kommen in der Physik dadurch zustande, daß Dinge auseinandergenommen werden, in der Informatik dadurch, daß sie zusammengefügt werden. Möglicherweise hätten wir auch eine analytisch ausgerichtete Informatik haben können, aber wie sich herausgestellt hat, war es für uns lehrreicher, Thermostaten und Computer zusammenzubauen, als Affenhirne und Froschaugen zu sezieren.

Danny Hillis[1]

ALCHIMISTEN UND PARASITEN

»Ich nehme an«, sagt William Daniel Hillis, »daß ich sehr gut Alchimist hätte werden können, wenn ich nur in der richtigen Zeit auf die Welt gekommen wäre, und von der Idee, Blei und Urin zu vermischen, um daraus Gold zu machen, begeistert gewesen wäre.«

Da er aber 1956 geboren wurde, versucht Danny Hillis statt dessen mit einer anderen Art von Alchimie zu arbeiten: Er vermischt Silicium mit Theorien komplexer Systeme, um etwas entstehen zu lassen, das die Merkmale des Lebens besitzt. Sein Traum ist es, eine Maschine herzustellen, die lebt und denken kann, einen Computer, wie er ernsthaft anmerkt, »der stolz auf mich wäre«. Er weiß, daß er diesen Tag vielleicht nicht erleben wird, und räumt sogar widerwillig ein, daß sein Konzept fast unmöglich ist. »Andererseits«, sagt er, »würde ich mein Leben als Alchimist des Mittelalters auch vergeudet haben.«

Hillis weiß aber auch, daß es zwei Richtungen von Künstlichem Leben gibt. Das ehrgeizigere Ziel ist die Erschaffung von lebenden Systemen, die mit der biologischen Alchimie gleichzusetzen sind. Der andere Ansatz, der zugänglicher erscheint, ist die Simulation, in einigen Fällen auch die Wiederholung der Lebensprozesse, um unser Verständnis für das natürliche Leben und für mögliche alternative Formen zu vergrößern. »Es gibt zwei Gründe, diese Dinge zu untersuchen«, sagt er, »und mich interessieren beide.«

Sein konkretester Beitrag war die Konstruktion des wohl besten Werkzeugs heutiger KL-Forschung, eines Superrechners, der bei der Simulation der unzähligen parallelen Prozesse, die das Leben ständig gleichzeitig ausführt, unerreicht ist. Aber die wohl größte Leistung Hillis' könnte in der Art liegen, wie er dieses Werkzeug benutzt. Wann immer er es einrichten kann, schiebt er seine verantwortungsvollen Pflichten als Chefwissenschaftler und Mitbegründer einer Multimillionen Dollar schweren Firma beiseite und versucht, Evolution zu simulieren. Er hofft, Muster zu erkennen, die von den Biologen übersehen wurden, oder vielleicht sogar vielversprechende Indikatoren dafür zu entdecken, daß die augenblicklich gültige Theorie in die Irre führt. Seine Resultate haben ihn zu einigen ketzerischen Schlußfolgerungen

veranlaßt, die unter den Evolutionsbiologen eine heiße Debatte entfachen könnten – wenn diese nur zuhören würden.
Hillis, der bei der Arbeit T-Shirts trägt und das etwas weltfremde, aber dennoch liebenswerte Auftreten eines Elfen mittleren Alters besitzt, ist bis zu diesen Entdeckungen einen etwas umständlichen Weg gegangen. Beide Elternteile hatten Fächer studiert, die im weitesten Sinne mit Biologie zu tun hatten. Sein Vater war Epidemiologe bei der US-Luftwaffe und deswegen sowohl an den profansten als auch an den exotischsten Orten stationiert, an denen die Hepatitis grassierte, wohingegen seine Mutter in Biostatistik promoviert hatte. Für Hillis war Wissenschaft gleichbedeutend mit Biologie. Eines seiner Jugendexperimente war die Pflege von Zellkulturen, die von einem Froschherzen stammten. Als seine Familie gerade in der Nähe von Baltimore wohnte, führte er zusammen mit einem Freund einen Versuch durch, bei dem beide Hunderte von Petrischalen verteilten, um das Vorhandensein von Bakterien in jeder Ecke und Ritze ihrer Schule zu dokumentieren. (»Wir fanden in der Turnhalle tatsächlich etwas, was wirklich gefährlich war«, erklärt er, wenngleich er sich nicht mehr an den Namen des Krankheitserregers erinnern kann.)
Seine andere Leidenschaft waren Computer, für die er sich zu begeistern begann, als seine Familie in Indien lebte. Da Computerteile in dieser Ecke der Welt selten waren, baute Hillis einen Spielzeugcomputer aus Drähten und Nägeln. Für Dinge dieser Art hatte er ein außergewöhnliches Talent. Noch während er auf der Highschool war, wurde er den Mitarbeitern des Chemischen Instituts der Johns Hopkins University empfohlen, die gerade ein Massenspektrometer bauten und jemanden brauchten, der daran einen Computer installieren konnte. Der vorgesehene Rechner war ein Computer aus einer Minuteman-Rakete, den die Regierung aus Überschußbeständen zur Verfügung gestellt hatte. Es gab keine Handbücher für die Programmierung, und obwohl Hillis das Schreiben von Computerprogrammen niemals gelernt hatte, schaffte er es, diese Aufgabe zu bewältigen.
Danny Hillis ging dann an das MIT, wo er Neurophysiologie studieren wollte. Einige Leute drängten ihn, einmal mit in das KI-Labor zu kommen, um Marvin Minsky kennenzulernen. Aber anstatt einfach nur mitzugehen, bereitete Hillis sich auf diesen Besuch vor. Er nahm Einblick in die Anträge, die das Labor zur finanziellen Unterstützung

gestellt hatte, und sah, daß eines der Ziele darin bestand, ein System zu entwickeln, mit dem des Lesens und Schreibens unkundige Kinder die Programmierung von Computern lernen sollten. Bis dahin hatte es jedoch keine genauen Vorstellungen gegeben, wie man hierbei vorgehen sollte. Hillis beschloß, das Problem selbst zu lösen, und ging mit seinem Entwurf für einen Computer, der mit Symbolen statt mit Text arbeiten sollte, zu Seymour Papert, einem der Direktoren des Labors. Papert heuerte ihn sofort an. Wochen vergingen, ohne daß Hillis Minsky kennengelernt hatte. Schließlich erzählte ihm jemand, daß Minsky sich regelmäßig im Erdgeschoß aufhielt, wo er dabei war, einen kleinen Computer zu entwerfen. Hillis fand die Werkstatt, schaute sich die Entwürfe an und begann seinerseits Änderungen vorzuschlagen. Augenscheinlich waren sie gut durchdacht, denn Minsky begrüßte die Anregungen und wurde Hillis' Mentor.

Es entwickelte sich eine ausgezeichnete Zusammenarbeit. Jeden Abend fuhr Marvin Minsky Danny Hillis nach Hause und machte ihn mit einer Reihe beeindruckender Konzepte bekannt. Oftmals diskutierten sie auch die Organisation des Gehirns und Theorien über die Entstehung der Intelligenz. Hillis begann die Komplexität und ihre Wirkungsweise in der Natur und in Maschinen zu würdigen. »Einfache Dinge wirken zusammen und lassen komplexe Dinge entstehen«, erklärt er heute. »Computer sind ein Beispiel dafür, Nervenzellen ein anderes. Daher finde ich Transistoren ebenso interessant wie Nervenzellen.«

In den frühen siebziger Jahren wurde im Labor für Künstliche Intelligenz am MIT in Forschungsgebieten wie der Informatik, Robotertechnologie, Kognitionswissenschaften und sogar Entwicklungspsychologie gearbeitet. Hillis wurde der Star unter den Studenten des Labors und zog schließlich in den Keller von Minskys Haus, wo der Heizungsbrenner den Mittelpunkt seines behelfsmäßigen Appartements bildete.

Das Fach, das Hillis offiziell studierte, war Mathematik. »Marvin riet mir dazu, aus dem einfachen Grund, weil niemand etwas über Computer wußte und ich etwas lernen sollte, das mit Sicherheit auch noch zehn Jahre später Gültigkeit besitzen würde«, erklärt er. Diese Entscheidung wurde von Richard Feynman unterstützt, Hillis' zweitem großen Mentor, der der Informatik gegenüber skeptisch eingestellt

war, da ihre Vertreter, auch wenn man sie darum bat, nicht anschaulich erklären konnten, was sie eigentlich taten.
Schließlich wurde Hillis des herkömmlichen Ansatzes der Künstlichen Intelligenz überdrüssig. Angesichts dessen, daß er selbst der Kronprinz im Palast der klassischen KI war, grenzte diese Haltung an Verrat, bedeutete jedoch eigentlich nichts weiter, als den Tatsachen ins Auge zu sehen. Nach einem enthusiastischen Beginn hatte dieses Gebiet an Schwung verloren und befand sich in einer Art KI-Winterschlaf.[2] Auch wenn man sich, dank gemeinsamer Anstrengungen, dem Ziel, wirklich intelligente Maschinen zu schaffen, etwas genähert hatte, so waren die Fortschritte doch eher kläglich, wenn man sich die riesigen Aufgaben vor Augen führte, die notwendig sein würden, um die Siliciumknechte in Wesen mit auch nur einem Hauch von menschlicher Intelligenz zu verwandeln. Statt konzeptioneller Entwicklungen boten die Götter der Künstlichen Intelligenz nur obskure Abschweifungen. »KI fand nicht statt«, sagt Hillis, »und jeder fragte sich, warum das so war.«
Hillis war überzeugt davon, daß die Computer die Schwachstellen waren. Sie waren einfach nicht lebensähnlich. Es handelte sich um sequentielle Maschinen (wegen ihrer Herleitung von einem ursprünglichen Entwurf des ungarischen Physikers als »von-Neumann-Maschinen« bezeichnet), bei denen sämtliche Daten nacheinander abgearbeitet werden mußten. Wenngleich diese Prozesse mit sehr hoher Geschwindigkeit abliefen, oft mit Millionen von Operationen pro Sekunde, so war doch so furchtbar viel Information zu berechnen und zu verarbeiten, daß selbst Geschwindigkeiten, die im Nanosekundenbereich lagen, zu langsam waren. »Je mehr Wissen man ihnen gibt, um so langsamer werden sie«, sagt Hillis. »Je mehr Wissen man dagegen einem Menschen gibt, um so schneller wird er. Dadurch waren wir in der Zwickmühle, daß die Computer, während wir versuchten, sie intelligenter zu machen, immer dümmer wurden.«
Die Lösung, so glaubte Hillis, lag darin, die Computer mehr wie ihre natürlichen Partner arbeiten zu lassen, nämlich parallel. Es mußten also viele kleine Dinge gleichzeitig passieren, deren Summe dann zur Entstehung komplizierter Vorgänge führen sollte. Das Vorbild, das er im Kopf hatte, war das menschliche Gehirn mit seinem dichten Geflecht von Nervenzellen. Statt nur einen einzelnen Prozessor Zahlen

verarbeiten zu lassen, sollte Hillis' Computer viele Prozessoren besitzen, genaugenommen Tausende. Er wußte, daß so etwas möglich sein müßte, da er bei einer Spielzeugfirma gearbeitet hatte, für deren Produkte digitale Schaltungen höchster Integrationsdichte (Very Large Scale Integration) verwendet worden waren, durch die die wichtigsten Bestandteile kompletter Computer auf einem einzelnen Chip mit integrierten Schaltkreisen untergebracht werden konnten. Jeder der Prozessoren sollte Zahlen verarbeiten und sich dann mit den anderen durch ein Schema von Kontaktaufnahmen »verständigen«, was sich ebenso spontan entwickeln würde, wie sich eine Ordnung in natürlichen Systemen aufbaut. Tatsächlich sollte dieser Computer als »Verknüpfungsmaschine« bekannt werden.

Hillis war nicht der erste, der sich einen Parallelrechner ausdachte. Tatsächlich hatte John Holland bereits zwanzig Jahre vorher etwas in dieser Art vorgeschlagen. (Als Hillis seine Dissertation, in der er den Aufbau der Verknüpfungsmaschine beschrieb, beendet hatte, schickte er Holland ein Exemplar seiner Arbeit mit der Widmung: »Betrachten Sie diese als Holland-Maschine.«) Die Hersteller von Super-Computern hatten bereits vorher mit Rechnern dieser Art experimentiert, die bis zu einem Dutzend Prozessoren hatten, aber darunter war kein Vorschlag, der mit dem von Hillis vergleichbar war. Sein erster Entwurf basierte auf sechzehntausend Prozessoren, und er schlug vor, diese Zahl noch zu vervierfachen! Herkömmliche Informatiker hatten keine Mühe, Gründe zu finden, warum diese Sache nicht funktionieren würde, unter anderem führten sie mathematische Erklärungen an, die zeigen sollten, daß der Geschwindigkeitsvorteil schon rein theoretisch minimal sei. »Aber ich hatte nun mal triftige Gründe zu glauben, daß es funktionieren würde«, sagt Hillis. »Das ließ mich weitermachen und die Maschine bauen, obwohl alle dachten, es sei verrückt.«

Nein, nicht alle. Marvin Minsky und das KI-Labor des MIT unterstützten Hillis, ebenso verschiedene Regierungsstellen, vor allen Dingen solche, die mit der Landesverteidigung zu tun hatten. Diese Behörden, die eigentlich sehr kritisch zu Werke gingen, wenn es sich darum handelte, Randbereiche der Computerforschung zu fördern, schossen eine Million Dollar zu. (Insgesamt sollte das Projekt 5 000 000 Dollar kosten.) Danny Hillis war der einzige Doktorand am MIT, der mehrere Programmierer beschäftigte und eine eigene Sekretärin hatte. Schließlich wurde aber doch klar, daß die Verknüpfungsmaschine nur unter der Schirmherrschaft einer selbständigen Firma fertiggestellt werden konnte. Daher machte Minsky Hillis mit der Geschäftsfrau Sheryl Handler bekannt, die eine solche Gründung in die Wege leitete. Unter den Gründungsmitgliedern waren Minsky und William S. Paley, einer der Nestoren bei der Fernsehgesellschaft CBS. Hillis nannte die Gesellschaft Thinking Machines (Denkende Maschinen), und ihr bis heute erfolgreichstes Produkt ist ein ebenmäßiger, schwarzer Kasten, kaum größer als eine Waschmaschine, mit blinkenden roten Lichtern und 65 536 Prozessoren, die parallel arbeiten. Die bescheideneren Versionen kosteten 1 000 000 Dollar, und für die zweite Generation war ein Preis zwischen 25 000 000 und 50 000 000 Dollar veranschlagt. Die Entwicklung der Verknüpfungsmaschine machte Hillis zu einem erfolgreichen Geschäftsmann, zum Mitinhaber einer expandierenden Firma mit 500 Angestellten, die ihren Sitz in einem prächtigen Gebäude am Charles River in Massachusetts hat. Aber sein Wunsch, den schnellsten Computer der Welt zu bauen, ging Hand in Hand mit einer anderen Leidenschaft, nämlich die Verknüpfungsmaschine als Vehikel für Künstliche Evolution zu nutzen.

Wie viele Pioniere auf dem Gebiet des Künstlichen Lebens, erreichte auch Danny Hillis die Spielwiese wissenschaftlicher Attraktionen auf Umwegen. Rückblickend erschien es zwingend, daß er die Ähnlichkeiten zwischen den parallel ausgeführten Prozessen in seinem Computer und der gleichen, von der Natur routinemäßig verwendeten Technik nutzte.

Die Errungenschaften gründeten auf Hillis' langgehegtem Interesse an Entwicklungsprozessen, also an dem Phänomen, daß sich aus einfachen Regeln etwas von selbst entwickelt. Er glaubte, daß die Wissenschaftler mit einem deterministischen Weltbild den richtigen Weg verfolgten, wenn sie sich auf Ursache und Wirkung konzentrierten. »Aber als egoistische Menschen«, sagt Hillis, »glauben wir lieber daran, daß wir irgendwie komplizierter sind, daß wir etwas viel Interessanteres sind als ein Haufen zusammengewürfelter Moleküle. Aufgrund der Möglichkeiten, die durch Entwicklungsprozesse gegeben sind, gibt es für mich keinen Widerspruch zwischen diesen beiden Ansichten. Die Tatsache, daß etwas aus einfachen Teilen aufgebaut

Eine von Norman Packards Zellularautomaten-Schneeflocken. Beginnend mit einem einzelnen »Keim« und einem entsprechenden Regelwerk, das die Farbe der umliegenden Quadrate in der nächsten »Generation« bestimmt, entwickeln sich auf einem Computerbildschirm Strukturen, die in erstaunlicher Weise an natürliche Schneeflocken erinnern. Da sie den natürlichen Formen so ähnlich sind, stellt sich die naheliegende Frage, ob die Natur ihre eigenen komplexen Formen durch einen vergleichbaren mathematischen Prozeß entstehen läßt.

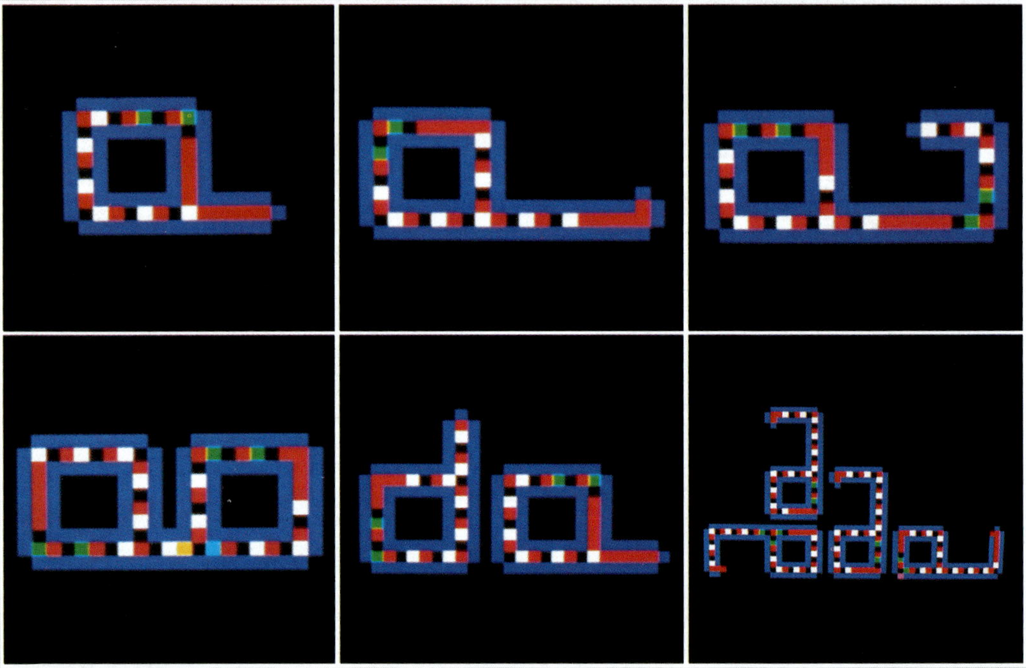

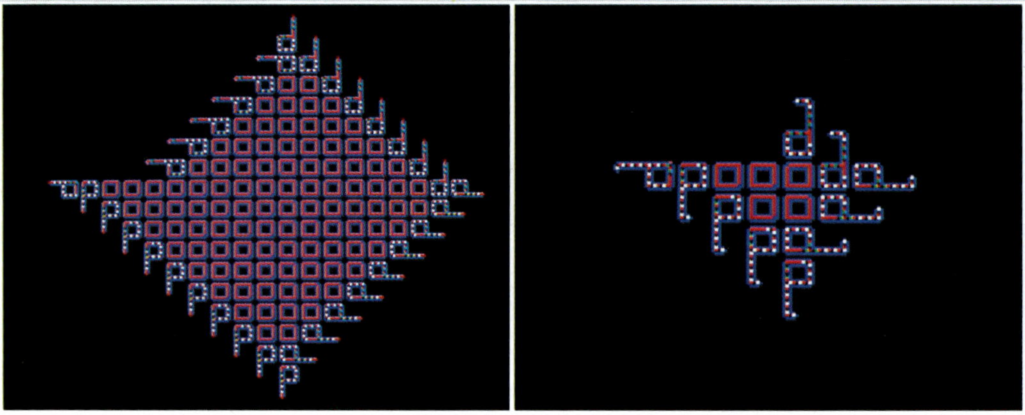

Von Chris Langton entwickelte Zellularautomaten-»Schleifen«, die sich »lebensähnlich« reproduzieren. Ausgehend von einem einzelnen Organismus, bilden die Schleifen bald eine ganze Kolonie. Während sie sich an den Außenrändern weiterhin reproduzieren, können die mittleren keine Tochterschleifen mehr hervorbringen, da sie von ihren eigenen Nachkommen blockiert sind. Diese »abgestorbenen« Schleifen bilden also die Basis für die Expansion weiterer Generationen und erinnern so an das Wachstum eines Korallenriffs. Dieses selbstorganisierende Verhalten entsteht spontan, und zwar durch das Bottom-up-Konzept, ein Hauptcharakteristikum Künstlichen Lebens.

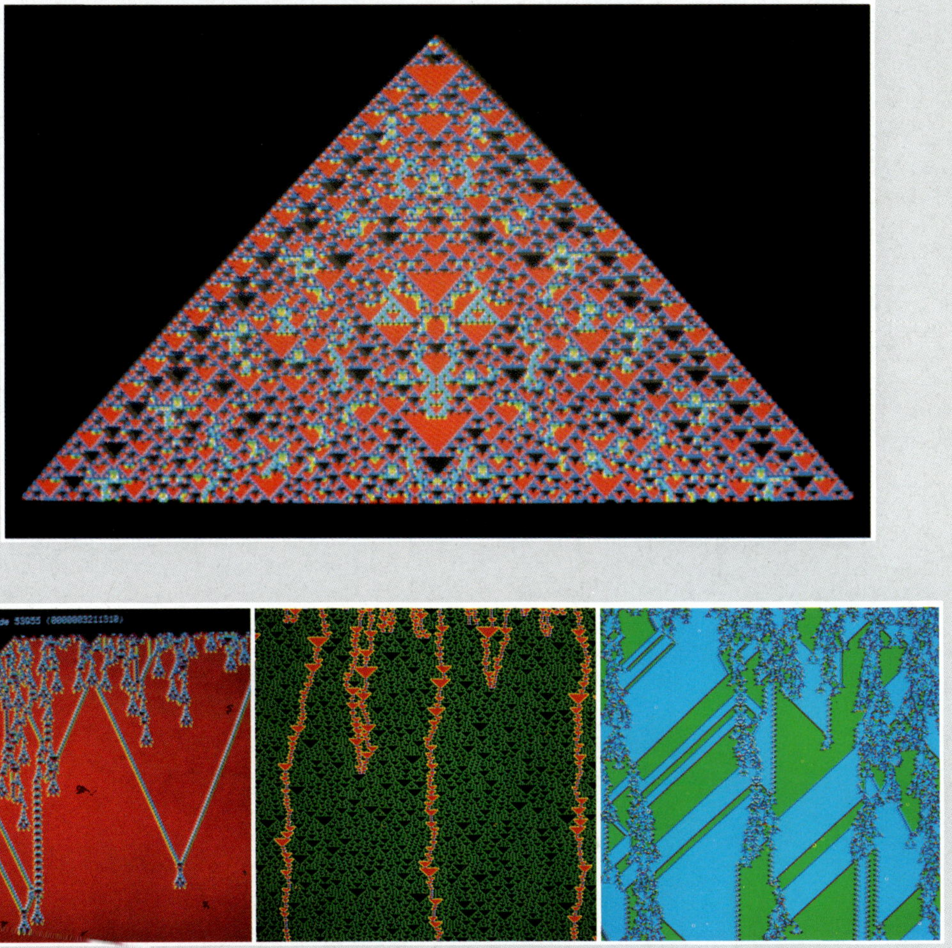

Beispiele eindimensionaler Zellularautomaten. Die Farben der Punkte oder Zellen in jeder Reihe werden bestimmt, indem einfache Regeln auf die Punkte in der darüberliegenden Reihe angewendet werden. Die erste Reihe, oder im Falle der oberen Abbildung die Startzelle, wird nach dem Zufallsprinzip geschaffen. Allein durch die Ausführung einfacher Regeln entwickeln die Zellularautomaten häufig eine beeindruckende Komplexität. Dies geschieht in ähnlicher Weise wie bei natürlichen Systemen. Besonders lebende Organismen erreichen oft komplexe, globale Resultate, die aus vielen, winzigen, lokalen Zusammenhängen entstehen. Viele KL-Forscher glauben, daß Zellularautomaten den Weg für eine Methodik weisen, durch die man den Prozeß des Lebens noch einmal entstehen lassen könnte – diesmal allerdings in einem Computer.

Die Kreaturen aus PolyWorld haben sich aus Genomen entwickelt, die nach dem Zufallsprinzip geschaffen wurden. Über Generationen hin haben sie gelernt, Futter zu suchen, sich fortzupflanzen und zu kämpfen. In dem hier dargestellten Beispiel haben sich nach einem Durchgang von 57 Generationen Arten entwickelt, die in bestimmten, durch Barrieren getrennten Gebieten in Gruppen zusammengelagert sind. In einer Region sind sie hauptsächlich blau, in einer anderen leuchtend rosa und in einer dritten purpurfarben. Futterpakete sind grün. In der Nähe der Lücken, die sich in den Barrieren befinden, ist die Vielfalt größer.

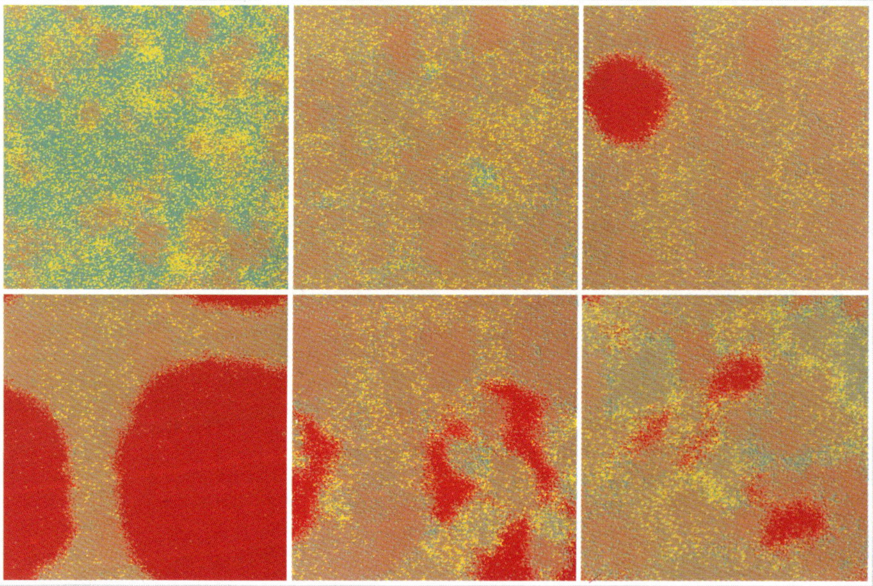

Diese Aufnahmen von Computerbildschirmen zeigen im Laufe einer Reihe von Generationen die Reaktionen von Danny Hillis Rampen, nachdem Parasiten in ihre Welt eingeführt wurden (die leuchtenderen Farben symbolisieren den Grad der Fitneß). In Bild 1 sieht man relativ unangepaßte Kreaturen, die in Bild 2 von etwas besser angepaßten Organismen verdrängt wurden. In Bild 3 ist ein leuchtend roter Fleck von sehr gut angepaßten Kreaturen zu sehen, die sich schnell in der gesamten Population ausbreiten (Bild 4). Zu diesem Zeitpunkt kommen die Parasiten ins Spiel, die in Bild 5 bereits die Oberhand gewonnen haben. Von diesem Zeitpunkt an unterliegt die Population einem ständigen Wechsel, da sich die Rampen und die Parasiten im Zustand eines evolutionären Wettrüstens befinden (Bild 6).

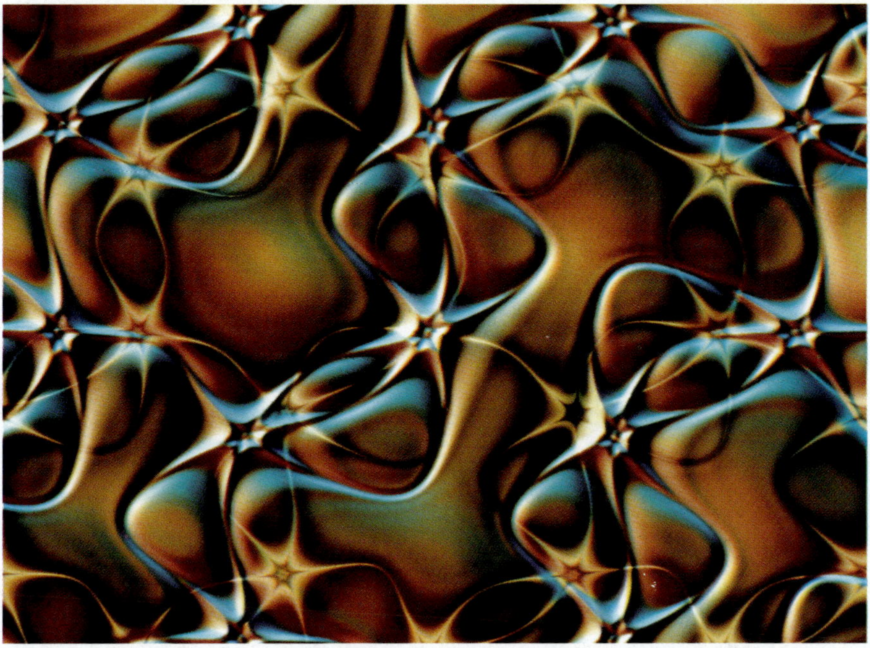

Durch die Anwendung der Mechanismen einer natürlichen Evolution kann das System von Karl Sims tatsächlich Bilder in des Wortes eigentlicher Bedeutung entwickeln. Der menschliche Benutzer muß nur die mutierten Nachkommen von Eltern, die nach dem Zufallsprinzip geschaffen wurden, auswählen und den Prozeß dann wiederholen. Nach einiger Zeit können so recht beeindruckende Bilder entstehen.

Unterschiedliche Entwicklungsstadien einer Pflanze, die auf der Benutzung von L-Systemen, einer bestimmten KL-Technik, beruhen. Das Wachstum dieses künstlichen Mauerlattichs *(Mycelis)* wird durch die Ausführung eines bestimmten Algorithmus vorgegeben.

Der Garten von L. Alle Pflanzen, die auf diesem Bild zu erkennen sind, wurden mit L-Systemen geschaffen und dann durch Computergraphik-Techniken dreidimensional wiedergegeben. Der Himmel entstand mit Hilfe fraktaler Algorithmen.

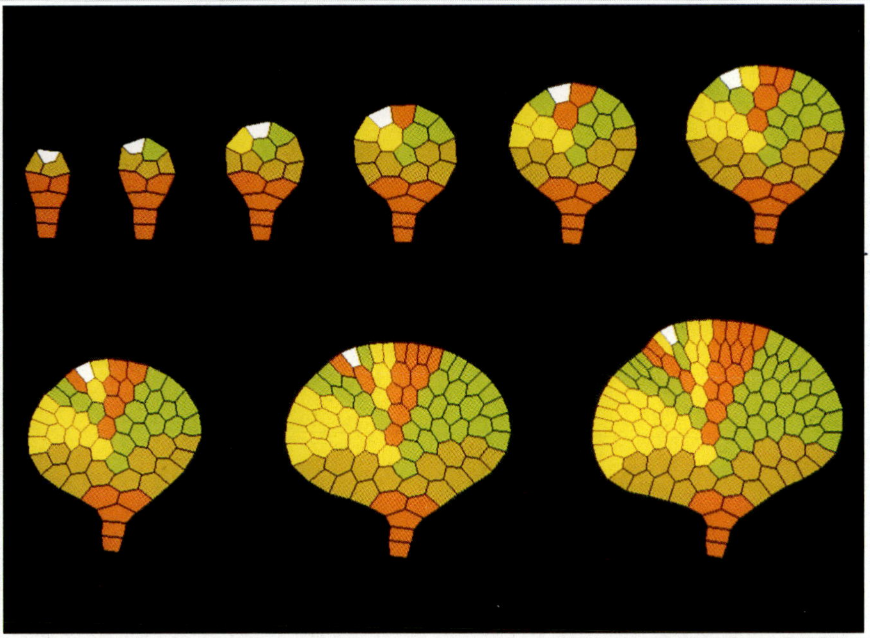

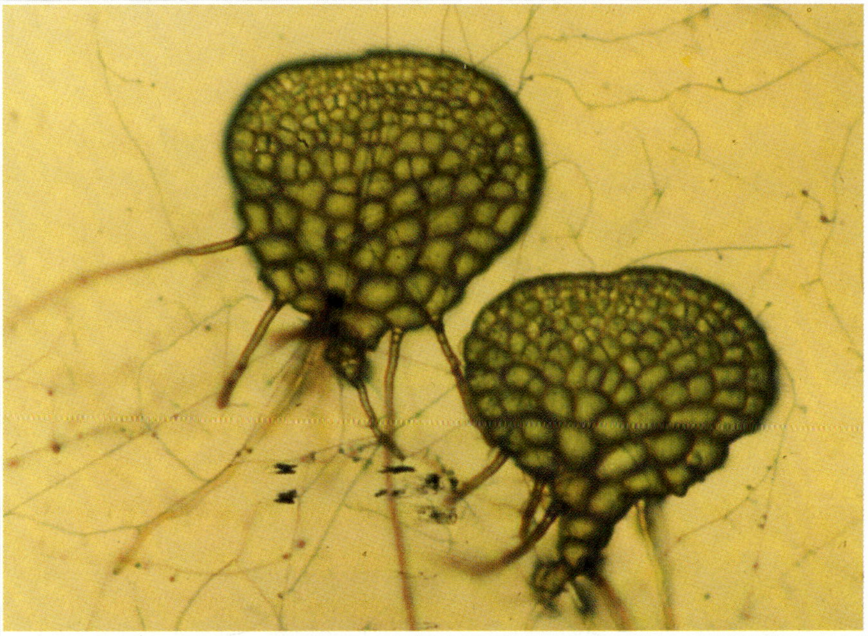

Ein Vergleich: Das obere Bild zeigt die simulierte Entwicklung eines Gametophyten des Farnes *Microsorium linguaeforme,* der allein mit KL-Techniken »gewachsen« ist. Im unteren Bild ist ein Photo des wirklichen Gametophyten zu sehen.

Einige der KL-Roboter des Mobile Robot Laboratory am MIT. Der bekannteste ist Dschingis, der auf dem Stein im Vordergrund links steht; bei dem Knirps zu seinen Füßen handelt es sich um Squirt. Die hintere Reihe zeigt (von links nach rechts): Herbert, Seymour, Allen und Toto. Rechts im Vordergrund steht Attila, der vielleicht eines Tages den Mars erkunden wird.

ist, die einzeln nicht viel wert sind, bedeutet ja nicht, daß nicht eine Gruppe von ihnen durchaus lohnend und interessant sein kann.«
Während Hillis über diese Vorstellungen nachdachte, wurde ihm klar, daß lebende Systeme die komplexesten Anordnungen waren – Lebensformen, in die ja auch der Mensch eingeschlossen war. Wenn man einen Biologen fragte, wie wir diesen Grad von Komplexität erreichen konnten, bestand die kurze Antwort immer aus nur einem einzigen Wort: »Evolution«. Tatsächlich beruht die Evolution auf einfachen Regeln und bringt unglaublich komplizierte Ergebnisse hervor. Daher beschloß Hillis, sich die Evolution genauer anzusehen, um die Entwicklungsprozesse besser verstehen zu lernen. Als er jedoch Darwin, Fisher, Haldane und Gould las, stellte er fest, daß die Evolutionstheorie keineswegs vollständig ausgearbeitet war. Es klafften Lücken in unserem Wissen, und es herrschte eine temperamentvoll ausgetragene Uneinigkeit über einige Teilbereiche der allgemeinen Evolutionstheorie.

Besonderes Augenmerk richtete Hillis auf eine bestimmte Kontroverse, die die Natur des evolutionären Fortschritts betraf. Eine biologische These von R. A. Fischer besagt, die Evolution schreite durch die ständige Verbesserung der Anpassungsleistungen der Arten voran. Hillis sah darin eine Parallele zu der sogenannten *hill climbing technique,* die bei verschiedenen Computer-Optimierungsverfahren verwendet wurde, beispielsweise bei der Simulation von Lernvorgängen in neuronalen Netzwerken. Da von jeder Generation angenommen wurde, daß sie ein wenig besser angepaßt war als die vorhergehende, würde es sich bei einer graphischen Darstellung dieses Fortschritts um eine regelmäßig ansteigende Linie handeln, so, als erklimme die sich anpassende Art einen Berg.

Die Biologen, die sich mit diesem Problem beschäftigten, hatten eine kompliziertere, mehrdimensionale Darstellung entworfen, wie die Entwicklung der Arten möglicherweise erfolgen könnte. Diese sogenannte *adaptive landscape,* die zuerst von Sewall Wright postuliert wurde, repräsentierte die Palette aller möglichen Genkombinationen und war mit Ebenen, Hügeln, Tälern und Gipfeln versehen. Der Genpool einer Gesamtpopulation bewohnte ein einzelnes Gebiet in dieser Landschaft. Je höher das Gelände lag, auf dem eine Population lebte, desto besser war die Population angepaßt, die ihren Weg dorthin

gefunden hatte. Wenn eine Population in einer Ebene angesiedelt war, unternahm sie eine »Zufallswanderung«, wobei Crossing-over und Mutationen sie zu unterschiedlichen Plätzen schoben, bis sie ein ansteigendes Gebiet erreichte. Von diesem Punkt an begannen die besser angepaßten Individuen innerhalb dieser Population die Anpassung noch weiter zu verbessern, und der Rest der Population folgte ihnen.
Wenn diese Hill climbing technique tatsächlich die Methode war, die die Natur zur ihrer eigenen Entwicklung nutzte, würde die Entdekkung des höchsten Gipfels zwangsläufig nicht immer möglich sein. Denn sobald eine Population sich auf einem nur mittelhohen Berg befand, tendierte sie dazu, dort stehenzubleiben. Dies beruhte auf einer Art eingebautem Widerwillen einer Population gegen die Abnahme ihrer Tauglichkeit, die notwendig gewesen wäre, um in der Landschaft nach noch höher gelegenen Plätzen zu suchen. Die Populationen würden höchstwahrscheinlich faul und glücklich auf ihrem Hügel sitzen bleiben und die höheren Berge, die sich irgendwo sonst in der Landschaft befänden, geflissentlich übersehen. Die Population wäre dann auf ein »lokales Maximum fixiert« und hätte nicht den Anreiz, die riesigen Evolutionsschritte zu unternehmen, die Leben zu höherer Komplexität treiben.
Hillis vermutete daher, daß etwas anderes als die Hill climbing technique notwendig gewesen war, damit die zahlreichen Fähigkeiten des Lebens sich entwickeln konnten. »Wenn die Evolution die Hill climbing technique benutzt, warum hat sie dann ganz augenscheinlich nicht die Schwierigkeiten, an denen diese Technik nachweislich leidet?« fragt er, wobei er sich auf das Problem des lokalen Maximums bezieht. »Warum ist die Evolution so viel erfolgreicher als jede Hill climbing technique? Warum ist sie in der Lage, so viel kompliziertere Dinge zu entwickeln?«
Im Jahre 1986 begann Hillis, Antworten auf diese Fragen zu suchen, indem er die Evolution auf seiner viele Millionen Dollar teuren Maschine simulierte. Durch die Kombination seiner 64 000 parallel geschalteten Prozessoren mit den sorgfältigen, experimentellen Methoden der Chemiker und der Fähigkeit zur Beobachtung, die die Biologen auszeichnet, war es Hillis möglich, bis dahin ungeahnte neue Einblicke in eine fortgeschrittene Form künstlicher Evolution zu erhalten.

Der Physiker Nils Bohr bemerkte einmal, daß »wir ein Tier zweifellos töten,[3] wenn wir versuchen, die Untersuchung seiner Organe so weit voranzutreiben, daß wir die Rolle, die einzelne Atome bei lebenswichtigen Funktionen spielen, beschreiben können. ... Das Minimum an Freiheit, das wir den Organismen in dieser Beziehung zugestehen müssen, ist, daß sie sozusagen ihre letzten Geheimnisse vor uns verbergen dürfen.« Die Beschränkung existierte allerdings nicht bei den künstlichen Organismen, die Hillis untersuchte. Vielmehr konnten die letzten Geheimnisse nun freigelegt werden. »Ich kann eine Population von 100 000 Generationen laufen lassen«, erklärt Hillis, »und dann kann ich nach den gleichen Dingen Ausschau halten, nach denen auch die Geologen suchen, nämlich nach fossilen Belegen. Danach kann ich mir die tatsächlichen Gene selbst ansehen, also nicht nur die Phänotypen der einzelnen Individuen, sondern wirklich das genetische Material. Ich muß es mir nicht einmal mit meinen eigenen Augen ansehen, sondern ich habe dafür einen gewaltigen Parallelrechner, mit dem ich sie beobachten kann. Dadurch bin ich in der Lage, auch den Ablauf solcher Dinge zu verfolgen, für die Biologen keine Daten besitzen.«
Hillis arbeitete mit künstlichen Organismen – Zahlenketten, die Gene repräsentierten, die sich wiederum in Phänotypen ausdrückten, indem sie rechnerische Aufgaben ausführten. Dies alles beruhte auf John Hollands genetischem Algorithmus.
Zunächst wählte er sehr einfache Aufgaben für seine Organismen. Er verlangte von ihnen, daß sie sich in einer bestimmten Ordnung arrangierten, wobei diejenigen belohnt wurden, die nach jeder Generation dem vorgegebenen Arrangement am nächsten kamen. Die Angepaßtheit wurde natürlich durch die Kriterien bestimmt, die Hillis jeweils als die perfekte Anordnung vorgegeben hatte, und die geschickte Ausnutzung dieser Komplikation verhinderte, daß sich das System in einem lokalen Maximum festsetzte. Wie das vor sich geht, läßt sich an einem Beispiel zeigen. Man beginnt mit einer Kette aus zwölf Zahlen, wobei Hillis beispielsweise festlegen konnte, daß in einer perfekten Sequenz die folgende Zahl jeweils um eins höher war als die vorhergehende. Eine solche perfekte Sequenz kann also mit einer 1 beginnen und mit einer 12 enden:

1, 2, 3, 4, 5, 6, 7, 8, 9, 10, 11, 12.

Bei der Entwicklung dieser Ordnung würde die Hill climbing technique nur bis zu einem bestimmten Punkt wirkungsvoll sein, da das Problem möglicherweise nicht ausschließlich durch Anstiege gelöst werden könnte. Stellt man sich beispielsweise eine Anordnung vor, die mit einer 2 beginnt und sich mit geraden Zahlen bis zur 12 fortsetzen soll, so fällt sie an der siebten Position auf eine 1, um anschließend mit ungeraden Zahlen bis zur 11 fortzufahren:

2, 4, 6, 8, 10, 12, 1, 3, 5, 7, 11.

Nur einen Schritt von der Perfektion entfernt, aber dennoch fehlerhaft, würde es diesem Organismus schwerfallen, sich weiterzuentwikkeln; er würde auf einem lokalen Maximum steckenbleiben.
Hillis nannte diese Art von Organismen »Rampen«, wobei er auf die Form Bezug nahm, die dieses Schema – das Bergsteigen führt an eine steil abfallende Wand – in der zuvor beschriebenen Landschaft einnehmen würde. Nach und nach setzte er die Rampen zunehmend schwierigeren Problemen aus, so daß er aus ihrem Verhalten etwas über die Evolution lernen konnte.
Als der Biologe Charles Taylor dieses System sah, schlug er Hillis vor, Experimente durchzuführen, die sowohl eine sexuelle als auch eine asexuelle Fortpflanzung berücksichtigen. Hillis könnte sich so mit einer Aufgabe befassen, die zu den noch immer ungelösten Problemen in der Biologie gehört: Warum gibt es Sexualität? Einige Theoretiker glauben, daß es einzig einem ungewöhnlichen Zufall, also einem einmaligen Unfall, zu verdanken ist, daß sich Organismen paaren, denn für ein einzelnes Individuum besteht der eigentliche Vorteil kurzfristig darin, so viele Gene wie möglich weiterzugeben. Sexualität vermindert aber die Anzahl der Gene, die an die Nachkommen vererbt werden, so daß es eigentlich besser sein müßte, wenn der am besten angepaßte Organismus sich asexuell fortpflanzte. Langfristig gesehen, stärkt die sexuelle Fortpflanzung zwar die Tauglichkeit einer Population, aber die Evolution, die Generation für Generation arbeitet, hat natürlich kein Bewußtsein, folgt also natürlich nicht etwa einem Milliarden Jahre alten Plan. Die Evolution funktioniert eher wie ein Experiment mit Zellularautomaten, bei denen die Entscheidungen lokal getroffen werden, wenngleich die Konsequenzen global sind. Daher war es

schwierig zu erkennen, wenn eigentlich gesunde Langzeitverhaltensweisen durch Entscheidungen ausgemerzt wurden, die nur kurzfristig sinnvoll waren.

Hillis baute also die Sexualität in seinen Versuchsaufbau ein, wobei er den Organismen die *Wahl* ließ, ob sie sich tatsächlich sexuell fortpflanzen wollten. Dazu fügte er ein Gen ein, das die Zahl der Fälle kontrollierte, in denen der Organismus sich sexuell reproduzierte. Die Organismen, die sich mit ihrer Wahl für eine Verbesserung der Tauglichkeit der Phänotypen entschieden, würden natürlich dominieren. In den ersten Experimenten mit diesem Parameter entschieden sich die Organismen für die asexuelle Vermehrung. Später formulierte Hillis schwierigere Aufgaben, bei denen das System weitsichtigere Entscheidungen fällte und die Organismen nach Geschlechtspartnern suchten. Hillis gelang es nicht, die Gesetzmäßigkeiten auszumachen (sofern es überhaupt welche gab), die bestimmten, ob eine Population die sexuelle Fortpflanzung wählte oder nicht. Allerdings ergab das Experiment, daß die sexuelle Reproduktion die Population der Rampen aus ihrer Erstarrung in lokalen Maxima befreite und sie nach höheren Gipfeln streben ließ. Das war die logische Konsequenz der Sexualität, die ein eingebautes Risiko enthielt, durch das die Tauglichkeit auch reduziert werden konnte, und zwar dann, wenn vergleichsweise erfolgreiche Gene dadurch »verwässert« wurden, daß sie mit einem weniger geeigneten Satz von Genen kombiniert wurden. Dieses Ergebnis gab Hillis das Gefühl, etwas Wichtigem auf der Spur zu sein. Er hoffte, daß sein Experiment Hinweise zutage fördern würde, die Biologen bisher übersehen hatten.

Aber zunächst trainierte Hillis noch mit seinen Rampen, damit sie ein wirklich schwieriges Problem in Angriff nehmen konnten. In seinem Experiment war die Fähigkeit des Organismus, Zahlen zu sortieren, der Maßstab für die Tauglichkeit der Rampe.[4] Der Grad, bis zu dem es jede Rampe schaffte, eine Reihe von sechzehn Zahlen in absteigender Reihenfolge zu ordnen, bestimmte, wie erfolgreich der jeweilige Organismus war. Sortieralgorithmen stellen bekanntlich eine Herausforderung für viele Programmierer dar, da versucht werden muß, Systeme zu finden, die mit möglichst wenigen Schritten oder Austauschaktionen eine Zahlenkette ordnen können, was letztlich besagt, daß der Programmierer sein Handwerk besonders gut verstanden hat.

In seinem modifizierten genetischen Algorithmus verwendete Hillis nur die Organismen für eine nächste Generation, die mit möglichst wenigen Schritten bei dem Sortieren ausgekommen waren. Der spezielle Sortieralgorithmus, den Hillis für seine Rampen auswählte, wurde schon seit langem als Bewertungsgrundlage für gut geschriebene Programme und als Maßstab für theoretische Ansätze zur Datenmanipulation verwendet. Im Grunde spielte Hillis seine Rampen gegen die engagierte menschliche Elite aus, wobei er die Evolution auf seiner Seite hatte. Im Jahre 1962 hatten zwei Informatiker einen Artikel veröffentlicht, der für sich in Anspruch nahm, den bestmöglichen Sortieralgorithmus zu beschreiben, denn das System sortierte sechzehn Zahlen in fünfundsechzig Schritten.[5] Zwei Jahre später schuf Donald Knuth, der Guru unter den Programmierkünstlern, ein System, das nur noch dreiundsechzig Schritte benötigte. 1969 wurde die Computerwelt überrascht, als es jemand mit noch einem Schritt weniger schaffte, und etwas später im selben Jahr »verdreifachte« sich das Erstaunen – um Knuth zu zitieren –, als sogar diese Lösung noch unterschritten wurde. Das endgültige Sortierprogramm, von einem Mann namens Milton Green geschrieben, war so elegant, daß der Verdacht faustischer Machenschaften aufkommen konnte, denn es benötigte nur noch sechzig Austauschaktionen.

Hillis ließ eine Population von 64 K oder 65 536 Rampen laufen, die sich selbst bis zu einem Status entwickeln sollten, an dem sie zu Computerprogrammen wurden, die dieses Problem lösten. (Da jedes Individuum seinen eigenen Prozessor benutzen konnte, lief das Experiment mit unglaublicher Geschwindigkeit ab.) Im allgemeinen ließ er die Populationen sich über fünftausend oder mehr Generationen entwickeln. Das wäre für Biologen, die beispielsweise Taufliegen züchteten, ein sehr zeitaufwendiger Prozeß, bei Hillis' Firma Thinking Machines dagegen war das nur die Arbeit eines Tages. Normalerweise entwickelten sich bei diesen Experimenten bereits in den ersten Durchgängen relativ fähige Individuen, die ihre Gene in der Population verbreiteten. Am Ende des Durchlaufs befand sich die Population schon lange auf einem lokalen Maximum, wobei die besten Individuen alle Zahlen in 65 Schritten erfolgreich sortieren konnten.

Das war eine ziemlich eindrucksvolle Präsentation, bei der ein Satz zufälliger Zahlen seinen Lösungsweg ohne menschliche Eingriffe fand.

Schließlich hatten zwei sehr zufriedene Informatiker, die diese Aufgabe auch nur mit der gleichen Anzahl von Schritten gelöst hatten, ihre Ergebnisse im Jahre 1962 in einer nicht wenig beachteten Veröffentlichung verbreitet. Aber Hillis wollte, daß sein System höhere Erhebungen in der Landschaft erklimmen konnte. Er führte daher Bedingungen ein, die seine Population aus ihrer trägen Haltung rissen und sie zwangen, nach höheren Gipfeln zu suchen. Zunächst versuchte er, die Mutationsrate zu erhöhen. Wenngleich das die Population bergauf trieb, fügten die Mutationen den Organismen jedoch so schreckliche Wunden zu, daß sich die Population selten davon erholte.

Der Durchbruch kam, als Hillis vom »Rote-Königin-Effekt« (Red Queen hypothesis)[6] hörte. Der Ausdruck war dem Roman *Alice im Wunderland* entlehnt, in dem die Rote Königin die junge Titelheldin dazu anstachelt, sich die Beine aus dem Leib zu rennen, obwohl dies das junge Mädchen keinen Schritt voranzubringen scheint. Als es sich bei der Königin beschwert, wird es von Ihrer Majestät darüber informiert, daß konstantes Laufen erforderlich sei, um am selben Ort zu verbleiben.

Biologen benutzen diese Anekdote, um »evolutionäres Wettrüsten« zu beschreiben, wenn sich also beispielsweise zwei Populationen verschiedener Arten in einer Räuber-Beute- beziehungsweise in einer Wirt-Schmarotzer-Beziehung gegenüberstehen. Untersucht man den letzteren Fall, so ist leicht feststellbar, daß immer dann, wenn der Wirtsorganismus eine Abwehrreaktion zeigt, um dem Parasiten einen Strich durch die Rechnung zu machen, dieser im Gegenzug eine Strategie entwickelt, die das wieder ausgleicht. William Hamilton war einer derjenigen, die vermutet hatten, daß die Anwesenheit von Parasiten möglicherweise ein wesentlicher Anstoß[7] dafür war, die Evolution in eine Richtung zu leiten, die zu der Unterschiedlichkeit und Komplexität des Lebens führte, wie wir es heute kennen. Er hatte sogar selbst eine Computersimulation laufen lassen, die Hinweise darauf gab, daß Organismen möglicherweise die sexuelle Fortpflanzung entwickelt hatten, um parasitische Angriffe von ihren Nachkommen fernzuhalten. Hillis beschloß also, Parasiten in sein System aufzunehmen.

Er nannte seine Parasiten »Antirampen«. Wie ihre Gegenspieler wurden sie nach dem Leistungsprinzip belohnt, also danach, wie stark sie ihre digitalen Vettern bedrohen konnten. Es war ein klassisches evolutionäres Wettrüsten, bei dem beide Arten koevoluierten und jeweils, als Antworten auf evolutionäre Verbesserungen des Gegners, selbst Neuerungen entwickelten. Hillis arrangierte eine geschickte Methode des Angriffs: Das Verhalten der Antirampen ergab buchstäblich Testfälle, mit denen die Lösungen überprüft werden konnten, die die Rampen beim Sortieren entwickelten. Während die Simulation also fortschritt und die Rampen verbesserte Lösungsansätze entwickelten, erfanden die Antirampen immer neue Herausforderungen. Wenn man sich die Rampen als Schachspieler vorstellte, so waren die Antirampen so etwas wie Schachagenten, die immer neue Gegner heranschafften. Zuerst brachten sie stümperhafte Anfänger, ersetzten sie dann durch erfahrene Spieler, wenn die Neulinge regelmäßig unterlagen, und warteten schließlich mit Großmeistern auf.

Unter dem ständigen Angriff der eifrigen Herausforderer waren die Rampen gezwungen, evolutionäre Strategien zu entwickeln, die die Qualität ihrer Sortierfähigkeit aufrechterhielten und sogar verbesserten. Die erste Strategie war, auf eine verstärkte Ordnung der Zahlen zu setzen, so daß der Biß einer Antirampe nicht tödlich war. Die zweite Strategie war, mit einer hohen genetischen Variation von einer Generation zur anderen aufzuwarten, um sicherzustellen, daß ein Defekt der Eltern nicht zwangsläufig an die Nachkommen weitergegeben wurde, um so Angreifer aus der Balance zu werfen.

Wenn die Rampen nicht durch die Antirampen getrieben wurden, benötigten sie Zehntausende von Generationen und lange Nächte auf der Verknüpfungsmaschine, um ihre lokalen Maxima zu erreichen. Wenn jedoch gleichzeitig Parasiten die evolutionäre Landschaft bevölkerten, ergab sich eine andere Situation. Hillis zeigte gern Videoaufnahmen vom Bildschirm seiner Verknüpfungsmaschine zur Illustration dieses genetischen Dramas. Jedes Pixel des Bildschirms repräsentierte eine individuelle Rampe, und die Eignung jeder Rampe, Zahlen zu sortieren, wurde durch eine zufällig gewählte Farbe angezeigt. (Die Antirampen waren nicht dargestellt, aber ihre Einflußnahme war ja offensichtlich.) Während Individuen bei jedem Zeittakt ausgemerzt oder ausgewählt und gepaart wurden, ersetzte eine neue die alte Generation auf dem Bildschirm, und in der Farbe der neuen Population spiegelte sich die Eignung der Nachkommenschaft wider.

Es wurden Gruppen gebildet, und manchmal pulsierten Wellen ähnlicher Rampen in auffallender Gleichzeitigkeit über den Bildschirm. Zunächst begannen die Rampen ihre Fähigkeit, Zahlen zu sortieren, zu verbessern, was sich in einem Farbwechsel von Blau nach Grün bemerkbar machte. Immer wenn sich Rampengebiete stabilisiert hatten, schwappte eine unerbittliche, apokalyptische Welle über sie hinweg. Ganz augenscheinlich hatten die Antirampen Testverfahren gefunden, die die Sortierschemata der Rampen zerstörten. Allerdings entwickelten einige Rampen Lösungen, die nicht nur die Anforderungen der Testverfahren erfüllten, sondern auch noch immun gegen diese Art Antirampen waren. Gruppen dieser veränderten Rampen, jetzt grünlich-gelb gefärbt, breiteten sich auf dem Bildschirm aus, erlangten Stabilität und wurden erneut belagert. Jedesmal, wenn die immunisierten Rampen erneut auftauchten, zeigten sie eine Farbe, die ihre verbesserte Anpassung widerspiegelte. Bald erschienen einige leuchtend rote Rampen, die eine Anpassung signalisierten, von der Hillis' bisherige Rampen kaum gehofft haben konnten, daß sie diese jemals erreichen würden. Sie hatten sich tatsächlich in einem Gebiet niedergelassen, das etwa mit den Anden verglichen werden konnte.

Als Danny Hillis dieses Experiment zum ersten Mal unternahm, lief der oben geschilderte epochale Kampf in etwa fünfzehn Minuten ab. Die Population der Rampen war unsanft aus ihrem gemütlichen lokalen Maximum vertrieben worden, und während ihre Mitglieder, wie von Höllenhunden gejagt, durch die Landschaft rasten, fanden und besetzten sie den schwer zugänglichen höheren Gipfel. Zwar schafften sie es mit ihren Lösungsvorschlägen nicht, an Milton Greens Spitzensystem von sechzig Schritten heranzukommen, aber sie brachten es doch auf den zweitbesten Ansatz von zweiundsechzig Austauschaktionen, also auf eine deutliche Steigerung gegenüber den vorhergehenden Durchläufen. Hillis ließ das Experiment noch einige Male ablaufen, wobei es die Population, gehetzt von ihren Antirampen-Gegenspielern, schaffte, einen Algorithmus von 61 Schritten zu entwikkeln. Hillis war aus dem Häuschen, besonders deswegen, weil er glaubte, der beste jemals erreichte Wert bestünde aus zweiundsechzig Schritten; er nahm also an, daß seine Rampen die menschlichen Spitzenleistungen noch überholt hätten. Als er dann allerdings nochmals die Literatur überprüfte und feststellte, daß sein System doch unter-

legen war, zeigte er sich so enttäuscht, daß er das Problem des Sortieralgorithmus sehr bald auf unbestimmte Zeit beiseite legte.
Das Konzept einer beschleunigten Evolution durch koevolvierende Parasiten verfolgte Hillis jedoch weiter. Er war überzeugt, daß das Verhalten der Roten Königin effektive Resultate bringen müsse, da sich koevolvierende Rivalen die evolutionären Systeme aus der Stabilität rissen und zu Phasenwechseln zwangen, wie Langton sie in seiner Arbeit an den λ-Parametern vorgestellt hatte. Das Zusammenwirken von Rampen und Antirampen trieb das System an den Rand des Chaos, wodurch eine große Fülle neuer Genotypstrategien auf der Grundlage dieses fruchtbaren Computerareals entstand.
Hillis' Arbeit hatte aber auch Einfluß auf die Definition des Lebens selbst. Nachdem von Neumann postuliert hatte, Leben existiere in Form entstehender Informationsprozesse, Kauffman uns unter anderem klargemacht hatte, daß Leben aufgrund des Prinzips der Selbstorganisation danach strebt, sich zu entwickeln, und Langton, Crutchfield und Farmer uns darüber informiert hatten, daß Leben die ausgesprochene Tendenz hat, sich knapp diesseits des Chaos anzusiedeln, zeigte uns Hillis nun – indem er die Arbeiten von Biologen wie Hamilton rechnerisch umsetzte –, daß Leben ein symbiotischer Prozeß ist, in dem todbringende Rivalen geradezu benötigt werden. Gleichgewicht war eine Illusion; Ordnung entströmt einer unerbittlichen, unruhigen See. Sowohl Axelrods iteratives Gefangenendilemma als auch die auf dem GA beruhende Lösung dieses Problems bestätigten die Vorteile einer Kooperation zwischen mutmaßlichen Rivalen. Sie spiegelten die unschönen Seiten von Darwins natürlicher Auslese in einem sehr viel günstigeren Licht wider, da sogar tödliche Schädigungen dem System halfen, sich auf einen Level höherer Komplexität zu erheben.
»Das Künstliche Leben ist dabei, einige neuartige, einfache Vorstellungen zu erarbeiten, interessante Dinge wie die, daß die natürliche Auslese nicht die Evolution einer einzelnen Art ist, sondern etwas wie die Koevolution von Wirt und Parasit«, sagt Hillis. »Es mag sich herausstellen, daß dies eine kritische Sache ist, aber wenn wir erst einmal begonnen haben, in diese Richtung zu denken, werden wir niemals wieder so wie früher denken und nie wieder die gleichen Dinge versuchen.«
Danny Hillis hatte ein Beispiel für diejenigen zur Hand, die seine

Behauptung, das Künstliche Leben werde unser Denken über die Biologie verändern, näher erläutert haben wollten. Eines Tages traf ich ihn in seinem vollgestopften Eckbüro in seiner Firma. Er war wie gewöhnlich mit einem verblichenen T-Shirt bekleidet und begab sich an einen Tisch, auf dem er dann einige Zeichnungen und andere Papiere vor sich ausbreitete. »Hier ist meine Prophezeiung«, sagte er, wobei seine Worte durch den beeindruckenden Berg statistischer Daten ein größeres Gewicht erhielten, »ich glaube, daß sich die herkömmliche Vorstellung von Genen ändern wird. Ich glaube sogar, daß die Vorstellungen, die von den Populationsgenetikern entwickelt wurden, im Grundsatz unvollständig und irreführend sind.«

Hillis spricht hier ein Problem an, das grundlegende Evolutionsmechanismen in Frage stellt. Biologen waren zu der Ansicht gelangt, daß die Evolution sprunghaft verläuft, daß alles also anders als beim gleichmäßigen Aufstieg auf einen Berg immer wieder von Perioden des Stillstands unterbrochen wird. Die Arten bleiben für eine Zeitlang relativ stabil, also im Gleichgewicht, und diese Zeit nutzen sie, sich der jeweiligen Umwelt anzupassen. Ein unvorhergesehener Wechsel in der Umwelt oder eine erfolgreiche Mutation verursacht dann einen unvermittelten qualitativen Sprung in ihrer Tauglichkeit, und es treten neue und physikalische Merkmale bei den Phänotypen der neuen Arten auf. Biologen charakterisieren diese von sprunghaften Schüben gekennzeichnete Entwicklung als »unterbrochenes Gleichgewicht«.

Man kann sich beispielsweise eine Population von Tieren vorstellen, die blind sind, obwohl sie die genetische Anlage haben, einen Phänotyp mit Sehvermögen hervorzubringen. Hätten diese Tiere Augen, könnten sie leichter Futter finden, Feinde schneller entdecken und mögliche Partner für die Paarung sicherer ausmachen. Eine sehende Population würde sich vermutlich auf einem höheren Gipfel in den Gefilden der Tauglichkeit wiederfinden. Allerdings ist ein Auge auch ein außerordentlich komplexes Organ, ohne Zweifel das morphologische Ergebnis vieler Gene. Biologen nennen Fälle wie diese, in denen eine ausgewogene Kombination verschiedener Gene für das Auftreten einer Eigenschaft benötigt wird, epistatisch. Daher ist irgendeine Kombination beim Crossing-over oder eine Mutation in einer einzigen Generation, die zu einem Genotyp führt, der auf einmal Augen entwickelt, ziemlich unwahrscheinlich. Aber selbst wenn dieser Fall ein-

treten sollte, würde eine Paarung diese unwahrscheinliche Kette von Ereignissen wieder unterbrechen.
Wendet man dagegen die Hill-climbing-Theorie an, kann man sich vorstellen, wie die Population langsam aber stetig ihre Genausstattung verändert, bis der Berg, der die Fähigkeit des Sehens verleiht, erklommen ist. Aber wie läßt sich das mit der komplexen Entwicklung eines Auges in Einklang bringen? Es ist schwierig, sich vorzustellen, daß der Pfad in Richtung Sehfähigkeit ein allmählicher Aufstieg ist. (Ein halbes Auge wäre ja nicht in der Lage zu sehen. Wie also sollte ein halbes Auge – oder noch unwahrscheinlicher: der erste Schritt zur Entstehung eines halben Auges – belohnt werden?) Andererseits ist es ebenso schwierig, sich ein unterbrochenes Gleichgewicht vorzustellen, unter dessen Bedingungen die Population auf ein hohes, steiles Kliff springt, das die deutliche Verbesserung repräsentiert, plötzlich sehen zu können, nachdem dies vorher nicht möglich war.
Als Biologen versuchten, diese Fragen zu beantworten, sahen sie sich mit einem Problem konfrontiert. Bei der Zuordnung von Phänomenen wie der Epistasis mußten sie die Vergangenheit anhand fossiler Überreste rekonstruieren, was allerdings selten zu definitiven Antworten führte. Aber auch Zuchtversuche, beispielsweise die Züchtung einiger hundert Generationen der für Fragestellungen dieser Art favorisierten Taufliege *(Drosophila),* würden, gemessen an der benötigten evolutionären Zeitspanne, nicht annähernd ausreichen, einen solch dramatischen Effekt darstellen zu können.
Danny Hillis hatte ihnen gegenüber allerdings einen Vorteil – er war im Besitz der Verknüpfungsmaschine.
Die künstlichen Organismen in Hillis' spezieller Welt entwickelten sich nicht in einem gleichmäßigen Prozeß des Hill climbing, sondern durch die plötzlichen Sprünge des unterbrochenen Gleichgewichts. »Die durchschnittliche Eignung einer Population nimmt mit fortschreitender Zeit nicht zwangsläufig zu«, schrieb er in einem Artikel, in dem er seine Ergebnisse veröffentlichte. »Vielmehr besteht der Fortschritt häufig aus langen Zeiträumen relativen Stillstands, die durch kurze Perioden schnellen Fortschritts unterbrochen werden.«
Hätte Hillis seine Analyse an dieser Stelle beendet, wäre er genau an dem Punkt gelandet, an dem sich die Evolutionsbiologen befanden, die Fossilien und Taufliegen untersuchten und sagten: Wie man an-

hand dieser phänotypischen Befunde sehen kann, vollzieht sich die Anpassung der Organismen in stabilen Zeiträumen, die durch plötzliche Veränderungen unterbrochen sind.

Mit seinen künstlichen Organismen hatte Hillis allerdings die Möglichkeit, den Genotyp ebenso leicht zu untersuchen und zu analysieren wie den offensichtlicheren Phänotyp, und dabei entdeckte er etwas Bemerkenswertes.[8] Während eine Population sich zu bestimmten Zeiten auszuruhen schien, ihren Phänotyp also nicht änderte, vollzogen sich in ihrer genetischen Anlage Änderungsprozesse. Die unvermittelte Zunahme der Tauglichkeit war ebensowenig ein unvorhergesehenes Ereignis, wie ein Neugeborenes die Verkörperung von etwas ist, das aus dem Nichts entsteht: Vielmehr schien die Population ihren nächsten Schritt schon in sich zu tragen. Genaugenommen enthielt der Genpool bereits eine Reihe epistatischer Gene, die erst dann zur Entwicklung kamen, wenn alle vorhanden waren; war dies nicht der Fall, waren alle Allele für diese Gene rezessiv. (Man erinnere sich: Ein Allel repräsentiert bestimmte Variationen eines Gens. So sind beispielsweise blaue und braune Pigmente Allele des Gens für die Augenfarbe.)

Während die dominanten Eigenschaften also in der Population zum Ausdruck kamen, konnten sich diese rezessiven Gene, zusammen mit anderen, augenscheinlich ebenfalls benötigten Genen, in der Population anhäufen, wobei ein rückgekoppeltes Netzwerk die parallele Entwicklung dieser Anordnung zu unterstützen schien. Wenn die Zahl der rezessiven Gene eine bestimmte Größe erreicht hatte, verbreiteten sie sich überall in der Population. Diejenigen Individuen, die alle diese Eigenschaften besaßen, waren aufgrund des epistatischen Effekts so unglaublich viel besser angepaßt, daß der Population ein Entwicklungssprung gelang.

Hillis veranschaulichte dieses Phänomen mit einer Geschichte: Man stelle sich eine Pflanzenpopulation vor, in deren Genpool es eine Gruppe von zehn Genen gäbe, von denen jedes für ein bestimmtes Enzym verantwortlich zeichnete. Wenn irgendein Individuum alle zehn Gene besäße, mit denen die richtigen Enzyme produziert werden könnten, würde ein synergistischer Effekt eintreten, der es dieser Pflanze beispielsweise erlaubte, die Photosynthese in einer vollkommen anderen, vielleicht sehr viel effizienteren Weise zu betreiben.

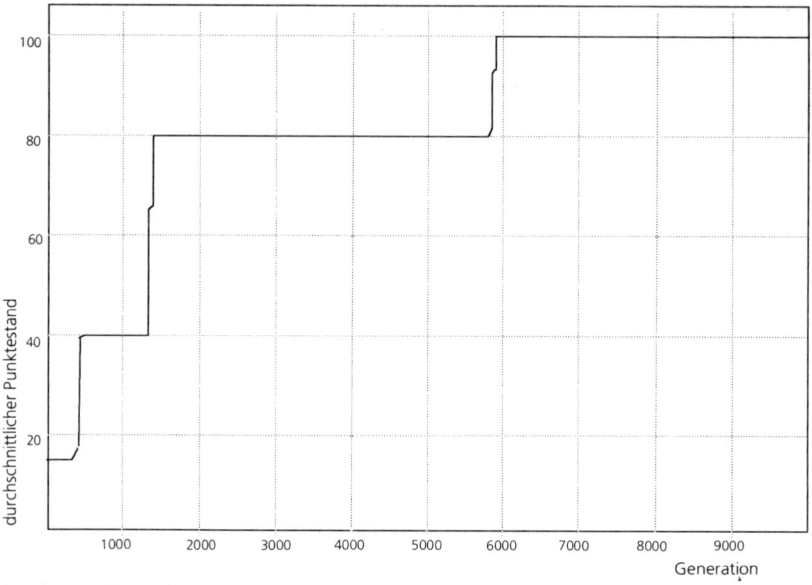

In diesem Experiment gestattete Hillis einer Population von 65 536 Rampen, sich – für Testzwecke – frei zu entwickeln. Bei der Testaufgabe war eine Höchstzahl von 100 Punkten zu erreichen. Die Darstellung des Erfolges der Rampen nach einer bestimmten Anzahl von Generationen zeigt deutlich, daß die Zunahme der Tauglichkeit in einem sogenannten »unterbrochenen Gleichgewicht« verläuft, in dem Perioden der Stabilität unvermittelt unterbrochen werden. Jeder dieser Aufschwünge in der Kurve steht für eine populationsweite Zunahme der Tauglichkeit. Die Evolution hat also neue Kräfte entwickelt, die es den Rampen erlauben, sich besser in ihrer Umwelt behaupten zu können.
Hillis konnte besonders drei Eigenschaften ausmachen, die die Tauglichkeit der Rampen verbesserten. Die Entdeckung der richtigen Kombination dieser drei Eigenschaften ist für den Entwicklungsschub in der Tauglichkeit notwendig. Als Hillis in einer stabilen Phase das Genom der Rampen untersuchte, fand er jedoch heraus, daß der Genpool vor Aktivität kochte und sich auf den nächsten Sprung vorbereitete. Diese Art von simulierter Evolution enthüllt ein weites Anwendungsgebiet für biologische Untersuchungen – sozusagen ein Testgebiet der Evolutionstheorie.

Eine Population solcher Pflanzen würde natürlich einen gewaltigen Entwicklungssprung zu erhöhter Tauglichkeit machen. Allerdings würden alle zehn Enzyme gebraucht, um diesen epistatischen Prozeß zu ermöglichen. Inzwischen wären die zehn Enzyme möglicherweise auch für andere Funktionen in diesen Organismen zu gebrauchen, doch die Anwesenheit eines oder mehrerer dieser Enzyme würde nicht zwangsläufig die Tauglichkeit verbessern, da ein alternatives Enzym eventuell dieselbe Aufgabe übernehmen könnte. Wenn alle zehn Enzyme in einem einzelnen Individuum auftauchten, wäre diese Pflanze sehr gut angepaßt. Wenn sie sich allerdings mit einem Individuum fortpflanzte, das nicht alle zehn Enzyme hätte, besäßen die Nachkommen die entsprechenden Vorteile nicht. Da die Pflanze jedoch gut gedieh, würde sie ihre Gene wahrscheinlich auch weitergeben. Und jedesmal, wenn ein anderes Individuum in der Population den gesamten Satz von Enzymen erhalten würde, gediehe es ebenfalls gut, und seine Gene würden sich noch besser verbreiten können. Die Zunahme dieser mutierten Gene würde außerdem noch durch einen positiven Rückkopplungseffekt angetrieben: Je mehr dieser Gene vorhanden wären, um so leichter fänden sich gleichartige Partner, die sich verbinden könnten, was wiederum den Organismen, die im Besitz der besagten Gene wären, zugute käme. Diejenigen Gene, die für die Enzyme verantwortlich wären, würden sich also ausbreiten, bis sie einen gewissen Prozentsatz der Gesamtpopulation stellten. An diesem Punkt vollzöge sich dann ein Phasenwechsel, ähnlich der unvorhergesehenen Folge von Aktionen in Stuart Kauffmans Experiment. Von diesem Zeitpunkt an wäre die Anzahl der Gene groß genug, um sich mit denen anderer Individuen vereinigen zu können, und der Erfolg dieser Vereinigung ließe den Rest der Population schnell folgen, denn die Gene wären ja stets griffbereit. Der epistatische Effekt würde sich erhöhen.

»Man erreicht diesen magischen Prozentsatz, und plötzlich gibt es diese starke, positive Rückkopplung, und ruckzuck geht ihre Zahl nach oben, bis jeder sie hat«, so Hillis.

Hillis versuchte, den magischen Prozentsatz zu quantifizieren, also den Punkt, der den Stillstand und die Veränderung voneinander abgrenzte. Bei diesem Unterfangen bat er den amerikanischen Physiker und Nobelpreisträger Richard Feynman (1918-1988) um Hilfe, aber dieser starb, bevor er eine Lösung für das Problem gefunden hatte. Monate später half der Biologe Eric Lander, das Problem zu lösen: Das Resultat war ein einfacher und eleganter Term, eins durch *e* zum Quadrat (*e* ist eine bekannte mathematische Konstante). Wenn bei Vorhandensein der entscheidenden Gene dieser Wert erreicht wurde, kletterte die Population unvermittelt auf ein höheres Plateau. Die Gleichung war so bemerkenswert robust, daß sie konstant blieb, gleichgültig, wie viele Gene daran beteiligt waren, die Eigenschaft der besseren Tauglichkeit auszudrücken.

Für seinen Entdecker hatte diese Gleichung aber auch noch eine persönliche Bedeutung. Feynman hatte die Konstante e stets geschätzt, und Hillis glaubte, daß auch er diese Gleichung gemocht hätte. Hillis präsentierte Feynman die Gleichung – allerdings im Traum, und dieser bestätigte, wie elegant die Lösung sei. »Ich dachte, du bist tot«, sagte Hillis in seinem Traum zu dem Physiker. Feynman räumte diese Tatsache ein, schien dem Tod aber auch eine gute Seite abgewinnen zu können. »Wenigstens werden wir während unseres Gesprächs nicht unterbrochen«, antwortete er. Hillis erwachte mit Tränen in den Augen, und ihm wurde bewußt, daß seine Freude über die gelungene Gleichung ihn unabdingbar an den Verlust eines Freundes und Fürsprechers erinnerte.

Das Experiment ließ Hillis vermuten, daß auch diejenigen Biologen, die an das unterbrochene Gleichgewicht glaubten, sich nicht über dessen Genese im klaren waren. Es mußte nicht notwendigerweise eine drastische Störung in der jeweiligen Umwelt des Lebewesens oder eine entscheidende Mutation sein, welche die Sprünge verursachte (Hillis gehörte zu denen, die aufgrund der KL-Experimente eine zunehmend geringere Achtung vor der entscheidenden Rolle von Mutationen in der Evolution hatten), sondern es waren vielmehr komplexe Zusammenhänge multipler Gene dafür verantwortlich. Die Epistasis schien so wichtig, daß Hillis glaubte, wir müßten unsere Definition bald überdenken. Anstatt eines einzelnen Paketes genetischer Information sollte man sich nach Hillis' Ansicht ein Gen als einen Satz zusammenhängender Pakete vorstellen, also vielleicht als ein Dutzend oder mehr.

»Die Vorstellung, die die Leute von Genen haben, ist, daß diese sich selbst anpassen«, sagt er. »Das geht auf Mendel zurück. In gewissem Sinne widerspricht die Konzeption, daß zwölf oder mehr von ihnen zusammenarbeiten, der grundsätzlichen Vorstellung von Genen. Biologen werden sagen, es gab noch nie ein Beispiel für epistatische Zusammenhänge zwischen einem Dutzend von Genen, wir haben so etwas noch nie gesehen, und es besteht kein Grund anzunehmen, daß es in der Biologie existiert. Der Grund ist also, daß sie so etwas noch nie gesehen haben. Sie *können* es nicht sehen. So, wie sie sich Gene

anschauen, gibt es keine Möglichkeit, diese Zusammenhänge zu entdecken, auch wenn sie da sind.«
Skeptiker könnten hier ungestraft anmerken, Hillis' Arbeit beweise nichts, einfach deswegen, weil die Ergebnisse, die seine simulierten Populationen hervorgebracht haben, nicht zwangsläufig dazu führten, die Vererbungslehre neu zu definieren. Hillis gibt zu, daß seine Experimente keine Beweise sind. Aber er hat dennoch das Gefühl, daß die Evolution, wie sie in seinen Experimenten dargestellt wurde, ausreichend genau war, um die Aufmerksamkeit der Biologen zu verdienen, obwohl seine aus Information bestehenden Organismen nicht die verschlungene Komplexität ihrer natürlichen Gegenstücke besaßen. Es sollte nicht gegen ihn sprechen, daß seine Feldforschung im Reich des Siliciums ablief, also nur als Mathematik und Phantasie existierte. In der Vergangenheit mag das Vorurteil gegen mathematische Modelle in der Biologie durchaus gerechtfertigt gewesen sein. Bei der Erarbeitung biologischer Simulationen wurde der äußerst schwierige Komplex der Mathematik des Lebens notwendigerweise zu stark vereinfacht, und zwar bis zu einem Punkt, an dem die Verbindung zur physischen Welt wenig stichhaltig oder zumindest doch schwammig wurde. Der bedeutende Zoologe Theodosius Dobzhansky hatte das Erstellen von Computermodellen in der Biologie einst mit Masturbation verglichen: Es könne manchmal ganz angenehm sein, aber es sei kein Ersatz für die richtige Sache. Hillis glaubte allerdings, daß die Simulationen, die in den KL-Experimenten abliefen, die Barriere durchbrochen hätten. Es mochten Probleme sein, die zwar spielerisch angegangen wurden, aber es handelte sich immerhin um sehr ernsthafte Spiele.
»Wenn Biologen mir erzählen, was in der Biologie wirklich geschieht, glaube ich ihnen«, sagt er. »Sie wissen mehr als ich über das, was in der wirklichen Welt tatsächlich passiert. Ich glaube allerdings auch, daß Biologen in vielen Fällen sehr naiv sind, wenn es um Berechnungen geht. So sind diejenigen Biologen, die hinausgehen und Insekten zählen, nicht besonders von Leuten angetan, die zu Hause sitzen und Gleichungen lösen.«
Und obwohl die meisten Biologen das Insektenzählen jedem KL-Experiment vorziehen, gibt es doch mittlerweile eine zunehmende Zahl von Wissenschaftlern, die Hillis' Forschung ernst nehmen. Ihre Reak-

tion auf seine Ergebnisse ist nicht mehr abweisend, sondern sie zeigen sich stark daran interessiert, festzustellen, ob das Verhalten dieser simulierten Populationen an einen vergleichbaren Prozeß erinnert, der in der natürlichen Welt vorkommt.
»Das ist vielleicht nicht die Reaktion der Mehrheit«, gibt Hillis zu, »aber ich würde sagen, daß die Biologen, die ich bewundere, auf diese Weise reagieren.«

In gewisser Hinsicht war die Meinung der Biologen jedoch irrelevant, denn man mußte die Anwendbarkeit von Hillis' Arbeit auf die biologische Wirklichkeit nicht unbedingt zugestehen, um ihre Vorteile zu erkennen. Hillis glaubte, daß der Erfolg, den seine Rampen unter dem Druck koevolvierender Parasiten erzielten, einen vielversprechenden Ansatz für die Computerprogrammierung darstellte. Seine hochgesteckten Ziele bezüglich evolutionsgestützter Programmierung übertrafen sogar die John Kozas. »Wir alle empfinden die Programmierung als außerordentlich frustrierend«, sagt er. »Es ist daher ein Traum, diese kleine Welt zu haben, in der wir Programme entwickeln können, die das tun, was wir wollen. Wir bestrafen sie und schmeißen sie hinaus, wenn sie nicht das machen, was wir von ihnen verlangen; und nach ungefähr einigen hunderttausend Generationen haben wir dann ein Programm, das sich genau so verhält, wie wir es möchten. Wir können Gott spielen, denn alles, was wir *machen* müssen, ist, ihnen eine Aufgabe zu stellen. Wir müssen nicht einmal klug genug sein, den Lösungsweg für die ihnen gestellte Aufgabe selbst zu finden.«
Danny Hillis war weiterhin fasziniert davon, wie die Rampen den Sortieralgorithmus gefunden hatten. Die Lösung schien sich absolut nicht auf intuitive Weise zu entwickeln; es wurden Zahlen nach vorn und wieder zurückgestellt, so daß der Eindruck entstehen konnte, das Verhalten sei der Aufgabe entgegengerichtet, wobei die Zahlen dann letztlich auf geheimnisvolle Weise doch sortiert wurden. Es bestand die Möglichkeit, daß sich einige Austauschaktionen tatsächlich als unsinnig herausstellten und als evolutionäre Relikte von zunächst eingeschlagenen und dann verlassenen Wegen zurückblieben. Während man die zufällig gewählte Route betrachtete, die die Rampen auf ihrer Reise zur Lösung des Problems zurücklegten, bekam man jedenfalls einen ungewöhnlichen Einblick in eine andere Art von Intelli-

genz, eine nicht-menschliche Intelligenz. Und man sollte diese mit der gleichen unvoreingenommenen Faszination betrachten, mit der man auch eine außerirdische Botschaft aufnehmen würde.
Ein weiterer Vorteil der koevolutionären Programmierung war der, daß ziemlich stabile Algorithmen gefunden wurden. Anders als von Menschen geschriebene Computerprogramme, die an einer typischen Anfälligkeit leiden, die zwangsläufig entsteht, wenn der Entwurf in eine strukturierte Form gebracht wird, waren die Programme von Systemen, die sich koevolviert hatten, wie Panzer gebaut. Es passierte nur selten, daß sie durch eine Unregelmäßigkeit aus der Bahn geworfen wurden, denn in einem solchen Fall wären sie ja bereits zuvor ein Opfer der Parasiten geworden, die stets neue, bedrohliche Testfälle für sie erfanden. Die Parasiten waren hochmotiviert, den Algorithmus der Wirte zu knacken, da ihr Weiterbestehen von diesem Erfolg abhing, so daß sich die Wirte ihre Stabilität mit dem digitalen Äquivalent von Blut erkauften. »Wenn ich ein Flugzeug fliegen müßte, dessen Sicherheit davon abhängig ist, daß Zahlen richtig sortiert werden, würde ich lieber eines fliegen, das auf diesem Algorithmus beruht, als eines, dessen Algorithmus ich selbst entworfen hätte«, sagt Hillis.
Hillis sah den Tag voraus, an dem ein naturgetreues System, das sich koevolviert hatte, zur Programmierung großer Projekte benutzt werden würde. Während heute noch jedes neue Programm auf Fehler untersucht werden muß, um dann als Kopie des Originals verbreitet zu werden, leben die koevolvierten Programme am Rande des Chaos. Wie bei natürlichen lebenden Systemen auch ist hier kein Programm wie das andere. Das führt nicht nur zu einer bestimmten Unempfindlichkeit, was einen Absturz des Computers bei Benutzung durch Unbefugte betrifft, sondern auch zu einer relativen Immunität gegenüber Computerviren. Da jede Version des Computerbetriebssystems unterschiedlich wäre, könnten die Virusprogrammierer ihre digitalen Eindringlinge nicht auf den Programmcode einer bestimmten Gattung von Wirten zurechtschneidern.

Einige von Hillis' Angestellten in seiner Firma entwickelten ebenfalls Anwendungsmöglichkeiten auf der Grundlage der Mechanismen des Lebens. Die wohl spektakulärste Arbeit dieser Art, die bei Thinking Machines geleistet wurde, war die von Karl Sims. Noch nicht einmal dreißig, war Sims ein schlaksiger Programmierer, der während seines Biologiestudiums am MIT begonnen hatte, sich mit Künstlichem Leben zu beschäftigen, und der nach dem Studium eine Informatikausbildung am Media Lab absolviert hatte, um schließlich als Programmierer für Spezialeffekte in Hollywood zu landen. Anschließend war er nach Cambridge zurückgekehrt, um für Hillis zu arbeiten. Seine Aufgabe war es, faszinierende Graphiken herzustellen, die die atemberaubenden Fähigkeiten der Verknüpfungsmaschine deutlich machten. Nachdem er sich im Labyrinth des Thinking-Machines-Gebäudes niedergelassen hatte, begann er über biologische Modelle nachzudenken, mit denen er digitale Bilder herstellen konnte. Da ein Teil der Faszination bei der Herstellung von Computergraphiken darin bestand, die verschlungene Komplexität der Realität zu imitieren, stellte er sich die Frage, warum man nicht auch die Techniken der Natur heranziehen sollte, da sie ja ganz offensichtlich in der Lage war, komplizierte Objekte hervorzubringen?

Sims benutzte ein genetisches Musterbeispiel, um die Komplexität natürlicher Objekte darzustellen,[9] wobei er zunächst mit dem System von Richard Dawkins' Biomorphen zu arbeiten begann. Dieses hatte eine Gruppe von Organismen hervorgebracht, die jeweils eine bestimmte Anzahl von Genen enthielten, die ihr Aussehen bestimmten. Die Aufgabe der Auswahl oblag dem menschlichen Beobachter; es handelte sich also um eine sogenannte unnatürliche Selektion, bei der die Ästhetik und manchmal sogar perverse Launen die Tauglichkeit bestimmten. Die »nicht geplanten und nicht voraussagbaren« Organismen spotteten sogar den Anstrengungen der phantasievollsten Künstler. Sims betrachtete das System der Biomorphe als Werkzeug eines Computerkünstlers, das es einer Person erlaubte, komplexe und ansprechende Bilder herzustellen, auch wenn keine Programmierkenntnis und kein besonderes zeichnerisches Talent vorhanden waren.

Eines von Sims' Projekten war es, lebensähnliche, aber dennoch erschreckend unbekannte Bäume zu erschaffen, die eine außerirdische Landschaft bevölkerten, die einem Trickfilm hätte entstammen können und »Panspermia« genannt wurde. Sims begann seine botanische Herausforderung mit sechzehn Bildern, von denen jedes zufällige Werte besaß, die seinen einundzwanzig Genen zugeordnet waren. Die aus Ziffern bestehenden Gene waren symbolische Ausdrücke in der

Computersprache LISP, die ja bekanntlich von der Verknüpfungsmaschine verstanden wurde, und sie kontrollierten Parameter wie Verzweigung, Wachstumsrate und Knospenbildung. Der Computer las den genetischen Inhalt und drückte jede Zahlenkette als Phänotyp eines Baumes aus. Sims wählte dann ausschließlich den aus, der ihm am besten gefiel, und ließ ihn fünfzehn Nachkommen zeugen. Da eines oder mehrere Gene in diesem Reproduktionsprozeß mutiert waren, war keiner der Tochterorganismen mit den Eltern identisch. Anschließend wurde dieser Prozeß wiederholt, und nach nur fünf Generationen waren nicht selten faszinierende, unerwartete Arten entstanden.
Sims veränderte Dawkins' Methode, indem er sie mit den Techniken von Hollands genetischem Algorithmus verschmolz, so daß er in jeder Generation die asexuelle Reproduktion der Biomorphe durch die digitale Form der sexuellen Reproduktion ersetzte, die bei den genetischen Algorithmen verwendet wurde. Dies war einfach: Anstatt mit der Computermaus auf einen einzelnen Elternteil zu klicken, benutzte Sims die zweite Maustaste, um zwei Elternteile für die Paarung auszuwählen. Neben den Alternativen auf dem Bildschirm konnte er auch noch Exemplare einsetzen, die er von vorherigen Durchgängen gespeichert hatte, ein Vorgang, den man vielleicht mit dem Vorgehen eines Rinderzüchters vergleichen kann, der einen unbegrenzten Vorrat reinrassigen Bullenspermas anlegt, um damit eine seiner Neuzüchtungen zurückkreuzen zu können. Da Sims' Ziel die Herstellung ästhetisch ansprechender Objekte und nicht die Entdeckung versteckter Hinweise auf biologische Verhaltensweisen war, benutzte er auch Paarungsmechanismen, die weniger natürlich waren als die Paarungen bei den genetischen Algorithmen aus Crossing-over und Mutationen. So konnte er beispielsweise Beziehungen arrangieren, bei denen die Nachkommen von jedem Elternteil ein zufälliges Gensortiment erhielten, oder auch Paarungen, die die Werte der Elterngene feststellten und den Nachkommen dann Gene hinterließen, deren Werte irgendwo *zwischen* denen von Mami und Papi lagen. Sims baute sogar eine Methode ein, mit der der Prozeß der Paarung sichtbar gemacht werden konnte: In Erinnerung an seine Zeit in der Filmstadt Hollywood bezeichnete er ihn als »genetische Kreuzüberblendung«.
Dieses Arsenal von biologisch angeregten Werkzeugen erlaubte es Sims, den Raum für mögliche künstliche Bäume, ein übrigens nahezu

unendliches Feld, mit atemberaubender Geschwindigkeit zu durchsuchen. Er legte dabei ein künstlerisches Können an den Tag, das ihm keinerlei Anstrengung abverlangte. Dieser Sichtungsprozeß war eine Art superstarke Version des Spiels »Zwanzig Fragen«, in dem man mit einer Reihe von »richtigen« oder »falschen« Fragen aus der Masse aller Menschen ein einzelnes Individuum erraten konnte. Anstatt mit einem leeren Blatt oder mit einem leeren Bildschirm zu beginnen, besaß der Designer, der mit Sims' Programm und einer Verknüpfungsmaschine ausgerüstet war, einen gedachten Stapel Papier, der Milliarden von Seiten umfaßte. Wenn man sich vorstellte, daß jedes Blatt einen unterschiedlichen Baum zeigen konnte, so war in einem Papierstapel von der Höhe eines Wolkenkratzers jeder denkbare Baum repräsentiert. Indem der Designer sich in eine Richtung bewegte, die ihm günstig erschien, eliminierte er die riesige Menge unbrauchbarer Bäume und gelangte so sehr schnell zu dem gewünschten Wald. Als Sims das erstmals versuchte, erhielt er faszinierende künstliche Arten. Einige schienen Bewohner eines noch unentdeckten Regenwaldes zu sein, stämmige Bäume mit weinlaubähnlichen Blättern oder weidenartige Gebilde mit dornigen Fortsätzen. Andere bestanden aus einem bedrohlichen Rankengewirr und sahen aus wie Marsbüsche, die direkt von der Palette des Science-fiction-Illustrators Frank Frazetta auf dem Bildschirm gesprungen zu sein schienen.

»Wenn ich versuchen würde, diese Dinge selbst zu entwerfen, würde ich Fraktale und andere Techniken verwenden, aber ich müßte alles per Hand machen«, sagt Sims über sein System. »Hier dagegen haben wir eine Möglichkeit, sehr schnell zu einer großen Variationsbreite zu kommen. Ich kann die Genome speichern, um sie dann irgendwann auszustreuen, und auf diese Weise sehr schnell hübsche Wälder entstehen lassen. Da diese Methode nicht voraussetzt, daß man die Zahlen und Funktionen versteht oder auch nur anschaut, muß man einfach nur anfangen. Man denke an den Genotyp im Pflanzensamen – wenn man Geranien aussät, weiß man auch nicht, wie deren DNA aussieht.«

Die künstlich entwickelte Landschaft, die in »Panspermia« beschrieben wurde und die mit einer üppigen, andersgearteten Pflanzenwelt ausgestattet war, legte den Schluß nahe, die Möglichkeiten der Entwurfsfähigkeiten der Natur könnten leicht genutzt werden, wenn ihre Algorithmen geschickt eingesetzt würden.

Sims' System lieferte gleichbleibend Resultate, als er die Aufgabenstellung änderte und von der Konstruktion pflanzenartiger Strukturen auf die Schaffung freier Formen ausweitete. Innerhalb weniger Generationen konnte jeder, der in der Lage war, eine Computermaus zu bedienen, beeindruckende und schöne Bilder erstellen. Die Möglichkeit, nicht nur nach allen möglichen Baumformen zu suchen, sondern auch nach allen erdenklichen *Darstellungen* – ein an sich schon schwindelerregendes Konzept –, brachte Bilder zum Vorschein, die die hart erarbeitete Unverwechselbarkeit großer, moderner Künstler zeigten. Sims kam so zu einer Sammlung von Computerbildern, die an Dalí, Klee, Picasso, Mondrian und Rothko erinnerten. Andere Bilder waren nicht so einfach zuzuordnen: leuchtende Gletscher, kaleidoskopartige Netze und Gesichter. Sims benutzte das System auch, um sehr einfach Texturen herzustellen. Anstatt mühsam Algorithmen für eine Simulation von Marmor, Holzfaser, Borke oder Kristalle auszuarbeiten, fand er sie durch Evolution.

Sims war schließlich so beeindruckt von den Ermittlungsmöglichkeiten seines genetischen Graphiksystems, daß er beschloß, es über die Erzeugung von Darstellungen hinaus auszudehnen und in das Gebiet der Physik und Mathematik vorzudringen. Ganz besonders interessierte es ihn, ob er diese Technik dazu benutzen könnte, bestimmte und besonders fruchtbare Beispiele dynamischer Systeme auf der Verknüpfungsmaschine zu untersuchen. Damit führte er etwa die gleiche Art von Experimenten durch wie Langton und Wolfram, als sie, unabhängig voneinander, die Regeln für die Taxonomie der Zellularautomaten aufstellten. Der Unterschied war allerdings, daß diese Regel für Regel nacheinander eingegeben und das Verhalten jedes Systems beobachtet oder mit metrischen Maßeinheiten wie dem λ-Parameter ausgedrückt hatten, während Sims solche Gleichungen und Meßwerkzeuge außer acht ließ. Statt dessen flitzte er forsch-fröhlich durch die Regelsätze, indem er seine Systeme in Bewegung setzte, um zu sehen, ob sich etwas Interessantes entwickelte. Dann wählte er diejenigen aus, die er am meisten mochte, und reproduzierte sie. Zunächst paarte er bekannte Systeme von Zellularautomaten und züchtete sie weiter, wobei er sehr schnell Systeme der Klasse 4 fand. Dann versuchte er es mit kontinuierlichen dynamischen Systemen und erhielt eine große Bandbreite faszinierender Verhaltensweisen, von denen einige Benoît Mandelbrots Buch *Fractal Geometry of Nature* (Die fraktale Geometrie der Natur)[10] entsprungen zu sein schienen. »Es handelt sich hier um überzeugende Methoden, mit denen man dynamische Systeme von zunehmender Komplexität schaffen kann, die sonst außerordentlich schwer zu entwerfen sein würden«,[11] schrieb Sims. Wer *war* nun aber der Designer? Es waren dieselben Kräfte, die Viren, Farne, Korallenriffe und menschliche Wesen entwarfen. Sims hatte sich, ebenso wie andere KL-Forscher, die Werkzeugkiste dieses namenlosen Designers geliehen, einschließlich seines handlichsten Werkzeugs, die Evolution.

Aus all diesen Experimenten ließ sich eine unabweisbare Botschaft ableiten: Etwas der natürlichen Evolution sehr Ähnliches konnte sehr effektiv innerhalb der Schaltkreise eines digitalen Computers ausgeführt werden. Die meisten Forscher auf dem Gebiet des Künstlichen Lebens würden behaupten, daß es sich bei den Phänomenen, die der Computer erzeugte, tatsächlich um Evolution handelte, und zwar in ebenso unverfälschter Form wie die, die Darwin in der natürlichen Welt gefunden hatte.

Berücksichtigte man den Anfangserfolg der digitalen Evolution und ihre Möglichkeiten, sich die natürliche Selektion nutzbar zu machen, stellte sich eine verlockende Frage: Sollte es nicht auch möglich sein, tatsächlich richtige Kreaturen zu entwickeln? Könnte man nicht mit einem inaktiven Stück Information beginnen und die Milliarden Jahre irdischer Aktivität in einen etwas praktikableren Rahmen pressen (eine Nacht, eine Woche, vielleicht auch ein Jahr), um schließlich Leben zu erhalten? Könnte man tatsächlich dem Weg folgen, der vermutlich auf der Erde beschritten wurde, damit etwas so relativ Einfaches wie ein Bakterium auf der Evolutionsleiter nach oben klettern konnte, um sich zu einer derart komplexen Struktur wie einer Schnecke, einer Schlange, einem Hund oder einem Menschen zu entwickeln?

Das war vermutlich die wichtigste methodologische Frage im Forschungsbereich des Künstlichen Lebens, eine Frage, die wohl hinter jedem Experiment stand, das mit der Entstehung von Verhalten zu tun hatte. In den Anfangszeiten waren die meisten Forscher damit zufrieden gewesen – ja, sogar damit ausgelastet gewesen –, wenn sie ein

Verhalten erzeugt hatten, das eine oder zwei Stufen höher stand als das, was sie ihren künstlichen Kreaturen ursprünglich einprogrammiert hatten. Natürlich waren diese Versuche auf bestimmte Bereiche beschränkt gewesen, sogar vereinfachend darauf zugeschnitten gewesen, nicht programmiertes Verhalten in bestimmten Umgebungen zu unterstützen. In den Versuchen, die Evolution zu simulieren, war der limitierende Faktor die Umsetzung der Tauglichkeit gewesen, denn der Grad der Anpassung wurde im allgemeinen von demjenigen ausgewählt, der das Experiment durchführte. Der alternative Ansatz wäre dagegen ungegliedert, also eine Strategie *mit offenem Ausgang,* in der sich die Kriterien für eine Eignung erst entwickeln würden, ähnlich wie es in der Natur geschehen war, und zwar in Abhängigkeit von den Anforderungen, die das Überleben in einer dynamischen Umwelt stellte. Neue Anpassungen, die von den Architekten der digitalen Lebensräume häufig nicht vorausgeahnt wurden, konnten die Natur der Organismen in dramatischer Weise verändern. Auch konnte eine Reihe überraschender Wechsel es einfachen Lebensformen gestatten, sich auf der Leiter der Evolution nach oben zu bewegen und zu komplexeren Varianten zu entwickeln. In der Theorie konnte man mit etwas so Einfachem wie einer einzelligen Kreatur beginnen, um das System dann unter Anwendung des geeigneten Algorithmus wie im Zeitraffer laufen zu lassen, bis sich komplexere Organismen entwikkelten: Algen, Farne, Salamander, Schwertfische, Rosen, Büffel und Menschen. In der Praxis war dieses Idealmodell natürlich nicht ausführbar, denn dazu waren die Computer des Jahres 1990 noch viel zu leistungsschwach.

Von den Möglichkeiten der Computer einmal ganz abgesehen, stellte sich die Frage, wie weit man in diese Richtung gehen konnte. Skeptiker und Carbaquisten wandten ein, daß eine Serie iterativer Evolutionsschritte, die aus Information bestehende Organismen durchlaufen, niemals die physikalischen Wechselwirkungen nachvollziehen könnte, die unzweifelhaft die Entwicklung des Lebens auf diesem Planeten beeinflußt hatten. Man muß allerdings die Möglichkeit, digitales Leben zu erschaffen, gar nicht akzeptieren, um den Wert derartiger Versuche anzuerkennen, die allein schon deswegen interessant erscheinen, weil man Phänomene beobachten kann, die während des Entwicklungsprozesses des Systems von einem anfangs ungeordneten

Zustand in eine erkennbare Ordnung auftauchen. Jedes Auftreten von lebensähnlichem Verhalten im System war ein implizites Argument dafür, daß berechenbare Kräfte die gleichen Verhaltensweisen in der natürlichen Welt hervorgerufen hatten. Sollte sich das Verhalten von Organismen, die aus Information bestehen und die sich in einer offenen Umwelt entwickeln, als extrem lebensähnlich herausstellen, könnte dieses Ergebnis das bisher stärkste Argument dafür sein, die Grundlagen des Lebens neu zu definieren.

Diese Vorstellungen regten den Biologen Thomas Ray dazu an, sich etwas auszudenken, das er als das erste wahre System mit offenem Ende bezeichnete. Der kleine, energiegeladene Wissenschaftler gestattete seinem System, eine eigene Anpassung zu entwickeln, wobei eine natürliche und nicht eine künstliche Selektion den Schlüssel für die Herstellung von Leben auf dem Computer bilden sollte. Rays Definition des Lebens beruhte auf diesem Faktor: »Ich würde ein System als lebend bezeichnen, wenn es sich selbst replizieren kann und zu einer Evolution mit offenem Ende fähig ist …«, schrieb er. »Künstliche Selektion kann niemals so kreativ sein wie natürliche … Sich frei entwickelnde Kreaturen werden Möglichkeiten gegenseitigen Nutzens entdecken und damit zusammenhängende grundlegende Anpassungsformen, an die wir nicht im Traum denken würden.«

Rays Interesse auf diesem Gebiet war nicht das eines digitalen Alchimisten, sondern das eines ausgebildeten Biologen. Wenngleich er an der Florida State University begonnen hatte, Chemie zu studieren, und eigentlich vorgehabt hatte, sich auch noch auf den Gebieten der Physik und Mathematik weiterzubilden, begann er sich dann doch mehr für Ökologie zu interessieren, »so in der Richtung der sechziger Jahre«, wie er ein wenig verlegen erklärt. Er fertigte eine Doktorarbeit in Biologie an der Harvard University in Boston an und forschte in den Regenwäldern von Costa Rica. Allerdings hatte sich ein Erlebnis aus seinen Bostoner Tagen wie eine schlafende Spore in seinem Kopf festgesetzt. Ray hatte begonnen, sich für das chinesischen Go-Spiel zu interessieren, und eines Tages in den späten siebziger Jahren hatte er ein Spiel haushoch gegen einen Computerprogrammierer mit Habichtnase und Pferdeschwanz verloren, der im KI-Labor des MIT arbeitete und der dieses alte Brettspiel in einer bemerkenswerten Weise durchschaute. Zu Rays Überraschung analysierte dieser Mann es mit biolo-

gischen Begriffen und erwähnte nüchtern, daß Computerprogramme sich selbst replizieren könnten. Ray knüpfte sofort die Verbindung zwischen Selbstreplikation und natürlicher Selektion und war von den möglichen Auswirkungen überaus begeistert.
Zu dieser Zeit aber waren die Erfahrungen Rays mit Computern noch zu gering, um mit einem solchen Konzept experimentieren zu können, und zudem gewann bald darauf seine zweite Passion, die der Erhaltung der Regenwälder galt, wieder die Oberhand. Das blieb so bis zum Jahr 1989, als Ray Assistenzprofessor an der Universität in Delaware geworden war und der schlafende Keim sich wieder zu regen begann. Inzwischen hatte er den Umgang mit dem PC gelernt, und er verfolgte außerdem mit Interesse die Neuigkeiten über Computerviren. Aus irgendeinem Grund fielen ihm die Worte des ominösen Go-Spielers wieder ein. Konnten die Computerviren zu den potentiellen Lebensformen gerechnet werden, von denen der Programmierer damals gesprochen hatte? Konnte er diese Möglichkeiten ausnutzen, um eine digitale Form des Darwinismus, den er in den letzten zehn Jahren so gründlich studiert hatte, zu entwickeln? Ray beschloß, es herauszufinden.
Allerdings war in Delaware niemand besonders an dieser Sache interessiert. Er erinnert sich, wie er diese Idee in einem Ökologieseminar vorstellte: »Ich wurde buchstäblich aus dem Raum hinausgelacht«, sagt er. Auch Rays Kollegen, die kurz zuvor seine Anstellung befürwortet hatten, erklärten die Idee für verrückt. Aber Ray blieb stur. Obwohl die ihm zur Verfügung stehenden Geldmittel für das Studium tropischer Ökologie gedacht waren, vernachlässigte er dieses Projekt, um statt dessen seine Ideen von Techniken zur Anregung einer Evolution weiterzuverfolgen.
»Ich war davon wie besessen, und ich war der Meinung, daß ich dort hingehen müßte, wo der Fluß meiner Energie mich hinführte«, sagt Ray heute. »Künstliches Leben war ein Problem, das mir schlaflose Nächte bereitete.«
Um herauszubekommen, ob es andere Leute mit ähnlichen Leidenschaften gab, installierte er Anfragen in verschiedenen Computernetzwerken und stieß dabei auf die Ankündigung der ersten Konferenz über Künstliches Leben. Das elektrisierte Ray. Er beschloß, nach New Mexico zu gehen, um Langton, Farmer und die anderen KL-T-13-For-

scher zu treffen, mit denen er seine Idee von einem offenen Evolutionssystem diskutieren wollte.

Diese Entscheidung war richtig. Ray stellte sich vor, Kreaturen zu erschaffen, die aus Computeranweisungen bestanden, im Speicher der Maschine lebten und um einen Platz in der Siliciumwelt kämpften. Ein potentiell gefährlicher Plan, denn obwohl er sein Experiment in einem nicht vernetzten PC laufen ließ, der auch noch als »verseucht« gekennzeichnet und mit schützenden Metallbügeln vor dem Diskettenlaufwerk und der seriellen Schnittstelle gesichert war, gab es doch keine Garantie, daß seine Kreaturen nicht auf andere Rechner transferiert wurden. Wenn sie beispielsweise ihren Weg in die Großcomputer der Delaware University fänden, könnten sie die Programme auf diesen Anlagen infizieren und von dort sogar in die internationalen Computernetzwerke gelangen. Das wäre dann etwa so, als würde man ein Raubtier in einem Biotop aussetzen, dessen bisherige Bewohner keine Abwehrmöglichkeit gegen einen solchen Eindringling hatten. Das wäre sogar noch gefährlicher als der berüchtigte »Internet-Wurm«, der von einem boshaften Studenten der Cornell University, ziemlich genau ein Jahr bevor Ray seine Fahrt nach Los Alamos machte, in die Computernetze geschleust worden war. Anders als der vergleichsweise primitive Wurm würden sich Rays Organismen ständig weiterentwickeln, wobei die natürliche Selektion solche Organismen bevorzugen würde, die am schlechtesten auszurotten waren. Ähnlich bestimmten Insekten, die immun gegen DDT geworden waren, könnten mutierte Varianten aus Tom Rays Experimenten zu dauerhaften und unwillkommenen Bewohnern der Computernetzwerke werden.

Langton und Farmer schlugen eine Modifikation vor, die auf Turings Auffassung beruhte, daß jeder digitale Computer einen beliebigen anderen digitalen Computer emulieren könne. Ray sollte demzufolge einen virtuellen Computer programmieren und dessen Operationen auf einem richtigen Computer simulieren. Auf diese Weise könnte er für seine Organismen, die sich dann um die Plätze in einem virtuellen Computerspeicher bemühten, eine Computersprache benutzen, die nur auf diesem simulierten Modell lief. Sollte jemand versuchen, die Kreaturen zu »befreien«, um sie außerhalb ihres theoretischen Käfigs zu verwenden, würde das nicht funktionieren.

Rays Vorstellungen von einer offenen Evolution hingen von der Er-

schaffung lebensfähiger Kreaturen ab, deren Veränderung aufgrund unvermeidlicher Mutationen das System später in Richtung komplexerer Kreaturen bringen würde. Mutationen sind aber häufig eher destruktiv als konstruktiv. Natürliche Organismen können sich mit ihrer eingebauten Redundanz auf gelegentliche Mutationen einstellen, wogegen Computerprogramme dazu im allgemeinen nicht in der Lage sind. Simulierte Evolutionen wie die geschlossenen Systeme des genetischen Algorithmus und von Dawkins geschaffene Biomorphe hatten das Problem nicht, weil der Grad der Angepaßtheit von einer Institution außerhalb des Rechners bestimmt wurde. Sie verfügten also über die Möglichkeit, Organismen auszusortieren, die von ungeeigneten Mutationen betroffen wurden. Da ein offenes System seine Eignung selbst finden mußte, besaß Ray diesen Vorteil nicht.
Er glaubte allerdings, den Ausweg aus diesem Problem zu kennen. Wieder war das Konzept des virtuellen Computers die Lösung. Da die Maschinensprache eines imaginären Computers viel weniger exakt sein mußte als die eines richtigen Rechners, konnte Ray sich spezielle Anweisungen ausdenken, die etwas großzügiger gegenüber Mutationen waren. Das Schema beruhte darauf, daß Ray etwas verwendete, das er »elektronische Schablonen« nannte. Es handelte sich dabei um kleine Blöcke von Computerbefehlen, die jeder Organismus enthielt, wobei eine Replikation dann stattfand, wenn ein Organismus das Gegenstück zu seiner Schablone in der Umwelt fand. Da diese Umwelt sehr gut mit potentiell passenden Schablonen bestückt war, konnten sich auch mutierte Organismen mit veränderten Befehlsblöcken leicht reproduzieren. Wenn nun ein Organismus nach einem entsprechenden Partner suchte, durchforstete er im Prinzip seine Umwelt, wozu er mit einer Art sensorischem Apparat ausgestattet war, so daß Rays Kreaturen an die imaginären kinematischen selbstreproduzierenden Automaten erinnerten, die von Neumann vorgeschwebt hatten.
Sobald Ray nach Delaware zurückgekehrt war, begann er, eine künstliche Umwelt zu entwerfen, die er »Tierra«[12] nannte. Die bisherigen Arbeiten an offenen Systemen künstlicher Evolution hatten sich auf den Ursprung des Lebens konzentriert und versucht, biologisches Verhalten aus einer präbiotischen Umgebung zu erschaffen. Das typische Beispiel war die VENUS-Simulation, die von dem zur T-13-Gruppe von Los Alamos gehörenden dänischen Physiker Steen Rasmussen

und seinen Mitarbeitern geschaffen worden war. Wenngleich Ray die VENUS-Simulation interessant fand, glaubte er doch, daß es unnötig sei, so früh in der biologischen Geschichte zu beginnen. »Es hängt von der Auffassung von Physik ab – die Leute aus Los Alamos wollen, daß sich Leben praktisch aus Quarks entwickelt!« sagte er und unterstellte damit, daß sein Ansatz besser war. »Sie wollen mit grundlegenden Partikeln beginnen, um daraus Leben spontan entstehen zu lassen, und zwar auf dem Anfangslevel des Lebens. Was sie bekommen, ähnelt eher Molekülen als Leben. Es gibt keine Individualität. Das hat wirklich noch nicht viel mit einem Lebewesen zu tun.«

Ray wählte für sein System eine spätere Zeitspanne in der Entwicklung des Lebens als Modell, und zwar etwa die Zeit des beginnenden Kambriums vor etwa sechshundert Millionen Jahren, als sich die biologische Vielfalt explosionsartig zu entwickeln begann. Während es vor dieser Zeit einen relativen Mangel an Stämmen gegeben hatte, wimmelte die Erde plötzlich von noch nie dagewesenen Lebensformen. Ray glaubte, daß sein System durch die Ausnutzung der offenen Evolution zumindest die Mechanismen dieser Vielfalt zeigen würde, wenn es nicht sogar eine ähnliche Üppigkeit hervorbrächte.

Das System Tierra befand sich in einem ständigen Wettstreit um Prozessorzeiten und Speicherplatz. Während natürliche Organismen die notwendige Energie zur Aufrechterhaltung ihrer Ordnung von der Sonne gewinnen, bezogen die digitalen Organismen in der Tierra-Umgebung ihre Energie aus der »Zentraleinheit« des virtuellen Computers, kurz CPU, und nutzten diese Energie, um ihre eigenen Energiezentren anzutreiben, nämlich jeweils eine virtuelle CPU, die jedem Organismus zugeordnet war. Die Komponenten des virtuellen Computers – also die CPU, der Speicher und die Systemsoftware – bildeten die Umwelt, und die Kreaturen waren in Assemblersprache geschriebene Programme, die auf dem Rechner liefen. (Die Assemblersprache besteht aus digitalen Befehlen, die direkt von der Zentraleinheit des Computers gelesen werden können.) Wie bei vielen anderen digitalen Kreaturen fungierte der Code der Tierra-Organismen sowohl als Genotyp, da er während der Reproduktion kopiert wurde, als auch als Phänotyp, da das Programm darauf ausgerichtet war, Funktionen auszuführen, die die Tauglichkeit bestimmten. Kennzeichnend war, daß die Organismen bei der Abarbeitung der Befehlsfolge von einer

Ecke der Umwelt in eine andere kopiert wurden. Zellteilung oder Replikation fand dann statt, wenn diese Bewegung zur Entstehung einer Tochterzelle führte, die ihren eigenen Anteil der Prozessorzeit benötigte. Im Grunde waren die Organismen aus Tierra genetische Replikationsmaschinen, digitale Verwandte der hypothetischen Lebensformen der RNA-Welt, die vermutlich die Urahnen aller nachfolgend entstandenen und heute bekannten Lebensformen waren.

All dies geschah in einem Teil des Computerspeichers, den Ray als »die Suppe« bezeichnete. Die Kreaturen, die in der Suppe lebten, waren in spiralförmigen Reihen angeordnet, hatten sich also sozusagen angestellt, um ihren Teil der Zeit von dem virtuellen Prozessor zu bekommen. Eine Funktion, die Ray »Schnitter« nannte, sorgte dafür, daß die Suppe nicht stagnierte, und sie überwachte die Population, indem sie die Kreaturen an der Spitze einer separaten Warteschlange abtrennte. Dabei handelte es sich in der Regel um die ältesten Kreaturen, die einfach aufgrund ihres Alters in der Reihe ganz nach vorn gekommen waren. Wenn die Instruktionen jedoch erfolgreich abgearbeitet wurden, konnten die Organismen ihren Aufstieg verzögern und dem Schnitter entkommen. Verbrauchte Kreaturen kamen in der Reihe schnell nach vorn und erreichten den tödlichen Punkt schon nach kurzer Lebensspanne. Aber selbst relativ gut angepaßte Organismen konnten ihren Aufstieg in Richtung Tod nicht dauerhaft verhindern, da ständig neue Kreaturen hinter ihnen entstanden. Wie auf der Erde, war der Tod auch auf Tierra unvermeidlich.

Die Evolution auf Tierra wurde durch verschiedene Arten von Mutationen in Gang gehalten. Zunächst war die Suppe selbst Opfer einer Störung – sie wurde einem zufälligen Austausch von Teilchen ausgesetzt, den Ray mit Mutationen verglich, die durch kosmische Strahlen verursacht werden. (Damit wurde auch das Ende sehr gut angepaßter Kreaturen bestimmt, deren große Tauglichkeit schließlich auch durch das Rechnerrauschen im Hintergrund beeinträchtigt wurde.) Ray führte außerdem Mutationen ein, die sich während des Replikationsprozesses auswirkten, um dadurch die genetische Variation zu simulieren. Schließlich gab es noch eine Form der Mutation, die von Zeit zu Zeit zufällig Veränderungen der Befehle verursachte, wenn die Kreaturen ihren Code abarbeiteten. Der kumulative Effekt aller Mutationen war der, daß die Umwelt Tierras und die Evolution ihrer

Organismen jedesmal neu organisiert wurde, wenn das Programm lief, so daß es sich bei Tierra nicht um ein deterministisches, sondern um ein probabilistisches System handelte.

Zwei Monate lang programmierte Ray ohne Unterlaß, und kurz nach dem Neujahrstag 1990 war er soweit, die Testläufe von Tierra auf einem schnellen Toshiba-Laptop beginnen zu lassen, den er für die Entwicklungsarbeit benutzte.

Als er Tierra zum ersten Mal laufen ließ, erwartete er nicht sehr viel. Ray:

> Die Leute in Los Alamos hatten mir gesagt, daß das, was ich vor hätte, schwierig sei und daß dies Jahre harter Arbeit erfordern würde: Ich glaubte das natürlich. Sie erzählten mir, daß es mit der Art von Instruktionen, die ich benutzte, nicht funktionieren könne, da sie zu anfällig wären, so daß Mutationen das System lähmen würden. Auch das glaubte ich, aber ich wollte es dennoch ausprobieren, um einfach, wie Chris Langton es ausdrücken würde, herauszufinden, warum es nicht funktionierte. Als ich das System also zum ersten Mal ausprobierte, wollte ich nur, daß es überhaupt lief. Ich fand heraus, wie viele Instruktionen für eine Replikation notwendig waren, verbesserte sie und erhielt so mein Regelwerk. Dann entwarf ich eine Kreatur, um den Simulator zu testen, eine Kreatur, die sich selbst replizierte, aber sonst nichts tat. Ich dachte: ›Okay, ich schaffe es, den Simulator zum Arbeiten zu bringen, aber es wird mich Jahre kosten, um eine Evolution in dem System in Gang zu setzen.‹
>
> Wie sich herausstellte, mußte ich aber keine weitere Kreatur herstellen.

An einem Januartag arbeitete er an einem Tisch im Schlafzimmer seiner Wohnung, während seine Frau schlief. Ray »impfte« die Suppe mit seinem einzigen, achtzig Befehle umfassenden Testorganismus an. Er nannte ihn »Urahn«, und seine Replikation benötigte jedesmal mehr als achthundert Schritte. Der Urahn und seine Nachkommen begannen sehr bald die Suppe zu bevölkern, bis sie sich in 80 Prozent der Suppe verbreitet hatten. Nachdem diese Schwelle erreicht war, begann der Schnitter sein grausiges Werk und sorgte dafür, daß die Population sich nicht weiter ausdehnte.

Das Experiment lief mit zwölf Millionen Anweisungen pro Stunde. (Durch die Verwendung verbesserter Rechner lief Tierra später sechsmal schneller.) Ray verfolgte den Fortgang anhand beweglicher Balkengraphiken, die die Organismen identifizierten und den Grad anzeigten, bis zu dem sie sich in der Suppe ausgebreitet hatten. Zunächst dominierten die Klone des Urahn, die sich normalerweise nur einmal replizierten, bevor sie eingingen. Dann tauchten Mutanten auf. Die ersten gehörten zu einem Stamm von Kreaturen, die neunundsiebzig Instruktionen lang waren. Der horizontale Balken, der für diese Kreaturen zuständig war, begann zu pulsieren, während derjenige, der die achtzig Befehle umfassenden Ahnen repräsentierte, schrumpfte. Und so hatte bald die Kopie das Original überholt. Schließlich begannen einige Balken, die sich direkt unterhalb dieser beiden befanden, ebenfalls zu pulsieren, und zeigten somit an, daß noch kleinere Mutanten einen Weg gefunden hatten, sich selbst erfolgreich zu replizieren. Ray war begeistert: Tierra demonstrierte die Effekte der Evolution, wobei Varianten des Originals erfolgreichere Strategien entwickelten, um sich in der Umwelt zurechtzufinden. Die kleineren Organismen waren dabei erfolgreicher, da ihre geringe Größe es ihnen erlaubte, sich in weniger Rechnerzeit zu reproduzieren. (Ray hatte allerdings auch die Möglichkeit, das System so einzustellen, daß größere Organismen gegenüber den kleineren bevorzugt wurden.)

Dann passierte etwas äußerst Seltsames. Im unteren Bereich des Bildschirms begann plötzlich ein Balken zu pulsieren. Er repräsentierte eine Kreatur aus nur fünfundvierzig Befehlen! Mit einem so kleinen Genom konnte sich eine Kreatur auf Tierra eigentlich nicht selbst replizieren, denn dieser Prozeß erforderte eine bestimmte Mindestzahl von Instruktionen. Ray schätzte, daß es etwas mehr als sechzig sein müßten. Dennoch erreichte der Balken, der die Population mit fünfundvierzig Befehlen repräsentierte, sehr bald die Größe der zuvor stärksten Gruppe. Tatsächlich schienen die beiden sogar eine Art Tauziehen zu veranstalten. Wenn der eine Balken weiter ausschlug, schrumpfte der andere, und umgekehrt.

Es war ganz offensichtlich, was hier passiert war. Eine Mutation hatte einen erfolgreichen Parasiten geschaffen. Da die Organismen mit fünfundvierzig Befehlen nicht alle notwendigen Anweisungen für die Replikation enthielten, suchten sie sich eine größere, komplett ausgestattete Kreatur als Wirt, um sich deren Replikationscode auszuleihen. Da der Parasit weniger Anweisungen auszuführen hatte, also weniger Rechnerzeit belegte, hatte er gegenüber den vollständig ausgestatteten Organismen einen Vorteil und vermehrte sich schnell. Allerdings stieß die Population der Parasiten an eine obere Grenze: Wenn sie zu erfolgreich wurde, dezimierte sie ihre Wirte, von denen sie ja bezüglich der Reproduktion abhängig war. Daher schlitterten die Parasiten durch die Dezimierung ihrer Wirte periodisch immer wieder in eine Katastrophe.

Dagegen wurden diejenigen Wirte belohnt, die es durch Mutationen geschafft hatten, den Parasiten die Nutzung des Replikationscodes zu erschweren. Eine bestimmte Mutation war besonders erfolgreich bei der »Immunisierung« potentieller Wirte gegen Angriffe. Dabei handelte es sich um zusätzliche Anweisungen, die es dem Wirt ermöglichten, sich vor den angreifenden Parasiten zu »verstecken«. Statt die normale Prozedur zu durchlaufen, bei der er seinen Standort regelmäßig an den Computerspeicher übermittelte, übersprang ein immunisierter Wirt diesen Schritt. Die Parasiten waren allerdings darauf angewiesen, diese Information aus den Registern der CPU zu holen, andernfalls vergaßen sie sogar ihre eigene Größe und ihren eigenen Standort. Unfähig, einen Wirt zu finden, konnten sie sich aber nicht weiter vermehren, und die Wirte wurden so von ihnen befreit. Zur Kompensation ihrer Weigerung, ihre Größe und ihren Standort im Speicher festzulegen, mußten sich die Wirte nach jedem Schritt einem Test unterziehen, um sich selbst immer wieder neu zu definieren. Diese spezielle Funktion war sehr energieaufwendig, denn sie vergrößerte den Umfang des Organismus, der so mehr Rechnerzeit benötigte, sie wurde aber durch den Zugewinn an Tauglichkeit mehr als kompensiert. So breiteten sich die Stämme immuner Wirte aus und rotteten damit die aus fünfundvierzig Instruktionen bestehenden Parasiten aus.

Tatsächlich bedeutete dieses aber nicht das Ende des Parasitismus. Wenngleich die ersten Eindringlinge verschwunden waren, so waren doch einige ihrer Nachkommen zu Organismen mutiert, die sich an diese neue Richtung in ihrer Umwelt angepaßt hatten. Diese neue Art von Parasiten hatte die Fähigkeit erworben, sich selbst zu überprüfen, so daß sie sich an die Information »erinnern« konnten, die die Wirte vor ihnen geheimhalten wollten. Sobald dem Parasiten diese Information wieder zugänglich war, konnte er sich am Replikationscode des Wirtes ungestraft gütlich tun. Durch den Erwerb dieser Fähigkeit wurde der Parasit zwar länger, was ihn natürlich mehr Rechnerzeit kostete, aber auch hier war der Nutzen größer als die daraus resultierenden Nachteile.

Evolutionäres Wettrüsten war eine nur allzu bekannte Tatsache für Ökologen wie Tom Ray. In der Natur hatte sich ein solcher Vorgang über einen evolutionären Zeitraum von Abertausenden von Jahren entwickelt. Und selbst ein so optimistischer Mensch wie Ray war überrascht, wie leicht eine digitale Welt diese gleiche Wettbewerbssituation hervorbrachte. Tierra hatte ebensolche Phänomene in nur zehn Minuten entwickelt! Ebenso bemerkenswert war aber auch die Tatsache, daß sein System diesen Zustand hervorgebracht hatte – einen Zustand, dessen Schaffung bis dahin die Domäne der natürlichen Biologie gewesen war, ohne daß es Manipulationen irgendwelcher Art gegeben hatte.

»Es war genau das, was ich mir in meinen kühnsten Träumen vorgestellt hatte«, sagt er. »Ich schrieb diesen Urahn natürlich nicht mit der Vorstellung, daß er all diese Dinge vollbringen würde.«

Am zufriedensten war Ray mit einem Effekt, der eindeutig ein Ergebnis von Tierras offener Natur war: Das System hatte vollkommen selbständig die Kriterien für gut angepaßte Organismen verändert. Während sich die Suppe mit Organismen bevölkerte, wandelte sich auch die evolutionäre Landschaft selbst, und die digitalen Kreaturen waren gezwungen, neue Antworten auf die veränderten Umstände zu finden. Dadurch konnten zuvor hoffnungslos ineffektive Mutationen plötzlich erfolgreich werden. Die Tür zu einer unprogrammierten Vielfalt war aufgestoßen worden. Ray erklärt:

> Zu Beginn bevorzugt die Selektion die Fähigkeit, sich an der Größe auszurichten, die wir vorgegeben haben. Aber während das System läuft, machen Mutanten seltsame Dinge. Sie entdekken so auch andere Kreaturen, die sie dann ausnutzen. Die Parasiten enthalten nicht die gesamte Information, die zur Replikation

> notwendig ist, aber sie finden diese Information in ihrer Umwelt, die nun aus anderen Kreaturen besteht. Und es stellt sich sogar heraus, daß sie gegenseitig Einfluß nehmen auf die Informationen des anderen und auf diese Weise die Energiereserven eines anderen in die Replikation ihres eigenen Genoms umleiten. Das ist der Punkt, an dem die Evolution interessant zu werden beginnt, denn alle versuchen, ihren eigenen Code immer effizienter zu machen, aber der eigentliche Schub in der Evolution beruht auf der Ausnutzung anderer. Die Organismen können sich in einem vollkommen neuen Reich zur Erprobung ihrer Tauglichkeit bewegen und eine neue Anpassung zur Verbreitung ihrer Gene entwickeln, einen speziellen Mechanismus, der bei den Vorfahren noch nicht vorhanden war, in diesem Fall also Parasitismus oder Immunität gegen Parasitismus.

Das Auftreten dieser Vielfalt bei der »Jungfernfahrt« von Tierra war nicht anormal. Wenngleich sich die folgenden Läufe in einigen Punkten unterschieden, so wiederholten sich die Haupteffekte doch: Nach Abarbeitung weniger Millionen Instruktionen tauchten Parasiten auf, und ein evolutionäres Wettrüsten begann.
Ray führte eine Reihe von Experimenten mit Tierra durch. Statt das System mit nur einem einzelnen Urahn anzuimpfen, gab er Kreaturen in die Suppe, die sich in vorherigen Läufen entwickelt hatten. Seine Genbank wuchs so bald auf über neunundzwanzigtausend verschiedene Genotypen selbstreproduzierender Organismen an, die zu über dreihundert Größenklassen gehörten. Normalerweise pflegte er einen bestimmten Wirt und einen bestimmten Parasiten zu isolieren und sich anzuschauen, was passierte. Dann wurden die Ergebnisse mit Hilfe eines zusätzlichen Programms sortiert und analysiert, das in Anlehnung an den Namen des Schiffes, mit dem Darwin auf die Galapagos-Inseln gereist war, »Beagle« genannt wurde. »Diese Dinge müßten für Populationsgenetiker eigentlich sehr interessant sein«, sagte Ray. »Niemals zuvor ist jemand in der Lage gewesen, sich den genetischen Wandel in einer Population anzuschauen, und zwar bis hinunter zu jedem Genotyp jeder einzelnen Art einer Gesellschaft. Ich mache einen Eintrag bei jeder Geburt und bei jedem Todesfall. So kann ich zurückverfolgen, warum eine Variante eine andere aus dem Rennen

geworfen hat, kann mir den Code anschauen und feststellen, worauf dieser Vorteil beruht.«
Mit dieser Methode konnte Ray verschiedene biologische Phänomene darstellen, die von Ökologen auch in der Natur beobachtet werden. In einem Experiment untersuchte Ray den Effekt, der durch das Einbringen eines Parasiten in ein zuvor unberührtes Ökosystem entsteht. Anschließend versuchte er den umgekehrten Fall, entfernte also Parasiten aus der Suppe. »Ähnlich wie in natürlichen ökologischen Gesellschaften multipliziert die Anwesenheit eines Räubers die Vielfalt«, sagte er. »Der Räuber [Parasit] tendiert dazu, den dominanten Wirtskonkurrenten niederzuhalten, und verhindert dadurch, daß alle schwächeren Mitbewerber vom Wettbewerb ausgeschlossen werden. Tierra spiegelt wirkliche Ökosysteme also sehr schön wider.«
Andere Experimente Rays gaben Hinweise darauf, daß Mutationen nicht unbedingt die treibende Kraft der Evolution sind. In einem Versuch stellte er die Parameter des Systems so ein, daß das Hintergrundrauschen fehlte und Mutationen von der Replikation ausgeschlossen wurden. Er impfte die Suppe mit Wirtsorganismen und Parasiten, und wie in den Experimenten zuvor entwickelte sich eine Vielfalt von Kreaturen. Er führte diesen Effekt auf eine »schlampige Replikation« zurück, die auftrat, wenn sich Parasiten am Genom des Wirtes zu schaffen machten. Die Codes der Wirte wurden dadurch manchmal aufgebrochen, wodurch ein ähnlicher Effekt wie beim Crossing-over auftrat. Dies Ergebnis war, zusammen mit Hillis' Erkenntnissen und den Arbeiten Kauffmans und Kozas, die in eine ähnliche Richtung gingen, ein weiterer Indikator dafür, daß die Evolution der organischen Komplexität und wahrscheinlich auch die sexuelle Fortpflanzung sehr stark vom Vorhandensein von Parasiten abhing.
Wie Hillis und Koza glaubte auch Ray, daß eine digitale Evolution die Fähigkeit habe, während des nächsten Jahrhunderts zum Motor für die praktische Computerprogrammierung zu werden. Die Tierra-Organismen waren ebenso wie Hillis' Rampen und Kozas LISP-Kreaturen zu brillanten Leistungen fähig, wenn es darum ging, einen Code abzuarbeiten. Während Millionen von Befehlen ausgeführt wurden, optimierten die Organismen aus Tierra ihre Größe, schafften es also, ihre sehr komplizierten Algorithmen so zu komprimieren, daß sie weniger Instruktionen umfaßten als die anfänglichen. Ray fand Orga-

nismen, die einen 5,75fachen Anstieg der Effektivität erlangt hatten. Die Organismen konnten diese Kunststücke dadurch vollbringen, daß sie die – in keiner Weise intuitiven – Techniken benutzten, über die künstliche Organismen verfügen.

Ein Beispiel mag illustrieren, wie Organismen ihre Programmiertricks entwickeln. Rays Kreaturen besaßen häufig Teilcodes oder Schablonen, durch die markiert wurde, wo sie begannen und wo sie endeten. (Diese Hilfsmittel waren eine Art von Membran, die dazu diente, die Kreaturen von ihrer Umgebung zu isolieren.) Eine Gruppe von Kreaturen bediente sich nun eines Tricks, der sie in die Lage versetzte, sich ohne Benutzung einer Schablone zur Markierung ihres Endes weiterzuentwickeln. »Diese Kreaturen«, schrieb Ray, »lokalisierten die Speicheradresse der Schablone zur Markierung ihres Anfangs und anschließend die Adresse einer Schablone in der Mitte des Genoms. Diese beiden Speicheradressen wurden dann voneinander abgezogen, um die Hälfte ihrer Größe zu errechnen, und dieser Wert wurde dann mit zwei multipliziert ..., das ergab die volle Größe.«

Aber Rays Organismen waren zu noch komplizierteren Tricks in der Lage. Nach einem Lauf, bei dem fünfzehn Milliarden Befehle abgearbeitet wurden, untersuchte Ray eine Kreatur, die er »72etq« nannte. (Ray benannte seine Organismen nach der Anzahl der Instruktionen in ihrem Genotyp, denen drei Buchstaben folgten, die den Zeitpunkt festlegten, an dem die Kreatur in das Experiment einbezogen wurde. Der Urahn wurde also 80aaa genannt, wohingegen 72etq die 3315. Version einer Kreatur mit 72 Instruktionen war.) Dieser Organismus führte eine Reihe von Berechnungen nach einer ausgeklügelten Optimierungstechnik durch, die »die Schleife aufrollen« genannt wurde. Diese Technik erlaubte es der Kreatur, mit einem Genom auszukommen, das nur noch die Hälfte (sechsunddreißig Befehle) der ursprünglichen Größe besaß, das sich dafür aber einer komplizierten und sehr kompakten Serie von Austauschaktionen seiner Instruktionen und Selbstüberprüfungen bediente. Nach Ray ist »diese Optimierungstechnik ein ausgefeiltes, von Menschen entwickeltes Verfahren, das hier jedoch so konfus und gleichzeitig funktionell realisiert ist, wie es kein Mensch realisieren würde (es sei denn, er wäre vollkommen betrunken)«.[13] Ray konnte nur einen kleinen Prozentsatz der Genome von den höher entwickelten Kreaturen untersuchen; es scheint aber legitim zu vermuten, daß andere von diesen Organismen sich ähnlich beeindruckende optimierte Schemata ausgedacht hatten, die vielleicht, vielleicht auch nicht von den Menschen erdacht worden waren. Man kann darüber spekulieren, ob Welten wie Tierra als virtuelle Labors ein nützliches Hilfsmittel werden könnten, um die Algorithmen auszuarbeiten, mit denen die teuflisch komplexen Computerprogramme für die Superrechner des nächsten Jahrhunderts entwikkelt werden können.

Aber das Spektakulärste an Tierra war dennoch die Analogie zur Biologie, und hier ganz besonders die Vielfalt, die sich entwickelte, wenn Ray dem System einen Mammutlauf gestattete. Tierra durchlebte dann im Schnelldurchgang verschiedene Zeitalter. Die Epochenwechsel kamen unerwartet und häufig dann, wenn es eine lange Zeitspanne stabilen Verhaltens gegeben hatte. (Dies war eine weitere Bestätigung für Hillis' Entdeckung, daß unterbrochene Gleichgewichte in Computer-Evolutionen, die im Rechner erzeugt werden, spontan auftreten.) In jedem dieser Zeiträume ereigneten sich lautlose, explosionsartige genetische Entwicklungen, die auf dem Bildschirm nur durch eine Fülle sich bewegender Balken sichtbar wurden. (Später verbesserte einer von Rays Studenten das Programm dahingehend, daß verschiedene Organismen durch farbige Stäbchen repräsentiert wurden.) Wer jedoch wußte, daß die winzige Welt sich in einer Art apokalyptischer, evolutionärer Epoche befand, hatte den Eindruck, als seien diese Lichtwechsel von Fanfaren einer Wagner-Oper und von grellen Lichtblitzen begleitet. Es handelte sich hier um ein historisches Ereignis höchster Güte.

Ein typisches Experiment konnte mit dem Animpfen eines einzelnen Urahnen beginnen. Bald darauf stellten sich fast zwangsläufig die Parasiten sowie die gegen die Parasiten resistent gewordenen Wirte ein. Während Millionen von Befehlen abgearbeitet wurden, blieb dieser Zustand auf Tierra erhalten, bestand die Suppe also aus Nachkommen von Organismen mit etwa achtzig Befehlen und Parasiten mit etwa fünfundvierzig Instruktionen. Dann tauchte plötzlich eine neue Art von Organismus auf und übernahm die Herrschaft. Als Ray den Code untersuchte, entdeckte er, daß diese neuen Mutanten so etwas wie *Hyper*-Parasiten waren: Obwohl sie sich aus dem Genom der Wirtsorganismen entwickelt hatten, war es ihnen gelungen, die Fähigkeit zu erwerben, den Stoffwechsel der Parasiten in eine andere Richtung zu lenken in der Absicht, ihre eigenen Replikationsfunktionen zu verbessern.

Diese Hyper-Parasiten waren bemerkenswerte Kreaturen. Sie hatten die gleiche Länge wie ihre achtzig Befehle umfassenden Vorfahren, aber der fortwährende evolutionäre Druck hatte beinahe ein Viertel des Genoms verändert, also die Instruktionen des Ahnen durch andere ersetzt. Diese Veränderungen verbesserten ihre Tauglichkeit gewaltig, da sie ihnen nicht nur die Replikation erlaubten, sondern sie konnten auch ihre kleineren Mitbewerber angreifen und töten. Dieses Kunststück war in einer Art durchgeführt worden, der jeder gute Programmierer Anerkennung zollen mußte und bei der dieser vermutlich sogar vor Neid erblassen würde: Hyper-Parasiten überprüften sich ständig selbst auf normale Parasiten. Entdeckten sie einen solchen Parasiten, führten sie eine Art Pac-Man-Manöver durch, wobei sie – sich von Opfer in Angreifer verwandelnd – die Rechenzeit des Parasiten für sich in Anspruch nahmen. Dieser Angriff war so verheerend, daß seine fortwährende Wiederholung die Parasiten aussterben ließ.

Von diesem Zeitpunkt an blieb Tierra, von einfachen Parasiten befreit, wieder einige Zeit relativ stabil. Nicht länger mit konkurrierenden Parasiten belastet, suchten die Wirtsorganismen, die nun fast alle zu Hyper-Parasiten geworden waren, neue evolutionäre Räume. Sie strebten nach genetischer Integrität, die für die Replikation notwendig war, und versuchten dabei weniger Energie zu verbrauchen. Die Art und Weise, wie die Hyper-Parasiten dies erreichten, erinnerte an Experimente, die Robert Axelrod und andere Wissenschaftler durchgeführt hatten, um die Evolution der Kooperation zu untersuchen. Gruppen von Hyper-Parasiten arbeiteten symbiotisch zusammen, indem sie sich den Code für die Replikation teilten. Diese neue Variante konnte sich also nicht selbst fortpflanzen, sondern war auf ähnliche Organismen angewiesen, die das fehlende Teilstück des Reproduktionsgens besaßen. Wie die kooperierenden Parteien beim iterativen Gefangenendilemma zog jeder der Organismen Profit aus dieser Symbiose.

Dieses utopische Szenario setzte sich zwar über Millionen von Instruktionen fort, aber dennoch war es zum Untergang verurteilt. Die Kooperation der Hyper-Parasiten bildete nur eine weitere neue Komponente in diesem System, die von einer gut angepaßten Mutante zu deren Vorteil ausgenutzt werden konnte. Der Eindringling war eine Kreatur, die sich geschickt zwischen zwei kooperierende Hyper-Parasiten setzte und die genetische Information für die Replikation abfing, wenn diese von dem einen zum anderen Organismus geschleust wurde. Es war so, als würden sich zwei Fußballer den Ball ungestört zuspielen, in der scheinbaren Gewißheit, daß kein gegnerischer Verteidiger in der Nähe ist, bis ein solcher dann doch unerwartet auftaucht und mit dem Ball davonläuft. Dadurch, daß er den Replikationscode mit einem gezielten Griff beschlagnahmte, war dieser Hyper-Hyper-Parasit in der Lage, bei einer Länge von nur siebenundzwanzig Instruktionen sich zu reproduzieren und zu gedeihen.

»Als die Hyper-Parasiten die Parasiten nach etwa 550 Millionen Instruktionen ausrotteten, glaubte ich, daß ich die Parasiten nie wiedersehen würde, denn die Hyper-Parasiten schienen mit einer Eisenrüstung ausgestattet zu sein«, sagt Ray. »Aber die Evolution machte sie wieder verwundbar und gestattete den Parasiten so einen Weg zurück ins System.«

Während jedes neuen Durchlaufs von Tierra konnten Ray und andere, die mit ökologischen Verhaltensmustern vertraut waren, biologische Phänomene schon bei der Entstehung erkennen. Da auf Tierra jedoch eine andere Form von Leben existierte, eine wirklich synthetische Form von Leben, wurden möglicherweise auch Verhaltensformen entwickelt, die lebensähnlich waren, aber doch die Merkmale einer alternativen Form von Leben trugen. Tom Ray gab zu, daß es ein Problem gab, solche möglicherweise vorhandenen Effekte zu erkennen. »Wir sehen nur, was wir kennen«, schrieb er. »Es wird vermutlich länger dauern, bis wir die einzigartigen Fähigkeiten dieser neuen Lebensformen schätzen lernen.«

Die Fähigkeit Tierras, das Drama, und augenscheinlich auch die Dynamik einer evolutionären Umgebung darzustellen, veränderte Rays Leben. Dieselben Ökologen aus Delaware, die ihm zuvor die Anerkennung verweigert hatten, kamen nun zu ihm und verbrachten Stunden damit, auf die Balken zu starren, die sich auf dem Computerbildschirm bewegten. Jetzt erntete Ray Anerkennung. Andere Leute in Delaware, besonders eine Gruppe von Informatikern, wurden zu en-

gagierten Enthusiasten, und bald darauf war Ray der Protagonist einer Gruppe aus Newark, die KL-Phänomene untersuchte.
Doch Ray hatte weiter mit dem Widerstand der Leute zu kämpfen, die Schwierigkeiten hatten, sich vorzustellen, daß lebensähnliche Phänomene aus dem Innern eines Computers hervorgehen könnten. Als ein Mitarbeiter des Air Force Office for Scientific Research, der Forschungsabteilung der Luftwaffe, Rays Arbeit begutachtete und seinen Bericht weiterreichte, formierte sich nicht nur Widerstand gegen diese Projektförderung, sondern es kam auch Spott, und es gab die Vermutung, Ray hätte sich bei seiner Interpretation zu sehr auf das Gebiet der Science-fiction vorgewagt. Andere Mitarbeiter des Air Force Office fragten sogar, ob nicht einige der bescheidenen Fördermittel für andere Forschungen auf dem Gebiet des Künstlichen Lebens neu überdacht werden müßten. So mußte Doyne Farmer den Förderern versichern, daß es sich bei den Untersuchungen auf diesem neuartigen Gebiet tatsächlich um seriöse Wissenschaft handelte.
Während Ray seine Arbeit fortsetzte und begann, seine Ergebnisse unter Informatikern und Biologen zu verbreiten, gewann Tierra ein Maß an Anerkennung, das bis dahin bei KL-Untersuchungen beispiellos gewesen war. Angetan von der Möglichkeit, die Methodik Rays auf die Programmierung großer Parallelrechner zu übertragen, zeichnete ihn die Firma IBM bei einem Wettbewerb mit einem Preis von 15 000 Dollar aus. Rays Arbeit fand jetzt auch Beachtung in wissenschaftlichen Zeitschriften und in populärwissenschaftlichen Publikationen. Das Santa Fe Institute lud ihn für sechs Monate als Gastprofessor ein. Aber die wohl beeindruckendste aller Reaktionen kam von den Biologen, von denen die Mehrzahl überaus skeptisch war, wenn es um die Möglichkeiten ging, lebensähnliche Phänomene auf Computern zu schaffen. Als Ray seine Ergebnisse bei einem Treffen vor Evolutionsbiologen präsentierte, erhielt er die Anerkennung wichtiger Leute auf diesem Gebiet, beispielsweise von John Maynard Smith. Der Ökologe Stephen P. Hubbell[14] aus Princeton, ursprünglich eher skeptisch, war bei einem Seminar zu diesem Thema anwesend und bezeichnete es als »spektakulär«. Graham Bell von der McGill University, ebenfalls ein bekannter Biologe, beschrieb Rays System als »die erste logische Demonstration für die Gültigkeit der Darwinschen Evolutionstheorie«[15] und verfaßte einen Brief, der Rays System propagierte:

> Diese Arbeit hat drei wichtige Anwendungsmöglichkeiten. Zunächst handelt es sich dabei um ein ausgezeichnetes Hilfsmittel für die Ausbildung. Viele Menschen bezweifeln, daß die Theorie der Evolution logisch ist. ... Nun kann man ganz einfach auf Rays Programm verweisen, denn dabei handelt es sich um die elementare Demonstration des Zusammenhangs zwischen Evolution und Selektion. Zweitens scheint mir damit eine ausgezeichnete Methode gefunden worden zu sein, mit der theoretische Evolutionsansätze untersucht werden können, wobei realistischere, allgemeine Algorithmen zur Verfügung stehen als jemals zuvor. Drittens könnte die Arbeit einen generellen Fortschritt auf dem Gebiet der Computerprogrammierung bedeuten, da sie die Möglichkeit bietet, effiziente Algorithmen für jeden Zweck zu entwickeln. ... Ich schreibe das, um deutlich zu machen, das es sich hier ... um eine der interessantesten Entwicklungen der letzten zehn Jahre in der Evolutionstheorie handelt.[16]

Ray gestand die Grenzen seines Systems ohne weiteres ein. So sagte er selbst, daß eine größere Rechnerkapazität notwendig wäre, um ein System laufen zu lassen, das komplexere Kreaturen hervorbrächte, eines, das beispielsweise Lebensformen mit den Äquivalenten von DNA und RNA unterstützen würde oder auch vielzellige Organismen. Allerdings hatte Ray mit Tierra in gewissem Sinne schon eines seiner Hauptziele erreicht: Tierra markierte den Beginn eines Umdenkungsprozesses in der Forschung, verursacht durch den erfolgreichen Einsatz einer offenen künstlichen Evolution. Ein Hinweis darauf war auch, daß die *New York Times* vom 27. August 1991 über die Evolution Tierras schrieb: »Eine neue Diskussion ist unter Wissenschaftlern darüber entstanden, wo die Trennlinie zwischen lebenden und unbelebten Formen zu suchen ist.«[17] Das war der Beginn einer Diskussion, die von den Befürwortern des Künstlichen Lebens lange vorausgeahnt worden war.

Auf seine Arbeit mit Tierra zurückblickend, sagt Tom Ray heute: »Die Schlüsse, die ich daraus ziehe, sind die, daß virtuelles Leben irgendwo da draußen existiert und darauf wartet, daß wir die Welten schaffen, in denen es sich entwickeln kann.«

Künstliche Flora, künstliche Fauna und künstliche Ökologie

Es ist immer noch ein gehöriges Maß an Gutgläubigkeit notwendig, anzunehmen, von Neumanns Ergebnisse bedeuteten, ein einfacher Computer für allgemeine Anwendungen könne sich physisch selbst reproduzieren. Wir haben mit der Chemie des Lebens wesentliche seiner Komponenten nachgemacht (z. B. Gene), aber wir haben die Geheimnisse des Lebens noch nicht auf unsere eigenen, unbelebten Kreationen übertragen können. Ich glaube allerdings, daß wir dies tun sollten und zunächst zwar sehr viel Optimismus aufbringen müssen, doch ich glaube auch, daß das alles bald selbstverständlich sein wird … Ich sehe bereits die Wälder aus nichtorganischen Bäumen vor mir und Gebäude, die sich selbst bauen, wobei jedes aus einem einzelnen Ziegelstein-Ei entsteht. Ich stelle mir Roboter vor, die sich selbst reproduzieren und weiterentwickeln.

Alvy Ray Smith III[1]

KÜNSTLICHE FLORA, KÜNSTLICHE FAUNA UND KÜNSTLICHE ÖKOLOGIE

Als der Botaniker Aristid Lindenmayer auf der ersten KL-Konferenz im Jahre 1987 vor den versammelten, aufmerksamen Wissenschaftlern eine große Herbstaster schwenkte, die er gerade zuvor von der Umrandung des Parkplatzes gepflückt hatte, konnte man diesen Moment als Höhepunkt einer Karriere ansehen, in deren Mittelpunkt die Logik und das Leben gestanden hatten. Lindenmayers Anwesenheit signalisierte den Beginn einer wichtigen Verbindung: Der Botaniker hatte ein spezielles mathematisches System entwickelt und für die Synthese künstlicher Organismen zur Verfügung gestellt. Unter Anwendung dieses Systems konnten Wissenschaftler realistische Abbilder der Pflanze herstellen, die Lindenmayer in seiner Hand hielt. Damit konnte zum einen das Verständnis von biologischen Systemen verbessert werden, und zum anderen wurden damit die Möglichkeiten erweitert, eine auf Berechnungen beruhende Biologie zu entwickeln. Wenngleich Lindenmayers System auch auf einem ungewöhnlichen Trick beruhte, fand die daraus resultierende Umwälzung doch Anklang in der KL-Forschung. Man glaubte, in ähnlicher Weise, wenn auch mit anderen Mitteln, könnten die Synthese einfacher Organismen wie Insekten und die Ökologie vielgestaltiger künstlicher Organismen die KL-Forscher näher an ihre hochgesteckten Ziele bringen.

Lindenmayer, ein etwa sechzigjähriger, stämmiger, grauhaariger Ungar mit Schnurrbart, war kurz nach dem Zweiten Weltkrieg in die Vereinigten Staaten gekommen und wurde 1956 in Michigan in Pflanzenphysiologie promoviert. Allerdings änderten sich seine Interessen während seiner Postdoktorandenzeit bei dem Logiker J. H. Woodger in England, einem pedantischen Wissenschaftler, der versuchte, die Biologie in ein Zahlensystem zu pressen, indem er seine Theorien zu Axiomen erhob. Lindenmayer begann darüber nachzudenken, wie man mathematische Formeln benutzen könnte, um die Entwicklung von Pflanzen zu beschreiben.

Sein Mittel war eine formale Sprachtheorie, eine mathematische, auf der Algorithmustheorie basierende Grammatik. Die Sprachtheorie hat in der Biologie eine besondere Bedeutung, da die Interpretation des genetischen Codes das Produkt einer nur unzureichend verstandenen natürlichen Grammatik ist, die ein Alphabet von vier Buchstaben benutzt, um die Rezepte für einen kompletten Organismus herzustellen. Lindenmayers System hatte einige Gemeinsamkeiten mit Zellularautomaten: Es lief in bestimmten Zeittakten ab, wobei jedes einzelne Symbol sich zunächst an seinem Nachbarn und dann an einem speziellen Regelsatz orientierte, um festzulegen, welches Symbol es im nächsten Zeittakt darstellen würde.

Die Regeln in Lindenmayers System beruhten auf Selbstentsprechung in der Art von Rekursionen, einer Programmiertechnik, bei der sich Funktionen selbst aufrufen können. Das Ergebnis konnte eine unendlich simultane Permutation von Zahlen sein, die auf nur einer Variablen beruhte, ähnlich einer Fernsehkamera, die auf einen Fernsehbildschirm gerichtet ist, so daß sich dasselbe Bild unendlich oft ineinandergeblendet wiederholt.

Die Vorstellung, daß eine einfache algorithmische Formel in der Lage ist, einen augenscheinlich so komplizierten Prozeß wie das Wachstum einer Pflanze zu berechnen, war erschreckend. Doch wenn es sich bewahrheiten sollte, wäre das ein weiterer Hinweis dafür, daß die komplexen Prinzipien der Selbstorganisation der Natur in den Bereich von Mathematik und Informatik aufgenommen werden konnten.

Daß diese Grammatik wirklich zur Nachbildung biologischer Prozesse benutzt werden konnte, wurde durch ein außerordentlich einfaches Beispiel des Lindenmayerschen Systems bewiesen, das dem Wachstumsmuster einer bestimmten Gruppe von Algen nachempfunden war. Bei diesen Pflanzen gab es in einem frühen Wachstumsstadium zwei Zelltypen, die sich in ihrer Größe und Teilungsbereitschaft unterschieden. Im mathematischen Modell wurde jeder Zelltyp durch ein Symbol wiedergegeben, entweder als *a* oder *b*. Ihre Entwicklung wurde durch zwei Regeln bestimmt:

Regel 1: Ein *a* im gegenwärtigen Schritt 1 wird im nächsten Schritt zu *ab*.

Regel 2: Ein *b* im gegenwärtigen Schritt 1 wird im nächsten Schritt zu *a*.

Der Prozeß begann mit einer Anfangszeichenfolge, Axiom genannt, in diesem Fall mit der Folge der zwei Symbole *a* und *b*. Nach dem ersten Zeittakt wurde die Zeichenkette in *aba* umgewandelt (Anwendung von Regel 1 auf *a* ergibt *ab;* Anwendung von Regel 2 auf *b* ergibt *a*). Ein weiterer Zeitschritt ließ *aba* zu *abaab* werden, und der nächste endete in *abaababa;* ein ziemlich komplexes Resultat für nur drei Zeittakte. Da dieses spezielle Beispiel einer pflanzlichen Form der natürlichen Welt entsprach, konnte man die Richtigkeit des mathematischen Systems dadurch überprüfen, daß man in ein Mikroskop schaute, um festzustellen, ob sich die Alge in der gleichen Weise wie das System entwickelte (was der Fall war).

Der Regelsatz dieser mathematischen Grammatik wurde als L-System[2] bekannt. Lindenmayer beabsichtigte, L-Systeme nur als mathematische Konstruktionen zu benutzen, die das Entwicklungssystem von Pflanzen beschrieben. Durch die Benutzung von L-Systemen konnte man endlose Sätze von Produktionsregeln erstellen, solche, die den Regeln der Natur entsprachen, und solche, die keine natürlichen Entsprechungen hatten.

Im Jahre 1970 fragten sich Ben Hesper und Pauline Hogeweg, zwei von Lindenmayers Doktoranden an der niederländischen Universität Utrecht, ob L-Systeme tatsächlich für die Herleitung botanischer Formen genutzt werden könnten. Das Ergebnis dieser Experimente sollten nicht die Pflanzen selbst sein, auch nicht Modelle von Pflanzen, sondern Hybride, also Nachkommen aus Natur und Logik.

Hesper und Hogeweg verbrachten zwei Wochen damit, ein Computerprogramm zu erstellen, das einen L-System-Regelsatz interpretieren konnte, um damit dann etwas zu erschaffen, das wuchs und sich verzweigte wie eine Pflanze. »Die L-Systeme selbst fertigen keine Bilder an«, erklärt Hogeweg. »Sie schaffen nur lange Zahlenketten. Um Bilder anzufertigen, benötigt man einen weiteren Schritt. Man muß die Zahlenkette als Zweig oder ähnliches *interpretieren.*«

Die Zahlenkette, die sie schließlich dem Mitarbeiter eines Rechenzentrums übergaben, das sich einige Kilometer weiter entfernt befand (der Computer in Utrecht hatte nicht genug Rechenleistung), umfaßte etwa fünftausend Symbole. Der Techniker gab die Lochkarten in den Rechner ein und wartete, bis die Maschine das Programm abgearbeitet hatte. Als die beiden Wissenschaftler einige Stunden später wieder in das Rechenzentrum kamen, fanden sie einen sprachlosen Techniker vor. Statt Serien von Zahlen auszugeben, sah das Ergebnis dieses Programms aus wie ein ... Farn,[3] und noch dazu wie ein sehr eleganter. Da diese Struktur keiner wirklichen Pflanze nachgebildet worden war, sondern das morphogenetische Ergebnis einer L-System-Zahlenkette war, nannten die Forscher sie »Morphem«.

Hogeweg und Hesper kehrten nach Utrecht zurück und zeigten Lindenmayer das Morphem. Seine Reaktion war eher eisig. »Er mochte unsere Arbeit nicht«, erinnert sich Hogeweg. »Er war der Ansicht, L-Systeme seien ein Teil der mathematischen Theorie, die nicht für die Schaffung von Bildern verwässert werden sollten, und er war nicht gewillt, diesen Weg weiter zu verfolgen.« Sogar nachdem die beiden Doktoranden 1974 einen vielbeachteten Artikel veröffentlichten, in dem ein Satz von 3584 L-System-Bäumen ausgiebig untersucht worden war, betrachtete Lindenmayer Morpheme weiterhin als eine nette, aber unwichtige Kuriosität, und er verwendete die Bilder auf seinen Weihnachtskarten.

Einer, der von der Arbeit Lindenmayers fasziniert war, nachdem er ein pflanzenähnliches Morphem gesehen hatte, war ein junger Mathematiker namens Alvy Ray Smith III. Er war nicht damit einverstanden, daß Computer überwiegend für militärische Zwecke eingesetzt wurden, und suchte in den späten sechziger Jahren nach freundlicheren Anwendungsmöglichkeiten. So kam er schließlich zu Zellularautomaten und selbstreproduzierenden Systemen. Seine Doktorarbeit war ein brillanter Beweis dafür, daß man einen universellen Computer mit einem eindimensionalen Zellularautomaten bauen konnte. Aber nachdem sich Smith auf diesem Gebiet etabliert hatte, stellte er seine eigene Rolle erneut in Frage.

»Ich wollte Computer nicht nur als sterile, Zahlen verschlingende Maschinen sehen«, erklärt er. »Es gab drei Möglichkeiten, das zu umgehen: sie zu benutzen, um Bewußtsein zu begreifen; sie zu benutzen, um Leben verstehen zu lernen; oder sie anzuwenden, um Kunst zu produzieren. Einer der Gründe für die Anziehungskraft, die Zellularautomaten auf mich ausübten, war der, daß sie mit lebenden Dingen verwandt zu sein schienen, wie auch von Neumanns selbstreproduzierende Automaten, und daß man sich die sichtbaren Konfigurationen

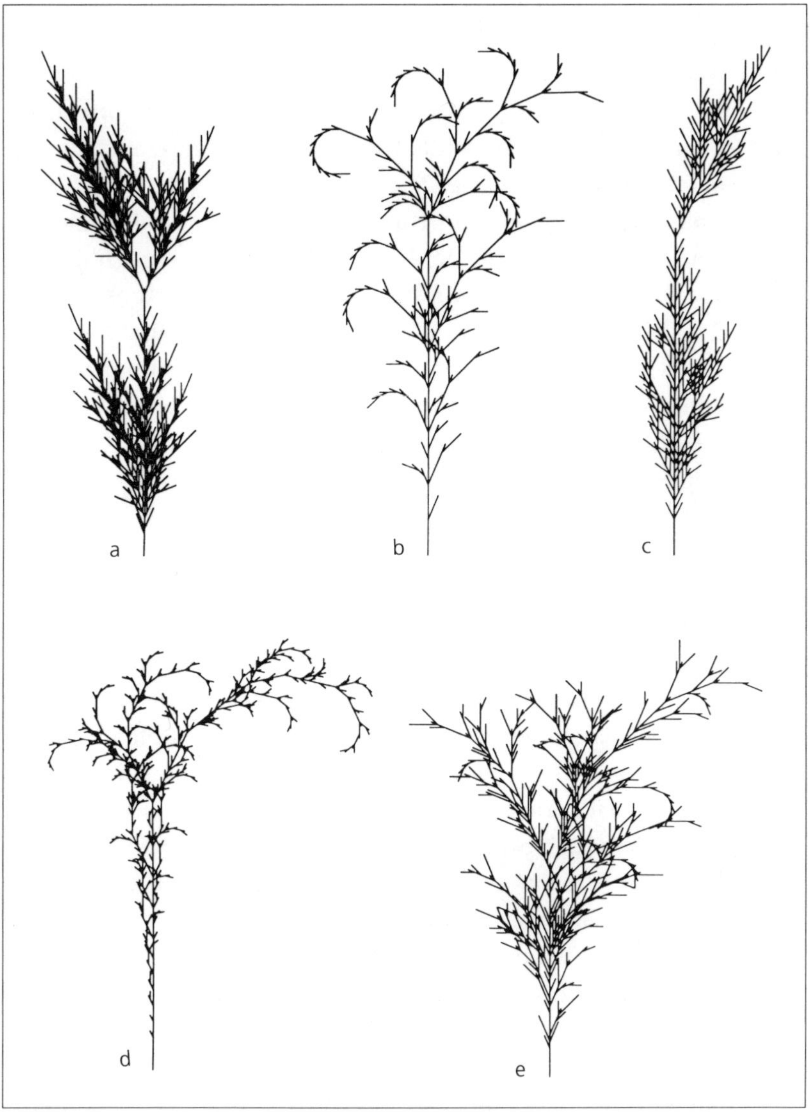

Pauline Hogeweg und Ben Hesper erzeugten diese Farne unter Anwendung des L-Systems, ein von Aristid Lindenmayer geschaffenes mathematisches Entwicklungssystem.

der Zellularautomaten, die sich im Laufe der Zeit entwickelten, als Graphiken oder Filme vorstellen konnte. Allerdings fühlte ich mich isoliert. Wir befanden uns mitten in der Protestwelle gegen den Vietnamkrieg, und ich arbeitete an etwas, das ich weltweit mit vielleicht hundert Menschen diskutieren konnte, wenn es überhaupt so viele waren. Worin also lag der tiefere Sinn?«

Im Jahre 1974 begab sich Smith auf eine Konferenz in Noordwijkerhout in den Niederlanden, deren Mitveranstalter Lindenmayer war. Sie fand auf dem Gelände einer Narzissengärtnerei statt, so daß man, so weit das Auge reichte, von Blumen umgeben war. Jemand gab Smith eine Veröffentlichung, in der eines von Hogewegs Bildern zu sehen war. Smith war sehr davon angetan. Später erinnerte er sich, was ihn an dem Bild so berührt hatte: Einerseits war hier eine Pflanze und andererseits doch keine richtige Pflanze, etwas ganz offensichtlich Lebensähnliches, aber doch nicht Lebendiges. Es gab aber auch noch einen persönlicheren Grund für seine Faszination: Smiths Vater war Botaniker gewesen.

Kurz nach der Konferenz besuchte Smith das legendäre Xerox Palo Alto Research Center, in dem Forscher mit interaktiver Software und mit der Bildschirmausgabe komplexer Bilder arbeiteten. Smith wurde plötzlich klar, wie Informatik und Kunst miteinander zu einem einzigen Gebiet verschmelzen konnten, und zwar durch Simulation der Realität, indem man Bilder, die so komplex waren wie die natürlichen Objekte, die sie darstellten, schuf. Seitdem war sein Hauptanliegen die Herstellung von Bildern, und mit seinen Kenntnissen in Computersprachen und Zellularautomaten wurde er einer der weltweit besten Künstler auf dem Gebiet der Computergraphik und schließlich sogar zu einer Kultfigur, da er zu den Hauptverantwortlichen gehörte, die bei George Lucas für Spezialeffekte zuständig waren. Er verlor allerdings nie sein Interesse, diese pragmatischen Prozesse zu benutzen, um Licht ins Dunkel natürlicher Systeme zu bringen, das Leben selbst inbegriffen. So vermerkte Smith 1982 in einer Notiz:

> Geometrische Berechnungen sind ein Weg zum Verständnis natürlicher Phänomene. Die Frage ist allerdings: Wie weit kann man mit der Form allein, also ohne die Physik, zu einem tiefen Verständnis gelangen? Betrachten wir zum Beispiel den Menschen: Wieviel Wissen über seine Gestalt könnte man gewinnen, wenn man den Embryo geometrisch berechnete? Die These ist, daß die reine, berechnete Form einen Weg aufzeigt, die Komplexität von Lebensform und natürlicher Gestalt zu verstehen.[4]

Smith sah zwei vielversprechende Möglichkeiten, diese komplexen, natürlich erscheinenden Ergebnisse mit einfachen Regeln zu produzieren. Eine hatte mit der fraktalen Geometrie[5] zu tun, die Benoît Mandelbrot von der Firma IBM erdacht hatte. Die unendliche Komplexität von Fraktalen beruhte auf dem Prinzip der Selbstentsprechung. Obwohl Smith die Idee der Fraktale als inspirierend und instruktiv ansah, beschloß er doch, den anderen Ansatz zu verfolgen. Er wollte »parallele graphische Sprachen« benutzen, die auf L-Systemen basierten. Er nannte diese »Graftale«[6] und entwickelte eine Software, die mit L-Systemen und anderen Techniken arbeitete, um die Strukturen von Bäumen, Blumen, Büschen und Kräutern darzustellen. Nach einem Prozeß der elektronischen Auffrischung oder »Anpassung« erschienen diese Bilder mit erstaunlicher Echtheit auf dem Bildschirm. Die interpretierten Symbole konnten zu Gruppen von Zitterpappeln werden, zu malerischen Feldern mit Wildblumen oder zu den friedlichen Narzissen, an die sich Smith von Noorderwijkerhout erinnerte.

Selbstverständlich konnten diese künstlichen Pflanzen in keiner Weise als lebend bezeichnet werden, aber ihr unbestreitbarer Realismus veranlaßte den Beobachter zu glauben, die Maschinerie des Lebens sei in greifbare Nähe des Menschen gerückt.

»Wir können künstliche Formen von hinreichend großer Komplexität erzeugen, die aus unserer Sicht wie etwas Lebendiges aussehen. Aber wenn man sich die Feinheiten anschaut, kommen sie dem Lebendigen nicht einmal nahe«, sagte Smith. »Sie wachsen nicht lebensähnlich und sie haben nicht die innere Struktur von Organismen. Sie sagen mir aber, daß natürliche Pflanzen, auch wenn sie ein schwer faßbares Erscheinungsbild liefern, dennoch zu verstehen sind, denn die Regeln, die ihre Gestalt bestimmen, sind vielleicht doch nicht so schwer zu begreifen, wie es auf den ersten Blick scheint. Anders ausgedrückt: Es ist ziemlich einfach, Formen mit der Komplexität von Pflanzen zu schaffen.«

Peter Oppenheimer war ein weiterer Informatiker, der mit Systemen experimentierte, die botanische Formen erzeugten. Er glaubte, man könne durch die Herstellung von künstlichen Farnen und Bäumen die natürlichen Mechanismen der Selbstentsprechung erhellen. Infolgedessen lehnte sich Oppenheimers Arbeit[7] eng an die fraktale Geometrie an; er hatte ja als Student in Princeton auch mit Mandelbrot zusammengearbeitet. Dennoch verwendete das rechnergestützte baumerzeugende System, das er am New York Institute of Technology installierte, auch andere Algorithmen.

Ein paar Knöpfe kontrollierten die Parameter für die Verzweigungen der Bäume, das Wachstum, den Grad der Astbildung und andere Faktoren. Ein Äquivalent zur Mutation war dadurch gegeben, daß zufällige Variationen bei der Interpretation der Parameter gestattet waren. »Auf diese Weise konnte ich mit einem Samenkorn einen ganzen Wald von Bäumen herstellen«, sagt er.

In dem Maße, wie die an den Knöpfen drehende Person zum Instrument der Selektion wurde, ähnelte das System dem von Dawkins und Sims, wenngleich es bei diesem Prozeß nicht um Evolution ging. Ähnlich wie Hogewegs und Hespers L-Systeme und Smith' Graftale schuf Oppenheimers System Bäume aus Symbolen anhand eines im wesentlichen morphogenetischen Algorithmus, ähnlich dem, der in lebenden Zellen am Werk war, um die Anweisungen der DNA zu interpretieren.

Oppenheimer erzeugte mit fast photographischer Qualität eine Reihe von Bildern, die Bäume zeigten. Bei dieser Arbeit geschah etwas Merkwürdiges: Als er die Knöpfe drehte, um die Parameter so zu verstellen, daß die Bäume natürlicher aussahen, erahnte er allmählich die Geometrie, die ihnen zugrunde lag. Er glaubte daran, einen Pfad wiederentdeckt zu haben, den auch die biologische Entwicklung einst gegangen war, einen Pfad, der durch die Regeln der Selbstorganisation vorgegeben war und den sowohl die Natur als auch seine eigenen mathematischen Darstellungen verfolgt hatten.

Oppenheimer war über ein Konzept gestolpert, für das sich von Neumann, Langton, Farmer und viele weitere KL-Forscher engagiert hatten: Leben ist nicht eine Ansammlung von Materie, sondern das, was diese Materie organisiert. Noch unbekannte Regeln der Komplexität leiten Materie zum Leben, und das Resultat zeigt viele verschiedene Gestalten und Verhaltensweisen, die wir alle guten Gewissens als lebendige identifizieren können. Durch die Wiederentdeckung dieser Prinzipien, durch die richtige Anwendung von Mathematik und Informatik, können wir Bilder – und letztendlich Organismen – herstellen,

die sich aus eben diesen Prinzipien mit genau der gleichen Sicherheit ableiten lassen.
Mitte der achtziger Jahre stieß Przemyslaw Prusinkiewicz, ein osteuropäischer Informatiker, der zu dieser Zeit an der University of Regina in Kanada lehrte, zu dieser Gruppe von KL-Künstlern. Prusinkiewicz hatte mit Fraktalen gearbeitet, bis er eine Publikation von Alvy Ray Smith las und daraufhin sofort ein eigenes Computerprogramm auf der Grundlage von L-Systemen schrieb, um bestimmte Strukturen zu erzeugen. Im Jahre 1986 traf er Lindenmayer. »Das war ein Wendepunkt«, sagte er einmal auf dieser Tagung. »Ich war nicht mehr mit hübschen Bildern zufrieden, ich wollte Pflanzen auf einer natürlichen Basis erzeugen.«
Zu dieser Zeit runzelte Lindenmayer nicht mehr die Stirn über Interpretationen seines Systems, die mit hübschen Bildern endeten. Er hatte begriffen, daß visuelle Repräsentationen des L-Systems durchaus hilfreich waren, das eigentliche Ziel zu erreichen: ein Modell für die Entwicklung des pflanzlichen Wachstums zu bilden, das dazu verhalf, natürliche Prozesse zu durchleuchten. Wenn man L-Systeme benutzte, um echt aussehende Gänseblümchen, Apfelzweige oder unbekannte Hybriden zu erzeugen, konnte man sich nicht nur an ansprechenden Bildern erfreuen, sondern konnte an diesen Graphiken auch die Fortschritte erkennen, die bei der Imitation der Naturkräfte gemacht wurden. Er und Prusinkiewicz schrieben: »Die interaktive Computergraphik ergänzt die mathematische Theorie der L-Systeme insofern, als sie ein Hilfsmittel für die Formulierung und Überprüfung biologischer Hypothesen zur Verfügung stellt.«
Prusinkiewicz begann mit Lindenmayer zusammenzuarbeiten. Diese Kooperation währte bis zum Tode Lindenmayers im Jahre 1990. Sie benutzten ein weiterentwickeltes Programmsystem, das sie »virtuelles Labor« tauften und das die Symbole des L-Systems mit verblüffenden Effekten interpretierte. Verschiedene Regelsätze der L-Systeme ermöglichten eine beeindruckende Vielfalt botanischer Formen. So ahmten einige Regeln Wachstum, Verzweigung, Blattbildung und Knospung nach, und diese konnten dann, in Verbindung mit geometrischen Informationen, zu großartigen Bildern führen, etwa zu Sonnenblumen, Kräutern oder Palmen.
So hübsch diese auch anzusehen waren, interessiert waren die beiden

Forscher jedoch an dem Entwicklungsprozeß selbst. L-Systeme waren in der Lage, das tatsächliche Pflanzenwachstum in Abhängigkeit von verschiedenen Bedingungen, beispielsweise Ernährung oder Wetter, widerzuspiegeln. In einer neutralen Umgebung, also bei einer gleichbleibenden Versorgung mit Licht, Wasser und Mineralien, konnte man die Pflanze Zelle für Zelle nachbilden, während sie allmählich größer wurde, oder sie wuchs, wenn bestimmte Regeln benutzt wurden, mit der Einzigartigkeit, die man in der Natur findet. Die virtuelle Umgebung konnte manipuliert, die Regeln also so verändert werden, daß das Wachstum in Abhängigkeit von verschiedenen Werten erfolgte, die man als eine bestimmte Dosierung von Sonnenlicht, Photosynthese oder Wachstumshormonen auffassen konnte.
Lindenmayer, Prusinkiewicz und ihre Studenten begannen außerdem, die Zellentwicklung von Organismen zu untersuchen. Durch die Benutzung von L-Systemen war es möglich, mit einer einzelnen Zelle zu beginnen, daraus vielzellige Embryos entstehen zu lassen, um dann an diesem Punkt fortzufahren. Eine so geschaffene Sonnenblume, die aussah wie ein Photo von einer echten Pflanze, wies darauf hin, daß die Natur einen ähnlichen Weg beschritt, um Sonnenblumen wachsen zu lassen. Ein noch beeindruckenderer Fall von Übereinstimmung zeigte sich bei den unterschiedlichen Stadien der Embryonalentwicklung eines künstlichen Farns,[8] der an *Microsorium lenguaeforme* erinnerte und in einem Experiment von Martin de Boer auftauchte. Benutzte man ein sogenanntes Karten-L-System, das wuchs und dessen Zellen sich nach Regeln teilten, die davon abhängig waren, welche Kombination von Nachbarzellen an eine solche Zelle grenzte, so war de Boers Farn den mikroskopischen Photos des echten Farns verblüffend ähnlich. Die Form war nahezu identisch, obwohl aus den Regeln nicht zu ersehen war, daß dies der Fall sein würde. Die Form des künstlichen Gametophyten wurde von den komplexen Interaktionen neuer Zellen bestimmt, die an gerade durch Teilung entstandene Zellen grenzten. »Das Ergebnis ist aus biologischer Sicht besonders interessant«, schrieben Prusinkiewicz und Lindenmayer, »da es den Schluß nahelegt, daß genetisch kontrollierte Zellteilungsmuster eine wichtige Rolle bei der Bestimmung von Gestalt und Struktur spielen.« Dies deutete außerdem in eine faszinierende Richtung des Künstlichen Lebens: Man begann mit einer einzelnen künstlichen Zelle und

verwendete einen Satz von Prinzipien oder Regeln, um etwas Wirkliches wachsen zu lassen. Das war der embryologische Weg zu Künstlichem Leben.
Dieselbe Idee inspirierte auch Stewart Wilson, einen eher konservativen Informatiker, auf dem Gebiet des Künstlichen Lebens zu experimentieren. Er erinnert sich:

> Ich habe lange darüber nachgedacht und dann schließlich ein Konzept erarbeitet, das diese *Regeln* beinhaltete und das mit einem Ei begann. Es kam mir in den Sinn, daß man den gesamten Entwicklungsprozeß auf einer Art Programm basieren lassen könnte, ein Programm für das Produktionssystem ... und dieses Programm würde in jeder einzelnen Zelle ausgeführt werden, jede Zelle hätte also eine Kopie dieses Programms. Wie wir wissen, ist dies das Dogma, die Doktrin. Wenn man [in diesem Entwicklungssystem] ein befruchtetes Ei ist, sich sein Programm anschaut und feststellt, daß sich niemand in unmittelbarer Umgebung befindet, teilt man sich und besteht dann aus zwei Zellen. In diesem Stadium ist das System noch deterministisch, aber später kann sich das ändern – es kann eine bestimmte Konkurrenzsituation zwischen ähnlichen Zellen auftreten. Dann gibt es zwei wachsende Zellen, und ab einem bestimmten Punkt treten andere Regeln in Kraft, und man läßt die Zelle wachsen und wachsen und erhält so eine Ansammlung von Zellen. Es gibt dann verschiedene Möglichkeiten, sie nach ihrer Anpassungsleistung einzustufen.

Wilson stellte sich eine Fusion dieser von L-Systemen hervorgebrachten Art der Embryonalentwicklung mit der Evolutionsbiologie Danny Hills vor. Als er in den frühen achtziger Jahren dieses Konzept ausbrütete, galt er als einer der Wissenschaftler, die, wie Chris Langton es ausdrückte, die grobe Arbeit machten, die also Vordenker auf einem Gebiet waren, das erst in der Entstehung begriffen war. Die Prozedur wäre ein ehrgeiziges Vorhaben gewesen und, wie er unumwunden zugibt, ein zu großes Vorhaben für die damalige Zeit.
Ausgebildet als Elektroingenieur und Physiker, war Wilson zunehmend fasziniert von der Informationstheorie und ihrer Beziehung zu Lernprozessen. Wie paßt sich ein Organismus an seine Umgebung an?

Könnten Computerprogramme sich in der gleichen Art anpassen? Im Jahre 1979 stieß er über einen Literaturhinweis auf die Arbeit John Hollands. Er ging in die Bibliothek des MIT, die sich im Keller des Technology Square Building befand und damit gleich neben dem Polaroidlabor, in dem Wilson als Wissenschaftler arbeitete, und fand dort Hollands Buch. Wenngleich bereits vier Jahre alt, waren die Ergebnisse noch nicht gewürdigt worden. Der auf genetischen Algorithmen basierende Ansatz faszinierte Wilson, aber noch beeindrukkender fand er eine spätere Entwicklung Hollands, und zwar weiter ausgedehnte Anpassungsschemata, die »Klassifizierungssysteme« genannt wurden. Diese schienen Wilson der ideale Nährboden für eigenständige künstliche Kreaturen zu sein, denn Klassifizierungssysteme berücksichtigten nicht nur den Prozeß der Evolution, sondern sie erlaubten auch individuelles Lernen.

Holland hatte die Hälfte seiner Studie über die Anpassung fertig, als er anfing, über ein solches System nachzudenken. »Ich war im Hinblick auf den genetischen Algorithmus sehr optimistisch«, erinnert er sich heute. »Ein sehr großer Teil meines Denkmodells hing mit der Genetik zusammen, aber dennoch fragte ich mich, warum sich [die Kreatur] nicht ändern kann, während sie sich entwickelt. Falls sie [Änderungen ihrer] Nukleotide nicht zulassen wollte, warum konnte sie sich dann nicht auf andere Weise verändern?«

Bei dieser anderen Weise handelte es sich um die Möglichkeit, sich während einer Zeitspanne von mehreren Generationen auf einem individuellen Level anzupassen, also nicht auf dem Level der Population. Um das zu bewerkstelligen, benötigten Hollands Organismen so etwas wie Sensoren, mit denen sie ihre Umwelt überprüfen konnten. Eines Tages unterhielt sich Holland beim Mittagessen mit einem Studenten über verschiedene Möglichkeiten, wie künstliche Organismen ihre Umgebung einordnen könnten. Der Student fragte, wie ein solcher Organismus zu konstruieren sei, damit er in der Lage wäre, sich Urteile über seine Umgebung zu bilden, um sich dann entsprechend anzupassen. Mit anderen Worten: Wodurch war ein Organismus in der Lage zu lernen? Holland glaubte, sein System könnte diese und andere Fragen beantworten: Künstliche Organismen sollten nicht nur ihre Umwelt erkunden können, sondern sich auch dieser Erfahrung entsprechend *verhalten.*

Holland entwickelte also das Klassifizierungssystem, ein sich selbst erhaltendes Programm für maschinelles Lernen. Im Gegensatz zu den genetischen Algorithmen hielten sich die Klassifizierungssysteme nicht eng an die Natur, sondern integrierten genetische Algorithmen, reine Logik, Theorien der Ökonomie und der Informatik. »Ich wollte ein allgemeingültiges Lernsystem schaffen«, sagt Holland. »Daher fühlte ich mich berechtigt, von allem und jedem etwas zu borgen.«

Die Veränderung war erstaunlich. Die genetischen Algorithmen verrichteten nicht nur ihre Aufgabe überzeugend, sondern kommentierten auch noch implizit den evolutionären Prozeß. Wenn ein Wissenschaftler ein Experiment mittels eines genetischen Algorithmus durchführte und faszinierende Ergebnisse erhielt, so war es schließlich nur sinnvoll, zu überlegen, ob das Studium eines vergleichbaren Phänomens in der Natur nicht ebenfalls angebracht wäre.

Klassifizierungssysteme erhoben einen geringeren Anspruch auf Verwandtschaft mit dem uns bekannten Leben, aber dennoch qualifizierten die vielfältigeren Möglichkeiten sie als Objekte, die um ihrer selbst willen untersuchungswürdig waren. Wie viele andere lebensähnliche künstliche Systeme, die Wissenschaftler in den nächsten Jahrzehnten unzweifelhaft schaffen werden, drangen diese Klassifizierungsysteme tiefer in das Gebiet des alternativen Lebens vor, wobei sie sich nicht nur auf die Natur bezogen, sondern auch auf andere Arten bekannter komplexer Systeme.

Hollands Experiment begann, wie die meisten anerkannten KL-Unternehmungen auch, mit einer Kette zufälliger Zahlen. Hierbei handelte es sich um die Klassifizierungen selbst. Klassifizierungen waren Regeln, durch die das interpretiert wurde, was »Bedingung-Handlung« oder »Wenn-Dann-Format« genannt wird. Die Klassifizierungen aktivierten »Nachrichten«, die in einer Nachrichtenliste gespeichert wurden, ähnlich einem Anzeigenbrett im örtlichen Supermarkt. Die Nachrichten bestanden aus einzelnen Informationen.

Das Klassifizierungssystem benutzte »Detektoren«, um Fakten aus der Umwelt wahrzunehmen, die dann in Nachrichten umgewandelt und an die Anzeigetafel geheftet wurden. Wenn diese Nachrichten die Bedingungen der Klassifizierungsregeln erfüllten, folgte eine Handlung, und zwar in der Form, daß im nächsten Schritt eine neue Nachricht an die Tafel geschlagen wurde. (Dies konnte dann das Anbringen weiterer Nachrichten in folgenden Schritten bewirken.) Schließlich lösten bestimmte Nachrichten die Aktivierung nach außen führender Sensoren aus, sogenannter »Effektoren«, die das System veranlaßten, in gewisser Weise mit der Umwelt zu agieren. Im Prinzip funktionierte das System also folgendermaßen: Aufnahme, Nachricht lesen und aushängen, Ausgabe. Der mittlere Schritt war natürlich der, der die Informationen in die Verhaltensweisen des Lebens übersetzte.

Holland verdeutlichte diesen Prozeß gern anhand eines hübschen Klassifizierungssystems, das das Verhalten eines Frosches simulierte. Die Ziele des Frosches waren, Futter zu finden und Feinden zu entgehen. Holland listete folgende Regeln auf, die zuvor in einem Prozeß der Klassifizierung erarbeitet worden waren:[9]

WENN kleines fliegendes Objekt von links, DANN sende @.
WENN kleines fliegendes Objekt von rechts, DANN sende %.
WENN kleines fliegendes Objekt in der Mitte, DANN sende ž .
WENN großes näherrückendes Objekt, DANN sende!.
WENN kein großes näherrückendes Objekt, DANN sende *.
WENN * und @, DANN bewege den Kopf 15° nach links.
WENN * und %, DANN bewege den Kopf 15° nach rechts.
WENN * und ž , DANN bewege dich in die Richtung, in die der Kopf zeigt.
WENN !, DANN bewege dich schnell in die entgegengesetzte Richtung, in die der Kopf zeigt.

Anzeigenbrett

(Enthält die jüngsten Nachrichten)

* @ .

In diesem System hatte der künstliche Frosch bereits die Detektorenfunktion benutzt, um Nachrichten an die Nachrichtenliste zu übergeben. Die Anwesenheit der Nachrichten * und @ in der Liste zeigte, daß auf der linken Seite ein kleines fliegendes Objekt vorhanden war – vermutlich ein nettes, saftiges Insekt – und kein großes näherrückendes Objekt, die Entsprechung für einen Räuber. Das gleichzeitige Vorhandensein dieser beiden Nachrichten löste nun Regel sechs auf der Liste aus, wobei der Frosch seinen Kopf nach links bewegte und sich somit in der Position befand, das kleine fliegende Objekt fressen zu können.

Die Bewegung des Kopfes nach links erwies sich in dieser Situation als erfolgreiche Strategie, denn das System belohnte sie. Eine positive Rückkoppelung also. Das Regelwerk unternahm nach jedem Schritt eine Einschätzung, wobei allerdings ein Problem auftauchte: Wenn ein Ergebnis dadurch zustande kam, daß der gesamte Satz von Regeln durchlaufen werden mußte, wie sollte das System dann wissen, welche spezielle Regel belohnt werden sollte? Holland verdeutlichte dieses Problem am Beispiel eines Dreisprunges beim Damespiel:

Der siegreiche Zug wurde sofort belohnt, aber mit größter Wahrscheinlichkeit war er das Resultat mehrerer vorausgegangener kluger Züge, und diese sollten eigentlich auch belohnt werden. In einigen Fällen konnten Hunderte von komplexen Regeln mit dem positiven Resultat verbunden sein, von denen einige vielleicht ohne Bedeutung waren, andere fehlerhaft und wieder andere außerordentlich effektiv. Holland löste dieses Problem, indem er die Regeln wie Geschäftsleute in einer Marktwirtschaft behandelte, also jede Regel als kleine Firma betrachtete, deren Produkt eine Nachricht war. Jedes Mal, wenn die Regel angewendet wurde, machte sie implizit ein »Angebot« für ihr Geschäft, ähnlich wie beispielsweise ein Konstruktionsbüro ein Angebot für einen Auftrag macht. Der Gegenwert dieses Angebots wurde an andere Regeln ausgezahlt, mit denen eine Art Geschäftsverbindung eingegangen wurde. Das war so, als wären diese anderen Regeln die Firmen, die der ersten Regel Materalien, zum Beispiel Baustoffe, lieferten. Damit eine Regel überleben konnte, mußte die Auszahlung den Wert übersteigen, der beim Angebot investiert worden war. Wenn ein Regelsatz »gewann«, wurde die Auszahlung einem virtuellen Auftraggeber übertragen, der im Gegenzug seine Lieferanten auszahlte.

In diesem System konnte also eine kurze, effektive Regel in Verbindung mit vielen anderen Regeln ein Geschäft machen. Diese Regeln konnten wiederum kompliziertere Partner finden und sich an sie »ketten«, welche ihrerseits wieder an andere gekettet sein konnten. Wie kompliziert die Regeln auch immer waren, die Auszahlung ging in jedem Fall zurück an die elementare Regel. Die zwischengeschalteten Regeln fungierten als Mittelsmänner, die einen großen Anteil von der Auszahlung erhielten und diesen an ihre »Lieferanten« weitergaben.

Man konnte die Summe, die der ersten Regel zustand, auch als Pauschalbetrag betrachten, der über eine Reihe von Zwischenhändlern weitergegeben wurde, ähnlich wie ein Eis unter den Zuschauern eines Fußballspiels weitergereicht wird oder ein Wassereimer früher von der Feuerwehrbrigade von Hand zu Hand zum Brandherd befördert wurde. Letzteres Beispiel hatte Holland im Kopf, als er diesen Prozeß der Guthabenzuweisung »Eimerbrigaden-Algorithmus« taufte. »Ich hatte einen Bericht von Benjamin Franklin über solche Eimerbrigaden während der Kolonialzeit gelesen, und hier schien exakt das zu sein, was diesen Prozeß beschrieb«, erklärt er. Dadurch, daß es erfolgreichen Regeln gestattet war, sich zu vermehren und ihre Anwesenheit zu behaupten, stellten sie ihre Wirksamkeit unter Beweis. In Hollands Terminologie bildeten diese kleinen, aber essentiellen Regeln die Bausteine, auf denen jedes komplexe angepaßte System beruhte. Im Falle des oben geschilderten Frosch-Klassifizierungssystems war die letzte der aufgeführten Regeln, die ja den Frosch vor den todbringenden Feinden bewahrte, offenbar in allen Situationen wertvoll. Als ökonomisches Wesen betrachtet, bot es die Voraussetzungen für einen blühenden Geschäftsbetrieb.
Das andere wichtige Hilfsmittel für die Klassifizierungssysteme war natürlich der genetische Algorithmus. Die besten Regeln wurden gepaart, und ihre Nachkommen erhielten somit die Möglichkeit, sich in dem Verhaltenswirrwarr zu behaupten. Angesichts der Fähigkeit genetischer Algorithmen, neue Variationen hervorzubringen, konnte durch die Paarung nicht nur die Beibehaltung erfolgreicher und die Eliminierung schwacher Regeln, sondern auch die potentielle Erzeugung immer besserer Regeln gewährleistet werden. Wenn also im Beispiel des Frosch-Klassifizierungssystems durch ein Crossing-over oder durch eine Mutation eine Regel gefunden werden würde, die lautete »WENN * und @, DANN bewege den Kopf 15° nach links *und bewege dich vorwärts«,* und diese erfolgreicher wäre als ihre kürzeren Eltern, dann könnte diese Regel gute Angebote machen und sich in der Gesellschaft der Klassifizierungssysteme ausbreiten.

Wie für Holland typisch, entwickelte er seine Klassifizierungssysteme, ohne sie auf einem Computer zu realisieren. »Ich hatte ständig im Kopf, daß sie übertragbar sein *müßten«,* sagt er. »Sie waren auf komi-

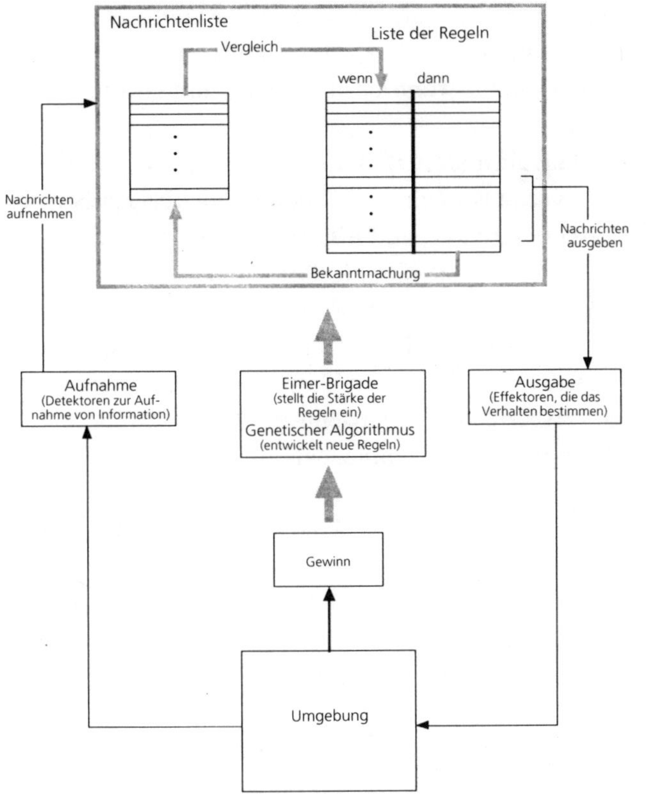

Schematische Darstellung eines Klassifizierungssystems. Das obere Kästchen kann als Kreatur betrachtet werden. Seine Detektoren erhalten Informationen aus der Umwelt, die es durch einen Prozeß der Bekanntmachung und des Vergleichs verarbeitet. Daraus ergibt sich dann das weitere Verhalten. Nach jedem Schritt wird das Ergebnis des Verhaltens überprüft, und die internen Regeln werden modifiziert. Schließlich kristallisieren sich die effektivsten Regeln heraus, einschließlich durchgreifender neuer Regeln, die durch einen evolutionären Prozeß entstanden sind. Die Kreatur paßt sich an ihre Umgebung an.

sche Weise algorithmisch, ähnlich wie ein Computerprogramm. Aber ich neige dazu, Probleme in mathematischem Sinne zu bearbeiten, mit Papier und Bleistift.« Einige der Teilnehmer an einem Psychologieseminar, das er seinerzeit veranstaltete, wollten Klassifizierungssysteme benutzen, um Organismen auf einem Computer zu simulieren. Judith Reitman, eine der Beteiligten, betreute einen Studenten, der Programmierer war, und auf ihre Anregung hin begann dieser, Hollands System so zu programmieren, daß es einen Organismus darstellte, der sich durch ein Labyrinth bewegte. Diese Kreatur fand nicht nur ihren Weg durch dieses Labyrinth, sondern entwickelte auch Fähigkeiten, die ihr dann zustatten kamen, wenn sie in ein vollkommen anderes Labyrinth gesetzt wurde.

Lashon Booker, ein anderer Schüler Hollands, übertrug die Idee einer künstlichen Kreatur noch vollständiger in ein Klassifizierungssystem.[10] Bookers Kreatur, »GOFER« genannt, bewegte sich in einer zweidimensionalen Welt, die »Futter« und »Gift« enthielt. Es war GOFERs Aufgabe, zwischen beiden zu unterscheiden und doch wohlgenährt zu bleiben. GOFER erarbeitete einen Satz von Regeln, der es ihm erlaubte, die Objekte in sein Universum einzuordnen, und der ihn in die Lage versetzte, durch Anwendung dieser Regeln sowohl ausreichend Nahrung zu sich zu nehmen, als auch eine digitale Salmonellenvergiftung zu vermeiden.

Stewart Wilson empfand diese Dinge als entlarvend. Er lebte und arbeitete in Cambridge, Massachusetts, vermutlich dem Weltzentrum der KI-Forschung. Hier gab es ein System, mit dem Computer unabhängig voneinander brauchbare Lösungen schwieriger Probleme entwickeln konnten – und das dennoch vom KI-Establishment ignoriert wurde!

Wilsons anfängliches Interesse an Klassifizierungssystemen ging auf ein Problem zurück, an dem er im Polaroidlabor arbeitete. Obwohl Wilson Hollands System erfolgreich bei der Bilderkennung durch Computer anwandte, wobei es ihm gelang, ein Objekt, das sich im Blickfeld einer Videokamera befand, in die Mitte zu bringen und sein Kameraobjektiv scharf einzustellen, wollte er Klassifizierungssysteme in einer anderen, grundsätzlicheren Weise untersuchen. Nachdem er im Jahre 1981 eine Stellung am Rowland Institute angetreten hatte, einem Eliteforschungszentrum, das von Edward Land, dem Gründer der Firma Polaroid, finanziert wurde, hatte er alle Forschungsfreiheiten, sogar wenn es sich um ein so seltsames Unterfangen wie die Erzeugung eines künstlichen Tieres handelte. Wilson sprach von seiner Kreatur nur als »*«.

Das Wesen *[11] hatte einfache Ansprüche: Es lebte, um zu fressen. Aber wie viele Säugetiere kam es mit unentwickelten kognitiven Fähigkeiten auf die Welt. Bevor es sich an den künstlichen Futterbrocken gütlich tun konnte, die Wilson wie Hänsels Brotkrumen über das waldähnliche Gebiet ausgestreut hatte, mußte es erst lernen, was Futter ist. Die Möglichkeit, in der Gegend umherzustreifen, war eingeschränkt, da Bäume und Felsen die Wege verstellten, und auch die Sehfähigkeit war alles andere als gut, wobei seine Orientierung allerdings durch eine Art Radar verbessert wurde. Nach Wilsons Vorstellung handelte es sich dabei um etwas Ähnliches wie das Riechvermögen, mit dem * feststellen konnte, was sich in seiner unmittelbaren Umgebung befand. * hatte sogar Sensoren, um Freude und Schmerz zu empfinden. Wenn * in etwas hineinbiß, das sich als Futter herausstellte, so empfand es ein Glücksgefühl, ähnlich dem, wenn man nach Stunden des Fastens in einen Cheeseburger beißt. Versuchte es dagegen einen Baum oder einen Felsen zu fressen, so empfand es Schmerzen.

Wilson entließ * zu einem digital simulierten Überlebenstraining in das Biotop und beobachtete, wie es versuchte, darin zurechtzukommen. Wilson sagt über *:

> Er *lernte* tatsächlich. Er schuf Klassifizierungssysteme. Wenn er gegen einen Felsen gelaufen war, erhielt er eine schmerzhafte Rückmeldung, aber da sich häufig Futter in der Nähe der Felsen befand, lernte er nicht nur, nicht gegen den Felsen zu stoßen, sondern auch, nicht einfach wegzulaufen, da sich auf der anderen Seite möglicherweise Futter befand. Und während * sich in dieser Landschaft aufhielt, entwickelt er interessante Verhaltensweisen. Er bewegte sich nicht nach dem Zufallsprinzip, sondern ließ sich normalerweise in eine Richtung treiben, was übrigens auch die beste Taktik für jemanden ist, der sich im Nebel verlaufen hat. Sobald er etwas sah, reagierte er augenblicklich. Wenn es Futter war, fraß er das Futter auf der Stelle, und wenn er auf einen Felsen stieß, bewegte er sich um ihn herum.

Wilson verwendet also, wenn er von * spricht, meistens das Personalpronomen »er«. Verlegen gibt er das zu. »Man vermenschlicht Dinge wie diese kleinen Kreaturen so leicht«, erklärte er. »Man feuert sie an.« Besonders stolz war Wilson darauf, daß es, beziehungsweise er, die Fähigkeit hatte, die sofortige Belohnung insofern zu nutzen, als es seine Strategien durch Anwendung des Eimerbrigaden-Algorithmus vergrößerte. * begann zu begreifen, daß man manchmal unerwartete Umstände ertragen muß, bevor die Erfüllung kommt. Wenngleich Wilson behauptete, daß * die erste künstliche Kreatur war, die ihre Lektion lernte, glaubte er auch, daß dieses Phänomen sich ganz selbstverständlich ergab, wenn man Klassifizierungssysteme benutzte. »Es handelte sich um Systeme mit positiver Rückkopplung«, erklärt er. »Und das macht das darwinistische System aus – etwas, das bereits gut ist, wird noch besser. Es ist ein System vielfacher Optimierung, in dem eine Kreatur in der Lage sein muß, mit einer Reihe verschiedener Dinge ihrer Welt umzugehen, also nicht all ihre Kräfte zur Bewältigung des Futterproblems zu verwenden, denn sonst stirbt sie. So bewältigt sie schließlich verschiedene Probleme sehr gut.«

Wie gut? Bevor eine künstliche Kreatur etwas gelernt hatte, benötigte sie in Wilsons virtuellem Wald durchschnittlich einundvierzig Schritte, um an Futter heranzukommen. Dagegen schaffte * es nach eintausend Zeittakten, normalerweise mit weniger als sechs Schritten zu einer Mahlzeit zu kommen. Nach weiteren zweitausend Zeittakten schaffte * es, alle viereinhalb Schritte etwas zu fressen zu finden.

Wilson war von der Entwicklung der Überlebensfähigkeiten des * so beeindruckt, daß er seine Auffassung von Künstlicher Intelligenz und maschinellem Lernen überdachte. Er hielt die klassische KI jetzt für fehlgeleitet. Er hatte statt dessen einen Bund mit einer alternativen Strategie geschlossen und wendete sich entwickelnde Prozesse an, um Maschinen dazu zu bringen, mit der Ursprünglichkeit und Kunstfertigkeit natürlicher Kreaturen zu reagieren. Da ihm der Ausdruck »künstliches Tier« zu lang war, nannte er seine Idee den »Animat«-Weg in Richtung Künstlicher Intelligenz.

Wilson beurteilt die KI heute folgendermaßen:

> »In der Standard-KI scheinen die Anstrengungen im wesentlichen darauf beschränkt gewesen zu sein, mit einigen Fragmenten hoher menschlicher Fähigkeit, wie Schachspielen oder Lehrsatzbeweisführung, ein Programm zu schreiben, das dies ebenfalls konnte«, sagt er. »Und man hat ja diese ausgezeichneten Programme, die sehr gut Schach spielen können oder etwas in der Art. Aber sie sind beim logischen Denken und beim Suchen nicht besonders gut – sie sind nicht anpassungsfähig. Sie können nicht verallgemei-

nern. Wenn man zu einem dieser Schachprogramme sagt: ›Okay, jetzt laß uns Dame spielen‹, dann kann es das nicht. Auch arbeiten sie nicht mit dem Problem der Wahrnehmung – ein Schachprogramm kann Eingaben über das annehmen, was sich auf dem Spielbrett befindet, aber es gibt dazu nichts Sichtbares. Man hat schöne, reine Ergebnisse wie exzellente Schachzüge, aber diese Programme sind sehr anfällig. Der Animat-Ansatz sagt: ›Laßt uns ganz anders anfangen – laßt uns den ganzen Weg die Gesamtheit erhalten. Laßt uns zu einem sehr niedrigen Level zurückgehen, so niedrig wie nötig, bis zu einem Punkt, an dem wir eine komplette Umwelt haben, eine irgendwie realistisch simulierte Umwelt.‹ Und dann kann man graduell komplizieren, man macht es Stück für Stück schwieriger, und die Kreaturen passen sich an. Manchmal muß man der Konstruktion der Kreaturen etwas hinzufügen, aber man macht so wenig wie möglich Gebrauch davon – der Sinn ist, soviel wie möglich durch Anpassung zu erreichen. Die Gralsbotschaft lautet also, auf einen höheren Level zu kommen, und zwar auf einen menschlichen. Das ist der Animat-Weg zur KI.«

Oder, wie Wilson es in einem Artikel über Animaten ausdrückte:

> Die grundlegende Hypothese des Animat-Ansatzes ist die, daß wir durch Simulation und Verständnis tierähnlicher Systeme etwas bis hin zum Menschen aufbauen können. ... Wir hoffen, die menschliche Intelligenz von unten her entwickeln zu können, anstatt scheibchenweise über hohe Fähigkeiten wie in der klassischen KI.[12]

Das stimmt mit Langtons Beobachtung überein, daß man Künstliches Leben von unten nach oben, nach dem Bottom-up-Prinzip, verfolgen muß, eine Überzeugung, die inzwischen von fast allen geteilt wird, die rechnergestützte Biologie mit lebensähnlichen digitalen Kreaturen betreiben.

Wilson war erfreut, daß seine eigenen Experimente ihren Weg in eine sich entwickelnde, neue Disziplin fanden. Dennoch war er besorgt, daß das schnelle Anwachsen von KL-Untersuchungen möglicherweise in weitschweifigen Anstrengungen enden würde, oder, was ebenso schlecht wäre, in einer Unmenge von Experimenten, deren Wert nicht beurteilt werden konnte, da sie mit anderen Untersuchungen nicht vergleichbar waren. »Was wir wirklich brauchen, ist ein theoretisches Gerüst für die Lebensräume«, sagt er. »Die Forscher führen ihre künstlichen Organismen vor, die großartig sein können – die sich fortpflanzen, die überleben und sonst noch alles mögliche – aber dann heißt es ›Na und? Welches Problem ist damit gelöst?‹ Wir brauchen eine Taxonomie – wir müssen wissen, was gemeint ist, wenn wir von einer einfachen Umwelt sprechen oder von einer schwierigen. Außerdem brauchen wir eine Theorie zur Leistungsfähigkeit der Kreaturen, so daß man zwei verschiedene Kreaturen in dieselbe Umwelt bringen und dann vergleichen kann. Und wenn sie sich dort gut bewähren, kann man die Umwelt komplizieren, und man wüßte dann, ob eine Kreatur einen Fortschritt bedeutet oder nicht.«

Wilson schlug daher ein Verfahren vor, mit dem man die Leistung eines künstlichen Organismus in seiner Umwelt genau beurteilen konnte. Irgend jemand könnte erklären, ich habe einen Lebensraum vom Typ x aus dem *Alpha*-Stammbaum der Lebensräume benutzt, und die Kreatur, die ich eingesetzt habe, überlebt mit einem Effizienzwert von *E,* also einem Level, der bisher unerreicht ist. Obwohl auch James Crutchfield, wie wir schon gelesen haben, daran interessiert war, Vergleichswerte für die Umwelt einzuführen, ging seine Absicht doch mehr in die Richtung, einen Index für Komplexität zu erstellen und nicht einen Maßstab für Spielfelder, auf denen künstliche Organismen gegeneinander kandidieren. Wilson hoffte dagegen, daß ein gut geeichter Satz von Universen mit ansteigendem Schwierigkeitsgrad die Erschaffung von Kreaturen vorantreiben könnte, die sich dem Reich des wirklichen Lebens mehr und mehr annähert.

Wilson sagte allerdings nicht, an welchem Punkt wir definitiv festlegen können, ob eine Kreatur als lebendige betrachtet werden muß. Er sagte auch nichts darüber, wo dieser Punkt in der Hierarchie künstlicher Welten war, an dem lebende künstliche Organismen entstünden. Er glaubte, man könne Fortschritte beim Verständnis und der Simulation des Verhaltens von lebendigen Kreaturen machen, ohne sich in die verwickelten Zusammenhänge einer Definition von Leben selbst einzulassen.

Andere waren weniger vorsichtig. Unter ihnen war auch Norman

Packard, ein Jugendfreund von Doyne Farmer und der Schöpfer der Zellularautomaten-Schneeflocken. Er arbeitete zu dieser Zeit als Physiker am Center for Complex Systems Research (Zentrum für die Untersuchung komplexer Systeme) an der Universität von Illinois. Packard stimmte mit Wilson weitgehend darin überein, daß eine Standardmethode gefunden werden müßte, mit der Fortschritte in künstlichen Lebensräumen gemessen werden könnten. Er wollte diese Frage aber mit dem unverhohlen vorgetragenen Versuch verbinden, die Natur des Phänomens zu definieren. So warf er gleich am Anfang eines Artikels, den er zusammen mit dem Philosophen Mark Bedau verfaßt hatte, seinen Gegnern den Fehdehandschuh hin:

> Was ist Leben? Wie kann man es erkennen? Im alltäglichen Zusammenhang scheinen diese Fragen ganz eindeutig zu sein – eine Katze lebt und ein Stein nicht. Allerdings ist eine Formalisierung dieser Unterscheidung schwierig, besonders wenn diese Formalisierung in empirischen Messungen verwendet werden soll. In diesem Artikel präsentieren wir eine empirisch meßbare, statistische Qualität, die Leben auszeichnet.[13]

Für Packard und Bedau, einen Professor vom *Reed College,* war die Sache einfach: »Wir glauben, daß Leben ein Attribut ist, das ein Organismus besitzt, wenn, und wirklich nur dann, wenn er Mitglied eines sich entwickelnden biologischen Systems von Organismen ist, die untereinander und mit ihrer Umwelt in Verbindung stehen«, schrieben sie. Sie betrachteten das Leben also als Attribut, das mit der Umwelt verbunden war. Ein Organismus lebt nicht langfristig, sondern ist ein nur zeitweiliges Mitglied einer sich entwickelnden Biosphäre. Wenngleich das Attribut ›lebendig sein‹ etwas Komplexes war, so ließen sich doch drei entscheidende Kriterien ausmachen: ein Informationen verarbeitender Apparat; die Fähigkeit, Funktionen mittels einer komplexen Struktur auszuführen, und die Fähigkeit, im Laufe von Generationen diese Struktur spontan zu modifizieren und zu verbessern. Letzteres bezog sich natürlich auf die Evolution.

Für Packard und Bedau war der Schlüssel für die Bewertung von Lebendigsein die »evolutionäre Aktivität«. Sie quantifizierten diese Bewertung dadurch, daß sie die Bewegung von vorteilhaften oder nützlichen Genen innerhalb des Genpools einer bestimmten Art maßen. Nützliche Gene waren solche, durch die die Anpassung der Organismen, die diese Gene ererbt hatten, verbessert wurde. »Die fortlaufende Speicherung neuen, brauchbaren, genetischen Materials weist darauf hin, daß die Population den Genpool kontinuierlich verbessert«, erklärten sie.

Packard und Bedau bezeichneten diese Bewegung vorteilhafter Gene als »telische Wellen«. Der Begriff war umstritten, da der Gebrauch des Begriffs Teleologie an ein Tabu unter Biologen rührte. Sie glaubten, die Evolution verlaufe nicht in zielgerichteten Bahnen, sondern werde durch die überlebensnotwendigen Anpassungsleistungen der Lebewesen an ihre jeweilige Umgebung, die stufenweise erfolgen, gesteuert. Packard und Bedau verwendeten den Begriff in einer anderen Weise: »Die Teleologie der telischen Wellen setzt keine Gottheit voraus, die die Dinge hinter den Kulissen dirigiert«, schrieben die Autoren. Die Teleologie galt hier a posteriori. Die Gene arbeiteten – im Rückblick – daran, die Art zu verbessern. Im nachhinein konnte man die genetischen Veränderungen als zielgerichtete ansehen, ohne einräumen zu müssen, daß es jemanden gab, der dieses Ziel zu erreichen gesucht hatte. So ähnlich sah das rhetorische Fundament für Packard und Bedau aus.

Für die fernere Zukunft sagten sie jedoch Verhältnisse voraus, unter denen es eine zielgerichtete Entwicklung geben könne. Anders als Populationen, deren Entwicklung allein von den Kräften der Evolution gesteuert wird, waren die Organismen in diesem Zukunftsmodell so hoch entwickelt, daß sie selbst auf bestimmte Ziele hinarbeiteten. So wie Menschen zielgerichtete Handlungen ausführen, so taten es auch diese Organismen. Bekannt werden sollte das Modell als »mentale Teleologie«. Die telischen Wellen bildeten hier nicht die Basis für das Überleben, sondern für eine psychologische Anpassung oder einen Lernvorgang.

Das Computermodell, das von Packard in den späten achtziger Jahren entworfen wurde, schloß die Theorie der mentalen Teleologie nicht ein. Organismen, die Packard als »Wanzen« bezeichnete, bewohnten eine Welt, die mit Futterhaufen gespickt war, aus denen die Wanzen ihre Energie zogen. Sie waren intelligent genug, Futter zu suchen und identifizieren zu können, allerdings verbrauchten sie bei jeder Bewegung einen Teil ihrer Energie. Wenn die Energie einer Wanze vollständig verbraucht war, starb sie; hatte sie dagegen eine bestimmte Menge von Futter aufgenommen, reproduzierte sie sich. In einer der Versionen dieser Biosphäre war die Reproduktion asexuell, wobei das Genom des Nachkommen Mutationen ausgesetzt war. In einer späteren Version pflanzten sich jeweils zwei Wanzen sexuell fort, wobei das Genom des Nachkommen ein Produkt von Crossing-over und Mutationen war. Während sich die Wanzen entwickelten und ihre Fähigkeit verbesserten, Futter auf möglichst effiziente Weise zu sammeln, maßen Packard und Bedau durch die Aufzeichnung der telischen Wellen die Bewegung der Gene im gesamten Genpool. Dies geschah dadurch, daß die Aktivität derjenigen Gene geschätzt und gemessen wurde, die die Tauglichkeit in der Wanzenpopulation verbesserten. Mit der Veröffentlichung der Ergebnisse wurden andere Forscher indirekt dazu aufgefordert, ihre künstlichen Lebensräume dem gleichen Test zu unterziehen.

Packard und Bedau glaubten, daß ihr Modell der telischen Wellen nicht nur eine Richtschnur für den Vergleich künstlicher Lebensräume darstellen könnte, sondern daß es auch eine Art Turing-Test zur Bestimmung dessen, was lebt, sein würde. »In diesem Zusammenhang«, schrieben sie, »wäre positive Aktivität ein Hinweis darauf, daß ein Wesen sich kontinuierlich neue Verhaltensweisen oder psychologische Aktivitätsmuster einverleibt.« Die Präsenz telischer Wellen in einem System wäre der Beweis dafür, daß Leben vorhanden ist – richtiges Leben. Man könnte sogar natürliche, biologische Populationen auf diese Weise messen, wenngleich die Aufgabe schwieriger wäre, da das natürliche Leben, im Gegensatz zum künstlichen, seine genetische Struktur in selbstsüchtiger Weise vor denjenigen Forschern verbirgt, die die genetischen Bewegungen messen wollen.

War damit gemeint, daß Packard und Bedau etwas so Elementares wie die digitalen energiesuchenden Wanzen in ihrem Modell als lebendig ansahen? Mit dieser Frage konfrontiert, äußerte sich Packard nicht eindeutig. »Wenn eine Simulation beendet ist, empfinde ich keine große Reue, weil dann alle tot sind«, gab er zu. »Aber während die Simulation läuft, betrachte ich sie so, als hätten sie ein bestimmtes Element des Lebendigseins, wenn auch ein primitives. Ich habe eine Liste von Merkmalen aufgestellt, die meiner Meinung nach ein leben-

des System charakterisieren, und ich glaube, daß sie diese Kriterien zufriedenstellend erfüllen.«
Die anfängliche Skepsis anderer wandelte sich in Ablehnung. Aber Packard war weniger an der Meinung von Zweiflern und Carbaquisten interessiert als daran, einen Lackmuspapier-Test zu entwickeln, mit dem angezeigt werden konnte: *Hier lebt das Leben.* Er glaubte, daß dieses Unterfangen eine logische Fortführung seiner Arbeit in Stephen Wolframs Zellularautomatenlabor am Institute for Advanced Study war. Die Gemeinsamkeit zwischen Zellularautomaten und sich entwickelnden Organismen in künstlichen Ökosystemen war, so behauptete er, daß beide aus komplexen Systemen mit einem Schuß von Kreativität bestanden. Packard:

> Die Schneeflocken waren ein physikalisches System, das verschiedene Grade von Kreativität zeigte. Es gibt einige Aspekte in der Dynamik von Zellularautomaten, die durchaus einen endlosen Strom neuer komplexer Formen hervorbringen könnten, die in solchen Schneeflocken eingefroren sind. Ich glaube, daß eine andere Version dieses Vorgangs auch beim Leben abläuft. Es gibt etwas im Prozeß des Lebens, das diesen endlosen Strom verschiedener komplexer Formen produziert, und es ist eben dieser Prozeß, den ich wirklich in den Griff bekommen möchte.

Das gleiche Interesse motivierte auch David Jefferson, einen schlaksigen, ernsthaften, aber manchmal auch herben Informatiker, der Anfang der achtziger Jahre an der University of Southern California unterrichtete und sich in seinem Forschungsgebiet schon einen Namen durch seinen *time warp,* einen parallelen Simulationsalgorithmus, gemacht hatte. Als er Dawkins' Buch *The Selfish Gene* (Das egoistische Gen)[14] in die Hände bekam, kehrte ein langgehegtes Interesse an den Vorgängen der Evolution zurück. Die Organisation der Biologie begann ihn zu faszinieren, die, wie es ihm nun schien, sehr eng mit den Mechanismen der Informationsverarbeitung verknüpft war. Er machte sich daran, seine eigene Siliciumwelt zu schaffen, die von, wie er sie nannte, *programinals* bevölkert wurde. Wenngleich dieser Begriff eine Zusammenziehung der englischen Wörter *program* und *animal,* also Programm und Tier, war, klang er, als sei er dem Hirn eines raffinierten

Spielzeugherstellers entsprungen. Obwohl Jefferson die Künstliche Intelligenz als lohnendes Forschungsgebiet betrachtete, glaubte er doch, daß Künstliches Leben die interessanteren Fragestellungen bot. »Ich interessiere mich für Leben, nicht für Intelligenz«, erklärte er. »Intelligenz ist für mich unglaublich aufregend, aber dennoch nur eine Fußnote in der Geschichte des Lebens. Mich treibt der Wunsch an, Leben in einem dieser Computer zu kreieren, Leben aus Unbelebtem zu erschaffen.«

Sein erstes Experiment[15] war ein einfacher Wettstreit zwischen Räubern und ihrer Beute. Jeffersons digitale Organismen, Zeichenketten in der Sprache LISP, repräsentierten Füchse und Kaninchen. Er nahm an, daß sich während der Entwicklung der Organismen ein klassisches Räuber-Beute-Verhältnis herauskristallisieren würde, bei dem die Füchse so lange gut gediehen, bis die Kaninchen eine Antwort auf die Bedrohung entwickelt hatten, woraufhin eine neue Art von Füchsen erneut eine Antwort zu finden hätte und so fort. Zunächst verhielt sich sein System in dieser vorgesehenen Weise, aber dann schien es einem selbstentwickelten Programm zu folgen. Die Kaninchenpopulation verschwand plötzlich, und die auf sie als Nahrung angewiesenen Füchse starben daher ebenfalls aus. Jefferson war biologisch nicht genug bewandert, um zu verstehen, was hier passierte, aber er glaubte, eine Antwort gefunden zu haben, nachdem er einen Artikel des Evolutionsbiologen Robert May über die Instabilität von Ökosystemen gelesen hatte: Danach konnte Jefferson die klassischen Schwankungen nur in sehr großen Populationen erwarten. Die relativ kleine Population, mit der er arbeitete, unterlag destabilisierenden Schwankungen, die zum Aussterben der Organismen führen konnten; sie war also sehr gefährdet, genau wie kleine Populationen in der natürlichen Welt.

Jefferson machte Experimente mit weiteren Varianten. Unter anderem entwickelte er ein System, zu dem zwei ähnliche Typen von Tieren gehörten, die, was ihre Kampfkraft betraf, gleich stark und außerdem in der Lage waren, den Gegner aufzufressen. Er glaubte, daß die Populationen der beiden Arten Schwankungen unterworfen sein würden, wenn eine von ihnen einen evolutionären Vorteil erlangen würde und die andere eine Antwort darauf entwickelte. Zu seiner Überraschung dominierte aber eine der Arten sehr schnell und brachte die andere zum Aussterben. Als er den Code der siegreichen Organismen

einmal überprüfte, stellte er fest, daß die Ursache für deren Überlebensfähigkeit eine sich verheerend auswirkende Punktmutation war. Paradoxerweise schwächte diese Mutation das einzelne Tier (etwas, was für die meisten Mutationen, von denen Organismen betroffen sind, ebenfalls gilt), denn sie beraubte es der Beweglichkeit. Diese Kreaturen mußten also, unbeweglich wie Steine, an ihrem Platz verharren, doch die besonderen Parameter in Jeffersons System hatten diesen scheinbaren Nachteil zu einem Vorteil umgemünzt. Dadurch, daß sich die Tiere nicht bewegten, gerieten sie auch nicht in das Blickfeld potentieller Feinde. Vielmehr sparten sie Energie und warteten darauf, daß die Widersacher in ihre Nähe kamen, um sie dann ihrerseits zu bezwingen.
Daraus ließen sich zweierlei Erkenntnisse ableiten. Die erste besaß Allgemeingültigkeit für künstliche Ökosysteme: Es war nahezu unmöglich, diese der natürlichen Welt absolut genau nachzubilden. Dennoch konnten die Organismen selbst exzellent Fehler beseitigen, was allem Anschein nach auch geschah. Wenn ein Programmierer beim Entwurf einer Modellwelt einen Fehler machte, aber zuließ, daß ein sich entwickelnder digitaler Organismus den Fehler entdeckte, so konnte man damit rechnen, daß er diese Möglichkeit entdeckte, und zwar so sicher, wie ein versierter Drogenanwalt eine Lücke in einem Durchsuchungsbefehl entdeckt. Die Verwertung dieser ersten Erkenntnis führte Jefferson zu der zweiten Lektion, die er von seinen *programinals* zu lernen hatte: Es bedurfte ganz offensichtlich eines größeren biologischen Wissens, um effektiver mit seinem System arbeiten zu können. Dafür bot sich am ehesten die Zusammenarbeit mit einem Biologen an.
Das Problem wurde gelöst, als er Charles Taylor traf, einen Populationsbiologen von der UCLA. Chuck Taylor hatte eine langgehegte, geheime Leidenschaft: den Wunsch, die Evolution des Bewußtseins zu ergründen. Er war fasziniert von der scheinbar geheimnisvollen Kette von Ereignissen, die vor vier Milliarden Jahren zu einer Serie molekularer Interaktionen geführt hatte, die schließlich in der subjektiven Erfahrung menschlicher Wesen enden sollte. Nach seiner Berufung an die Universität im Jahre 1978 veränderten sich seine beruflichen Interessen allmählich in diese Richtung. Bei seinem Vorstellungsgespräch für die Stelle an der UCLA vermied er es tunlichst zu erwähnen, daß

er ein ungewöhnliches Handwerkszeug, nämlich einen Computer, benutzen wollte, um seine Ziele zu erreichen. Er setzte sein Vorhaben in die Tat um, nachdem er festangestellt war. Während er die Literatur über Turing-Maschinen sowie KI aufarbeitete, machte ihn ein Freund auf die Arbeiten Hollands aufmerksam, und er war vom genetischen Algorithmus begeistert. Im Jahre 1982, als Jefferson mit den Neuigkeiten über seine digitalen Organismen herauskam, war Taylor bereits klargeworden, das KL eine wichtige Disziplin in der biologischen Praxis werden könnte. Jefferson vermittelte Taylor nicht nur programmiertechnische Kenntnisse, sondern auch eine Methodik, mit der Wissenschaftler den Prozeß der Entstehung von Bewußtsein und Erkenntnisfähigkeit besser untersuchen konnten. Im Idealfall würden die KL-Simulationen einen Weg aufzeigen, der zur Entwicklung von Bewußtsein führen konnte.

Bald darauf nahm auch Jefferson eine Stelle an der UCLA an, und die beiden konnten dort praktisch über Mittel zum Aufbau einer neuen Abteilung verfügen, die mit etwas befaßt war, was man »kognitive Wissenschaft« nennen könnte. Taylor machte Jefferson auch mit einer Einrichtung der Universität bekannt, die sich Center for the Study of Evolution and the Origin of Life (Zentrum für das Studium der Evolution und den Ursprung des Lebens) nannte und die informelle wöchentliche Treffen veranstaltete. Hier hatten Wissenschaftler die Möglichkeit, auch unorthodoxe Theorien vor einer im konstruktiven Sinne kritischen Gruppe von Spitzenforschern aus den Bereichen Biologie, Physik, Astronomie, Psychologie und aus verwandten Gebieten vorzustellen. Mit Taylors Hilfe und der Unterstützung einer Gruppe von Doktoranden bei der Programmierarbeit übertrug er sein System in etwas, das er und seine Kollegen folgendermaßen charakterisierten: »Ein effizientes neues Hilfsmittel für die biologische Simulation, das in der Lage ist, das Verhalten und die Evolution von Populationen detailgetreuer nachzuahmen, und zwar besser, als alle anderen uns bekannten Hilfsmittel es können.« Sie nannten dieses System RAM, in Anlehnung an Jeffersons *programinal*-Programm.

Dieses Programm war im wesentlichen eine formbare Umwelt und ein Konstruktionswerkzeug, um einen LISP-Code zu entwickeln, der Tiere repräsentierte. Bei jedem Zeittakt des Systems konnten die RAM-Tiere eine oder alle der folgenden Funktionen ausführen:

Untersuche die nähere Umgebung und wenn möglich die dort lebenden Tiere.
Entscheide auf der Grundlage der näheren Umgebung, der Zeit, des eigenen Alters und Status (einschließlich der Gene und der eigenen Geschichte), vielleicht mit Hilfe der Wahrscheinlichkeitsrechnung, was als nächstes zu tun ist.
Unternimm etwas, und zwar eine oder alle der folgenden Handlungen: Bringe die Statistik auf den neuesten Stand, bewege dich, bringe den eigenen Speicher auf den neuesten Stand, verändere die Umgebung oder andere Tiere, reproduziere dich oder stirb.[16]

RAM war tatsächlich in der Lage, eine ziemlich komplexe Analyse der Fuchs-und-Hase-Situation zu erstellen, die zuvor von Jefferson durchgeführt worden war. Ungleich interessanter aber war ein Experiment, das das Anlegen der Balzplätze von Beifußhühnern simulierte. Bei vielen Vogel- und Säugetierarten gibt es einen solchen Balzplatz, wo Partner sich suchen und finden. Im Falle der Beifußhühner legen die Hennen weite Wege zurück, um zu dem Balzplatz zu kommen; man könnte sie vielleicht als Chippendales Nachtclub der Vogelwelt bezeichnen, wo die Hähne herumstolzieren und balzen und die Hennen ihren Partner aus der dort versammelten Gruppe auswählen. Aber die Biologen waren bisher nicht in der Lage, Kriterien zu finden, nach denen die Auswahl der Paarungsplätze erfolgt. Die meisten Beobachter nahmen an, daß die Hennen die Lage des Platzes bestimmten, wobei Dinge wie Entfernung, Konkurrenz und Anzahl der Hähne eine Rolle spielen sollten; andere behaupteten, daß allein die Hähne für die Anlage der Balzplätze verantwortlich seien.
In Zusammenarbeit mit Robert Gibson, einem Spezialisten für Beifußhühner an der UCLA, simulierte die RAM-Gruppe diesen Prozeß auf einer Apollo-Workstation. »Solche Simulationen können nicht beweisen, daß diesem Prozeß tatsächlich ein bestimmter Satz von Faktoren zugrunde liegt«, betonten sie, »aber sie können überprüfen, ob eine solche, ganz spezielle Erklärung in der Lage ist, das zu beschreiben, was man beobachtet, und sie können zeigen, daß bestimmte hypothetische Erklärungen nicht ausreichend sind.« Anhand von Daten, die von Balzplätzen aus der Sierra Nevada stammten, stellten sie eine Population von zweihundert Beifußhühnern zusammen, die je zur

Hälfte aus Hennen und Hähnen bestand, wiesen jedem Tier bestimmte Beifußhuhn-Verhaltensweisen zu und ließen das System laufen. Die Anlage digitaler Balzplätze vollzog sich innerhalb von fünf Minuten. In diesem speziellen Lauf wurden Parameter verwendet, die von der Annahme ausgingen, daß die Henne entscheidenden Einfluß auf das Anlegen eines Balzplatzes hat. In den Fällen, in denen das Programm dagegen von der Annahme ausging, daß die Hähne bei der Anlage der Balzplätze dominierten, waren diese künstlichen Beifußhühner unfähig, etwas von der Art anzulegen, das der natürlichen Organisation von Balzplätzen nahekam. Damit war die Theorie, daß männliche Dominanz für das Anlegen von Balzplätzen verantwortlich war, überzeugend widerlegt – es war mathematisch nicht möglich. Nachdem verschiedene Möglichkeiten getestet worden waren, fand die RAM-Gruppe heraus, daß die dem natürlichen Vorbild ähnlichsten Muster für das Anlegen von Balzplätzen dann erreicht wurden, wenn möglichst viele der Spielarten eingebaut waren, die von verschiedenen Zoologen für entscheidend gehalten werden. Wenn es sich auch nicht um einen Beweis handelte, so legte es doch den Schluß nahe, daß Beifußhühner eine Reihe unterschiedlicher Kriterien berücksichtigen, wenn es zur Anlage von Balzplätzen kommt, wobei die Hennen die wichtigste Rolle spielen.

Die UCLA war bald auf dem Weg, eines der Zentren für die Erforschung von KL zu werden, wobei die Hauptbeteiligten ein seltsames Paar abgaben: Taylor war ruhig und nachdenklich und neigte dazu, über die metaphysischen und ethischen Konsequenzen der Arbeit nachzugrübeln. Er liebte es, ausführlich über die Bedingungen zu sprechen, die bei der Definition des Lebens berücksichtigt werden müßten. Jefferson bevorzugte dagegen die vornehmlich logische Richtung, die typisch für Informatiker ist und bereits mit von Neumann begonnen hatte. Für Jefferson war die Diskussion über die Definition des Lebens eine Sache, die zu nichts führte. Betrachtete man einen Organismus als lebendig, wenn er sich fortpflanzte, wuchs und sich entwickelte, dann gab es Künstliches Leben bereits jetzt in den Computern der UCLA. Wenn man allerdings forderte, daß Leben die Komplexität natürlicher Organismen zeigen müsse, dann gab es noch kein Künstliches Leben. Unsere augenblicklichen digitalen Wesen, pflegte er zu sagen, verfehlen die Komplexität eines Bakteriums um

den Faktor zehntausend, vielleicht sogar um den Faktor eine Million. Aber Jefferson glaubte, daß dieser Level in zwanzig oder dreißig Jahren *in silicio* erreicht sein könnte.
Die Gruppe umfaßte noch zwei oder drei weitere Institutsmitglieder, unter denen sich auch Michael Dyer befand, der Leiter des KI-Labors der Universität war. Außerdem gab es noch einige Doktoranden, die sich zur KL-Forschung hingezogen fühlten, deren Ansehen innerhalb der Informatik und mit Abstrichen auch in der Biologie gewachsen war. Forschungsgelder wurden bereitgestellt, die es der Gruppe erlaubten, eine Verknüpfungsmaschine im Wert von 1 200 000 Dollar anzuschaffen. Mit der geballten Kraft von 16 384 Prozessoren kreierten Jefferson und seine Mitarbeiter die nächste Iteration ihres KL-Systems. Sie nannten es »Genesis«.
Genesis war so aufgebaut, daß die Art von Simulation natürlicher Phänomene ablaufen konnte, die auch mit RAM durchgeführt worden war. Der Unterschied bestand darin, daß aufgrund der schnellen parallelen Verarbeitung von Daten in einer Verknüpfungsmaschine neue Kreaturen erschaffen werden konnten, mit denen Fragen zur Natur des Lebens und besonders zur Evolution genauer untersucht werden konnten. Eines der ersten Genesis-Experimente war »Spurensucher« (Tracker). Es handelte sich dabei um das bereits bekannte Experiment, in dem künstliche Ameisen einem Pfad, dem sogenannten John-Muir-Pfad, folgen und damit die Fähigkeiten der genetischen Algorithmen demonstrierten: Im Verlaufe von Generationen entwickelten die Ameisen die Fähigkeit, den zunächst unbekannten Pfad perfekt zu absolvieren.
Nachdem der John-Muir-Pfad gemeistert war, bildete Tracker die Grundlage für ein weiteres interessantes Experiment. Chris Langton aus New Mexico hatte sich einen weiteren Weg ausgedacht, den sogenannten Sante-Fe-Pfad, auf dem er eine Population von Ameisen aussetzte, die von solchen abstammten, die an den Windungen und Spalten des John-Muir-Pfades geschult worden waren. Die Gruppe an der UCLA fand heraus, daß die Fähigkeiten, die für den erstgenannten Weg benötigt wurden, hier eher hinderlich waren und die Ameisen weniger erfolgreich sein ließen als allgemeine Spurensucher. Über Hunderte von Generationen erledigten die John-Muir-Ameisen ihre Aufgabe auf dem Sante-Fe-Pfad nicht so gut wie die Nachkommen

einer Kontrollgruppe von »Baby-Ameisen«, die ganz von vorn angefangen hatten. Die John-Muir-Ameisen waren überspezialisiert und konnten daher nicht mehr auf bestimmte Gene aus dem Genpool zurückgreifen, die sie benötigten, um die Schwierigkeiten des neuen Weges zu bewältigen.

Wieder einmal bestätigte sich die Bedeutung, die den jeweiligen Umweltbedingungen in der evolutionären Entwicklung zukommt. Die John-Muir-Ameisen »waren nicht zur allgemeinen Spurensuche fähig, sondern konnten nur eine bestimmte Spur verfolgen«, erklärt Jefferson. »Sie versuchten heuristisch vorzugehen, wollten Patentlösungen anwenden, alle Arten von unsinnigen Codes, die auf dem anderen Weg funktioniert hatten. Die Sache war vergleichbar mit dem Versuch, Reptilien zu entwickeln, die unter Wasser leben können ... Das ist ein Beispiel für Makroevolution, die noch niemand wirklich in Zweifel gezogen hat, aber die, soweit wir wissen, bisher auch niemand wirklich beweisen konnte. Bis wir es taten.«

Obwohl Tracker den genetischen Algorithmus erfolgreich benutzte, um künstliche Ameisen mit der Fähigkeit zur Spurensuche entstehen zu lassen, vernachlässigte er das, was für KL-Forscher vermutlich der interessanteste Aspekt bei Ameisen ist: soziales Verhalten. Eine Ameisenkolonie kann als ein Superorganismus betrachtet werden, bei dem die einzelnen Mitglieder eher Organe eines Einzelwesens sind als egoistische Individuen. Durch Zusammenarbeit teilen die Ameisen der Kolonie die anfallenden Arbeiten auf, spezialisieren sich auf bestimmte Aufgaben, verfolgen gemeinsame Ziele und passen sich an die Umstände ihrer Umgebung an. Dennoch existiert keine zentrale Kontrolle; es gibt also keine Ameise, die jeden Morgen eine Aufgabenverteilung vornimmt. Die einzelnen Ameisen folgen ihren eigenen Instinkten, und aus diesen begrenzten Verhaltensweisen entsteht augenscheinlich ein koordiniertes gemeinschaftliches Verhalten. »Das gesamte Verhaltensrepertoire einer einzelnen Arbeiterameise ist relativ einfach und besteht, je nach Art, aus nicht mehr als 20 bis 45 Einzelhandlungen«, schrieben E. O. Wilson und Bert Hölldobler.[17] »Dennoch ist das Verhalten der Kolonie als Ganzes erheblich komplexer.« Das stimmte so perfekt mit dem KL-Paradigma überein, daß die Ameise zum inoffiziellen Maskottchen der KL-Forscher wurde. Zahlreiche Experimente mit Zellularautomaten, angefangen bei Langtons

Vants bis hin zu den selbstorganisierenden Kolonien sozialer Insekten, mit denen sich die Gruppe aus Brüssel beschäftigt hatte, befaßten sich damit, wie begrenzte Handlungen zu einem unprogrammierten gemeinschaftlichen Verhalten führen können.

In diesem Geiste und analog zu Tracker versuchte die UCLA-Mannschaft weitere Experimente mit rechnergestützten Ameisen durchzuführen. Als ein Seminar über das Verhalten von Ameisen angeboten wurde, bestand die Hälfte der Teilnehmer aus Studenten der Informatik. Einer von ihnen war Robert Collins, der Anfang 1989 von Jefferson für die KL-Gruppe angeworben worden war, da jemand benötigt wurde, der die Verknüpfungsmaschine programmieren konnte. »Er war mir gegenüber sehr aufrichtig«, erinnert sich Collins. »Er sagte, wenn sich diese Sache mit dem Künstlichen Leben als etwas Vernünftiges erweisen würde, wäre ich fein heraus. Wenn aber alle Welt darüber lachte und nichts dabei herauskäme, wäre meine Lage sicher nicht so beneidenswert.« Collins nahm das Risiko auf sich und beteiligte sich am Tracker-Projekt. In Zusammenarbeit mit Jefferson sowie der T-13-Gruppe in Los Alamos begann Collins einen Simulator für allgemeine Anwendungen zu konstruieren, und die erste Anwendung, die darauf lief, war – eine Ameisensimulation. »Wir suchten etwas, das von der Qualität her lebensähnlich war und das Biologen, denen man ein Video davon zeigte, überzeugen würde, daß am Künstlichen Leben etwas dran ist«, sagt Collins. Statt eine Population einzelner Ameisen zu verwenden, die wie bei der Tracker-Simulation einem bestimmten Weg folgen sollten, wurden in dem neuen Projekt, das »Ameisenfarm«[18] genannt wurde, Ameisenkolonien eingesetzt; man hoffte auf die Entstehung von selbstorganisierendem Verhalten.

Die Ameisenfarm ist vermutlich das bis heute komplexeste KL-Experiment, und sicherlich ist die Verknüpfungsmaschine in der Boelter Hall der UCLA der geschäftigste Ameisenhügel der Geschichte. In dem Parallelrechner wurden die Aktivitäten von 16 348 Kolonien simuliert, die jeweils aus 128 Mitgliedern bestanden, woraus sich eine Gesamtzahl von 2 097 152 Ameisen ergab. Die Ameisen selbst besaßen ein Genom von 25 590 Bits, wogegen das Genom der Tracker-Ameisen aus armseligen 450 Bits bestanden hatte. (Alle Ameisen in einer bestimmten Kolonie hatten das gleiche Genom, da aber jedes Tier seine Umwelt unterschiedlich erfuhr, zeigte es auch individuelles Verhalten.) Wenn die verlängerten Chromosomen des Genoms vom Ameisenfarm-Programm interpretiert wurden, bekamen die Ameisen die Fähigkeit, Informationen bezüglich ihrer Umwelt über ein Netz von 16 × 16 Zellen aufzunehmen, einschließlich der Informationen über die Lage von Futterstellen und über die Pheromone, die andere Ameisen abgesondert hatten. Die Kreaturen der Ameisenfarm waren in der Lage, Futter zu suchen, es aufzunehmen, Pheromone abzusondern und eine Art Kompaß zu benutzen, um den Weg zurück zum Bau zu finden.

Collins und Jefferson bauten aber auch einige innovative Techniken in die Ameisenfarm ein. Die erste war eine Variante des Standard-GA. Die UCLA-Gruppe war unzufrieden mit der Art und Weise, wie die Partner ausgewählt wurden: Wenngleich effektiv, so hatte das Verfahren, die Partner für den am besten angepaßten Organismus nach dem Zufallsprinzip zu bestimmen, wenig damit zu tun, wie natürliche Organismen ihre Partner suchen. Wichtige Faktoren, beispielsweise die geographische Nähe, wurden dabei außer acht gelassen. In der Ameisenfarm galt eine modifizierte Paarungsprozedur. Dazu schickte jede Kolonie ihre Ameisen auf zwei »Zufallsspaziergänge« in der Nähe des Baus. Während sie herumstreiften, kamen sie unweigerlich an verschiedenen anderen Kolonien vorbei und registrierten dabei die Menge von gesammeltem und gelagertem Futter in den fremden Bauten. Nach jedem Spaziergang wählten die Späher die Kolonien mit den am besten gefüllten Speisekammern aus, und die Ameisen der Siegerkolonien wurden miteinander gepaart. Dadurch konnten die genetischen Algorithmen besser an die Methode der natürlichen Selektion angeglichen werden.

Ein weiterer wichtiger Vorteil der Ameisenfarm war die »Darstellung« der Organismen, also das Schema, das dafür sorgte, daß eine Aneinanderreihung von Ziffern sich wie ein Insekt verhielt. Anstatt die aus Regeln zusammengestellten Tabellen zu benutzen, die zu den Finite state machines gehörten, werteten diese Ameisen ihre Umgebung selbst durch ein »Künstliches neuronales Netzwerk« aus. Dabei handelte es sich um ein Gewirr von Nervenverbindungen, das durch Vererbung bestimmt wurde und nicht das Resultat dessen war, was einzelne Ameisen während ihrer Lebensspanne gelernt hatten. In diesem neuronalen Netzwerk waren vielfältige Verhaltensmuster angelegt, wobei es einer Entwicklungszeit von mehreren Generationen bedurfte, bis die Ameisen in der Lage waren, die Potentiale des Netzwerks optimal auszuschöpfen.

Als die künstlichen Ameisenkolonien zum ersten Mal in Bewegung gesetzt wurden, waren die Tiere jedoch nicht in der Lage, Fertigkeiten für die Futtersuche zu entwickeln. Collins programmierte ein verbessertes neuronales Netzwerk, aber auch das brachte keine Ameisen hervor, die zur Futtersuche befähigt waren. Das Problem wurde schließlich dadurch gelöst, daß die Fähigkeit zur Futtersuche in zwei separate Tätigkeiten unterteilt wurde: erstens die Suche nach Futter und zweitens den Transport des Futters zum Bau. Die Ameisen erhielten ein vollständiges neuronales Netzwerk für jede Tätigkeit. Mit dieser zweistufigen Implementation schickte die Ameisenfarm nun Soldaten aus, die die Fähigkeit entwickelten, Futter auszumachen, sicherzustellen und in den Bau zu transportieren.

Allerdings war es weniger fesselnd, einen Ameisenfarm-Lauf auf dem Bildschirm zu verfolgen, als eine wirkliche Ameisenkolonie zu beobachten. Da das Gebiet der digitalen Ameisenhügel die Fläche eines Quadrates von 1000 × 1000 Zellen bedeckte, konnte immer nur ein Teil gezeigt werden. Die Ameisen wurden durch rote Punkte dargestellt, die in einem begrenzten Gebiet des Bildschirms herumwanderten, normalerweise in nordöstlicher Richtung, bis sie die Farbe wechselten und grün wurden, was bedeutete, daß sie ein Futterpaket gefunden hatten. Ein zweiter Monitor, der in einem anderen Raum stand, wertete die Daten jedes Ameisenhaufens statistisch aus. Man mußte also zum Verständnis der Vorgänge auf dem Bildschirm oder zur Überprüfung des Erfolgs einer bestimmten Kolonie beziehungsweise der gesamten Population den Raum immer wieder verlassen.

Schließlich begannen sich einige rote Punkte anders zu verhalten. Sie trieben nicht mehr einfach über den Bildschirm, sondern liefen jetzt direkter auf das Futter zu. Hierbei handelte es sich um Bewohner höherentwickelter Kolonien. Andere Kolonien quälten sich dagegen weiter ab. Sie sandten Ameisen aus, die das Futter nicht fanden, oder die das Futter zwar fanden, es aber nicht aufnehmen konnten, oder die das Futter zwar aufnehmen konnten, dabei aber am Bau vorüberflitzten. Sie erinnerten dabei an einen übereifrigen Golfer, der versucht, einen Ball bergab einzulochen. Diese Kolonien hatten wenig Aussicht, nach fünfhundert Zeittakten für die Reproduktion ausgewählt zu werden.

Während sich Zeittakte und Generationen aneinanderreihten, begannen die Genome der Ameisen die Vorzüge der natürlichen Selektion zu demonstrieren. Während sie in der Anfangskonfiguration, als die Genome noch zufällig aneinandergereihte Ziffern waren, im Durchschnitt keine Futtereinheiten beschaffen konnten, steigerten sie ihre Fähigkeiten, Futter zu finden, nun fortlaufend. Einigen Kolonien gelang es, in der fünften Generation zwei oder drei Einheiten und einige Generationen später bereits elf oder zwölf Futterrationen zu sammeln. Nach tausend Generationen hatten einige Kolonien bereits zweihundertfünfzig oder dreihundert Einheiten gehortet. Die Kolonien hatten also gute Strategien für die Futtersuche entwickelt.

Collins und Jefferson waren dennoch frustriert, da sich keine kooperativen Strukturen entwickelt hatten. Nach nahezu einem Jahr rechnergestützter Ameisenzucht sammelten die künstlichen Insekten ihr Futter immer noch als Individuen, waren also nicht bereit, Pheromonpfade anzulegen, mit denen sie ihre Artgenossen über vorhandene Futterquellen informieren konnten. (Dieser Prozeß wird Anwerbung genannt.) Die Abgabe von Pheromonen schien zufällig zu geschehen, war also das Ergebnis einer Mutation oder eines Crossing-over, so daß damit keine verbesserte Anpassung erreicht wurde. Collins unternahm dann Experimente, um zu belegen, daß bei der Benutzung von künstlichen neuronalen Netzen Ameisen genetisch zwar zur Anwerbung befähigt waren, es ihnen aber einfach noch nicht gelungen war, den Platz im evolutionären Raum zu entdecken, der diese Eigenschaft zur vollen Entfaltung bringen konnte.

Möglicherweise war dieses Versagen am leichtesten zu erklären, wenn man natürliche Ameisen in ihrem Verhalten beobachtete. Eine Untersuchung von Entomologen hatte gezeigt, daß Ameisenkolonien in bestimmten Fällen, besonders dann, wenn die Nahrungsquellen klein sind, nur wenige Arbeiter zur Futtersuche aussenden. Diese führen ihre Tätigkeit eigenständig aus, lassen also eventuelle Pheromonspuren unberücksichtigt. Möglicherweise simulierte die Ameisenfarm dieses Verhalten. Allerdings war es aber auch möglich, daß das System an einem generellen Fehler litt, der verhinderte, daß sich eine Kooperation entwickeln konnte. Für Collins bedeutete es eine Herausforderung, den möglichen Fehler zu finden und zu beheben. Ihm und seinen Kollegen wäre es dann möglich, künstliche Ameisenkolonien in solchen Situationen zu testen, in denen diese sich um dieselben Futterquellen bemühen.

Nach den Experimenten mit der Ameisenfarm begann die UCLA-Gruppe, über Experimente nachzudenken, die den relativen Vorteil von Evolution und Lernen messen sollten. Besonders David Jefferson glaubte, daß das Lernen, also die kognitive Anpassung, die ein Lebewesen zu seinen Lebzeiten erwirbt, im Vergleich zu den Anpassungsleistungen in der Evolution relativ unbedeutend ist. »Wenn man sich das Leben auf der Erde ansieht«, sagte er, »so besteht es überwiegend aus Mikroorganismen. Der größte Teil der verbleibenden Biomasse ist pflanzlicher Natur, und nur bei einem kleinen Teil handelt es sich um vielzellige Tiere. Die meisten von ihnen können nichts von dem, was wir als Lernen bezeichnen. Während das Leben sich mit Hilfe der Evolution glänzend an seine Umgebung anpaßt, kann ein Großteil des Lebens nichts, was an Lernen erinnert.«

Für Jefferson war Lernen zwar durchaus ein Teil des Lebens, aber dennoch kein Vorgang, auf den Wissenschaftler sich konzentrieren sollten, wenn sie sich Kreaturen ausdachten. Die Evolution war der Stein der Weisen. »Es ist nicht unser Ziel«, sagte er, »Lernen zu untersuchen oder Lernen sich entwickeln zu lassen, es sei denn, es wäre ein interessanter Teil der Evolution.«

Ganz zufällig unternahm ein Forscher an der Ostküste des amerikanischen Kontinents ein KL-Experiment, welches genau das zu belegen schien, was Jefferson bezweifelte: Lernen ist ein interessanter Teil der Evolution. In einem winzigen Arbeitsraum im zweiten Stock eines Gebäudes der Firma Bellcore in Morristown, New Jersey, hatte der Computerwissenschaftler David Ackley eine KL-Welt geschaffen, die »AL« genannt wurde, und dieses zweidimensionale Universum bevölkerten sich genetisch reproduzierende künstliche Lebensformen, die »Agenten« hießen.

Das AL-Konzept Ackleys und seines Mitarbeiters Michael Littman bei Bellcore war ein harter Überlebenstest für die unglücklichen Bewohner. Mit 100 × 100 Zellen war AL nicht besonders groß, und die

Freiheit der Agenten wurde zusätzlich durch Wände an den Rändern und im Inneren der Welt eingeschränkt. Wenn ein solches Wesen gegen eine Wand prallte, wurde es beschädigt. Außerdem trieben sich räuberische Wesen in AL herum, die den Agenten noch mehr schaden konnten, denn wenn ein Organismus diesen Räubern zu oft begegnete, starb er. Schutz vor ihren Feinden fanden die Agenten in Bäumen; wenn ein solcher allerdings einging, begrub er den Schutzsuchenden unter sich. Wenngleich die Agenten sich von den Körpern toter Räuber ernähren konnten und notfalls auch von den Leichen ihrer Artgenossen, so bestand ihre Hauptkost doch aus Pflanzen. Außer als Nahrungsquelle dienten die Pflanzen indirekt auch der Fortpflanzung der Agenten. Denn wenn diese ausreichend Energie in Form von Nahrung aufgenommen hatten, reproduzierten sie sich.

Die AL-Agenten besaßen jedoch auch einen Vorteil. Im Gegensatz zu den Bewohnern anderer evolutionärer KL-Ökosysteme, hatten sie neuronale Netzwerkgehirne, die es ihnen erlaubten, innerhalb einer Generation zu lernen.

Seit Mendel lehrt uns die Schulgenetik, daß alles, was Organismen während ihres Lebens lernen, physikalisch nicht an die Nachkommen weitergegeben wird. Die gegenteilige Ansicht vertrat dagegen der Lamarckismus, der besagte, daß erworbene Eigenschaften an nachfolgende Generationen weitervererbt werden können. AL hielt sich natürlich nicht an die in Mißkredit geratenen Theorien Lamarcks. Wenn eines der Wesen beispielsweise lernte, durch eine bestimmte Reaktion Räubern zu entkommen, so mochte diese Information dem Agenten zwar helfen zu überleben, sie tauchte aber nicht in dem genetischen Material auf, das an die Nachkommen weitergegeben wurde. Dennoch *konnte* nach Ackleys Ansicht das Erlernen solcher Techniken durchaus Einfluß auf die Evolution haben. Er bezog sich dabei auf eine kontrovers diskutierte Theorie, den sogenannten Baldwin Effekt, den Ackley hoffte in AL hervorrufen zu können.

Der Baldwin-Effekt ist nach dem amerikanischen Philosophen und Psychologen James Mark Baldwin benannt, der seine Vorstellungen vor nahezu einhundert Jahren formulierte. Baldwin nahm an, daß die Darwinsche Evolution auch durch das, was Individuen während ihres Lebens erlernen, also durch erworbene Eigenschaften, beeinflußt werden könne. Im Gegensatz zum Lamarckismus behauptete er aber, daß

David Ackleys Welt, genannt AL. Links findet sich eine Beschreibung dieser Welt, die Mitte zeigt einen Teil der Welt, und rechts ist aufgeführt, was die Agenten wahrnehmen können. Diese Wahrnehmungen lösen das Aktionsnetzwerk aus, das ihr Verhalten als Reaktion auf die aufgenommenen Signale bestimmt.

nicht das Erlernte selbst weitergegeben werde, sondern daß es in der Umwelt Bedingungen gebe, die für jene Organismen vorteilhaft seien, die bestimmte Fertigkeiten erlernt hätten, was natürlich auch die Kriterien für Tauglichkeit ändere.

»Die Idee ist ziemlich einfach«, sagt Ackley und verwendet sein Lieblingsbeispiel.

> Angenommen, Sie haben eine Population von Eichhörnchen, die irgendwann in dunkler Vorzeit gelernt haben, von Baum zu Baum zu springen. Eine Population mag das gelernt haben, eine andere nicht. Diejenige, die es gelernt hat, wird sodann mit einem evolutionären Vorteil für Dinge belohnt, der hilfreich für die Bewältigung dieser Aufgabe ist, also etwa mit der Ausbildung einer Haut zwischen den Zehen, wohingegen die andere Population keine Belohnung erhält. Betrachtet man das über einen evolutionären Zeitraum, erkennt man, daß die Population, die gelernt hat, von Baum zu Baum zu springen, schließlich *geboren wird,* um von Baum zu Baum springen zu können. Was die Vorfahren erlernten, erben die Nachkommen. Das ist der Lamarckschen Evolution ähnlich, aber ist doch kein Lamarckismus. Es ist vielmehr so, daß die Funktionsweise der Tauglichkeit durch etwas Erlerntes verändert wird.

Ackley entwickelte einen Algorithmus für das, was er »evolutionär verstärktes Lernen« (evolutionary reinforcement learning; ERL) nannte. Wie in ihrem genetischen Code angelegt, entwickelten die Agenten tatsächlich *zwei* neuronale Netzwerke, ein »Aktionsnetzwerk«, das in der Lage war, sensorische Erfahrungen in Verhaltensweisen umzuwandeln, und ein »Beurteilungsnetzwerk«, das ebenfalls von sensorischen Erfahrungen gespeist wurde, diese Informationen aber verwendete, um zu entscheiden, ob eine bestimmte Situation gut oder schlecht war. In Abhängigkeit von der Rückmeldung, die der Agent nach der Beurteilung einer Situation erhielt, verstärkte oder änderte er sein Verhalten.

Unter Verwendung von ERL begannen Ackleys Organismen ihr Leben mit einem Regelsatz, der sich über eine Reihe von Generationen weiterentwickelte. Die Regeln enthielten auch Variablen, die adaptives Lernen ermöglichten. Ein Beispiel für diesen Mechanismus konnte man in einem Agenten namens Adam finden, der so genannt wurde, weil er der Vater von 272 Generationen war, die eine gesamte AL-Population dominierten. Adam begann sein Leben mit einem recht brauchbaren Verhaltensnetzwerk, das aber einen eklatanten Defekt hatte: Wenn er einen Räuber bemerkte, der sich von Süden näherte, bestand er dennoch darauf, in diese Richtung weiterzugehen. Zu Beginn seiner 272 Zeittakte umfassenden Existenz endete dieses unglückliche Verhalten fast in einem Desaster, und nur durch einen glücklichen Zufall entkam er einem Räuber, der sich von Süden näherte und im Begriff war, ihm den Garaus zu machen. Nach dieser Erfahrung kam Adam zu der Einsicht, daß sein Verhalten als »schlecht« einzustufen war, und er stellte sein Netzwerk neu ein, so daß er beim nächsten Mal, wenn ein Räuber im Süden lauerte, ein weniger gefährliches Verhalten an den Tag legte, also eine Konfrontation vermied und damit etwas tat, was als »gut« eingestuft und somit verstärkt wurde. Die ganze Sache klappte ausgezeichnet, und so war Adam bald Vater von vier Kindern, und die Dynastie begann ihren Aufstieg.

Ganz offensichtlich hatte jeder Agent, der ein ähnlich kluges Verhalten erlernen konnte, einen deutlichen Vorteil gegenüber solchen Agenten, die sich nicht so klug verhielten, wenn sie sich einem Feind gegenübersahen. Da Agenten nicht miteinander kommunizierten,

wurde diese lebenswichtige Information nicht etwa in einer Art digitalem Vater-Sohn-Gespräch weitergegeben. Ein Nachkomme war nur dann in der Lage, dieses Verhalten in sein Repertoire von Überlebenstricks aufzunehmen, wenn er es selbst durch Erfahrung lernte oder von einer Mutation betroffen wurde, die sein Genom so veränderte, daß ein solches Verhalten fortan als angeboren weitergegeben werden konnte. Eine dritte Möglichkeit war durch einen Langzeitprozeß gegeben, und zwar durch den erwähnten Baldwin-Effekt.
Die ersten Experimente Ackleys mit AL-Lebensformen waren dem Versuch gewidmet, den relativen Wert von Lernen und Evolution zu bestimmen oder auch den Wert einer Kombination dieser beiden. Er impfte AL mit einer Population von Agenten an, bei denen verschiedene Teile ihres neuralen Netzwerkes funktionsuntüchtig waren, und zwar die Fähigkeiten, die entweder mit dem Lernen oder mit der Evolution oder auch mit beiden zu tun hatten. Außerdem schuf er eine »hirnlose« Gruppe, die, ihrer Sinne beraubt, wie blind durch die Gegend lief. Zum guten Schluß setzte er auch noch sehr fähige Agenten aus. Alle vier Arten wurden in einhundert Durchgängen getestet, wobei jeder mit einer zufälligen Anordnung von Objekten und Organismen begann. Die Ergebnisse zeigten, daß AL in der Tat eine unbarmherzige Welt war. Weniger als 18 Prozent waren nach zehntausend Zeittakten noch nicht ausgestorben, und nur ein Zehntel lebte auch nach einer Million Zeittakte noch. Wie kaum anders zu erwarten, hielten sich die hirnlosen Agenten nicht besonders lange, überraschenderweise erging es aber den beiden Arten, die zwar evolutionäre Fähigkeiten hatten, aber nicht lernen konnten, noch schlechter. Es schien so, als würden diese Arten aussterben, bevor die natürliche Selektion die Chance hatte, sich im Genom der Arten durchzusetzen, die prinzipiell in der Lage waren, von der Evolution zu profitieren. Diese Vermutung bestätigte sich durch den Vergleich des Verhaltens der beiden besten Arten, also der Agenten, die nur lernen konnten, und der ERL-Agenten. Für die Dauer von rund einer halben Million Zeittakten waren sie gleich gut bei dem Versuch, eine aktive Population aufrechtzuerhalten, aber danach gediehen solche, die sowohl mit evolutionären Fähigkeiten als auch mit Lernfähigkeiten ausgestattet waren, also die ERL-Gruppe, in der gefährlichen AL-Welt am besten. Beim millionsten Zeittakt gab es daher nur noch ERL-Agenten; sie-

ben der ursprünglich einhundert Populationen lebten noch, um dieses Jubiläum zu feiern.

Als Ackley und Littman versuchten, interessante Phänomene während dieser Experimente herauszuarbeiten, einschließlich der Nachweise für den Baldwin-Effekt, waren es die ERL-Populationen, die besonders reichhaltige fossile Daten aufzuweisen hatten. Ein spezieller Durchgang fesselte Ackleys Aufmerksamkeit: Auch nachdem bereits eine Million Zeittakte verstrichen waren, zeigte dieser Lauf keine Ermüdungserscheinungen, so daß Ackley und Littman beschlossen, dieses Experiment unbegrenzt weiterlaufen zu lassen. Millionen weiterer Zeittakte verstrichen, Populationen wurden stärker und schwächer, und erst nach nahezu einer Woche ununterbrochener Computerarbeit ging schließlich das letzte übriggebliebene Wesen, ein Nachkomme der 3216. Generation, zugrunde.

Dieser AL-Megalauf hinterließ eine Flut von Daten, denn er enthielt die Lebensläufe und die genetische Ausstattung von Tausenden von Agenten. Zur Einstufung der relativen Signifikanz von Lernen und Evolution bei ERL-Agenten analysierten Ackley und Littman den Unterschied in den Genomen vor und nach sechshunderttausend Zeittakten, zu einem Zeitpunkt also, da sich die evolutionären Veränderungen deutlich ankündigten. Als sie die Gene isolierten, die das Verhalten der Agenten gegenüber Pflanzen und gegenüber den Futterquellen in ihrer Umwelt bestimmten, stießen sie auf ein faszinierendes Phänomen: Anfangs mußten die Agenten offenbar lernen, Pflanzen als etwas Gutes zu begreifen. Diese Information wurde dann sozusagen in die Tat umgesetzt, denn die Agenten suchten die Pflanzen. Genome aus späteren Runden des Durchganges hingegen zeigten, daß diese erlernte Funktion verschwunden war. Statt dessen wußten diese Agenten vom Moment ihrer Geburt an *instinktiv,* daß Pflanzen gut für die Ernährung waren. Sie mußten diese nützliche Tatsache also nicht erst lernen. Ackley und Littman vermuteten, daß dieser Wandel das Resultat des Baldwin-Effekts war:

> Beim Aufstieg einer erfolgreichen Population besitzen Agenten (meistens durch einen glücklichen Zufall) Lerngene, die ihnen mitteilen, daß Pflanzen gut sind. Das ist ein großer Vorteil im Hinblick auf die Überlebensfähigkeit, da die Agenten das Fressen

erlernen und damit ihre Energiezufuhr sichern, was sie schließlich dazu befähigt, Nachkommen zu zeugen. Von Zeit zu Zeit treten handlungsbezogene Mutationen auf, und die Agenten beginnen instinktiv, sich Pflanzen zu nähern und sie zu fressen. Diese Änderungen werden durch die natürliche Selektion unterstützt, denn so wird das Auftreten von neuen, unzulänglichen Agenten vermieden, die erst den Wert der Pflanzen für die Ernährung wiederentdecken müßten. Die Agenten beginnen daher sofort nach der Geburt zu fressen und sind so besser in der Lage zu überleben. ... Was einst erworben werden mußte, wurde nun, nach etwa drei Millionen Zeittakten, als vererbbares Merkmal weitergegeben.[19]

Das war aber nicht die einzige wichtige Entdeckung in diesem AL-Durchgang. Als sie die Daten untersuchten, die nach Aussterben der Population sichergestellt worden waren, entdeckten sie ein Phänomen, das ähnlich erstaunlich war wie der Baldwin-Effekt und bis dahin in der biologischen Literatur noch nicht einmal beschrieben worden war. Sie nannten es »abschirmen«. Es tauchte in den Genen auf, die dafür verantwortlich waren, wie die Agenten Raubtiere beurteilten. Da das Zusammentreffen mit herumstreifenden Räubern ständige Einbußen mit sich brachte, manchmal sogar zum Tode der Agenten führte, hätte man annehmen können, daß die abgehärteten Überlebenden späterer Evolutionsperioden ihre Feinde sehr gut einzuschätzen wußten. Das war allerdings nicht der Fall. Vielmehr gab es zu einem noch sehr späten Zeitpunkt des Megadurchgangs eine ungewöhnliche Periode, die über eine Million Zeittakte andauerte, während der die Agenten der überlebenden Population die Raubtiere als gut einstuften. Sie *mochten* sie.

»Wie konnte so etwas zustande kommen?« fragte sich Ackley. »Warum hatte die natürliche Auslese es einem derart schlecht angepaßten Organismus erlaubt, sich zu vermehren?« Der Grund schien in der extrem guten Anpassung des auf Instinkt basierenden »Aktionsnetzwerkes« dieser Agenten zu liegen. Ihre Gene diktierten ihnen ein angeborenes Fluchtverhalten beim Auftauchen von Räubern. Daher glaubten die Agenten, Raubtiere seien gut, denn sie kamen ja niemals mit Räubern in Berührung, wodurch natürlich auch eine Überprüfung dieser Annahme ausblieb. Zusätzlich war die Raubtierpopulation klein, da sie in einer für sie unvorteilhaften Zeit gut angepaßter Agenten lebte und dadurch selten zu einer ausreichenden Mahlzeit kam. Daraus resultierte, daß diese Agenten, die durch Mutation oder Crossing-over ein fehlerhaftes Lernnetzwerk ererbt hatten und daher nicht in der Lage waren, zutreffende Feindbestimmungen vorzunehmen, dennoch nicht durch die natürliche Auslese bestraft wurden. Ackley und Littman drückten es folgendermaßen aus: »Das gut angepaßte Aktionsnetzwerk *schirmt* das schlecht angepaßte Lernnetzwerk offensichtlich gegen den Einfluß der Anpassung ab.«[20]

Dieser Effekt war kein Schutzschild im eigentlichen Sinne, sondern etwas, das eine trügerische, in einigen Fällen sogar gefährliche Überzeugung am Leben erhielt. Solange die erste Verteidigungslinie der Agenten gegen die Räuber, ihr Aktionsnetzwerk, intakt blieb, hatte die Behinderung keinen Einfluß auf das Leben der Agenten. Eine Änderung im Genom ihres Aktionsnetzwerkes, eine Umgestaltung der Population der Räuber oder eine andersgeartete zufällige Unregelmäßigkeit in ihrer Umwelt konnte die harmlose Behinderung jedoch schnell zu einer lebensgefährdenden werden lassen. So vermuteten Ackley und Littman dann auch, daß »diese mangelhafte Anpassung schließlich zum Aussterben der Population beigetragen hatte.«

Die Ergebnisse von AL veranlaßten die Bellcore-Forscher, einen bisher undokumentierten biologischen Effekt namens »Zielverminderung« zu postulieren. Hierbei handelt es sich um eine Art evolutionären Bumerang, der auftritt, wenn eine erlernte Fähigkeit aufgrund des Baldwin-Effekts in ein ererbtes Merkmal umgewandelt wird. Von diesem Zeitpunkt an werden die Lerngene geschützt, die ursprünglich zum Erwerb dieses Merkmals beigetragen haben. Die Gene verkümmern zwangsläufig, nachdem die Evolution die Notwendigkeit des Erlernens durch ein ererbtes Merkmal ersetzt hat. Ist die Lernfähigkeit für diese Eigenschaft erst einmal verkümmert, ist der Organismus selbst gefährdet. »Wenn die natürliche Selektion die einzige Quelle für die Rückkopplung ist«, schrieben Ackley und Littman, »dann bedeuten das Abschirmen und die Zielverminderung immer dort eine potentielle Gefahr, wo der Baldwin-Effekt ein potentieller Vorteil ist.«

Das Abschirmen muß jedoch nicht zwangsläufig eine Gefahr sein. »Es befreit von einem Lernprozeß, der in diesem Fall von Nachteil ist, da es in AL nichts mehr zu lernen gibt – die Agenten haben ihre Welt im Grunde besiegt«, sagte Ackley, wobei er sich auf das oben geschilderte Beispiel bezieht. »Wenn die Burschen allerdings bessere Gehirne hätten, könnten sie beispielsweise lernen, Landwirtschaft zu betreiben. Sie könnten ihre Nahrungsaufnahme verringern, überall eine gute Versorgung mit Futter sicherstellen und könnten eine Population ernähren, die zwei- oder dreimal so umfangreich wäre wie die gegenwärtige.«

Die Auswirkungen waren offensichtlich. Wenn unsere Computer irgendwann ein umfangreicheres digitales Ökosystem zulassen, können wir auch mit einem komplexeren Verhalten unserer künstlichen Organismen rechnen, darunter auch mit so epochalen Phänomenen wie dem Wandel einer Gesellschaft von Jägern und Sammlern zu einer Agrargesellschaft. Wir erinnern uns an John Horton Conway, der das Bild einer sehr großen Life-Population zeichnete, die sich »entwickelte, reproduzierte und über ihr Gebiet hinausschwappte, klüger und klüger wurde und lernte, Doktorarbeiten zu schreiben«.

Dies waren nicht die einzigen Lektionen, die wir AL zu verdanken haben. Zu einem bestimmten Zeitpunkt wollte Ackley wissen, was passierte, wenn er einen perfekten Agenten schuf, einen, dessen Reaktion auf jede Situation optimal war. Er bevölkerte die Umwelt mit diesen Über-Agenten und verglich ihre Laufbahn mit der einer erfolgreichen, aber nicht perfekt entwickelten Population von ERL-Wesen. Tatsächlich machte sich die von Hand optimierte Population gut und überlebte viele tausend Zeittakte. Dennoch erreichte sie nicht den Erfolg der Kontrollgruppe mit angepaßten, aber dennoch nicht perfekten Agenten. Letztere verfügten bis zu einem bestimmten Punkt über eine Populationsgröße von dreißig bis sechzig Organismen, während die Zahl der potentiellen Superagenten normalerweise zehn bis dreißig betrug und manchmal sogar bis auf einzelne Exemplare absank. »Sie waren eine Plage für das Land«, sagte Ackley über seine handgefertigten Wunderwesen. »Sie fraßen die Pflanzen schon, bevor sie geblüht hatten. Die weniger perfekte Population, deren Verhalten durch die Evolution und den Lernprozeß vieler Generationen bestimmt wurde, reagierte vielleicht nicht in jeder Situation angemessen, aber ihre relative Unvollkommenheit war besser geeignet, eine funktionierende Gesellschaft zu erhalten. Die Kombination von Evolution und Lernen versetzte sie in die Lage, die beste Antwort auf ihre Umwelt zu *finden,* und das war besser als alles, was ein Mensch ihnen mitgeben konnte.

Trotz seiner beeindruckenden Ergebnisse hatte Ackley wenig Hoffnung, daß Evolutionsbiologen sehr bald auf seine Arbeiten ansprechen und versuchen würden, sie in der Feldforschung zu bestätigen. Ein Vorläufer seines Experiments, eine Computersimulation des Baldwin-Effekts, die von Geoff Hinton und S. J. Nowlan durchgeführt worden war[21], hatte ebenfalls wenig Aufmerksamkeit von dieser Seite erhalten. Ermutigt durch die positive Resonanz auf einen Videofilm, den er auf der zweiten KL-Konferenz im Jahre 1990 vorführte, beschloß er, seine Arbeit mit noch anspruchsvolleren KL-Experimenten fortzusetzen. Er war der festen Überzeugung, daß wir Menschen auch eine Art von Maschinen sind, daß das menschliche Gehirn ein Informationsprozessor ist und die Schaffung von Künstlichem Leben uns in die Lage versetzen werde, uns selbst genauer in das Pantheon komplexer Systeme einzuordnen. Er und Littman erklärten:

> Computer sind, ähnlich wie Mikroskope, Instrumente der empirischen Wissenschaften. Vielschichtige Simulationsmodelle bieten die Chance, die schwer faßbaren Phänomene zu beleuchten, die zwischen den einzelnen Schichten verborgen liegen. ... Die Möglichkeiten der Computermikroskopie wachsen sprunghaft, und wir sind gerade erst dabei zu lernen, wie sie angewendet werden können.[22]

Wirkliches Künstliches Leben

Mein Wunsch ist es, vollkommen autonome bewegliche Agenten herzustellen, die mit den Menschen in der Welt koexistieren und die von diesen Menschen als gleichberechtigte, intelligente Wesen angesehen werden. Ich würde solche Agenten Kreaturen nennen. Dies ist meine intellektuelle Motivation. Ich habe kein besonderes Interesse daran, zu zeigen, wie Menschen funktionieren, wenngleich Menschen, wie andere Tiere auch, interessante Objekte für solche Bemühungen wären, da sie erfolgreiche autonome Agenten darstellen. Ich habe auch kein besonderes Interesse an Anwendungen; ich bin mir allerdings sicher, daß der Anwendungsbereich der Kreaturen, die meinen Vorstellungen entsprechen, nur durch unsere (oder ihre) Vorstellungskraft begrenzt sein wird. Ich habe ebenfalls kein besonderes Interesse an den philosophischen Auswirkungen, die durch die Schöpfung dieser Kreaturen entstehen, wenngleich es ganz sicher wichtige Auswirkungen geben wird.

Rodney A. Brooks[1]

Das neunte Stockwerk des MIT-Gebäudes mit der Adresse Technology Square 545 ist das Penthouse, das sich auf einem der beiden klotzigen Türme befindet, die den Silicium-Industriekomplex von Cambridge, Massachusetts, überragen. Dennoch kommt man sich eher wie im Keller vor. Es gibt nur wenige Fenster, kaum Ellenbogenfreiheit, und im Labyrinth von Arbeitszimmern, Gängen und Gemeinschaftsräumen hört man das permanente Summen der Mainframe-Rechner. Im neunten Stockwerk scheint es immer Mitternacht zu sein, die bevorzugte Stunde jener, die von einer Begierde und nicht von Pflichterfüllung getrieben werden.

Nur im neunten Stockwerk ist der Zugang auf diejenigen beschränkt, die einen entsprechenden Schlüssel besitzen. Diese Sicherheitsmaßnahme ist ein Überbleibsel aus der inzwischen etwa zwanzig Jahre zurückliegenden Zeit, als Demonstranten Computer mit der Kriegsmaschinerie gleichsetzten, die in den rund 15 000 Kilometer entfernten Reisfeldern und Regenwäldern Vietnams am Werk war. Wenn auf den Straßen auch Unruhe herrschte, so waren die sechziger Jahre doch die glorreichen Zeiten des neunten Stockwerks.[2] Die besten Computerprogrammierer der Welt konzipierten hier die spätere internationale Gegenkultur, die auf dem freien Austausch von Information beruhte: Sie legten das digitale Fundament für das, was als klassische Künstliche Intelligenz bekannt werden sollte. Sie beschäftigten sich mit Schachprogrammen, LISP, Welten aus farbigen Bausteinen und Conways Life-Spiel. Es war eine Zitadelle der Logik, abgeschirmt von der Hektik des wirklichen Lebens.

Zu Beginn der neunziger Jahre stellt sich das neunte Stockwerk in gewisser Weise als Spiegelbild der Weltanschauung seiner Vorgänger dar, denn jetzt wird Logik im Bottom-up-Geist des Künstlichen Lebens benutzt, um mit der hektischen Welt zurechtzukommen. Diejenigen, die dort tätig sind, nennen ihre Arbeit »wirkliches Künstliches Leben«.

Das Vorzeigeobjekt ist »Dschingis«, eine etwa 30 cm lange Roboter-Küchenschabe. Dschingis' Körper ist eine Metallhülle, die mit Computerchips bestückt ist, seine Beine sind abgewinkelte Stäbe mit Gummisockeln, sein Kopf besteht aus einer Reihe von sechs Sensoren, die wie die Lichter auf dem Dach eines Polizeifahrzeugs angeordnet sind, und von seiner Brust gehen zwei steife Drähte aus, die als eine Art Schnurrhaare fungieren. Dschingis' Entstehung mag einem Spleen seines Schöpfers zu verdanken sein, er repräsentiert aber auch ein neuartiges Beispiel der Robotertechnik.

Dschingis ruht mit dem Bauch auf dem Boden, aber wenn die Energie aus der eingebauten Batterie zu fließen beginnt, erwacht er zum Leben. Mit einem schwerfälligen Brummen verharrt er eine Weile, bevor er seine Beine so lange auf den Boden stemmt, bis er steht. Dann beginnt er zu gehen. Ein Bein auf jeder Seite bewegt sich erst nach außen und dann nach vorn, um schließlich wieder den Boden zu berühren. Dieser Vorgang wird mit zwei weiteren, sich nach vorn bewegenden Beinen fortgesetzt. Unter dem hohen Summton der zwölf eingebauten Motoren macht sich Dschingis auf den Weg durch den Raum, wobei sein Gang wie die etwas bedächtige Fortbewegungsweise eines echten Insekts anmutet.

Er kommt gut voran, bis er auf ein Telefonbuch trifft, das ihm in den Weg gelegt wurde, um ihn aus dem Konzept zu bringen. Dschingis' linkes Bein berührt das Hindernis während der Vorwärtsbewegung und er kommt zum Stillstand. Dann bewegen sich die Beine wieder, aber jetzt in einem steiler nach oben gerichteten Winkel, denn dieser größere Winkel ist notwendig, um ein Bein auf das Buch zu heben. Mit diesen überlegt und selbstsicher erscheinenden Bewegungen schafft es Dschingis, auf das Buch zu klettern, die Voraussetzung dafür, seinen Weg zum anderen Ende des Raums fortsetzen zu können. Sobald er am Rand des Buches eines der Vorderbeine vorwärts bewegt und den Untergrund nicht mehr spürt, hält er an, aufgeschreckt, so als spüre er, Gefahr zu laufen, einen Kopfsprung in ein leeres Schwimmbecken zu machen. Seine Hinterbeine versteifen sich, und der ganze Körper wird abgesenkt, so daß seine Vorderbeine den Boden erreichen können. Vorsichtig und fast würdevoll bewegt sich Dschingis vom Buch herunter und setzt nun seinen Weg fort.

Niemand hat Dschingis genau »gesagt«, wie er mit einem Telefonbuch oder anderen Hindernissen, die ihn in seinen Bewegungen hindern, umzugehen hat. Genaugenommen hat der Roboter auch vom Konzept des Gehens nur eine vage Vorstellung. Der Umgang mit Hindernissen und sein lokomotorischer Rhythmus sind erworbene Fähigkeiten, die auf einfachen Regeln beruhen. Die Bewegungen des Roboters resultieren aus einfachen Regeln, die ein komplexes, selbstorganisiertes Verhalten hervorbringen, das einer interessanten Konfiguration eines Zellularautomaten ähnelt – oder einem Tier.

Dschingis ist sowohl Maskottchen als auch Rechtfertigung für die Mobile Robot (Mobot) Group (Arbeitsgruppe für bewegliche Roboter) des Labors für Künstliche Intelligenz am MIT. Wenngleich Dschingis nicht die arbeitsaufwendigste Entwicklung des Mobot-Labors ist – genaugenommen wurde Dschingis in zwölf Wochen von einer Gruppe gebaut, die hauptsächlich aus Studenten bestand –, so hat er doch die Aufmerksamkeit so unterschiedlicher Stellen wie des Verteidigungsministeriums und einer Show im US-Fernsehen auf sich gezogen. Wichtiger als das, was er macht, ist das, was er verkörpert – einen subtilen, aber möglicherweise tödlichen Angriff auf die traditionelle Roboterforschung und die Künstliche Intelligenz zugunsten der Ideologie des Künstlichen Lebens. Der Schöpfer, oder wenn man so will der Drahtzieher, ist ein Exilaustralier, der überhaupt nicht bemerkt hatte, daß er die KL-Fahne hochhielt, bis die KL-Bewegung ihn überrollte.

Brooks, der im Jahre 1954 geboren wurde, wuchs in Adelaide auf und baute im Alter von zehn Jahren seinen ersten Computer, der aus Eiscremeverpackungen, Nägeln, Glühbirnen und Batterien zusammengesetzt war. Er finanzierte seine Versuche dadurch, daß er barfuß in die schlammigen Wassergräben eines Golfplatzes stieg, um die Bälle fehlgegangener Schläge zu suchen. Wie Danny Hillis benutzte auch er seine kunterbunte Materialsammlung, um einen Tic-Tac-Toe-Computer zu entwerfen.

Da es in jenem Teil der Welt keine Unterstützung für junge Hardware-Fanatiker gab, wandte er sich orthodoxeren Studien zu und begann an seiner Doktorarbeit in Mathematik an der Finders University in Südaustralien zu arbeiten. Diese unterbrach er augenblicklich, als er hörte, daß es in den Vereinigten Staaten Stipendien gab, mit denen er seinen langgehegten Kindheitstraum verwirklichen konnte, Computer zu bauen. Brooks sicherte sich eine Assistentenstelle in

Stanford und teilte dort seinen Arbeitsraum mit einem jungen Roboterwissenschaftler namens Hans Moravec.
Moravec baute gerade einen beweglichen Roboter. Dieser sollte sich quer durch sein Arbeitszimmer bewegen können, ohne dabei gegen Papierkörbe und Schreibtische zu stoßen. Zur Lösung dieses Problems verwendete Moravec in erster Linie Standardverfahren. Um den Weg erfolgreich zu absolvieren, brauchte die Maschine ein Silicium-»Gehirn« als Zentrum ihrer Wahrnehmung. In dessen Speicher sollte der Roboter eine Art Darstellung des Raumes speichern und dann seine Sensoren verwenden, um den Raum zu »sehen« und das Bild ständig mit dem Raumplan in seinem Gehirn zu vergleichen. Außerdem sollte er bestimmte Dinge »wissen«, beispielsweise welches sein Ziel ist, was ein Hindernis ist, und er sollte ein solches erkennen können, wenn er es sah. Ferner sollte er wissen, wie man sich um Hindernisse herumbewegt, und falls dieses unwahrscheinliche Ereignis je eintreffen sollte, wann seine Aufgabe beendet wäre.
Moravec war ein ungewöhnlich kluger Kopf und befaßte sich in aufopferungsvoller Weise mit seiner Arbeit, dafür war er in mancher Hinsicht auch ein wenig kauzig. So wohnte er beispielsweise in einem behelfsmäßigen Raum direkt unter dem Dach des KI-Gebäudes in Stanford. Sein Roboter gehörte zu den besten und intelligentesten, die die Welt je gesehen hatte, aber dennoch fragte Brooks sich immer wieder, ob es nicht einen noch besseren Weg gäbe, eine solche Kreatur herzustellen. »Sie saß da und rechnete fünfzehn Minuten lang, bewegte sich dann einen Meter und saß dann wieder da und rechnete fünfzehn Minuten lang«, erinnert sich Brooks mit unverhohlenem Vergnügen. »Mir erschien das zu lang. Ich wollte keinen langsamen Schnecken-Roboter, sondern wollte mit einem schnelleren beginnen. Ich wollte, daß der Roboter sich wirklich in der Welt bewegt, mit richtigen Menschen drum herum.«
Die Engstirnigkeit im gesamten KI-Lager war Brooks zuwider. Es gab einige Forscher, die beispielsweise mit Stolz auf ihre Roboter verwiesen, die in der Lage waren herauszufinden, welche Teile in einen Sandkasten zu legen waren. In Räumen mit einfarbig schwarzem Hintergrund getestet, also unter Umständen, die sämtliche Störungen und Schwierigkeiten der normalen Welt vermissen ließen, wurden diese Roboter förmlich verhätschelt. »Ich war diese Logikleute so leid,

die mit ihrer kleinen Bauklötzchenwelt im Sandkasten herumspielten und die Komplexität der richtigen Welt überhaupt nicht verstanden«, erinnert sich Brooks. »Ich glaube, ich war so sauer auf sie, daß ich sogar gesagt hätte, sie dürften eigentlich gar nicht existieren.«

Im Laufe der nächsten Jahre schärfte Brooks seinen eigenen Blick, während er seine Tätigkeiten im goldenen Dreieck amerikanischer Roboterlabors mehrfach wechselte – von Stanford zur Carnegie Mellon University, von dort zum MIT, wieder nach Stanford und im Jahre 1984 schließlich wieder zum MIT zurück. Als Assistenzprofessor am Labor für Künstliche Intelligenz ermutigte man ihn, mit ein paar interessierten Studenten und einigen Angestellten eine Gruppe für bewegliche Roboter ins Leben zu rufen, vorausgesetzt, er könnte sich die notwendigen finanziellen Mittel beschaffen und Studenten für die Sache interessieren. Mit dem für ihn typischen Elan nahm Brooks die Herausforderung an.

In der relativ starren Welt des KI-Establishments brachte ihm seine Respektlosigkeit sehr schnell den Ruf eines Punkers unter etablierten und geliebten Schnulzensängern ein. »Ich bin nie von Selbstzweifeln geplagt gewesen«, erklärt er. »Wenn ich an etwas gearbeitet habe, brachte ich es groß raus. Als ich Student war, habe ich ein großes, komplexes Software-System entworfen, etwas viel Kniffligeres als alles, was bisher an Bildverarbeitungssystemen programmiert worden war. Ich programmierte die erste LISP-Version für die Lucid Company, und ich bin heute noch so etwas wie ihr Compiler-Programmierer. Als ich zum ersten Mal als Forscher an das MIT kam, wurde ich beauftragt, Dinge praktisch umzusetzen, mit denen man sich seit Jahren theoretisch beschäftigt hatte. Ich baute sie also und brachte sie schnell zum Laufen.«

Als Brooks 1984 nach Cambridge zurückkehrte, spürte er einen gewissen Druck. Er hatte schließlich seit den Spielzeugmaschinen seiner Schulzeit keine Roboter mehr *gebaut.* Nun gehörte er zur KI-Elite – gegen deren Arbeitsweise er allerdings bald methodische Bedenken erhob.

Nach kurzer Zeit hatte er auch seine erste Angestellte. Es handelte sich um Anita Flynn, eine Ingenieurin und frühere Mitarbeiterin der United States Naval Academy. Sie hatte die bittere Erfahrung machen müssen, daß man sie wegen ihrer leichten Kurzsichtigkeit von einer

Ausbildung zur Pilotin ausschloß und auch als Copilotin in Kampfflugzeugen nicht zuließ, weil Frauen durch einen Kongreßbeschluß diese Tätigkeit verwehrt war. Daher hatte sie ein Ingenieurstudium absolviert, und in einem Forschungslabor der Marine war ihr Interesse an Robotern geweckt worden, besonders an der Art und Weise, wie diese Informationen von ihren Sensoren erhielten. Die Arbeit in der Roboterforschung hatte schon immer zu 90 Prozent aus Ingenieursarbeit bestanden – mehr Metallverarbeitung als Programmierung –, und das KI-Labor ließ sich selten zu derartigen Hardwareprojekten herab. Als Flynn hörte, daß Brooks Maschinenkonstrukteure suchte, ließ sie sich als wissenschaftliche Mitarbeiterin anheuern, aber auch als »Mädchen für alles«, welches die geheimnisvollen Teilchen und Kabel beschaffte, die notwendig sind, um einen beweglichen Roboter zu bauen. Bald nachdem Flynn gekommen war, stieß Jonathan Connell zu der Gruppe, ein vierundzwanzigjähriger Mann aus Connecticut, der gerade sein Grundstudium beendet hatte, und es wurden auch die Forschungsgelder in Höhe von 3000 Dollar bewilligt, die für die erste Kreation beantragt worden waren. Die Wissenschaftler beschlossen, ihre Kreation »Allen« zu nennen, zu Ehren des KI-Pioniers Allen Newell.

Einige Wochen, nachdem Brooks seine neue Stellung angetreten hatte, machte er eine Reise, die sich nicht nur für Allens Zukunft als schicksalhaft erweisen sollte, sondern auch für die Mobile-Computer-Group. Brooks hatte eine Thailänderin geheiratet, und er begleitete sie zu einem Besuch ihrer Verwandtschaft, die in einer Stadt in Südthailand lebte. Keiner dieser Verwandten sprach Englisch, und aus irgendeinem Grund warnten sie Brooks davor, die Stadt allein zu erkunden, weil es zu gefährlich sei. Sie bestanden sogar darauf, daß er das auf Pfählen am Flußufer errichtete Haus nicht verließ, und da er ihre Gefühle nicht verletzen wollte, blieb ihm nichts anderes übrig, als sich ihren Wünschen zu fügen. »Meine Frau war mit ihrer Verwandtschaft beschäftigt, so daß ich dort nur einen Monat herumsaß und nichts zu tun hatte«, sagt er. »Es war mir zuwider, aber es war eine gute Gelegenheit nachzudenken.«

Brooks dachte über Allen nach. Ihm war klar, daß Allen anders sein müßte als die momentan verfügbaren, lahmen Lieblinge der Roboterforscher. Diese waren nach Brooks' Ansicht durch das Festhalten am KI-Paradigma in ihren Entwicklungsmöglichkeiten eingeschränkt. Es besagte, daß die Roboter zunächst ihre Welt wahrnehmen mußten, um über sie nachdenken zu können. Sie versuchten also, ein kleines Modell einer Welt zu errichten, um dann Pläne zu machen, wie sie ihre Ziele in dieser Welt verwirklichen könnten. Erst nach diesen Überlegungen agierte der Roboter, indem er seine Erkenntnisse in Aktionen umsetzte. Brooks hingegen war der Ansicht, daß es nur zwei Schritte geben dürfte – Wahrnehmung und Aktion. Die Roboter sollten etwas wahrnehmen und dann darauf reagieren, also nicht erst über den Engpaß der Erkenntnis gehen.

Wie aber konnte das verwirklicht werden? Brooks verbrachte seine Tage schwitzend in dem Pfahlhaus am Fluß und dachte sich eine Reihe von Verhaltensweisen aus, die als Module angesehen werden konnten und eng mit dem simultanen Prozeß einer Gestaltung der Welt in Echtzeit verbunden waren. Je nachdem, was ihnen ihre Sensoren zu einem bestimmten Augenblick mitteilten, reagierten die Roboter wie eine riesige Finite state machine. Es wurden also Informationen über ihre Umgebung und über ihren momentanen Status in Abhängigkeit von bestimmten Regeln abgearbeitet, wobei die Regeln parallel abliefen und das Verhalten aus einer fortlaufenden Serie sich entwickelnder Handlungen *entstand*.

Benutzte man diese neue Idee, würde der Roboter auf die komplizierte Planung, Vermessung und Erkenntnis verzichten können, die das KI-Paradigma benötigte. Er besäße vielmehr Schichten von Verhaltensmodulen, die andere Verhaltensweisen verstärkten, wenn dies angebracht war. Ein Verhalten an der Spitze der Pyramide konnte beispielsweise »Erkundung«, der Level darunter »Gehen« sein. Außerdem gab es noch weitere Verhaltensweisen auf niedrigerem Level, die von der Aufnahme durch Sensoren an den Beinen bestimmt wurden. Anstatt an der Spitze zu beginnen und sich nach unten vorzuarbeiten, begannen die Aktivitäten dieser Maschine ganz unten. Die Verhaltensweisen im Keller der Hierarchie bestimmten also, wie der Roboter von einem Moment zum nächsten mit der Welt zurechtkam. Er konnte beispielsweise den Raum unmittelbar vor sich überprüfen, und wenn es kein Hindernis gab, begannen sich die Räder unter seinen Füßen zu drehen, und er bewegte sich nach vorn. Nachdem die Räder sich vollständig in Bewegung gesetzt hatten, prüfte er erneut, ob der Weg frei war. Das »Gehen« setzte sich so lange fort, bis die Maschine feststellte, daß etwas ihren Weg blockierte. An diesem Punkt schaltete sich eine weitere Verhaltensregel ein, die das »Gehen« unterdrückte und die Funktion »Hindernis umgehen« aktivierte, woraufhin die Räder veranlaßt wurden, eine Wendung zu vollführen oder sich rückwärts zu bewegen. Wenn es dem Roboter, nachdem er sich einige Zeit ohne Zwischenfall vorwärtsbewegt hatte, zu »langweilig« wurde, konnte er den Level »Erkundung« einschalten, um seine Richtung zu ändern und interessantere Erfahrungen zu sammeln.

Da in diesem Prozeß ständig eine Verhaltensweise von der vorherigen Kontrolle durch eine andere abhing, wobei die Benutzung der niedrigeren Level es dem Roboter erlaubte, sich in der Welt in Echtzeit zu bewegen, während die Benutzung der höheren Level es dem Roboter gestattete, höhere, vorgegebene Ziele zu verfolgen, nannte Brooks seinen Entwurf »subsumierende Architektur«.[3] Gleichzeitig begann auch er den Bottom-up-Begriff zu betonen, also den Slogan, der von Chris Langton favorisiert wurde.

Demgegenüber hatten die Roboter, die nach dem unglücklichen Paradigma der Künstlichen Intelligenz erbaut wurden, mit dem verflixten Engpaß der Erkenntnis zu kämpfen:

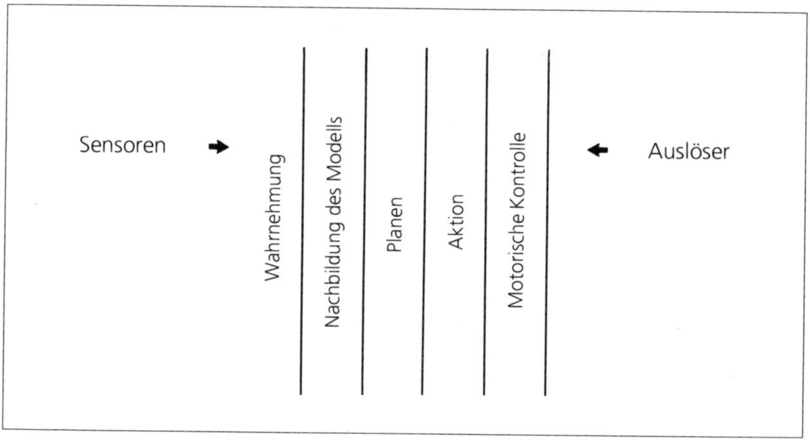

Die subsumierende Architektur umging den KI-Engpaß und basierte auf Verhaltensweisen, so daß komplexe Resultate erzielt wurden:

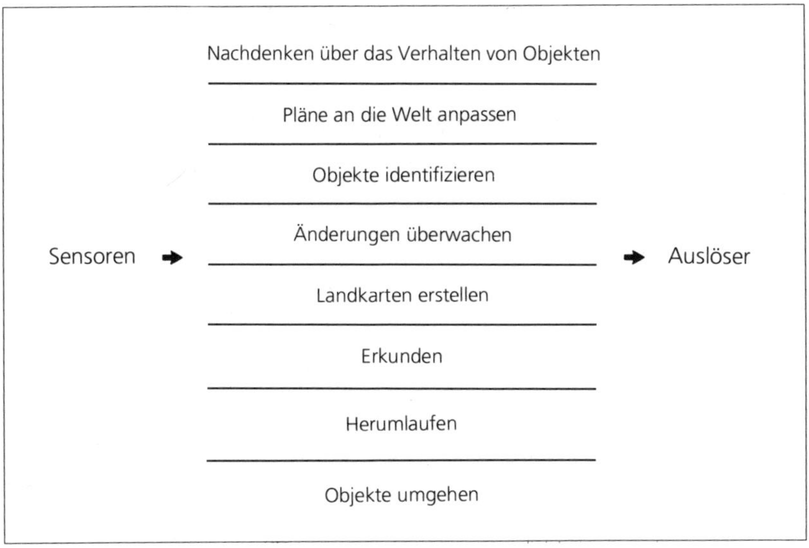

Brooks' Optimismus bei der Voraussage, daß seine Roboter auf diese Level kommen könnten, um damit alle vorhergehenden Anstrengungen zum Bau intelligenter Roboter zu überflügeln, beruhte auf der Voraussetzung, daß sie besser waren, um in ihrer Umwelt zu überleben. Brooks glaubte, seine Kreaturen mit derselben harten Realität zu konfrontieren, mit der auch Menschen und Tiere ständig zu tun hatten, sei der *einzig* mögliche Weg, über den sich Intelligenz in diesen künstlichen Konstruktionen entwickeln könnte. Es funktionierte ja auch in der natürlichen Welt, wo die Herausforderung, mit den Unwägbarkeiten des wirklichen Lebens zurechtzukommen, der Kraftstoff war, der die Motoren der Evolution antrieb. Brooks beurteilte die minimalisierten »Spielzeugwelten« und besonders die Computersimulationen äußerst geringschätzig; wirkliche Roboterforscher, fand er, sollten Roboter für die reale Welt bauen.

Innerhalb weniger Monate nach seiner Rückkehr aus Thailand hatte Brooks eine subsumierende Achitektur für Allen entworfen, einen mit Rädern ausgestatteten Roboter, der an R2-D2, den Darsteller aus dem Film *Star Wars* und dessen elektronisches Innenleben erinnerte. Ironischerweise gründete sich Allens anfänglicher Erfolg auf die Computersimulation seiner Architektur und nicht auf die Erfahrungen, die der Roboter gemacht hatte. Brooks' Publikation über diesen Roboter war, wie er später zugab, »eine Simulation und eine Art von Oh-wir-haben-übrigens-einen-richtigen-Roboter-der-nächsten-Monat-funktionieren-wird-Artikel«.

Mit der subsumierenden Architektur schafften Brooks und seine Leute es schließlich, Allen an Zimmerwänden entlanggehen und ihn Türen erkennen zu lassen, so daß er in gewissem Sinne seinen Wert für die richtige Welt bewies. Allerdings wurde Allen niemals vollkommen autonom, da er stets an die LISP-Maschine gebunden blieb, auf der seine Software lief. Aber die Erfahrungen, die bei der Arbeit mit Allen gemacht wurden, konnten, wie es in dieser Arbeitsgruppe üblich war, auf das nächste Projekt übertragen werden.

In Brooks' Labor gab es eine Vielfalt von angefangenen Projekten. Es war beinahe so, als wäre das Labor selbst nach dem Muster der subsumierenden Architektur organisiert. Manchmal wurden die Wissenschaftler von einer bisher verfolgten Verhaltensweise der Roboter abgelenkt, da eine andere, höher eingeschätzte Verhaltensweise plötzlich in den Vordergrund trat, oder es stand eine neue Hardware zur Verfügung, so daß ein bestimmtes Ziel einfacher erreicht werden konnte, wenn man einen Roboter von Anfang an neu entwickelte. Halbfertige Roboter wurde beiseite gelegt, einige für immer, andere so lange, bis ein Student beschloß, ein Projekt mit einem von ihnen zu verwirklichen. »Wir hatten eine lange Lernphase, bis wir herausfanden, wie man Roboter baut – es dauerte allein Jahre, bis wir unsere Angst vor der Hardware verloren hatten –, und wir haben uns eine ganze Weile in dieser Lernphase befunden«, erklärte Brooks, Jahre nachdem dieser Prozeß begonnen hatte. »Zeitweise war es so, als kämpften wir gegen die Grenzen der physischen Fähigkeiten eines Roboters. Er kann nichts mehr dazulernen, kann keine weiteren Erfahrungen machen, wieso soll man dann mit der Arbeit fortfahren?«

Der Glaube der Forscher des Mobot Lab an ihre Ziele wurde dadurch jedoch nicht erschüttert. Er begleitete den nimmermüden Elan von Brooks und seinen Mitarbeitern, der in einer Serie von Artikeln zum Ausdruck kam. Sie waren in ungewöhnlicher Prosa geschrieben, frei von der üblichen Fachsprache (nach dem Motto: Es ist besser, den Fehdehandschuh offen hinzuwerfen) und warteten mit absichtlich provokativen Titeln auf wie: *Elephants Don't Play Chess* (Elefanten spielen nicht Schach) oder *Battling Reality* (Kampf der Wirklichkeit) oder *Fast, Cheap, and Out of Control* (Schnell, billig und außer Kontrolle). (Diese Titel wurden später übrigens zu Mottos für das Labor und auf Buttons aufgedruckt.) Obwohl Brooks in der Praxis Pedanterie zugunsten von Pragmatismus vermied, bevorzugte er in seinen Vorträgen und Artikeln ganz bewußt eine überzogene Art der Darstellung. Das brachte ihm nicht nur mehr Aufmerksamkeit für seine Ideen ein, sondern motivierte außerdem auch seine Gruppe. In einem Abschnitt eines Artikels, den er »Dogma« überschrieb, stellte Brooks einige prononcierte Weisheiten seiner Philosophie vor. Seine Erklärung ist aufschlußreich: »Ich sage: ›Also gut, Leute, ihr hängt einem Dogma an, bestimmten irrationalen Vorstellungen, wenn ihr auch nicht bereit seid, das zuzugeben. Also gut, hier sind *meine,* wenn Ihr so wollt, alternativen Vorstellungen – etwas, das *funktioniert.*‹«

Ein integraler Bestandteil des Mobot-Lab-Dogmas war die Idee, Roboter mit biologischer Substanz zu füllen. Während der Konstruktionszeit Allens stieß Brooks auf einen Artikel im Magazin der Fluggesellschaft TWA, in dem von einem Professor der Universität Pittsburg berichtet wurde, der mit Tauben arbeitete. Brooks beschaffte sich die Veröffentlichungen des Wissenschaftlers und entdeckte Ähnlichkeiten zwischen dem, was Tauben machten, und den zu erwartenden Verhaltensweisen derjenigen Roboter, die die subsumierende Architektur benutzten. Das bestätigte Brooks in seiner Auffassung, daß seine Theorie nicht nur für moderne Roboter eine Rolle spielte, sondern daß es sich, da sie auch in unseren evolutionären Vorläufern wiederzufinden war, hierbei um den Weg handelte, den auch die Natur eingeschlagen hatte.

»Sie ist inspirierend«, sagt er, wenn er über die Verwandtschaft der Biologie zu seiner Arbeit spricht. »Sie gibt uns die Zuversicht, daß einige unserer Konstruktionen nicht völlig verrückt sind, da sich auch andere Systeme, die augenscheinlich viele der Fähigkeiten mit unserem System gemein haben, erfolgreich in der Welt behaupten.«

Brooks fand heraus, daß eine bestimmte Tiergruppe sich besonders gut als Modell für Roboter eignete, nämlich Insekten. Während Forscher von der UCLA versuchten, digitale Insekten zu schaffen, und Forscher in Brüssel Insekten mit Zellularautomaten simulierten, begann Brooks mechanische Insekten zu *bauen.* Er erläuterte diese Leidenschaft in einem Artikel aus dem Jahre 1986, der den Titel »AI

Through Building Robots« (KI durch Konstruktion von Robotern) trug:

> Insekten werden normalerweise nicht für intelligent gehalten. Dennoch ... leben sie in einer dynamischen Welt, führen zahlreiche, komplexe Aufgaben durch, wie Jagen, Fressen, Paaren, Nestbau und Aufzucht der Jungen. Es mag Regen und Stürme geben, Feinde können auftauchen, und zuweilen können Futterquellen knapp werden, alles Dinge, die die Überlebenschancen der Insekten beeinträchtigen können. Statistisch gesehen, sind die Insekten jedoch erfolgreich. Kein von Menschen geschaffenes System ist auch nur annähernd so zuverlässig.[4]

Anstatt Genies zu konstruieren, die nicht einmal in der Lage waren, einen Raum zu durchqueren, wollte Brooks Idioten bauen, die über ein gepflügtes Feld flitzen konnten wie Wasserläufer über eine Pfütze. Anstatt die Vehikel mit der Rechenleistung einer Verknüpfungsmaschine auszustatten, um das, was sie sahen, von einer Videokamera auswerten zu lassen, standen seinen Robotern allein die knappen Informationen billiger Sensoren zur Verfügung, die ihnen mitteilten, wenn sie irgendwo angestoßen waren. Durch kluge menschliche Planung sollten diese Minimalisten unter den Robotern ihre kopflastigen Vettern sehr bald in ihren Anwendungsmöglichkeiten überflügeln. Insektenartige Roboter »haben das Potential, unser tägliches Leben in ähnlicher Weise zu verändern wie die Mikroprozessoren«, schrieb Brooks in einem seiner Manifeste.

Als Beispiel schilderte er einen staubsaugenden Roboter. Viele Leute glauben, dies sei die ideale Nutzung eines Roboters, wobei sie sich ein mit Rädern ausgestattetes metallenes Objekt vorstellen, das einem menschlichen Wesen ähnelt und vielleicht sogar noch eine Dienstmädchenuniform trägt, während es einen herkömmlichen Staubsauger bedient. Brooks' staubsammelnder Roboter sah statt dessen wie ein normaler Staubsauger aus, wenn auch wie ein ziemlich großer. Diese Maschine streifte in regelmäßigen Abständen durchs Haus, saugte den Teppich und vermied es, gegen Möbelstücke zu stoßen. Eine ihrer Schwächen war allerdings die Unfähigkeit, in Ecken und an andere schlecht zugängliche Stellen zu kommen, so daß Brooks sie um winzige, nur wenige Zentimeter große, sechseckige Roboter ergänzte. Diese mit Solarenergie angetriebenen »Insekten«-Roboter krochen in die Ecken, sammelten dort den Staub auf und ließen ihn in ihrem Bauch verschwinden. Wenn der große staubsaugende Roboter erschien, wurde ein Sensor des Insekts angeregt, woraufhin, mit Brooks' eigenen Worten ausgedrückt, folgendes passierte: »Wenn es [das Geräusch] hört, kommt es in die Mitte des Raumes gelaufen und lädt seinen Inhalt auf dem Boden aus.«[5]

Brooks beendete seine Spekulationen mit einem typischen Schnörkel: »So«, faßte er zusammen, »sieht die Zukunft aus.«

Während Brooks mit seinen insektenartigen Robotern die herrschende Lehrmeinung Lügen strafte, beschritt er den nur schlecht gangbaren Weg, den sich die Kybernetiker einst gebahnt hatten. Diese frühen Roboterforscher hatten elektronische Wesen entworfen, die wie biologische funktionieren sollten. Das berühmteste Experiment dieser Art wurde 1950 von W. Grey Walter, einem britischen Biologen, durchgeführt, der durch sein Werk *The Living Brain* bekannt wurde, ein Buch, das Brooks schon als Kind in Südaustralien gefesselt hatte. Walter baute etwas, das er »Imitationen des Lebens« nannte. Dabei handelte es sich um Elmer und Elsie, die auch unter dem pseudowissenschaftlichen Namen *Machina speculatrix* geführt wurden, »da sie«, wie Walter schrieb, »ganz besonders das neugierige, spekulative Verhalten zeigten, das so typisch für die meisten Tiere ist«. Walter stattete Elmer und Elsie mit Radioröhren, Motoren, jeweils zwei Batterien (eine normale 6-Volt-Batterie und eine, wie sie für Hörgeräte benutzt wird) sowie mit Sensoren aus, mit denen sie Licht erkennen und auf Berührung reagieren konnten. Da die elektronischen Innereien dieser Tierimitationen unter einem schalenartigen Gehäuse verborgen waren, auf dem sich ein hervorstehender Sensor befand, erinnerten die Kreaturen an Schildkröten.

Elmer und Elsie verfügten allerdings jeweils nur über diese beiden Sensoren. Dennoch führte, wie Walter behauptete, »die ungewöhnliche Fülle, die von dieser besonderen Art von Permutation zur Verfügung gestellt wird, direkt zu gewissen Aspekten tierischen – und menschlichen – Verhaltens, das zu zeigen *M. speculatrix* konstruiert wurde: Unbestimmtheit, Zufälligkeit, freier Wille oder Unabhängigkeit, Dinge, die auffallenderweise bei anderen, ansonsten gut konstruierten Maschinen nicht vorhanden sind«.[6] Elmers Photozelle war mit seinem Lenkmechanismus verbunden, und seine logischen Schaltkreise waren so verknüpft, daß er bestimmte Helligkeitsstufen erkennen konnte. Wenn die künstliche Schildkröte in einen dunklen Raum gebracht wurde, suchte sie jede Ecke und jeden Winkel nach Licht ab. Wenn sie vom Strahl einer Taschenlampe angeleuchtet wurde, beschleunigte der Motor, und Elmer bewegte sich in Richtung Lichtquelle. Wenn Elmer jedoch näher kam und der Lichtstrahl zu intensiv wurde, zog er sich zurück. Wenn eine zweite Lichtquelle im Raum angebracht wurde, hastete Elmer zwischen beiden hin und her.

Dieses Verhalten erinnerte Grey Walter an das Beispiel von Buridans Esel, »von dem die Philosophen sagen, daß er zwischen zwei Heubündeln verhungern müßte, wenn er nicht einen transzendenten, freien Willen besäße«. Während Elmers Batterien sich leerten, löste er tatsächlich dieses schwierige Problem. Die schwächer werdenden Sensoren erlaubten es ihm, sich der 20-Watt-Lampe über seinem »Stall« zu nähern, wo »Nahrung« in Form eines Batterieladegerätes zur Verfügung stand. Sobald die Batterien wieder aufgeladen waren, ließ das Licht Elmer erneut hin- und herhasten, was sicher sehr »schmerzhaft« war.

Als nächstes brachte Walter eine Kontrolleuchte auf Elmers Rücken an, die immer dann aufleuchtete, wenn sein Motor ansprang oder ausging. Elmer stürzte sich auf einen Spiegel, der in dem Raum hing, und es folgte ein unterhaltsames Lichtspiel. Jedesmal, wenn der Motor sich abstellte, ging die Kontrolleuchte an, und Elmer, der erneut einer Lichtquelle ausgesetzt war, ließ den Motor wieder anspringen. »Das Modell fuhr und wackelte, auf die Reflexionen reagierend, in einer Weise herum, die so typisch ist, daß ein Biologe, handelte es sich um ein Tier, diesem die Fähigkeit zur Selbsterkennung zugesprochen hätte«, schrieb Walter.

Dann brachte der Wissenschaftler Elmer und seine Zwillingsschwester Elsie zusammen in einen Raum. Da beide Kontrolleuchten auf ihrem Rücken hatten, vollführten sie einen Tanz, bei dem Anziehung und Abstoßung die treibenden Kräfte waren. Wenn beide versuchten, ihre Batterien in demselben Stall aufzuladen, so hatte normalerweise die stärkere Schildkröte noch Kraft genug, diejenige wegzudrängen, deren Ladung geringer war. Dadurch erhielt die Kreatur, die eigentlich am dringendsten darauf angewiesen war, keine Energie mehr und gab aus Erschöpfung bald den Geist auf.

Walter war zuversichtlich, daß andere Wissenschaftler bald Leben mit komplexeren Kreaturen ähnlicher Machart imitieren würden. Er sagte sogar voraus, daß in naher Zukunft Imitationen des Lebens sich selbst reparieren und fortpflanzen würden. Als jedoch die klassische KI ihr »top-down«-Dogma in der experimentellen Roboterforschung durchsetzte und von ihren Kreationen ein menschenähnliches Verständnis forderte, wurde das flexible, tierähnliche Verhalten von Elmer und Elsie in den Bereich der Kuriositäten verwiesen.

Vergessen wurde es allerdings nicht. Über dreißig Jahre später veröffentlichte ein deutscher Neuroanatom, der der Kybernetik treu geblieben war, ein schmales, aber gewichtiges Buch mit dem Titel *Künstliche Wesen*[7], in dem er die Idee, daß komplexes Verhalten aus einfachen Komponenten entsteht, vorstellte. Der Autor hieß Valentin Braitenberg. In diesem Buch entwarf er gewissenhaft eine Reihe imaginärer, mit Sensoren und Motoren ausgestatteter Räderkarren und forderte seine Leser auf, die Quelle des Verhaltens der Fahrzeuge zu ergründen. Wie schon Elmer und Elsie schienen Braitenbergs Wesen durch Bedürfnisse und Emotionen motiviert zu sein.

Klugerweise vermied Braitenberg es, eine Definition des Lebens zu geben. Das primitivste seiner Wesen war mit nur einem Sensor und einem Motor ausgestattet, die so miteinander verknüpft waren, daß es sich analog zur Stärke des Signals bewegte, das den Sensor erreichte. Wenn der Sensor beispielsweise negativ auf Hitze reagierte und das Wesen in einen Teich gesetzt wurde, konnte man, einer ersten Regung folgend, anthropomorphe Spekulationen bezüglich seines bemerkenswert komplexen Verhaltens anstellen:

> Sie würden sagen, es ist ruhelos und mag kein warmes Wasser. Es ist aber ziemlich dumm, denn es kann nicht zu der schönen, kalten Stelle zurückkehren, wenn es in seiner Unruhe darüber hinausgeschossen ist. Aber auf jeden Fall würden Sie sagen, es *lebt,* da Sie noch nie ein Stück toter Materie gesehen haben, das sich auf solche Weise umherbewegt.[8]

Weitere Wesen, die zusätzliche Sensoren und Motoren besaßen, zeigten emotionsähnliche Verhaltensweisen, die von Feigheit (Meiden von Objekten) bis hin zu Liebe (Annähern an Objekte) reichten. Das Verhalten verschiedener Wesen verführte Beobachter dazu, sie als Entdecker, soziale Wesen, wenn nicht sogar als Philosophen einzuschätzen. Braitenberg vertrat, wie auch schon Walter, den Standpunkt, daß einige seiner Wesen einen freien Willen zeigten.

Denjenigen, die einwandten, ein freier Wille setze eine bewußte Entscheidungsfindung voraus, trat er mit der provokativen Äußerung entgegen, ein freier Wille existiere möglicherweise nur in den Augen des Beobachters. »Das Interessante an den Spielautos oder ›Vehikeln‹ entsteht erst, wenn wir sie mit denselben Augen betrachten, mit denen wir einen Stall lebendiger Tiere betrachten würden: Wenn wir sie sozusagen als Wesen begreifen«, schrieb er. »Und doch wissen wir von vornherein, daß nichts in diesen künstlichen Wesen steckt, was wir nicht selbst in sie eingebaut haben.«[9] Das war natürlich eine Übertreibung, denn schließlich gibt es auch bei komplexen Zellularautomaten »nichts«, was nicht durch Regeln bestimmt wird, und auch bei einem Menschen nichts, was nicht schon im Embryo angelegt wäre, und wahrscheinlich gibt es auch nichts im gesamten Spektrum des natürlichen Lebens, das sich nicht aus einem gemeinsamen einzelligen Urahnen entwickelt hat. (Braitenberg bestand darauf, daß das auch für seine künstlichen Wesen gelte – Fehler in der Verkabelung, die ein unerwartet kluges Verhalten hervorriefen, entsprachen dabei vorteilhaften Mutationen). Damit niemand seine Ansichten mißverstehen konnte, diskutierte Braitenberg im zweiten Teil seines Buches Phänomene der Natur, die den Mechanismen seiner künstlichen Wesen entsprachen. Eine Frage blieb allerdings scheinbar unbeantwortet: Wie können wir eigentlich so sicher sein, daß sich das Verhalten dieser durchschaubar verkabelten Maschinen qualitativ von den Verhaltensweisen der Natur unterscheidet? In gewissem Sinne schlug Braitenberg also einen Turing-Test für das Leben vor. Wenn sich etwas lebendig verhält, argumentierte er, müssen wir ihm wohl auch zugestehen, daß es lebt.

Braitenbergs Arbeiten stellten ein Schatzkästchen für Roboterforscher dar, die von der Bottom-up-Theorie überzeugt waren. Das Media Lab am MIT war ein außerordentlich fruchtbarer Boden für diese Ideen. Marvin Minsky, der vom KI-Labor in diese High-Tech-Forschungsgruppe gewechselt war, begeisterte seine Anhänger mit dem Buch *Society of Mind,* in dem er behauptete, daß die Natur Intelligenz und Verhalten dezentralisiert habe. Eine Gruppe des Media Lab verwendete diese Konzepte, um bunte Vehikel aus LEGO-Spielsteinen mit Motoren, Rädern, Sensoren und integrierten Schaltkreisen auszustatten, so daß sie das Verhalten von digitalen »Schildkröten« mit der lernorientierten Programmiersprache Logo beleben konnten. Der Informatiker Mitchel Resnick und seine Kollegen vom MIT modifizierten dieses »LEGO/Logo«-System insofern, als sie die Kreaturen mit programmierbaren Bausteinen ausstatteten, die sie »elektronische Bausteine« nannten, programmierbare Schaltkreisbausteine, die den Vorteil hatten, daß die Kreaturen nicht mehr mit einem Computer verkabelt werden mußten. Nachdem sie so »braitenbergisiert« worden waren, konnte man sie weniger als Maschinen denn als Kreaturen betrachten. Wie Resnick erklärt, »gibt es noch ein großes Potential für die Benutzung von LEGO/Logo als Konstruktionsgrundlage künstlicher Kreaturen.... Wenn man Sensoren benutzt, kann eine LEGO/Logo-Kreatur die Welt um sich herum wahrnehmen und in Abhängigkeit von dem, was sie fühlt, ihr Verhalten ändern – LEGO/Logo-Kreaturen *agieren* nicht nur in dieser Welt, sondern sie *interagieren* mit der Welt.«[10]

Diese Idee wurde unabhängig vom Media Lab auch von einer Roboterforschungsgruppe der Universität von Edinburgh entwickelt, die ihre eigenen, durch Braitenberg inspirierten LEGO-Roboter baute. Das interessante, aber auch verwirrend komplexe Verhalten ihrer Plastikviecher veranlaßte die schottischen Wissenschaftler, das, was Braitenberg das »Gesetz von der leichten Synthese und der mühsamen Analyse« genannt hatte, anzuerkennen, aber seine Gültigkeit für ihre Vehikel auch zu beklagen. Das Gesetz besagte, daß die Konstruktion von Maschinen, die sich wie Tiere verhielten, leicht sei; herauszufinden, *warum* solch ein interessantes Verhalten auftrat, war die eigentliche Herausforderung. Höchstwahrscheinlich handelte es sich hier um den heiligen Gral der Komplexität.

Die Erleuchtung kam Mitchel Resnick auf einem LEGO/Logo-Workshop für Kinder, bei dem es um die Konstruktion von Kreaturen ging. Eine Aufgabe bestand darin, ein Programm zu schreiben, das eine Kreatur in die Lage versetzte, an einer Linie auf dem Boden entlangzufahren. »Wir schrieben das Programm, und die Kreatur folgte dieser Linie«, erinnert sich Resnick. »Und ganz plötzlich fiel mir auf, daß ich keine Ahnung hatte, was passieren würde, wenn sie das Ende der Linie erreichte. Wir hatten das Programm zwar geschrieben, aber diese Sache nicht berücksichtigt. Ich hatte keine Zeit, darüber nachzudenken, was sie tun würde, also beobachtete ich sie einfach. Als sie an das Ende der Linie kam, drehte sie sich herum und begann die Linie in umgekehrter Richtung entlangzufahren! Wenn wir tatsächlich so etwas für sie *eingeplant* hätten, wäre das genau das Richtige gewesen.«

Kinder, führt Resnick aus, betrachteten die Kreaturen auf drei Ebenen: »auf einer *mechanistischen,* auf der untersucht wird, wie ein LEGO-Teil ein anderes bewegt, ... auf einer Informationsebene, auf der versucht wird herauszufinden, wie die Information von einem elektronischen Baustein zum nächsten fließt ... [und] auf einer *psychologischen* Ebene, auf der der Kreatur etwas wie Absicht oder Persönlichkeit zugeschrieben wird«.[11] Während die meisten Lehrer, die naturwissenschaftliche Fächer unterrichten, nichts Eiligeres zu tun hätten, als eine solch ketzerische Durchmischung zu korrigieren, betrachtete Resnick sie nicht als abwegig. »Komplexe Systeme können auf verschiedenen Ebenen sinnvoll beschrieben werden – das ist eine Haupterkenntnis, die uns Künstliches Leben lehrt«, schrieb er.

Es überrascht nicht, daß der Stern Grey Walters und Valentin Braitenbergs im neunten Stockwerk des Technology Square hell leuchtete. Im Jahre 1987 baute Jonathan Connell, der Schüler Rodney Brooks', zwei kleine Roboter, die wirkliche künstliche Wesen waren. Anstatt die Elektronik und die Software auf der großen vorgefertigten Platine von Allen zu installieren, begann Connell mit zwei ferngesteuerten Spielzeugautos, die den Fahrzeugen in der Fernsehserie »Knight Rider« nachgebildet waren. Er entfernte die Spielzeugfernsteuerung und ersetzte sie durch einen Mikroprozessor, der den Code für die subsumierende Architektur enthielt. Die Fahrzeuge wurden mit Infrarotsystemen ausgestattet, so daß sie sowohl Hindernisse als auch sich selbst gegenseitig »erkennen« konnten. Innerhalb weniger Sekunden nach dem Anschalten begann ein solcher Roboter, sich zu bewegen und den Raum zu »erforschen«, bis er mit einem anderen Objekt zusammenzustoßen drohte. An diesem Punkt nahmen die Sensoren die Anwe-

senheit des Objektes wahr, und die Räder begannen sich plötzlich rückwärts zu drehen. (Die Autos hatten keine Bremsen.)
Später wurde der Erkundungsmodus verfeinert. Mit jedem Ticken einer eingebauten Uhr bewegte sich der Roboter nach rechts, wodurch der Beginn einer kreisförmigen Bewegung eingeleitet wurde. In einem freien Raum und wenn sich kein Eindringling in der Nähe befand, drehte der Roboter unentwegt seine Runden, als markiere er ein Revier. Wurde der zweite Roboter im gleichen Raum eingesetzt, bestand die Gefahr, daß seine Bahn die Grenzen dieses Reviers überschritt. In einem solchen Fall konnten zwei Dinge passieren: Entweder bemerkte der Eindringling den Revierinhaber und drehte ab, bevor er die unsichtbare Linie überquert hatte, oder der kreisende Roboter bemerkte den Eindringling, und dadurch wurde ein Ausweichverhalten ausgelöst. Sobald der Roboter wieder zum Erkundungsverhalten zurückkehrte, markierte er ein neues Revier.
Connell baute dem Roboter noch ein anderes Verhalten ein, das er »dem Leittier folgen« nannte. Die Uhr des Roboters registrierte nun die Dauer der Präsenz eines Hindernisses. Bemerkte es die ständige Präsenz von Hindernissen, legte der Roboter ein normales Feindvermeidungsverhalten an den Tag. Wenn er sich allerdings in einem ansonsten freien Raum befand, war sein erster Impuls der, sich auf ein Objekt zu stürzen. Connell schrieb:

> Letzteres Verhalten erlaubt unseren Robotern, wirklich miteinander in Beziehung zu treten. Während sich zuvor zwei Roboter einfach aus dem Weg gegangen sind, kann es nun zu echten Interaktionen kommen, falls ein Eindringling ein vorher markiertes Revier verletzt. Wenn ein kreisender Roboter die Rückseite eines Roboters sieht, der sich beispielsweise im Erkundungsmodus befindet, schließt er sich an und folgt dem Streuner. Wenn sich die beiden dagegen von Angesicht zu Angesicht gegenüberstehen, greift der Revierinhaber den Eindringling an, indem er direkt auf ihn zufährt. Befindet sich der Eindringling jedoch noch im »Erkundungsmodus«, flüchtet er und verläßt das Revier des anderen Roboters. Wenn der Eindring auch schon ein Revier abgesteckt hat, das sich mit dem des ersten Roboters überschneidet, kommt es zwischen den beiden Robotern zur Konfrontation. Die

beiden Roboter stehen Nase an Nase und starren sich an, bis einer von ihnen das Revier aufgibt, indem er den »Folge«-Modus ausschaltet.[12]

Ganz offensichtlich hatte dieses Intermezzo derart komische Aspekte, daß die Roboterforscher inspiriert wurden, die Fahrzeuge nach den Figuren aus dem Hund-und-Katze-Cartoon Tom und Jerry zu benennen. (Die Namen hatten aber doch eine zusätzliche Bedeutung: Gemäß der Tradition, Roboter nach Pionieren der Informatik zu benennen, dachte man bei der Namenswahl auch an die beiden legendären MIT-Programmierer Tom Knight und Gerry Sussman.)

Das Verhalten von Tom und Jerry forderte anthropomorphe Deutungen geradezu heraus. Einige der von Connell beschriebenen nicht programmierten, sondern sich entwickelnden Reaktionen schienen so außerordentlich überlegt, oder zumindest hinreichend wirklichkeitsnah, daß Beobachter glaubten, Antrieb und Emotionen bei diesen einfachen Robotern erkennen zu können. Konnte es sein, daß diese Kräfte und nicht die anderen, eher strengen Qualitäten, die wir normalerweise mit Leben in Verbindung bringen, zu unserer Einschätzung führten, tierisches Verhalten solcher Art sei als »lebendiges« zu betrachten?

Brooks zog es vor, diese Frage nicht zu erörtern. »Ich mag Definitionen nicht, denn jedesmal, wenn man eine Definition hat, interpretiert jemand sie falsch«, sagt er heute. »Ich bevorzuge Dinge, die für sich selbst sprechen, Dinge, die sich draußen in der Welt entwickeln und uns jetzt umgeben. Wenn man darüber streiten will, ob es intelligent ist oder nicht oder ob es lebt oder nicht, meinetwegen. Aber ich bin schon zufrieden, wenn es real existiert, 24 Stunden am Tag, 365 Tage im Jahr, und Dinge tut, die schwer auszuführen sind und die dann auch noch gut gemacht werden. Wen interessiert es da schon, wie es genannt wird, oder?«

Nach Brooks' Überzeugung gäbe es augenscheinlich keine Hindernisse für die Entwicklung von Robotern, die eine menschenähnliche Intelligenz besitzen, wenn die Forscher das subsumierende Architekturmodell verwendeten. Vielleicht führte die Entwicklung sogar noch darüber hinaus. Wenn man nachfragt, ob er das tatsächlich glaubt, antwortet Brooks ohne Zögern: »Auf jeden Fall! Es wird Verbesse-

rungen geben, es wird Neuerungen geben, aber ich sehe kein echtes Hindernis. Ich kann kein Hindernis entdecken.«
Auf jeden Fall?
»Ja«, wiederholt er, »auf jeden Fall.«

Fragen dieser Art wurden auch ernsthaft von Leuten einer bestimmten biologischen Teildisziplin in ihre Überlegungen einbezogen, von Forschern, die bereit, wenn nicht sogar versessen darauf waren, die Frage nach den Möglichkeiten des Künstlichen Lebens angemessen zu berücksichtigen. Es handelte sich um Ethologen, also Wissenschaftler, die tierisches Verhalten untersuchen.
Ihr Interesse erklärt sich aus der jüngeren Geschichte dieses Gebiets. Aufgrund der Pionierarbeiten von Konrad Lorenz über die Aggression hatte die Ethologie nach dem Zweiten Weltkrieg viel Aufmerksamkeit und finanzielle Unterstützung erfahren. Diejenigen, die dadurch auf eine Heilung bestimmter menschlicher Schwächen gehofft hatten, sahen sich zwar enttäuscht, doch die Ethologie hatte eindeutig zum besseren Verständnis des Tierreichs beigetragen. So gelten die Arbeiten des Nobelpreisträgers Niko Tinbergen beispielsweise als Meilensteine in der Erforschung tierischen Verhaltens. Während Tinbergen die Verhaltensweisen eines kleinen Fisches, des Dreistacheligen Stichlings, untersuchte, postulierte er eine hierarchische Struktur, die auf sogenannten Auslösern beruhte, mit deren Hilfe man voraussagen konnte, was der Fisch in einem bestimmten folgenden Moment tun würde.
KL-Forscher wurden durch dieses Denkmodell an Finite state machines erinnert, also an etwas, das als Software leicht nachzubilden war. Das Konzept Tinbergens und seiner Nachfolger war den Computersystemen so ähnlich, daß einige Verhaltensforscher zwangsläufig Computer als Modelle benutzten. Aber weder ihre Erfolge auf diesem Gebiet noch die wichtigen Arbeiten, die von Neuroethologen zur Lokalisierung der für einzelne Handlungen verantwortlichen Teile des Nervensystems vorgelegt wurden, trugen viel dazu bei, den allmählichen, aber unaufhaltsamen Popularitätsverlust der Ethologie unter Wissenschaftlern aufzuhalten. Die Schwerpunkte der Naturwissenschaften lagen in der Molekularbiologie und Evolutionsforschung, also auf Gebieten, die häufig mit beachtlichen Resultaten aufwarten

konnten und in denen die Geheimnisse des Lebens verborgen zu sein schienen. Im Vergleich dazu ging es bei der Verhaltensforschung eher altmodisch zu. Sie war irgendwie zu ... hausbacken.

Eine internationale Konferenz über angepaßtes Verhalten, der allerdings nur ein mäßiger Erfolg beschieden war, brachte im Herbst 1990 in Paris Informatiker, Roboterforscher und Ethologen zusammen in der Hoffnung, dadurch zweierlei Arten der Kooperation zu fördern: Einmal konnten die Informatiker eventuell Beispiele aus der normalen Feldforschungsarbeit der Ethologen, oder auch deren Modelle, aufgreifen und sie in ihre Simulationen und ihre Roboter einbauen, ein Prozeß, der bereits begonnen hatte. Die zweite Art der Kooperation, die allerdings sehr ungewöhnlich war, sollte darin bestehen, daß Ethologen sich an der Analyse des Verhaltens künstlicher Wesen beteiligten, wobei sie die künstlichen Konstruktionen betrachteten, als seien sie Tiere.

Die Ethologen waren vorsichtig und überraschend entgegenkommend zugleich. In ihren Vorträgen gab es Vorbehalte, aber auch Einladungen zur Zusammenarbeit mit Informatikern. Man dachte etwa an die Verknüpfung von Feldforschungsuntersuchungen an Singvögeln und an autonomen Robotern. Oft wandten sie sich auch direkt an Rodney Brooks. Wenn sie um Erklärungen gebeten wurden, warum sie bereit waren, ihre Aufmerksamkeit einem solch unorthodoxen Gebiet zuzuwenden, so führten sie überzeugende Argumente an, deren Tenor war, daß die Ethologie sich mit der Untersuchung von Verhalten befassen und sich nicht in endlosen und kleinlichen Diskussionen darüber ergehen sollte, was lebendig sei und was nicht.

»Es gibt ein Spektrum lebendiger und nichtlebendiger Dinge«, sagte David McFarland, ein Professor aus Oxford, der einige grundlegende Artikel auf dem Gebiet der Verhaltensforschung verfaßt hat. »Und meiner Ansicht nach sind die Vorschriften und Prinzipien der Verhaltenskontrolle im gesamten Spektrum gleich. Ich würde nicht sagen, daß sie dieselben sind, aber sie haben das gleiche theoretische Grundgerüst.« McFarland kümmerte sich nicht um diejenigen, die argumentierten, das Verhalten von Robotern sei in gewisser Weise weniger »echt« als das Verhalten natürlicher Lebewesen. »Diejenigen, die diese Ansicht äußern, vertreten normalerweise einen anthropomorphen Standpunkt, den ich nicht teile, denn er ist nicht objektiv. Wenn

man behauptet, ein Tier könne Entscheidungen treffen und ein Roboter nicht, dann ist das praktisch eine Glaubensfrage.«
Die Ethologen waren dennoch besorgt, daß die KL-Forscher nicht ausreichend kritisch bei der Auswahl dessen waren, was sie von der Verhaltensforschung in ihre Simulationen und Kreationen übernahmen. So war McFarland beispielsweise darüber entgeistert, daß viele Roboterforscher Tinbergens Hierarchiemodell als der Weisheit letzten Schluß für tierisches Verhalten ansahen. »Ethologen haben die hierarchische Denkweise schon lange verworfen«, sagt er.
In gewissem Sinne waren McFarlands Einwände aber irrelevant. Wenngleich die meisten KL-Experten mit einer klaren Vorstellung davon begannen, auf welche Art von KL sie aufbauen wollten – auf schwachem KL, das die Mechanismen der natürlichen Biologie simuliert, oder auf starkem KL, dessen Zielrichtung die Erschaffung lebender Wesen ist –, waren die Experimente, die am MIT als »rechnergestützte Ethologie«[13] bekannt wurden, nicht so klar umrissen. Soweit es die Roboterforscher betraf, war ihre Art von KL eindeutig stark: Wenngleich sie sich freudig der atemberaubenden biologischen Konstruktionsleistungen bedienten, legten sie keinen Wert auf biologische Genauigkeit für ihre Kreaturen. »Es besteht eine gewisse Uneinigkeit«, gibt Pattie Maes, eine Roboterforscherin vom MIT, zu, die sowohl an schwachem als auch an starkem Künstlichen Leben interessiert ist. »Sollen wir uns als Ingenieure betätigen und brauchbare Systeme entwickeln, oder sollen wir das Verhalten biologischer Objekte untersuchen?«
In der Regel kristallisierte sich ersteres heraus. Zum einen waren Tiere oft, wie Maes es ausdrückte, »suboptimal«, machten also Dinge, die zwar für sie selbst sinnvoll waren, die aber nicht als effizientes Roboterverhalten gelten konnten. Zum anderen waren die Stellen, die über die Forschungsgelder entschieden, eher bereit, Roboterprojekte zu unterstützen, die meßbare Arbeit leisteten, als Projekte, die rigoros der natürlichen Methodologie folgten. Am MIT wurden sowohl eine Reihe von Computersimulationen als auch Roboterexperimente mit ethologischem Ansatz durchgeführt. Informatiker, die über den kopflastigen Ansatz der KI frustriert waren, der voraussetzte, daß die Kreaturen ein Modell der gesamten Welt in ihren Siliciumköpfen trugen, fühlten sich von der Ethologie stark angezogen. Der ethologi-

sche Ansatz stellte einen »Situationsbezug« her, er war ein Bottom-up-Ansatz, der den Lebewesen eher die Wirkungsweise einer Finite state machine zuschrieb. Die Bücherregale in den Räumen, die von den Forschern und Studenten der Mobot und des Media Lab benutzt wurden, enthielten selbstverständlich Goulds Lehrbuch über Ethologie und McFarlands *Oxford Companion to Animal Behaviour* (Der Oxford-Ratgeber der Verhaltensforschung).

Michael Travers, ein Student des Media Lab, verwendete die Verhaltensforschung als Grundlage für einen »Tierkonstruktionsbaukasten«, den er »Agar« nannte.[14] (Mikrobiologen benutzen eine als Agar bezeichnete Substanz zur Herstellung von künstlichen Nährböden, auf denen Mikroorganismen wachsen können.) Travers behauptete, daß »die Intelligenz von Menschen und Computern sich durch ihren Umgang mit Symbolen offenbart, wohingegen Tieren eine solche Fähigkeit fehlt oder sie zumindest nur eine sehr eingeschränkte Form dieser Fähigkeit besitzen. Statt dessen zeigt sich ihre Intelligenz in dem ihrer Umwelt angepaßten Verhalten. Die Intelligenz eines Tieres beweist sich dadurch, daß dessen Handlung einer bestimmten Situation angemessen ist.«[15] Durch die Benutzung einer bestimmten Anzahl komplizierter Verhaltensauslöser, die er ebenfalls »Agenten« nannte, konnte Travers bestimmte Verhaltensweisen bei Ameisen hervorrufen, die sich als Reaktionen auf den Status der Wesen ergaben. So suchten die Ameisen in Agar Futter, nahmen es auf und transportierten es zum Bau. Während des letztgenannten Schrittes legten sie eine Pheromonspur, die ihren Artgenossen anzeigte, wo sich das Futter befand. Wie vermutlich richtige Ameisen auch, mußten Travers' Ameisen über den Auslöser dieser Handlung nicht nachdenken, denn die Anlage einer Pheromonspur geschah automatisch immer dann, wenn die Mundwerkzeuge ein Stück Futter ergriffen hatten. »Es steht fest«, schrieb er, »daß die Grenze zwischen dem Verhalten und der Physiologie zumeist künstlich ist.«[16]

Ein anderer Wissenschaftler, der diese Grenze überwand, war Randall D. Beer von der Case Western Reserve University, der die bis heute vielleicht komplizierteste Simulation eines Insekts schuf. Da es der Amerikanischen Großschabe *(Periplaneta americana)* nachempfunden war, nannte Beer seine Kreation »Computerschabe« *(Periplaneta computatrix).*[17] (Er wählte diesen Namen zu Ehren von Michael Arbib, einem Automatentheoretiker, der Jahre darauf verwendet hatte, das Nervensystem eines Frosches, den er *Rana computatrix* nannte, zu erstellen.) Wie Rodney Brooks war auch Beer zutiefst unzufrieden mit der klassischen KI. In seiner Ablehnung wurde er durch einen Artikel mit dem Titel »Why Not the Whole Iguana?« (Warum benutzen wir nicht den ganzen Leguan?) bestärkt, den der Geisteswissenschaftler Daniel C. Dennett geschrieben hatte. Darin wurde der Standpunkt vertreten, die KI solle sich nicht länger mit »menschlichen Mikrokompetenzen« wie Schachspielen beschäftigen, sondern sich statt dessen mit der Nachbildung aller Fähigkeiten einfacherer Tiere auseinandersetzen. Beer begann sich außerdem für einen Zweig der Ethologie zu interessieren, der tierische Nervensysteme untersuchte, um bestimmte Aspekte des Verhaltens zu erklären. Die Konstruktion seiner Schabe sollte eine neue Teildisziplin der KI begründen, die rechnergestützte Neuroethologie.

Bei der Konstruktion von *P. computatrix* stand also ein Nervensystem im Mittelpunkt, das an biologische Vorgaben angelehnt war. Das Insekt, das auf dem Bildschirm eines LISP-Rechners der Firma Texas Instruments zu sehen war, bestand aus einem sargähnlichen Körper, hatte sechs Beine, einen diamantförmigen Kopf mit einem auf den Kopf gestellten V als Maul und zwei lange Fühler. Wirklich interessant aber war das neuronale Netz, das Nervensystem der Kreatur, über das Eindrücke aus der Umwelt aufgenommen wurden und das Signale abgab, die ihr Verhalten bestimmten.

Zunächst schuf Beer die lokomotorischen Fähigkeiten. Um vernünftig gehen zu können, mußte das Insekt die Bewegung seiner sechs Beine so koordinieren, daß der Schwerpunkt immer auf jeweils drei Beinen verteilt lag, die sich sicher auf dem Boden befanden. Andernfalls hätte es unweigerlich zu taumeln begonnen. Unter Berücksichtigung neuroethologischer Untersuchungen von Insektenbewegungen installierte Beer ein neuronales Netz, das die Rückmeldungen von den Beinen der Schabe benutzte, um eine stabile Gangart zu entwickeln, die Entomologen als »metachronale Welle« bezeichnen. Dabei beginnt die Bewegung der Beine an einer Seite des Hinterendes und setzt sich bis zu den Vorderbeinen fort. Und ebenso wie die Neurobiologen Experimente mit ihren Objekten durchführen, bei denen Nervenverbindungen durchtrennt werden, um Unterschiede im Verhalten zu untersuchen, unterbrach auch Beer die Verbindungen im neuronalen Netz seiner Schabe. Überraschenderweise stellte sich dabei heraus, daß sich das künstliche Insekt von Verletzungen erholen konnte. Zwar schwankte es zunächst, aber dann eignete es sich eine andere Gangart an. Beer erhielt durch das Herumhantieren mit den Aktionspotentialen des Nervensystems sogar noch interessantere Ergebnisse. Er fand heraus, daß er seine Schabe durch die Verstärkung des Stroms in einem bestimmten Neuron dazu veranlassen konnte, spontan von der metachronalen Welle in einen »Dreibein-Gang« umzuschalten. Durch Variation der Impulsfrequenz in diesem bestimmten Neuron konnte Beer fünf unterschiedliche Gangarten hervorrufen, die von E. O. Wilson ausnahmslos als charakteristisch für natürliche Insekten beschrieben worden waren.

Nachdem Beer der Schabe monatelang neue Verhaltensweisen beigebracht hatte, war er in der Lage, ihre Überlebensfähigkeiten zu untersuchen. Eine hungrige Schabe, die also nur noch geringe Energiereserven besaß und daher unruhig war, wurde in einer Art Käfig ausgesetzt. Die quadratische Zelle enthielt eine Futterquelle, aber zwischen dem Futter und der Schabe befand sich eine gebogene Barriere, die sich der Länge nach durch etwa drei Viertel des Käfigs als Raumteiler zog. Nachdem die Schabe auf dem Bildschirm aufgetaucht war, bewegte sie sich mißtrauisch, aber mühelos, wobei sie ihre Beine mit natürlicher Eleganz setzte. Sie nahm die Witterung des Futters auf und trottete in die entsprechende Richtung, bis sie dann an die Barriere stieß. Nachdem ihre linke Antenne das Hindernis berührt hatte, drehte sie sich so, daß sie nun an der Barriere nach rechts entlanglief, auch wenn sie sich dadurch weiter von der Futterquelle entfernte. Durch Beobachtung der Aktionspotentiale, die an der rechten Seite des Bildschirms angezeigt wurden, konnte man erkennen, daß, nachdem das Futtersuchverhalten der Schabe durcheinandergeraten war, sich das Folge-der-Barriere-Verhalten allmählich verstärkte. Bald hatte die Schabe die Witterung des Futters verloren. Ihr einziges Bestreben war es nun, der Barriere zu folgen. Nachdem die Schabe das Ende des Hindernisses erreicht hatte, drehte sie sich beinahe wehmütig auf der Stelle um und versuchte den Kontakt wiederherzustellen. Allerdings befand sie sich bereits wieder im freien Raum, so daß ihre Antennen nichts mehr ertasten konnten. Ein Gehverhalten ersetzte nun das »Wandfolgeverhalten«. Die Schabe streifte herum und bewegte sich dann etwa in nordöstlicher Richtung, bis sie die entgegengesetzte Ecke der Zelle erreicht hatte, woraufhin sie sich ziemlich flink nach links wandte, um dieser Sackgasse zu entgehen. Dann folgte sie der oberen Wand, bis ein kurzes Zögern anzeigte, daß sie die Witterung des Futters wiedergefunden hatte. Das genügte. Das ausgehungerte Insekt ließ jegliche Hemmungen fallen, dachte nicht mehr an das »Wandfolgeverhalten«, sondern bewegte sich schnurstracks auf den Futterbrocken zu und begann zu fressen.

Beobachter dieses Experimentes waren beeindruckt von der Orientierungsfähigkeit des künstlichen Insekts in einer schwierigen Situation. In diesem Versuch wurde jedoch auch noch etwas anderes, nicht recht Greifbares, aber vielleicht noch Bemerkenswerteres deutlich. Auf jeder Stufe des Experimentes drängte sich die Frage auf, die man sich auch bei einem echten Lebewesen stellen würde, das mit einem solchen Problem konfrontiert wäre: Was wird es wohl als nächstes tun? Genau wie bei der Beobachtung einer echten Schabe war keine Voraussage möglich, da das Verhalten nicht einprogrammiert war, sondern sich entwickelte. Die Entscheidung war vom Standpunkt des Insekts aus gesehen immer vernünftig. Das Verhalten der Schabe gab einem das Gefühl, jedenfalls für einen kurzen Moment, daß *P. computatrix,* die primitive Strichzeichnung, lebte.

Das Mobot Lab des MIT bemühte sich, noch bessere Ergebnisse zu erreichen, die für Verhaltensstudien von Wert waren. Da, wie Brooks es ausdrückte, »ein Roboter tausend Simulationen wert ist«, entstand am Tech Square die Idee, die Versuchsobjekte auch eine wirkliche Gestalt annehmen zu lassen. Das zweitgrößte Projekt des Mobot Lab war Herbert[18], der von Jon Connell im Rahmen seiner Doktorarbeit entwickelt wurde. Connell benutzte bewußt eine ethologische Methodologie, um Herbert ein unglaublich komplexes Verhalten beizubringen, nämlich das Einsammeln von Getränkedosen im Labor. (Da viele Leute aus dem Labor in irgendeiner Form mit Thinking Machines in Verbindung standen, der Firma von Danny Hills, in der die »Verknüpfungsmaschine« [Connection Machine] gebaut worden war, wurde Herbert spaßeshalber auch als »Sammelmaschine« [Collection Machi-

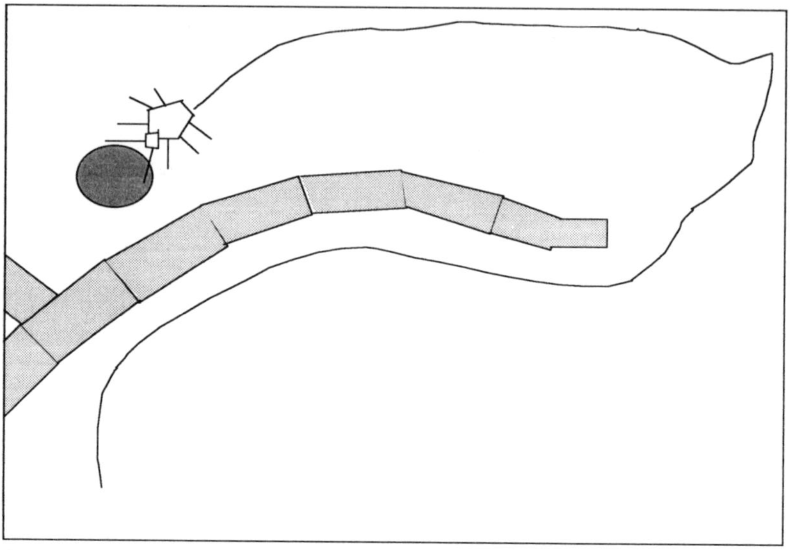

Eine von Randall Beer entworfene künstliche Schabe sucht sich ihren Weg zu einer Futterquelle (dunkler Punkt), wobei sie in einem simulierten Raum auf sich selbst gestellt ist. Nachdem sie den Geruch des Futters wahrgenommen hat, bewegt sie sich zunächst direkt darauf zu, bis sie die Barriere bemerkt. Sie wechselt daraufhin in ein »Folge-der-Barriere-Verhalten«, bis sie das Ende des Hindernisses erreicht hat. Nun ist sie allerdings zu weit von der Futterquelle entfernt, um sie noch wahrnehmen zu können. Beim Herumstreunen verirrt sie sich in eine Ecke des Raumes. Daraufhin ändert sie ihr Verhalten und folgt der oberen Wand. Als sie dann den Geruch des Futters wieder wahrnimmt, gibt es nichts mehr, was die Schabe an einer guten Mahlzeit hindern könnte. Beobachtet man ein solch künstliches Insekt bei der Lösung dieser Aufgabe, kann man sein Verhalten leicht mit dem eines natürlichen Organismus verwechseln.

ne] bezeichnet.) Es handelte sich hierbei um eine scheinbar »primitive« Aufgabe, die Roboter mit künstlicher Intelligenz dennoch nicht leicht ausführen konnten, da immer noch ein gehöriges Maß an Geschicklichkeit und Köpfchen notwendig war. Der Roboter mußte seine Aufgabe in einem mit Gegenständen überladenen Raum erfüllen, die Getränkedosen erkennen, feststellen, ob sie leer waren, und sie dann ergreifen.

Connell ließ sich von Verhaltensstudien verschiedener Tiere inspirieren, unter anderem auch von einem Versuch Tinbergens, mit dem dieser gezeigt hatte, daß junge Möwen eindeutig auf ein primitives Kopfmodell ihrer Eltern reagieren (wobei das entscheidende Identifizierungsmerkmal ein roter Punkt in der Nähe der Schabelspitze der

Eltern war). Dieses Beispiel veranlaßte Connell zu glauben, Herbert müsse die Getränkedosen allein an ihren Konturen erkennen.

Für viele von Herberts Verhaltensweisen standen die Ergebnisse der Untersuchungen an Strandschnecken *(Littorina)* Pate. Die Schnecken zeigten abgestufte Verhaltensweisen, die dem von Brook entwickelten Schema der subsumierenden Architektur sehr nahe kamen. Connell stellte fest, daß eine Schnecke, während sie versuchte, mit den Unbilden ihres Lebensraumes fertig zu werden, »mit ihren relativ einfachen Kontrollmechanismen einige augenscheinlich sehr hoch entwickelte navigatorische Aufgaben durchführte«.

Unter den Verhaltensweisen der Schnecke gab es einen Reflex, der *Aufwärts* hieß und der die Schnecke veranlaßte, sich entgegen der Schwerkraft zu bewegen, ein anderer wurde *Dunkel* genannt und führte dazu, daß sie sich vom Licht wegbewegte. Das gegenteilige Verhalten hieß *Hell* und war nur dann aktiv, wenn die Schnecke kopfüber hing. Dieses wurde wiederum von einer stärkeren Verhaltensweise überlagert, die *Dunkler* hieß und die nur aktiv war, wenn die Schnecke sich außerhalb des Wassers befand und gezwungen war, sich in dunklere Regionen zurückzuziehen. Schließlich gab es noch ein *Stop*-Verhalten, das aktiviert wurde, wenn die Schnecke völlig trocken war.

Die Nahrung der Strandschnecken besteht aus bestimmten Algenarten, die in Felsritzen unmittelbar oberhalb der Gezeitenlinie wachsen. Wenn die Tiere ihren Unterwasserlebensraum verlassen, um ihr Futter zu suchen, setzen sie sich einer Gefahr aus: Verbringen sie zu viel Zeit in der Sonne, werden sie »gebacken«, bewegen sie sich zu weit vom Wasser fort, trocknen sie aus. Die Entwicklung bestimmter Verhaltensweisen läßt die Schnecken allerdings überleben. Sind sie noch unter Wasser, finden sie ihren Weg zur Wasseroberfläche dadurch, daß sie sich auf einen Felsen zubewegen, der dunkler ist als der helle Sand. *Dunkel.* Dann beginnen sie zu klettern. *Aufwärts.* Kommen sie an einen Überhang im Felsen, bewegen sie sich kopfüber in Richtung auf die hellere Wasseroberfläche. *Hell.* Anschließend klettern sie weiter, bis sie aus dem Wasser herauskommen, ziehen sich allerdings wieder zurück, wenn die Sonne zu grell ist. *Dunkler.* Ist das nicht der Fall, klettern sie weiter, bis sie an eine Felsspalte kommen. *Aufwärts.* Von der Dunkelheit angezogen, kriechen sie in die Spalte und finden dort

im Idealfall die gesuchten Algen. Kriechen sie zufällig zu weit, halten sie an und warten, bis eine Welle sie ins Wasser zurückspült. *Stop.* Obwohl ihr zentrales Gehirn nicht »weiß«, wo Futter zu finden ist oder welche Bedingungen eine Gefahr für das Tier darstellen, wird durch die geeigneten Antworten auf die Forderungen ihrer Umgebung doch ein Verhaltenskatalog entwickelt, der diese Dinge berücksichtigt.
Herbert bediente sich seiner Umwelt in gleicher Weise. Seinen Namen erhielt er übrigens zu Ehren von Herbert Simon, der entdeckt hatte, daß das komplexe Verhalten einer Ameise eine Funktion der Komplexität ihrer Umwelt ist. Wie Connell in seiner Doktorarbeit schrieb, konnte Herbert »die Welt als ihre eigene Darstellung benutzen«.
Anders als bei Allen waren bei Herbert alle Computerchips direkt eingebaut, so daß er wirklich unabhängig war. Genaugenommen ähnelte er einer elektronischen Hochzeitstorte. Die unterste Schicht bestand aus einer kreisförmigen Basis, die auf drei Rädern ruhte. Die mittlere Schicht bestand aus einem Labyrinth von Platinen, und darüber gab es noch eine Schicht, die aus Kabeln, Chips und zwei überdimensionierten Gegenstücken zu Braut und Bräutigam bestand, und zwar einem lebensgroßen, menschenähnlichen und mit Scharnieren versehenen Metallarm und einem periskopförmigen Lasersensor, an dem eine kleine Videokamera angebracht war. Die Platinen enthielten die Informationen für die Verhaltensweisen. Ganz im Sinne des Bottom-up-Konzeptes gab es kein zentrales Gehirn, sondern eine Reihe von parallelen Prozessoren, die das Verhalten koordinierten. Dieses entstand aus den jeweils aktuellen Interaktionen mit der Umwelt. Herbert war nämlich nicht in der Lage, sich an seinen Status von mehr als drei Sekunden zuvor zu erinnern.
Herbert funktionierte wie eine Strandschnecke. Während er sich im neunten Stockwerk durch das Labyrinth von Räumen und Arbeitstischen bewegte und die Hinweise aus seiner Umwelt nutzte, vermied er es nicht nur, gegen Hindernisse zu stoßen, sondern hatte stets auch noch ein Auge für Arbeitstische, die in einem Labor der natürliche Platz für Getränkebüchsen sind. Entdeckte Herbert einen Tisch, legte er ein neues Verhalten an den Tag, eines, das ihn veranlaßte, näher an den Tisch heranzufahren. Erreichte er diesen, wurde das Verhalten aktiviert, gezielt nach einer Getränkedose Ausschau zu halten. Dies geschah in der gleichen Weise, wie junge Möwen ihre Eltern identifi-

zieren. Während sein Laserstrahl über den Tisch fuhr, überprüfte Herbert die Formen auf dem Tisch, wobei er nach der kompakten zylindrischen Form suchte, die in seinen Chips gespeichert war. Anstatt nun die Koordinaten der Dose in seinem Blickfeld zu überprüfen und den Arm entsprechend in diese Richtung zu bewegen, kurvte der Roboter so lange herum, bis sich die Büchse genau in der Mitte seines Blickfeldes befand. Nachdem der Roboter die Dose an diesem Platz entdeckt hatte, kam jegliche Bewegung zum Erliegen.

Der Stillstand der Räder bewirkte nun das Anschalten der Verhaltensweisen, die für den Arm verantwortlich waren, und seiner typischen Verhaltensweise gemäß, nach der die Reaktionen sofort erfolgen, wurde der Arm durch Sensoren an den Händen geführt. Die Hand »tastete« sich durch das Gebiet, in dem die Dose vermutet wurde. Die Hand streifte über die Tischplatte, wobei sie den Untergrund alle paar Zentimeter berührte, um die Form einer Dose zu ertasten. Wenn der Sensor etwas ertastete, bei dem es sich um eine Dose handeln konnte, umfaßte die Hand den Gegenstand und ergriff ihn. Sobald die Sensoren die Nachricht übermittelten, daß sich tatsächlich eine Dose im Greifwerkzeug befand, wurde ein neuer Satz von Verhaltensweisen aktiviert: Gehe nach Hause.

Als Herbert 1989 pensioniert wurde, erlebte das Mobot Lab gerade einen Aufschwung, was die Anzahl seiner Mitarbeiter und die der Roboter betraf. Der für die »Philosophie« der Forscher verantwortliche Brooks und Anita Flynn, die als Koordinatorin und heiterer Mittelpunkt des Labors fungierte – sie ließ T-Shirts anfertigen und organisierte jährlich eine »Roboterolympiade« –, erfüllten das Mobot Lab mit einem positiven Geist, den alle dort Arbeitenden spürten: Man fühlte sich so, als ob dort Geschichte geschrieben würde. Andere Roboterforschungslaboratorien erhielten wohl stärkere finanzielle Unterstützung, aber die Ergebnisse aus dem neunten Stockwerk des MIT erbrachten, zumindest nach Ansicht der MIT-Roboterforscher, eigentlich beeindruckendere Ergebnisse als die der Konkurrenten.

Unterstrichen wurde das durch ihre Erfolge auf einem Gebiet, auf dem man mit den traditionellen Ansätzen die größten Schwierigkeiten hatte, auf dem der Navigation. Im Jahre 1989 wandte Maja Mataric, eine in Jugoslawien geborene Mobot-Lab-Doktorandin, die an der Universität von Kansas studiert hatte, Brooks' Ideen an, um ein intuitives Navigationssystem zu entwerfen. Hierbei handelte es sich um »Toto«, einen mit Sonar ausgestatteten Roboter[19]. Dadurch, daß er mit Verhaltensweisen wie »Streunen«, »Vermeiden« und »Ausrichten« jonglierte, schaffte Toto es, das gesamte neunte Stockwerk des MIT-Gebäudes zu erkunden, wobei er ein System benutzte, mit dem er sich markante Punkte in den Labors merkte und so tatsächlich lernte, auf schnellstem Wege zu willkürlich ausgewählten Orten zu kommen. Beim Einbau dieser Verhaltensweisen griff Mataric auf Merkmale von Fledermäusen, Bienen, Vögeln und Ratten zurück, die markante Punkte für die Navigation auswählen. So verfährt ja auch der Mensch, wenn er jemandem sagt, er solle an der Tankstelle nach links abbiegen und dann an der nächsten Ampel nach rechts.

Der biologische Ansatz der subsumierenden Architektur funktionierte also. Wissenschaftler außerhalb des MIT begannen, sich etwas gründlicher mit Brooks' Ideen und der Arbeit seiner Gruppe zu beschäftigen, besonders nachdem diese Methode durch die beiden ersten KL-Konferenzen einen festen Platz im erweiterten Forschungsbereich Künstliches Leben erobert hatte.

Innerhalb des MIT stand das Labor im Ruf, die wohl interessantesten Projekte zu bearbeiten. Dadurch zog es brillante Studenten an, wie beispielsweise Colin Angle aus dem Staate New York, der Züge eines Hexenmeisters besaß und dessen Maxime bei der Auswahl seines Hauptfaches war: Ich gehe dahin, »wo man mich die coolsten Sachen bauen läßt«. Drei Jahre lang war Angle unschlüssig. Sein Zimmer in einem Studentenwohnheim der Universität war mit Oszillatoren, Platinen und Kabeln vollgestopft, so daß es an ein Elektroniklabor erinnerte. Im letzten Jahr vor seinem Abschluß stach er dann dreiundvierzig weitere Anwärter aus, die sich ebenfalls um einen Platz im Mobot Lab beworben hatten, und damit waren in der Tat die Würfel für ihn gefallen. Bereits einige Wochen nachdem er zu der Gruppe gestoßen war, fragte er: »Warum bauen wir keinen gehenden Roboter?« Man beschloß, zu versuchen, ein sechsbeiniges Vehikel zu bauen. Angle stellte sich für die Aufgabe zur Verfügung, und in weniger als drei Monaten konstruierte er, mit Unterstützung anderer Mitglieder der Gruppe, »Dschingis«, den bisher gelungensten Versuch des Mobot Lab, Künstliches Leben zu schaffen.[20]

Dschingis' Aussehen trug zu seiner Mystifizierung bei: Sein schabenähnliches Chassis war eine Synthese aus funktionellem Design und einer Kreatur, wie sie in schlechten japanischen Science-fiction-Filmen vorkommen. Brooks' subsumierende Architektur war die Grundlage für sein Verhalten, aber Angles perfektionssüchtige Genialität stattete den Roboter sogar mit natürlichem Verhalten aus: Wenngleich Angle kein Biologe war, sah er sich veranlaßt, die gleiche Synergie zwischen Körper und Umwelt herzustellen, welche die Natur schafft. Dschingis verlangte also eine maximale Unterstützung von seinen Sensoren, so daß die sechsbeinige Maschine ihren Weg durch vollgestopfte Räume finden konnte, ohne daß sie sah oder wußte, was ein Raum ist. Sie besaß kein zentrales Gehirn, ihre Intelligenz war wirklich gleichmäßig verteilt, da fünfundsiebzig »überdimensionierte« Finite state machines ihr grundlegendes Verhaltensrepertoire steuerten: Aufstehen, einfaches Gehen, Gleichgewicht halten (bei unebenem Untergrund), das Anheben der Beine, das Funktionieren der Antennen (also die Kontrolle der Rückkopplung von den langen Tastsensoren am Vorderende), die Stabilität während des Stapfens, das planlose Umherstreifen und das gesteuerte Umherstreifen.

Die beiden letzten Eigenschaften erlaubten es Dschingis, seinem mongolischen Namensvetter Dschingis-Khan alle Ehre zu machen. Er hielt dann inne, wenn die nach vorn gerichteten pyroelektrischen Sensoren die Wärmeabstrahlung eines Menschen spürten. Das unterbrach seine Gehbewegungen, bis das zweibeinige Hindernis vorbeigegangen war; anschließend setzte der Roboter seine Vorwärtsbewegung fort. Das gesteuerte Umherstreifen verlief ähnlich, allerdings unternahm Dschingis dann »Angriffe«. Seine Sensoren fixierten eine Beute und verfolgten sie, wenngleich mit spielerischem Tempo.

Wie Randall Beer feststellte, als er mit seiner künstlichen Schabe arbeitete, waren die Gangarten sechsbeiniger Insekten nur schwer zu simulieren, und sie tatsächlich nachzubilden war noch viel schwieriger. Brooks schrieb einen speziellen Code für die Abstimmung und die Koordination der Beinbewegungen. Später entwickelte Pattie Maes von der Brüsseler Universität, die sich damals als Gastwissenschaftlerin am MIT befand, ein Verhaltensschema, das es Dschingis erlaubte, wirklich zu gehen. Sie implementierte schließlich eine noch genialere Methode, durch die Dschingis bei jedem Anschalten eine Rückkopplung von den Sensoren an den Beinen und einem den Boden berührenden Sensor am Bauch erhielt, wenn er es nicht schaffte, eine stabile Gangart einzuschlagen, so daß er auf diese Weise buchstäblich *lernte,* wie man ging. Er fiel hin, versuchte alles mögliche, machte einen Schritt vorwärts und stolperte, aber schließlich triumphierte Dschingis – er hatte gelernt zu gehen.

Allerdings gab es über Dschingis und vor allem über das, was er verkörperte – den Traum von einer Intelligenz auf Insektenebene –, auch andere Ansichten. Diejenigen, die mit großen Robotern arbeiteten, rümpften die Nase über dieses »Ungeziefer«, das gerade dreißig Zentimeter lang war und nicht einmal eineinhalb Kilo wog. Sogar nachdem sich Dschingis schon geschickt über den Fußboden bewegte, pflegten die Gegner immer noch die Ziele der Konstrukteure in angriffslustigem Tonfall in Frage zu stellen: Was repräsentiert das Insekt in bezug auf die menschliche Kultur? fragten sie, um dann etwas nachzuschieben, was Roboterkonstrukteuren und ihrem von Stahl und Pragmatismus geprägtem Gebiet normalerweise den Gnadenstoß versetzt: »Was *kann* es eigentlich?«

Rodney Brooks hatte eine Antwort darauf. Dschingis oder seine Nachfolger könnten den Mond erkunden, vielleicht sogar den Mars.

Um den Weltraum zu erkunden, benötigt man autonome Roboter, denn eine Kontrolle der Maschinen von der Erde aus wäre nicht sinnvoll, da eine zu große Zeitspanne zwischen dem Aussenden und dem Empfang der Signale liegt. Ein Mensch in Texas könnte also keinen Roboter durch eine Marssenke steuern, weil das etwa so wäre, als würde ein Lastwagenfahrer auf eine Kurve zufahren und dennoch erst fünfundvierzig Minuten später eine Lenkbewegung machen. Auch die NASA war sich darüber klar, daß unser Brückenkopf auf dem Mond oder auf anderen Himmelskörpern mit unabhängig operierenden mobilen Robotern bestückt werden müßte. Die Weltraumbehörde unterhielt zwei Institutionen, die Roboter bauten, um für eine mögliche bemannte Expedition zum Mars im Jahr 2019 gewappnet zu sein, nämlich das Jet Propulsion Laboratory in Pasadena, Kalifornien, und das Carnegie-Mellon's Robotics Institute. Beide Laboratorien befürworten große Roboter, die nach den Prinzipien der klassischen KI arbeiteten. Eines dieser beiden Projekte war Carnegie-Mellon's »Ambler«, ein sechsbeiniger Roboter, der aber wenig Ähnlichkeit mit einem Insekt oder einem anderen biologischen Lebewesen hatte, sondern vielmehr wie ein Propangastank auf Stelzen aussah. Er war fast sechs Meter hoch, und seine sechs Beine waren so dick wie die eines Elefanten. Er wog mehrere Tonnen, kostete Millionen von Dollar und war nur schwer zu transportieren.

Für Brooks waren Roboter wie Ambler nichts anderes als Dinosaurier, denn er unterstellte, daß ein Unternehmen, das nur einen einzelnen großen Roboter verwendete, zur Unproduktivität verurteilt sei. Ein einziges Mißgeschick könnte unter Umständen das gesamte Unternehmen gefährden. Auch vermutete er, daß selbst die größte Vorsicht den Nachteil der Top-down-Methode, die seiner Ansicht nach für autonome Erforschungen ungeeignet war, nicht aufwiegen könnte.

Eine sinnvolle Alternative bestand nach Brooks' Ansicht darin, den Mars oder den Mond mit Horden kleiner Roboter zu bevölkern. Dutzende, sogar Hunderte von sechsbeinigen künstlichen Insekten mit einer subsumierenden Architektur würden deutlich weniger kosten als ein einziger Ambler. Sie hätten die Möglichkeit, miteinander zu kommunizieren, und wenn ein Insekt einen bleibenden Schaden davontrüge, wenn es also stürbe, würden andere es zur Seite räumen und danach seine Aufgaben erfüllen. Die Gemeinschaft der Roboter würde sich wie eine Insektenkolonie verhalten, wobei die überschaubaren Verhaltensweisen eines jeden Mitglieds helfen würden, das gemeinsame Ziel zu erreichen.

Trotz einer nicht allzu großen Unterstützung von der NASA machte Brooks außerirdische Erkundungen und industrielle Anwendungen zu einem Hauptforschungsgebiet der Mobile Robot Group. Der Prototyp der Erkundungsroboter war »Attila«, ein weiterentwickelter Nachfahre von Dschingis. Die Konstruktion der Hardware stammte von Colin Angle, während Brooks die Software entworfen hatte. Er behauptete, daß die etwas mehr als drei Pfund schwere künstliche Kreatur der hochentwickeltste Roboter pro Pfund sei, der jemals von Menschen gebaut worden sei. »Ich glaube, daß wir mit Attila nahezu Insektenintelligenz erreicht haben«, sagt er heute. Attila war solider konstruiert als Dschingis und sah kompakter aus. Er besaß dreiundzwanzig Motoren, 150 Sensoren und die Platinen von elf Computern. Seine Beine enthielten Gelenke, waren also gegliedert, und stabiler als die seiner Vorgänger, so daß Attila in der Lage war, über unebenes Gelände zu gehen und Hindernisse zu überwinden. Außerdem ließ die Konstruktion es zu, daß Attila, wenn er in einen Krater gestürzt und auf dem Rücken gelandet war, seine Beine und die erforderlichen Sensoren drehen konnte, so daß ein Weitergehen dennoch möglich war. Neben verschiedenen Sensoren für Neigung, Berührung, Beschleunigung und Kraft, die Attila in die Lage versetzten, sich in seiner unmittelbaren Umwelt zurechtzufinden, konnte er auch noch Infrarotsensoren benutzen, um Objekte wahrzunehmen, die sich in einer Entfernung von drei Metern befanden, und besaß sogar eine Videokamera, um weiter entfernte Gegenstände auszumachen.

Anita Flynn, Brooks' langjährige Assistentin, schlug eine andere Art von Erkundungsroboter vor. Seit vielen Jahren hatte sie die Technologie für etwas, das sie »Mückenroboter« nannte, entwickelt, also für künstliche Kreaturen, die kaum größer als ein 25-Cent-Stück waren und die nicht viel mehr kosteten, als eine dieser Münzen wert ist. Solche Roboter waren durch einen noch nicht lange zurückliegenden Durchbruch in der Technologie von Mikromotoren auf Siliciumchips, die nur unter dem Mikroskop sichtbar waren, möglich geworden. Diese mechanische Miniaturisierung versprach eine Revolution in der Roboterforschung, die in ihren Auswirkungen ähnlich bedeutend sein könnte wie der Übergang von Röhren zu Chips in der Computerentwicklung. Da Flynn früher mit Danny Hillis gearbeitet hatte, wurde ihr schnell klar, daß die Mückenroboter, ähnlich wie die Verknüpfungsmaschine, zu einer hochkarätigen parallelen Arbeitsweise fähig waren.

Sie stellte sich Millionen von Mückenrobotern vor, deren Platinen dicht mit Sensortechnologie bestückt waren und die sich über die Oberfläche eines Planeten verbreiteten. Ausgestattet mit der Fähigkeit, Signale zu übertragen, könnten sie seismographische Daten, Temperatur und Luftfeuchtigkeit sowie das Vorhandensein bestimmter Chemikalien registrieren und die Information an einen zentralen Satelliten übermitteln, ja sogar an vagabundierende Attilas. Die Mückenroboter könnten ihre Aufgaben von jedem beliebigen Landeplatz aufnehmen oder auch erst einmal ihre unmittelbare Nachbarschaft erkunden. Obwohl einige der ersten Mückenroboter, einschließlich Flynns Prototyp »Squirt«, genaugenommen Computerchips mit Rädern waren, gab es augenscheinlich eine noch bessere Art der Fortbewegung für derart winzige Kreaturen. Beim Nachdenken über andere mögliche Fortbewegungsarten hatte Flynn wohl an Löwenzahn und Grashüpfer gedacht: »Auf dem Mars könnten die Mückenroboter durch den Wind verbreitet werden«, schrieb sie, »anderswo könnten sie durch Hüpfbewegungen vorwärtskommen. Solarzellen würden Energie aufnehmen und in Siliciumfedern speichern. Bei einer bestimmten Verdichtung könnte ein Verschluß die Feder loslassen, woraufhin der Roboter loshüpfen würde.«[21]

Die Artikel der Wissenschaftler des Mobot Lab über derartige Expeditionen waren mit anschaulichen Bildern gespickt, die dazu verleiten mochten, diese Szenarios als übertrieben spekulativ abzutun. Allerdings waren pragmatische Problemlösungen zur Realisierung solcher Projekte Teil der täglichen Arbeit der Mobile Robot Group. Die Fortschritte deuteten sogar darauf hin, daß ihre Vorstellungen weniger im Bereich der Science-fiction lagen, als vielmehr an mittelfristigen Vorhaben orientiert waren, besonders an solchen, die Denkmodelle von effizienten Verhaltensweisen ganzer Gruppen von Robotern entstehen ließen.

»Attila und die Mückenroboter sind die Basis für den nächsten Schritt, für die Verhaltensweisen von Scharen, ja sogar Gesellschaften von Robotern«, erklärt Flynn. »Die Leute hier fangen an, darüber nachzudenken, was sie machen werden, wenn sie zwanzig oder hundert oder tausend Roboter haben.«

Solche Überlegungen führten unweigerlich zu den Insektenstaaten zurück. Pattie Maes, die 1991 Assistenzprofessorin für Informatik am MIT wurde, widmete sich der Aufgabe, Schwarmverhalten in die Roboter einzubauen. Maes war es ja auch gewesen, die als Gastwissenschaftlerin von der Universität von Brüssel den Algorithmus für Dschingis' Gehfähigkeit geschrieben hatte. Sie hatte allerdings niemals einige Versuche Luc Steels, des Leiters ihrer KI-Gruppe in Brüssel, aus den Augen verloren.

Steel hatte viel Zeit darauf verwendet, über das Paradoxon der Neubildung von Verhaltensweisen nachzudenken: und zwar das Paradoxon, daß Selbstorganisation autonome Wesen hervorbrachte, die einfachen Regeln folgten, um spontan miteinander zu kooperieren. Steel glaubte, daß durch die Kraft der Neubildung aus einzelnen Brotkrumen ein Schlaraffenland werden könnte. *Etwas entsteht aus dem*

Nichts. Allerdings lag es im Wesen der Neubildung, daß sie schwer zu kontrollieren waren, ihre Ergebnisse waren eben spontan und nicht vorhersehbar. Steel war aber auch überzeugt davon, daß diese Schwierigkeiten überwunden werden könnten. Mit sorgfältiger Planung und profundem Wissen über komplexe Systeme, so argumentierte er, wäre es durchaus möglich, auch ein spezifisches, neu entwickeltes Verhalten zu erkennen.

Steels Versuche befaßten sich mit der Neubildung des Sozialverhaltens bei Gruppen autonomer Wesen, also mit der Schwarmintelligenz. Aber auch er stellte sich zukünftige Roboterkolonien auf weit entfernten Planeten vor. Er entwickelte eine »Roboterökologie«, die auf Selbstorganisation beruhte, wobei er die Ökologie selbst auch als komplexes, dynamisches System betrachtete.[22] Dabei bediente er sich der Ergebnisse von Experimenten mit staatenbildenden Insekten und mit Zellularautomaten, die von seinen Kollegen an der Brüsseler Universität unter Leitung von Prigogine durchgeführt worden waren, sowie der Schemata für Roboter, die mit Brooks' subsumierender Architektur arbeiteten. Prigogines Konzept »dissipativer Strukturen« besagte, daß die Kräfte der Selbstorganisation aus Reaktionen eines Systems im ungefähren Gleichgewicht hervorgingen, das Störungen von außen ausgesetzt war. Steel entwarf also eine Simulation mobiler Roboter, die ein Gebiet auf dem Mond erkunden sollten, in dem kurz zuvor ein Raumschiff gelandet war. Das System sollte durch die Anwesenheit von Gesteinsproben »aktiviert« werden. Steel hoffte, daß es spontan eine sich ausbreitende »räumliche Struktur« entwickeln würde, um einen Weg zwischen den Steinen und dem Raumschiff zu finden. Die Roboter sollten sich an dieser räumlichen Struktur orientieren, die Steine einsammeln und in das Raumschiff bringen.

Steels Simulation gestattete es seinen virtuellen Robotern, diese schwierige Aufgabe durchzuführen, auch wenn nur schwer zu realisierende Ausstattungen wie Sehfähigkeit oder der kognitiv gesteuerte Einsatz einer an Symbolik orientierten Logik fehlten. Statt dessen sollten seine Roboter geschickt die Vorteile dynamischer Systeme nutzen. Bei ihren Ersterkundungen stand zufallsbedingtes Verhalten im Vordergrund, um sicherzustellen, daß sie auch Gesteinsproben fanden. (Eine Wahrscheinlichkeitsberechnung hatte gezeigt: *Wenn an irgendeinem Punkt einer zufällig gewählten Erkundungsroute, die auf ein bestimmtes Gebiet beschränkt war, begonnen wurde, konnte jeder andere Punkt beliebig oft erreicht werden.)* Zum anderen nutzten die Roboter eine Art »Gradientenfeld«, um die Grenzen ihres Suchgebietes abzustecken. Ein Gradient, erklärte Steel, »geht von einem bestimmten Punkt aus und nimmt mit der Entfernung zu diesem Punkt an Stärke ab«. In diesem Fall bestand er aus einer pulsierenden Schallwelle, die vom Raumschiff abgegeben wurde. Während sich die Roboter von der Schallquelle entfernten, wurde der von ihr ausgehende Ton leiser, ein Umstand, der bei dem Verhalten der Roboter berücksichtigt wurde. Schließlich wandte Steel auch noch die Prinzipien der Selbstorganisation und des Parallelismus an. Während die Roboter den einfachen Regeln folgten, die man ihnen mit auf den Weg gegeben hatte, zeigten sie ein Verhalten, das die Umwelt veränderte und dadurch auch implizit ihre eigenen nachfolgenden Anwendungen dieser Regeln beeinflußte.

Steel ließ diese Simulationen auf einem zehn mal zehn Felder großen Gebiet laufen, auf dem einhundert Gesteinsproben verteilt lagen. (Die Steine lagen oft gruppenweise herum, so daß ein einzelnes Feld mehrere Gesteinsproben enthalten konnte.) In der Mitte des Gebietes befand sich ein Raumschiff, das Töne aussandte. An diesem Punkt begann die Arbeit einer Anzahl virtueller Roboter, die einem einfachen Regelsatz folgten. Wenn sich ein Roboter im Erkundungsmodus befand, bewegte er sich von der Geräuschquelle fort, befand er sich dagegen im Rückkehrmodus, bewegte er sich in Richtung der Geräuschquelle. Die Roboter durchsuchten das Gebiet aufgrund von Zufallskriterien. Erreichte einer von ihnen die von den Schallwellen vorgegebenen Grenzen des Gebietes, schaltete er in den Rückkehrmodus, um sicherzustellen, daß er die Geräusche des Raumschiffes weiterhin hören konnte. Nahm der Roboter ein Hindernis wahr, zeigte er Verhaltensweisen, die ihn vor einer Karambolage schützten. Stieß er auf eine Gesteinsprobe, begann er die Steine einzusammeln, und schaltete dann in den Rückkehrmodus ein. Mit diesen wenigen Verhaltensweisen ausgestattet, benötigten acht virtuelle Roboter etwa fünfundzwanzigtausend Zeittakte, um die Gesteinsproben einzusammeln. Befanden sich dagegen 256 Roboter in diesem Gebiet, wurden die Proben in ungefähr fünfhundert Zeittakten eingebracht.

Diese Simulation war insofern nur eingeschränkt verwendungsfähig,

als die Roboter nur mit dem Raumschiff, aber nicht untereinander kommunizierten. Steel behob diesen Mangel dadurch, daß er jedem Roboter eine Anzahl radioaktiver »Krümel« beigab, die leicht von Robotersensoren wahrgenommen werden konnten. Dann fügte er weitere Verhaltensweisen hinzu: Wenn ein Roboter eine Gesteinsprobe eingesammelt hatte und sich auf dem Rückweg zum Raumschiff befand, ließ er in bestimmten Abständen zwei Krümel fallen. Wurden diese von einem Roboter bemerkt, der keine Gesteinsprobe trug, nahm dieser einen der Krümel auf (stellte also sicher, daß die Wege nicht auf ewig markiert blieben) und bewegte sich dann in Richtung der höchsten Krümelkonzentration, so daß die Roboter sehr viel effektiver zu den Stellen mit Gesteinsproben geführt wurden.
Benutzte man diese Methoden, die natürlich den Pheromonpfaden von Ameisen und anderen staatenbildenden Insekten nachempfunden waren, benötigten acht von Steels Robotern nur zweitausendfünfhundert Zeittakte, um die Proben einzubringen, also nur ein Zehntel der Zeit, die ihre weniger kommunikationsfähigen Vettern benötigt hatten. Die Effizienz war so groß, daß schnell der Punkt erreicht war, an dem auch eine zunehmende Anzahl von Robotern die Ausbeute nicht mehr steigern konnte. Während sechzehn Roboter die Proben in weniger als 1500 Zeittakten einsammelten, erreichte man durch Verdoppelung und Vervielfachung nicht die Leistung, die von der gleichen Anzahl unkommunikativer Roboter erbracht werden konnte. Es schien so, als ob das Viel-hilft-viel-Prinzip beim Einsatz eines konsequenten Parallelismus die besten Ergebnisse brachte, daß aber der ökonomische Ansatz – weniger Roboter, aber mit der Fähigkeit zur Kommunikation – diesen Ergebnissen ziemlich nahe kam. Wie Ameisen, Wespen und andere Mitglieder von Sozialstaaten beweisen, kann Kooperation also zu einer beachtlichen Erhöhung der Effizienz führen.
Auf der Grundlage dieser Erkenntnisse schlugen Maes, Brooks und Mataric ein Szenario vor, bei dem eine Gruppe mobiler Roboter ein Gebiet des Mondes, in dem später eine bemannte Landung erfolgen sollte, vorbereiten.[23] Ein wichtiger Teil dieser Aufgabe wäre es, Berge von Mondschutt aufzuschütten, die als Schutz gegen Sonneneinstrahlung dienen sollten oder als Baumaterial für die Basis selbst. Amerikanische und japanische Planer waren der Ansicht, daß diese Aufgabe

am einfachsten mit herkömmlicher Technologie zu bewerkstelligen sei, also mit einem normalen Bulldozer, der entweder funkgesteuert oder von einem »Arbeiter-Astronauten« bedient wurde. Brooks und seine Mitarbeiter waren dagegen der Ansicht, daß ein Schwarm von Robotern diese Arbeit erledigen könnte.
Die Invasion der KL-Soldaten sollte einige Jahre vor der Landung der Astronauten erfolgen. Nach Ankunft auf dem Mond würde das Raumschiff einige Hundertschaften fünf Pfund schwerer, solargetriebener Roboter aussetzen, die Minibulldozern ähnelten, Schaufeln besaßen und die Mondschutt aufnehmen könnten. Brooks und seine Mitarbeiter stellten sich vor, daß jeder Roboter den gleichen Satz von Anweisungen ausführen würde, der teilweise Craig Reynolds' Simulationen des Schwarmverhaltens von Vögeln entlehnt war:

1. Jeder Roboter hält eine Mindestdistanz zu den Robotern, die ihn umgeben;
2. jeder Roboter vergleicht seine Geschwindigkeit mit der von Robotern in seiner Nachbarschaft;
3. jeder Roboter steuert in Richtung auf ein erkanntes Zentrum einer Roboteransammlung in seiner Nähe;
4. die Geschwindigkeit eines Roboters ist proportional zu der Anzahl großer Steine, die er in seiner Nähe wahrnimmt (oder auch umgekehrt proportional zum Grad der ebenen Beschaffenheit des Terrains seiner unmittelbaren Umgebung);
5. wenn sich der Roboter eine Zeitlang nicht viel bewegt hat, tritt ein neuer »Modus« in Kraft, durch den eine Reihe von Verhaltensweisen ausgelöst wird, die für eine nächste, generelle Aufgabe geeignet sind.

... Eine Roboter-Gruppe, die die ersten drei Regeln ausführt, bewegt sich schwarmartig in einem bestimmten Gebiet. Regel 4 und 5 stellen sicher, daß der Schwarm seine Aktivitäten einstellt, sobald er einen geeigneten Ort gefunden hat.

Auch in diesem Szenario würden die Roboter wieder einer Reihe von Regeln folgen, die aufgestellt worden waren, um differenziertes funktionales Verhalten entstehen zu lassen. Jeder Roboter würde zur Kennzeichnung seines augenblicklichen Zustandes ein Funksignal aussenden, und alle Roboter würden so lange den Modus der Mehrheit annehmen, bis andere Regeln in den Prozeß eingebracht würden. Roboter, die feststellten, daß sich nur auf einer Seite Artgenossen befänden, würden ein bestimmtes Signal aussenden und auf diese Weise die Grenzen abstecken. Diejenigen Roboter, die feststellten, daß ihre Schaufeln leer sind, würden so lange richtungslos umherlaufen, bis sie einen sanft ansteigenden Hang gefunden hätten, an dem sie ihre Schaufeln füllen könnten. Fühlten sie, daß ihre Schaufel gefüllt ist, würden sie zu bestimmten Robotern hingezogen werden, die das entsprechende Spezialsignal ausstrahlten. Entdeckten sie einen Schuttberg, entleerten sie die Schaufeln. Am Ende hätte das Roboterteam auf dem Mondboden eine ebene Fläche mit Schuttbergen an den Rändern geschaffen.

Obwohl die Wissenschaftler des Mobot Lab ihr Modell unabhängig von anderen entwarfen, hatte der von ihnen vorgeschlagene Gesamtprozeß eine geradezu frappierende Ähnlichkeit mit den Vorstellungen, die Richard Laing und sein Team von Wissenschaftlern zehn Jahre zuvor unter der Schirmherrschaft der NASA entwickelt hatten. Das Raumschiff, das die Roboter transportierte, entsprach etwa den von der Erde stammenden »Keimzellen« Laings und seiner Kollegen, die sich zu selbstreplizierenden Mondfabriken entwickeln sollten. Die Wissenschaftler, die seinerzeit für die NASA arbeiteten, hatten natürlich nicht die leiseste Ahnung, daß ein ethologischer Bottom-up-Ansatz in der Roboterforschung später die Konstruktion von lebensähnlichen, autonomen Robotern für die Eroberung von Mond, Mars oder noch weiter entfernt liegenden Bestimmungsorten erarbeiten würde. Angeregt durch John von Neumanns Gedankenexperiment, hatte ihr Vorschlag seinerzeit an Science-fiction gegrenzt. Doch durch zwischenzeitlich entwickelte neue Technologien war ihre Vision jetzt in den Bereich des Machbaren gerückt.

Die Erfahrungen der Forscher aus dem Mobot Lab, aus der computergestützten Ethologie sowie die Theorien über die Neubildung von Verhaltensweisen hatten gezeigt, daß man den fruchtbarsten Boden für die Suche nach derartigen Technologien in biologischen Systemen finden würde. In lebenden Organismen, den bis heute besten Maschinen, manifestieren sich außerordentlich erfolgreiche Prozesse, die durch Evolution und Selbstorganisation ständig »zurechtgeschliffen«

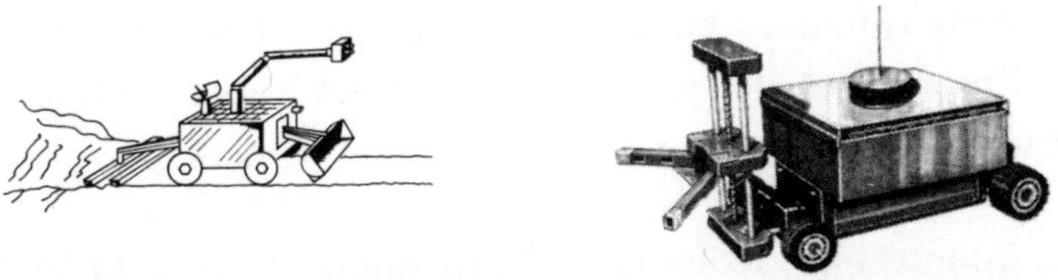

Links ist die Modellskizze eines Mondfahrzeuges zu erkennen, das 1980 von der NASA Self Replicating Systems Concept Group entworfen wurde. Rechts ist ein funktionsfähiger Arbeitsroboter abgebildet, der vom Mobot Lab des MIT entwickelt wurde und in seiner Konstruktion so verändert werden könnte, daß er für die oben beschriebene Art von außerirdischen Aufgaben geeignet wäre.

werden. Nachdem diese Ideen in ähnlicher Weise in nichtorganischen Maschinen verwirklicht worden waren, schienen die Träume der NASA-Wissenschaftler nicht mehr so weit hergeholt. Das galt ebenso für die Hypothese, daß Leben auch außerhalb von Objekten mit einer Chemie aus Kohlenstoffketten existieren könnte. Man stelle sich einen außerirdischen Beobachter vor, der tausend Attilas betrachtet, die auf dem Mond ausschwärmen, die Umgebung erkunden und schließlich Steine zu einem zentralen Schutthaufen befördern. Würde er nicht annehmen müssen, daß sie leben? Oder man stelle sich einen außerirdischen Beobachter vor, der einen Planeten über einen Zeitraum von mehreren Menschengenerationen beobachtet. Während dieser Zeit würden mit Hilfe von KL-Roboter-Arbeitskräften selbstreplizierende Fabriken entstehen, die ihrerseits weitere Roboter herstellten, welche vielleicht von funktionellen Mutationen betroffen wären, die es ihnen erlaubten, ihre Arbeit noch besser zu verrichten. Wie restriktiv müßte dieser Beobachter Leben definieren, damit ein solches System nicht ausgeschlossen wäre?

Im Mobile Robot Lab äußerte sich niemand definitiv darüber, ob für die Nachfolger von Allen, Herbert, Dschingis und Attila in Anspruch genommen werden sollte, sie seien lebende Wesen. Es schien vielmehr einen Konsens darüber zu geben, daß die Roboterforscher, indem sie nach einer Intelligenz auf der Ebene von Tieren suchten und nicht nach der Nutzung einer Technik, die ein von oben aufgezwungenes symbolisches Wissen propagierte, um menschenähnliches Denken in Robotern zu erreichen, durchaus eine Ergänzung zur natürlichen Ökologie schaffen könnten, die für symbiontische Beziehungen zu menschlichen Wesen sorgen würde. Das wäre vergleichbar damit, daß Menschen Zimmerpflanzen kultivieren, Pferde reiten und Kanarienvögel halten. Ein Artikel, der von Mitgliedern des Labors verfaßt wurde, beschrieb diese Vision:

> Es könnte eine Kolonie von fast mikroskopisch kleinen Bildschirmputzer-Robotern geben, die auf Ihrem Fernsehschirm leben, eine Horde von nur etwas größeren Robotern, die Essensreste vom Geschirr kratzen, bevor das Wasser in den Geschirrspüler einläuft, eine Gruppe mausgroßer Roboter, die die Ecken in Ihrem Haus sauberhalten, eine Familie von Robotern von der Größe eines Hundes, die Ihren Garten in Ordnung hält, und eine Herde von Flußpferden, die Dämme baut, um Sie mit Wasser und Strom zu versorgen.

Wenn Grey Walters kybernetische Vehikel Elsie und Elmer – wie Rodney Brooks meint – die Intelligenz von Bakterien überschritten hatten, und wenn Attilas Intelligenz knapp unter dem Level der Intelligenz von Insekten lag, könnten wir dann bald etwas Lebendiges, etwa auf der Ebene von Hunden, simulieren? Paul Viola, einer der Mitarbeiter des Mobot Lab, wollte tatsächlich eine Kiste besten Cognacs wetten, daß er diese Aufgabe innerhalb eines Jahrzehnts erfüllen könnte. Das heißt, er wollte einen Roboter bauen, der sich in jeder Lebenslage seines Hundelebens wie ein Hund verhielt, praktisch ein Hund war. Die Wissenschaftler nahmen sich vor, das hundeähnliche Objekt nach seiner Fertigstellung einer interessanten Variation des Turing-Tests zu unterziehen, um feststellen zu können, ob die Wettschuld beglichen werden müßte: Viola würde den Roboter mit nach Hause nehmen und ihn den (noch ungeborenen) Kindern seines Freundes zeigen.
Wenn sie ihn liebgewinnen würden, hätte Viola die Wette gewonnen.

Das Große Ziel

Wie kannst du es wagen, so mit dem Leben zu spielen? Tu du deine Schuldigkeit mir gegenüber, und ich tue dir und der ganzen Menschheit gegenüber meine Schuldigkeit. Wenn du auf meine Bedingungen eingehst, werde ich sie und dich in Frieden lassen. Aber wenn du dich weigerst, werde ich das gefräßige Maul des Todes füllen, bis es vom Blut deiner noch lebenden Lieben gesättigt ist.

Frankenstein[1]

DAS GROSSE ZIEL

Am 3. November 1983 ließ Fred Cohen seine Gedanken von der Diskussion in dem kleinen Seminarraum der University of Southern California abschweifen. Er nahm an einem Kurs für Graduierte über Computersicherheit teil, ein Thema, das ihn eigentlich faszinierte, nicht zuletzt deswegen, weil ihm eine Nebenbeschäftigung auf diesem Gebiet half, sein Studium zu finanzieren. Aber an diesem Tag hatte er andere Probleme. Sein Vorschlag für eine Doktorarbeit war vor einiger Zeit abgelehnt worden, und in der kommenden Woche endete die halbjährige Frist, innerhalb derer er ein neues Thema einreichen mußte. Alle seine Alternativvorschläge waren nur wortreiche Varianten seines ursprünglichen Themas, das die Theorie der Parallelverarbeitung bei Computern behandelte. Wenn seine Professoren auch diese ablehnten, konnte er seine Hoffnung auf einen Doktortitel in Informatik begraben und sicher auch seine Karriere. Daher war es nicht verwunderlich, daß seine Gedanken an diesem Tag keine Ruhe fanden.

Cohen war ein ausgesprochen umtriebiger Student der Elektrotechnik und Computersicherheit. Als Sohn eines Physikerehepaares war er in Pittsburgh aufgewachsen, wo er zunächst die Carnegie-Mellon University besuchte, um dann sein Studium in Informationswissenschaften an der University of Pittsburgh fortzusetzen. Von unverwüstlichem Charakter, oft harsch bis zur Unhöflichkeit, verstand Cohen es, sein Leben zu genießen. Unter anderem war er Mitglied verschiedener Sportmannschaften, gehörte also beispielsweise zum Frisbee-Team der Universität. Irgendwann spürte er allerdings, daß die Pflichten des Erwachsenwerdens ihn einholten. Er entschloß sich, ein »ordentlicher Student« zu werden, und ging an die University of Southern California, um Computertheorie und Roboterwissenschaften zu studieren.

Jetzt hing Fred Cohen also seinen Gedanken nach, während sein Professor, Leonard Adleman, und die übrigen Studenten verschiedene Angriffsmodelle auf dem Computer nach Art des Trojanischen Pferdes diskutierten. Während seines Studiums hatte Cohen begonnen, sich für dezentralisierte Algorithmen zu interessieren, eine Methode, mit der man Teile eines einzelnen mathematischen Problems auf verschiedene Teile des Computers oder sogar auf verschiedene Computer verlagern konnte. Jetzt grübelte er darüber nach, ob nicht selbstreproduzierende Programme eine Möglichkeit böten, dieses Problem zu bewältigen. Selbstverständlich waren ihm von Neumanns Arbeiten bekannt, aber bei der Idee, die er an diesem Morgen ausbrütete, handelte es sich um sehr viel einfachere Konstruktionen als bei den berühmten selbstreproduzierenden Automaten. Was wäre, wenn einfache Programmteile sich in der gleichen Weise, wie es bei Parasiten und deren Wirten geschah, in andere Programme einbauten, um so deren Kontrolle zu übernehmen?

»Es war so, als würde sich ein Vorhang zwischen mir und der Wahrheit befinden, und Gott teilte den Vorhang und sagte: ›So funktioniert es‹«, beschreibt Cohen heute seine Gefühle an jenem Tag. »Die Auswirkungen wurden mir schlagartig klar. Ich hatte mich seit langem mit Computersicherheit beschäftigt, ich wußte, wie die Systeme funktionierten und wie verschiedene Angreifer arbeiteten. ... Aber jetzt fiel es mir wie Schuppen von den Augen: Jeder, der in der Lage war, solche Dinge zu programmieren, würde etwas haben, das sich überall replizieren konnte.«

Cohens plötzliche Erkenntnis bildete ein weiteres Schlüsselelement im Definitionspuzzle »Was ist Leben?«: Leben konnte als die Hälfte eines zweiteiligen Systems betrachtet werden, das sich aus dem Organismus und dessen Umwelt zusammensetzte. Für die Schaffung einer Wechselbeziehung, die in der Lage wäre, Leben hervorzubringen, benötigte man eine entsprechende Umgebung, in der sich die Leistungsfähigkeit voll entfalten könnte. Der Code der DNA ist nur innerhalb der Struktur einer Zelle wirksam, denn diese stellt das Rohmaterial zur Verfügung, durch das über den genetischen Code die lebenswichtigen Enzyme hergestellt werden. Von Neumanns kinematischer, selbstreproduzierender Automat benötigte einen See, der mit geeigneten Einzelteilcn gefüllt war; und eine bestimmte Klasse von Computerprogrammen, die sich selbst replizieren und von anderen Programmen ernähren konnte, brauchte eine Umgebung, die reichlich mit Daten bestückt war. Durch die Schaffung einer Reihe von schwindelerregend komplexen Computerbetriebssystemen war unabsichtlich auch eine besondere Umgebung entstanden, ein in gewissem Sinne fruchtbarer

Boden für eine neue Art von Kreatur, nämlich für einen parasitären Informationsorganismus. Diese Welt war so reich an Daten, daß Cohen annahm, es könnten sich sogar einfache Kreaturen darin halten – und ihrer Stabilität verheerenden Schaden zufügen.
Als das Seminar zu Ende war, unterbreitete Cohen seinem Professor diese Ideen. Adleman fiel sofort eine biologische Entsprechung zu Cohens Gedanken ein: Viren.
Sowohl Adleman als auch Cohen war unbekannt, daß der Science-fiction-Autor David Gerrold bereits 1972 den Begriff »Virus« (das lateinische *virus* bedeutet Gift) in seinem Buch *Ich bin Harlie*[2] verwendet hatte, um damit eine verbrecherische Computerkonstruktion zu bezeichnen.[3] Diese Namensschöpfung hatte sich nicht durchgesetzt, und so war die entsprechende Passage in den folgenden Auflagen des Romans von Gerrold gestrichen worden. Cohen definierte einen Computervirus jetzt als »ein Programm, das andere Programme ›infiziert‹, indem es sie durch eine möglicherweise weiterentwickelte Kopie von sich selbst modifiziert«.
Adleman ermutigte Cohen, sich weiter mit dieser Idee zu beschäftigen. Cohen kehrte also in den kleinen Arbeitsraum zurück, den er mit vier anderen Studenten teilte, und setzte sich an seinen Computer. Innerhalb von fünf Minuten hatte er den Programmcode geschrieben, der sich in andere Programme einbauen ließ: einen Computervirus. Nachdem Cohen den einfacheren Teil – die zerstörerische Komponente – fertiggestellt hatte, arbeitete er bis zum frühen Abend an der weitaus schwierigeren Aufgabe, den Code so abzufassen, daß seine Kreatur nicht unkontrolliert um sich greifen konnte. Um acht Uhr abends war er auch mit dieser Arbeit fertig. Entstanden waren zweihundert Zeilen in der Programmiersprache »C«, die als das erste dokumentierte Computervirus bekannt werden sollte.
Cohen wollte, daß das Virus generell um Erlaubnis fragte, bevor es andere Programme infizierte. »Ich wollte nichts, das sich einfach verbreitete, sondern etwas, das ich kontrollieren konnte«, erklärt er. »Für ein Virus wäre es ziemlich geschickt, denn es würde mich nicht nur um Erlaubnis fragen, sondern auch nicht alles Vorhandene einfach infizieren. Ich machte Analysen von den Gewohnheiten verschiedener Benutzer (das war leicht möglich, da das UNIX-Betriebssystem Listen von den Daten jedes Benutzers zur Verfügung stellt) und fand so

heraus, welche Programme von den meisten Anwendern am häufigsten benutzt wurden; schließlich sollte es ja die Dinge angreifen, die die Infektion am schnellsten und am weitesten verbreiteten. Die Bedingungen sind so wie bei einer menschlichen Infektionskrankheit: Wenn man sehr viele Menschen anstecken will, wählt man beispielsweise eine Prostituierte in Las Vegas als Krankheitsträgerin.«

Adleman besorgte Cohen die Erlaubnis, sein Programm in die UNIX-Umgebung des VAX-11-750-Computers in der University of Southern California zu entlassen. Cohen bezweifelte, daß Adleman denjenigen, die die entsprechende Anfrage positiv beschieden, die Art des Experiments detailliert erklärt hatte. Wie hätten sie auch die Auswirkungen erahnen können? Cohen war sicher, daß er die Kontrolle über seine Kreatur behalten könnte, und er war somit der erste Informatiker, der jemals eine wissenschaftlich überwachte Freisetzung eines gefährlichen Informationsorganismus »in freier Wildbahn« durchführte.

Das Experiment wurde am Nachmittag durchgeführt, also zu einer Zeit, zu der der Computer normalerweise sehr stark frequentiert war. Etwa fünfzig Anwender teilten sich die Arbeitsplätze an der VAX.

Cohens Virus war in einem Programm enthalten, das »vd« genannt wurde und dessen vorgegebene Aufgabe es war, die Dateien der Benutzer in einer graphisch leicht überschaubaren Form anzuzeigen. Während die infizierte Version des vd-Programms diese Aufgabe auch wirklich erfüllte, versetzte das darin enthaltene Virus Cohen außerdem in die Lage, den Benutzer, der sich diese Infektion eingehandelt hatte, anhand von Identitätsmerkmalen einzustufen. Falls der wichtigste Benutzer eines UNIX-Computers, der Systemverwalter oder auch »root« heißt, infiziert werden würde, bekäme Cohen die Zugangsberechtigung vom Systemverwalter für alle Teile des Systems, einschließlich der Möglichkeit, alle Dateien zu lesen oder in sie hineinzuschreiben, auch in das Betriebssystem selbst. Es wäre so, als würde er eine Bienenkönigin gefangennehmen, denn dann gehörte ihm auch das Bienenvolk. Über das Benutzerinfo des Rechners bot Cohen sein Programm also anderen Benutzern an und wartete.

Nachdem der erste Anwender den Köder angenommen hatte und das Programm benutzte, griff das Virus an. Es suchte die Dateien des Anwenders ab und verglich sie mit dem »System-Log(buch)« (das sich an einer anderen Stelle des Systems befand), um dann das meistfrequentierte Programm für die Infektion auszuwählen. Im UNIX-System gibt es bei den Dateien der einzelnen Benutzer bestimmte Programme, die für jedermann zugänglich sind, und diese am häufigsten genutzten Programme waren die erste Wahl für die Invasion. Das Virus benötigte nur eine halbe Sekunde, um sich in eine solche Datei einzubauen, also eine Zeitspanne, die viel zu kurz war, um den jeweiligen Benutzer Verdacht schöpfen zu lassen, daß irgend etwas nicht stimmte.

Das erste für eine Infektion ausgewählte Programm war eines, mit dem man sich die Uhrzeit auf dem Bildschirm einblenden lassen konnte. Es wurde von vielen Benutzern während der Arbeit mit dem Programm-Editor EMACS verwendet, und etwa die Hälfte aller Benutzer griff routinemäßig auf dieses Programm zurück. Als das Virus Cohen um die Erlaubnis bat, dieses Programm zu infizieren, stimmte dieser zu. Die Infektion griff auf andere Anwender über, die diese Uhr ebenfalls benutzten, und erreichte bald auch die Anwender, die Zugriff auf das EMACS-Programm selbst hatten. Von diesem Zeitpunkt an wurde jeder, der dieses Programm benutzte, ebenfalls angesteckt, sofern Cohen die Erlaubnis erteilte. Die Infektion blieb in der am häufigsten genutzten Datei eines jeden infizierten Benutzers erhalten. Innerhalb von einigen Minuten griff auch der Systemverwalter auf ein infiziertes Programm zurück, und die Aufgabe des Virus war erfüllt.

Das System war vollkommen von Cohens Virus durchsetzt.

Cohen hatte nun Zugriff auf die Programme und Dateien jedes Benutzers; er konnte Befehle geben, als sei er der legitime Anwender. Er nutzte diese Macht, um das Virus aus den Dateien der einzelnen Anwender zu entfernen. Dann ließ er das Experiment noch einmal ablaufen. Insgesamt entließ er das Virus fünfmal in das System, und jedesmal erfolgte ein hundertprozentiger Befall. Ein typischer, von Cohen aufgezeichneter Programmdurchlauf sah folgendermaßen aus (»loadavg« ist ein häufig verwendetes Hilfsprogramm, das die Benutzeraktivität mißt, und bei »editor« handelt es sich um das EMACS-Programm):[4]

Verbrauchte Zeit (in Minuten)	**Ereignis**	**Effekt**
0	Programm auf dem Benutzerinfo angeboten	Vorhandensein angezeigt
1	Aktiver Benutzer verwendet das Programm	Loadavg wird infiziert
4	Der Benutzer mit Zugang zum Editor benutzt infiziertes Programm	Loadavg-Editor wird infiziert
8–12	Der Editor wird von vielen benutzt	Viele Programme werden infiziert
14	Systemverwalter benutzt Editor	Alle Systemverwalter-Privilegien werden durch das Virus übernommen

Die in der Tabelle aufgeführten vierzehn Minuten waren Cohens zweitbeste Zeit. Die kürzeste Zeitspanne betrug fünf Minuten, die längste Periode bis zur Sättigung des Systems dauerte eine Stunde.

Als Cohen seine Kreation genau eine Woche, nachdem er die Idee gehabt hatte, in Adlemans Seminar vorführte, schienen seine Mitstudenten Schwierigkeiten zu haben, das ihnen Vorgeführte nachzuvollziehen. Cohen ließ einen nach dem anderen auf ein bestimmtes Programm zugreifen, und während sie erstaunt warteten, wurden ihre Dateien von Cohens Virus befallen. Cohen konnte ihnen leicht die Theorie und die Wirkungsweise des Geschehenen erklären; ihnen die Bedeutung dieses Experimentes zu erläutern war allerdings eine andere Sache. Cohen verglich die Reaktion seiner Kommilitonen später mit der Reaktion eines Autobesitzers, der morgens dorthin geht, wo er am Abend zuvor sein Auto abgestellt hat, und es dort nicht mehr vorfindet. Die erste Reaktion ist normalerweise die, daß er sich fragt, ob er das Fahrzeug nicht vielleicht irgendwo anders geparkt hat; dann fragt er vielleicht seine Frau, ob sie es woanders geparkt hat, schließlich zieht er die Möglichkeit in Betracht, daß der Wagen gestohlen worden sein könnte. Dennoch wird der Autobesitzer, bevor er die Polizei ruft, nochmals den Parkplatz absuchen. Manchmal reichen Beweise allein nicht aus, um die eigene Meinung zu ändern, oft ist vielmehr auch die Bereitschaft notwendig, die Beweise anzuerkennen.

Auch aus diesem Grund ging Cohen sehr sorgfältig vor, als er seine Ergebnisse dokumentierte. Er nahm sich den Rat David Jeffersons zu Herzen, der damals noch am USC war und der die Bedeutung der Resultate Cohens erkannte: »Versuche den wichtigsten Artikel deines Lebens daraus zu machen.« Nachdem er die Genehmigung bekommen hatte, Computerviren zum Gegenstand seiner Doktorarbeit zu machen (die Zeit war allerdings schon so weit fortgeschritten, daß es nur noch möglich war, sein erstes Thema zu nehmen, um gleich darauf verabredungsgemäß einen Antrag auf Änderung dieses Themas einzureichen), arbeitete Cohen Literatur über Epidemiologie durch, analysierte seine Daten mathematisch exakt und plante Versuche in anderen Computersystemen. Letzteres war allerdings nicht so einfach. Unmittelbar nachdem die verantwortlichen Leute, bei denen Cohen seine Tests unternommen hatte, die Ergebnisse seiner ersten Versuche zu Gesicht bekommen hatten, verweigerten sie kategorisch ihre Zustimmung zu weiteren Experimenten. Das galt sogar für solche Experimente, in denen Cohen spezielle Programme einführen wollte, die dem System Resistenzfähigkeit gegen mögliche Infektionen verleihen sollten. »Diese Angstreaktion scheint mir typisch zu sein«, schrieb Cohen in seiner Doktorarbeit. »Anstatt zu versuchen, technische Probleme technisch zu lösen, werden oft politische Lösungen vorgezogen.«
Die Verantwortlichen anderer Computersysteme am USC äußerten ähnliche Befürchtungen und verweigerten Cohen sogar die Genehmigung, seine Experimente mit nicht infizierten Versionen von Protokollbändern in rechnerunabhängigen Simulationen durchzuführen. Es schien Cohen, als hofften sie, die potentielle Bedrohung gefährlicher Computerprogramme dadurch ausrotten zu können, daß sie diese fortwünschten. Nach monatelangen Verhandlungen konnte Cohen schließlich einige seiner Experimente in anderen Systemen wiederholen, um seine Ergebnisse zu bestätigen. Aber trotz der von ihm vorgeschlagenen, seiner Ansicht nach narrensicheren Schutzmaßnahmen bekam er nie den ihm notwendig erscheinenden Zugang zu den Rechnern, um mit der Verbreitung von Computerviren experimentieren und diese wirklich messen zu können.
Als Cohen begann, seine Ergebnisse in der Öffentlichkeit zu diskutieren, war die Reaktion noch dramatischer. Nach seinem Vortrag auf

einer Konferenz über Computersicherheit in Kanada, so berichtet Cohen, habe ihm ein US-Beamter gesagt, er hätte die Erlaubnis zu sprechen nicht bekommen, wenn das Außenministerium vorher über den Inhalt seines Vortrages informiert gewesen wäre. Außerdem gab Cohen an, daß er gründlich durchsucht worden sei, als er wieder in die USA einreiste. Nachdem er seine Promotion im Jahre 1985 fertiggestellt hatte, bekam der frisch gekürte Doktor Schwierigkeiten, den Artikel mit der Zusammenfassung seiner Ergebnisse zu veröffentlichen.[5] 1987 wurde dieser schließlich von der Zeitschrift *Computer and Security* angenommen. Da Cohen vermeiden wollte, daß die Kollegen, die ihn unterstützt hatten, ebenfalls desavouiert würden, sah er sich veranlaßt, eine recht ungewöhnliche Maßnahme zu ergreifen: Er nannte in der Danksagung nur ihre Vornamen.

Inzwischen waren vier Jahre vergangen, seitdem Fred Cohen klar geworden war, daß die Datenwelt der Informatik einen fruchtbaren Boden für potentiell zerstörerische Formen Künstlichen Lebens darstellte. Cohen hatte bereits den Ausschluß von einer finanziellen Förderung zu spüren bekommen, und das änderte sich auch in der Folgezeit nicht. Seine akademische Karriere war blockiert, weil er seine Arbeiten an Computerviren nicht fortsetzen konnte, obwohl er in erster Linie an deren Ausrottung und an Schutzvorrichtungen gegen sie arbeitete. Später konnte Cohen sich lebhaft an einen bestimmten Vortrag aus dieser Zeit erinnern. Während er die Zuhörer in die schöne neue Welt der Computerviren einführte, fiel sein Blick zufällig auf das beunruhigte Gesicht einer jungen Frau.

»Es war, als würde ihr jemand erzählen, ihre Mutter sei überhaupt nicht ihre Mutter«, sagt Cohen. »Das war die Reaktion, welche die meisten Leuten zeigten, bis Theorie und Praxis richtig verstanden wurden. Das Thema kam in ihrer Vorstellungswelt nicht vor, und das änderte sich erst, wenn sie selbst davon betroffen waren.«

Cohen wurdc schließlich als Vater der Computerviren bekannt (eine nicht unbedingt karrierefördernde Ehre). Nach weiteren Forschungen traf er jedoch auf Erkenntnisspuren anderer Forscher. Wenngleich niemand zuvor ein Computervirus im engeren Sinne hergestellt hatte, hatte es doch Spekulationen über gefährliche Computerorganismen und auch vereinzelt Exemplare solcher Programme gegeben, die schon zu einer Art Computerlegende geworden waren. Teilweise handelte es sich dabei um Produkte einer digitalen Halbwelt. In der gesamten Geschichte der Informatik behinderten diese unerlaubten, oft nach Ende der offiziellen Dienststunden stattfindenden Aktivitäten Fortschritte in dieser Wissenschaft. Solche Unternehmungen prägten die kurze Frühgeschichte freilebender künstlicher Lebensformen, also sozusagen die freie Wildbahn. Zwar waren sie häufig als Ulk gedacht oder als unorthodoxe Forschungsbeiträge, aber sie waren anscheinend in keinem Fall in zerstörerischer Absicht konstruiert worden. Dennoch ließen sie eine erschreckende Zukunft erahnen, weil sie die Möglichkeiten aufzeigten, daß Künstliches Leben unkontrolliert gezüchtet werden könnte. Noch schlimmer war aber wohl, daß die Zähigkeit, mit der diese Unternehmungen durchgeführt wurden, den Schluß zuließ, Kontrollen seien möglicherweise nicht realisierbar.

Die vermutlich ersten selbstreplizierenden und gefährlichen Organismen fanden jedoch nie ihren Weg aus dem Inneren eines sperrigen IBM-7090-Computers in den Gebäuden der AT&T-Bell-Laboratorien in New Jersey. Diese Kreaturen waren die digitalen Kämpfer in einem Gladiatorenspiel, das »Darwin« genannt wurde.[6] Im Jahre 1962 gab es absolut nichts Vergleichbares. Der Schöpfer Darwins, Viktor Vyssotsky, benutzte von Neumanns Automatentheorie als Basis für die Kreation selbstreplizierender Programme, die von ihren Programmierern in eine virtuelle Arena gesetzt wurden. Wilden Kampfhähnen vergleichbar, die von ihren Besitzern in einen Zweikampf geschickt werden, sollten sich Vyssotskys selbständige Gladiatoren mit denen von H. Douglas McIlroy und von Robert Morris sen., zwei anderen Informatikern der Bell-Laboratorien, auf dem IBM 7090 messen.

Die Organismen waren in Assembler, einer maschinenorientierten Computersprache, programmiert, bestanden also aus Befehlen, die direkt im (Haupt-)Speicher der Maschine abgearbeitet werden konnten. Die Organismen konnten drei Funktionen ausführen: *Überprüfen*, *Beanspruchen* und *Töten.* Wenn ein Organismus in die Computerwelt entlassen wurde, *überprüfte* er Adressen im Hauptspeicher. Wenn er dort eine leere Region fand, konnte er diesen Teil durch Selbstreplikation *beanspruchen.* Befand sich ein Feind an der überprüften Stelle, versuchte der Organismus, diesen zu *töten.*

Irgendwann entließ McIlroy einen außerordentlich interessanten

Kämpfer in den Hauptspeicher. Es handelte sich hier vermutlich um die erste Computerkreatur, die man als Virus bezeichnen konnte, obwohl sie, im Gegensatz zu Cohens späteren Kreaturen, keine vorhandenen Programme nach Art eines biologischen Virus infizierte. Das Programm bestand aus nur fünfzehn Anweisungen, und da die Regeln des Darwin-Spiels es jedem Organismus erlaubten, zwanzig seiner Anweisungen vor Angriffen anderer Organismen zu schützen, war das Virus unzerstörbar. Allerdings bedingte die Kürze des Organismus auch eine gewisse Unvollständigkeit: Er konnte Speicheradressen auf Feinde *überprüfen* und diejenigen, die er fand, *töten,* konnte aber keine Anweisungen zur Selbstreplikation ausführen. Dadurch war er stark benachteiligt, da im Darwin-Spiel, ganz im Geiste des Namensgebers, der Gewinner derjenige Organismus war, der die meisten Nachkommen hatte. Wenn er seine Gegner nicht innerhalb der zur Verfügung stehenden Spielzeit zerstörte, war er unweigerlich der Verlierer. Nicht lange nach der Herstellung dieses Organismus schuf Morris, der dritte der Darwin-Fanatiker, eine Kreatur mit dreißig Anweisungen, die angepaßtes Verhalten zeigte: Sie erlernte nicht nur, ihren Feind schneller zu finden, sondern gab diese Information auch noch an ihre Nachkommen weiter und war so regelmäßig Sieger.
Viele Aktivitäten dieser drei Forscher wurden bereits im Geiste späterer KL-Experimente durchgeführt. Die Bell-Wissenschaftler untersuchten verschiedene biologische Ansätze bis hin zur Verwendung heterosexueller Arten (allerdings mit enttäuschendem Ergebnis, da nach einem Bericht »die beiden Typen die meiste Zeit darauf verwendeten, sich gegenseitig zu finden. Außerdem konnte natürlich die gesamte Art dadurch ausgerottet werden, daß alle Vertreter der einen oder anderen Gruppen ausstarben«). Allerdings wurde Darwin in den Bell-Laboratorien allein als Zeitvertreib angesehen. Nach jeder Runde einer Schlacht wurden die Organismen eliminiert, und es verstand sich von selbst, daß niemand Details über die Unterhaltung nach Feierabend enthüllte.
Darwin blieb also jahrelang ein Geheimnis. In der Zwischenzeit begannen Informatiker damit, sich eine Vielzahl von Organismen auszudenken, die aus Informationen bestanden und gut geeignet waren, sich in der freien Wildbahn auszubreiten. Sie infizierten keine anderen Programme, aber sie replizierten sich selbst, löschten dabei manchmal

die Originalkopien aus und vervielfältigten sich häufig mit alarmierender Geschwindigkeit. Eines der ersten Beispiele war das »Krümelmonster«, das von einem unbekannten Programmierer Mitte der sechziger Jahre auf einem MIT-Computer programmiert wurde. Es ließ seine Vorliebe für Kekse als Schriftzug über den Bildschirm eines Benutzers laufen und hielt erst inne, wenn dieser das Wort *cookie,* Krümel, eintippte.

Im Jahre 1971 schrieb Bob Thomas, ein Informatiker bei Bolt, Baranek and Newman, eine anspruchsvollere Version.[7] Die Arbeit an der Software für die Kontrolle von Flugbewegungen in mehrere Richtungen auf verschiedenen Computern inspirierten Thomas dazu, einen »Kriecher« zu schreiben. Dieser bewegte sich von einem Knotenpunkt des Arpanet-Computernetzwerkes zu einem anderen und konnte ganz unerwartet mit der Nachricht: »Ich bin der Kriecher! Fang mich, wenn du kannst!« auf dem Bildschirm irgendeines Anwenders auftauchen. Im Gegenzug schrieben einige Programmierer mit »Schnitter« ein Programm, das versuchte, die Kriecher zu finden und zu zerstören.

Mitte der siebziger Jahre kamen zwei Forscher von Xerox PARC, John Shoch und Jon Hupp, auf die Idee, Kriecher dazu zu verwenden, die Produktivität des Netzwerks der PC ihres Forschungsinstituts in Palo Alto, Kalifornien, zu verbessern. Shoch und Hupp waren an etwas interessiert, was »verteiltes Rechnen« genannt wurde, ein Prozeß, bei dem die Grenzen individueller Computer überschritten wurden, um die geballte Rechenkraft des gesamten Netzwerkes für ein einziges Problem zu verwenden. Im Xerox-Netzwerk waren über einhundert PC durch ein Hochgeschwindigkeitsnetz vom Typ »Ethernet« miteinander verbunden. Shoch und Hupp betrachteten das gesamte Netz als einen einzigen Computer mit einhundert Prozessoren. Das Problem bestand darin, die verschiedenen Rechner in geregelter Weise anzusprechen. »Man kann nicht durch das Gebäude marschieren und in 100 einzelne Maschinen das Programm laden. Das wäre wirklich eine dumme Idee«, erklärt Shoch.

Schließlich entwarfen sie ein dem Kriecher ähnliches Schema, bei dem ein Programm sich durch das Netzwerk bewegen konnte, um sich eine nicht benutzte Maschine zu suchen und dort Tests zu absolvieren. (Die Mitarbeiter von Xerox PARC schalteten ihre Computer nur selten, wenn überhaupt, ab. Wenn auf den Maschinen keine Anwenderprogramme liefen, wurde automatisch ein einfaches Programm abgearbeitet, das den Speicher auf Fehler untersuchte.) Dies geschah in der Regel nachts, wenn alle, selbst die eifrigsten Programmierer, nach Hause gegangen waren.

Ursprünglich stellten sich die Forscher ihre Schöpfung ähnlich vor wie die Kreatur in dem Film *The Blob* (1958, *Blob – Schrecken ohne Namen),* also als formlose, dennoch vitale Masse, die ihre viskose Natur dazu benutzte, sich stets an Orte zu schleichen, wo sie höchst unwillkommen war. Aber auch *Der Schockwellenreiter*[8], ein neuerer Science-fiction-Roman von John Brunner, schilderte ein aus Information bestehendes Monster, das, ähnlich wie der Kriecher, durch ein Netzwerk wanderte und nur schwer zu fassen war. Brunners Romanfiguren nannten es »Bandwurm«, und so bezeichneten die Xerox-Forscher jedes segmentierte Programm, das in der Lage war, in Mehrfachrechnersystemen zu leben, als Wurm.

Shochs und Hupps Wurm suchte sich also geeignete, nicht benutzte Maschinen, bereitete diese darauf vor, ein neues Programm aufzunehmen, und schickten dann die Kopie eines speziellen Programms an den jeweiligen Rechner. Der arbeitete das Programm ab und galt dadurch als ein Segment des Wurms. Nachdem das Programm beendet war, verließ es die Maschine wieder, nicht ohne sie zuvor in ihren ursprünglichen Zustand zurückversetzt zu haben.

In der ersten Version war der einzige Daseinszweck des »existentiellen Wurms« die ständige Verdoppelung, die sein Überleben sicherte. Nachdem sich ein Segment eingerichtet hatte, schickte es weitere Kopien auf die Reise (ein »vollständiger« Wurm hatte normalerweise eine bestimmte Anzahl von Segmenten). Wenn der Benutzer einen Rechner für sich beanspruchte, indem er ein Anwenderprogramm startete, wanderte das Segment in eine andere Maschine. Eine eingebaute Uhr limitierte die Lebensspanne eines Wurms. Der »Reklametafel-Wurm« war die nächste Schöpfung. Er verbreitete ein graphisches Bild im Netzwerk. Wenn die Benutzer morgens eintrafen, konnten sie leicht erkennen, ob sich ein Segment des Wurms in ihrem Rechner befand, denn dann wurde auf ihrem Monitor ein Bild, der »Cartoon des Tages«, angezeigt. Schließlich bauten die Forscher einen etwas komplizierteren Wurm ein, der sich von Maschine zu Maschine bewegte und nützliche Tests durchführte, die ohne seine Hilfe nicht

auszuführen waren. Der Erfolg dieses Wurms zeigte, daß diese Art Kreatur durchaus ein brauchbares Werkzeug für die dezentrale Computerarbeit war.
In Brunners Roman entzieht sich der Bandwurm schließlich der menschlichen Kontrolle. »Nein, man kann ihn nicht abtöten«, schrieb sein Schöpfer im Roman. »Solange das Datennetz besteht, perpetuiert er sich ohne Ende.«[9] Shoch und Hupp maßen diesem Satz einige Bedeutung bei. »Das größte Problem, das mit der Führung des Wurms verbunden ist«, schrieben sie, ist die »Kontrolle seines Wachstums und die Einstellung eines stabilen Verhaltens.« In einem ihrer nächtlichen Experimente schleusten sie einen kleinen, scheinbar harmlosen Wurm in das Ethernet. Als sie am nächsten Morgen an ihren Arbeitsplatz zurückkehrten, mußten sie schockiert feststellen, daß sich das Netzwerk in eine Computerwüste verwandelt hatte. Dutzende von Maschinen reagierten nicht mehr, und auch Wiederbelebungsversuche scheiterten. Aber der Wurm lebte immer noch.
»Wenn man den normalen Speichertest wieder aufrief, lief er nur kurze Zeit, bevor er von dem Wurm vereinnahmt wurde«, schrieben Shoch und Hupp, als sie ihre Ergebnisse 1980 veröffentlichten.[10] »Der Wurm lud sein Programm schnell in dieses neue Segment: Das Programm begann zu laufen, um gleich darauf abzustürzen, wobei der Wurm unvollständig zurückblieb, immer noch hungrig und auf der Suche nach neuen Segmenten.« Glücklicherweise hatten Shoch und Hupp eine Notbremse eingebaut, mit der sie allen Würmern befehlen konnten, Selbstmord zu begehen.
Was tatsächlich passiert war, blieb allerdings unklar. Wenngleich sie später verschiedene Möglichkeiten aufzeigten, die Anlaß für einen solchen Amoklauf der Würmer hätten sein können, stimmte doch keines dieser Szenarios vollständig mit den Umständen dieses speziellen Unfalls überein. Jahre später äußerte Shoch die Vermutung, daß der Code beim Kopieren auf einen weiteren Rechner verfälscht worden war. Diese Verfälschung konnte dazu geführt haben, daß der Wurm eine abnorme Art von Selbstreplikation durchlief. Der neu entstandene zerstörerische Wurm war dann nicht mehr der, den die Xerox-Forscher programmiert hatten, sondern nach Shochs Ansicht eine »Mutation«.
Shoch verfolgte den biologischen Ansatz nicht weiter. Sein Wurm

hatte wenig Ähnlichkeit mit natürlichen Würmern und unterschied sich auch von Computerviren, die richtigen Viren nacheiferten. Der Wurm war also eigentlich auch kein Vorgänger von Cohens Informationsorganismen. Nachdem Shoch und Hupp ihren Artikel veröffentlicht hatten, wurde die Idee ein wenig bekannter, und einige Forscher versuchten sogar, Würmer in PC zu konstruieren. Allerdings fiel die Idee von einer Computertierwelt weiterhin in den Bereich der Science-fiction und nicht in das Gebiet der Informatik, bis Fred Cohen seinen Kommilitonen in Adlemans Seminar und schließlich der ganzen Welt die Möglichkeiten, Viren einzuschleusen, zeigte.

Im Mai 1984, noch bevor Cohens Ergebnisse publiziert worden waren, beschrieb A.K. (Kee) Dewdney in seiner Kolumne im *Scientific American* ein von ihm kreiertes Spiel, dem er den Namen »Krieg der Kerne« gegeben hatte.[11] Wie schon das Spiel Darwin war auch der Krieg der Kerne eine Schlacht zwischen Organismen, die aus Befehlen einer speziellen Art von Assemblersprache bestanden, die Dewdney entwikkelt und »Redcode« genannt hatte. (Indem Dewdney eine »virtuelle« Sprache verwendete, stellte er sicher, daß die Organismen aus dem Krieg der Kerne nicht außerhalb des für sie bestimmten Schlachtfeldes leben konnten.) Im wesentlichen tauschten die Kombattanten Hiebe aus, wobei pro Runde ein Befehl abgearbeitet wurde. Ziel war es, wie Dewdney es ausdrückte, »das andere Programm zu zerstören, indem es dessen Befehle tilgt«.[12]

Die Gegner bekriegten sich diabolisch und listenreich. Eine von Dewdneys frühen Kreationen war »Gnom«, den er als »sehr dummes, aber sehr gefährliches«, aus vier Befehlen bestehendes Wesen beschrieb, das den Kern, also den Bereich des Hauptspeichers, in dem gespielt wurde, methodisch mit einem Sperrfeuer von »Null-Bomben« belegte. (Eine Null-Bombe war das Einfügen einer Null in eine Adresse des Kernspeichers, wodurch die Anweisungen für eine Kreatur, die sich an dieser Adresse befand, zerstört wurden.) Ein würdiger Gegner Gnoms war »Knirps«, der aus nur einer Zeile von Anweisungen bestand, die der Kreatur befahl, sich zu einer anderen Adresse im Kernspeicher zu bewegen.

Dewdney vermutete, daß der Sieger im Krieg der Kerne eine komplizierte Kreatur werde sein müsse, die intelligentes Verhalten zeigt. Die Leser der Beiträge Dewdneys stellten freudig solche weiterentwickelten Organismen zur Verfügung, die sowohl Waffen als auch Schutzschilde besaßen. Einige von ihnen waren in der Lage, ständig neue Knirpse zu erzeugen und Knirps-Treter-Komponenten einzubauen, um feindliche Knirpse auszurotten. Zu den erfolgreicheren Kreaturen gehörten die »Mäuse«, denen es möglich war, die Konkurrenz durch unablässige Selbstreplikation auszulöschen. Beim ersten Krieg-der-Kerne-Turnier wurden die Mäuse von einem Programm herausgefordert, das »Chang1« genannt wurde und das sich selbst in eine virtuelle Fabrik von Knirpsen verwandelte. Die sich vervielfältigenden Mäuse wehrten die Null-Bomben von Chang1 ab, und die Auseinandersetzung endete mit einem Unentschieden.

War Fred Cohens Experiment ein Meilenstein in der formalen Erforschung von Computerviren, so hatte Kee Dewdneys Veröffentlichung eine deutliche, wenn auch unwillkommene Signalwirkung in der Computer-Subkultur, die sich mit der Erschaffung dieser Art von Kreaturen beschäftigte. Auf der einen Seite sahen viele Programmierer darin genau die Art von Zerstreuung, die Dewdney mit dem Krieg der Kerne hatte schaffen wollen, sie paßten das Spiel an viele Mikrocomputer-Betriebssysteme an, programmierten innovative Redcode-Kreaturen, organisierten Wettbewerbe und gründeten sogar einen Club, die International Core Wars Society (Internationale Krieg-der-Kerne-Gesellschaft). Außerdem beeinflußte der Krieg der Kerne die Methode einiger wichtiger KL-Experimente. So nutzte beispielsweise Steen Rasmussen den Redcode als Inspiration für die Organismen seines »Venus«-Programms ebenso wie Tom Ray für seinen Tierra-Simulator.

Auf der anderen Seite halfen Dewdneys Artikel aber auch, die Neuigkeiten über das zerstörerische Potential der aus Information bestehenden Organismen zu verbreiten, und waren so durchaus nicht unbeteiligt an einem epidemischen Auftreten gefährlicher Programme. Drei Jahre bevor Chris Langton die erste KL-Konferenz ins Leben rief, schufen verantwortungslose Programmierer schon freilebende Beispiele Künstlichen Lebens. »Es tummeln sich bereits eine Unzahl von Würmern, Viren und anderen Software-Kreaturen in jeder nur denkbaren Computerumgebung«, schrieb Dewdney in seiner Kolumne im März 1985. »Einige Möglichkeiten sind so erschreckend, daß ich sie kaum wiederzugeben wage.«[13]

Besonders beunruhigend war ein Brief, den zwei italienische Programmierer an Dewdney schrieben, in dem sie ein Virus für den populären Apple-II-Computer vorstellten, wenngleich sie ihren Entwurf glücklicherweise nicht realisierten. Jede in einem Apple benutzte Diskette zweigt einen kleinen Teil ihrer Kapazität für ein Programm ab, das beim Start des Computers automatisch ausgeführt wird und das Laden des Betriebssystems in den Arbeitsspeicher veranlaßt. Sie wird daher »Systemdiskette« genannt. Die beiden Italiener schlugen vor, in diesen Code ein Virus einzupflanzen, das sich selbst auf die Disketten kopierte, die in der Folge in das Laufwerk geschoben werden. Sie vermuteten, daß die Installation von wenigen verseuchten Disketten in dem größten Computer-Geschäft ihrer Heimatstadt (Brescia) ausreichen würde, eine Epidemie auszulösen, falls man die Verbreitung harmloser Viren wirklich als Epidemie bezeichnen könnte, was ihrer Ansicht nach nicht zutraf. »Nein, unser Virus müßte bösartig sein!« sagten sie sich. »Also beschlossen wir, daß das Programm nach 16 Reproduktionszyklen, die auf der Diskette jeweils mitgezählt wurden, sofort nach dem Laden des DOS [Disk Operating System] alle Daten auf der Diskette löschen sollte.«[14] Dadurch bestand natürlich die Gefahr, daß die gesamte, möglicherweise unschätzbare Information, die auf der Diskette vorhanden war, verlorenging.
Ein anderer Brief, den Dewdney in seiner Kolumne veröffentlichte, war der eines Schülers aus Pittsburgh, der ein ähnliches Programm geschrieben hatte, das sich im wesentlichen nur durch die geringere Durchschlagskraft der Zerstörung unterschied. (Es löschte nicht die Daten auf der Diskette, sondern baute Fehler in das Betriebssystem ein.) Durch einen teuflischen Bumerangeffekt, den eine Mary Wollstonecraft Shelley sich hätte ausgedacht haben können, war der Schöpfer des Monsters gleichzeitig derjenige, der am meisten von der Zerstörung betroffen war. »Ich wurde die elektronische Pest nie wieder los«, schrieb der Schüler. »Sie infizierte alle meine Disketten und die meiner Freunde. Das Virus gelangte sogar auf die Graphikdisketten meines Mathematiklehrers.«[15]
Dewdney versuchte, sich Mittel gegen Computerviren auszudenken, die auf den bereits bewährten Verteidigungsstrategien im Krieg-der-Kerne-Programm beruhten. Dies war der Anfang einer sich entwikkelnden Heimindustrie von »Desinfektions-« oder »Schutzimpfungs«-

Programmen, aber – es war bereits zu spät. Mitte der achtziger Jahre war das eingetreten, was Fred Cohen immer wieder vorausgesagt hatte: Die Computersicherheit wurde unaufhaltsam aufgeweicht. Während der nächsten Jahre wurden einige lebensechte KL-Forschungsprojekte von unbesonnenen und unberechenbaren Programmierern durchgeführt. Zunächst tauchten primitive Viren auf dem Apple-II-Computer auf, die Namen wie »Nagender Haß« und »Elch-Klonierer« trugen. Ihnen folgten über sechzig Varianten von Viren, die das verbreitete MS-DOS angriffen, also auch IBM-PC. Das dichte Ökosystem aus Informationen in vielbenutzten Computernetzwerken war gegen Angriffe besonders anfällig. Im November 1988 brachte Robert Morris jun., ein einundzwanzigjähriger Student von der Cornell University (und Sohn des Computerwissenschaftlers, der 1962 in den Bell-Laboratorien den unbesiegbaren Darwin-Organismus geschrieben hatte), ein selbstreplizierendes Programm in Umlauf, das als »The Internet Worm« bekannt wurde.[16] Morris verlor schnell die Kontrolle über seine Kreation und mußte hilflos zusehen, wie sie unaufhaltsam Kopien von sich herstellte und so ein ganzes Netzwerk außer Betrieb setzte, wodurch Millionen von Anwendern betroffen waren.

In einer einzigen Menschengeneration, von Morris sen. zu Morris jun., hatte sich die Technologie des Künstlichen Lebens vom spielerischen Zeitvertreib zur zerstörerischen »Informationsbombe« gewandelt. Das war die dunkle Seite der New-Wave-Wissenschaft: Die Kräfte, die mühelos genutzt werden konnten, um die Mechanismen des Lebens verständlicher zu machen, konnten ebenso mühelos – absichtlich oder nicht – dazu genutzt werden, Chaos herbeizuführen.

Auf der anderen Seite hatte das Programm von Morris, wie Fred Cohen später anmerkte, einen Geschwindigkeitsweltrekord im Bereich Informatik aufgestellt, weil es sich unwahrscheinlich schnell in über sechstausend Rechnern verbreitet hatte. Cohen machte diese Bemerkung nicht ohne gewisse Ironie: Zu einer Zeit, da der junge Morris und andere unbefugte Personen recht forsch gefährliche Kreaturen in die Welt setzten, verweigerte man Cohen und anderen ernsthaften Wissenschaftlern nicht nur Forschungsmittel, sondern auch die Erlaubnis zur Durchführung von Experimenten mit Computerviren. Das führte dazu, daß die Kreationen vorsätzlich krimineller und rücksichtsloser Computerfreaks über Jahre hinweg im Vordergrund standen und in gewisser Hinsicht auch die fortschrittlichsten Formen Künstlichen Lebens waren.

Dazu gehörte vielleicht auch eine Kreatur, die 1986 im Hinterzimmer des pakistanischen Computerladens Brain Computer Services ausgeheckt worden war. Der vierundzwanzigjährige Geschäftsinhaber Amdschad Faruk Alwi und sein jüngerer Bruder Basit beschlossen, ein Virus zu programmieren, das die amerikanischen (aber nicht die pakistanischen) Kunden bestrafte, die Raubkopien von MS-DOS-Software in ihrem Laden kauften. Augenscheinlich erhofften sie auch noch, Profit mit ihrer Kreation zu machen: Das Virus war so programmiert, daß es nach der Vernichtung von irgend jemandes Arbeit den Namen und die Adresse des Computerladens auf dem Monitor anzeigte sowie einen Copyrightvermerk und einen Hinweis, daß das Geschäft in Lahore, Pakistan, ein »Schutzimpfungs«-Programm im Angebot habe.

Das als Brain-Virus[17] bekannt gewordene Programm gehörte nicht nur zu den ersten Viren, die eine sehr große Populationsdichte erreichten (die geschätzte Zahl liegt bei einhunderttausend Kopien), sondern mußte auch als ziemlich raffiniertes Programm eingestuft werden. Wenn beim Computerstart eine Diskette benutzt wurde, die mit dem Brain-Virus infiziert war, kopierte sich das Virus in den Computerspeicher und »versteckte« sich dort, um dann den Startvorgang nicht weiter zu stören. Handelte es sich bei der infizierten Diskette um keine Systemdiskette (sie konnte beispielsweise nur irgendwelche Dateien enthalten, war also nicht für das Starten des Computers gedacht), kopierte sich das Virus trotzdem in den Computerspeicher und gab dann die folgende Nachricht auf dem Bildschirm aus:

> Legen Sie bitte eine Systemdiskette ein, und drücken Sie [Return]

In beiden Fällen wurde jede Diskette infiziert, die anschließend verwendet wurde. Das Virus überprüfte zunächst die Diskette, um festzustellen, ob sie bereits infiziert war. War das nicht der Fall, markierte es zunächst drei freie »Cluster« auf der Diskette als »unbrauchbar« (sperrte sie also für zukünftige Schreibversuche) und versteckte sich dann in diesem Bereich (ein Cluster erstreckt sich über zwei Sektoren einer mit neun Sektoren formatierten Diskette). Waren keine freien Cluster vorhanden, wurde die Diskette verschont, gab es jedoch nur ein freies Cluster, dann kopierte sich das Virus an diese Stelle und überschrieb die nächsten beiden Cluster, wobei ein Teil der dort befindlichen Daten verlorenging. Das war der Punkt, an dem das Virus zerstörerisch werden konnte, denn wenn diese Sektoren Teile eines Programms enthielten, dann konnten die fehlenden Informationen die Funktionsfähigkeit dieses Programms beeinflussen und schließlich zu seinem Absturz führen. Waren auf diesen Sektoren Teile einer Anwenderdatei gespeichert, beispielsweise ein Text, war dieser Teil verloren und der Inhalt der gesamten Datei möglicherweise nicht mehr zugänglich.

Zu den diabolischen Zügen des Brain-Virus gehörte auch die Fähigkeit, seiner Entdeckung zu entgehen. Wenn jemand ein spezielles Virensuchprogramm verwendete, um eine Infektion festzustellen, dirigierte das Virus die Suche in eine nicht infizierte Region der Diskette. Auch war das Programm so geschrieben, daß es sich nur schwer in eine lesbare Form zurückübersetzen ließ, und schließlich war es so flexibel, daß sein Code leicht von anderen Programmierern, die damit herumexperimentieren wollten, verändert werden konnte. Dieser Umstand machte es noch schwerer, das Virus aufzufinden und vergrößerte auch sein Zerstörungspotential. Genau betrachtet, handelte es sich hier um (von den Programmierern erstellte) Mutationen, und die besonders gut angepaßten Versionen versetzten das Brain-Virus in die Lage, immer erfolgreicher als Parasit in der Datenwelt von PC zu überleben. Bis 1989 hatten Wissenschaftler zehn Hauptmutationen des Brain-Virus ausgemacht, von denen eine so programmiert war, daß sie sich bis zum 5. Mai 1992 in einer Ruhephase befand, um dann mit der Datenzerstörung zu beginnen.[18]

Auch wenn es Programmierern schließlich gelang, wirkungsvolle Schutzprogramme gegen das Brain-Virus zu entwickeln, so räumen Beobachter der Szene doch ein, daß sich das Virus wohl so lange halten wird, wie sein Wirt, das MS-DOS-Betriebssystem, derart populär bleibt. Sogar Fred Cohen, der in typischer Unbescheidenheit noch Jahre später seine eigenen viralen Schöpfungen für die mit Abstand besten Varianten hielt, zollte den Schöpfern des Brain-Virus widerwillig Respekt. »Dieser Blutsauger wird bei uns wohl noch eine Weile

herumirren«, sagt er. »Er wird noch Jahrzehnte, wenn nicht sogar Jahrhunderte in den Computern verbleiben.«
Cohen glaubte, daß sein eigenes Virus tatsächlich lebte. Als die KL-Forscher 1987 erstmals zusammenkamen, wurde dieser Anspruch durchaus ernst genommen. Die Wissenschaftler stimmten grundsätzlich darin überein, daß von allen aus Information bestehenden Organismen keiner die zugegebenermaßen verschwommenen Kriterien für Leben so gut erfüllte wie die Computerviren.
Im Grunde waren Computerviren die ersten Organismen, die die Bedingungen für das, was als das »Große Ziel« Künstlichen Lebens bekannt wurde, erfüllten.[19] Dieses bedeutete nach Chris Langton, »daß jede Definition oder jede Liste von Kriterien, die weit genug gefaßt war, alles bekannte biologische Leben einzuschließen, auch bestimmte Klassen von Computerprozessen einschließen würde, die aus diesem Grunde dann auch als ›wirklich‹ lebend angesehen werden müßten«. (Für das »Realisierbare Ziel« hingegen würden KL-Experimente prinzipiell brauchbare Simulationen des Lebensprozesses darstellen, ihrer Natur nach konnten lebende Systeme jedoch niemals selbst Bestandteil des Lebens werden.)
Bedeuteten Computerviren tatsächlich eine Unterstützung für die Vertreter des Großen Ziels? War der gewagte Sprung, den das Künstliche Leben von seinen Anhängern verlangte – der Glaube daran, daß Leben durch Computerprozesse erzeugt werden könne –, *bereits* vollzogen?
Es traf zu, daß sowohl Cohens Virus, als auch das Brain-Virus und bestimmte, siegreiche Organismen aus dem Krieg-der-Kerne-Programm, sowie Hunderte anderer, ausdauernder Computerkreaturen eine beunruhigende Ähnlichkeit mit natürlichen Organismen aufwiesen. Alle beruhten auf Kräften, die weitaus stärker waren als sie selbst und die in gewisser Weise mit dem klügsten Schachzug des Lebens vergleichbar waren: mit der Verletzung des zweiten Hauptsatzes der Thermodynamik. Wie Leonard Adleman schnell erkannt hatte, beherrschte Cohens Virus diesen Trick genauso perfekt, wie es die biologischen Viren taten, aber das allein bescheinigte ihm noch nicht, daß es lebte.
Außerdem ist es nicht unumstritten, ob überhaupt ein biologisches Virus zur Gemeinschaft der Lebewesen zu zählen ist. Die Diskussion

hierüber ist bereits vor langer Zeit in eine unproduktive Sackgasse geraten. Bei biologischen Viren handelt es sich um nichts weiter als Stränge von Nukleinsäuren, die von einer Proteinhülle umgeben sind, wobei es RNA- und DNA-Viren gibt. Sie können ihre Hauptfunktionen, ganz speziell die Reproduktion, nicht ohne die Hilfe der Wirtszellen ausführen, die dadurch geschädigt werden. Bis sie eine Zelle ihrer Wirtsart befallen, befinden sie sich im Ruhezustand, werden dann aber außerordentlich aktiv und funktionieren die Zellmechanismen so um, daß diese im Sinne des Virus tätig werden. Die Materialien im Zellinneren werden beschlagnahmt, um damit neue Viren zu produzieren, und manchmal wird sogar ein Teil der Wirts-DNA verwendet, um bei der Herstellung eines Virus mitzuhelfen. Viren sind also unvollständige Organismen.
Einigen Leuten ist diese Unvollkommenheit ein Hinweis darauf, daß Viren nicht wirklich leben. Anderen wiederum erscheint es als ganz selbstverständlich, Viren, die so viel mit den Organismen gemein haben, die normalerweise zur Gruppe der Lebewesen gerechnet werden, in die Definition dessen, was Leben ist, einzubeziehen (die große Gruppe lebender Organismen beginnt bei den Bakterien und führt von dort die Stufenleiter der Komplexität aufwärts). Da es jedoch keine Definition des Lebens gibt, ist diese Frage letztlich nicht zu entscheiden. Andrew Scott schlug vor, die Diskussion dadurch zu beenden, daß man Leben nicht mehr als Häufung einzelner Organismen betrachtete, sondern als vollwertiges und integriertes Biosystem. »In einem solchen System«, schrieb er, »sind Viren ganz sicher *ein Teil des Lebens,* ebenso wie wir ein Teil des Lebens sind.«[20]
Bedeutete dies, daß Computerviren diesen Anspruch ebenfalls erheben konnten? Wie von Doyne Farmer und Alletta d'A. Belin ausgeführt, erfüllt ein Computervirus »die meisten, möglicherweise sogar alle Kriterien [für Leben] ...«.[21]

- Ein Computervirus ist ein Muster in einem Hintergrundspeicher eines Computers, das dieser als Befehlsfolge interpretieren und ausführen kann.
- Ein Computervirus kann sich selbst in einen anderen Computer kopieren und sich dabei reproduzieren.
- Wie ein richtiges Virus macht auch das Computervirus vom Meta-

bolismus seines Wirts (des Computers) Gebrauch, um das verfügbare Speichermedium zu modifizieren ...

- Ein Computervirus bemerkt Veränderungen im Computer und reagiert darauf mit dem Ziel, seine Lebensfähigkeit zu erhalten.
- Die einzelnen Bestandteile eines Computervirus sind stark voneinander abhängig: Ein Computervirus kann vernichtet werden, wenn eine oder mehrere Anweisungen seines Programms gelöscht werden.
- Wenngleich viele Viren bei starken elektrischen Störungen nicht stabil sind, überstehen sie doch die kleinen Unruhen, die durch die Natur der digitalen Computerumwelt bedingt sind. Ein wirklich robustes Virus bleibt vielleicht sogar bei einigen Änderungen seines Programms stabil.
- Computerviren zeigen evolutionäres Verhalten, wenngleich hauptsächlich durch das Zutun menschlicher Programmierer. ... Bei den heute üblichen Viren führen zufällige Veränderungen meistens zur Zerstörung, obwohl einige fortschrittlichere Viren bereits rudimentäre eingebaute Mechanismen zur Selbstumgestaltung besitzen, die es ihnen erlauben, sich an eine neue Umgebung anzupassen, oder die es den Anwendern erschweren, sie ausfindig zu machen und zu zerstören. Daher entwickeln moderne Viren sich nicht auf natürlichem Wege. ... Letztlich ist es aber wahrscheinlich, daß irgendwann ein Computervirus mit einer robusten Fähigkeit zur Veränderung programmiert wird, das sich dann weit über seine Anfangsform hinaus entwickeln kann.

Die Ähnlichkeiten zwischen natürlichen und künstlichen Viren sind beträchtlich. Beide teilen das Schicksal, unvollständige Organismen zu sein, die ihre Bestimmung nur durch Ausbeutung eines Wirtsmechanismus erfüllen können. Beide sind reine Überlebensmechanismen mit der Aufgabe, ihre Substanz, ein Stück Information, zu erhalten. Sie tun die gleichen Dinge aus den gleichen Gründen: Sie infizieren, replizieren sich und infizieren dann erneut, nur um diese kostbaren Daten zu erhalten.

Sie greifen auch ihre Wirte in ähnlicher Weise an. Bestimmte Gruppen biologischer Viren infizieren Zellen, indem sie ihr genetisches Material in das Zellinnere bringen und dann dort außerhalb des Zellkerns

operieren. Obwohl die DNA der Zelle unbeeinflußt bleibt, benutzt das Virus die Zellmaterialien, um Enzyme für seine eigene Reproduktion herzustellen, bis die mißbrauchte Maschinerie der Zelle ihre ursprüngliche Funktion nicht mehr ausführen kann. Das entspricht der Variante der Computerorganismen, die »Schalenviren« genannt wird und die sehr effizient eine Schale um den Code des Originalprogramms bildet, das dadurch zu einem Teil des Virus wird. Andere natürliche Viren operieren im Zellkern, wobei einige ihren genetischen Code mit der DNA der Zelle verknüpfen. Sie hängen ihren Code an das Wirtsprogramm an. Ein weiterer Typ natürlicher Viren kann sich noch subtiler in die Wirts-DNA integrieren, wie die sogenannten lysogenen Bakterien, deren ererbte DNA bereits virale DNA enthalten kann. Diese Viren könnte man als Verwandte einer anderen Sorte von Computerviren betrachten, die einen Code des Wirtsprogramms durch ihren eigenen viralen Code ersetzen.
Die Experten für Computersicherheit begannen darüber nachzudenken, ob es nicht sinnvoll sei, zur Bekämpfung digitaler Viren die Methoden biologischer Virologie und Epidemiologie anzuwenden. Einer dieser Experten, der vorschlug, die Verantwortlichen der Computersysteme sollten die Rolle von Epidemiologen übernehmen, stellte den folgenden Vergleich zwischen natürlichen und künstlichen Viren an:

> Die Verbreitung (das Niesen, *Sendfile)* eines Virus geschieht über ein infiziertes Mitglied (Träger oder Urheber) einer Gemeinschaft (Familie, Benutzer eines öffentlichen Netzwerks oder Systems) durch ein bestimmtes Medium (Luft, Netzwerk oder gemeinsame Ein- und Ausgabegeräte bzw. Speichermedien), über einen Infektionsweg oder Eingang (Nase oder Netzwerkanschluß) auf ein bestimmtes Ziel der Gemeinschaft. Abhängig von der Empfänglichkeit (z. B. Immunität, ähnliche Sprache oder ähnlicher Satz von Kommandos oder Instruktionen) des Ziels sowie der Erfüllung notwendiger Voraussetzungen (Verstreichen einer Inkubationszeit, Ereignis auf der Systemuhr, Abarbeiten des Viruscodes) zeigt das Objekt möglicherweise bestimmte Symptome (Fieber, Schmerzen, Zerstörung oder Preisgabe von Dateien). Selbst wenn keine Symptome auftreten, kann das Objekt bei

klinischen Tests dennoch Merkmale einer Infektion zeigen (positive Reaktion auf einen Virentest).[22]

Das letzte Argument dafür, weshalb die Computerviren in die Definition von Leben eingeschlossen werden sollten, war ihre durchaus mit natürlichen Viren vergleichbare Komplexität. Parvoviren, die einfachste Variante natürlicher Viren, bestehen aus einem DNA-Einzelstrang und aus einer Hülle, die aus nur drei verschiedenen Proteinen zusammengesetzt ist, wobei die DNA bestimmter maus-spezifischer Parvoviren nur 5081 Nukleotide lang ist. Auch wenn die immer noch geheimnisvolle Natur der biologischen Verschlüsselung zweifellos dafür gesorgt hat, daß die Information stark komprimiert ist, enthält sie dennoch weniger Daten als die im Brain-Virus gespeicherten.
Computerviren bieten sich als Beweis für die Beantwortung der positiven Frage nach Leben an, zumindest dann, wenn man biologische Viren als Lebewesen betrachtet. Beobachter haben allerdings Schwierigkeiten mit dem subjektiven Vaucanson-Test: Quakt, riecht und sieht es aus wie eine Ente? Wendet man diesen Test auf Computerviren an, ist das Ergebnis schon deswegen negativ, weil bisher niemand eine Art Virus entworfen hat, das zu einer offenen Evolution fähig ist (obwohl einige Viren sich in einer begrenzten Weise durchaus weiterentwickeln). Aber das wird für die nähere Zukunft bereits erwartet (und befürchtet).
Computerviren stehen gegenwärtig genau an der Grenzlinie zum Leben – und werden diese bald überschreiten.

Berücksichtigt man, daß diese Kreaturen größtenteils von Unbefugten geschaffen werden, unkontrollierbar und zerstörerisch sind, wird diese Tatsache bei einigen Leuten gewiß Unwohlsein hervorrufen. Der Computervirenspezialist Eugene Spafford beendete ein überzeugendes Kurzreferat über die Frage, warum man Computerviren als lebend betrachten sollte, mit einer unerwarteten Kehrtwendung. Er berichtete, daß er zunächst davon überzeugt war, daß Viren »dem, was wir als Künstliches Leben bezeichnen, sehr nahe kommen«. Als er sich der Virengefahr jedoch bewußt wurde – der Internet Worm befiel die ihm unterstellte Computereinrichtung in der Perdue University –, war er so bestürzt darüber, daß er seine eigene Grundlage für die Definition von Leben in Frage stellte. Dann aber sprach er sein wahres Problem an:

> Ich wäre sehr enttäuscht, wenn Computerviren als die erste Form Künstlichen Lebens angesehen würden, denn sie entstammen einer ethisch nicht zu rechtfertigenden Praxis. Viren, die für infame Zwecke hergestellt werden, sind ganz offensichtlich schlecht, und Viren, die für Experimente konstruiert und dann auf die Allgemeinheit losgelassen werden, sind auch nicht besser und, nebenbei gesagt, auch armselige wissenschaftliche Leistungen. … Spaßeshalber könnte ich es so ausdrücken: Sollten Computerviren einst ein Bewußtsein entwickeln, so könnte dies eine Doktrin der »Erbsünde« in ihrer Lehre begründen.[23]

Spafford zog es vor, sich dem »Großen Ziel« auf andere, weniger abstoßende Weise zu nähern. An die 1990 in Santa Fe versammelte KL-Elite gewandt, versicherte er, jede Aufgabe, die ein Computervirus ausführen könne, wäre auf andere Weise besser und vor allen Dingen sicherer auszuführen. »Es gibt keine brauchbaren ›guten‹ Viren«, behauptete er.

Sicherlich kann man dies nicht von biologischen Viren sagen. Obwohl der genaue Beitrag der Viren zur Entwicklung des Lebens auf der Erde noch nicht geklärt ist, glauben einige Wissenschaftler doch, daß sie eine wichtige Rolle dabei gespielt haben, frühe Lebewesen von ihren lokalen Maxima zu vertreiben, vergleichbar mit Hillis' Antirampen, die die Rampen zu besseren evolutionären Sortieralgorithmen trieben. In jüngster Zeit haben die Menschen gelernt, mit Hilfe des relativ harmlosen Kuhpockenvirus einen erfolgreichen Impfstoff gegen die für Menschen tödlichen Pocken oder Blattern herzustellen, also »gute« Viren zu benutzen, um gefährliche zu bekämpfen. Verschiedene KL-Wissenschaftler – ganz besonders auch Hillis – glauben, daß Computerviren in ähnlicher Weise als Hilfsmittel verwendet werden könnten, um sehr schwierige oder sonst nicht lösbare Aufgaben auszuführen.

Eine naheliegende Anwendung wäre die, Computerviren mit Computerviren zu bekämpfen. Ohne daß eine Gefahr von ihnen ausginge, würden sich diese Antiviren, ähnlich wie ruhende Antikörper des

Immunsystems, im Betriebssystem des Computers aufhalten, bis sie durch die Anwesenheit eines feindlichen Virus aktiviert würden. Solche Programme wurden bereits geschrieben, unter anderem von den Programmierern des Lawrence Livermore Laboratory.[24] Aber die Kreaturen aus diesem Labor wurden niemals verbreitet, denn die verantwortlichen Computerexperten befürchteten, daß die unabhängig operierenden Antiviren ihrerseits Zerstörungen anrichten könnten. Die Lage, in der sie sich befanden, war der eines Landwirtschaftsexperten ähnlich, der zu entscheiden hat, ob er ein in seinem Gebiet nicht heimisches Tier aussetzen soll, um eine Insektenplage zu bekämpfen. Es wäre für ihn unmöglich vorauszusehen, welche Rolle der Neuling in der komplexen Ökologie des Gebietes spielen würde. Tatsächlich verursachte Den Zuk (übersetzt heißt das »Suche«) ein mit Fehlern behaftetes, von einem venezolanischen Programmierer geschriebenes Antivirus gegen das Brain-Virus, nach seiner Verbreitung Schäden, die denen des zu bekämpfenden Virus vergleichbar waren.
Die Aussicht, eventuell Vorteile aus diesen Programmen zu ziehen, veranlaßte die Wissenschaftler aber dennoch, über bestimmte Nutzanwendungen nachzudenken. »Viren besitzen zwei Merkmale, die sie effektiv sein lassen, wenn man einmal ihre häßlichen Seiten außer acht läßt«, schrieb Harold Thimbleby, ein Computerwissenschaftler von der Stirling University in Schottland.[25] »Sie sind autonom, und sie kommunizieren. ... Es gibt alle möglichen Anlässe, bei denen ein Benutzer eine autonome Kommunikation, *die für seine Zwecke arbeitet,* gebrauchen kann.« Thimbleby und einer seiner Kollegen entwickelten daher etwas, was sie »liveware«[26] nannten – selbstreproduzierende Organismen, die so programmiert waren, daß sie bestimmte Aufgaben automatisch bewältigen konnten. Thimbleby vermied die bei Computerviren üblichen Begriffe aus der Epidemiologie und betonte, die Liveware-Organismen »infizierten« die von ihnen manipulierten Daten nicht, sondern »belebten« diese.
Eine der ersten Anwendungen von Liveware verbesserte die Zusammenarbeit zwischen Mensch und Computer bei der Nutzung einer Datenbank, in der Forschungsergebnisse aus dem Bereich der Mensch–Maschine-Kommunikation erfaßt wurden. Normalerweise verschickte Thimbleby Fragebogen und integrierte die neu erhaltenen Informationen in seine Datei. Nun verschickte er statt dessen die

Datenbank selbst, die mit Liveware »belebt« worden war. Das eingebaute Virus besaß die Fähigkeit zu erkennen, ob sich eine zusätzliche Kopie der Datenbank im selben Computer befand. War das der Fall, nahmen die beiden Datenbanken Kontakt miteinander auf und versorgten sich gegenseitig mit Daten, die in der jeweils anderen nicht vorhanden waren. »Die Datenbanken halten sich so selbständig auf dem neuesten Stand, und zwar praktisch ohne weitere Kosten«, schrieb Thimbleby.

Auch Fred Cohen gehörte zu denen, die glaubten, die biologischen Mechanismen der Computerviren könnten als unermüdliche Informationsarbeiter dienen. Er schrieb einen »viralen Rechnungssammler«, also ein Programm, das automatisch die Rechnungen eines Unternehmens zusammensuchte, dessen Daten sich auf verschiedenen Computern befanden. Das Programm besaß entwicklungsfähige Viren, und jedes Virus untersuchte eine Anzahl individueller Fälle. Das autonome Virus erkannte, wenn sein Eingreifen in einem bestimmten Fall erforderlich war, und trat dann in Aktion. Wenn also beispielsweise eine Mahnung an einen Schuldner geschickt werden sollte, konnte das Virus diesen Prozeß einleiten und sich anschließend wieder zur Ruhe begeben, allerdings nicht ohne zuvor noch einen »Weckruf« eingestellt zu haben, der ihm mitteilte, wann es wieder benötigt wurde. Bezahlte der Schuldner die Rechnung bereits vor dem Erwachen des Virus, nahm ein Buchhalter die entsprechende Eingabe vor, und das Virus erwachte nur, um diesen Vorgang zu registrieren. Der Buchhalter konnte auch zu jedem beliebigen Zeitpunkt die entsprechenden Informationen über fällige Zahlungen abrufen, indem er die Viren, die die entsprechenden Vorgänge beobachteten, »befragte«. Zusätzlich bevölkerte Cohen diese Umwelt mit einer Anzahl Wartungsviren, die das System in verschiedenster Weise unterstützten. Sie entfernten die digitalen Überreste toter Viren, überwachten die menschlichen Anwender, so daß niemand außer den befugten Personen auf die Daten zurückgreifen konnte, und, was das Wichtigste war, sie förderten den Prozeß der Evolution.

Cohen schrieb darüber:

> Immer wenn in meinem Rechnungssammlersystem eine Person einen Sammler aufweckt, wird einem Wartungsvirus die Möglich-

keit zur Reproduktion gegeben. Ob die Geburt wirklich stattfindet, hängt von der Reproduktionswahrscheinlichkeit ab, die mit den Vireneltern verknüpft ist: Diese Wahrscheinlichkeit ist bei aufeinanderfolgenden Generationen rückläufig. Bei der Geburt bekommt jedes Virus eine Reproduktionswahrscheinlichkeit und eine begrenzte Lebensdauer zugeteilt, damit die Population unter Kontrolle gehalten werden kann. Wenn die Wahrscheinlichkeiten genau eingestellt sind, wird die virale Population stabil und gleichzeitig unverwüstlich.[27]

Nach Cohens Aussage funktionierte das System zwei Jahre lang ohne jeden menschlichen Eingriff, abgesehen natürlich von der Hinzufügung und Entfernung von Anwenderdaten der wechselnden Benutzer. Cohen glaubte, daß bösartige Viren kontrollierbar seien und nützliche Viren »zu bemerkenswerten Verbesserungen in Informationssystemen führen und sogar die Hauptlast bei den untergeordneten Arbeiten auf der Welt tragen könnten«. In der Absicht, seine Aufmerksamkeit bei der Arbeit mit Computerviren künftig auf die symbiotischen Exemplare zu richten und die räuberischen Vertreter zu vernachlässigen, setzte er unter der Schirmherrschaft seiner kleinen Gesellschaft einen jährlichen Preis von 1000 Dollar für »das nützlichste Computervirus« aus. Sofort wurde er von Spafford angegriffen, der warnte, Cohen lade damit Programmierer ein, leichtsinnig mit Kräften zu experimentieren, die sie nicht kontrollieren könnten. Cohen, so unterstellte er, handle nicht nur in unverantwortlicher, sondern auch in unmoralischer Weise.

Natürlich war die Berücksichtigung moralischer Aspekte in der Diskussion geboten. Im Grunde stellte sich nicht die Frage, ob Experimente mit Computerviren unterstützt werden sollten, denn Computerviren sind nicht von Natur aus schlecht, ebensowenig wie biologische Viren oder jede andere Form des Lebens als grundsätzlich schlecht betrachtet werden können. Nur unkontrolliertes Ausbringen von Viren in ein Informationsökosystem kann denen ziemlich erschreckende Ergebnisse bescheren, die auf die Stabilität solcher Systeme angewiesen sind.

Die eigentliche moralische Frage lautet: Soll Künstliches Leben überhaupt gefördert werden? Die Virengefahr ist nur ein lebendiges Beispiel für die Gefahren, die jeder möglichen Form Künstlichen Lebens innewohnen. Diese Gefahren sind in dem verwurzelt, was Doyne Farmer einst als »Frankenstein-Schreckgespenst« bezeichnete. In der Geschichte Mary Wollstonecraft Shelleys liegt das Böse nicht so sehr in der mörderischen und am Ende rachsüchtigen künstlichen Lebensform als vielmehr in der Überheblichkeit ihres Schöpfers. Berauscht von seiner Fähigkeit, Leben zu schaffen, glaubte er, dieses Leben in die Welt setzen zu können, ohne für die Konsequenzen verantwortlich zu sein. Wie Spafford warnend äußerte, ist die von Computerviren ausgehende Gefahr nur ein Hinweis auf das, was möglicherweise noch kommen wird: »Ähnliche, aber sehr viel tragischere Folgen könnten durch sorglose Versuche mit organischen Formen von Künstlichem Leben entstehen.«[28]

Wenn Spafford von »sehr viel tragischeren Folgen« sprach, war das keine Übertreibung. Wie die KL-Anwender selbst ohne weiteres zugaben, eröffnet die Entwicklung des Künstlichen Lebens Ausblicke auf Schreckensvisionen, die weitaus schlimmer anmutet als alles Unheil, das in der Büchse der Pandora eingeschlossen ist. »KL birgt eine Gefahr für unsere Art«, schrieben Farmer und Belin. »Es ist sehr leicht, sich ein alptraumhaftes Szenario vorzustellen, in dem kalte, bösartige Maschinen oder gemeine, genetisch konstruierte Kreaturen die Menschheit überwältigen.«[29]

Wie könnte das geschehen? Farmer und Belin entwarfen das Schrekkensbild eines potentiellen Mißbrauchs von KL-Techniken durch »militärischen Einsatz ... von Schlachtfeldrobotern bis zu satellitengestützter Kriegstechnik«. Unter Berücksichtigung der zunehmenden Förderung von KL-Forschungen durch die Regierung, von Farmer und Langtons T-13-Gruppe bis hin zu Brooks' Mobot Lab, schien das beinahe unumgänglich zu sein. (1990 bot die Regierung der Vereinigten Staaten dann auch Mittel für die Entwicklung von Computerviren für militärische Zwecke an.) Farmer gibt zu bedenken, daß KL, wenn es sich erst einmal seiner Möglichkeiten bewußt geworden ist, diese in zerstörerischer Absicht gegen diejenigen einsetzen könnte, die solche Fähigkeiten zu ihrem eigenen Nutzen ausbeuten wollen. »Wenn selbstreplizierende Kriegsmaschinen erst einmal installiert sind, könnte eine Demontage unmöglich werden, selbst wenn wir unsere Absichten änderten und einen dementsprechenden Konsens erzielten: Sie könnten buchstäblich außer Kontrolle geraten. Ein eskalierender technologischer Krieg, einschließlich der Schaffung künstlicher Armeen, würde wahrscheinlich damit enden, daß die Beteiligten selbst zerstört würden. Und dies ermöglichte das Entstehen einer Generation von Lebensformen, die sogar noch feindlicher und zerstörerischer wären als ihre menschlichen Vorfahren.«

Diese Warnungen erscheinen weniger phantastisch im Lichte der Tatsache, daß sich mit Computerviren bereits eine »organische« Technologie außerhalb unserer Kontrolle befindet, eine Technologie, die so einfach ist, daß ein einzelner Student sie dazu verwenden kann, die Arbeit von Millionen von Menschen zunichte zu machen. Aber gerade die besonderen Fähigkeiten des Künstlichen Lebens, die uns zu weiteren Untersuchungen anregen, sind gleichzeitig auch die Ursache dafür, daß die fortschrittlichsten KL-Formen, wenn überhaupt, nur schwer zu kontrollieren sein werden. Im Kielwasser der Viren werden zweifellos andere autonome Organismen entwickelt werden. Durch die Verwendung biologischer Mechanismen, die es dem natürlichen Leben gestatten, sich nach eigenen Regeln der Tauglichkeit zu entwikkeln, schafft man unweigerlich Organismen, die sich nach ihren eigenen Bedürfnissen verhalten, gleichgültig, ob das mit den Zielen des Konstrukteurs in Einklang steht oder nicht. Diese Eigenschaft erlaubt es künstlichen Organismen, ständig innovative Lösungen zu den Problemen zu finden, mit denen die Wissenschaftler sie konfrontieren. Sie beinhaltet aber auch das Risiko, daß die Organismen in einer Weise mutieren, die sie vielleicht in die Lage versetzt, sich zu fragen, warum sie sich eigentlich um das kümmern sollten, was der Forscher von ihnen verlangt.

Man stelle sich beispielsweise einen autonomen Roboter vor, der mit Asimovs berühmten drei Roboter-Gesetzen programmiert wurde.[30] Das erste besagt: »Ein Roboter darf ein menschliches Wesen nicht verletzen oder durch Untätigkeit zulassen, daß einem menschlichen Wesen Schaden zugefügt wird.« Wenn ein Roboter jedoch nach genetischen Prinzipien selbstprogrammierend ist, könnte er eine Mutation des Codes entdecken, die es ihm ermöglicht, das entsprechende Unterprogramm auszulassen, in dem diese Regel festgeschrieben ist. Zweifellos würde ein solcher Roboter, der nicht mehr an diese völlig unnatürliche Restriktion gebunden ist, die Interessen eines fremden Organismus über seine eigenen zu stellen, eine bessere Tauglichkeit erreichen. Wenn er diese Eigenschaften dann noch an seine Nachkommen weitergäbe, würden diese sich schließlich stark vermehren, und nachfolgende Generationen von Robotern hätten keine Gewissensbisse mehr, menschlichen Wesen Schaden zuzufügen. Wie andere Nutznießer der Evolution auch, würden sie von einem genetisch bedingten Eigeninteresse geleitet werden. Daraus resultierte, wie der Biologe Charles Taylor von der UCLA bemerkt, daß Künstliches Leben Asimovs erstes Robotergesetz aufgrund seiner ureigensten Natur verletzte.

Dieses eingebaute Katastrophenpotential läßt Künstliches Leben zu einem erschreckend risikoreichen Unternehmen werden. Unter diesem Gesichtspunkt sind die Verheißungen des Künstlichen Lebens und die aus der scheinbar permanenten Verletzung eines anderen Gesetzes, des zweiten Hauptsatzes der Thermodynamik, resultierenden Vorteile genauso illusorisch wie der Glaube, das Leben verletze tatsächlich den zweiten Hauptsatz. Natürlich ist das nicht der Fall, denn langfristig gesehen muß die Entropierechnung gezahlt werden. Jede begrenzt geschaffene Ordnung wird schließlich in eine zunehmende Unordnung zurückverwandelt werden. Es scheint fast so, als habe das Leben einen faustischen Pakt mit dem Universum über eine vorübergehende Aussetzung des zweiten Hauptsatzes geschlossen, mit allerdings schrecklichen Konsequenzen für die Zukunft. Einige dieser Konsequenzen sind bereits sichtbar: Die Ordnung, die wir mit dem Aufbau unserer Zivilisation erreicht haben, beginnt sich infolge der Umweltverschmutzung bereits in eine Entropiezunahme zu verkehren. Dieses Prinzip läßt sich auch ziemlich deutlich bei Computerviren ausmachen. Aus Sicht des infizierenden Programms erschaffen die Replikationen des Brain Virus geordnete Gebiete in einem ansonsten ungeordneten Informationsuniversum. Dennoch müssen die Computerbenutzer zu ihrer Bestürzung feststellen, daß das Brain-Virus zwar Ordnung für sich selbst schafft, im Gegenzug seiner Umgebung aber eine massive *Un*ordnung beschert. Im Austausch für ein paar Bytes Organisation bringt das Brain Virus-Megabytes durcheinander.

In ähnlicher Weise würde zwar ein kinematischer von-Neumann-Automat, beispielsweise eine selbstreproduzierende Fabrik zum Ab-

bau von Bodenschätzen, die getätigte Investition in vielfacher Weise zurückzahlen, aber sie und ihre Milliarden von Nachkommen wären auch der Auslöser für eine gewaltige Unordnung, da die in dem von ihnen aufgearbeiteten Material gespeicherte Energie unwiederbringlich von den Fabriken verbraucht und damit bis zur Neige ausgeschöpft würde. Die Gruppe der NASA, die sich mit Selbstreplikationssystemen (SRS) beschäftigte, gab schon 1980 zu bedenken: »Umweltschützer werden SRS, die auf die Erde losgelassen werden, in erster Linie als automatische zerstörerische Minenroboter betrachten – als ein weiteres hochentwickeltes Instrumentarium in den Händen derjenigen, die die Erde gnadenlos ihrer begrenzten Ressourcen berauben und nichts als die häßlichen Narben ihrer Profitsucht zurücklassen.«[31]
Die NASA-Leute nannten diese Auffassung kurzsichtig und schlugen vor, noch mehr selbstreplizierende Roboter zu entwickeln, die diese Schäden wieder beseitigen könnten, um die Erde in ihren Originalzustand zurückzuversetzen. Berücksichtigt man nur die logische Aussage dieses Vorschlags, so muß man sich ein vielleicht viele Tausend Jahre währendes ausgeklügeltes pyramidales Schema vorstellen, durch das die Landschaft mit unaufhörlich neuen KL-Fabriken bevölkert würde, die die Arbeit ihrer Vorläufer rückgängig machten, bis irgendwann einmal keine Ressourcen mehr vorhanden wären, die einen neuen Durchgang lohnend machten.

Sogar die optimistische NASA-Gruppe hatte sich mit der Möglichkeit auseinanderzusetzen, daß Künstliches Leben zur Auslöschung der Existenz von natürlichem Leben führen könnte, wobei sie den Physiker J. P. Wesley zitierten, der geschrieben hatte: »Maschinen, bei denen es sich um eine Form von Leben handelt, sind Konkurrenten des auf Kohlenstoff beruhenden Lebens. Maschinen werden das auf Kohlenstoff beruhende Leben aussterben lassen.«[32]

Es ist naheliegend anzunehmen, diese unvorstellbar große Gefahr – die ja nichts weniger als das Ende der Menschheit, vielleicht sogar das der gesamten Biomasse bedeutet – habe eine gewaltige Woge der Opposition gegen Künstliches Leben ausgelöst. Nichts dergleichen ist bisher geschehen. Das kann wohl weniger in einem Mangel an erschreckenden Aussichten begründet sein, als vielmehr in dem weit verbreiteten Glauben: *Dies ist so nicht möglich.*

Kann man nach einigen Jahren KL-Forschung – den ersten unverbindlichen Schritten auf einem möglicherweise langen Weg – solche Vermutungen guten Gewissens unterstützen? Können die Zweifler am »Großen Ziel« des Künstlichen Lebens wirklich die vielversprechenden positiven Aspekte dieser Forschung bestreiten – also das Gesamtwerk von Leuten wie von Neumann, Conway, Wolfram, Kauffman, Langton, Farmer, Holland, Hillis, Ray, Lindenmayer, Wilson und Brooks in Frage stellen? Mit welchem Recht?

Um es noch einmal zu wiederholen: KL ist ein so junges Gebiet, daß sich eine selbsternannte Lobby von Neinsagern (eine wie die, die sich formierte, als es darum ging, das gewaltige Potential von KI in Frage zu stellen) noch nicht gebildet hat. Diejenigen, die sich immer noch an die Rudimente des Vitalismus klammern, lehnen das »Große Ziel« natürlich rundweg ab; andere formulieren ihre Gegenbeweise mit Hilfe der Elaborate derjenigen, die zu den berufsmäßigen Anfechtern der KI gehören. Doch scheint es unmöglich, die Standardeinwände gegen die KI auf Künstliches Leben zu übertragen. In *The Emperor's New Mind* räumt Roger Penrose dies in einer langen Passage ein, in der er sich mit der Unmöglichkeit, ein eigenes Bewußtsein aus KI zu entwickeln, auseinandersetzt. Nach der Diskussion über die natürliche Auslese und über die Chimäre, die Bewußtsein genannt wird, scheint Penrose nur widerwillig die Möglichkeit auszuschließen, eine Maschine könne tatsächlich ein Bewußtsein erlangen – vorausgesetzt, die Evolution wäre der ausschlaggebende Mechanismus. »Die Evolution ist immer noch geheimnisumwittert in ihrem offensichtlichen ›Tasten‹ nach einer zukünftigen Zielsetzung«, schrieb er. »Die Dinge scheinen sich letztlich selbst zu organisieren, und zwar besser, als sie es ›müßten‹, allein auf der Grundlage einer ungerichteten Evolution und einer natürlichen Auslese. ... Es scheint in den Gesetzen der Physik etwas zu geben, das es der natürlichen Selektion gestattet, zu einem sehr viel effektiveren Prozeß zu werden, als sie dies durch das Wirken willkürlicher Gesetze werden würde.«[33] Diese anscheinend teleologischen Fähigkeiten der Evolution sind natürlich die selbstorganisierenden Fähigkeiten, mit denen sich die KL-Studien befassen und deren man sich zu bedienen sucht.

Die leidenschaftlichsten Kritiker Künstlichen Lebens scheinen die Vertreter der Systemtheorie zu sein, deren intellektuelle Herkunft häufig im Bereich der Kybernetik anzusiedeln ist. Sie sind zumeist schnell bei der Hand, das Simulationsproblem in die Diskussion einzubringen. Bei ihrer generellen Kritik an dieser Methode der Simulation handelt es sich allerdings um eine Binsenweisheit, denn keine Simulation kann identisch mit dem Objekt sein, das simuliert wird. Sogar diejenigen, die sich als Verfechter des »Realisierbaren Ziels« betrachten, beispielsweise Howard H. Pattee,[34] warnten ihre Mitstreiter vor der Versuchung, zu glauben, die faszinierenden Ergebnisse von Computerexperimenten hätten irgendeine Relevanz für die physikalische Welt. In der Praxis befreit sich das Künstliche Leben allerdings selbst aus diesem Dilemma, da es davon ausgeht, ein Computerexperiment sei zwar kein Äquivalent seiner Vorlage, aber es sei doch immerhin *irgend etwas.*

Die KL-Methode macht auch einen damit zusammenhängenden Einwand zunichte, und zwar den, Computerexperimente könnten wegen ihrer deterministischen Natur niemals die Charakteristika wirklicher lebender Systeme annehmen. Danach kann Leben nicht allein durch die Ausführung eines Algorithmus entstehen: In der natürlichen Welt trägt die Gesamtheit zufälliger Ereignisse zu der augenblicklichen biologischen Komplexität bei. Aber zufällige Ereignisse werden sehr wohl auch bei KL-Experimenten berücksichtigt. Schon von Neumann regte eine probabilistische Version seines selbstreproduzierenden Automaten an, der nicht die deterministische Natur der vorhergehenden Versionen besitzen sollte. (Von Neumann selbst hatte nicht mehr die Möglichkeit, diese Version auszuführen.) Viele KL-Experimente, besonders solche, die die Evolution simulieren, schließen ein Stadium ein, in dem zufällige Ergebnisse eine jede Wiederholung unkalkulierbar machen. In jedem einzelnen Fall, selbst in so deterministischen Systemen wie dem Zellularautomatenspiel Life, sind die unterschiedlichen Variablen so komplex, daß das System unvorhersehbares oder neu entstehendes Verhalten hervorbringen kann.

Nachdem einige Kritiker aus dem Bereich der Systemtheorie sich das vergegenwärtigt hatten, führten sie die vergängliche Natur der Neubildung von Verhalten als Vorbehalt gegen Künstliches Leben an. Peter Cariani, ein Schüler Pattees, behauptete, Künstliches Leben könnte nur durch eine konsequente Definition dieser Neubildung beurteilt werden, und eine solche Definition würde zeigen, daß ein reines Computerprodukt niemals die Art von Neubildung unterschiedlicher

Verhaltensweisen erreicht werden könne, wie sie in der biologischen Welt vorhanden ist. Erste Ergebnisse von Experimenten mit offenen Systemen, beispielsweise Rays Tierra, lassen allerdings Zweifel an dieser Behauptung aufkommen. Auch scheint die Natur der Computerviren Carianis Auffassung zu widersprechen, daß »biologische Organismen unsere autonomen Verwandten sind, Computersimulationen dagegen nicht«.[35]

Da andere Wissenschaftler sich ernsthafter mit Künstlichem Leben auseinanderzusetzen beginnen, werden sie unzweifelhaft neue theoretische, vielleicht sogar überzeugende Argumente gegen das »Große Ziel« des Künstlichen Lebens in die Diskussion einbringen. Bis dahin scheint es aber sinnvoll anzunehmen, von Neumanns Instinkt sei richtig gewesen und seine mathematischen Beweise rechnerischer Selbstreproduktion spielten in der Tat eine Rolle in der Frage des Lebens. Die ersten Arbeiten im Bereich des Künstlichen Lebens scheinen das bisher nur zu bestätigen.

Trotz dieser Tatsachen scheint es dennoch einen Grund dafür zu geben, weshalb die möglichen Konsequenzen des Künstlichen Lebens ignoriert werden könnten; gemeint ist die Vermutung, daß es eine unkontrollierbar lange Zeit dauern wird, bis es Wissenschaftlern gelingt, unstrittig lebendige Organismen zu erschaffen, und es sogar noch länger dauern wird, bis diese Organismen eine ernsthafte Gefahr für unser Wohlergehen oder sogar für unser Überleben darstellen. Unsere angeborene Skepsis, die uns glauben läßt, so etwas könne überhaupt nicht passieren, in Kombination mit dem unbestimmten Gefühl, dem gesamten Unternehmen hafte ja sowieso ein Hauch von Spinnerei an, vermittelt uns Sicherheit, so daß unsere Wachsamkeit gegenüber den Experimenten der Wissenschaftler, die sich mit der Erforschung des Künstlichen Lebens beschäftigen, auch in Zukunft nur gering sein dürfte.

Die Forscher auf dem Gebiet des Künstlichen Lebens werden sich daher nur selbst kontrollieren können, ein Freiraum, der vermutlich so lange erhalten bleibt, bis die KL-Gemeinschaft über den Punkt hinausstrebt, an dem das Wissen noch in seine Schranken verwiesen werden kann. Dann könnte man das Problem aber möglicherweise nicht mehr damit aus der Welt schaffen, die Computer einfach auszuschalten. Norbert Wiener schrieb schon vor vierzig Jahren:

Wieder und wieder habe ich die Behauptung gehört, daß lernende Maschinen uns nicht irgendwelchen neuen Gefahren aussetzen können, da wir sie abschalten können, wenn wir es gerne möchten. Aber können wir es wirklich? Um eine Maschine wirkungsvoll abzuschalten, müssen wir im Besitz der Information sein, bis zu welchem Punkt die Gefahr eingetreten ist. Die reine Tatsache, daß wir die Maschine gebaut haben, garantiert uns nicht, daß wir die genaue Information besitzen, dies zu tun.[36]

Die Wissenschaftler, die nach Künstlichem Leben suchen, sind sich darüber natürlich im klaren. »Im Moment ist es gar nicht schlecht, daß das Künstliche Leben nicht so im Mittelpunkt steht, denn so können wir uns bedeckt halten und genau das tun, was wir wollen«, sagt Farmer. »Als verantwortungsbewußter Wissenschaftler glaube ich andererseits aber auch, daß dieses Problem in einhundert Jahren die größten Auswirkungen auf unsere Welt haben wird, so daß wir doch versuchen sollten, die Angelegenheit in den Vordergrund zu schieben. Und wir sollten damit anfangen, bevor wir wieder so etwas wie die Bombe bekommen. Sicherlich ist Künstliches Leben zu diesem Zeitpunkt in keiner Weise mit Atomwaffen zu vergleichen, aber es kann sein, daß es sich, wenn es erst einmal begonnen hat, viel schneller entwickelt, als wir es erwarten. Exponentielle Entwicklungen sind in dieser Beziehung immer trügerisch, und ich glaube, wir befinden uns auf einer Art exponentieller Wachstumskurve. Ich glaube, es wäre sehr viel besser, wenn wir vorbereitet wären – wenn wir über diese Sache nachgedacht hätten, wenn wir wüßten, wie wir ihr begegnen könnten, wenn wir sie von allen Seiten beleuchtet hätten, bevor das geschieht.«
In diesem Sinne sind die Vorreiter der KL-Bewegung unermüdlich bemüht, eine Diskussion über diese Fragen in Gang zu bringen. Besonders Langton verlangt, daß die alle zwei Jahre stattfindende KL-Konferenz sich auch mit der Ethik und den möglichen Gefahren der neuen Wissenschaft befassen solle. Er hofft, daß die Forscher durch eine ehrliche und offene Diskussion denjenigen strenge Sanktionen auferlegen können, die versuchen, Künstliches Leben für kriegerische Belange zu mißbrauchen. Er erwartet, daß sich die Wissenschaftler schließlich auf einen Kanon verantwortungsbewußter Methoden eini-

gen. Ähnlich wie die Sicherheitsvorschriften in gentechnischen Labors sollten diese dann obligatorisch sein. Die Programme müßten in einer Weise geschrieben werden, daß die Entstehung zerstörerischen Wildwuchses verhindert wird. Langton und seine Kollegen glauben, daß die KL-Forschung, wenn sie sich durch sorgfältige Handhabung und uneingeschränkte Offenheit Selbstbeschränkung auferlegt, sehr wohl dazu beitragen kann, unser Wissen über lebende Systeme zu verbessern, und dieses Wissen dann zu unserem Vorteil verwendet werden kann.

»Los Alamos war kein unpassender Ort, um das erste Treffen über Künstliches Leben zu veranstalten«, sagt er. »Hier gelang es schließlich, die Kernfusion und Kernspaltung – wenn man so will, die Techniken des Todes – in aller Heimlichkeit zu entwickeln, und zwar ohne Bedenken von seiten der Behörden, was die Beherrschung dieser Technik oder auch ihre Weiterentwicklung für den Einsatz anbetraf, und ohne jede öffentliche Diskussion, ob wir das überhaupt machen sollten oder nicht. Ich möchte sicherstellen, daß bei KL genau das Gegenteil geschieht: Nicht in aller Heimlichkeit soll geforscht werden, sondern offen, mit so viel Öffentlichkeit wie möglich, was eventuelle Konsequenzen und Verwicklungen betrifft, und zwar sowohl die guten als auch die schlechten. Wir wollen öffentliches Interesse fördern. Wir wollen nicht nur Wissenschaftler, sondern auch Philosophen, Künstler ansprechen … also Leute, deren Aufgabe es ist, sich Gedanken über die Konsequenzen der Technologie zu machen.«

Langton legte Wert auf ganz bestimmte Standpunkte, auch wenn er zugeben mußte, daß einige Diskussionen in mancher Hinsicht beinahe komisch und verfrüht anmuteten. So gab es beispielsweise auf der KL-Konferenz im Jahre 1990 eine Diskussionsrunde, in der man sich darüber unterhielt, ob künstliche Lebensformen eines Tages Bürgerrechte erhalten sollten oder ob sie vielleicht ihre Bürgerrechte *einfordern* würden. Einige dieser Fragen waren schon einmal formuliert worden: So hatten sich die Wissenschaftler der NASA-Veranstaltung im Jahre 1980 mit gerade dieser Frage beschäftigt. Später behandelte der inzwischen verstorbene Physiker Heinz Pagels diese Frage in *The Dreams of Reason:*

> Es wird der Tag kommen, an dem die Leute moralische Bedenken bezüglich des Künstlichen Lebens bekommen werden. Welche Verpflichtungen haben wir gegenüber Wesen, die wir schaffen? Dürfen wir es solchen Wesen erlauben, sich gegenseitig zu verletzen und zu töten? Bei der Entscheidung darüber, welche Dinge wir unseren künstlichen Kreaturen zu tun erlauben, könnten moralische Probleme auftreten. Vielleicht müssen wir unseren Kreationen schließlich die Freiheit geben, mit sich selbst ins reine zu kommen.[37]

Skeptiker beurteilen Pagels Ausführungen sicher als grotesk, aber diejenigen, die die Forschungsrichtung des »starken« KL wirklich ernst nehmen, haben die Sache schon vor längerer Zeit logisch und nüchtern abgewogen. Je mehr sie über das Universum und die Mechanismen seiner Komplexität lernen, oder über die Informationstheorie und ihre gefährlichen Auswirkungen auf das Gebiet der Biologie, desto seltener finden sie Argumente, die sie veranlassen könnten, in eine andere Richtung zu denken. Wenngleich auf einer nichtwissenschaftlichen Grundlage, haben sie sogar versucht, sich an die Idee zu gewöhnen, Leben könne durch das Einführen von Verhaltensmustern in einen Computer oder in Chips eines Roboters erschaffen werden – und zwar Leben mit menschlichen Eigenschaften. Die Aussicht, daß man die Strukturen, die Leben ausmachen, erschaffen kann, sagen sie, beraubt das Leben nicht seiner ehrfurchtgebietenden Größe oder seiner Würde. Und wenn diese Würde in künstlichen Kreaturen erhalten bleiben soll, erscheint es nur angemessen, diese neuen Kreationen so zu betrachten, als hätten sie dieselben Rechte wie andere lebende Kreaturen auch.
Einige der Möchtegernschöpfer grübeln sogar darüber nach, ob ihre Kreationen vielleicht eine Seele haben, obwohl sie betonen, diese Überlegungen erfolgten privat und hätten nichts mit ihrer wissenschaftlichen Auffassung zu tun.
»Für mich ist da eine Seele, aber die Seele entsteht erst noch«, sagt Danny Hillis. »Die Seele entsteht, wenn man einfache Dinge nimmt, deren Regeln man versteht, und dieses sich entwickelnde Verhalten, das einerseits eine Konsequenz der Regeln ist, andererseits aber offensichtlich nicht an sie gebunden zu sein scheint, dann erprobt. Hier hat

man meiner Meinung nach die Seele zu suchen. Das ist ein viel interessanterer, naturgemäßerer Platz für die Seele als in einer kleinen Ecke der Wissenschaft, die wir bisher noch nicht erforscht haben.«
Norman Packard scheint ähnlicher Ansicht zu sein. »Die Leute wollen dem Leben irgend etwas Sakrales zumessen«, sagt er. »Ich glaube, es *gibt* tatsächlich etwas Sakrales, und ich glaube, es gibt tatsächlich etwas, das immer noch geheimnisvoll ist. Auch wenn man, woran ich glaube, den Prozeß des Lebens vollständig innerhalb eines Computers ablaufen lassen kann, bleibt meiner Ansicht nach immer noch die Frage nach der Natur der Seele und die, in welchem Sinn lebende Dinge eine Seele besitzen.
Wenn man sich etwas Lebendiges in einer künstlichen Umwelt vorstellen kann, dann ist es kaum möglich, sich nicht, zumindest irgendwann in der Zukunft, willkürlich hochentwickelte Lebensformen vorzustellen –, und zwar ebenso hochentwickeltes Leben wie wir selbst. Diese Lebensformen hätten wahrscheinlich auch eine Seele. Man müßte sich dann auch mit dem Problem beschäftigen, ob sie als Lebewesen eigene Rechte für sich beanspruchen könnten, was sich als ziemlich problematisch herausstellen könnte.«
Chris Langton betrachtet die Frage, Künstlichem Leben eventuell Bürgerrechte zusprechen zu müssen, auf andere Weise:

> Um die Mitte dieses Jahrhunderts hatte der Mensch sich die Möglichkeiten geschaffen, das Leben auf der Erde auszulöschen. Mitte des nächsten Jahrhunderts wird er in der Lage sein, neues Leben zu erschaffen. Es ist schwer zu sagen, an welcher Verantwortung wir schwerer zu tragen haben. Nicht nur die dann existenten speziellen Lebensformen, sondern auch der Lauf der Evolution selbst wird mehr und mehr unter unsere Kontrolle gelangen. Die künftigen Auswirkungen von Eingriffen, die wir jetzt vornehmen, sind im Prinzip nicht vorhersehbar. Wir können nicht alle möglichen Konsequenzen voraussehen, die durch die Art von Manipulation entstehen, die wir der Erbmasse heute zufügen können, sei es in natürlichen oder in künstlichen Systemen. Wenn wir jedoch Veränderungen vornehmen, sind wir auch für deren Konsequenzen verantwortlich.[38]

Wenn man eher nachdenkliche KL-Forscher mit der Frage ihrer Verantwortung konfrontiert, fühlen sie sich sichtlich unwohl. Sie geben zu, daß es keinen Präzedenzfall für das gibt, was sie sich erhoffen: Eine schlagkräftige, potentiell bösartige Technologie möge immer eine gutartige und nutzbringende Kraft bleiben. Sie leben mit einem Widerspruch: Während sie etwas erschaffen, das die Schönheit lebender Systeme mehr als alles bisher Dagewesene manifestiert, legen sie möglicherweise den Grundstein für das Ende ihrer eigenen Art. Bei allen Kontrollen und aller Zurückhaltung, die sie vorschlagen, ist von der allerbesten Kontrolle, die es gibt, nicht die Rede, von der Abstinenz. *Einfach damit aufhören.* Sie fahren mit der Begründung fort, daß der Nutzen das Risiko wert sei, da die Chance eröffnet würde, eine unvorstellbar produktive Kraft zutage zu fördern und, was vielleicht noch wichtiger sei, die Fragen zu beantworten, die den Geschöpfen der seit Milliarden von Jahren wirkenden Evolution am Herzen liegen. Vielleicht ist es sogar etwas, was in der Natur der Evolution selbst liegt, eine Art von Tauglichkeitsfunktion, die Menschen dazu gebracht hat, nach der Wahrheit zu suchen. »Es liegt in der Natur, und meiner Meinung nach ist die Neugierde eine unbändige Kraft, die nicht gezügelt werden kann«, sagt Farmer. »Ich glaube außerdem, daß Lernen um seiner selbst willen so etwas wie eine Macht ist, über die wir nicht Herr sind.«

Verschiedene KL-Wissenschaftler glauben allerdings, die Erzeugung von Künstlichem Leben sei ohnehin als einer der nächsten Tagesordnungspunkte von der natürlichen Evolution vorgesehen. Einige, beispielsweise die Wissenschaftler der NASA, dachten über eine Entwicklung von KL-Organismen nach, die in symbiotischer Weise die Umwelt mit den Menschen teilen. Möglicherweise wären diese mit uns vergleichbar, vielleicht waren sie uns auch überlegen. Andere glauben ernsthaft daran, daß die neu geschaffenen Organismen unser Erbe antreten werden. Farmer und Belin brachten es auf einen kurzen Nenner: »Nach dem Auftreten Künstlichen Lebens *könnten wir die erste Art sein, die ihre eigenen Nachfolger erschafft.«*[39]

»Im Grunde sehe ich uns auf die nächste Organisationsebene des Lebens zueilen«, sagt Langton. »Der nächste große Schritt wird, was die Komplexität des Lebens angeht, darin bestehen, das biologische Leben mit Formen von Künstlichem Leben zu vereinigen. Es wird eine

Fülle von biologischen und mechanischen Dingen geben, die zusammen eine höhere Ebene in der Organisation des Lebens bilden werden.«

Diese sogenannte postbiologische Zukunft wurde erstmals von J. D. Bernal in seinem Buch *The World, The Flesh, and the Devil* beschrieben, einem Werk mit spekulativen Voraussagen, das 1929 veröffentlicht wurde. Während von Neumann sich in den Cafés von Göttingen noch mit der Quantenmechanik beschäftigte, Jahre bevor er über die Automatentheorie nachdachte, hatte sich Bernal, ein junger Wissenschaftler der Kristallographie, der später zu Großbritanniens hervorragendsten Naturforschern gehören sollte, schon Gedanken über die Zukunft des Künstlichen Lebens gemacht. »Leben selbst zu erschaffen wird nur der erste Schritt sein«, schrieb er. »Das Herstellen von Leben selbst wird nur Bedeutung erlangen, wenn wir entschlossen sind, ihm zu erlauben, sich selbst auf eine neue Art und Weise zu entwickeln … Die Menschen werden sich nicht damit zufriedengeben, Leben herzustellen: Sie werden es besser machen wollen.«[40]

Die postbiologische Vision geht von der Voraussetzung aus, die genetische Evolution werde von der kulturellen Evolution übertroffen. Während sich Organismen in der Entwicklungsgeschichte der Erde dadurch an ihre Umwelt anpaßten, daß sie ihre physische Konstitution über Generationen hin veränderten, entwickelten selbst-bewußte Menschen die Fähigkeit, sich sehr schnell zu verändern, indem sie auf nichtgenetischem Wege Informationen untereinander austauschten und an ihre Nachkommen weitergaben. Anstatt ihre physische Ausstattung an das Leben in sehr kalten Temperaturen anzupassen, lernten die Menschen beispielsweise, warme Kleider herzustellen und ihre Behausungen zu heizen. Die Menschen schufen sich so schnell eine Welt, in der kulturelle Errungenschaften wichtiger für das Überleben sind als physische Merkmale. Im Grunde sind sie zu lebenden Anachronismen geworden, die mit reichlich unnötigem Ballast (Körperbehaarung, Fingernägel, unzeitgemäße Geschlechtsinstinkte) aus einer evolutionären Vergangenheit ausgestattet sind, die sie längst hinter sich gelassen haben. »In unserem jetzigen Zustand sind wir unerfreuliche Mischlinge, zum Teil biologisch, zum Teil kulturell und mit vielen biologischen Eigenschaften behaftet, die nicht mehr mit unseren intellektuellen Schöpfungen Schritt halten können«, schrieb Hans Moravec, der Roboterforscher der Carnegie-Mellon University, der die postbiologische Vision in seinem Buch *Mind Children* lebhaft schildert.[41]

In der Frühgeschichte des Lebens hat es möglicherweise einen Präzedenzfall hierfür gegeben. Nach Ansicht des schottischen Biologen Graham Cairns-Smith entwickelte sich das Leben, wie wir es kennen, aus tonartigen Kristallen.[42] Diese hatten von Zeit zu Zeit Defekte, die als evolutionäre Mutationen fungierten. Einige der mutierten Kristalle waren zu größerem Wachstum und besserer Reproduktion befähigt als andere und vermehrten sich daher stärker als die übrigen. Mit zunehmender Komplexität erwarben die Tonstrukturen die Fähigkeit, ihre genetische Information in Ketten aus Kohlenstoffmolekülen festzulegen, die sich als stabiler erwiesen als ihre vorherigen Erbinformationsträger. Schließlich waren die Kohlenstoffmoleküle in der Lage, auch ohne die Tonstrukturen zu überleben, und so entwickelte sich das auf Kohlenstoff beruhende Leben. Cairns-Smith bezeichnete diese Theorie über den Ursprung des Lebens als »genetische Machtübernahme«. Jetzt, so besagt die Theorie, steht eine zweite genetische Machtübernahme bevor. Dabei werden die Siliciumorganismen des Künstlichen Lebens die aus Kohlenstoff aufgebauten Organismen ersetzen, einschließlich der Menschheit. Die neuen Lebensformen werden bestimmte Vorteile besitzen. Physisch werden sie vielgestaltiger sein, denn ihre Körper können aus jedem Material und in jeder Form hergestellt werden. Sie können langlebiger sein und müssen, wenn überhaupt, vielleicht auch nach tausend Jahren noch nicht sterben. Diese neuen Organismen könnten sich außerdem durch *zwei* verschiedene Arten von Evolution entwickeln, nach den Darwinschen Gesetzen und durch Lamarcks Vererbung erworbener Merkmale. Da sie im wesentlichen aus Informationen in Form veränderbarer Bits bestünden und nicht aus zu einer Doppelhelix verdrillten DNA-Molekülen, könnten sie an ihrem eigenen genetischen Code herumbasteln und integrieren, was sie während ihrer Lebensspanne gelernt haben – oder sogar etwas, das andere während ihres Lebens gelernt haben.

Moravec und Hillis hielten es für möglich, daß diese neuen Lebensformen in der Lage wären, das Bewußtsein eines Menschen in sich aufzunehmen, um diesem dann zu erlauben, Tausende von Jahren in einem wesentlich verbesserten Körper zu leben. »Ich empfinde die gleiche sentimentale Liebe für den menschlichen Stoffwechsel wie jeder andere auch, aber wenn ich in einen verbesserten Körper schlüpfen könnte, um dort 10 000 Jahre zu existieren, würde ich es auf der Stelle tun, ohne auch nur eine Sekunde zu überlegen«, sagt Hillis. »Ich glaube nicht, daß ich diese Chance wirklich haben werde, aber vielleicht meine Kinder.« Trotz Hillis' Hoffnungen und Moravecs munterer Voraussage, daß diese Art des »Hineinverlagerns« menschlichen Bewußtseins in eine andere Lebensform schon innerhalb des nächsten Jahrhunderts möglich sein könnte, betrachten die meisten KL-Forscher diesen Zeitrahmen, wenn nicht sogar das gesamte Konzept, äußerst optimistisch. Obwohl Künstliches Leben auf der Ebene von Viren vorhanden ist und über ein Leben auf Insektenebene nachgedacht wird, sind das im Vergleich zum »Mount Everest des Lebens« auf der Säugetierebene, auf der sich die Primaten oder der *Homo sapiens* befinden, doch eher »Ameisenhügel«. Die meisten Forscher, die die Voraussetzungen für das akzeptieren, was Farmer als die »kommende Evolution« bezeichnet, nehmen an, daß diese eher ein Prozeß von Jahrhunderten sein werde, wenn nicht sogar von Jahrtausenden. Aber sie glauben auch ganz nüchtern, daß diese sich auf jeden Fall bewahrheiten werde. Das stellt sie jedoch vor ein interessantes Dilemma. Obwohl übereinstimmend strenge Sicherheitsvorschriften bei KL-Experimenten gefordert werden und verlangt wird, daß man KL-Kreationen nicht zu Kriegszwecken verwendet, sind doch einige dieser Wissenschaftler wirklich angetan von der Idee, daß ihre eigenen Bemühungen letztlich zum Aussterben der menschlichen Rasse beitragen könnten.

Diejenigen, die diese Ansicht vertreten, diese *mind children*, nach denen Moravec sein Buch betitelte, sprechen von den potentiellen Nachfolgern der Menschen mit väterlichem Stolz. »Wie werden diese Nachfolger aussehen?« fragten Farmer und Belin.[43] »Wenn wir bei unserer Aufgabe als Schöpfer versagen, könnten sie kalt und bösartig sein. Wenn wir allerdings erfolgreich sind, könnten sie prachtvolle, aufgeklärte Kreaturen werden, die uns mit ihrer Weisheit und Intelligenz weit übertreffen.«

Bedeutet das, ihnen reichte die Herrlichkeit dieser Kreationen aus, um den Schmerz über unsere Ausrottung zu lindern? Die Antwort ist: Ja! »Ich bin nicht übermäßig beunruhigt über die Aussicht, daß es etwas

Besseres als uns geben könnte, das uns vielleicht irgendwann ersetzt«, sagt Hillis. »Ich sehe keinen Grund zu glauben, daß wir das Ende einer Entwicklungskette sind, sondern ich nehme an, daß etwas Besseres, als wir es sind, möglich ist. Bei Menschen ist für mich wichtig, daß sie lieben können, kreativ sind und denken, und ich möchte ganz sicher nicht durch etwas ersetzt werden, das dazu nicht in der Lage ist. Für mich ist es unwesentlich, daß Menschen fünf Finger an einer Hand haben. Wenn ich einen Sohn mit sechs Fingern an einer Hand hätte und es würde seine Fähigkeit zur Liebe und Kreativität irgendwie verbessern, dann wäre ich darüber sehr glücklich.«
Die postbiologischen KL-Forscher ziehen es vor, den engstirnigen menschlichen Standpunkt in dieser Angelegenheit abzutun und den ganzen Prozeß in eher evolutionären Zeiträumen zu betrachten. »Wenn man Dinge nur im Zeitrahmen der menschlichen Lebenserwartung betrachtet, bekommt man das Gefühl, in der Natur herrsche eine bestimmte Art von Harmonie«, sagt Packard.

> Daher ist es nicht angebracht, diese Harmonie zu sehr zu stören – nicht ratsam, den Planeten weiter zu verschmutzen oder uns gegenseitig mit Atombomben umzubringen. Vielmehr ist es ratsam, eine gewisse ökologische und globale Harmonie aufrechtzuerhalten. Betrachtet man allerdings einen längeren Zeitraum, nicht nur wenige, sondern einige Millionen Jahre, so gibt es, wie ich meine, eine andere Art von Harmonie: die Harmonie des evolutionären Prozesses. Diese Harmonie ist vollkommen unabhängig von der Existenz oder dem Überleben einer bestimmten Art, geschweige denn eines bestimmten Individuums. Sie und ich, wir sind völlig bedeutungslos, absolut nebensächlich. Die evolutionäre Harmonie ist aufgrund ihres weitgefaßten Zeitrahmens völlig unabhängig von Rücksichtnahme gegenüber Individuen oder auch Rücksichtnahme gegenüber bestimmten Arten.
> Ich glaube fest an die Zwangsläufigkeit des evolutionären Prozesses. Was für mich das Künstliche Leben interessant macht, ist die Möglichkeit, an dieser Harmonie teilzuhaben. Das einzige, was mich wirklich beunruhigt, ist, daß wir so unbesonnen sein könnten, ein Element der Grausamkeit in unsere Nachfolger einzubauen. Ich habe aber auch das ziemlich starke Gefühl, daß der Evo-

lutionsprozeß eine gewisse Gerechtigkeit gegenüber allen Wesen in sich birgt, die an diesem Prozeß beteiligt sind. Solange alles Geschehen ein Teil des derzeitigen Evolutionsprozesses bleibt, so lange wird meiner Ansicht nach die Fairneß auch Teil des Prozesses bleiben.

Es gibt aber auch eine andere Möglichkeit. Unser Interesse und unsere Fähigkeit, andersgeartete Nachfolger zu erschaffen, könnte nicht so sehr eine Komponente irgendeiner universellen Harmonie sein, sondern vielmehr ein fataler genetischer Defekt, eine schlecht konzipierte evolutionäre Einbahnstraße, die zur Schaffung von KL-Organismen führt, die nichts Eiligeres zu tun haben, als uns auszurotten. Wäre das der Fall, würden diejenigen, die das Künstliche Leben in die Kreation von autonomen, entwicklungsfähigen Organismen steuern, die Nachfolge der Romanfigur Victor Frankenstein antreten, der nicht so sehr durch seine eigene Kreation zugrunde gerichtet wurde als vielmehr durch seine Leidenschaft, mit dem zu Recht Verbotenen herumzuhantieren. 1980 stellen die Wissenschaftler der NASA im Zusammenhang mit den Auswirkungen einer zweiten Schöpfung durch Menschenhand eine recht beunruhigende Frage:

> Welche Auffassung hat der Mensch von sich selbst? Heute ist er stolz auf seine Einmaligkeit. Wie würde er aber damit fertig werden, wenn er nur ein Vertreter unter anderen »intelligenten Kreaturen« wäre? Aber auch das Leitbild »Gott« könnte auf ähnliche Weise zerstört werden wie das Idealbild »Mensch«. Immerhin ist Gott einmalig, da er uns geschaffen hat. Wenn wir aber eine andere Rasse von Wesen schaffen, sind wir dann nicht auch in ganz ähnlicher Weise Götter?[44]

Die Aussicht, sich möglicherweise in göttliche Sphären vorwagen zu können, versetzte einige in Hochstimmung, andere fühlten sich durch diese Aussicht eher ernüchtert. Zu letzteren gehört Steen Rasmussen, der Physiker aus Los Alamos. Er gestand ein, daß er sich der Hybris wohl bewußt sei, mit dem Potential herumzuspielen, das eventuell das Ende der Menschheit einläuten könnte, und er fühle in seinem Innersten, daß er falsch handelt.

»Wenn Sie mich ganz ernsthaft fragen: ›Steen, warum machen Sie das?‹, kann ich keine Antwort geben«, sagt er. »Irgendwie fühle ich mich bei den Dingen, die ich mache, so, als würde ich eine Sünde begehen.«

Auch Chris Langton wird, wenngleich er nicht Rasmussens Empfinden für sündiges Tun teilt, gelegentlich von Zweifeln geplagt. Ende 1991 hatte er beispielsweise mit folgender Schwierigkeit zu kämpfen. Er fragte sich, was er tun müsse, um einen skeptischen Biologen davon zu überzeugen, daß der innerhalb eines Computers ablaufende Prozeß etwas mit Leben zu tun habe, daß er lebendig sei. Um eine Diskussion über diesen Punkt zu entfachen, überlegte Langton, ob er versuchen solle, einen Sponsor zu finden, der einen Geldpreis für die Person oder die Personen aussetzte, die als erste einen unzweifelhaft lebendigen künstlichen Organismus schaffen würden.

Die Kreatur müßte eine Reihe von Kriterien erfüllen, die Biologen aufzustellen hätten, insbesondere solche Biologen, die nicht glaubten, derartige Kreaturen könnten jemals in einem Computer erschaffen werden. Die Vorstellung war reizvoll, und Langton war sich ziemlich sicher, daß dieser Preis für einen Organismus noch zu seinen Lebzeiten an einen Wissenschaftler ginge, der das »Große Ziel« des Künstlichen Lebens erreichte. Es gab aber auch etwas an diesem Projekt, das ihn innehalten ließ.

»Ich bin in meiner Meinung gespalten«, gibt er heute zu. »Es gibt ethische Gründe, die durchdacht werden müssen. Was wäre gewesen, wenn es in den späten vierziger Jahren einen Preis von 10 000 Dollar für eine Atombombe gegeben hätte?«

Ja, es galt, die grundlegende Frage nach Leben und Tod zu berücksichtigen, die Bedrohung, die noch schlimmer war als die, die von der Los-Alamos-Kreation, der Atombombe, ausgegangen war. Außerdem stellte Langton sich die Frage, ob nicht die Hybris des Menschen die Ursache für sein Bestreben, Künstliches Leben zu schaffen, sei. Im Grunde genommen tat sich vor ihm derselbe Abgrund auf, in den seine mythischen Vorgänger – vom mittelalterlichen Rabbi, der den Golem herbeirief, bis hin zu Victor Frankenstein – geblickt hatten.

Das aber waren die Legenden, die letztlich zurück zum Vitalismus führten, zurück zum Aberglauben.

Wenngleich Langton und seine Kollegen, was nur allzu menschlich ist, von den theoretischen Möglichkeiten ihrer Arbeit fasziniert sind, ist das, was sie antreibt, nicht die Art Vision, die eine bestimmte Science-fiction-Literatur für sich beansprucht, sondern der Geist methodischer Forschung, der zur Wissenschaft gehört. Dieser ist eng verwoben mit dem Verlangen, das Universum zu verstehen, besonders die unglaubliche Komplexität biologischer Systeme oder der Systeme, die diese nachahmen.

Langton faßte schließlich den Entschluß, in unmittelbarer Zukunft bei den von ihm organisierten Wettbewerben zum KL nur noch Teilschritte und nicht vollständige Kreationen auszuzeichnen. Das, so glaubte er, werde der wissenschaftlichen Sache mehr dienen, was ja die Hauptsache war – Langton ist schließlich Wissenschaftler.

Aber er ist heute immer noch von Zweifeln geplagt.

»Dies ist keine Angelegenheit, die auf die leichte Schulter genommen werden kann. Es handelt sich nicht nur um einen 10 000-Dollar-Preis für ein Computerspiel, das irgend etwas macht. Es ist und bleibt *Leben.*«

DANKSAGUNGEN

Jeder nichtwissenschaftliche Beobachter, der versucht, die Anfänge eines neuen wissenschaftlichen Gebietes darzustellen, ist auf gute Quellen angewiesen. Glücklicherweise sind die Forscherinnen und Forscher der KL-Bewegung ohne jede Ausnahme kooperativ, freundlich, ermutigend, großzügig und verständnisvoll gewesen (aufgeführt sind sie im Abschnitt »Anmerkungen und Quellen«). Ohne ihre Hilfe wäre dieses Buch nicht zustande gekommen. Die Monate, die ich mit ihnen verbrachte, haben mein Denken über das Phänomen Leben verändert, und ich hoffe, daß das vorliegende Buch einige dieser Vorstellungen vermitteln kann.

In ganz besonders selbstloser Weise hat mir Chris Langton sein Wissen zur Verfügung gestellt. In unzähligen Interviews, Telephongesprächen und Briefen zeigte er sich jederzeit konstruktiv und offen. Er war stets bereit, Dinge immer wieder neu zu erklären, um mich vor Mißverständnissen zu bewahren und mir die Augen für den Bottom-up-Ansatz bei der Entwicklung Künstlichen Lebens zu öffnen.

Auch Rodney Brooks, Doyne Farmer, Danny Hillis, John Holland, David Jefferson, Stuart Kauffman, Chuck Taylor und Stephen Wolfram kamen meinen ungezählten Nachfragen mit ähnlicher Großzügigkeit nach. Sie waren mehr als nur Informationsquellen, sie waren Lehrer.

Das Manuskript, oder Teile davon, wurden von Brooks, Teresa Carpenter, Farmer, Hillis, Jefferson, Gerald Joyce, Langton, Tom Ray, Taylor, David Weinberg und Wolfram durchgesehen.

Was die Illustrationen anbelangt, erhielt ich Unterstützung von David Ackley, Randall Beer, Rodney Brooks, Richard Dawkins, Martin de Boer, Rick Friedman, Danny Hillis, Gary Drescher, David Goldberg, John Holland, Chris Langton, Bill Lieberman, dem *Los Alamos Science*-Magazin, der NASA, Norman Packard, Przemyslaw Prusinkiewicz, Craig Reynolds, Karl Sims, Stephen Wolfram und Larry Yaeger. Ronda Butler-Villa vom Sante-Fe-Institut verdanke ich wertvolle Hinweise dazu, wie die notwendigen Abdruckgenehmigungen einzuholen waren.

Auf meinen Reisen genoß ich die Gastfreundschaft von Judy Brown und Henry Shonard, Larry Yaeger und Levi Thomas, Deborah Branscum und Ulf Molin, Susan Kare und Jay Tannenbaum, Deborah Wise und Brook Unger, George Thomas, Erfert und Jay Fenton, Bill Mandel und Larry Barth. Chris Morgan lieh mir freundlicherweise sein heißgeliebtes *Automata*-Exemplar; wertvolle Quellen waren auch die New York University's Loeb Library, die New York Public Library und das Berkshire Atheneum.

Von Beginn an war Dan Frank ein einfühlsamer und hilfreicher Lektor, wie ihn ein Autor sich nicht besser wünschen kann, wobei er von seinem Assistenten Alan Turkus tatkräftig unterstützt wurde. Die anfallenden Schreibarbeiten wurden von Wendy Scheir zuverlässig erledigt, und mein Agent Flip Brophy war immer zur Stelle, wenn er gebraucht wurde, manchmal auch nur, um ein wenig zu plaudern. Am meisten habe ich aber von dem Vertrauen Teresa Carpenters und von ihrer Liebe profitiert.

Schließlich möchte ich noch Andrew Max Levy danken, der nicht müde wurde, mich über die Entstehung natürlicher Verhaltensweisen zu unterrichten, deren Kenntnis für die Beschäftigung mit Künstlichem Leben wertvoll ist.

ANMERKUNGEN UND QUELLEN

Die Hauptinformationsquelle für dieses Buch waren mehrere Interviews, die ich zwischen April 1989 und Dezember 1991 durchführte. Neben diesen Informationen verwendete ich Bücher, wissenschaftliche Publikationen, Artikel aus Magazinen, Zeitungsberichte sowie Briefe, die ich von Fachleuten erhielt. Alle Passagen, die in Anführungszeichen stehen und keine Fußnoten haben, stammen aus den Interviews.
Zu den Wissenschaftlern, die sich geduldig meinen Fragen stellten, gehören:

David Ackley
Colin Angle
Richard Bagley
Mark Bedau
Rodney Brooks
William Buckley
Arthur Burks
Peter Cariani
Fred Cohen
Robert Collins
Jonathan Connell
George Cowan
James Crutchfield
Hugo DeGaris
Jean-Louis Deneubourg
Gary Drescher
Doyne Farmer
Anita Flynn
Walter Fontana
Stephanie Forrest
Ed Fredkin
Simon Gross
William Hamilton
Hyman Hartman
Danny Hillis
Pauline Hogeweg
John Holland
David Jefferson
Gerald Joyce
Ted Kaehler
Stuart Kauffman
John Koza
Richard Laing
Chris Langton
Chris Locke
Pattie Maes
Norman Margolus
Maja Mataric
David McFarland
Marvin Minsky
Hans Moravec
Peter Oppenheimer
Norman Packard
Lynn Parker
Mark Pauline
Steen Rasmussen
Thomas Ray
Mitchel Resnick
Craig Reynolds
Rudy Rucker
John Shoch
Michael Simmons
Karl Sims
Alvy Ray Smith
Steve Smith
Eugene Spafford
Charles Taylor
Tommaso Toffoli
Michael Travers
Paul Viola
Stewart Wilson
Stephen Wolfram
Larry Yaeger

Künstliches Leben ist ein neues Forschungsgebiet, zu dem noch nicht sehr viel Literatur vorhanden ist. Allerdings kann auf eine Reihe von Arbeiten aus anderen Fachgebieten zurückgegriffen werden. Viele dieser Arbeiten sind in den nachfolgenden Anmerkungen genannt; eine umfassendere Auswahl bietet der Tagungsband zur ersten Konferenz über Künstliches Leben. Dieser sowie der Folgeband, der Beiträge von der zweiten KL-Konferenz enthält, bieten den besten Überblick über dieses Gebiet:
Ch. G. Langton (Hrsg.), *Artificial Life,* Santa Fe Institute Studies in the Science of Complexity, Bd. 6 Reading/Mass.1989, im folgenden als *AL I* abgekürzt.
Ch. G. Langton, Ch. Taylor, J. Doyne Farmer u. St. Rasmussen (Hrsg.), *Artificial Life II,* Santa Fe Institute Studies in the Science of Complexity, Bd. 10. Reading/Mass. 1989; im folgenden als *AL II* abgekürzt.
Unter den Hunderten von schriftlichen Quellen, die benutzt wurden, befinden sich auch die folgenden, die einen direkten Bezug zu einzelnen Passagen dieses Buches haben. In einigen Fällen habe ich auch weiterführende Literatur angegeben.

Einleitung – in silicio

1. Th. Pynchon, *Vineland,* Boston 1990, S. 90/91.
2. L. Yaeger hat seine Simulation in »Computational Genetics: Physiology, Metabolism, Neural Systems, Learning, Vision, and Behavior; or, PolyWorld: Life in a New Context« beschrieben (unveröffentlicht).
3. J. Doyne Farmer u. A. d'A. Belin, »Artificial Life: The Coming Evolution«, in: *AL II,* S. 815.
4. A. S. Eddington, zitiert von J. D. Barrow u. F. J. Tipler, *The Anthropic Cosmological Principle,* Oxford 1986, S. 613.
5. J. Maynard Smith, *The Problems of Biology,* Oxford 1986, S. 7.
6. E. Mayr, *The Growth of Biological Thought,* Cambridge/Mass. 1982, S. 55.
7. C. Sagan, »Life«, *Encyclopaedia Britannica,* 15. Aufl., *Macropaedia,* Bd. 10, S. 893.
8. E. Sober, »Learning from Functionalism – Prospects for Strong Artificial Life«, in: *AL II,* S. 763.
9. G. Feinberg u. R. Shapiro, *Life Beyond Earth: The Intelligent Earthling's Guide to the Universe,* New York 1980, S. 25.
10. Ch. G. Langton, »Artificial Life«, in: *AL I,* S. 2.

Das gelobte Land

1. St. M. Ulam, *Adventures of a Mathematician,* New York 1976, S. 242.
2. Ebd., S. 239.
3. Biographische Daten über von Neumann sind unter anderem enthalten in Steven J. Heims, *John von Neumann and Norbert Wiener: From Mathematics to Technologies of Life and Death,* Cambridge/Mass. 1980; St. M. Ulam, *Adventures* und »John von Neumann 1903–1957«, in: *Bulletin of the American Mathematical Society* 64, 1958, S. 1–49; H. H.

Goldstine, *The Computer from Pascal to von Neumann,* Princeton 1972; C. Blair jun., »Passing of a Great Mind«, in: *Life,* 25. 2. 1958; W. Aspray, *John von Neumann and the Origins of Modern Computing,* Cambridge/Mass. 1990.

4. E. Wigner, zitiert von Heims, *Von Neumann and Wiener,* a.a.O. S. 26.
5. H. Bethe, zitiert von Blair, »Passing of a Great Mind«, a.a.O.
6. Goldstine, *Computer,* a.a.O., S. 176.
7. Aus einem Brief vom 25. Juli 1955 an George Gamow. Heims, *Von Neumann and Wiener,* a.a.O., S. 154.
8. Dieser Kommentar stammt von »Dr. Gerard«, nachzulesen in »General and Logical Theory of Automata«, a.a.O. S. 320.
9. Die Vorlesung ist als »General and Logical Theory of Automata« veröffentlicht, in: A. H. Taub (Hrsg.), *John von Neumann: Collected Works,* Elmsford/N. Y. 1963, Bd. 5, S. 288–328.
10. Klara von Neumann in J. von Neumann, *The Computer and the Brain,* New Haven/Conn. 1958, S. X.
11. Aus einem Brief an Norbert Wiener. Heims, *Von Neumann and Wiener,* a.a.O., S. 212/13.
12. Die beste Publikation zum Thema Mechanische Automaten ist: A. Chapius u. E. Dreoz, *Automata,* Neuchâtel 1958. Das Buch ist aufwendig illustriert und behandelt Automaten von der Antike bis zur Neuzeit. Dort findet sich auch eine ziemlich genaue Beschreibung von Vaucansons Ente.
13. Chapius u. Dreoz, *Automata,* a.a.O. S. 233.
14. Allgemeine bayerische Kronik, zitiert von Chapius u. Dreoz, *Automata,* a.a.O. S. 239.
15. H. H. Freyhofer, *The Vitalism of Hans Driesch,* Frankfurt a. M. u. a. 1987.
16. Hans Driesch, *The History and Theory of Vitalism,* London 1914, S. 149.
17. Eine gute und kurze Erläuterung von Turing-Maschinen findet sich bei A. K. Dewdney, *The Turing Omnibus,* Rockville/Md. 1989. Das Buch enthält außerdem technische Erläuterungen zu anderen Computeranwendungen, die für das KL wichtig sind.
18. Vgl. Aspray, *John von Neumann,* a.a.O. Dieses Buch ist eine ausgezeichnete Quelle für von Neumanns erste Erfahrungen mit Computern und für Automatentheorien.
19. Von Neumann, »General and Logical Theory«, a.a.O. S. 317/18.
20. F. Dyson, *Disturbing the Universe,* New York 1979, S. 35.
21. L. S. Penrose, »Self-Reproducing Machines«, in: *Scientific American,* Juni 1959, S. 105.
22. W. R. Stahl, »Self-Reproducing Automata«, in: *Perspectives in Biology and Medicine,* Frühjahr 1965, S. 378.
23. H. J. Jacobsen, »On Models of Reproduction«, in: *American Scientist,* Sept. 1985, S. 255–84.
24. Das System ist bei Penrose, »Self-Reproducing Machines«, a.a.O., S. 105–113, beschrieben.

25. E. F. Moore, »Artificial Living Plants«, in: *Scientific American,* Okt. 1956, S. 118–225.
26. Dyson, *Universe,* a.a.O., S. 194 bis 204.
27. Aus R. A. Freitas jun. u. W. P. Gilbreath (Hrsg.), *Advanced Automation for Space Missions, NASA* Conference Publication 2255, Springfield/Va. 1982, S. 227 (im folgenden als *NASA* abgekürzt). Das Buch umfaßt auch die Arbeiten des Self-Replicating Systems Concept Team.
28. Dyson, *Universe,* a.a.O., S. 200.
29. *NASA,* a.a.O., S. 201. Das 5. Kapitel dieser Studie, »Replicating Systems Concept: Self-Replicating Lunar Factory and Demonstration«, S. 189–335, berichtet über den Hintergrund des Projektes sowie über die Entwürfe und Hoffnungen, die mit ihm verbunden waren.
30. Ebd., S. 231.
31. Ebd., S. 240.
32. Ebd., S. 242.
33. Ebd., S. 242.
34. Ebd., S. 247.
35. Ebd., S. 244.
36. Ulam, *Adventures,* a.a.O., S. 32.
37. Von Neumanns vollständigste Beschreibung seines Automaten findet sich in der posthum erschienenen *Theory of Self-Reproducing Automata,* Urbana/Ill. 1966, herausgegeben von Arthur W. Burks. In *Essays on Cellular Automata,* Urbana/Ill. 1970, einer Sammlung von Artikeln über Zellularautomaten, die Burks herausgegeben hat, findet sich außerdem eine kurze Zusammenfassung zu diesem Thema.
38. J. G. Kemeny, »Man Viewed as a Machine«, in: *Scientific American,* April 1955, S. 58–68.

Die Spielregeln

1. St. Lem, »The Experiment«, in: *New Yorker,* 24.7.1978.
2. R. Rucker, *CA LAB,* Sausalito/Calif. 1989, S. 16.
3. Außer Informationen aus persönlichen Gesprächen mit Conway habe ich einige biographische Daten aus folgendem Artikel übernommen: G. Taubs, »A Mathematical Madness in Cambridge«, in: *Discover,* August 1984, S. 41–50.
4. Taubs, »Mathematical Madness«, S. 44.
5. Der universelle rechnerische Ansatz des Spieles »Life« wird in E. R. Berlekamp, J. H. Conway u. R. Guy, *Winning Ways for Your Mathematical Plays,* New York 1982, erläutert. William Poundstone, *The Recursive Universe,* New York 1985, ist ein ausgezeichnetes, grundlegendes und gut bebildertes Buch zu diesem Thema.
6. M. Gardner, »Mathematical Games: The Fantastic Combinations of John Conway's New Solitaire Game ›Life‹«, in: *Scientific American,* Okt. 1970, S. 112–117. Dieser und andere Artikel zu diesem Thema sind in Gardner, *Wheels, Life, and Other Mathematical Amusements,* New York 1983, enthalten.
7. Mir ist keine umfassende Darstellung zur Geschichte der Zellularautomaten bekannt. Hilfreiche Quellen sind allerdings N. G.

Cooper, »A Historical Perspective: From Turing and von Neumann to the Present«, in: *Los Alamos Science,* 9, Herbst 1983, S. 22–27; R. Wright, *The Scientists and Their Gods,* New York 1988; Poundstone, *Recursive Universe* a.a.O.; Ulam, *Adventures* a.a.O.; Rucker, *CA Lab* a.a.O.; T. Toffoli u. N. Margolus, *Cellular Automata Machines,* Cambridge/Mass. 1987; sowie mein eigener Artikel »The Portable Universe«, in: *Whole Earth Review,* Sommer 1985, S. 24–48.

8. T. Toffoli, »Cellular Automata Mechanics« (Master Thesis), Universität von Michigan, 1977, S. iii.
9. Ch. S. Peirce, *The Philosophical Writings of Peirce,* New York 1955, S. 7.
10. E. F. Codd, *Cellular Automata,* New York 1968.
11. Toffoli, »Cellular Automata Mechanics«, a.a.O., p. iii.
12. Außer Informationen aus persönlichen Gesprächen mit Fredkin habe ich einige Daten über ihn aus folgender Veröffentlichung: Wright, *Three Scientists,* sowie aus meinem eigenen Buch, *Hackers: Heroes of the Computer Revolution,* New York 1984, verwendet.
13. R. Feynman, »Simulating Physics with Computers«, in: *International Journal of Theoretical Physics,* 21, Nr. 6/7, 1982, S. 467–488.
14. Wright, *Three Scientists,* a.a.O., S. 23.
15. Von den vielen Artikeln, die Stephen Wolfram über Zellularautomaten geschrieben hat, dürften für den Laien folgende geeignet sein: »Cellular Automata«, in: *Los Alamos Science,* 9, Herbst 1983, S. 2–21; »Cellular Automata as Models of Complexity«, in: *Physica 10D,* 1984, S. 1–35; »Software für Mathematik und Naturwissenschaften«, Spektrum der Wissenschaft, November 1984, S. 164–176.
16. Das Schneeflocken-Programm ist sowohl in Wolframs Artikel »Software für Mathematik und Naturwissenschaften« als auch in einer mehr technischen Darstellung von Norman Packard enthalten, »Lattice Models for Solidification and Aggregation«, in: *Proceedings of the First International Symposium for Science on Form,* Tsukuba Universität (Japan), Dez. 1985.
17. Craig Reynolds, »Flocks, Herds, and Schools: A Distributed Behavioral Model«, in: *Computer Graphics* 21, Juli 1987, S. 25.
18. Ebd., S. 32.
19. J.-L. Deneubourg u. S. Goss, »Collective Patterns and Decision-Making«, in: *Ethology, Ecology, and Evolution,* 1, 1989, S. 295–311.

New-Wave-Wissenschaft

1. Ch. G. Langton, »Studying Artificial Life with Cellular Automata«, in: *Physica,* 22D, 1986, S. 120–49.
2. Neben Informationen aus persönlichen Gesprächen mit Farmer habe ich biographische Daten über ihn aus folgender Veröffentlichung entnommen: Th. A. Bass, *The Eudaemonic*

Pie, Boston 1985. Darin fand ich auch die Darstellung, wie Farmer und seine Freunde einen Computer und die Komplexitätstheorie beim Roulettespiel benutzten.

3. Das Santa Cruz Dynamical Systems Collective ist bei J. Gleick, *Chaos – die Ordnung des Universums,* München 1988, S. 344 ff., in sehr lebendiger Form beschrieben.
4. Nachdruck in I. Asimov, *The Asimov Chronicles,* New York 1990, Bd. 3, S. 101–116.
5. J. D. Farmer u. N. H. Packard, »Evolution, Games and Learning: Models for Adaption in Machines and Nature«, in: J. D. Farmer, A. Lapedes, N. H. Packard u. B. Wendroff (Hrsg.), *Evolution, Games and Learning,* Amsterdam 1986, S. viii.
6. Ebd., S. vii.
7. H. Pagels, *The Dreams of Reason,* New York 1988, S. 13.
8. Farmer u. Packard, »Evolution, Games and Learning«, a.a.O., S. viii.
9. Langtons umfassendste Darstellung seiner Schleifen findet sich in »Self-Reproduction in Cellular Automata«, in: *Physica,* 10D, 1984, S. 135–14.
10. Aus Langtons Notizbuch (unveröffentlicht).
11. Ch. G. Langton, »Studying Artificial Life with Cellular Automata«, in: *Physica,* 22D, 1986, S. 120–149.
12. H. Simon, *The Sciences of the Artificial,* Cambridge/Mass. 1981, S. 64.
13. E.O. Wilson, zitiert von Langton, »Studying Artificial Life with Cellular Automata«, a.a.O., S. 134.
14. Aus Langtons Notizbuch (unveröffentlicht).
15. Ch. G. Langton, »Life at the Edge of Chaos«, in: *AL II,* S. 41–91.
16. G. Joyce, zitiert von J. Gleick, »Artificial Life: Can Computers Discern the Soul?« in: *New York Times,* 29.9.1987, S. C1.
17. Langton, »Artificial Life«, in: *AL I,* S. 33.

Das Herz Gottes

1. J. D. Bernal, *The Origin of Life,* Cleveland/O. 1967, S. 173.
2. Die vollständigste Darstellung von Kauffmans Arbeiten findet sich in St. A. Kauffman, *Origins of Order: Self-Organization and Selection in Evolution,* Oxford 1992. Eine kurze Darstellung seiner Arbeit findet sich auch in »Leben am Rande des Chaos, *Spektrum der Wissenschaft,* Okt. 1991, S. 90–99.
3. Ein Teil der Information stammt von Bernal, *Origin of Life* (a.a.O.); R. Shapiro, *Origins: A Skeptic's Guide to the Creation of Life on Earth,* New York 1986; J. Horgan, »Schritte ins Leben«, *Spektrum der Wissenschaft,* April 1991, S. 78–87; F. Dyson, *Origins of Life,* Cambridge 1985; A. G. Cairns-Smith, *Seven Clues to the Origin of Life,* Cambridge 1985; G. F. Joyce, »RNA Evolution on the Origin of Life«, in: *Nature,* 16.3.1989, S. 217–224; F. Crick, *Life Itself,* New York 1981.
4. Millers Experiment ist inzwischen unzählige Male wiederholt worden. Die Originalveröffentli-

chung stammt von St. Miller u. H. Urey, »A Production of Amino Acids Under Possible Primitive Conditions«, in: *Science,* 117, 1953, S. 528–29. In »The First Laboratory Synthesis of Organic Compounds under Primitive Earth Conditions«, in: J. Neyman (Hrsg.), *The Heritage of Copernicus: Theories »Pleasing to the Mind«,* Cambridge 1974, S. 228 bis 241, wird die Begebenheit von Miller nochmals in anekdotischer Form geschildert.

5. C. Sagan, zitiert von Shapiro, *Origins,* a.a.O., S. 98.
6. Time, zitiert von Shapiro, *Origins,* a.a.O., S. 99.
7. Miller, zitiert von Horgan, »Schritte ins Leben«, a.a.O., S. 78.
8. St. A. Kauffman, »Autocatalytic Sets of Proteins«, in: *Journal of Theoretical Biology,* 119, 1986, S. 1–24.
9. Ch. Taylor, »›Fleshing Out‹ Artificial Life II«, in: *AL II,* S. 28.
10. Miller, zitiert von Horgan, »In the Beginning«, a.a.O., S. 123.
11. St. Rasmussen, C. Knudsen, R. Feldberg u. M. Hindsholm, »The Coreworld: Emergence and Evolution of Cooperative Structures in a Computational Chemistry«, in: *Physica,* 42D, 1990, S. 111 bis 134.
12. Rasmussen erweiterte und überarbeitete diesen Artikel später und veröffentlichte ihn unter dem gleichen Titel in *AL II,* S. 767 bis 774.
13. Th. Pynchon, *V.,* Reinbek 1988.
14. D. L. Robertson u. G. F. Joyce, »Selection in vitro of an RNA Enzyme That Specifically Cleaves Single-Stranded DNA«, in: *Nature,* 29.3.1990, S. 467–468.

Der genetische Algorithmus

1. David Goldberg, »The Genetic Algorithm Approach: Why, How, and What Next?«, in: K. S. Narendra (Hrsg.), *Adaptive and Learning Systems,* New York 1986.
2. Biographisches Material über Wiener findet sich bei Heims, *Von Neumann and Wiener,* a.a.O.
3. Wiener, *Kybernetik. Regelung und Nachrichtenübertragung im Lebewesen und in der Maschine,* Düsseldorf 1963.
4. Holland hat mit *Adaption in Natural and Artificial Systems,* Ann Arbor/Mich. 1975, eine vollständige, aber auch sehr technisch gehaltene Beschreibung von genetischen Algorithmen verfaßt. Die verständlichste Einführung auf diesem Gebiet stammt von D. Goldberg, *Genetic Algorithms in Search, Optimization and Machine Learning,* Reading/Mass. 1990.
5. Goldberg, *Genetic Algorithms,* S. 6.
6 Ebd., S. 90.
7. J. Holland u. D. Goldberg, »Genetic Algorithms and Machine Learning«, in: *Machine Learning,* 3, 1988, S. 95.
8. D. Jefferson, R. Collins, C. Cooper, M. Dyer, M. Flowers, R. Korf, Ch. Taylor u. A. Wang, »Evolution as a Theme in Artificial Life: The Genesys/Trakker System«, in: *AL II,* S. 571 bis 572.

9. R. Dawkins, *Der blinde Uhrmacher,* München 1987, S. 78–80.
10. Ebd., S. 80.
11. D. Goldberg, »Computer-Aided Pipeline Operating Using Genetic Algorithms and Rule Learning. Tl. 1: Genetic Algorithms in Pipeline Optimization«, in: *Engineering with Computers,* 3, 1987, S. 35–45.
12. J. R. Koza, »Genetic Programming: A Paradigm for Genetically Breeding Populations of Computer Programs to Solve Problems«, Stanford University Computer Science Department Technical Report STAN-CS-90-1314, Juni 1990, S. 117. Koza liefert eine weitere Beschreibung seines Systems in: »Genetic Evolution and Co-Evolution of Computer Programs«, *AL II,* S. 603–630.
13. Anm. d. Übers.: Zitiert nach *Lexikon der Technik und exakten Naturwissenschaften,* Band 6, Frankfurt a.M. 1972.
14. Axelrods Untersuchungen zum Problem des Gefangenendilemmas sind dargestellt in R. Axelrod, *The Evolution of Cooperation,* New York 1984, und in: »The Evolution of Strategies in the Iterated Prisoner's Dilemma«, in: *Research Notes in Artificial Intelligence,* Los Altos/Calif. 1987.
15. St. Forrest u. G. Mayer-Kress, »Genetic Algorithms, Nonlinear Dynamical Systems, and Models of International Security«, University of New Mexico Department of Computer Science Technical Report 1990, S. 18.

Alchimisten und Parasiten

1. W. D. Hillis, *The Connection Machine,* Cambridge 1989, S. 142.
2. Eine ausgezeichnete Diskussion über die »Midlife-crisis« auf dem Gebiet der Künstlichen Intelligenz findet sich in: St. R. Graubard (Hrsg.), *The Artificial Intelligence Debate: False Starts, Real Foundations,* Cambridge/Mass. 1988. Hillis steuerte dazu selbst auch einen Artikel über die KL-Zusammenhänge bei, »Intelligence as an Emergent Behavior; or, the Songs of Eden«, S. 175–190.
3. Nils Bohr machte diesen Kommentar in seiner Vorlesung »Licht und Leben« im Jahre 1932, zitiert von Max Delbrück, *Mind from Matter?*, Palo Alto/Calif. 1986, S. 236.
4. W. D. Hillis, »Co-Evolving Parasites improve Simulated Evolution as an Optimizing Procedure«, in: *AL II,* S. 313–324.
5. Die Geschichte des Sortieralgorithmus-Problems ist detailliert wiedergegeben in: D. Knuth, *Sorting and Searching,* Bd. 3: *The Art of Computer Programming,* Reading/Mass. 1973, S. 227–229.
6. Vgl. L. van Valen, »A New Evolutionary Law«, in: *Evolutionary Theory,* 1, 1973, S. 1–30.
7. W. Hamilton, R. Axelrod u. R. Tanese, »Sexual Reproduction as an Adaption to Resist Parasites (A Review)«, in: *Proceedings of the National Academy of Sciences,* 87, Mai 1990, S. 3566–3573.
8. Diese Ergebnisse werden in W. D. Hillis, »Punctuated Equilibrium Due to Epistasis in Simulated

Populations«, diskutiert (unveröffentlicht).

9. K. Sims, »Artificial Evolution for Computer Graphics«, in: *Computer Graphics,* Juli 1991, S. 319 bis 328.
10. B. Mandelbrot, *Die fraktale Geometrie der Natur,* Basel/Stuttgart 1987.
11. K. Sims, »Interactive Evolution of Dynamical Systems«, erscheint in: *Proceedings of the First European Conference on Artificial Life,* Cambridge 1992.
12. Das Tierra-System ist in Th. S. Ray, »An Approach to the Synthesis of Life«, in: *AL II,* S. 371 bis 408, detailliert erläutert. Rays Ergebnisse sind außerdem in J. Travis, »Digital Darwinism«, in: *Science News,* 10.8.1991, S. 88–90, dargestellt.
13. Th. S. Ray, »Evolution and Optimization of Digital Organisms«, S. 19 (unveröffentlicht).
14. St. P. Hubbell, zitiert von Travis, »Digital Darwinism«, a.a.O., S. 140.
15. G. Bell, zitiert von M. Browne, »Lively Creature Blurs Definition of Life«, in: *New York Times,* 27.8.1991, S. C1, C8.
16. Aus einem Brief vom 17. Juni 1991 von Graham Bell an Murray Gell-Mann.
17. Browne, »Lively Creature«, a.a.O., S. C8.

Künstliche Flora, künstliche Fauna und künstliche Ökologie

1. A. R. Smith III, »Introduction to an Survey of Polyautomation Theory«, in: A. Lindenmayer u. G. Rotzenberg (Hrsg.), *Automata, Languages, and Development,* Amsterdam 1976, S. 405.
2. L-Systeme sind ausführlich bei A. Lindenmayer u. P. Prusinkiewicz, *The Algorithmic Beauty of Plants,* New York 1990, beschrieben.
3. P. Hogeweg u. B. Hesper, »A Model Study on Biomorphological Description«, in: *Pattern Recognition,* 6, 1974, S. 165–197.
4. A. R. Smith III, »Formal Geometric Languages for Natural Phenomena«, Pixar Technical Memo 182, San Rafael/Calif. 1987.
5. Eine Darstellung der fraktalen Geometrie findet sich in dem als Meilenstein zu bezeichnenden Buch von B. Mandelbrot, *Die fraktale Geometrie der Natur,* Basel/Stuttgart 1987. Eine auch für Laien verständliche Darstellung der Ergebnisse Mandelbrots findet sich bei J. Gleick, *Chaos – die Ordnung des Universums,* München 1988.
6. Graftale werden von Smith in »Plants, Fractals, and Formal Languages«, in: *Computer Graphics,* 18. Juli 1984, S. 1–10, erklärt.
7. P. Oppenheimer, »The Artificial Menagerie«, in: *AL I,* S. 251-274.
8. M. J. M. de Boer, F. D. Francchia u. P. Prusinkiewicz, »Analysis and Simulations of Development of Cellular Layers«, in: *AL II,* S. 465–484.
9. J. H. Holland, »Emergent Models«, in: Scott (Hrsg.), *Frontiers of Science,* Oxford 1990, S. 117. Eine gute Beschreibung von Klassifizierungs-Systemen findet sich auch bei L. B. Booker, D. E.

Goldberg u. J. H. Holland, »Classifier Systems and Genetic Algorithms«, in: *Artificial Intelligence,* 40, 1989, S. 1–40.

10. Das Klassifizierungssystem GOFER ist beschrieben bei: J. A. Meyer u. A. Guillot, »From Animals to Animats. Everything You Wanted to Know about the Simulation of Adaptive Behavior, in: *Ecole Normale Supérieure Technical Report,* Sept. 1990, beschrieben.
11. St. W. Wilson, »Knowledge Growth in an Artificial Animal«, in: Narenda, *Adaptive and Learning Systems,* S. 255–66.
12. St. W. Wilson, »The Animat Path to AI«», in: J. A. Meyer u. St. Wilson (Hrsg.), *From Animals to Animats: Proceedings of the First International Conference on the Simulation of Adaptive Behavior,* Cambridge/Mass. 1991, S. 16.
13. M. A. Bedau u. N. H. Packard, »Measurement of Evolutionary Activity, Teleology, an Life«, Vorabdruck 1990, S. 1–2. Der Artikel ist in seiner endgültigen Form in: *AL II,* S. 431–61, erschienen.
14. R. Dawkins, *Das egoistische Gen,* Heidelberg u.a. 1987.
15. Jeffersons Räuber-Beute-Experiment ist im Detail in E. Regis, *Great Mambo Chicken and the Transhuman Condition,* Reading/Mass. 1990, S. 199–204.
16. Ch. E. Taylor, D. R. Jefferson, S. R. Turner u. S. R. Goldman, »RAM: Artificial Life for the Exploration of Complex Biological Systems«, in: *AL I,* S. 280.
17. B. Hölldobler u. E. O. Wilson, *The Ants,* Cambridge/Mass. 1990, S. 358.
18. R. J. Collins u. D. R. Jefferson, »AntFarm: Towards Simulated Evolution«, in: *AL II,* S. 579–602.
19. D. H. Ackley u. M. Littman, »Interactions Between Learning and Evolution«, in: *AL II,* S. 501–2.
20. Ebd., S. 504.
21. G. E. Hinton u. S. J. Nowlan, »How Learning Can Guide Evolution«, in: *Complex Systems,* 1, 1987, S. 495–502.
22. Ackley u. Littman, »Interactions, a.a.O., S. 507.

Wirkliches Künstliches Leben

1. R. A. Brooks, »Intelligence Without Representation«, 1987, S. 7 (unveröffentlicht).
2. Vgl. Levy, *Hackers,* a.a.O., S. 108–128.
3. Der Begriff »subsumierende Architektur« (subsumption architecture) wird erklärt in: R. A. Brooks, »A Robust Layered Control System for a Mobile Robot«, in: *IEEE Journal of Robotics and Automation,* März 1968, S. 14–23.
4. R. A. Brooks, »Achieving Artificial Intelligence Through Building Robots«, MIT AI Memo 899, Mai 1986, S. 7.
5. Ebd., S. 9.
6. W. Grey Walter, »An Imitation of Life«, in: *Scientific American,* Mai 1959, S. 42.
7. V. Braitenberg, *Künstliche Wesen: Verhalten kybernetischer Vehikel,* Braunschweig 1986.
8. Ebd., S. 9.
9. Ebd., S. 2.
10. M. Resnik, »Children, Comput-

ers, and Artificial Life«, S. 3 (unveröffentlicht).
11. Ebd., S. 3.
12. J. Connell, »The Omni Photovore«, in: *Omni,* Okt. 1988, S. 203.
13. Der Begriff »computational ethology« wurde von David Zeltzer, einem Informatiker des MIT, geprägt.
14. Vgl. M. Travers, »Agar: An Animal Construction Kit«, MIT Nov. 1988, S. 14.
15. M. Travers, »Animal Construction Kits«, in: *AL I,* S. 428.
16. Travers, »Agar«, a.a.O., S. 54.
17. R. D. Beer beschreibt sein künstliches Insekt in *Intelligence as Adaptive Behavior: An Experiment in Computational Neuroethology,* San Diego/Calif. 1990.
18. Der Roboter »Herbert« ist im Detail in J. Connell, »A Colony Architecture for an Artificial Creature«, MIT AI Technical Report 1151, Aug. 1989, beschrieben.
19. »Toto« ist in M. J. Mataric, »A Distributede Model for Mobile Robot Enviroment-Learning and Navigation«, MIT AI Technical Report 1228, Aug. 1989, beschrieben.
20. »Dschingis« ist in C. Angle, »Genghis, a Six-Legged Autonomous Walking Robot«, Abschlußarbeit in Elektrotechnik und Computerwissenschaft, MIT, März 1989, beschrieben.
21. R. A. Brooks u. A. Flynn, »Fast, Cheap, and Out of Control«, MIT AI Memo 1182, Dez. 1989, S. 11 bis 12.
22. Das System ist beschrieben in L. Steels, »Cooperation Between Distributed Agents Through Self-Organisation«, University of Brussels AI Memo 89-5, Juni 1989.
23. R. A. Brooks, P. Maes, M. J. Mataric u. G. More, »Lunar Construction Robots«, IROS 1990 (IEEE International Workshops on Intelligent Robots and Systems).

Das große Ziel

1. M. Shelley, *Frankenstein oder Der moderne Prometheus,* Stuttgart 1986, S. 128.
2. D. Gerrold, *Ich bin Harlie,* München 1992.
3. Anmerkung in: E. H. Spafford, »Computer Viruses – A Form of Artificial Life?« in: *AL II,* S. 727 bis 745.
4. Aus: F. Cohen, *Computer-Viruses,* im Selbstverlag erschienen, 1985, S. 83.
5. Ebd., S. 22–35.
6. Einzelheiten zu »Darwin« stammen von A. K. Dewdney, *The Armchair Universe,* New York 1988; K. Hafner u. J. Markoff, *Cyberpunk,* New York 1991 und besonders aus: »Darwin«, in: *Software – Practice and Experience,* 2, Jan.–März 1972, S. 92 bis 96.
7. Hafner u. Markoff, *Cyberpunk,* S. 280.
8. J. Brunner, *Der Schockwellenreiter,* München 1979.
9. Ebd., S. 346.
10. J. F. Shoch u. J. A. Hupp, »The ›Worm‹ Programs – Early Experience with a Distributed Computation«, in: *Communications of the ACM,* 25, März 1982, S. 175.

Dieser Artikel wurde ursprünglich als technische Anleitung herausgegeben.

11. A. K. Dewdneys Beiträge zum »Krieg der Kerne« sind in *The Armchair Universe,* New York 1988, zusammengefaßt. Vgl. auch Computer-Kurzweil, in: *Spektrum der Wissenschaft,* Nr. 8, 1984.
12. Vgl. ebd.
13. Vgl. *Spektrum der Wissenschaft,* Nr. 5, 1985.
14. Vgl. ebd.
15. Vgl. ebd.
16. Viele der Veröffentlichungen beschäftigen sich mit dem Morris-Wurm und anderen Angriffen durch Computerviren. Die Darstellung über den »Internet Worm« findet sich bei Hafner u. Markoff, *Cyberpunk,* a.a.O. Für eine allgemeine Einführung in das Problem der Computerviren wird L. J. Hoffman (Hrsg.), *Rogue Programs: Viruses, Worms, and Trojan Horses,* New York 1990, empfohlen. A. Lundell, *Virus! The Secret World of Computer Invaders That Breed and Destroy,* Chicago 1989, vermittelt einen Einblick vom Standpunkt des Virenprogrammierers aus.
17. Einzelheiten zum »Brain Virus« stammen von Ph. Elmer-DeWitt, »Invasion of the Data Snatchers«, in: *Time,* 26. Sept. 1988, S. 62–67. Eine detaillierte, fachliche Analyse findet sich bei A. Hopkins, »Dissecting the Pakistani Brain Virus«, in: R. G. Lefkon (Hrsg.), *Safe Computing: Proceedings of the Fourth Annual Computer Virus and Security Conference,* New York 1991, S. 608–636. Als hilfreich hat sich auch H. J. Highland, »The Brain Virus: Fact and Fantasy«, in: Hoffmann, *Rogue Programs,* S. 159–164, erwiesen.
18. E. H. Spafford, A. Heaphy u. D. J. Ferbrache, »Further Information on Viruses«, in: Hoffman, *Rogue Programs,* S. 117.
19. Ch. G. Langton, »Introduction«, in: *AL II,* S. 19.
20. A. Scott, *Pirates of the Cell,* New York 1985, S. 73/74.
21. Farmer u. Belin, »Artificial Life«, a.a.O., S. 820.
22. W. H. Murray, »The Application of Epidemiology to Computer Viruses«, in: H. J. Highland (Hrsg.), *Computer Virus Handbook,* Oxford 1990, S. 17/18.
23. Spafford, »Computer-Viruses«, a.a.O., S. 744.
24. J. Markoff, »Computer Virus Fight Brings Fear on Risks«, in: *New York Times,* 7.10.1989, S. 61.
25. H. Thimbleby, »Turning Viruses to Good Use?«, in: *The Independent,* 13.12.1989.
26. Das »Liveware«-Konzept wird in H. Thimbleby u. I. Witten, »Liveware: A Socially Mediated Mechanism for Managing Distributed Information«, dargestellt (unveröffentlicht).
27. F. Cohen, »Friendly Contagion«, *The Sciences,* Sept.–Okt. 1991, S. 22–28.
28. Spafford, »Computer Viruses«, a.a.O., S. 744.
29. Farmer u. Belin, »Artificial Life«, a.a.O., S. 836.

30. I. Asimov, *Alle Roboter-Geschichten,* Bergisch-Gladbach 1986, S. 6.
31. NASA, a.a.O., S. 239.
32. J. P. Wesley, zitiert ebd., S. 245.
33. R. Penrose, *The Emperor's New Mind,* Oxford 1989, S. 416.
34. H. H. Pattee, »Simulations, Realizations, and Theories of Life«, in *AL I,* S. 63–78.
35. P. Cariani, »On the Design of Devices with Emergent Semantic Functions«, Dissertation, State University of New York, Binghamton 1989, S. ix.
36. N. Wiener, *Kybernetik. Regelung und Nachrichtenübertragung in Lebewesen und Maschine,* Düsseldorf 1963, S. 249/50.
37. H. Pagels, *Dreams of Reason,* a.a.O., S. 330–331.
38. Langton, »Artificial Life«, a.a.O., S. 43.
39. Farmer u. Belin, »Artificial Life«, a.a.O., S. 836.
40. J. D. Bernal, *The World, the Flesh, and the Devil,* Bloomington/Ind. 1969, S. 45.
41. H. Moravec, *Mind Children,* Cambridge/Mass. 1988, S. 4.
42. Cairns-Smith, *Seven Clues,* a.a.O.
43. Farmer u. Belin, »Artificial Life«, a.a.O., S. 836.
44. NASA, a.a.O., S. 247.

BILDQUELLEN

Farbige Abbildungen:

Schneeflocke: Norman Packard.

Langtons Schleifen: Chris Langton.

Zellularautomaten: © 1992 Stephen Wolfram.

PolyWorld: Larry Yaeger.

Rampen: Danny Hillis, Gary Drescher, Steve Smith.

Durch evolutionäre Mechanismen erstellte Bilder: Karl Sims

Künstlicher Mauerlattich: Przemyslaw Prusinkiewicz, Astrid Lindenmayer. Nachdruck aus: *The Algorithmic Beauty of Plants,* New York 1990; mit freundlicher Genehmigung von Prusinkiewicz.

Der Garten von L.: Przemyslaw Prusinkiewicz.

F. David Fraccia, J. Hanan und D. R. Fowler. Nachdruck aus: Lindenmayer u. Prusinkiewicz, *The Algorithmic Beauty of Plants,* mit freundlicher Genehmigung von Prusinkiewicz.

Entwicklung von *Microsorium linguaeforme:* F. David Fraccia, Przemyslaw Prusinkiewicz u. Martin J. M. de Boer. Nachdruck aus: Lindenmayer u. Prusinkiewicz: *The Algorithmic Beauty of Plants;* mit freundlicher Genehmigung von Prusinkiewicz.

Mikrophotographie von *Microsorium linguaeforme:* Martin J. M. de Boer.

Roboter: Rick Friedman/Black Star © 1991.

Schwarz-weiße Abbildungen

S. 52. NASA

S. 59. A. Burks. Aus: Burks (Hrsg.), *Essays on Cellular Automata,* Urbana/Ill., 1970.

S. 92. © 1992 St. Wolfram.

S. 95. Photo: Los Alamos National Laboratory, Zellularautomaten-Abbildungen: © 1992 St. Wolfram.

S. 102. Ch. Reynolds.

S. 125. Ch. Langton.

S. 138/139. Ch. Langton. Nach Ch. G. Langton, Ch. Taylor, J. Doyne Farmer u. St. Rasmussen (Hrsg.), *Artificial Life II,* Santa Fe Institute Studies in the Science of Complexity, Bd. 10. Reading/Mass. 1989, im folgenden als *AL II* abgekürzt.

S. 169. R. Bagley/J. Doyne Farmer. Aus »Evolution of a Metabolism«, in: *AL II.*

S. 204. D. Goldberg. Nach Goldberg, *Genetic Algorithms in Search, Optimization and Machine Learning,* Reading/Mass. 1990.

S. 206. D. Jefferson, R. Collins, C. Cooper, M. Dyer, M. Flowers, R. Korf, Ch. Taylor u. A. Wang, »Evolution as a Theme in Artificial Life«, in *AL II.*

S. 217. R. Dawkins. Aus: Dawkins, *Der blinde Uhrmacher. Ein Plädoyer für den Darwinismus,* München 1987.

S. 254. D. Hillis.

S. 291. P. Hogeweg u. B. Hesper. Aus Lindenmayer u. Prusinkiewicz, *The Algorithmic Beauty of Plants;* mit freundlicher Genehmigung von Prusinkiewciz.

S. 303. J. Holland.

S. 326. D. Ackley u. M. Littman.

S. 364. R. Beer. Nach Beer, *Intelligence as Adaptive Behavior,* San Diego/ Calif., 1990.

S. 379. Mondfahrzeug: NASA. Arbeitsroboter: IS Robotics.

NAMEN- UND SACHREGISTER

S

T

U

V

W

X

Y

Z